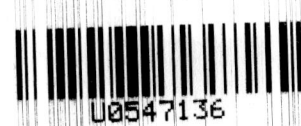

本书为中央高校基本科研业务费专项资金："'能源诅咒'的政治起源：经济现代化、产业联盟与产权制度"（项目批准号：2022QD041）的阶段性成果

“能源诅咒”的政治起源

经济现代化、产业联盟与产权制度

POLITICAL ORIGINS OF “ENERGY CURSE”:
ECONOMIC MODERNIZATION,
INDUSTRIAL COALITIONS AND PROPERTY RIGHTS SYSTEM

宋亦明 著

中国社会科学出版社

图书在版编目（CIP）数据

“能源诅咒”的政治起源：经济现代化、产业联盟与产权制度/宋亦明著．-- 北京：中国社会科学出版社，2024．6．-- ISBN 978 - 7 - 5227 - 4091 - 1

Ⅰ．F407．2

中国国家版本馆 CIP 数据核字第 2024V939R3 号

出 版 人　赵剑英
策划编辑　白天舒
责任编辑　黄　晗
责任校对　师敏革
责任印制　王　超

出　　版　中国社会科学出版社
社　　址　北京鼓楼西大街甲 158 号
邮　　编　100720
网　　址　http://www.csspw.cn
发 行 部　010 - 84083685
门 市 部　010 - 84029450
经　　销　新华书店及其他书店

印　　刷　北京明恒达印务有限公司
装　　订　廊坊市广阳区广增装订厂
版　　次　2024 年 6 月第 1 版
印　　次　2024 年 6 月第 1 次印刷

开　　本　710 × 1000　1/16
印　　张　30．5
字　　数　473 千字
定　　价　139．00 元

凡购买中国社会科学出版社图书，如有质量问题请与本社营销中心联系调换
电话：010 - 84083683

前　言

作为经济活动的基本要素与文明演进的力量源泉，能源不仅推动了生产方式的迭代升级、破除了传统社会的能量羁缚、赋予了对外贸易的禀赋优势，更是深刻地塑造着当前世界政治的基本样貌。纵使如此，近半个世纪以来能源出口国之间的经济增长失衡问题逐渐凸显，业已形成了难以弥合的发展鸿沟。当前绝大多数能源出口国落入了经济增长趋缓、停滞甚至衰退的发展陷阱之中。残酷的经验现实以及关于能源"丰裕的悖论"的学理讨论都指向了一个问题：为何诸多能源禀赋丰裕的国家通过大规模能源出口获得了可观的经济收益，但此类国家却往往难以据此实现经济的持续稳健增长，即"能源诅咒"何以产生？对此，本书致力于在政治学的范畴内重新阐释"能源诅咒"生成的根源及其机理。

要想探究"能源诅咒"的生成原因，就必须检视这一现象本身。因而首先需要重拾对"能源诅咒"现象真实性的讨论、梳理关于"能源诅咒"生成原因的知识谱系和研究进展。这些努力为本书奠立了两项重要的基础。其一，排除了一个有力的竞争性解释。如果说能源拖累经济增长、诱发发展陷阱是其在经济层面的主要表征，那么能源阻碍民主转型、强化专制统治则可能是其在政治层面的重要现象，而后者也被称为"政治能源诅咒"。有别于既有的主流探讨，本书发现能源收益具有"亲稳定"而非"亲专制"的性质，因而"政治能源诅咒"并非真实的现象。考虑到专制会拖累经济增长，证明"政治能源诅咒"并不存在也有效排除了能源导致专制而专制拖累经济增长这一潜在的竞争性解释链条。

其二，明确了能源与经济增长的变量关系。关于“能源诅咒”生成原因的既有研究现已形成了覆盖多个学科、涉及百余个解释变量和机制的庞大知识范畴。其中，经济学范畴内的解释多认为能源产业的独特特质、“荷兰病”效应、价格波动剧烈、挤出效应、加剧经济不平等、恶化国际贸易条件等导致了“能源诅咒”。政治学范畴内的解释则多指出能源引起寻租行为、引起腐败行为、引发武装冲突、弱化国内制度、弱化国家能力、引发“跨期困境”等进一步诱发了“能源诅咒”。尽管如此，通过对这些“能源诅咒”病理学研究的检视，可以发现导致“能源诅咒”生成的变量及其相应机制应该外生于而非内生于能源，而将“能源诅咒”的生成根源归结为能源丰裕或能源繁荣可谓找错了“病灶”。这意味着在探讨能源拖累经济增长时不能在能源其本身上“画地为牢”，更需要发掘其他重要的结构性变量及其可能的病理机制。

经济现代化的始点正是本书所发掘的结构性变量。其病理机制在于：国家开启经济现代化进程的早晚极大地影响了其经济发展模式。经济现代化始点较晚的能源出口国往往采取政府直接强力干预经济的“追赶型”发展模式，该模式有助于在短期内催生实力强大的能源产业联盟并建立能源领域的国家产权制度。实力强大的能源产业联盟以及在能源领域实行国家产权制度使能源产业有能力且必须贡献超额税汇、提供过度补贴、影响选举结果，进而使政府与政治家对能源产业形成了病态的依赖，不可避免地导致了国家最终形成能源产业畸大的产业结构。能源产业畸大的产业结构会在国内层面拖累后续的工业化进程、在国际层面放大能源价格波动的负面效应，受此影响国家就陷入了“能源诅咒”。与之相反，较早开启经济现代化进程的能源出口国以“原生型”模式发展，其政府则并未大规模推动能源产业的发展。这导致其能源产业联盟与其他产业联盟的实力相对平衡并且在能源领域建立了私人产权制度，进而隔绝了相应的病理渠道。最终这类国家并未形成对能源产业的病态依赖，能源收益则成为其推动经济增长的加持性力量。

知识的生产不仅滥觞于思想实验，更依托于思想实验基础上的框架构建和实证检验。就框架构建而言，本书由直接到间接、以反向递推的方式逐步回溯了诱发“能源诅咒”的结构性变量并阐释了其作用机制，建立了以经济现代化始点为自变量、以产业联盟形态与产权制度类型为中间变量的分析框架。而就实证检验而言，一方面本书在混合研究设计的基础上运用定量回归分析、定性比较分析和合成控制分析检验了上述分析框架所示的因果效应，而这种多重检验也再三证实了上述分析框架的有效性。另一方面本书通过比较历史分析分别对挪威与委内瑞拉、加拿大与俄罗斯这四个国家所组成的两组案例进行了宏观结构与过程的比较研究，进一步检视并证实了经济现代化始点较晚导致“能源诅咒”的因果机制。

如果说发掘阐释“能源诅咒”的生成机理是学术初心，那么揭示总结经验教益便是最终志趣。相较于既有的“能源诅咒”病理学研究，本书首次以经济现代化始点为核心自变量来解释大多数能源出口国经济增长趋缓、停滞甚至衰退的政治逻辑，发现了较晚的经济现代化始点是“能源诅咒”生成的根源，进而揭示了“能源诅咒”本质上是一种“现代化诅咒”的残酷事实。据此审视更为宏观的国家间增长失衡问题时，这一逻辑也印证了国家的经济增长或者国家间的增长失衡可能早在国家迈入经济现代化进程时就已经注定。换言之对大多数国家而言，国家能否实现长期、持续和稳健的经济增长就是其开启经济现代化进程早或晚的历史宿命。这些讨论可能会因“宿命论”而遭受批评，也被迫卷入了“后发优势”与“后发劣势”激辩的学术泥潭。尽管如此，本书仍旧不无悲观地认为总体上看“宿命难改，后发必劣”，于个人然，于国家亦然。对诸多开启经济现代化进程较晚的能源出口国而言，纵使面对着“后发劣势”和难以改变的发展宿命，“理智上的悲观主义，意志上的乐观主义”已不再是哲学鸡汤而是前进方向。

国家的兴衰与国家间的经济不平等是政治科学领域最为重要的经验现象和最为根本的研究议题之一。“为什么印加帝国皇帝阿塔瓦尔帕没有俘虏西班牙国王查理一世？”为什么美国和墨西哥边境仅一墙之隔的“两个诺加利斯”判若云泥？为什么中国和欧洲在数百年的平行发展中出现了“大分流”？尽管在常规科学阶段，仅凭一己之躯或以一文之力已经远不足以终结这些问题，而捕捉到乍现的学术火花或触摸到隐现的学术边际也已变得遥不可及。即便如此，在尝试回答这些问题过程中所经历的思辨与探索、阐发与争鸣已经足够令人激动。同样，探索“能源诅咒”何以产生、能源出口国经济增长何以分流的过程也是一趟令人兴奋的学术旅程。这趟旅程的终点摆放着由经济现代化、产业联盟和产权制度等智识所凝结锻造的钥匙。即便这把钥匙其本身仍然没有打开真理之门，但钥匙所反射的点点微光也能将门照得更亮。

目　　录

图表目录

经济现代化、产业联盟与产权制度

POLITICAL ORIGINS OF "ENERGY CURSE": ECONOMIC MODERNIZATION, INDUSTRIAL COALITIONS AND PROPERTY RIGHTS SYSTEM

导论

科学只能从问题开始。①

——卡尔·波普尔（Karl Popper）

研究项目应该提出对现实世界真正重要的问题。②

——加里·金（Gary King）

罗伯特·基欧汉（Robert Keohane）

悉尼·维巴（Sidney Verba）

① ［英］卡尔·波普尔：《猜想与反驳：科学知识的增长》，傅季重等译，上海译文出版社2015年版，第320页。

② ［美］加里·金、罗伯特·基欧汉、悉尼·维巴：《社会科学中的研究设计》，陈硕译，格致出版社2014年版，第13页。

国家的经济增长与国家间的增长失衡是政治科学领域最为根本的研究议题之一，而其何以产生又遵循怎样的机制自然也就成了有待攻克的重要学术问题。具体来看，无论是在国际政治经济学还是比较政治经济学领域，上述议题无疑都牢牢占据着核心的学术议程：海伦·米尔纳（Helen Milner）在回顾20世纪70年代国际政治经济学成立之初的主要议题时，便将探寻国家间的增长失衡和欠发达国家的依附地位归为当时的五大学科性议题之一。① 而在展望“全球化时代的国际政治经济学”时，米尔纳又将国家间的经济增长失衡视作当前国际政治经济学三大重要经验性议题之一。② 同样，琳达·维斯（Linda Weiss）与约翰·霍布森（John Hobson）曾开宗明义地指出国家如何实现工业化与经济增长是比较政治经济学的核心议题，进而探寻着强有力的政府在其中起到的决定性作用。③ 而加布里埃尔·阿尔蒙德（Gabriel Almond）等则将国家的经济增长与发展不平等视为范畴更广的比较政治学的九个基础性议题之一。④ 显然，国家经济增长与国家间增长失衡的根源是比较与国际政治经济学领域的重大时代性问题，这一问题也吸引着一批又一批学者尝试接力寻获揭示其根源的“真理钥匙”。

对相近时空背景与国家同质性的关注使人们对国家间经济增长失衡的生成问题更加疑惑不已。由此产生的问题在于——为什么或地理空间临近、或发展时间相同、或具有明显（政治体制/发展模式/宗教文化）

---

① Helen Milner, “Reflections on the Field of International Political Economy”, in Michael Brecher and Frank P. Harvey, eds., *Millennial Reflections on International Studies*, Ann Arbor: University of Michigan Press, 2002, pp. 623-636.

② ［美］海伦·米尔纳：《全球化与国际政治经济学的趋势》，郭凡译，《国际政治研究》2006年第2期，第3—4页。

③ ［澳］琳达·维斯、约翰·M. 霍布森：《国家与经济发展——一个比较及历史性的分析》，黄兆辉、廖志强译，黄玲校，吉林出版集团有限责任公司2009年版，第1页。

④ ［美］加布里埃尔·A. 阿尔蒙德等：《当今比较政治学：世界视角（第九版）》，顾肃等译，中国人民大学出版社2014年版，第1—29页。

相似性的国家，却展现出明显甚至极为夸张的经济增长差异？就空间相似性而言，德隆·阿西莫格鲁（Daron Acemoglu）与詹姆斯·罗宾逊（James Robinson）关注到了美、墨边境仅一墙之隔但又存有天壤之别的“两个诺加利斯”，进而提出了为何空间上“如此邻近却如此不同”的疑问。① 就时间相似性而言，彭慕兰（Kenneth Pomeranz）、王国斌（R. Bin Wong）和罗森塔尔（Jean-Laurent Rosenthal）等着眼于文明史的更长时间周期，提出并各自试图回答中国和欧洲为何在数百年的平行发展中出现了欧洲富强、中国贫弱的“大分流”的问题。② 就国家同质性而言，艾伦·盖尔布（Alan Gelb）与弗雷德里克·范德普勒格（Frederick van der Ploeg）等注意到同为自然资源的主要出口国，一部分国家通过出口自然资源取得了明显的经济增长，而其余国家则基本长期陷于经济停滞甚至衰退的困境，他们据此现象提出了自然资源究竟是“祝福还是诅咒”的问题。③

正是在盖尔布和迈克尔·罗斯（Michael Ross）等的指引和启发下，本书聚焦于主要出口能源的这一特定类型的国家，试图分析部分能源出口国难以实现经济增长、陷入发展陷阱的根源和逻辑，进而以此为切口尝试对国家间经济增长失衡的成因进行具象式的探索。基于此，导论第一部分将更为明确地阐释本书力求回答的问题；第二部分将说明本书所运用的混合研究设计及主要的方法工具；第三部分将介绍本书的章节安排以及各章节的论点概要。

一　研究问题的提出

晚近以来，能源出口国之间的经济增长失衡问题逐渐凸显，业已形

---

① ［美］德隆·阿西莫格鲁、詹姆斯·罗宾逊：《国家为什么会失败》，李增刚译，徐彬校，湖南科学技术出版社 2015 年版，第 1—3 页。

② ［美］彭慕兰：《大分流：欧洲、中国及现代世界经济的发展》，史建云译，江苏人民出版社 2004 年版；［美］王国斌、罗森塔尔：《大分流之外：中国和欧洲经济变迁的政治》，周琳译，王国斌、张萌审校，江苏人民出版社 2019 年版。

③ Alan Gelb and Associates, *Oil Windfalls: Blessing or Curse*, Oxford: Oxford University Press, 1988; Frederick van der Ploeg, “Natural Resources: Curse or Blessing?”, *Journal of Economic Literature*, Vol. 49, No. 2, 2011, pp. 366-420.

成了难以弥合的发展鸿沟。在经验现象层面，挪威、加拿大等能源出口国在过去半个世纪实现了长期、持续和稳健的经济增长，而其余的能源出口国则落入了经济增长趋缓、停滞甚至衰退的发展陷阱之中。① 尤其值得注意的三个现象分别是：其一，真正通过能源出口带动经济增长的国家为数甚少，相比之下绝大多数的能源出口国难逃发展陷阱。如图 0-1 所示，本书所关注的 39 个主要能源出口国中只有两个国家（图中处于阴影部分的点）在过去近 60 年的时间里，其国内生产总值（Gross Domestic Product，GDP）以及人均 GDP 增长净值都超过了世界各国的平均水平（图中方块）②。此外，39 个主要能源出口国的 GDP 以及人均 GDP 增长净值（图中三角）也均低于世界各国的平均水平。由此可以明确的一点是，通过大规模能源出口来实现经济增长仅在少部分国家真正得以实现，而对于大多数能源出口国而言这仅仅是个虚假的幻影。

其二，能源特别是石油的价格成倍暴涨，但能源价格的大幅增长并未助力大多数能源出口国实现长期、持续和稳健的经济增长。④ 以石油为例，第一次石油危机彻底宣告了石油“价廉量足”时代的终结，此后，多次全球性石油危机或区域性石油供应紧缺使石油的销售价格一路水涨船高。1973 年初，阿拉伯石油输出国组织（Organization of Arab Petroleum Exporting Countries，OAPEC）确定的阿拉伯轻质原油牌价仅约 3 美元；历经两轮上涨之后美国能源信息署于 1983 年记录的最早的西德克萨斯中质原油期货价格已经跳涨至约 31 美元/桶；2022 年已经涨至约 88

---

① “资源诅咒”研究最早的推动者理查德·奥蒂（Richard Auty）曾指出：“新的证据表明资源丰富的国家不仅无法从有利的禀赋中获益，它们的实际经济表现甚至可能比那些并不富裕的国家还要差。这种违反直觉的结果是资源诅咒论点的基础。”详见 Richard M. Auty, *Sustaining Development in Mineral Economies: The Resource Curse Thesis*, London: Routledge, 1993, p. 1。对上述经验现象的概述另见 Frederick van der Ploeg, Anthony J. Venables, “Natural Resource Wealth: The Challenge of Managing a Windfall”, *Annual Review of Economics*, Vol. 4, 2012, pp. 316-318。

② 39 个能源出口国的筛选和确定方式详见第一章第三节。

③ 个别国家在特定年份缺失的数据由年份最相近的数据代替，后文中如无特别说明均参照此原则操作。由于在可视化过程中需要对原始数据取对数，因而人均 GDP 增长净值为负的 8 个国家未能在图中呈现出来。详见 World Bank, “GDP Per Capita (Constant 2010 US $)”, https://data.worldbank.org/indicator/NY.GDP.PCAP.KD; World Bank, “GDP (Constant 2010 US $)”, https://data.worldbank.org.cn/indicator/NY.GDP.MKTP.KD。

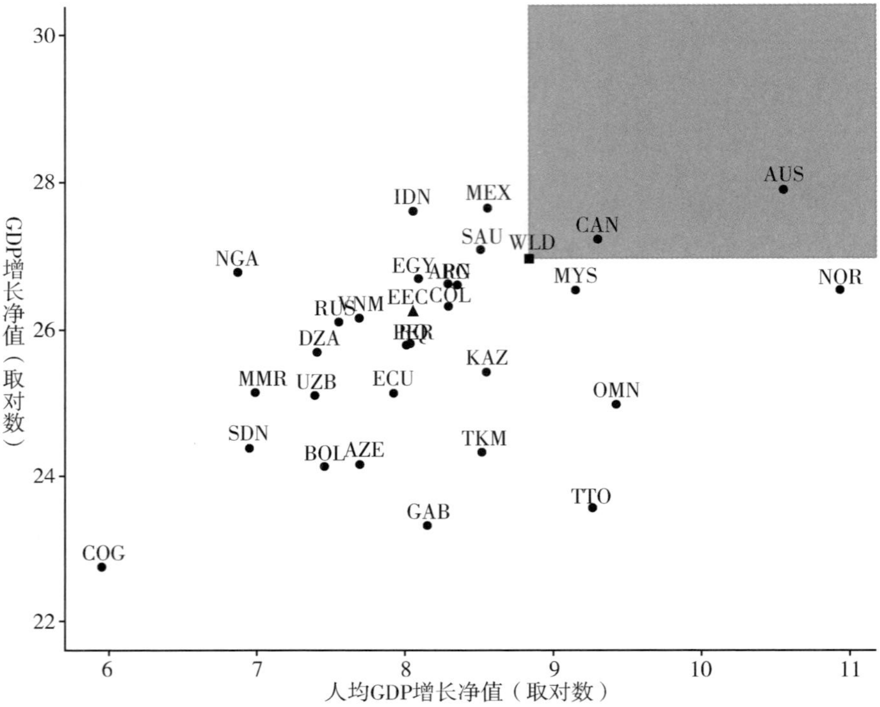

图 0-1　1960—2020 年能源出口国 GDP 与人均 GDP 增长净值

资料来源：世界银行。①

美元/桶。② 以 2021 年的美元价格为锚排除通货膨胀的影响后，国际石油的可比价格也从 1973 年的约 22 美元/桶增长至 2021 年的约 77 美元/桶。③ 可以说，石油价格大幅上涨是近半个世纪以来颇为引人注目的世界经济现象。然而吊诡的是，大多数石油出口国并未因石油价格暴涨而实现长期、持续、稳健的经济增长，其经济反而越发依赖石油的开采与

① 如无特殊说明，本书中的“石油”均为原油（Crude Oil）。

② 张建新：《能源与当代国际关系（第二版）》，上海人民出版社 2017 年版，第 307 页；U. S. Energy Information Administration，“Cushing，OK Crude Oil Future Contract 1”，https：//www.eia.gov/dnav/pet/hist/rclc1A.htm。

③ Macrotrends，“Crude Oil Prices - 70 Year Historical Chart”，https：//www.macrotrends.net/1369/crude-oil-price-history-chart.

出口，进而陷入了“依赖石油出口与经济增长停滞”的恶性循环之中。① 如图 0-2 所示，39 个主要能源出口国中，仅有 5 个国家在过去半个世纪的人均 GDP 增幅超过了国际油价的涨幅，28 个国家的人均 GDP 增幅甚至不及国际油价涨幅的一半。

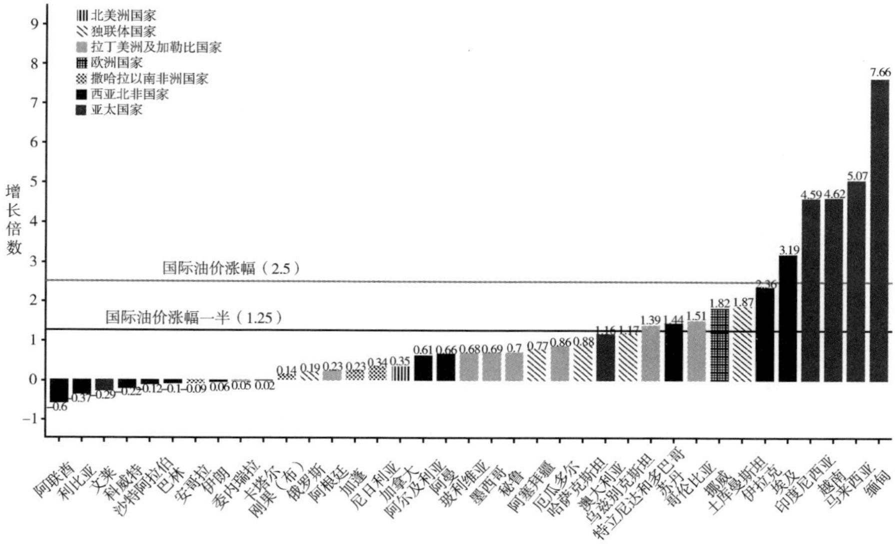

图 0-2　1970—2020 年能源出口国人均 GDP 增幅与石油价格增幅对比*

注：* 人均 GDP 增幅和国际油价涨幅均为上述时段内增长净值与初始值的比重。

资料来源：世界银行；②“宏观趋势”网站。③

其三，作为严重依赖能源出口国家的代表，绝大多数石油输出国组织（Organization of Petroleum Exporting Countries，OPEC）和天然气输出国论坛（Gas Exporting Countries Forum，GECF）成员国经济增长绩效甚不理想。例如，OPEC 的 13 个成员国中仅有 3 个国家 2018 年人均 GDP

---

① 奥蒂总结性地指出：“20 世纪 60 年代以来，低收入国家的经济表现与其自然资源财富成反比”。详见 Richard M. Auty，“Natural Resources，Capital Accumulation and the Resource Curse”，*Ecological Economics*，Vol. 61，No. 4，2007，p. 627。

② World Bank，“GDP Per Capita（Constant 2010 US $）”，https：//data. worldbank. org/indicator/NY. GDP. PCAP. KD.

③ Macrotrends，“Crude Oil Prices－70 Year Historical Chart”，https：//www. macrotrends. net/1369/crude-oil-price-history-chart.

明显高于 1973 年的水平；3 个国家几乎没有增长；而其余 7 个国家甚至出现了不同程度的倒退。① 再如，GECF 的 11 个正式成员国中仅 4 个国家 2018 年人均 GDP 明显高于 1973 年的水平；2 个国家几乎没有增长；而其余 5 个国家也出现了不同程度的倒退。② 如图 0-3 所示，按照 2010 年不变价美元计算，上述 18 个国家中仅有 3 个国家 2018 年的人均 GDP 比 1973 年高出 3000 美元（图中所示竖线）。由此可以非常明显地看出另外 15 个国家的人均 GDP 增长缓慢、趋于停滞甚至出现负增长。显然，两大能源出口国组织中大多数成员国的经济增长情况并不乐观，而这一情况与它们在全球能源市场中所享有的卓越市场地位格格不入。

在经验层面，上述三个现象已经得到了广泛的关注；而在学理层面，能源政治经济学也出现了明显的“发展转向”，越发重视能源与经济增长的关系问题。③ 回顾能源政治经济学的学术脉络与研究谱系，不难发现该领域的核心议题出现了从“能源安全到经济增长”的重大转变。

从 20 世纪 70 年代到 20 世纪 90 年代，能源安全长期占据着能源政治经济学的核心议题。无论是彼得·卡岑斯坦（Peter Katzenstein）和约

---

① 截至 2020 年 5 月，OPEC 的 13 个正式成员国分别为：赤道几内亚、阿尔及利亚、伊拉克、安哥拉、刚果（布）、尼日利亚、阿拉伯联合酋长国、沙特阿拉伯、科威特、委内瑞拉、加蓬、伊朗和利比亚。详见 World Bank，“GDP Per Capita（Constant 2010 US \$）”，https://data.worldbank.org.cn/indicator/NY.GDP.PCAP.KD?locations=DZ-AO-EC-GQ-GA-IR-IQ-LY-NG-VE-KW-AE-SA-CG。

② 截至 2020 年 5 月，GECF 的 11 个正式成员国分别为：赤道几内亚、特立尼达和多巴哥、埃及、阿尔及利亚、玻利维亚、尼日利亚、委内瑞拉、伊朗、俄罗斯（包括苏联时期）、利比亚和卡塔尔。详见 World Bank，“GDP Per Capita（Constant 2010 US \$）”，https://data.worldbank.org.cn/indicator/NY.GDP.PCAP.KD?locations=BO-VE-TT-GQ-NG-DZ-LY-EG-RU-IR-QA-AE&view=chart。需要说明的是，卡塔尔的数据来源与其他国家不同，为经麦迪逊项目修正而得。详见 Our World in Data，“GDP Per Capita”，https://ourworldindata.org/grapher/maddison-data-gdp-per-capita-in-2011us-single-benchmark?time=1970.2016&country=Former%20USSR+QAT。

③ 加里·金等指出：“虽然没有关于如何选择（研究）主题的明确规则，研究者仍然能找到办法（个人喜好除外）向学术界证明研究的可能价值。在理想状况下，所有社会科学研究项目都应该满足两个标准。第一，研究项目应该提出对现实世界真正重要的问题……第二，一个研究项目应该通过提高研究者作出科学解释能力的方式对（既有）文献做出具体贡献。”详见［美］加里·金、罗伯特·基欧汉、悉尼·维巴：《社会科学中的研究设计》，陈硕译，格致出版社 2014 年版，第 13 页。基于此，笔者也分别从经验层面和学理层面（即文献层面）阐释研究主题选择和研究问题提出的动因。

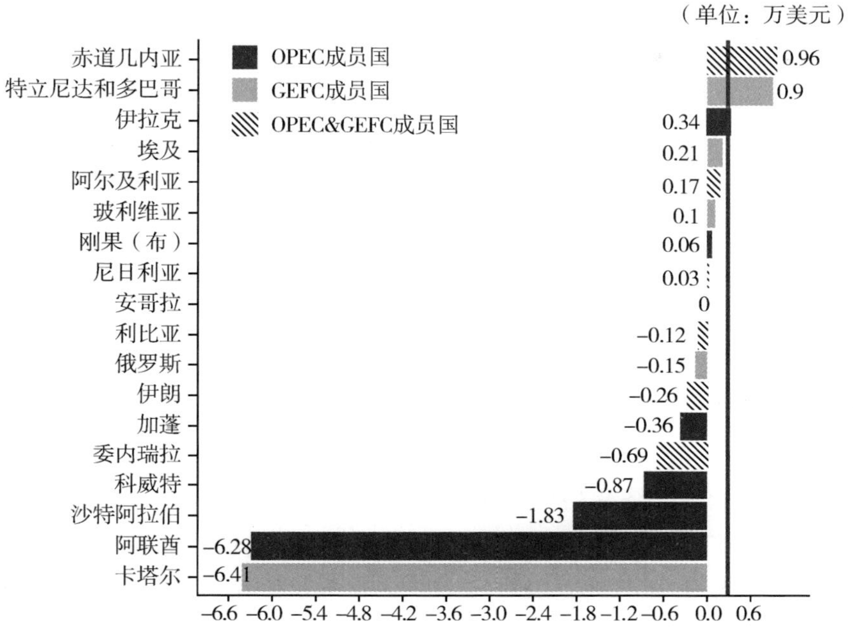

图 0-3　1973—2018 年 OPEC 及 GECF 成员国人均 GDP 增长绝对值

资料来源：世界银行。①

翰·伊肯伯里（John Ikenberry）对主要发达国家应对能源危机方式差异的探讨；② 还是苏珊·斯特兰奇（Susan Strange）等对主要的能源行为体及权力类型的梳理；③ 抑或是基欧汉对能源国际制度护持霸权作用的分析，这些都和能源安全紧密相关。④ 此外，当时大量能源政治经济学研究

---

① World Bank，"GDP Per Capita（Constant 2010 US $）"，https：//data. worldbank. org/indicator/NY. GDP. PCAP. KD.

② ［美］彼得·J. 卡岑斯坦：《结论：国内结构与对外经济政策战略》，载彼得·J. 卡岑斯坦编《权力与财富之间》，陈刚译，吉林出版集团有限责任公司 2007 年版，第 361—412 页；G. John Ikenberry，"The Irony of State Strength：Comparative Responses to the Oil Shocks in the 1970s"，*International Organization*，Vol. 40，No. 1，1986，pp. 105 - 137；G. John Ikenberry，*Reasons of States：Oil Politics and the Capacities of American Government*，Ithaca：Cornell University Press，1988。

③ ［英］苏珊·斯特兰奇：《国家与市场（第二版）》，杨宇光等译，上海人民出版社 2012 年版，第 197—217 页；Robert B. Stobaugh，"The Oil Companies in the Crisis"，*Daedalus*，Vol. 104，No. 4，1975，pp. 179 - 202；David S. Painter，"International Oil and National Security"，*Daedalus*，Vol. 120，No. 4，1991，pp. 183-206。

④ ［美］罗伯特·基欧汉：《霸权之后：世界政治经济中的合作与纷争》，苏长和等译，苏长和校，上海人民出版社 2012 年版，第 135—231 页。

还分别围绕能源安全的定义、美国保障其能源安全的政策选择及其政治动因、特定国家和地区的能源安全形势等具体议题进行了综述性或实证性分析。①

21 世纪以来，经济增长逐渐成为能源政治经济学的主流关注议程。探讨能源开发与经济增长、增长失衡之间关系的实证性研究如雨后春笋般大量涌现。② 这些研究大多旨在对特定变量的作用机制进行反复地证实或证伪，并且针对特定区域或国家的经验现象开展大量精细化的比较研究。③ 对政治学与国际关系领域中 21 本顶尖或主流学术期刊的统计显示：聚焦于能源与经济增长议题的研究在 20 世纪 70—90 年代屈指可数；自 21 世纪初迅速增加，以致占据了能源政治经济学刊发文章的半壁江山，详见图 0-4。④ 也就是说，能源与经济增长议题在过去 20 年里牢牢占据着能源政治经济学的核心议程之位置。⑤ 从学科演进的视角来看，能源政治经济学在关注领域和研究议程上正逐渐向发展政治经济学靠拢，这两个子学科围绕能源与经济增长的学理性探讨出现了明显的趋近甚至合流。

---

① 分别详见 David A. Deese，“Energy：Economics，Politics，and Security”，*International Security*，Vol. 4，No. 3，Winter 1979/1980，pp. 140－153；Stephen D. Krasner，*Defending the National Interest：Raw Materials Investments and U. S. Foreign Policy*，Princeton：Princeton University Press，1978；Harold Lubell，“Security of Supply and Energy Policy in Western Europe”，*World Politics*，Vol. 13，No. 3，1961，pp. 400－422。另可参见 Joseph S. Nye，“Energy and Security in the 1980s”，*World Politics*，Vol. 35，No. 1，1982，pp. 121－134。

② 埃利萨奥斯·帕派拉克斯（Elissaios Papyrakis）根据谷歌学术的统计指出：讨论能源“资源诅咒”的研究在 1995 年仅为 13 篇，在 2005 年增加至 543 篇，在 2015 年增加至 2360 篇。详见 Elissaios Papyrakis，“The Resource Curse—What Have We Learned from Two Decades of Intensive Research：Introduction to the Special Issue”，*Journal of Development Studies*，Vol. 53，No. 2，2017，p. 175。

③ 详见本书第二章和第三章。

④ 21 本期刊分别为：*American Journal of Political Science*，*American Political Science Review*，*Annual Review of Political Science*，*British Journal of Politics and International Relations*，*British Journal of Political Science*，*Comparative Political Studies*，*Comparative Politics*，*European Journal of International Relations*，*International Affairs*，*International Organization*，*International Security*，*International Studies Quarterly*，*Journal of Conflict Resolution*，*Journal of Peace Research*，*Journal of Politics*，*New Political Economy*，*Review of International Political Economy*，*Review of International Organizations*，*Review of International Studies*，*Security Studies*，*World Politics*。

⑤ 需要强调的是，“能源诅咒”议题占据了能源政治经济学的核心议程而非全部。对近年来该领域研究议题的梳理详见 Llewelyn Hughes，Phillip Y. Lipscy，“The Politics of Energy”，*Annual Review of Political Science*，Vol. 16，2013，pp. 449－469；Caroline Kuzemko，Andrew Lawrence，Matthew Watson，“New Directions in the International Political Economy of Energy”，*Review of International Political Economy*，Vol. 26，No. 1，2019，pp. 1－24。

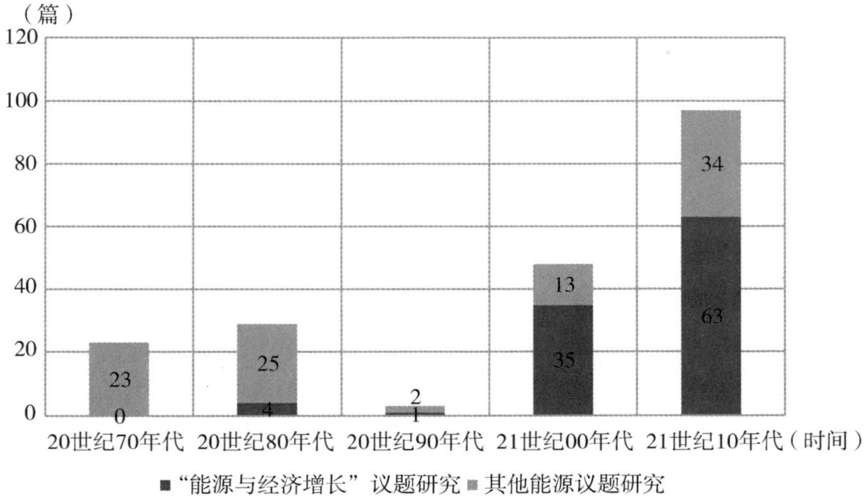

图 0-4　关于"能源与经济增长"议题的研究在学科主要期刊中的刊发情况

能源政治经济学之所以出现"发展转向"，其原因在于学界对"能源诅咒"（Energy Curse）议题的学理性讨论与日俱增。主要能源出口国经济增速缓慢、停滞甚至衰退的普遍性使研究者在对这一经验现象进行分析时发现了能源与经济增速缓慢的高度相关性，进而提出并沿用"能源诅咒"这一学术概念。① 此后，围绕"能源诅咒"大量未尽的细分领域出现了一轮接一轮研究浪潮，其中"能源诅咒"的生成原因至今仍被视作亟待深入探讨的理论命题和"永不终结"的学术议程。

经验层面能源出口国之间日益凸显的经济增长失衡以及学理层面能源政治经济学在近年来的"发展转向"同时指向了一系列问题：多数能源禀赋丰裕的国家通过大规模能源出口获得了可观的经济收益，但为何此类国家却往往难以据此实现经济的持续稳健增长——即"能源诅咒"何以产生？虽然大多数能源出口国陷入了"能源诅咒"，但加拿大、挪威等国家则通过大规模能源出口却获得了持续稳健的经济增长。对于后一类国家，能源并非拖累其经济增长的"诅咒"而是推动经济增长的"祝福"。那么究竟是什么因素导致能源出口国之间产生了陷入"能源诅

---

① Richard M. Auty, *Sustaining Development in Mineral Economies: The Resource Curse Thesis*, London: Routledge, 1993, pp. 1-10，对"能源诅咒"更为详尽、可操作化的概念界定详见第一章第三节。

咒"与获得"能源祝福"（Energy Blessing）的分流？[①] 为何获得"能源祝福"与古典经济学的学理逻辑基本一致，相反陷入"能源诅咒"则与之完全背离？"能源诅咒"的生成究竟是遵照经济性逻辑还是另有政治性根源？主要能源出口国能否通过特定的举措避免或者摆脱"能源诅咒"？[②] 基于对上述问题的探讨，本书致力于重新阐释"能源诅咒"生成的根源及机理。

研究问题的选择在一定程度上影响了研究目标的设定。某一研究问题之所以重要，是因为其兼具真实性、基础性、简约性和新颖性。[③] 基于这一标准来检视"'能源诅咒'何以生成"的研究问题，可以发现：首先，主要能源出口国形成了难以弥合的发展鸿沟，其中的大多数国家很难实现经济的持续稳健增长的经验现象具有普遍性且能够得到明确的识别，因而该研究问题是真实存在的。[④] 其次，"能源诅咒"的生成问题在本质上是国家的经济增长问题及国家间的增长失衡问题，其基础性不言而喻。再者，该研究问题相对直观简明，具有简约性。然而不可否认的是，"能源诅咒"的生成问题并不新颖，其相关假说最早由理查德·奥蒂（Richard Auty）于 1993 年提出，而与之高度相关的"荷兰病"（Dutch Disease）生成问题则要追溯至 20 世纪 70 年代甚至更早。[⑤] 由于"'能源诅咒'何以生成"的研究问题具有真实性、基础性、简约性而缺乏新颖性，本书的目标并不在于发掘与能源与经济增长相关的新现象，而是致力于回应上文已经提及的经验现象；并不在于独辟蹊径地提出对

① "能源祝福"与"能源诅咒"本是两个带有文学色彩的非学术概念，但考虑到两者已经在现有的研究中被广泛、频繁地使用，因此本书也沿用了这两个概念。在此仅试举 3 例：Alan Gelb and Associates, *Oil Windfalls: Blessing or Curse*, Oxford: Oxford University Press, 1988; Frederick van der Ploeg, "Natural Resources: Curse or Blessing?", *Journal of Economic Literature*, Vol. 49, No. 2, 2011, pp. 366-420; Michael L. Ross, *The Oil Curse: How Petroleum Wealth Shapes the Development of Nations*, Princeton: Princeton University Press, 2012, p. 4。

② 虽然笔者在提出研究问题时力求涵盖赵鼎新所总结的差异性发问的 6 个要素，但不可否认的是，笔者未能完全实现这一目标。对于差异性发问艺术的探讨详见赵鼎新《质性社会学研究的差异性发问和发问艺术》，《社会学研究》2021 年第 5 期，第 116—122 页。

③ 卢凌宇：《研究问题与国际关系理论的"重要性"》，《世界经济与政治》2017 年第 5 期，第 79—92 页。

④ 对于"能源诅咒"真实性的详尽讨论详见本书第一章。

⑤ 相关梳理详见第二章第一节。尽管"'能源诅咒'何以生成"的研究问题并不新颖，但"在同等条件下，更基础的问题比更新颖的问题重要"。详见卢凌宇《研究问题与国际关系理论的"重要性"》，《世界经济与政治》2017 年第 5 期，第 92 页。

“能源诅咒”生成原因的全新解释，而是致力于系统性地整合多条成熟的因果机制，进而提出更具整合性和一般性的解释；并不在于对既有研究进行面面俱到的研究综述，而是致力于进行实证检验。①

二　研究设计及研究方法

研究问题与研究目标决定了研究方法的选择空间与适用范围。罗伊·巴斯卡（Roy Bhaskar）在科学哲学领域做出了经典的阐释——本体论决定认识论，而认识论框定方法论。② 与之逻辑相类似，研究的客体与目标决定了研究的实施手段与具体方法。③ 亚当·普热沃斯基（Adam Przeworski）反复强调要成为一个根据研究问题来选择最适合研究方法的“方法论机会主义者”（Methodological Opportunist），杜绝由研究方法框定研究议程设定与研究问题选择这一本末倒置的情形。④ 综合来看，唐世平将社会科学的主要研究方法分为六大类，而埃文·利伯曼（Evan Lieberman）则基于定性—定量、宏观—微观、观察—试验这3个维度归纳出了17种研究方法及其特质。⑤ 在充分考虑不同研究方法的特质和适用性的基础上，本书将运用定量回归分析（Quantitative Regression Analysis，QRA）、定性比较分析（Qualitative Comparative Analysis，QCA）、合成控制分析（Synthetic Control Analysis，SCA）和比较历史分析（Comparative Historical Analysis，CHA）这4种方法来探求“能源诅咒”的生成

---

① 设定上述三个目标的原因分别在于：在现有研究密度和研究水平之下，发掘出前人未能关注到的新经验现象几无可能；提出与既有研究完全不同且逻辑自洽的因果机制几无可能；相关的综述性研究已经比比皆是，而实证性研究更可能突破知识的边界。

② Roy Bhaskar, *A Realist Theory of Science*, London: Routledge, 2008, pp. 5, 30.

③ 唐世平：《观念、行动和结果：社会科学的客体和任务》，《世界经济与政治》2018年第5期，第33—59页。

④ Atul Kohli, Peter Evans, Peter J. Katzenstein, Adam Przeworski, Susanne Hoeber, James C. Scott, Theda Skocpol, “The Role of Theory in Comparative Politics: a Symposium”, *World Politics*, Vol. 48, No. 1, 1995, p. 16；需要额外指出的是Przeworski的正确英译应当为舍沃斯基，但本书仍沿用了国内学界的普遍译法。

⑤ 唐世平：《观念、行动和结果：社会科学的客体和任务》，《世界经济与政治》2018年第5期，第54页；Evan S. Lieberman, “Nested Analysis: Toward the Integration of Comparative-History Analysis with Other Social Science Methods”, in James Mahoney and Kathleen Thelen, eds., *Advances in Comparative-Historical Analysis*, Cambridge: Cambridge University Press, 2015, p. 243.

根源并揭示其产生作用的因果机制。

对不同研究方法的综合运用一定建立在混合方法研究设计的基础上。在历经多年定性与定量的“两种传承”（Two Cultures）之争后，方法论的多元主义和混合研究设计广为人们所接受。① 戴维·莱汀（David Laitin）指出，只有将定量分析、定性分析和形式模型分析三者结合起来才可能提供扎实深刻的分析。② 与之类似，加里·格尔茨（Gary Goertz）不仅强调著作形式的研究都应该采用混合研究方法，并且提出了要将建构因果机制、跨案例推断和案例内因果推断加以整合的被称作“研究三和弦”（Research Triad）的研究设计思想。③ 基于此，本书参照利伯曼和约翰·克雷斯维尔（John Creswell）等关于混合实证研究方法的选择和操作要求，分别运用QRA、QCA、SCA和CHA这4种方法进行“一致性平行实证检验”。该检验要求运用不同的研究方法分别开展互不影响的研究，即分别搜集数据、资料并分别先后进行定量和定性研究，进而实现研究结论的互证和对因果机制的多重稳健性检验。④

第一，本书运用QRA，初步揭示变量间所存在的因果效应。统计和计量分析在跨案例层面上能够有效识别数个变量之间的相关关系，并且在满足“随机抽样”和“其他条件不变”条件的前提下实现初步的因果推断。⑤

---

① 祁玲玲：《定量与定性之辩：美国政治学研究方法的融合趋势》，《国外社会科学》2016年第4期，第130—137页；［美］加里·格尔茨、詹姆斯·马奥尼：《两种传承：社会科学中的定性与定量研究》，刘军译，格致出版社2016年版，第3页；王炳权：《政治学研究方法的演进逻辑与趋势——基于中外政治学期刊的文献计量分析》，《华中师范大学学报（人文社会科学版）》2020年第3期，第1—3页；詹姆斯·D. 费伦、大卫·D. 莱廷：《定性与定量研究方法的融合》，载［美］珍尼特·M. 博克斯-史蒂芬斯迈埃尔等编：《牛津政治学研究方法手册（下）》，人民出版社2020年版，第719页。

② David Latin, “The Perestroikan Challenge to Social Science”, *Politics & Society*, Vol. 31, No. 1, 2003, pp. 163-184.

③ Gary Goertz, *Multimethod Research, Causal Mechanisms, and Case Studies: An Integrated Approach*, Princeton: Princeton University Press, 2017, pp. 1-3. 更多的梳理详见［美］詹森·西赖特《多元方法社会科学：定性和定量工具的结合》，王彦蓉、余利青译，格致出版社2020年版，第1—3页。

④ John W. Creswell, Vicki L. Clark, *Designing and Conducting Mixed Methods Research*, SAGE Publications, 2011, pp. 69-82; Evan S. Lieberman, “Nested Analysis as a Mixed-Method Strategy for Comparative Research”, *American Political Science Review*, Vol. 99, No. 3, 2005, pp. 435-452.

⑤ 需要补充的是，此处所述的“能够有效识别因果关系”绝非“必然/自然能识别因果关系”。实际上，无论是狭义上的“因果识别”，还是范畴更广的“一般意义上的识别”，（转下页）

统计和计量分析中尤以回归分析的应用范围最广、操作最为成熟。为此，本书运用 QRA 初步揭示主要能源出口国的经济现代化始点、能源产业联盟形态、能源产权制度类型与该国经济增长之间是否存在可识别的因果效应。之所以在此强调“初步”，是因为一方面统计和计量分析很难真正满足“其他条件不变”的条件，因而在逻辑上无法排除“后门路径”（Back-Door Path）；另一方面，变量之间交互效应（Interaction Effect）的存在意味着伴随着变量数量的增加，统计和计量分析的效用越来越差。① 这些问题的存在有赖于运用其他研究方法加以弥补。

第二，本书运用 QCA，通过对中小样本的考察实现对因果效应的再检视。马克斯·韦伯（Max Weber）和尼尔·斯梅尔塞（Neil Smelser）将社会科学研究方法划分为案例比较法、实验法和统计计量方法。② 其中，统计计量方法与案例比较方法在观察样本的规模以及具体研究操作上出现了两种不同的取向：前者被普遍用于 100 个以上样本及更高量级样本的研究中；后者在具体操作中用于对比的案例往往不超过 10 个。③ 正是为了弥补统计方法和案例比较法在分析样本量为 10—100 的中小规模样本上的薄弱之处，查尔斯·拉金（Charles Ragin）等学者开发了 QCA 并规范了其操作规程。④ 各种类型的 QCA 都能够很好地分析中小规模样本变量间的条件关系，在分析中小规模样本时展现出了良好的适用性。⑤ 就本书

（接上页）都应追求假定的清晰度和透明度，遵循严格信度标准下的“设计驱动型”实证研究设计范式及其他具体要求。对于识别及其革命的更详细讨论，详见庞珣《避免“下不该下的结论”——社会科学研究中的识别与信度》，《中国社会科学评价》2021 年第 3 期，第 62—71 页。

① 唐世平：《观念、行动和结果：社会科学的客体和任务》，《世界经济与政治》2018 年第 5 期，第 52、55 页。

② ［瑞士］丹尼尔·卡拉曼尼：《基于布尔代数的比较法导论》，蒋勤译，格致出版社 2012 年版，第 12—22 页。

③ Edward Evans - Pritchard, *The Comparative Method in Social Anthropology*, London: Athlone Press, 1963, p. 22; Theda Skocpol, Margaret Somers, “The Uses of Comparative History in Macrosocial Inquiry”, *Comparative Studies in Society and History*, Vol. 22, No. 2, 1980, pp. 174-197.；目前尚无对于统计分析、案例比较法适用案例数（或样本数）明确的统一规定，上述阈值的得出基于约定俗成的操作要求以及对采用上述方法的研究成果的观察。

④ Charles Ragin, *The Comparative Method: Moving beyond Qualitative and Quantitative Strategies*, Berkeley: University of California Press, 1987; Charles Ragin, *Fuzzy Sets Social Science*, Chicago: University of Chicago Press, 2000;［美］查尔斯·C. 拉金：《重新设计社会科学研究》，杜运周等译，机械工业出版社 2019 年版。

⑤ 刘丰：《定性比较分析与国际关系研究》，《世界经济与政治》2015 年第 1 期，第 103—104 页。

而言，对“能源祝福”与“能源诅咒”经验现象的有效识别可能难以建立在年度面板数据的基础上，因此样本规模为主要能源出口国的个数，由此需要借助QCA进行分析。值得注意的是，QCA的必要条件和充分条件分析能够有效弥补回归分析识别变量间交互效应的短板。在回归分析中，将不同自变量的交互项纳入模型将得到大相径庭的结果，以至于其在分析多于3个自变量的交互效应时面临着几乎无法克服的障碍。① 而在QCA中，基于同一真值表的必要条件和充分条件分析将得到固定的解，且条件变量共同产生作用的所有情况都被逐一发掘。据此，本书QCA能够有效弥补回归分析的上述不足。然而，特别需要认识到QCA在反事实分析上存在明显的薄弱环节，这一短板需要通过其他研究方法加以弥补。②

第三，本书运用SCA，基于“反事实”的思想在案例内部层次上进行因果效应检验。在科学哲学领域，反事实分析和因果机制分析是因果效应分析的两条最重要路径，两条路径各自的拥护者分别在戴维·刘易斯（David Lewis）和韦斯利·萨尔蒙（Wesley Salmon）的带领下进行激烈的论战。③ 反事实思想在个案研究、小样本案例分析和大样本案例分析中均有不同的应用，其中就包括在个案研究层面的SCA。SCA通过将用于对照的多个案例合成为控制组并将其与受到干预的个案进行比较，而合成控制组的过程充分体现了反事实的思想。④ 如果拟合而成的反事实控制组与受干预个案的特定属性在某一节点前高度相似，而在此后出现明显的分异，那么导致该节点效应的特定变量就是其所探求的原因。SCA正是通过实现这一识别和检验过程来进行因果推断。可以说，SCA

① 唐世平：《观念、行动和结果：社会科学的客体和任务》，《世界经济与政治》2018年第5期，第52页。

② Kevin Clarke，“Logical Constraints：The Limitations of QCA in Social Science Research”，*Political Analysis*，Vol. 28，No. 4，2020，pp. 563-565.

③ 蒋建忠：《“反事实”框架与政治学因果推论》，《北大政治学评论》2018年第1期，第75页；Luke Keele，“The Statistics of Causal Inference：A View from Political Methodology”，*Political Analysis*，Vol. 23，No. 3，2015，pp. 313-314；对“反事实”的渊源及其演进的梳理详见［美］朱迪亚·珀尔、达纳·麦肯齐：《为什么：关于因果关系的新科学》，江生、于华译，中信出版集团2019年版，第237—244页。

④ 蒋建忠、钟杨：《合成控制法及其在国际关系因果推论中的应用》，《国际观察》2018年第4期，第84—103页；Alberto Abadie，Alexis Diamond，Jens Hainmueller，“Comparative Politics and the Synthetic Control Method”，*American Journal of Political Science*，Vol. 59，No. 2，2015，pp. 495-510.

不仅有效弥补了 QCA 在反事实分析上的薄弱环节，而且将对因果效应的讨论从跨案例层次拓展到了案例内层次。①

第四，本书通过 CHA，即在宏观结构层面将过程追踪与比较分析相结合，以此充分揭示因果机制的作用过程。② 一方面，本书重点追踪主要变量的作用时序及过程。③ QRA 和 QCA 侧重于对因果效应发掘而非因果机制分析，而 SCA 背后反事实的科学哲学基础与因果机制分析分属不同的路径，这意味着这 3 种研究方法均不能很好地揭示因果机制及其作用过程。④ 正如亚历山大·乔治（Alexander George）、安德鲁·巴内特（Andrew Bennett）和杰弗里·查克尔（Jeffrey Checkel）所述，过程追踪分析专注于对个案的深度描述和分析，其"多米诺骨牌"式的递推方式特别有助于揭示变量作用的时序、路径和过程，因而在因果机制分析上具有独特的优势。⑤ 按照罗伯特·贝茨（Robert Bates）等的标准，过程追踪分析在形式上是一种"分析性叙述"（Analytic Narratives），该方法"既是叙述性的，它更关注故事、解释和环境。它也是分析性的，旨在厘

① Gary Goertz, *Multimethod Research, Causal Mechanisms, and Case Studies: An Integrated Approach*, Princeton: Princeton University Press, 2017, p. 2.

② James Mahoney, Dietrich Rueschemeyer, eds., *Comparative Historical Analysis in the Social Sciences*, Cambridge: Cambridge University Press, 2003; James Mahoney, Kathleen Thelen, eds., *Advances in Comparative-Historical Analysis*, Cambridge: Cambridge University Press, 2015; John Gerring, "What is a Case Study and What is it Good For?", *American Political Science Review*, Vol. 98, No. 2, 2004, pp. 348-349.

③ 按照德里克·比奇（Derek Beach）等的划分，本书对过程追踪分析的运用属于"理论检验型过程追踪"（Theory-Testing Process-Tracing），即在给定的个案中检验是否有证据表明假设的因果机制的每一部分均在个案中出现，进而判断因果机制是否如预期确实发挥了作用。详见［丹麦］德里克·比奇、拉斯穆斯·布伦·佩德森《过程追踪法：基本原理与指导方针》，汪卫华译，格致出版社 2020 年版，第 14—16，57—61，145—153 页。Shiping Tang, Yihan Xiong and Hui Li, "Does Oil Cause Ethnic War? Comparing Evidence from Process-tracing with Quantitative Results", *Security Studies*, Vol. 26, No. 3, p. 385。

④ 需要明确的是，因果效应绝非因果机制，两者的差异分别详见［美］约翰·吉尔林《案例研究：性质与目的》，载［美］罗伯特·E. 戈定主编，卡尔斯·波瓦克斯、苏珊·斯托克斯编：《牛津比较政治学手册（上册）》，唐士其等译，人民出版社 2016 年版，第 89—121 页；Alexander George, Andrew Bennett, *Case Studies and Theory Development in the Social Sciences*, Cambridge: MIT Press, 2005, p. 137。

⑤ Alexander George, Andrew Bennett, *Case Studies and Theory Development in the Social Sciences*, Cambridge: MIT Press, 2005, p. 21; Andrew Bennett, Jeffrey Checkel, "Process Tracing: From Philosophical Roots to Best Practices", in Andrew Bennett and Jeffrey Checkel, eds., *Process Tracing: From Metaphor to Analytic Tool*, New York: Cambridge University Press, 2015, p. 6; Christine Trampusch, Bruno Palier, "Between X and Y: How Process Tracing Contributes to Opening the Black Box of Causality", *New Political Economy*, Vol. 21, No. 5, 2016, pp. 437-454.

清（变量）的作用过程，有助于深度探讨和解释"。[①] 考虑到过程追踪分析处于追求简约性、规律性的社会科学与追求还原性、独特性的历史人文学科的交汇点，本书将在对案例作尽可能充分的历史性、情境性叙述的基础上，再进行因果机制的识别和检验。[②]

另一方面，本书还需对"大结构"和"大过程"进行"大比较"。[③] 实际上，相比于对独立个案的过程追踪，建立在比较设计基础之上的过程追踪更有助于检验因果机制。[④] 正如阿伦·利普哈特（Arend Lijphart）所指出的那样，相比于独立个案的过程追踪，建立在比较设计基础之上的过程追踪能够提供更为坚实的假设检验基础。[⑤] 在约翰·密尔（John Mill）的求异法（Method of Difference）基础上，亚当·普热沃斯基等提出的"最相似系统设计"（Most Similar System Design）突破了只能进行单个自变量比较的限制，并且明显放宽了先前对比较研究中案例一致性的苛刻要求。[⑥] 综上两个方面，本书通过"最相似系统"的设计尽可能确保案例的横向可比性，在此基础上分别对两组案例进行宏观结构层面

---

① ［美］罗伯特·H. 贝斯等：《分析性叙述》，熊美娟、李颖译，中国人民大学出版社 2008 年版，第 9 页。

② 王立新：《国际关系理论家的预测为什么失败？——兼论历史学与国际关系学的差异与互补》，《史学集刊》2020 年第 1 期，第 4—10 页；卢凌宇、沙子舒：《国际关系学与外交史研究的借鉴与融合——从约翰·加迪斯对国际关系理论的批评谈起》，《国际政治研究》2021 年第 5 期，第 39 页。不可否认的是上述 2 个目标之间存在一定的张力，只能力求但无法完全实现。对这种张力的讨论详见汪卫华《"解耦"还是"脱钩"？——比较政治与区域研究的关联》，《国际政治研究》2021 年第 6 期，第 22—28 页。

③ Charles Tilly, *Big Structures, Large Processes, Huge Comparisons*, New York: Russell Sage Foundation, 1984.

④ 阿尔蒙德尤其强调了比较对于确保政治学研究科学性的重要意义，他指出"如果说比较是一种科学的话，那就没必要在政治学中强调比较法，因为不言而喻它就是比较的"。Gabriel A. Almond, "Political Theory and Political Science", *American Political Science Review*, Vol. 60, No. 4, 1966, p. 878。

⑤ 需要指出的是，虽然利普哈特所运用的概念分别为"比较方法"和"案例研究方法"，但这与本书所示的概念所表达的是一个意思。详见 Arend Lijphart, "Comparative Politics and the Comparative Method", *American Political Science Review*, Vol. 65, No. 3, 1971, pp. 682-693; Arend Lijphart, "The Comparative Cases Strategy in Comparative Research", *Comparative Political Studies*, Vol. 8, No. 2, 1975, pp. 158-177。

⑥ Adam Przeworski, Henry Teune, *The Logic of Comparative Social Inquiry*, New York: Wiley-Interscience, 1970, pp. 31-34; Theodore W. Meckstroth, "'Most Different Systems' and 'Most Similar Systems': A Study in the Logic of Comparative Inquiry", *Comparative Political Studies*, Vol. 8, No. 2, 1975, pp. 132-136; Henry Teune, "Comparative Research, Experimental Design, and the Comparative Method", *Comparative Political Studies*, Vol. 8, No. 2, 1975, pp. 195-199.

的过程追踪分析，特别注重分析每一组案例中自变量的关键性差异对因变量的重要影响。①

通过对上述四种研究方法的综合运用，本书能够最大限度地发挥各自研究方法的优势并获得更为稳健的实证结果。一方面，虽然“没有任何一种研究方法是完美无缺的”，但研究者仍可以通过混合研究设计与综合运用多种研究方法来弥补单一研究方法的缺陷，详见表0-1。② 另一方面，相比于运用单一研究方法分析得到的结果，运用不同研究方法所揭示的结果要更为稳健。

表0-1　　　　本书所用研究方法及其特征

	适用层次	案例/样本数量	优势	劣势	弥补该劣势的其他研究方法
定量回归分析	跨案例分析	大样本	发现具有一般性的因果效应	难以理清自变量之间的关系	定性比较分析
定性比较分析	跨案例分析	中小样本	发现具有一般性的因果效应	无法反事实建模	合成控制分析
合成控制分析	案例内分析	个案	模拟自然实验	实验门槛较高且无法分析因果机制	比较历史分析
比较历史分析	跨案例分析/案例内分析	个案	揭示因果机制	分析缺乏一般性	定量回归分析 定性比较分析

三　结构安排及章节概要

除了导论部分外，本书还将在下述七个正文章节及附录中继续探讨“能源诅咒”的生成根源及相应机制。具体的结构安排及各章的主要观点如下。

第一章重拾对“能源诅咒”现象真实性的讨论，以此排除一个潜在的竞争性解释并明确本书所要对话的文献范围。关于“能源诅咒”的浩

① 第五章引言部分将进一步说明本书对于案例可比性、国家选择、时段选择的操作。

② 对不同研究方法的适用性、特点及其背后的逻辑的探讨可详见叶成城《社会科学中的因果解释：逻辑、样本与方法的权衡》，《国外社会科学前沿》2021年第6期，第18—30页。

如烟海的讨论可以按照“诅咒”的本体划分为两类：其一为关于“政治能源诅咒”的研究，即讨论能源阻碍民主转型、强化专制统治的原因及相关机制；其二为关于“经济能源诅咒”的研究，即讨论能源拖累经济增长、诱发发展陷阱的原因及相关机制。对经验现象的检视表明：专制巩固主要限于特定地区或个别能源出口国，而大多数能源出口国则出现明显的民主转型；相比之下，经济增长缓慢、停滞甚至衰退则普遍存在于大多数能源出口国。对学理逻辑的检视表明：能源收益也会强化民主统治，并且其“亲稳定”而非“亲专制”，因而专制巩固更可能是由其他因素所致；相比之下，能源开发与出口可以通过多项机制拖累经济增长，其并未受到强有力的实质性挑战。因此，“政治能源诅咒”是因研究者的观察偏差臆想而成的“学术海市蜃楼”，而“经济能源诅咒”才是值得攀登的“学术高峰”。基于此，本书仅与探索“经济能源诅咒”生成原因的既有研究进行学术对话。考虑到有研究指出专制或非民主会拖累经济增长，证明“政治能源诅咒”并不存在也有效排除了能源导致专制而专制拖累经济增长这一潜在的竞争性解释。在上述讨论的基础上，第一章的末尾部分对本书研究因变量，即“经济能源诅咒”进行了明确的界定与操作化。

第二章梳理了讨论“能源诅咒”生成原因的研究谱系，重点关注并评析了宏观层次的研究。① 经济学范畴内的研究指出，能源所具有的“飞地属性”等产业特质、“荷兰病”效应、价格波动剧烈、对投资和创新等的挤出效应、扩大经济不平等、恶化国际贸易条件等导致了“能源诅咒”。政治学范畴内研究认为，能源会引起寻租和腐败、造成制度薄弱或制度弱化、诱发国内冲突、导致国家能力不足或弱化国家能力、产生“跨期困境”现象等，这些会导致“能源诅咒”。综述表明，关于“能源诅咒”生成原因的既有研究虽然提供了深刻的洞见但仍存有诸多未尽之处，因而需要在合理整合既有因果机制的基础上进一步追溯“能源诅咒”生成的政治性根源。第二章的额外发现在于，导致“能源诅咒”生成的变量及其相应机制应该外生于而非内生于能源，因而能源丰裕或能

① 第一章的讨论表明“政治能源诅咒”并不存在，因而本书对“能源诅咒”的讨论为“经济能源诅咒”。为便于简化，自第二章起“能源诅咒”特指“经济能源诅咒”。

源繁荣绝非“能源诅咒”生成的根源。

第三章由直接到间接，以反向递推的方式逐步回溯了诱发“能源诅咒”的结构性变量并阐释了其作用机制。首先，如果一国拥有能源产业畸大的产业结构，这会在国内层面拖累后续的工业化进程、在国际层面放大能源价格波动的负面效应，由此直接拖累其经济增长。向前追溯，实力强大的能源产业联盟以及在能源领域实行国家产权制度使能源产业有能力且必须（必然）贡献超额税汇、提供过度补贴、影响选举结果，进而导致政府与政治家对能源产业形成了病态的依赖，不可避免地导致了国家最终形成能源产业畸大的产业结构。① 进一步向前追溯，国家开启经济现代化进程的早晚极大地影响了其经济发展模式。经济现代化始点较晚的能源出口国往往采取政府直接强力干预经济的“追赶型”发展模式，该模式有助于其在短期内催生实力强大的能源产业联盟并建立能源领域的国家产权制度。由此，本书建立了以经济现代化始点为自变量、以产业联盟形态与产权制度类型为中间变量的分析框架。上述理论推演初步阐明了“能源诅咒”的政治起源，即“能源诅咒”本质上是一种“现代化诅咒”。第三章行文过程中也适时穿插了对自变量及中间变量的界定与操作化。

第四章分别运用 QRA、QCA 和 SCA 检验了上述分析框架所示的因果效应。第一，在阐述变量选取及其测量以及描述性统计的基础上，运用二阶段最小二乘法等 2 种方法进行回归分析，另外运用广义矩估计等其他方法开展了 4 项稳健性检验。QRA 验证了本书研究分析框架的有效性和因果效应的存在性，逐一证实了与分析框架相对应的各项假说。第二，QCA 的结果也表明经济现代化始点晚、能源产业联盟实力强和在能源领域实行国家产权制度均具有很高的吻合度和覆盖度，印证了这 3 个条件变量是导致“能源诅咒”的必要条件和重要的充分条件。第三，SCA 通过分别构造挪威、委内瑞拉的反事实控制组与上述 2 个国家进行对照，再次证实了上述分析框架具有良好的解释力。

第五章和第六章运用 CHA 分别对挪威与委内瑞拉、加拿大与俄罗斯

① 第三章第三节将细致地阐明强大的能源产业联盟与能源产业畸大的产业结构并非同义反复和循环论证，两者在时序上存有先后，表达的也并非一个意思。

这 4 个国家所组成的两组案例进行了宏观结构与过程的比较研究。本书通过对上述国家的历史梳理，逐步追踪了经济现代化始点、产业联盟形态与产权制度类型这 3 个变量的作用时序与作用过程。简单来说，挪威与加拿大同属较早开启第二波现代化的国家，各个产业基本以“原生型”模式自主发展，政府对能源产业的推动与干预也较为有限。这导致上述两国能源产业联盟与其他产业联盟的实力相对平衡、基本在能源领域建立了私人产权制度，因此两国的能源产业并不畸大更未拖累经济增长。相比之下，委内瑞拉属于第二波现代化国家中的后来者而俄罗斯的现代化进程被频繁地打断，为此两国政府试图采取更为直接积极的“追赶型”模式来驾驭经济，特别是大力支持能源产业的发展。这导致委、俄两国能源产业联盟的实力明显强于其他产业联盟、在能源领域建立了国家产权制度，因此两国的能源产业明显畸大且导致了政府的病态依赖。最终委内瑞拉与俄罗斯的后续工业化发展与产业升级基本停滞并频繁遭受国际能源价格波动的冲击，彻底陷入了“能源诅咒”的陷阱。

结论部分简述了本书研究的学术发现、潜在价值、不足之处及后续研究的突破方向。这一部分还对论证的未尽之处、可能引发争议的内容进行了必要的补充说明，以此明确本书研究的解释边界并防御可能出现的批评。

附录部分还包括三方面内容。其一，学术访谈记录，记录了笔者为推进本书研究而开展的 30 次学术访谈，并以时间为序逐一列出了历次学术访谈的相关信息。其二，配套数据集说明，介绍了笔者所建立的配套数据集的若干重要信息。其三，稳健性检验结果，汇报了无须在正文中呈现的多个定量回归结果和稳健性检验结果。

第一章

“能源诅咒”的经验现象：高峰还是蜃楼

这种（经济）资源诅咒绝对是一个真实存在的现象。[1]

——杰弗里·萨克斯（Jeffrey Sachs）

安德鲁·华纳（Andrew Warner）

国家的生活如何，其极其重要的因素在于其政治文化……而并非其资源水平。[2]

——约翰·罗尔斯（John Rawls）

---

① Jeffrey D. Sachs, Andrew M. Warner, "Natural Resources and Economic Development: The Curse of Natural Resources", *European Economic Review*, Vol. 45, No. 4-6, 2001, p. 837.

② ［美］约翰·罗尔斯：《万民法：公共理性观念新论》，张晓辉等译，吉林人民出版社 2001 年版，第 124—125 页。

在进行学理层面的讨论之前，有必要对“能源诅咒”的经验现象加以识别。唯有如此才能确定“能源诅咒”究竟是切实存在的经验现象以及值得攀登的“学术高峰”，还是仅仅因研究者的观察偏差臆想而成的“学术海市蜃楼”（Academic Mirage）？对“能源诅咒”现象真实性的探讨既非故弄玄虚也非小题大做。实际上，对该问题的讨论自“能源诅咒”研究议程兴起以来就一直存在，相应的争论延续至今。萨克斯和华纳指出，讨论能源与经济增长的研究亟须回应两个问题，其中之一便是“诅咒真的存在吗”。[①] 罗伯特·迪肯（Robert Deacon）在其长篇综述的终章也意味深长地提及该问题，暗示对“能源诅咒”真实性的讨论仍是未来研究的方向之一。[②] 罗斯在其关于“能源诅咒”的新晋综述研究中指出了该议题领域所存在的三场大争论，其中之一便是围绕“能源诅咒”真实与否而展开的争论。[③] 因此本章重拾了对“能源诅咒”现象真实性的讨论，以此明确本书研究所要对话的文献范围，进而为后续章节的分析奠定基础。

当前研究者发掘出了“能源诅咒”的两个主要的病理现象，这两种现象可以概括为“政治能源诅咒”和“经济能源诅咒”。[④] 其中，前者意指能源开发与出口阻碍民主转型、强化专制统治；后者则指能源开发与

---

① Jeffrey D. Sachs, Andrew M. Warner, “Natural Resources and Economic Development: The Curse of Natural Resources”, *European Economic Review*, Vol. 45, No. 4-6, 2001, pp. 828-833.

② Robert T. Deacon, “The Political Economy of the Natural Resource Curse: A Survey of Theory and Evidence”, *Foundations and Trends in Microeconomics*, Vol. 7, No. 2, 2011, pp. 197-200.

③ Michael L. Ross, “What Have We Learned about the Resource Curse?”, *Annual Review of Political Science*, Vol. 18, 2015, pp. 240-241. 这篇文章经修改扩充后收录于《牛津发展政治学手册》之中，但由于两个版本总体差别不大，后文不再特别引用《牛津发展政治学手册》中的版本。详见 Michael L. Ross, “The Politics of the Resource Curse”, in Carol Lancaster and Nicolas van de Walle, eds., *The Oxford Handbook of The Politics of Development*, Oxford: Oxford University Press, 2018, pp. 200-223。

④ 对“政治能源诅咒”和“经济能源诅咒”的划分和较具有代表性的文献综述详见 Carl Henrik Knutsen, Andreas Kotsadam, Eivind Hammersmark Olsen, Tore Wig, “Mining and Local Corruption in Africa”, *American Journal of Political Science*, Vol. 61, No. 2, 2017, pp. 321-322。

出口拖累经济增长、诱发发展陷阱。由此而生的问题在于"政治能源诅咒"和"经济能源诅咒"的病理现象是否真实存在？既有研究对上述两个病理现象的分析是否自洽？本章的目标在于回答这些问题。对此，第一节梳理并评析了旨在探讨"政治能源诅咒"的系列研究。第二节梳理并评析了关注"经济能源诅咒"的系列研究。在此基础上，第三节重新检视了上述两个病理现象及与之相关的学理讨论，进而据此排除了一个宏观层面的竞争性解释。

此外需要注意的是，鉴于既有研究在不同层面上分别探讨了"资源诅咒"（Resource Curse）、"能源诅咒"、"石油诅咒"（Oil Curse）、"钻石诅咒"（Diamond Curse）等涉及不同范畴、不同能源或资源种类的经验现象及其机制，本书研究需要理清其关系，并阐明分别聚焦于上述不同"诅咒"的研究在理论机制上具有共通性。广义上的资源既包括石油、天然气等提供动力的能源，也包括铁、有色金属、钻石等其他品类的资源。① 因此，"资源诅咒"的概念范畴最为宽泛；"能源诅咒"主要涉及石油和天然气这两个极具战略性和商业价值的大宗产品；而"石油诅咒"和"钻石诅咒"等仅触及特定的某个能源或资源品类。② 考虑到铁矿与各类有色金属资源的物理性状差异巨大，加之其经济与战略价值也因国而异，本书研究聚焦于物理性状以及经济战略价值更具一般性的能源而非广义的自然资源，重点关注了由石油和天然气出口所引发的"能源诅咒"。③

---

① Richard M. Auty, *Sustaining Development in Mineral Economies: The Resource Curse Thesis*, London: Routledge, 1993, p. 3; Michael L. Ross, "What Have We Learned about the Resource Curse?", *Annual Review of Political Science*, Vol. 18, 2015, pp. 241-243; Ramez Abubakr Badeeb, Hooi Hooi Lean, Jeremy Clark, "The Evolution of the Natural Resource Curse Thesis: A Critical Literature Survey", *Resources Policy*, Vol. 51, 2017, p. 124.

② 虽然煤炭也是极其重要的能源产品，但是考虑到其战略性和商业价值远不如石油和天然气、对整个国家经济增长的推动作用相对有限、"石油时代"取代了"煤炭时代"，本书对"能源诅咒"的讨论并不涉及煤炭。

③ 已有研究表明由于物理性状的差异，能源和其他非能源类资源的开发和出口会产生不同的政治及经济效应。详见 Moises Arce, Rebecca E. Miller, Christopher F. Patane, Marc S. Polizzi, "Resource Wealth, Democracy and Mobilisation", *Journal of Development Studies*, Vol. 54, No. 6, 2018, pp, 949-967; Stephen Knack, "Sovereign Rents and Quality of Tax Policy and Administration", *Journal of Comparative Economics*, Vol. 37, No. 3, 2009, pp. 359 - 371; Sambit Bhattacharyya, Louis Conradie, Rabah Arezki, "Resource Discovery and the Politics of Fiscal Decentralization", *Journal of Comparative Economics*, Vol. 45, No. 2, 2017, pp. 366-382; Stephen R. Bond, Adeel Malik, "Natural Resources, Export Structure, And Investment", *Oxford Economic Papers*, Vol. 61, No. 4, 2009, pp. 675-702。

然而除了上述差异外，“资源诅咒”与“能源诅咒”及其他与特定能源或资源品类相关的“诅咒”在生成机理上具有较明显的相似性，相关研究所提出的分析框架和解释逻辑也具有明显的共通性。因此本书研究不再区分探讨上述不同“诅咒”的研究在能源和资源范畴上的差异，而只注重其解释机制和论证逻辑。

第一节　“政治能源诅咒”：能源与专制巩固

对“政治能源诅咒”的讨论聚焦于能源与民主、专制之间的关系，其核心观点为：一国开发和出口能源将导致专制巩固。① 根据该领域研究的普遍划分，“政治能源诅咒”又可以被进一步细分为两个病理现象：阻碍民主转型和强化专制统治。具体而言，前者是指能源开发和出口阻碍一国的政治体制向更民主的方向转型；后者是指能源开发和出口使政府或政治家的专制统治进一步加强，进而使该国的政治体制从相对民主转变为相对专制。②

一　阻碍民主转型

能源可能阻碍民主转型的现象引发了人们的普遍关注和广泛探讨。一方面，大众媒体对这一病理现象及其存在的国家进行了大量的报道和分析。例如，托马斯·弗里德曼（Thomas Friedman）提出了“石油政治

---

① 需要特别说明的两点分别是，其一，尽管非民主与专制的概念范畴并不完全一致，但本研究不再刻意辨析两者各自丰富的意涵并严格区分其概念差异。其二，“政治能源诅咒”具有广义和狭义之分，前者是指由能源开发和出口而导致的腐败、内战和专制巩固；后者仅特指由能源开发和出口而导致的专制巩固。两种概念范畴可分别详见 Michael L. Ross，“What Have We Learned about the Resource Curse?”，*Annual Review of Political Science*，Vol. 18，2015，p. 239；Anar K. Ahmadov，“Oil，Democracy，and Context：A Meta-Analysis”，*Comparative Political Studies*，Vol. 47，No. 9，2014，p. 1239。

② Michael L. Ross，“What Have We Learned about the Resource Curse?”，*Annual Review of Political Science*，Vol. 18，2015，p. 245；Michael L. Ross，*The Oil Curse：How Petroleum Wealth Shapes the Development of Nations*，Princeton：Princeton University Press，2012，pp. 63–109；Anar K. Ahmadov，“Oil，Democracy，and Context：A Meta-Analysis”，*Comparative Political Studies*，Vol. 47，No. 9，2014，p. 1239；Carl Henrik Knutsen，Andreas Kotsadam，Eivind Hammersmark Olsen，Tore Wig，“Mining and Local Corruption in Africa”，*American Journal of Political Science*，Vol. 61，No. 2，2017，pp. 321–322.

学第一定律”（The First Law of Petropolitics），旨在说明石油价格与石油出口国的民主程度呈现出负相关，持续的高油价严重损害了石油出口国的民主转型。[①] 莫伊塞斯·奈姆（Moises Naim）也指出“石油丰富的专制国家向民主转型的可能性要比石油匮乏的专制国家小得多”，因此石油就如同“恶魔的排泄物”（The Devil's Excrement）一样，充满诱惑但实际上非常危险。[②] 尽管大众媒体对能源阻碍民主转型的分析往往惯用夸张的自然语言叙述配以骇人的标题或概念，但这也从侧面反映出能源阻碍民主转型这一问题早已成为人们的固有认知。

另一方面，民主及民主化理论的研究者则在学理层面对这一现象进行了探讨。例如，查尔斯·蒂利（Charles Tilly）指出信任网络、种类平等和公共政治是实现民主的 3 个不可或缺的要素。然而通过检视俄罗斯和阿尔及利亚的民主发展，蒂利发现能源丰富国家的统治者更容易钳制军方并巩固其对自身的支持；同时统治者则丝毫无须面对公共政治和公民参与的压力。因此，丰富的能源明显有损于上述 3 个要素中的公共政治，进而阻碍了民主发展。[③] 卡莱斯·鲍什（Carles Boix）指出资产专用性对理解经济增长与民主转型之间的关系至关重要。他发现虽然民主政体出现的概率会随着人均收入的增加而增加，但很多富裕的石油输出国仍然没有出现民主转型。这一例外之所以出现，在于能源的资产专用性非常高，其相比金融资产和人力资本的流动性差得多。由于流动性差，能源的持有者更容易也更有动力去镇压各种民主运动。[④]

在能源政治经济学领域，对能源阻碍民主转型现象所进行的专门、严肃的探讨需要追溯至罗斯的开创性研究。他通过对全球 113 个国家从 1971 年至 1997 年的数据进行分析，探讨了能源阻碍民主转型现象的真实性和一般性，并且给出了解释该现象生成的因果机制。罗斯得出了四个重要的结论：第一，统计分析显示，石油的确阻碍了民主转型，即“石油有损于民主”；第二，中东以外的地区也面临着石油对民主转型的负面

① Thomas L. Friedman, “The First Law of Petropolities”, *Foreign Policy*, May/June 2006, pp. 28-36.

② Moises Naim, “The Devil's Excrement: Can Oil-rich Countries Avoid the Resource Curse?”, *Foreign Policy*, September 2009, pp. 159-160.

③ ［美］查尔斯·蒂利：《民主》，魏洪钟译，上海人民出版社 2015 年版，第 141—143 页。

④ ［美］卡莱斯·鲍什：《民主与再分配》，熊洁译，王正毅校，上海人民出版社 2018 年版，第 35—36 页。

影响；第三，非燃料的矿物资源也阻碍了民主转型；第四，至少存有3种机制阻碍民主转型。[①] 这3种机制分别为：（1）“食利者效应”（Rentier Effect），即能源丰裕国的政府利用低税率和补贴来避免承担更多责任；（2）“压制效应”（Repression Effect），即政府利用能源收益来更好地武装暴力机器进而阻碍民主运动；（3）“现代化效应”（Modernization Effect），即以能源和资源出口为基础的增长无法带来于有助于民主政府生成的社会和文化变革。[②] 需要注意的是，上述3种效应在很大程度上是互补的：“食利者效应”主要集中在政府使用财政措施来保持公众在政治上别无他求；“压制效应”强调政府使用武力威慑公众参与民主运动；“现代化效应”关注的是可能导致民主转型的社会和文化因素。

在后续的系列研究中，罗斯回应了主要批评者的意见，进一步修正和发展了其解释。面对斯蒂芬·哈伯（Stephen Haber）和维克多·梅纳尔多（Victor Menaldo）的批评，罗斯将能源阻碍民主转型的现象及其理论的解释边界收缩至20世纪70年代之后。[③] 在其专著中，罗斯特别强调了能源收入所具有的4个特点，即收益规模巨大；来源从本质上讲是一种非税收收入；价格波动异常剧烈；收入具有明显的不透明性。[④] 在以俄罗斯为案例论证“石油多，民主就少”时，罗斯指出石油收入规模大、非税收来源及不透明性破坏了问责制的形成基础，这意味着专制国家的政府更容易抗拒民主转型。由此，罗斯再一次印证了其先前的判断：“无论是对在中东还是在其他地区的石油国家而言，石油和民主绝不会轻易结合起来，向民主过渡的例子极为罕见。”[⑤]

除了罗斯的系列研究外，其他学者主要从三个方面对能源阻碍民主

---

① Michael L. Ross, “Does Oil Hinder Democracy?”, *World Politics*, Vol. 53, No. 3, 2001, pp. 356-357.

② Michael L. Ross, “Does Oil Hinder Democracy?”, *World Politics*, Vol. 53, No. 3, 2001, pp. 332-337.

③ Jørgen J. Andersen, Michael L. Ross, “The Big Oil Change: A Closer Look at the Haber-Menaldo Analysis”, *Comparative Political Studies*, Vol. 47, No. 7, 2014, pp. 993-1021.

④ Michael L. Ross, *The Oil Curse: How Petroleum Wealth Shapes the Development of Nations*, Princeton: Princeton University Press, 2012, p. 5.

⑤ Michael L. Ross, *The Oil Curse: How Petroleum Wealth Shapes the Development of Nations*, Princeton: Princeton University Press, 2012, p. 63, p. 93. 对本书的评介可参考 Ken Conca, “Complex Landscapes and Oil Curse Research”, *Global Environmental Politics*, Vol. 13, No. 3, pp. 131-137。

转型问题进行了探讨。其一，描述的能源丰裕不同国家和地区所存在的阻碍民主转型的现象。就中东国家而言，克里斯汀·魏尔泽（Christian Welzel）在讨论个体现代性时发现能源丰富的国家是经济富足与追求自由相辅相成的极少数例外。巴林和阿拉伯联合酋长国等中东国家大规模开发石油及天然气并获得了巨额的财富，但是这些国家的民众并未展现出应有的对自由的渴望。① 虽然自由并非民主，但从两者的高度相关性可以窥见能源丰富的国家很可能有损民众对民主这一体现代性价值的追求。就非洲国家而言，内森·詹森（Nathan Jensen）和列奥纳德·旺切孔（Leonard Wantchekon）指出庞大的能源部门与非洲国家的民主发展存在强烈的负相关。他们的分析表明在冷战结束以后，只有贝宁、马里和马达加斯加等缺乏能源和其他矿产资源的国家实现了一定程度的民主转型；而对于民主转型遥遥无期的尼日利亚、加蓬等国家，只有在国家内部引入横向和纵向的问责制才能实现民主转型。② 就拉丁美洲国家而言，蒂亚戈·迪亚兹-里塞科（Diego Diaz-Rioseco）注意到阿根廷内部的24个省存有不同的油气储量和“食利者效应”。次国家级的食利者单位（譬如省）与食利者国家一样都存有相同的非民主倾向，其研究进一步表明，在次国家级的食利者单位不与其下辖的市政府分享油气租金时，油气会阻碍民主转型并降低有效的政治竞争。③

其二，运用计量或统计工具检视能源与阻碍民主转型之间的因果关系。凯文·徐（Kevin Tsui）运用石油发现时间和规模的变化来确定石油收益对民主的影响，并借助多个工业数据集的数据重新审视了石油阻碍民主转型的假说。④ 他发现以1000亿桶石油储量为基准，这样类似于伊

① ［美］克里斯汀·魏尔泽：《个体现代性》，载［美］罗伯特·E. 戈定主编，［美］拉塞尔·J. 达尔顿、［德］汉斯-迪尔特·克林格曼编：《牛津政治行为研究手册（上册）》，王浦劬主译，人民出版社2018年版，第191—192页。另一项专门讨论能源与自由的研究详见Simon Wigley, “Is There a Resource Curse for Private Liberties?”, *International Studies Quarterly*, Vol. 62, No. 4, 2018, pp. 834-844。本书并未触及能源与自由及私人权利的关系，因此不再展开说明。

② Nathan Jensen, Leonard Wantchekon, “Resource Wealth and Political Regimes in Africa”, *Comparative Politics Studies*, Vol. 37, No. 7, 2004, pp. 816-841.

③ Diego Diaz-Rioseco, “Blessing and Curse: Oil and Subnational Politics in the Argentine Provinces”, *Comparative Politics Studies*, Vol. 49, No. 14, 2016, pp. 1930-1964.

④ Kevin K. Tsui, “More Oil, Less Democracy: Evidence from Worldwide Crude Oil Discoveries”, *The Economic Journal*, Vol. 121, No. 511, 2011, pp. 89-115.

拉克石油储量的规模将会在30年之后使一国的民主化程度比正常情形下的民主化程度降低近20%。这一研究验证了石油发现及石油丰裕与民主转型缓慢之间存有因果关系。与之相类似的是，特拉维斯·卡西迪（Traviss Cassidy）利用沉积盆地的空间变化作为工具变量来估算石油财富对开发的长期影响。他的分析表明1966年至2008年平均年石油产量的增加显著降低了2008年的民主水平以及1966年至2008年的平均民主水平，这显然意味着石油阻碍了民主的发展与转型。① 西列·阿斯拉克森（Silje Aslaksen）注意到使用普通最小二乘法得出石油与民主水平具有负相关的研究受到了一些批评，为此他使用156个国家从1972年至2002年的数据，通过考虑不同的石油识别假设并使用包含更多信息的矩条件（Moment Condition）进行回归，最终证明了即便考虑到国家的固定效应时，石油和民主水平之间仍是负相关的。② 同样，克里斯托弗·拉姆齐（Kristopher Ramsay）利用1968年至2002年自然灾害和产油国的年度数据，发现在统计学意义上石油收入增长对民主发展具有负面影响，而且这一影响比既有研究的评估大得多。③ 大卫·韦恩斯（David Wiens）等人使用166个国家从1816年到2006年的数据用于动态Logit模型分析，进而发现无论是就短期还是就长期而言，对能源依赖的增加都会降低专制国家进行民主转型的可能性。④

其三，讨论能源阻碍民主转型的可能机制。阿西莫格鲁、罗宾逊与蒂埃里·维迪尔（Thierry Verdier）在其对“盗贼统治（Kleptocracy）和分而治之”的经典讨论中指出，能源能够为统治者提供收买政治竞争对手的租金，这使得盗贼统治更可能出现，相反民主则更难以实现。⑤ 阿

① Traviss Cassidy, “The Long-Run Effects of Oil Wealth on Development: Evidence from Petroleum Geology”, *The Economic Journal*, Vol. 129, No. 623, 2019, pp. 2745-2778.

② Silje Aslaksen, “Oil and Democracy: More Than a Cross-country Correlation?”, *Journal of Peace Research*, Vol. 47, No. 4, 2010, pp. 421-431.

③ Kristopher W. Ramsay, “Revisiting the Resource Curse: Natural Disasters, the Price of Oil, and Democracy”, *International Organization*, Vol. 65, No. 3, 2011, pp. 507-529.

④ David Wiens, Paul Poast, William Roberts Clark, “The Political Resource Curse: An Empirical Re-evaluation”, *Political Research Quarterly*, Vol. 67, No. 4, 2014, pp. 783-794.

⑤ Daron Acemoglu, James A. Robinson, Thierry Verdier, “Alfred Marshall Lecture: Kleptocracy and Divide-And-Rule: A Model of Personal Rule”, *Journal of the European Economic Association*, Vol. 2, No. 2/3, 2004, pp. 162-192.

纳尔·艾哈迈多夫（Anar Ahmadov）注意到石油对民主转型的阻碍作用并在此基础上进一步阐明了因果机制。石油并没有影响收入增长和城市化进程进而影响民主转型，相反石油主要是通过对教育的负面作用进而间接地损害了民主转型。① 玛利亚·卡拉雷（Maria Carreri）等人的研究聚焦于能源价格的冲击对民主转型也具有负面影响。其研究发现了诸多琐细的机制，譬如当石油价格上涨时，与右翼准军事团体联系紧密的候选人会赢得更多的职位、准军事暴力和冲突有所增加、选举竞争性下降、在位执政者更容易收买反对派领导人等。总体而言，卡拉雷等的研究表明能源扭曲了选举进而破坏了民主转型，而能源价格的上涨则进一步扩大了这种破坏效应。② 提摩西·米切尔（Timothy Mitchell）尝试回答了“历史上主要的煤炭生产国在19世纪末至20世纪初出现了民主转型，而为何当今的石油生产国却很难看到民主化的苗头”这一学术困惑。其研究表明，相比于早期发达的煤炭行会和工会，当前很多国家内各分裂族群对石油工业进行“跑马圈地”，能源公司往往会从国外引进劳动力进行能源开发，石油管道替代了从事运输的大量劳动力，这些都削弱了劳动力整合和共同追求民主转型的动力。③

另有综述式研究梳理了能源阻碍民主转型的学术进展。譬如罗斯详尽地梳理评析了该领域内的主要成果，主要回顾了探讨“食利者效应”的研究，并且认为既有的研究基本上能够较好地支持能源阻碍民主转型的观点。④ 安东尼奥·卡夫拉莱斯（Antonio Cabrales）等大致梳理了“能源诅咒”研究领域的五大“共识”，其中之一就是“能源具有反民主的特性”。⑤ 艾哈迈多夫对关于能源与民主转型的29项研究（如表1-1所示）及其报告的246个实证评估结果进行了元分析（Meta-Analysis），运用这种新颖的回顾方法验证了能源与民主转型的负面关系；发现了制

---

① Anar K. Ahmadov, “Oil, Democracy, and Context: A Meta-Analysis”, *Comparative Politics Studies*, Vol. 47, No. 9, 2014, pp. 1238-1267.

② Maria Carreri, Oeindrila Dube, “Do Natural Resources Influence Who Comes to Power, and How?”, *Journal of Politics*, Vol. 79, No. 2, 2017, pp. 502-518.

③ Timothy Mitchell, *Carbon Democracy: Political Power in the Age of Oil*, London: Verso, 2011, pp. 1-42.

④ Michael L. Ross, “What Have We Learned about the Resource Curse?”, *Annual Review of Political Science*, Vol. 18, 2015, pp. 243-248.

⑤ Antonio Cabrales, Esther Hauk, “The Quality of Political Institutions and the Curse of Natural Resources”, *The Economic Journal*, Vol. 121, No. 551, 2011, pp. 58-88.

度差异对此的重要影响；讨论了相应的因果机制。① 此外，艾丽卡·温塔尔（Erika Weinthal）等从各自的视角进行了综述，分别呈现了关于能源与民主转型的庞大文献谱系。②

表 1-1　　关于能源与民主转型的主要研究

Aslaksen (2010)	Haber and Menaldo (2011)	Potrafke (2010)
Barro (1999)	Herb (2005)	Ramsay (2011)
Boix (2003)	Horiuchi and Wagle (2008)	Ross (2001)
Borooah and Paldam (2007)	Jensen and Wantchekon (2004)	Ross (2009)
Bueno de Mesquita and Smith (2009)	Kalyvitis and Vlachaki (2008)	Rowley and Smith (2009)
Djankov, Montalvo, and Reynal-Querol (2008)	Kennedy (2007)	Smart (2009)
Dunning (2008)	Mainwaring and Perez-Linan (2008)	Treisman (2010)
Epstein, Bates, Goldstone, Kristensen, and O'Halloran (2006)	Noland (2008)	Tsui (2009)
Gassebner, Lamla, and Vreeland (2009)	Oskarsson and Ottosen (2010)	Werger (2009)
Gurses (2009)	Papaioannou and Siourounis (2008)	

资料来源：Anar K. Ahmadov, "Oil, Democracy, and Context: A Meta-Analysis", *Comparative Politics Studies*, Vol. 47, No. 9, 2014, p. 1260.

二　强化专制统治

阻碍民主转型与强化专制统治犹如一枚硬币的两面，上文主要关注

---

① Anar K. Ahmadov, "Oil, Democracy, and Context: A Meta-Analysis", *Comparative Politics Studies*, Vol. 47, No. 9, 2014, pp. 1238-1267.

② Erika Weinthal, Pauline Jones Luong, "Combating the Resource Curse: An Alternative Solution to Managing Mineral Wealth", *Perspectives on Politics*, Vol. 4, No. 1. 2006, p. 36; Macartan Humphreys, Jeffrey D. Sachs, Joseph E. Stiglitz, "Introduction: What Is the Problem with Natural Resource Wealth?", in Macartan Humphreys, Jeffrey D. Sachs, Joseph E. Stiglitz, eds., *Escaping the Resource Curse*, New York: Columbia University Press, 2007, pp. 12-13; Sven Oskarsson, Eric Ottoson, "Does Oil Still Hinder Democracy?", *Journal of Development Studies*, Vol. 46, No. 6, 2010, pp. 1067-1083; Carl Henrik Knutsen, Andreas Kotsadam, Eivind Hammersmark Olsen, Tore Wig, "Mining and Local Corruption in Africa", *American Journal of Political Science*, Vol. 61, No. 2, 2017, pp. 321-322; 田野等：《国际贸易与政体变迁：民主与威权的贸易起源》，中国社会科学出版社 2019 年版，第 318—321 页。

了能源与前者的关系，而接下来则要聚焦于能源与后者的联系。① 能源强化专制统治主要表现在两个方面。其一是延长专制统治的时间。杰伊·乌尔菲尔德（Jay Ulfelder）运用事件历史分析（Event History Analysis）证实了"食利者效应"的存在，并且得出了能源丰裕国的专制统治者要比其他国家的领导人统治更为持久的重要论断。② 在稳健性检验的基础上他进一步指出，即便将君主统治、地区虚拟变量、信奉伊斯兰教的人口等变量纳入，上述结果仍然普遍、稳固。

其二是维护专制统治的稳定。约翰内斯·乌尔佩莱宁（Johannes Urpelainen）等注意到诸多国家的统治者会投入大量的财富向国内的石油消费者进行价格补贴，并且回顾了既有研究的解释：对能源丰裕但缺乏制度能力的专制国家而言，其统治者为了维护其统治的稳定、安抚民众，往往会采用直接的能源价格补贴。③ 凯文·莫里森（Kevin Morrison）在其关于非税收入的系列研究中，多次提及专制统治者可以利用能源收入来增加社会支出，从而减少再分配过程中的冲突，进而巩固政权的稳定。④

在关注到上述现象的基础上，既有研究主要从两个方面对能源强化专制统治进行了探讨。一方面，运用计量或统计工具检视能源与强化专制统治之间的因果关系。弗朗西斯科·卡塞利（Francesco Caselli）等构造了一个掌权者选择政治竞争程度、挑战者选择是否推翻掌权者的模型，并且通过定量研究发现了能源收入对不同专制国家的不同影响。其研究

---

① Erika Weinthal, Pauline Jones Luong, "Combating the Resource Curse: An Alternative Solution to Managing Mineral Wealth", *Perspectives on Politics*, Vol. 4, No1. 2006, p. 36.

② Jay Ulfelder, "Natural-Resource Wealth and the Survival of Autocracy", *Comparative Political Studies*, Vol. 40, No. 8, 2007, pp. 995-1018.

③ 需要说明的是，乌尔佩莱宁等的研究对此做出了新的解释，即对拥有国家石油公司的国家而言，其政府使用石油补贴来缓解石油价格上涨的影响。乌尔佩莱宁等对于既有研究的回顾可详见 Andrew Cheon, Maureen Lackner, Johannes Urpelainen, "Instruments of Political Control: National Oil Companies, Oil Prices, and Petroleum Subsidies", *Comparative Political Studies*, Vol. 48, No. 3, 2014, p. 375。

④ Kevin M. Morrison, "Natural Resources, Aid, and Democratization: A Best-case Scenario", *Public Choice*, Vol. 131, No. 3, 2007, pp. 365-386; Kevin M. Morrison, "Oil, Nontax Revenue, and the Redistributional Foundations of Regime Stability", *International Organization*, Vol. 63, No. 1, 2009, pp. 107-138; Kevin M. Morrison, "Nontax Revenue, Social Cleavages, and Authoritarian Stability in Mexico and Kenya: 'Internationalization, Institutions, and Political Change' Revisited", *Comparative Political Studies*, Vol. 44, No. 6, 2011, p. 738.

表明，在专制统治根深蒂固的国家，能源财富对其统治的巩固并无明显影响；而专制统治存在但不够牢固的国家，能源财富能够显著提高其统治的专制程度。① 换句话说，能源能够加强专制统治。约尔根·安徒生（Jørgen Andersen）等对 152 个国家的 600 多位政治领导人的统治时间进行了抽样研究，发现资源财富是否会延长或缩短政治统治时间取决于自然资源所创造的政治动机，而政治动机又取决于制度和自然资源的类型。该研究的发现在于自然资源财富会影响专制政体的统治时间，其中矿产资源会缩短专制统治的时间，而石油则会延长专制统治的时间。② 兰吉特·拉尔（Ranjit Lall）注意到了由数据缺失和错误应对带来的统计偏差，进而提出运用多重插补来改善统计的具体实践方法。他在重新检视既有研究的基础上表明在 20 世纪 70 年代之后的确存在延长专制统治的“政治能源诅咒”现象。③

另一方面，讨论能源强化专制统治的可能机制。其中一部分研究从“食利者效应”和“压制效应”等传统解释中汲取了营养，提出了更为常规的机制。罗斯的经典解释逻辑是：能源为专制统治者提供了可观的非税收收入，因而统治者完全不需要征税继而承担更大的责任；同时可观的收入可以用于收买政治反对派、安抚民众的不满情绪，因此维护了专制统治。④ 苏坦·克里希那拉詹（Suthan Krishnarajan）注意到 20 世纪 60 年代之前经济危机经常导致专制统治者因革命、政变或暗杀而失去统治权，而在此之后这一现象则消失了。他发现 20 世纪 60 年代之后能源收入的激增也大幅提高了专制统治者在危机中的恢复能力并且为其提供了三面抵御经济危机的“盾牌”，即（1）为专制领导人提供了源源不断的资金流入；（2）提高了他们压制不同意见的能力；（3）改善了他们获

① Francesco Caselli, Andrea Tesei, “Resource Windfalls, Political Regimes, and Political Stability”, *Review of Economics and Statistics*, Vol. 98, No. 3, 2016, pp. 573-590.

② Jørgen Juel Andersen, Silje Aslaksen, “Oil and Political Survival”, *Journal of Development Economics*, Vol. 100, No. 1, 2013, pp. 89-106.

③ Ranjit Lall, “The Missing Dimension of the Political Resource Curse Debate”, *Comparative Political Studies*, Vol. 50, No. 10, 2017, p. 1293.

④ Michael L. Ross, *The Oil Curse: How Petroleum Wealth Shapes the Development of Nations*, Princeton: Princeton University Press, 2012, pp. 63-109.

得国际信贷的机会。[①] 可以说，在上述三面“盾牌”的作用下，专制统治者能够更好地应对经济危机并实现更长时间的统治。芭芭拉·格迪斯（Barbara Geddes）等也获得了两个重要的发现：其一，石油收入增加了专制国家的军事支出，这增加了专制统治者应对政变的能力，进而延长了其统治时间；其二，石油收入的增加强化了专制统治，这并不是通过阻碍民主转型来实现的，而是通过避免政权崩溃来实现的。[②]

另一部分研究则发掘出了更为新颖的解释机制。萨德·邓宁（Thad Dunning）通过形式模型和对博茨瓦纳、扎伊尔、印度尼西亚的案例分析，他发现能源丰裕国的政治精英面临着推动经济多元化和维持自身权力地位之间的权衡。过度依赖能源绝不会导致能源丰裕国的专制统治者丧失权力，恰恰相反促进形成能源依赖本身就是专制统治者为了维护权力而主动选择的一条道路。[③] 其背后的机制在于，经济多元化虽然能够减少财政波动、改善经济表现，但会在专制统治者之外建立更多更分散的权力基础，而选择依赖能源的道路则会避免上述情况的出现，进而强化其专制统治。刘宇明（Yu-Ming Liou）和保罗·马斯格雷夫（Paul Musgrave）指出专制统治者为了获得其获胜联盟成员的支持需要对后者进行必要的安抚，为此专制统治者会采取一些代价高昂的反社会政策（Antisocial Policy）来实现这一目标。然而由于能源租金十分丰厚，专制统治者完全能够负担得起这些政策的社会成本。通过定量检验和对沙特阿拉伯、伊朗的案例研究，作者得出结论——能源使专制统治者采取了限制妇女权利的政策，进而安抚了获胜联盟的成员，最终巩固专制统治。[④]

此外，另有综述式研究梳理了能源强化专制统治的学术进展。罗斯

---

① Suthan Krishnarajan, “Economic Crisis, Natural Resources, and Irregular Leader Removal in Autocracies”, *International Studies Quarterly*, Vol. 63, No. 3, 2019, pp. 726-741.

② Joseph Wright, Erica Frantz, Barbara Geddes, “Oil and Autocratic Regime Survival”, *British Journal of Political Science*, Vol. 45, No. 2, 2013, pp. 287-306.

③ Thad Dunning, “Resource Dependence, Economic Performance, and Political Stability”, *Journal of Conflict Resolution*, Vol. 49, No. 4, 2005, pp. 451-482.

④ Yu-Ming Liou, Paul Musgrave, “Oil, Autocratic Survival, and the Gendered Resource Curse: When Inefficient Policy is Politically Expedient”, *International Studies Quarterly*, Vol. 60, No. 3, 2016, pp. 440-456.

一方面梳理了能源强化专制统治的部分机制，另一方面对其他学者质疑“政治能源诅咒”的研究进行了分类和回应。通过梳理既有研究的机制并回应其他的学术批评，罗斯坚持认为能源能够强化专制统治。① 安徒生等从理论机制和案例证据这两个方面详尽地回顾了该领域内的主要研究，提供了关于能源与强化专制统治的相对完整的知识谱系。②

根据上述研究，人们已经观察到了能源阻碍民主转型和强化专制统治这两个“政治能源诅咒”的病理现象，并且尝试发现和分析了其病理机制。能源无论是阻碍民主转型还是强化专制统治，都将导致专制巩固。尽管上述研究似乎表明能源导致专制巩固是一个真实存在的病理现象，然而本章第三节还会重新检视“政治能源诅咒”的经验现象和学理逻辑并最终提供一个定论。

第二节　“经济能源诅咒”：能源与经济增长

对“经济能源诅咒”的讨论聚焦于能源与经济增长的关系，其核心观点为一国开发并出口能源不仅无法实现经济增长，反而会陷入经济增长趋缓、停滞甚至衰退的发展陷阱之中。相关研究分别通过描述经验现象、分析病理机制、检视计量统计结果来探讨“经济能源诅咒”。

一　特定国家的现象描述

描述“经济能源诅咒”现象的研究主要涉及以下 4 个地区及地区内的典型国家。其一，拉丁美洲国家的“经济能源诅咒”现象。萨克斯和华纳研究了 7 个拉丁美洲的矿产资源和能源出口国，其中智利、哥伦比亚、玻利维亚、墨西哥、秘鲁和委内瑞拉这 6 个国家并未实现经济增长。③ 芦思

① Michael L. Ross, “What Have We Learned about the Resource Curse?”, *Annual Review of Political Science*, Vol. 18, 2015, pp. 247–248.

② Jørgen Juel Andersen, Silje Aslaksen, “Oil and Political Survival”, *Journal of Development Economics*, Vol. 100, No. 1, 2013, pp. 91–93.

③ Jeffrey D. Sachs, Andrew M. Warner, “The Big Push, Natural Resource Booms and Growth”, *Journal of Development Economics*, Vol. 59, No. 1, 1999, pp. 50–52.

姮与赵丽红分别更具体地关注到多个拉丁美洲国家的初级产品占总出口的比重过高，进而呈现出经济结构单一、政府财政收入不稳定、通货膨胀率过高、人力资本不足、创新能力低下、无法实现充分就业、收入分配不平等、贫困率过高、社会动荡、暴力冲突频发等现象。[①] 这些现象共同作用，既导致了拉丁美洲的能源出口国较差的经济增长绩效，同时也是其直观表现。奥蒂等更进一步关注到委内瑞拉、玻利维亚、秘鲁、智利等不同的拉丁美洲国家，虽然这些国家所呈现出的"经济能源诅咒"现象各有特点、程度上也不尽相同，但本质上均大同小异。[②]

其二，撒哈拉以南非洲国家的"经济能源诅咒"现象。过度依赖能源出口所带来的负面效应，加之失败的国家建构与殖民主义的历史遗产，这些都使得撒哈拉以南的非洲能源出口国更难以实现经济的持续增长。[③] 奥蒂聚焦于特立尼达和多巴哥的能源租金与经济增长，详细描述了该国能源租金的负面影响、失败的国家管理、失衡的能源与其他产业比重、即将告竭的能源储量，以及在 1981 年至 1993 年历经长期经济崩溃的惨淡图景。[④] 张复明等聚焦于西非的产油大国尼日利亚，描述了该国农业萎缩、工业发展缓慢、产业结构单一、政府财政严重依赖石油的病态现象。[⑤] 另有研究在比较研究设计的基础上将依赖能源出口的喀麦隆、赤

---

① 芦思姮：《制度弱化视域下拉美国家"发展陷阱"的传导路径考察："资源诅咒"与制度选择》，《拉丁美洲研究》2020 年第 3 期，第 118—136 页；赵丽红：《"资源诅咒"与拉美国家初级产品出口型发展模式》，当代世界出版社 2010 年版，第 84—211 页。

② Riitta-Ilona Koivumaeki, "Evading the Constraints of Globalization: Oil and Gas Nationalization in Venezuela and Bolivia", *Comparative Politics*, Vol. 48, No. 1, 2015, pp. 107-125; Javier Arellano-Yanguas, "Aggravating the Resource Curse: Decentralisation, Mining and Conflict in Peru", *Journal of Development Studies*, Vol. 47, No. 4, 2011, pp. 617-638; Richard M. Auty, *Sustaining Development in Mineral Economies: The Resource Curse Thesis*, London: Routledge, 1993, pp. 73-200.

③ Nicholas Shaxson, "New Approaches to Volatility: Dealing with the 'Resource Curse' in Sub-Saharan Africa", *International Affairs*, Vol. 81, No. 2, 2005, pp. 311-324; Nicholas Shaxson, "Oil, Corruption and the Resource Curse", *International Affairs*, Vol. 83, No. 6, 2007, pp. 1123-1140.

④ R. M. Auty, "Natural Resources and Small Island Economies: Mauritius and Trinidad and Tobago", *Journal of Development Studies*, Vol. 53, No. 2, 2017, pp. 264-277; Richard M. Auty, Haydn I. Furlonge, *The Rent Curse: Natural Resources, Policy Choice, and Economic Development*, Oxford: Oxford University Press, 2019, pp. 47-116.

⑤ 张复明等：《破解"资源诅咒"：矿业收益、要素配置与社会福利》，商务印书馆 2016 年版，第 17 页；王智辉：《自然资源禀赋与经济增长的悖论研究——资源诅咒现象辨析》，博士学位论文，吉林大学，2008 年，第 60—64 页；Doug Porter, Michael Watts: "Righting the Resource Curse: Institutional Politics and State Capabilities in Edo State, Nigeria", *Journal of Development Studies*, Vol. 53, No. 2, 2017, pp. 249-263。

道几内亚、刚果共和国、圣多美和普林西比与博茨瓦纳、弗得角等其他西非国家进行对比，发现前一组国家的经济增长明显不及后者并且提供了较为详细的病理描述。①

其三，苏联加盟共和国的“经济能源诅咒”现象。与拉丁美洲和撒哈拉以南非洲的能源出口国不同，苏联及其解体后的独联体国家具有更好的发展基础，但是这些国家也陷入了“经济能源诅咒”之中。泰恩·古斯塔夫森（Thane Gustafson）聚焦于苏联的能源政策及其经济增长绩效，他详述了列昂尼德·勃列日涅夫（Leonid Brezhnev）和米哈伊尔·戈尔巴乔夫（Mikhail Gorbachev）执政时期的苏联能源政策，并且指出苏联丰富的油气储量加上错误的能源政策严重破坏了苏联的工业体系和经济增长。② 宋景义和谢继文等的研究聚焦于俄罗斯的能源出口和经济增长，并且描述了该国高度依赖石油和天然气出口及由此带来的政府财政依赖、产业发展失衡、经济增长放缓等多个病理表现以及所采取的过度提供价格补贴等错误的能源政策。③ 此外，维克多·梅纳尔多则聚焦于阿塞拜疆，描述了该国高度依赖石油租金的情形及随之而来的病理现象，以及寄希望于通过石油开发实现经济增长的“饮鸩止渴”的发展模式。④

其四，中东国家的“经济能源诅咒”现象。易卜拉欣·艾尔巴达维（Ibrahim Elbadawi）等多位学者关注了中东的阿拉伯油气主产国过度依赖油气出口及由此带来的经济增长趋缓、工业发展缓慢、产业严重失衡等诸多问题，全面细致地揭露了中东产油国光鲜亮丽

① 罗纳德·尤·门多萨、哈罗德·杰罗姆·麦克阿瑟、安妮·翁·洛佩斯：《诅咒还是福音？矿产资源收益管理策略综述》，《经济社会体制比较》2017 年第 2 期，第 39—51 页；Vittorio Daniele, “Natural Resources and the ‘Quality’ of Economic Development”, *Journal of Development Studies*, Vol. 47, No. 4, 2011, pp. 561-567; Pedro C. Vicente, “Does Oil Corrupt? Evidence from a Natural Experiment in West Africa”, *Journal of Development Economics*, Vol. 92, No. 1, 2010, pp. 28-38。

② Thane Gustafson, *Crisis Amid Plenty: The Politics of Soviet Energy under Brezhnev and Gorbachev*, Princeton: Princeton University*Press*, 1989.

③ 宋景义：《转轨时期俄罗斯石油天然气工业及其对外经济联系研究》，中国经济出版社 2008 年版；谢继文：《中俄经济转轨绩效差异原因新解：基于俄罗斯“资源诅咒”现象的经济学分析》，经济科学出版社 2013 年版，第 59—234 页；John D. Grace, *Russian Oil Supply: Performance and Prospects*, Oxford: Oxford University Press, 2005, pp. 93-94。

④ Victor Menaldo, *The Institutions Curse: Natural Resources, Politics, and Development*, Cambridge: Cambridge University Press, 2016, pp. 131-236.

的能源财富背后所潜藏的政治经济危机。由于中东的阿拉伯油气主产国具有相似的经济、政治和社会结构，因而这些国家面临着相似的问题并表现出相似的经济病理现象，上述国家概莫能外。① 此外有部分学者对沙特阿拉伯尤为关注，譬如奥蒂聚焦于沙特阿拉伯对能源租金的高度依赖，描述了由此带来的农业严重萎缩、国内市场扭曲、私营部门发展缓慢、劳动力严重匮乏、经济增长面临油价异动的负面影响等诸多问题，其中重点介叙了该国在20世纪80年代所遭受的“增长崩溃”的窘境。②

对“经济能源诅咒”现象的描述也并不都是对特定一个或多个国家的微观描述，部分研究也会从宏观层面同时介叙多个国家的经济情况。例如，马修·兰格（Matthew Lange）等为了探究殖民活动彻底改变不同国家在被殖民前后经济绩效的原因时，对西班牙的殖民地和英国的殖民地进行了比较分析。他们发现潜在殖民地的人口规模、疾病情况和自然资源禀赋差异使其分别吸引了以西班牙为代表的重商主义殖民者和以英国为代表的自由主义殖民者，进而导致了经济绩效的逆转。其中，自然资源特别是贵金属禀赋丰裕的国家往往得到西班牙的青睐，但随后这些国家经济绩效变差则表明其陷入了“资源诅咒”。相比于其他大多数学者对特定某个国家的细致描述，兰格等则较为宏观地关注了玻利维亚、墨西哥、秘鲁等18个被西班牙殖民的国家的资源禀赋与经济增长状况。③再如，马克·巴迪亚-米罗（Marc Badia-Miró）等着重描述了博茨瓦纳、尼日利亚、美国、墨西哥、委内瑞拉、玻利维亚、智利、印度尼西亚、澳大利亚、挪威和西班牙的资源开发与经济增长历史；保罗·莫斯利（Paul Mosley）关注了印度尼西亚、尼日利亚、智利、博茨瓦纳、加纳、委内瑞拉、赞比亚和玻利维亚进行资源开发和管理的经验及成效；艾

① Ibrahim Elbadawi, Hoda Selim, eds., *Understanding and Avoiding the Oil Curse in Resource-rich Arab Economies*, Cambridge: Cambridge University Press, 2016.

② Richard M. Auty, “A Growth Collapse with High Rent Point Resources: Saudi Arabia”, in R. M. Auty, ed., *Resource Abundance and Economic Development*, Oxford: Oxford University Press, 2001, pp. 193-207.

③ Matthew Lange, James Mahoney, Matthias vom Hau, “Colonialism and Development: A Comparative Analysis of Spanish and British Colonies”, *American Journal of Sociology*, Vol. 111, No. 5, 2006, pp. 1423-1426, 1436-1441.

伦·盖尔布则聚焦于阿尔及利亚、厄瓜多尔、印度尼西亚、尼日利亚、特立尼达和多巴哥以及委内瑞拉的能源意外之财及其对经济增长的影响，并详细描述了上述国家的经济增长情况。①

二 病理机制的梳理分析

观察并描述不同地区及国家陷入“经济能源诅咒”的现象只是第一步，在此基础上的更多研究致力于探寻和梳理“经济能源诅咒”的病理机制。例如，萨克斯与华纳在其开创性的研究中对“经济能源诅咒”的成因进行了初步的梳理。他们梳理发现一个重要的解释在于：能源丰富的国家往往使得其他出口部门缺乏竞争力，因此这些国家难以追求也从未实现出口导向型增长。其他的解释还包括能源丰裕会降低政府对教育的重视、扼杀创新精神、将过多资源浪费在非生产性项目的投资上。②

罗斯也在其开创性的长篇书评中分别在经济学和政治学的范畴内梳理了“经济能源诅咒”生成的病理机制。就经济学的四条解释机制而言，首先，由于贸易条件是经济增长的重要因素，因此能源贸易条件的下降可能拖累经济增长。其次，以能源为代表的国际大宗商品价格波动明显，其波动性也有损于经济增长。再次，由于能源产业和非能源产业发展失衡，非能源产业的停滞最终也不利于经济增长。最后，能源出口国不可避免地受制于“荷兰病”的负面影响。就政治学的三条解释机制而言，首先，认知中心理论的洞见在于庞大的能源收益导致了公共和私人行为体的短视行为，要么无所作为要么做出错误的选择。其次，社会中心理论的洞见在于能源收益强化了特权阶级、少数产业及特定利益集团的力量，但它们的增强实际上有损于整个国家的经济增长。最后，国家中心理论的洞见则在于能源繁荣会削弱国家的机构进而影响经济增长。除了经济学和政治学的病理机制外，罗斯还额外提及了国有企业和无力

① Marc Badia-Miró, Vicente Pinilla, Henry Willebald, eds., *Natural Resources and Economic Growth: Learning from History*, London: Routledge, 2015; Paul Mosley, *Fiscal Policy and the Natural Resources Curse How to Escape from the Poverty Trap*, London: Routledge, 2017; Alan Gelb and Associates, *Oil Windfalls: Blessing or Curse*, Oxford: Oxford University Press, 1988, pp. 147-325.

② Jeffrey D. Sachs, Andrew M. Warner, "Natural Resources and Economic Development: The Curse of Natural Resources", *European Economic Review*, Vol. 45, No. 4-6, 2001, pp. 833-837.

的产权保护可能会导致"经济能源诅咒"。① 另外在笔者对罗斯的访谈中，他特别强调了挤出效应、食利者国家、"荷兰病"及制度因素是"经济能源诅咒"的重要成因。②

在上述研究发表约10年后，另有两项重要的梳理性研究进一步梳理了"经济能源诅咒"的生成机制。其一，杰弗里·弗兰克尔（Jeffrey Frankel）梳理出了七个机制。③ 分别是：全球能源市场价格的长期下跌趋势；能源价格具有较高的波动性；永久性地挤出制造业，进而阻断制造业对经济增长的推动作用；破坏政治和经济制度；能源会枯竭因而依赖能源发展经济并不具有可持续性；能源很容易诱发冲突甚至战争；触发"荷兰病"机制。④ 其二，范德普勒格梳理出多条机制并进行了检验：丰富的能源会导致实际汇率升值，使得贸易部门收缩和非贸易部门扩张，即触发了"荷兰病"机制；抑制对工业发展非常重要的"干中学"（Learning by Doing）；破坏制度；实行总统制的国家更可能受到能源的负面影响；增加了腐败；能源收入的剧烈波动具有破坏性影响；对能源收益的贪婪引发武装冲突；能源收益容易激发决策者做出不明智的决策；加剧了不同利益主体争相攫取租金的行为；发展中经济体可能无法成功地将其日渐枯竭的能源转化为其他生产性资产。⑤

此外，其他多项研究也致力于梳理"经济能源诅咒"的病理机制。譬如，伊瓦尔·科尔斯塔（Ivar Kolstad）等梳理出了"荷兰病"机制、以任人唯亲和投资效率低下为代表的顶层机制、以寻租为代表的非顶层

---

① 需要特别说明的是，罗斯对经济学和政治学的上述病理机制的梳理并不代表他认同这些机制的解释力。相反罗斯对这些机制逐一进行了批判。详见 Michael L. Ross, "The Political Economy of the Resource Curse", *World Politics*, Vol. 51, No. 2, 1999, pp. 297-322。

② 笔者于2021年9月14日对迈克尔·罗斯进行了访谈，他谈及如上4个因素。

③ 需要说明的是，弗兰克尔在其工作论文中对"经济能源诅咒"的梳理与之后公开发表在文集中的梳理有所差异。前者梳理出了六个机制，具体包括：世界大宗商品价格的长期趋势、价格的波动性、挤出制造业、内战、赢弱的机构、"荷兰病"。后者则梳理出了七个机制，详见正文部分。其早期的工作论文版本可详见于 Jeffrey A. Frankel, "The Natural Resource Curse: A Survey", Working Paper, 2010, https://www.nber.org/system/files/working_papers/w15836/w15836.pdf。

④ Jeffrey Frankel, "The Natural Resource Curse: A Survey", in Brenda Shaffer and Taleh Ziyadov, eds., *Beyond the Resource Curse*, Philadelphia: University of Pennsylvania Press, 2012, pp. 17-57.

⑤ Frederick van der Ploeg, "Natural Resources: Curse or Blessing?", *Journal of Economic Literature*, Vol. 49, No. 2, 2011, pp. 366-420.

机制；拉塞·艾斯格鲁伯（Lasse Eisgruber）分别梳理出了“荷兰病”机制、宏观经济波动、寻租、能源枯竭、机构质量变差等机制；拉梅兹·巴迪卜（Ramez Badeeb）等梳理的经济学机制包括“荷兰病”机制、能源价格剧烈波动、能源政策失败和忽视教育，政治学机制则包括寻租、制度薄弱和腐败。① 更多涉及“经济能源诅咒”病理机制梳理的研究详见表 1-2。

表 1-2　“经济能源诅咒”病理机制的梳理性研究

年份	作者*	荷兰病	挤出效应	价格波动	寻租	制度弱化	战争/冲突	其他病理机制
1993	Richard M. Auty②	√		√				
1999	Michael L. Ross	√	√	√	√	√		决策者的短视行为；特权和利益集团的加强；国有企业的影响；产权保护不足
2001	Jeffrey D. Sachs, Andrew M. Warner	√	√					忽视教育和创新
2001	Richard M. Auty③	√			√			中心和边缘国家的不等价交换；贸易的多维度影响
2001	Thorvaldur Gylfason ④	√			√			决策者被意外之财麻痹；忽视教育

① Ivar Kolstad, Arne Wiig, "It's The Rents, Stupid! The Political Economy of the Resource Curse", *Energy Policy*, Vol. 37, No. 12, 2009, pp. 5318-5321; Lasse Eisgruber, "The Resource Curse: Analysis of The Applicability to the Large-scale Export of Electricity from Renewable Resources", *Energy Policy*, Vol. 57, 2013, pp. 430-432; Ramez Abubakr Badeeb, Hooi Hooi Lean, Jeremy Clark, "The Evolution of The Natural Resource Curse Thesis: A Critical Literature Survey", *Resources Policy*, Vol. 51, 2017, pp. 125-127.

② Richard M. Auty, *Sustaining Development in Mineral Economies: The Resource Curse Thesis*, London: Routledge, 1993, p. 1.

③ Richard M. Auty, "Introduction and Overview", in R. M. Auty, ed., *Resource Abundance and Economic Development*, Oxford: Oxford University Press, 2001, pp. 6-11.

④ Thorvaldur Gylfason, "Natural Resources, Education, and Economic Development", *European Economic Review*, Vol. 45, No. 4-6, 2001, pp. 850-851.

续表

年份	作者*	荷兰病	挤出效应	价格波动	寻租	制度弱化	战争/冲突	其他病理机制
2002	Ricardo Hausmann, Roberto Rigobon①	√		√	√			
2005	Terry Lynn Karl②	√		√	√	√		能源产业的“飞地属性”
2006	Andrew Rosser③	√	√		√	√	√	精英的非理性行为；破坏社会凝聚力并使得少数阶层或利益集团获益；中心和边缘国家的不等价交换；弱化社会资本
2006	Erika Weinthal, Pauline Jones Luong ④	√		√	√	√		腐败
2006	张复明、景普秋⑤	√	√		√			贸易条件恶化；收入差距扩大；不可持续性；缺乏社会资本；沉没成本较大

① Ricardo Hausmann, Roberto Rigobon, “An Alternative Interpretation of the ‘Resource Curse’: Theory and Policy Implications”, Working Paper, 2002, https: //www. nber. org/system/files/working_papers/w9424/w9424. pdf.

② Terry Lynn Karl, “Understanding the Resource Curse”, in Svetlana Tsalik, Anya Schiffrin, eds., *Covering Oil: A Reporter's Guide to Energy and Development*, New York: Open Society Institute, 2005, pp. 23-24.

③ Andrew Rosser, “The Political Economy of the Resource Curse: A Literature Survey”, Working Paper, 2006, https: //opendocs. ids. ac. uk/opendocs/bitstream/handle/20. 500. 12413/4061/Wp268. pdf? sequence = 1&isAllowed = y; Andrew Rosser, “Escaping the Resource Curse”, *New Political Economy*, Vol. 11, No. 4, 2006, p. 558.

④ Erika Weinthal, Pauline Jones Luong, “Combating the Resource Curse: An Alternative Solution to Managing Mineral Wealth”, *Perspectives on Politics*, Vol. 4, No1. 2006, pp. 36-38; 两位作者在其 2010 年的专著中也对“经济能源诅咒”的病理机制进行了初步梳理和探讨。由于梳理具有一定的相似性，因而笔者不再单独在表中列出，具体详见 Pauline Jones Luong, Erika Weinthal, *Oil Is Not a Curse: Ownership Structure and Institutions in Soviet Successor States*, New York: Cambridge University Press, 2010, pp. 2-4。

⑤ 张复明、景普秋：《资源型经济及其转型研究述评》，《中国社会科学》2006 年第 6 期，第 78—87 页。

续表

年份	作者*	荷兰病	挤出效应	价格波动	寻租	制度弱化	战争/冲突	其他病理机制
2006	徐康宁、邵军①	√			√			腐败；降低人力资本报酬；影响教育
2007	Macartan Humphreys, Jeffrey D Sachs and Joseph E Stiglitz②	√		√			√	导致不对等的专业知识；投资和金融政策运用不善；对教育投资不足；国家能力减弱；能源产区民众因人口增多和环境恶化而感到不满
2007	Robert T. Deacon③	√			√	√	√	
2007	胡健、焦兵④	√			√			贸易条件恶化；人力资本投资缺乏；加剧收入分配不平等
2008	Thad Dunning⑤	√	√					有利于精英的能源所有权制度
2008	Daniel Lederman, William F. Maloney ⑥	√	√	√		√		人力资本不足；忽视教育和创新；
2008	邵帅、齐中英⑦	√	√	√		√		

① 徐康宁、邵军：《自然禀赋与经济增长：对“资源诅咒”命题的再检验》，《世界经济》2006 年第 11 期，第 40—41 页。

② Macartan Humphreys, Jeffrey D Sachs, Joseph E Stiglitz, “Introduction: What Is the Problem with Natural Resource Wealth?”, in Macartan Humphreys, Jeffrey D Sachs and Joseph E Stiglitz, eds. , *Escaping the Resource Curse*, New York: Columbia University Press, 2007, pp. 3-14.

③ Robert T. Deacon, “The Political Economy of the Natural Resource Curse: A Survey of Theory and Evidence”, *Foundations and Trends in Microeconomics*, Vol. 7, No. 2, 2011, pp. 113-120.

④ 胡健、焦兵：《油气资源开发对中国西部区域经济的拉动效应分析——以陕西省为例》，《资源科学》2007 年第 1 期，第 2—3 页。

⑤ Thad Dunning, *Crude Democracy: Natural Resource Wealth and Political Regimes*, New York: Cambridge University Press, 2008, pp. 268-277.

⑥ Daniel Lederman, William F. Maloney, “In Search of the Missing Resource Curse”, Working Paper, 2008, https://openknowledge.worldbank.org/bitstream/handle/10986/6901/WPS4766.pdf; sequence=1.

⑦ 邵帅、齐中英：《西部地区的能源开发与经济增长——基于“资源诅咒”假说的实证分析》，《经济研究》2008 年第 4 期，第 148—149 页。

续表

年份	作者*	荷兰病	挤出效应	价格波动	寻租	制度弱化	战争/冲突	其他病理机制
2009	Ivar Kolstad, Arne Wiig	√			√			任人唯亲；投资效率低
2010	谢继文①	√	√			√	√	中心和边缘国家的不等价交换；贸易条件恶化；依赖“点资源”的经济模式；腐败
2010	赵伟伟、白永秀②	√	√	√	√	√	√	贸易条件恶化；投资不足；能源产业的“飞地属性”；政府治理失当；产权不完善或产权保护不力；腐败
2010	邵帅、杨莉莉③	√	√	√		√		拖累物质资本增长；影响人力资本积累；有碍技术创新；对外开放程度降低；扩大政府干预；影响私营经济发展
2011	Antonio Cabrales, Esther Hauk④					√	√	

① 谢继文：《“资源诅咒”国外研究综述》，《经济理论与经济管理》2010年第9期，第35—40页。该作者的另一项研究详见谢继文《中俄经济转轨绩效差异原因新解：基于俄罗斯“资源诅咒”现象的经济学分析》，经济科学出版社2013年版，第19—29页。

② 赵伟伟、白永秀：《资源诅咒传导机制的研究述评》，《经济理论与经济管理》2010年第2期，第45—51页。赵伟伟的另一项研究详见赵伟伟《相对资源诅咒理论及其在中国的实证研究》，中国经济出版社2012年版，第22—36页。

③ 邵帅、杨莉莉：《自然资源丰裕、资源产业依赖与中国区域经济增长》，《管理世界》2010年第9期，第39—42页。两位作者的另一项研究详见杨莉莉、邵帅《人力资本流动与资源诅咒效应：如何实现资源型区域的可持续增长》，《财经研究》2014年第11期，第44—46页。

④ Antonio Cabrales, Esther Hauk, “The Quality of Political Institutions and the Curse of Natural Resources”, *The Economic Journal*, Vol. 121, No. 551, 1982, pp. 58-60.

续表

年份	作者*	荷兰病	挤出效应	价格波动	寻租	制度弱化	战争/冲突	其他病理机制
2011	Frederick van der Ploeg	√		√	√	√	√	抑制“干中学”；腐败；总统制的负面影响；决策者做出不明智的选择；发展中经济体无法实现能源价值的转换
2012	Michael L. Ross①	√		√				国家产权制度；能源枯竭；较高的资产专用性；能源产业的“飞地属性”；国际石油公司权力的消亡和OPEC的崛起
2012	Jeffrey Frankel	√	√	√		√	√	能源价格的下跌趋势；能源枯竭
2012	Kevin M. Morrison②	√		√		√		
2013	Lasse Eisgruber③	√			√	√		宏观经济波动；能源枯竭
2013	黄悦、刘继生、张野④	√	√			√		
2015	Henry Willebald, Marc Badia-Miró, Vicente Pinilla⑤	√	√		√			

① Michael L. Ross, *The Oil Curse: How Petroleum Wealth Shapes the Development of Nations*, Princeton: Princeton University Press, 2012, p. 11, pp. 27-62.

② Kevin M. Morrison, "What Can We Learn about the 'Resource Curse' from Foreign Aid?", *World Bank Research Observer*, Vol. 27, No. 1, 2012, pp. 53-58.

③ Lasse Eisgruber, "The Resource Curse: Analysis of The Applicability to the Large-scale Export of Electricity from Renewable Resources", *Energy Policy*, Vol. 57, 2013, pp. 430-432.

④ 黄悦、刘继生、张野：《资源丰裕程度与经济发展关系的探讨——资源诅咒效应国内研究综述》，《地理科学》2013年第7期，第874—875页。

⑤ Henry Willebald, Marc Badia-Miró, Vicente Pinilla, "Introduction: Natural Resource and Economic Development—What Can We Learn from History?", in Marc Badia-Miró, Vicente Pinilla and Henry Willebald, eds., *Natural Resources and Economic Growth: Learning from History*, London: Routledge, 2015, pp. 1-25.

续表

年份	作者*	荷兰病	挤出效应	价格波动	寻租	制度弱化	战争/冲突	其他病理机制
2015	Todd Moss, Caroline Lambert, Stephanie Majerowicz①	√		√	√			潜在的能源损耗；透明度较低；腐败
2015	Alexander James②	√			√		√	忽视教育和人力资本投资
2015	何苗③					√	√	先天性不足；国际垄断；产业结构失调；制度变迁滞后；人力资本投资不足
2015	谢波④	√	√	√		√		中心和边缘国家的不等价交换；贸易条件恶化；政治环境不佳
2017	Ramez Abubakr Badeeb, Hooi Hooi Lean, Jeremy Clark	√		√	√	√		能源政策失败；忽视教育；腐败
2017	罗纳德·门多萨、哈罗德·麦克阿瑟、安妮·洛佩斯⑤	√	√	√		√	√	世界商品价格的下降
2018	K. Peren Arin, Elias Braunfels⑥	√			√	√	√	

① Todd Moss, Caroline Lambert, Stephanie Majerowicz, *Oil to Cash: Fighting the Resource Curse through Cash Transfers*, Washington, DC: Center for Global Development, 2015, pp. 40-51.

② Alexander James, “The Resource Curse: A Statistical Mirage?”, *Journal of Development Economics*, Vol. 114, 2015, p. 56.

③ 何苗：《资源诅咒？资源祝福？——解密资源诅咒，成就资源祝福》，中国政法大学出版社2015年版，第66—93页。

④ 谢波：《中国区域资源诅咒问题研究》，中国社会科学出版社2015年版，第25—39页。

⑤ 罗纳德·尤·门多萨、哈罗德·杰罗姆·麦克阿瑟、安妮·翁·洛佩斯：《诅咒还是福音？矿产资源收益管理策略综述》，《经济社会体制比较》2017年第2期，第42—44页。

⑥ 需要说明的是，两位作者所述的“政治不稳定”实际上糅合了寻租和冲突，因而在此处分别注明。详见K. Peren Arin, Elias Braunfels, “The Resource Curse Revisited: A Bayesian Model Averaging Approach”, *Energy Economics*, Vol. 70, 2018, pp. 171-172.

续表

年份	作者*	荷兰病	挤出效应	价格波动	寻租	制度弱化	战争/冲突	其他病理机制
2018	Mehdad Vahabi①	√			√	√		
2019	Dawda Adams 等②					√		腐败；透明度较低；问责制不健全；治理不善
2019	Pr Atangana Ondoa Henri③	√	√		√	√		决策者被意外之财所麻痹；能源跨国公司无益于国家治理
2020	Monoj Kumar 等④	√		√	√	√		产业结构缺乏多样性

注：* 考虑到文献众多，不宜统一列在表下，故相关研究通过脚注的方式注明。

三 计量统计的检视验证

另有大量研究运用计量和统计工具对“经济能源诅咒”进行验证或检验。无论这些研究是建立形式模型还是运用回归分析，它们都可以被大致划分为两类。其一为识别“经济能源诅咒”并验证其存在性和真实性。萨克斯与华纳是最早通过统计分析检视“经济能源诅咒”真实性的学者，其开创性的研究发现，即便在控制了初始人均收入、贸易政策、政府效率、投资率等对经济增长至关重要的变量后，在基准年（1971年）资源出口占 GDP 比例高的经济体在 1971 年至 1989 年的经济增长率

① Mehrdad Vahabi, “The Resource Curse Literature as Seen through the Appropriability Lens: A Critical Survey”, *Public Choice*, Vol. 175, 2018, pp. 393-428.

② Dawda Adams, et al., “Globalisation, Governance, Accountability and the Natural Resource ‘Curse’: Implications for Socio-economic Growth of Oil-rich Developing Countries”, *Resources Policy*, Vol. 61, 2019, pp. 128-140.

③ Pr Atangana Ondoa Henri, “Natural Resources Curse: A Reality in Africa”, *Resources Policy*, Vol. 63, 2019, pp. 2-5.

④ Monoj Kumar Majumder, Mala Raghavan, Joaquin Vespignani, “Oil Curse, Economic Growth and Trade Openness”, *Energy Economics*, Vol. 91, 2020, pp. 2-3.

也要低于其他经济体。① 在后续的系列研究中，萨克斯与华纳分别增加了 9 个重要的控制变量进行稳健性检验，并且剔除了地理和气候因素对经济增长的影响，进而再次验证了最初的判断。② 在他们的有力推动下，对“经济能源诅咒”真实性的探讨从先前的经验现象定性描述逐渐转变为计量及统计分析。

除了萨克斯与华纳的研究外，本书根据发表时间由早及晚的顺序列举了另外 3 个例子：帕派拉克斯与雷耶·格拉夫（Reyer Gerlagh）聚焦于美国单个国家内的不同州，而非对多个国家进行跨国统计分析。这样的优势在于最大限度地确保了政体类型、发展阶段等对经济增长有重要影响的变量具有同质性。其统计分析表明，美国国内资源匮乏的州比资源丰富的州更好地实现了经济增长，由此看来资源丰富对经济增长而言是具有消极作用的决定因素。③

金东贤（Dong-Hyeon Kim）与林淑琴（Shu-Chin Lin）利用异质面板协整技术（Heterogeneous Panel Cointegration Techniques）重新检视了“经济能源诅咒”的证据。在充分考虑能源丰富程度和经济增长之间的跨部门异质性和共性的基础上，该研究聚焦于由发展中国家构成的统计样本，发现能源丰富的国家要比能源稀缺的国家经济增长得更慢。④

伊丽莎白·多利内（Elizavetta Dorinet）等的新晋研究聚焦于能源丰裕与农业发展之间的关系，并且进行了相应的统计分析。长期以来检视“经济能源诅咒”真实性的研究多关注于能源对制造业的影响，而对于能源对农业的影响，特别是对新兴国家农业的关注严重不足。针对此，多利内重点关注了撒哈拉以南非洲并运用该地区 38 个国家 1991 年至 2016 年的面板数据分析了能源对农业发展的影响。该研究分别检视了能

---

① Jeffrey D. Sachs, Andrew M. Warner, “Natural Resource Abundance and Economic Growth”, Working Paper, 1995, https: //www. nber. org/papers/w5398.

② Jeffrey D. Sachs, Andrew M. Warner, “The Big Push, Natural Resource Booms and Growth”, *Journal of Development Economics*, Vol. 59, No. 1, 1999, pp. 46-49; Jeffrey D. Sachs, Andrew M. Warner, “Natural Resources and Economic Development: The Curse of Natural Resources”, *European Economic Review*, Vol. 45, No. 4-6, 2001, pp. 828-833.

③ Elissaios Papyrakis, Reyer Gerlagh, “Resource Abundance and Economic Growth in the United States”, *European Economic Review*, Vol. 51, No. 4, 2007, pp. 1011-1039.

④ Dong-Hyeon Kim, Shu-Chin Lin, “Natural Resources and Economic Development: New Panel Evidence”, *Environmental and Resource Economics*, Vol. 66, No. 2, 2017, pp. 363-391.

源丰裕的跨部门溢出效应、对农业投资的影响以及对贸易的影响，最终得出了能源丰裕对撒哈拉以南非洲国家的农业增长具有消极影响。① 除了上述研究外，还有多项研究尝试识别“经济能源诅咒”并验证其存在性和真实性。②

其二为检验“经济能源诅咒”的生成机制。弗朗西斯科·罗德里格斯（Francisco Rodriguez）与萨克斯将能源纳入拉姆齐增长模型（Ramsey Growth Model）中，并通过计量分析发现能源丰富的国家经常会面临入不敷出的问题，而这会拖累其经济增长。研究表明，能源产业依赖于可耗竭的生产要素，因此无法与其他产业保持相同的发展速度。在一种稳定的状态下能源产业所提供的经济增长将逐渐趋近于0，即便如此在这一过程中能源财富仍然能够提供可观的购买力。然而这种购买力只是暂时的，能源丰裕国迟早会出现消费和生产同时下滑的现象。罗德里格斯与萨克斯的这项开创性研究发现了高收入与低增长之间的潜在联系机制，借此分析能源丰裕国经济增长缓慢的原因在于能源所带来的高收入并不具有可持续性。③

除了罗德里格斯与华纳的研究外，本书根据发表时间由早及晚的顺序列举了另外3个例子。帕派拉克斯与格拉夫在其另一项研究中着重讨论了能源对于腐败、投资、开放、贸易条件和教育的影响，进而力求发掘其对经济增长的间接影响。通过基本的跨国回归分析，他们发现能源只能在特定的情况下有助于经济增长，而当能源丰裕国面临着腐败、投

---

① Elizavetta Dorinet, Pierre-André Jouvet, Julien Wolfersberger, “Is the Agricultural Sector Cursed Too Evidence from Sub-Saharan Africa”, *World Development*, Vol. 140, 2021, pp. 1-16.

② 具有代表性的是 Markus Brückner, “Natural Resource Dependence, Non-tradables, and Economic Growth”, *Journal of Comparative Economics*, Vol. 38, No. 4, 2010, pp. 461-471; Paul Collier, Benedikt Goderis, “Commodity Prices and Growth: An Empirical Investigation”, *European Economic Review*, Vol. 56, No. 6, 2012, pp. 1241-1260; Eric Neumayer, “Does the ‘Resource Curse’ Hold for Growth in Genuine Income as Well?”, *World Development*, Vol. 32, No. 10, 2004, pp. 1627-1640; Rabah Arezki, Frederick van der Ploeg, “Do Natural Resources Depress Income Per Capita?”, *Review of Development Economics*, Vol. 15, No. 3, 2011, pp. 504-521；徐康宁、邵军《自然禀赋与经济增长：对“资源诅咒”命题的再检验》，《世界经济》2006年第11期，第38—47页；方颖、纪衎、赵扬《中国是否存在“资源诅咒”》，《世界经济》2011年第4期，第144—160页；张馨、牛叔文、丁永霞、赵春升、孙红杰《中国省域能源资源与经济增长关系的实证分析——基于“资源诅咒”假说》，《自然资源学报》2010年第12期，第2040—2051页。因篇幅所限，其余研究不再逐一列出。

③ Francisco Rodriguez, Jeffrey D. Sachs, “Why Do Resource-abundant Economies Grow More Slowly?”, *Journal of Economic Growth*, Vol. 4, No. 3, 1999, pp. 277-303.

资较低、保护主义盛行、贸易条件恶化、教育水平较低等问题时，其不可能借助能源取得经济增长。实证分析的结果表明在上述生成机制的影响下，能源丰裕对于经济增长总是具有强烈的负面影响，其中投资拖累经济增长的效应最为显著。①

拉格纳·托尔维克（Ragnar Torvik）等在其讨论制度质量与“经济能源诅咒”关系的经典研究中，一方面通过形式模型推导证明机构质量决定了企业家是进行生产性活动还是非生产性掠夺活动；另一方面运用回归分析验证了制度质量决定了能源丰裕国能否取得经济增长。具体而言，当制度为“劫掠者友好型”时，更多的能源有损于经济增长，而当制度为“生产者友好型”时，更多的能源有助于经济增长。他们的研究表明对外生的制度质量而言，制度质量较差是“经济能源诅咒”的重要生成机制。②

尽管本书并未将煤炭纳入研究范畴，但是埃琳娜·埃斯波西托（Elena Esposito）和斯科特·艾布拉姆森（Scott Abramson）对欧洲“煤炭诅咒”的新晋研究同样值得借鉴。其研究发现历史上欧洲的主要煤炭开采国人均GDP的增长速度要比非煤炭开采国低10%，并且通过回归分析表明其根源在于煤炭生产国很容易忽视教育，进而影响人力资本特别是男性人力资本的积累。③ 换句话说，欧洲的“煤炭诅咒”在很大程度上是一种“人力资源诅咒”。除了上述研究外，还有多项研究尝试探讨并检验“经济能源诅咒”的生成机制。④

---

① Elissaios Papyrakis, Reyer Gerlagh, “The Resource Curse Hypothesis and Its Transmission Channels”, *Journal of Comparative Economics*, Vol. 32, No. 1, 2004, pp. 181-193.

② Halvor Mehlum, Karl Moene, Ragnar Torvik, “Institutions and the Resource Curse”, *The Economic Journal*, Vol. 116, No. 508, 2006, pp. 1-20.

③ Elena Esposito, Scott F. Abramson, “The European Coal Curse”, *Journal of Economic Growth*, Vol. 26, No. 1, 2021, pp. 77-112.

④ 具有代表性的是 Maria Dolores Guilló, Fidel Perez-Sebastian, “Neoclassical Growth and the Natural Resource Curse Puzzle”, *Journal of International Economics*, Vol. 97, No. 2, 2015, pp. 423-435; Monoj Kumar Majumder, Mala Raghavan, Joaquin Vespignani, “Oil Curse, Economic Growth and Trade Openness”, *Energy Economics*, Vol. 91, 2020, pp. 1-10; Sambit Bhattacharyya, Roland Hodler, “Do Natural Resource Revenues Hinder Financial Development? The Role of Political Institutions”, *World Development*, Vol. 57, 2014, pp. 101-113；邵帅、杨莉莉：《自然资源丰裕、资源产业依赖与中国区域经济增长》，《管理世界》2010年第9期，第26—44页；邵帅、范美婷、杨莉莉：《资源产业依赖如何影响经济发展效率？——有条件资源诅咒假说的检验及解释》，《管理世界》2013年（转下页）

总之，人们分别通过描述经验现象、分析病理机制、检视计量统计结果来探讨“经济能源诅咒”。根据上述研究，能源有碍于国家的经济增长很可能是一个真实存在的病理现象，对此本章第三节还会重新检视“经济能源诅咒”的经验现象和学理逻辑并最终提供一个定论。

第三节　对经验现象和学理逻辑的检视

本章第一节和第二节的梳理研究似乎表明“政治能源诅咒”和“经济能源诅咒”都是真实存在的病理现象，本节则重新检视了两者的经验现象和学理逻辑，进而明确了何者为值得攀登的“学术高峰”，而何者为因研究者的观察偏差臆想而成的“学术海市蜃楼”。以此为基础，本书排除了一个与“能源诅咒”生成原因相关的竞争性解释，此外还明确了其概念操作化。

一　重新检视“政治能源诅咒”

本章第一节梳理的研究似乎表明“政治能源诅咒”是一个真实存在的病理现象，但实际上对此质疑的研究在经验现象和学理逻辑上更具说服力。尽管罗斯至今都在坚持“政治能源诅咒”真实存在并且笃信其分析稳健清晰，但他也不得不面对层出不穷且雄辩扎实的挑战性研究。① 他将这些挑战性研究分为三类，其一为用替代性命题检验来替换对“政治能源诅咒”的检验，譬如用检验能源丰裕是否导致民主化来替代是否导致专制巩固；其二为针对内生性和遗漏的问题来挑战能源与专制的因果关系识

（接上页）第2期，第32—63页；陈艳莹、王二龙、程乘：《寻租、企业家才能配置和资源诅咒——基于中国省份面板数据的实证研究》，《财经研究》2012年第6期，第16—26页；邵帅：《煤炭资源开发对中国煤炭城市经济增长的影响——基于资源诅咒学说的经验研究》，《财经研究》2010年第3期，第90—101页；邵帅、齐中英：《资源输出型地区的技术创新与经济增长——对“资源诅咒”现象的解释》，《管理科学学报》2009年第6期，第23—33页。因篇幅所限，其余研究不再逐一列出。

①　笔者于2021年9月14日对迈克尔·罗斯进行访谈，他作了如上陈述。

别；其三为关注能源的负面效应和正面效应，进而提出能源具有正的净效应。① 无论罗斯对上述挑战的回应是否中肯，可以肯定的是这些挑战性研究对“政治能源诅咒”真实性的质疑是非常尖锐的。

在经验现象层面，“政治能源诅咒”很可能滥觞于观察样本的选择偏差，因而并非切实的现象。该领域内的大量研究聚焦于海湾产油国专制巩固的现象，不仅将其作为实证案例进行分析，甚至还据此作为开展研究的动机。由于“食利者国家”的概念最早就是根据海湾国家大量出口能源但强化专制统治的现象而提出的，这一概念甫一提出就将海湾国家与“政治能源诅咒”牢牢地联系了起来，以至于2000年之前该领域内的绝大多数研究聚焦于海湾国家展开分析。② 此后，虽然得益于案例选择的多元化，其他地区及国家的案例被更多提及，但海湾国家出口石油且巩固专制统治仍然被视作“政治能源诅咒”的绝佳例证。③

然而，依据海湾产油国威权巩固为经验现象就直接断定存在“政治能源诅咒”面临着严重的案例选择偏差问题。戴维·瓦尔德纳与本杰明·史密斯等的新晋研究建立了一个面向阿拉伯半岛国家的后殖民主权因果模型，并且据此发现因为选择偏差的存在使得“政治能源诅咒”的效应识别出现了假阳性，人为建构并且夸大了所谓的“政治能源诅咒”。他们还得到了两个重要的结论：其一，“政治能源诅咒”确实出现在了其所研究的阿拉伯半岛国家，但是并未出现在世界其他国家。其二，如果纠正内生性选择偏差，那么石油对专制巩固的影响完全可以忽略不计。④ 同样，萨拉·布鲁克斯与马库斯·库尔茨也批评地指出“只要简单地看一眼中东和中亚石油国家的政治特征，石油与威权主义之间的关

① Michael L. Ross, “What Have We Learned about the Resource Curse?”, *Annual Review of Political Science*, Vol. 18, 2015, pp. 246-248.

② Michael L. Ross, “Does Oil Hinder Democracy?”, *World Politics*, Vol. 53, No. 3, 2001, p. 312.

③ Michael L. Ross, *The Oil Curse: How Petroleum Wealth Shapes the Development of Nations*, Princeton: Princeton University Press, 2012, p. 63.

④ David Waldner, Benjamin Smith, “Survivorship Bias in Comparative Politics: Endogenous Sovereignty and the Resource Curse”, *Perspectives on Politics*, Vol. 19, No. 3, 2021, pp. 890-905. 笔者于2022年3月1日对本杰明·史密斯进行了访谈，他反复强调了没有全球性的经验证据支持“政治能源诅咒”的真实性。

系就已然显现”，然而这显然是个错误。① 对海湾产油国的刻板印象不断错误地加强着其对“政治能源诅咒”的支持逻辑，阿努斯希拉万·埃赫特沙米批驳性地指出 20 世纪 90 年代以来海湾国家正以前所未有的速度推进政治变革，而政治变革的推动者正是受益于能源出口的统治精英。②

数据也证明了这种选择偏差的存在。“政体-5 项目”（Polity 5）的数据显示，海湾地区能源出口国的政体民主评分均值在 1970 年为-9.20，而在 2018 年这一数字仍仅为-8.86，详见图 1-1。③ 这表明在“第三波”民主化浪潮的侵袭下，海湾地区能源出口国的威权政体仍然稳固如初。④

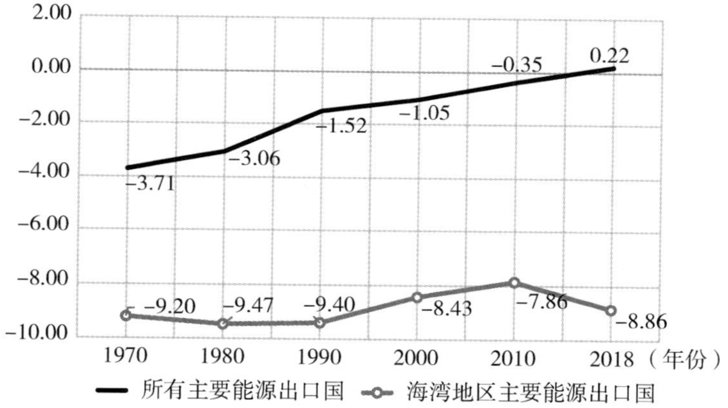

图 1-1　主要能源出口国政体民主评分均值

资料来源：政体-5 项目。⑤

① Sarah M. Brooks, Marcus J. Kurtz, “Oil ‘Rents’ and Political Development: What Do We Really Know About the Curse of Natural Resources?”, *Comparative Political Studies*, Vol. 55, No. 10, 2022, pp. 1698-1731. 两位作者在其另一项研究当中也表达了相同的观点，详见 Sarah M. Brooks, Marcus J. Kurtz, “Oil and Democracy: Endogenous Natural Resources and the Political ‘Resource Curse’”, *International Organization*, Vol. 70, No. 2, 2016, pp. 279-311。

② Anoushiravan Ehteshami, “Reform from Above: The Politics of Participation in the Oil Monarchies”, *International Affairs*, Vol. 79, No. 1, 2003, pp. 53-75.

③ The Center for Systemic Peace, “Polity 5 Annual Time - Series, 1946 - 2018”, http://www.systemicpeace.org/inscrdata.html.

④ ［美］塞缪尔·P. 亨廷顿：《第三波：20 世纪后期的民主化浪潮》，欧阳景根译，中国人民大学出版社 2013 年版，第 280 页。

⑤ The Center for Systemic Peace, “Polity 5 Annual Time - Series, 1946 - 2018”, http://www.systemicpeace.org/inscrdata.html.

得益于“政体—5项目”数据的纵向可比性，通过对下文列出的39个主要能源出口国的政体民主程度加以比较可以发现：所有主要能源出口国在1970年的政体民主评分均值为-3.71，这一数字在2018年则上升至0.22。主要能源出口国的民主化程度在缓慢提高，这与上述研究所宣称的能源出口国的专制巩固加强完全相反。显然，以海湾地区能源出口国威权巩固的经验现象为基础建立的理论解释大多如同“范式的沙堡”，经不起以全部主要能源出口国为样本的经验检验。①

不仅如此，大量的实证研究在经验现象层面未能发现“政治能源诅咒”的效应。譬如，斯蒂芬·哈伯和维克多·梅纳尔多依据其新整理的历史数据集，并且运用以时间序列为中心的统计分析，发现能源依赖与专制巩固并无任何关系。② 梅纳尔多在后续的研究中运用相同的数据集进一步证明了能源并未损害民主。③ 刘宇明和保罗·马斯格雷夫指出，几乎没有证据表明能源会系统性地阻碍民主化进程，甚至在特定的情况下能源会有助于民主化。④ 斯文·奥斯卡森与埃里克·奥托森在其题为“石油是否仍在阻碍民主”的研究中与罗斯的开创性研究进行对话并对后者加以批判。他们从概念和时序两方面出发分别论证，试图推翻罗斯的逻辑。其中，他们在经验层面特别检验了132个国家从1977年到2006年的政治经济数据，并未发现支持“政治能源诅咒”的任何证据。⑤ 另有其他多项实证研究通过检视经验层面的证据，都得到了相同或近似的结论。⑥ 总之，“政治能源诅咒”的真实性在经验现象层面面临着强有力

① ［美］芭芭拉·格迪斯：《范式与沙堡：比较政治学中的理论构建与研究设计》，陈子恪、刘骥等译，张睿壮、刘骥校，重庆大学出版社2012年版，第58—85页。

② Stephen Haber, Victor Menaldo, “Do Natural Resources Fuel Authoritarianism? A Reappraisal of the Resource Curse”, *American Political Science Review*, Vol. 105, No. 1, 2011, pp. 1-26.

③ Victor Menaldo, *The Institutions Curse: Natural Resources, Politics, and Development*, Cambridge: Cambridge University Press, 2016, pp. 25-42.

④ Yu-Ming Liou, Paul Musgrave, “Refining the Oil Curse: Country-level Evidence from Exogenous Variations in Resource Income”, *Comparative Political Studies*, Vol. 47, No. 11, 2014, pp. 1584-1610.

⑤ Sven Oskarsson, Eric Ottosen, “Does Oil Still Hinder Democracy?”, *Journal of Development Studies*, Vol. 46, No. 6, 2010, pp. 1067-1083.

⑥ Markus Brückner, Antonio Ciccone, Andrea Tesei, “Oil Price Shocks, Income, and Democracy”, *Review of Economics and Statistics*, Vol. 94, No. 2, 2012, pp. 389-399; Kelsey J. O'Connor, Luisa R. Blanco, Jeffrey B. Nugent, “Does Oil Really Curse Democracy? A Long-run Time-series Analysis of 127 Countries”, *Resources Policy*, Vol. 57, 2018, pp. 264-277.

的挑战。

在学理逻辑层面，“政治能源诅咒”更是漏洞频出，对学理逻辑上的如下挑战更是难以辩驳。其一，能源收益有助于强化专制统治，但也有助于强化民主统治。萨德·邓宁突破了“政治能源诅咒”既有研究的樊篱，挑战了罗斯等宣称的能源加强关注巩固的传统智识，创造性地指出能源及其他形式的矿产资源既能够促进专制巩固也有助于民主转型，只不过两者是通过不同机制实现的。① 邓宁例举澳大利亚、加拿大、南非共和国及早期委内瑞拉等例子表明“能源催生的民主”（Crude Democracy）的确存在，进而指出了两种效应：一方面，能源收益增强了控制租金分配的动机，降低了民主转型对政治精英的吸引力，即能源租金的直接威权效应。另一方面，能源收益也可能减少私人收入的分配，增强民主对大众的吸引力；即能源租金的间接民主效应。② 为了论证其观点，邓宁建立了形式模型并进行了统计分析，最终得出能源既强化专制统治又有益于民主统治的说法并不矛盾，“能源催生的民主”显然存在。除了邓宁的研究外，本杰明·史密斯等的研究也提出了相似的观点，而罗兰·霍德勒（Roland Hodler）等的实证研究则印证了这一点。③

其二，能源收益的真正效应对应于巩固统治能力、延长统治时间，而不论其为民主政体还是专制政体。凯文·莫里森对石油及非税收收入的系列讨论是对“政治能源诅咒”学理逻辑的又一次致命打击。其重要发现在于以石油收入为代表的非税收收入使国家更加稳定、统治者的统治更为巩固，并且不论对于民主国家还是专制国家都是如此。石油收入既没有“亲民主”性质也没有“亲专制”性质，只有“亲稳定”性质。然而石油收入实现稳定的机制有差异：对实行民主政体的国家而言石油收入有助于减少征税需要；而对实行专制政体的国家而言石油收入则有

① Thad Dunning, *Crude Democracy*: *Natural Resource Wealth and Political Regimes*, New York: Cambridge University Press, 2008.

② Thad Dunning, *Crude Democracy*: *Natural Resource Wealth and Political Regimes*, New York: Cambridge University Press, 2008. p. 11.

③ 相应的文献梳理详见 Kevin M. Morrison, “Natural Resources and Development”, in Robert A. Scott, Marlis Buchmann, Stephen M. Kosslyn, eds., *Emerging Trends in the Behavioral and Social Sciences*, https://onlinelibrary.wiley.com/doi/epdf/10.1002/9781118900772.etrds0232.

助于扩大社会支出，这两个机制分别有助于上述两类国家的稳定。① 在其后续的专著中，莫里森进一步指出假设收入带来稳定而支出带来不稳定，那么获得税收收入的过程则会导致不稳定，而获得非税收收入的过程则并不会导致不稳定。② 据此，显然能源收入有助于统治者巩固其统治能力、延长其统治时间，而非仅仅是有助于专制统治的巩固。此外，本杰明·史密斯在对石油收益与政权崩溃、政治抗议与内战关系的讨论中也发现石油收益有助于政权的持续性；埃利斯·哥德堡等在对美国各州的研究中发现即使在民主国家，在位执政者也会谋求利用石油租金来延长其任期；吕克·奥姆格巴在对非洲 26 个国家元首任职时间的分析中指出，石油租金对于非洲领导人延长其任职时间具有积极的作用。③

其三，“政治能源诅咒”的生成是有条件的，因此这些条件要比能源收益重要得多。多项研究表明，“政治能源诅咒”只会在特定的条件下出现，因而即便该现象真实存在，其特殊性也要远大于一般性。杰夫·科尔根在对石油与国内冲突的研究中发现，仅在国内存在暴力冲突的前提下石油才可能抑制国家的民主转型，而在其他情况下“国家通向民主的道路依然畅通无阻”。④ 卡亨伦·德里克斯指出冷战结束后美国和苏联减少了对一些专制国家的援助，由此其中能源匮乏的专制国家被迫开始民主转型，而另一些能源丰裕的专制国家则有效抵制了民主化的压力。⑤ 可以说“政治能源诅咒”只是冷战结束后的特定历史产物。弗雷德里克·范德普勒格与约尔根·安徒生均发现实行总统制的

① Kevin M. Morrison, “Oil, Nontax Revenue, and the Redistributional Foundations of Regime Stability”, *International Organization*, Vol. 63, No. 1, 2009, pp. 107–138.

② Kevin M. Morrison, *Nontaxation and Representation*: *The Fiscal Foundations of Political Stability*, New York: Cambridge University Press, 2015.

③ Benjamin Smith, “Oil Wealth and Regime Survival in the Developing World, 1960–1999”, *American Journal of Political Science*, Vol. 48, No. 2, 2004, pp. 232–246; Ellis Goldberg, Eric Wibbels, Eric Myukiyehe, “Lessons from Strange Cases: Democracy, Development, and the Resource Curse in the US States”, *Comparative Political Studies*, Vol. 41, No. 4/5, 2008, pp. 477–514; Luc Désiré Omgba, “On the Duration of Political Power in Africa: The Role of Oil Rents”, *Comparative Political Studies*, Vol. 42, No. 3, 2009, pp. 416–436. 另外，罗斯对此还进行了综述，详见 Michael L. Ross, “What Have We Learned about the Resource Curse?”, *Annual Review of Political Science*, Vol. 18, 2015, p. 245。

④ Jeff D. Colgan, “Oil, Domestic Conflict, and Opportunities for Democratization”, *Journal of Peace Research*, Vol. 52, No. 1, 2015, pp. 3–16.

⑤ Cullen S. Hendrix, “Cold War Geopolitics and the Making of the Oil Curse”, *Journal of Global Security Studies*, Vol. 3, No. 1, 2018, pp. 2–22.

国家会出现“政治能源诅咒”，而实行议会制的国家则不会出现这一病理现象。① 田野的研究指出贸易开放将有助于丰裕要素的所有者克服集体行动的困境，进而导致民主转型或威权巩固。然而这一逻辑也受制于初始威权政体类型，其中军人政权更容易导致民主转型而一党制政权则难以推动民主转型。② 基于这一逻辑，“政治能源诅咒”更可能是一党制专制政权下的特有病理现象。

其四，其他遗漏变量及“后门路径”更可能是能源出口国专制巩固的真正原因。譬如，戴维·贝尔斯等颇具新意地以移民而非能源为切口分析了能源出口国专制巩固的原因。他们指出从根本上讲这些国家大多因严重缺乏劳动力而支持向国内移民或劳动力输入，然而在支持劳动力净流入的同时政府也需要安抚既有的国内民众，其安抚过程降低了民众的民主化诉求继而实现了专制巩固。其令人眼前一亮的结论在于“（政治）资源诅咒与资源无关，而是与劳动力进口有关”。③ 宝琳·隆与艾丽卡·温塔尔并不认同将专制巩固归结于20世纪70年代以来的石油开发，相反他们认为“促进和阻碍民主的因素有着更深层次的历史根源”。④ 萨拉·布鲁克斯和霍瓦德·霍斯塔德等在挑战能源租金导致专制巩固的传统观点时，特别强调了工业化进程、能源生产的成本、国际约束等因素均使能源与民主的关系变得非常复杂。⑤ 罗斯也坦言国家的经济发展水平、时空临近性和相似性、伊斯兰文化、平等程度、殖民者的历史遗产、

① Frederick van der Ploeg, “Natural Resources: Curse or Blessing?” *Journal of Economic Literature*, Vol. 49, No. 2, 2011, p. 385; Jørgen Juel Andersen, Silje Aslaksen, “Constitutions and the Resource Curse”, *Journal of Development Economics*, Vol. 87, No. 2, 2008, pp. 227-246.

② 田野等：《国际贸易与政体变迁：民主与威权的贸易起源》，中国社会科学出版社2019年版，第29—68页。

③ David H. Bearce, Jennifer A. Laks Hutnick, “Toward an Alternative Explanation for the Resource Curse: Natural Resources, Immigration, and Democratization”, *Comparative Political Studies*, Vol. 44, No. 6, 2011, pp. 689-718.

④ Pauline Jones Luong, Erika Weinthal, *Oil Is Not a Curse: Ownership Structure and Institutions in Soviet Successor States*, New York: Cambridge University Press, 2010, p. 324.

⑤ Sarah M. Brooks, Marcus J. Kurtz, “Oil and Democracy: Endogenous Natural Resources and the Political ‘Resource Curse’ ”, *International Organization*, Vol. 70, No. 2, 2016, p. 279; Sarah M. Brooks, Marcus J. Kurtz, “Oil ‘Rents’ and Political Development: What Do We Really Know About the Curse of Natural Resources?”, *Comparative Political Studies*, Vol. 55, No. 10, 2022, pp. 1698-1731; Håvard Haarstad, “Cross-scalar Dynamics of the Resource Curse: Constraints on Local Participation in the Bolivian Gas Sector”, *Journal of Development Studies*, Vol. 50, No. 7, 2014, p. 978.

时间（民主国家的数量随着时间的推移而增加）等其他大量因素也在影响民主转型或专制巩固。[①] 想要将能源的影响与这些因素完全剥离开并无可能，因而也就不能将民主转型或专制巩固简单归结到能源上。显然，无论选择民主还是专制，其很可能由移民、宗教、历史遗产、人口规模、官僚机构等其他“后门路径”所决定。[②]

总之，“政治能源诅咒”的经验现象之所以能被观察到，很可能是因为研究者犯下了案例选择偏差的错误；更细致地检视“政治能源诅咒”的学理逻辑后也会发现，其逻辑很难禁得起推敲。[③] 换句话说，“政治能源诅咒”的经验现象并不存在，其实际上是“学术海市蜃楼”。

二 重新检视“经济能源诅咒”

与“政治能源诅咒”一样，“经济能源诅咒”的真实性同样受到了质疑和挑战。例如，赫里斯塔·布伦施韦勒等批判性地回顾了关于“经济能源诅咒”的经验性研究，并且分析得出了三个重要结论，即能源丰裕、宪政与制度质量决定了一国是否会出现能源依赖；能源依赖并不影响经济增长；能源丰裕对于经济增长和制度质量具有积极的影响。据此，布伦施韦勒等略加挑衅地将“经济能源诅咒”现象称为“转移人们注意力的幌子”（Red Herrings）。[④] 再如，亚历山大·詹姆斯同样对探讨“经济能源诅咒”的既有研究大加批判，并且指出依赖能源的国家在一些时段增长缓慢而在另一些时段增长较快，这在很大程度上是由部门增长的

---

① Michael L. Ross, *The Oil Curse: How Petroleum Wealth Shapes the Development of Nations*, Princeton: Princeton University Press, 2012, pp. 64–65.

② 例如，戴维·斯塔萨维奇（David Stasavage）讨论了人口规模和官僚制建立的节点等对于民主与专制生成的根本差异性影响。详见 David Stasavage, *The Decline and Rise of Democracy: A Global History from Antiquity to Today*, Princeton: Princeton University Press, 2020。

③ 需要补充的是，“政治能源诅咒”对民主的讨论较为狭隘，即仅聚焦于民主转型及程度而完全忽视了民主的类别及多样性。因此即便该领域研究有助于加深人们对于民主的理解，这种理解恐怕也是片面的。关于民主类别及其绩效的经典讨论，例如［美］阿伦·利普哈特《民主的模式：36 个国家的政府形式和政府绩效（第二版）》，陈崎译，上海人民出版社 2017 年版。

④ Christa N. Brunnschweiler, Erwin H. Bulte, “The Resource Curse Revisited and Revised: A Tale of Paradoxes and Red Herrings”, *Journal of Environmental Economics and Management*, Vol. 55, No. 3, 2008, pp. 248–264; Christa N. Brunnschweiler, “Cursing the Blessings? Natural Resource Abundance, Institutions, and Economic Growth”, *World Development*, Vol. 36, No. 3, 2008, pp. 399–419.

平均异质性（Average Sector-growth Heterogeneity）决定的。由于在研究中发现能源依赖性与特定部门的增长之间并无明显关联，他更是将“经济能源诅咒”斥为“统计幻象”（Statistical Mirage）。① 此外，格雷厄姆·戴维斯、丹尼尔·莱德曼及其合作者、迈克尔·阿列克谢耶夫（Michael Alexeev）、罗纳德·罗戈夫斯基（Ronald Rogowski）、杰夫·科尔根等多位学者也基于不同的数据、运用不同的方法、结合不同的经验证据对“经济能源诅咒”的真实性加以挑战。②

值得注意的是，上述质疑“经济能源诅咒”真实性的研究多具有以下两个特点：一方面，大多数研究以上文所示的萨克斯和华纳的开创性研究为靶子进行批判。萨克斯和华纳的早期研究不可避免地受制于研究积累、数据可获性和计量工具，因而很容易受到后续更精细的实证研究的挑战。然而这些研究的问题在于误将挑战萨克斯和华纳的早期研究等同于挑战“经济能源诅咒”的真实性，实际上萨克斯和华纳的早期研究只是“经济能源诅咒”真实性研究的根基之一而非全部，两者绝不能简单等同。另一方面，大多数研究通过统计分析证明了能源与经济增长绩

① Alexander James, “The Resource Curse: A Statistical Mirage?”, *Journal of Development Economics*, Vol. 114, 2015, pp. 55-63.

② Graham A. Davis, “Learning to Love the Dutch Disease: Evidence from the Mineral Economies”, *World Development*, Vol. 23, No. 10, 1995, pp. 1765-1779; Daniel Lederman, William F. Maloney, eds., *Natural Resource: Neither Curse nor Destiny*, Palo Alto: Stanford University Press, 2007; Michael Alexeev, Robert Conrad, “The Elusive Curse of Oil”, *Review of Economics and Statistics*, Vol. 91, No. 3, 2009, pp. 586-598; Tiago Cavalcanti, Daniel Da Mata, Frederik Toscani, “Winning the Oil Lottery: The Impact of Natural Resource Extraction on Growth”, *Journal of Economic Growth*, Vol. 24, No. 1, 2019, pp. 79-115; Brock Smith, “The Resource Curse Exorcised: Evidence from a Panel of Countries”, *Journal of Development Economics*, Vol. 116, 2015, pp. 57-73; John R. Boyce, J. C. Herbert Emery, “Is a Negative Correlation Between Resource Abundance and Growth Sufficient Evidence That There Is a ‘Resource Curse’?”, *Resources Policy*, Vol. 36, No. 1, 2011, pp. 1-13; António Cardoso Marques, Patrícia Silva Pires, “Is there a Resource Curse Phenomenon for Natural Gas? Evidence from Countries with Abundant Natural Gas”, *Resources Policy*, Vol. 63, 2019, pp. 1-11; Ramez Abubakr Badeeb, Hooi Hooi Lean, Jeremy Clark, “The Evolution of the Natural Resource Curse Thesis: A Critical Literature Survey”, *Resources Policy*, Vol. 51, 2017, pp. 128-130; Rui Fan, Ying Fang, Sung Y. Park, “Resource Abundance and Economic Growth in China”, *China Economic Review*, Vol. 23, No. 3, 2012, pp. 704-719; Ozmel Manzano, Roberto Rigobón, “Resource Curse or Debt Overhang?”, in Daniel Lederman and William F. Maloney, eds., *Natural Resource: Neither Curse nor Destiny*, Palo Alto: Stanford University Press, 2007, pp. 41-70。笔者于2022年2月18日对罗纳德·罗戈夫斯基进行了访谈，他完全质疑“经济能源诅咒”病理现象的真实性，并且指出其相应的问题是由其他因素而非能源所致。笔者于2022年2月21日对杰夫·科尔根进行了访谈，他指出以人均GDP增速为衡量标准的“经济能源诅咒”并不存在。

效较差无关，但回避了对能源出口国经济增长绩效较差本身的讨论。具体而言，这些研究通过数据分析指出在特定的统计学标准下不能证明能源与能源出口国的经济增长绩效差相关，但却对能源出口国经济增长绩效明显更差的现实避而不谈。由于数据和方法选择的偏向性，这些研究所存在的“统计幻象”问题或许要比其所批判的对象更为严重。

尽管“经济能源诅咒”的学理逻辑和经验现象也受到了挑战，但与“政治能源诅咒”不同的是关于前者的研究有效回应了所有的批评，再三证明了其经验现象明晰且真实。在经验现象层面，无论是直接可观察到的经验现象还是间接的统计实证证据，都足以证明“经济能源诅咒”的真实性。其中，就间接的统计实证证据而言，大量的研究以萨克斯与华纳的早期研究为基础，提供了日益精细和稳健的实证证据。详尽的梳理详见本章第二节中的相应分析。

而就直接可观察到的经验现象而言，大量的学者对此提供了细致的描述，并多将其作为开展后续研究的重要经验基础。譬如，罗斯在其梳理性研究中特别指出 1960—1976 年主要出口矿产资源的发展中国家的 GDP 增长率为 1.9%，约为其他发展中国家的一半；即便在 1971—1983 年的能源价格高涨期，主要能源出口国的经济增长绩效仍不及非能源出口国；2000 年世界银行公布的经济增长绩效最差的 36 个国家中有 27 个高度依赖能源及其他矿产资源出口。① 托瓦尔德·吉尔法森则发现 1965—1998 年，OPEC 成员国的人均 GDP 平均每年下降了 1.3%，而所有低收入和中等收入国家的人均 GDP 平均每年上涨了 2.2%。② 艾丽卡·温塔尔与宝琳·隆还例举了另外 7 个与之类似的重要现象（详见表 1-3）。③ 此外，张复明与拉梅兹·巴迪卜等也分别梳理呈现了能够直接证明“经济能源诅咒”真实性的关键经验现象。④

---

① Michael L. Ross, “The Political Economy of the Resource Curse”, *World Politics*, Vol. 51, No. 2, 1999, p. 300, 322.

② Thorvaldur Gylfason, “Natural Resources, Education, and Economic Development”, *European Economic Review*, Vol. 45, No. 4-6, 2001, p. 848.

③ Erika Weinthal, Pauline Jones Luong, “Combating the Resource Curse: An Alternative Solution to Managing Mineral Wealth”, *Perspectives on Politics*, Vol. 4, No1. 2006, p. 36.

④ 张复明、景普秋：《资源型经济及其转型研究述评》，《中国社会科学》2006 年第 6 期，第 81—82 页；Ramez Abubakr Badeeb, Hooi Hooi Lean, Jeremy Clark, “The Evolution of the Natural Resource Curse Thesis: A Critical Literature Survey”, *Resources Policy*, Vol. 51, 2017, pp. 127-128.

表 1-3　“经济能源诅咒”的关键经验现象

序号	时间	经验现象的描述
1	1960—1990 年	资源丰裕国的人均 GDP 增长了 1.7%，资源稀缺国的人均 GDP 增长了 2.5%—3.5%
2	1970—1993 年	资源丰裕国的人均 GDP 增长了 0.8%，资源稀缺国的人均 GDP 增长了 2.1%—3.7%
3	2004 年	世界银行将 12 个高度依赖矿产资源出口的国家和 6 个高度依赖石油出口的国家列为“高负债穷国”
4	——	非洲负债最多的 10 个国家中有 6 个是能源出口国
5	1970—2000 年	世界第 7 大产油国尼日利亚累计获得了 3500 亿美元的石油收入，但按购买力平价计算，该国 1970 年人均 GDP 为 1113 美元，到 2000 年仅为 1084 美元。同期该国贫困率从 36%上升至 70% *
6	1960—1990 年	资源匮乏的部分东亚国家取得了惊人的经济增长；资源丰富的拉丁美洲国家则停滞不前
7	2002 年	盛产石油的厄瓜多尔是南美洲最小的国家，其人均债务却在南美洲位列第一

注：* 尼日利亚在 2020 年为世界第 11 大产油国。
资料来源：笔者根据艾丽卡·温塔尔与宝琳·隆的研究整理自制。

即便从较为简单的数据描述中，人们也能洞悉到“经济能源诅咒”的真实性。萨克斯与华纳最早清晰直观地展示能源出口与经济增长的负相关性。其所绘制的示意图显示，对 1970 年自然资源出口在 GDP 比重更高的国家和地区，其从 1970 年到 1989 年的实际人均 GDP 增长率就更低，反之则反是，详见图 1-2。① 伊恩·考克斯黑德（Ian Coxhead）描述了 1971 年初级产品出口占总出口 60%以上的国家在 1975—2001 年的人均 GDP 增长情况，详见图 1-3。在两条表示均值的线所划分出的 4 个区块中，能源等初级产品占比越高的国家往往经济增长绩效越差。② 罗斯的统计显示，虽然主要石油生成国的数量在过去数十年内增长明显，但其收入的中位数则明显下降，详见图 1-4。③

① Jeffrey D. Sachs, Andrew M. Warner, “Natural Resources and Economic Development: The Curse of Natural Resources”, *European Economic Review*, Vol. 45, No. 4-6, 2001, p. 829.

② Ian Coxhead：《国际贸易和自然资源“诅咒”：中国的增长威胁到东南亚地区的发展了吗?》，《经济学（季刊）》2006 年第 1 期，第 612—614 页。

③ Michael L. Ross, *The Oil Curse: How Petroleum Wealth Shapes the Development of Nations*, Princeton: Princeton University Press, 2012, pp. 8-11.

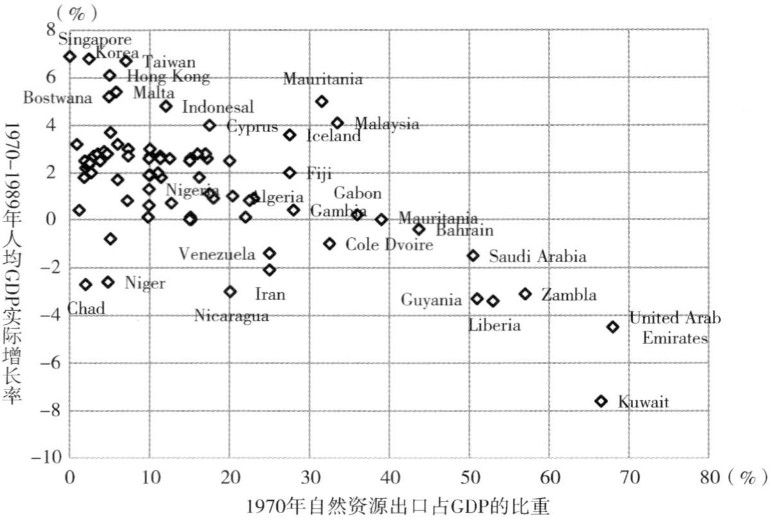

图 1-2　自然资源出口与经济增长

资料来源：Jeffrey D. Sachs, Andrew M. Warner, "Natural Resources and Economic Development: The Curse of Natural Resources", *European Economic Review*, Vol. 45, No. 4-6, 2001, pp. 828-829.

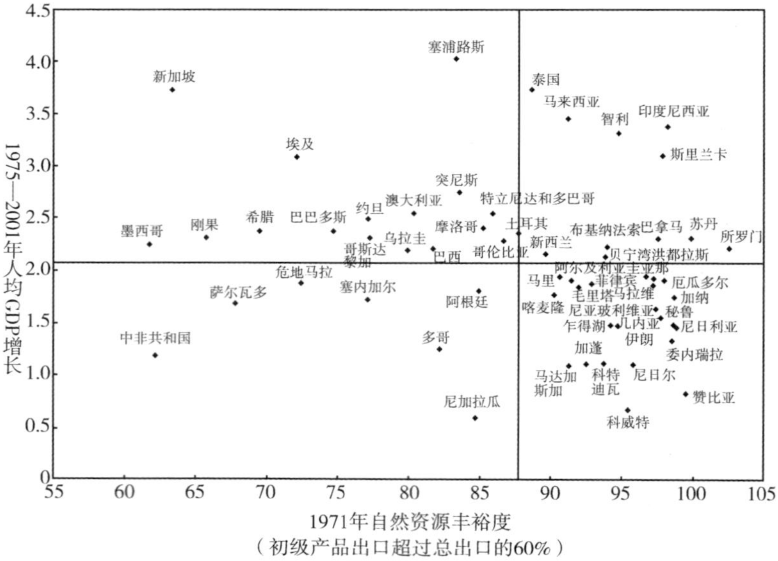

图 1-3　自然资源丰裕度与人均产出增长率

资料来源：Ian Coxhead《国际贸易和自然资源"诅咒"：中国的增长威胁到东南亚地区的发展了吗?》，《经济学（季刊）》2006 年第 1 期，第 613 页。

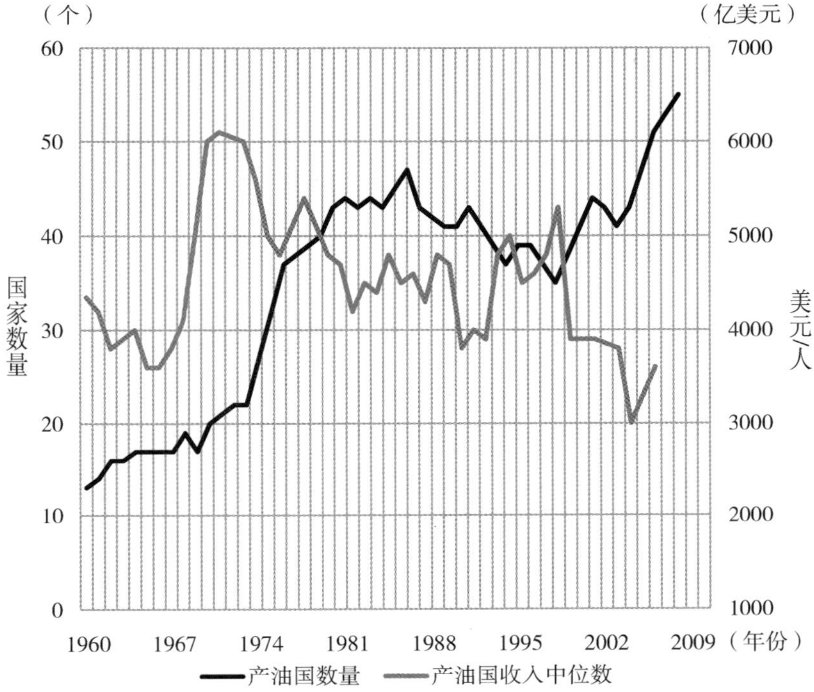

图 1-4　主要石油生产国的数量及收入中位数

资料来源：Michael L. Ross, *The Oil Curse: How Petroleum Wealth Shapes the Development of Nations*, Princeton: Princeton University Press, 2012, p. 10.

虽然受成文时间的限制，上述研究分析的数据时段均相对较早，而将数据的时段拓展至近年时情况也并未出现明显的改变。奥蒂的新晋研究显示，资源丰裕的国家在 4 个时段内的人均 GDP 增速大多不及能源稀缺的国家，详见表 1-4。① 参考上述分析，本书也提供了额外的数据描述。然而不同于本书导论部分的论证，在此需要观测范围从 OPEC 与 GECF 成员国扩展至下文列出的所有主要能源出口国，从而从根源上避免观测偏差。基于数据可比性的考量，剔除缺失值后可得主要能源出口国与非主要能源出口国的人均 GDP 年均增幅，详见图 1-5。统计显示，虽然主要能源出口国在 1960 年的人均 GDP 要高于非主要能源出口国，

① Richard M. Auty, Haydn I. Furlonge, *The Rent Curse: Natural Resources, Policy Choice, and Economic Development*, Oxford: Oxford University Press, 2019, p. 4.

但在 1990 年，前者的人均 GDP 已经低于后者并且延续至今。[①] 同样，如果将人均 GDP 年均增幅增长较快的东亚及太平洋国家、增长较平稳的中等收入国家以及增长较缓慢的经济合作与发展组织（Organisation for Economic Co-operation and Development，OECD）国家这三类国家人均 GDP 年均增幅的平均值纳入对比可以发现，主要能源出口国的人均 GDP 年均增幅最慢，详见图 1-6。[②]

表 1-4　　不同资源禀赋国家的人均 GDP 增速　　（单位：%）

经济阶段	价格冲击前的全球增长期：1960—1973 年	价格急剧增长期：1973—1985 年	国际金融制度改革时期：1985—1997 年	改革后的恢复期：1997—2015 年
资源稀缺国				
大国	2.4	3.7	4.7	3.9
小国	3.5	1.8	2.4	2.4
资源丰裕国				
大国	2.7	0.7	1.9	2.3
不依赖矿物的小国*	1.6	0.7	0.9	2.1
依赖矿产资源的小国	2.2	0.1	−0.4	2.1
出口石油的小国	4.0	2.3	−0.7	1.6
所有国家				
所有国家	2.7	1.6	1.5	2.3

注：* 奥蒂所述的资源是个更为宽泛的概念，并非特指矿产资源，也包括农业等资源。

资料来源：Richard M. Auty，Haydn I. Furlonge，*The Rent Curse*：*Natural Resources*，*Policy Choice*，*and Economic Development*，Oxford：Oxford University Press，2019，p. 4.

① World Bank，“GDP Per Capita Growth（Annual %）”，https：//data. worldbank. org. cn/indicator/NY. GDP. PCAP. KD？view=chart.

② World Bank，“GDP Per Capita Growth（Annual %）”，https：//data. worldbank. org. cn/indicator/NY. GDP. PCAP. KD？view=chart.

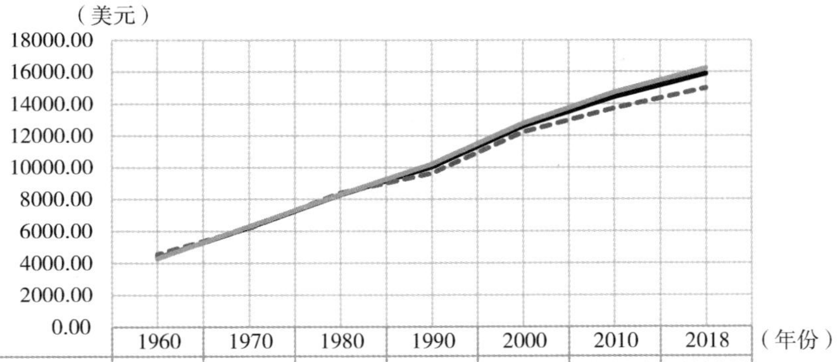

	1960	1970	1980	1990	2000	2010	2018
世界	4330.59	6253.27	8280.88	10039.99	12593.23	14434.57	15894.82
主要能源出口国	4550.60	6200.44	8388.74	9644.00	12227.71	13727.94	15010.46
非主要能源出口国	4289.38	6305.55	8298.91	10229.23	12792.72	14728.87	16235.19

图 1-5 人均 GDP 年均增幅分类统计（1）

资料来源：世界银行。①

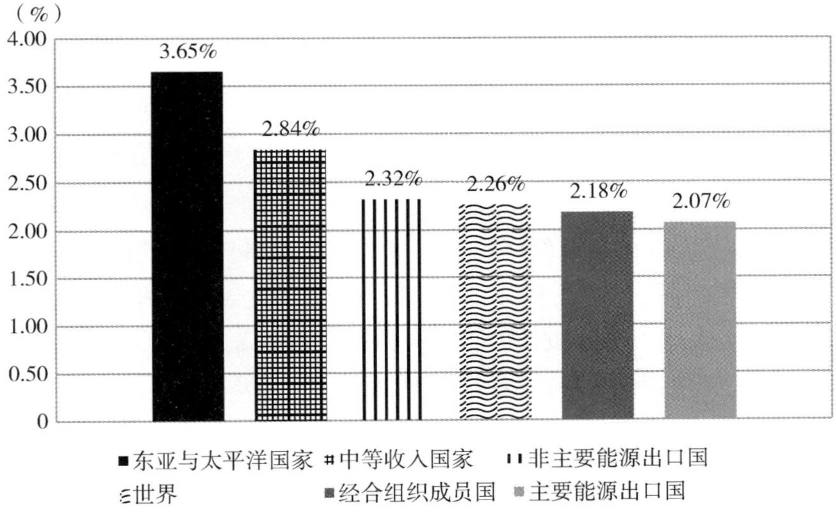

图 1-6 人均 GDP 年均增幅分类统计（2）

资料来源：世界银行。②

① World Bank, “GDP (Constant 2015 US $),” https://data.worldbank.org/indicator/NY.GDP.MKTP.KD.

② World Bank, “GDP (Constant 2015 US $),” https://data.worldbank.org/indicator/NY.GDP.MKTP.KD.

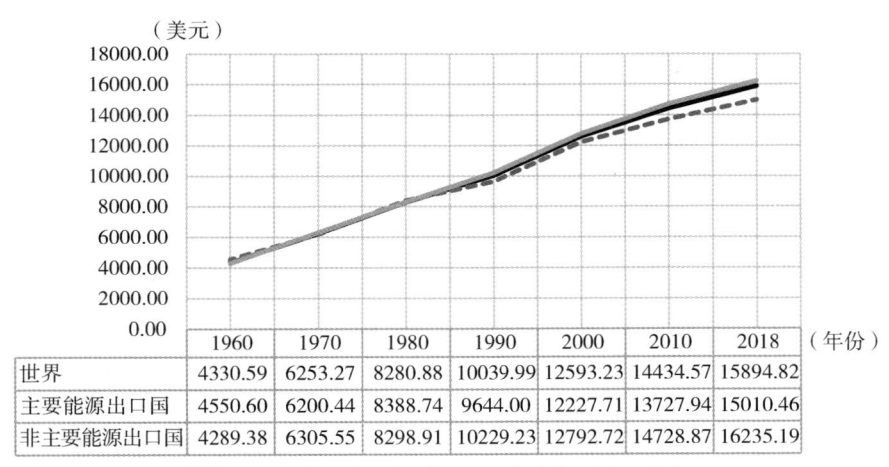

总之，在经验现象层面，无论是直接可观察到的经验现象还是间接的统计实证证据，都足以证明“经济能源诅咒”的真实性。在学理逻辑层面，“经济能源诅咒”更是并未遭遇实质性的强力挑战。可以说，正是因为“经济能源诅咒”真实存在且非常重要，其显然是值得攀登的“学术高峰”。

三　排除竞争性解释

通过重新检视“政治能源诅咒”和“经济能源诅咒”的经验现象和学理逻辑，本书明确了“经济能源诅咒”是值得攀登的“学术高峰”；而“政治能源诅咒”是因研究者的观察偏差臆想而成的“学术海市蜃楼”。因此，本书不再探讨“政治能源诅咒”，而只关注“经济能源诅咒”。

导论部分已经指出本书试图探索为何大多数能源禀赋丰裕的国家开发和出口能源却难以据此实现经济的持续稳健增长。显然本书探讨的是“经济能源诅咒”问题，那么为何还要颇费周章地对“政治能源诅咒”加以梳理和检视？其原因主要有二：其一，“政治能源诅咒”是“能源诅咒”学术谱系的重要分支，是该领域研究中无法回避的庞大文献群；其二，更为重要的是，“政治能源诅咒”与关于民主与经济增长的既有研究共同构成了一条解释经济增长绩效的完整逻辑链条，该逻辑链条与对“经济能源诅咒”的解释相并立，互相构成了竞争性解释，详见图 1-7。为了排除其中存有瑕疵或较不合理的竞争性解释，本书需要对两种解释中所涉的病理现象及学理逻辑进行检视。

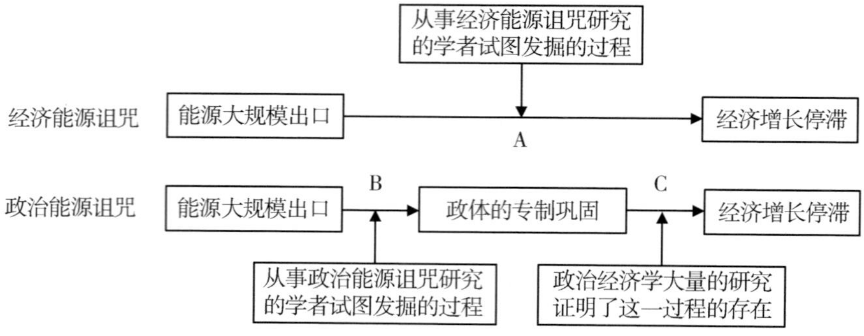

图 1-7　竞争性解释：“经济能源诅咒”与“政治能源诅咒”

部分研究已经间接提及了这种竞争性解释。譬如，霍瓦德·霍斯塔德同样将“能源诅咒”的既有研究成果划分为探讨能源与专制巩固的“政治方面”和探讨能源与经济放缓的“经济方面。”他敏锐地觉察到了两者之间的复杂关系：既有研究表明突出的能源禀赋不利于经济增长，虽然民主的存在是能源出口国摆脱“经济能源诅咒”的前提条件，但“政治能源诅咒”却约束了民主转型。① 霍斯塔德所述的复杂关系能够通过图 1-7 得到直观的呈现：“政治能源诅咒”会导致专制巩固（即 B 过程），而现有的大量研究表明专制政体会影响经济增长（即 C 过程）。因此 B 过程与 C 过程就一同构成了“政治能源诅咒”拖累经济增长的因果链条，而该链条与“经济能源诅咒”的 A 过程互为竞争性解释。上文已经分别对 B 过程和 A 过程进行了梳理和评述，在此仅对 C 过程加以补充。

在政治经济学领域，对民主政体与经济增长相关性和因果性的讨论汗牛充栋，其中关于两者因果关系的方向有所争议。② 其中的部分研究或模糊地宣称民主政体和经济增长存在相关关系；或悲观地指出两者之间未能显现出明朗且稳健的因果关系；或增设了繁复的条件并推断两者之间存有特定的非线性关系。③ 此外，塞缪尔·亨廷顿（Samuel Huntington）、西摩·利普塞特（Seymour Lipset）、罗伯特·巴罗（Robert Barro）和卡莱斯·鲍什等的研究则指出经济增长有助于民主转型，即因果关系

---

① Håvard Haarstad, “Cross-scalar Dynamics of the Resource Curse: Constraints on Local Participation in the Bolivian Gas Sector”, *Journal of Development Studies*, Vol. 50, No. 7, 2014, p. 977.

② 笔者于 2021 年 7 月 5 日对释启鹏及何家丞进行了访谈，他们向笔者介绍了该领域内的主要争议。

③ Adam Przeworski, Fernando Limongi, “Political Regimes and Economic Growth”, *Journal of Economic Perspective*, Vol. 7, No. 3, 1993, pp. 51-69; Jeffrey Frankel, “The Natural Resource Curse: A Survey”, in Brenda Shaffer and Taleh Ziyadov, eds., *Beyond the Resource Curse*, Philadelphia: University of Pennsylvania Press, 2012, pp. 36-38; Markus Brückner, Antonio Ciccone, Andrea Tesei, “Oil Price Shocks, Income, and Democracy”, *Review of Economics and Statistics*, Vol. 94, No. 2, 2012, p. 389; Paul Collier, Anke Hoeffler, “Testing the Neocon Agenda: Democracy in Resource-rich Societies”, *European Economic Review*, Vol. 53, No. 3, 2009, pp. 294-295; Hristos Doucouliagos, Mehmet Ali Ulubaşoğlu, “Democracy and Economic Growth: A Meta - Analysis”, *American Journal of Political Science*, Vol. 52, No. 1, 2008, pp. 61-83; Zehra F. Arat, “Democracy and Economic Development: Modernization Theory Revisited,” *Comparative Politics*, Vol. 21, No. 1, 1988, pp. 21-36;［美］达龙·阿西莫格鲁：《现代经济增长导论（下册）》，唐志军等译，徐浩庆、谌莹校，中信出版集团 2019 年版，第 988-991 页。需要说明的是，因译者的语言习惯存有差异，Daron Acemoglu 的译名也存有多个版本。正文中以普遍使用的译名为准，而引证中则以译著的原文为准。

的方向为经济增长到民主政体。① 与之相反，另有庞大的文献则指出民主政体有利于经济增长，即因果关系的方向为民主政体到经济增长。

民主政体更有助于经济增长的可能逻辑在于以下几点。其一，民主政体下的政府更为负责、更容易受到民众的监督，进而避免形成拖累经济增长的"食利者经济模式"。② 其二，民主政体往往具有更低的政治风险、更高的政治稳定性、更高的官僚质量、更强的产权保护、更多的政治资本、更高的政治可信度，因此民主制度是国家特别是发展中国家吸引外国直接投资的重要前提，而外国直接投资对于其经济增长至关重要。其三，民主政体更有可能保障在经济分配中较为弱势的阶层和较为边缘的族群也享受到相应红利，这减少了经济不平等进而降低了不平等对经济增长的拖累效应。③ 其四，贸易增长是拉动经济增长的重要引擎，海伦·米尔纳等则发现民主化削弱了政府设置贸易壁垒的能力，而民主政体作为外生变量有助于贸易的自由化。④ 由此民主政体通过推动贸易自由化而扩大了贸易规模，进而实现了更好的经济增长。其五，就能源出口国而言，能源价格暴涨所带来的收益对民主国家和专制国家具有不同的影响，前者的利差显著减少而后者的利差则明显增大，因此这有助于

---

① ［美］塞缪尔·P. 亨廷顿：《第三波：20 世纪后期的民主化浪潮》，欧阳景根译，中国人民大学出版社 2013 年版，第 54—66，255 页；Seymour Martin Lipset，"Some Social Requisites of Democracy：Economic Development and Political Legitimacy"，*American Political Science Review*，Vol. 53，No. 1，1959，p. 75；［美］罗伯特·巴罗：《经济增长的决定因素——跨国经验研究》，李剑译，沈坤荣审，中国人民大学出版社 2017 年版，第 35—64 页；Carles Boix，Susan C. Stokes，"Endogenous Democratization"，*World Politics*，Vol. 55，No. 4，2003，pp. 517-549；John R. Heilbrunn，*Oil，Democracy，and Development in Africa*，New York：Cambridge University Press，2014，p. 221；汪仕凯：《资本主义工业化、生产剩余国际分配与政治转型》，《世界经济与政治》2019 年第 4 期，第 129—153 页。截至目前最新且最为全面的梳理研究详见 Daniel Treisman，"Economic Development and Democracy：Predispositions and Triggers"，*Annual Review of Political Science*，Vol. 23，2020，pp. 241-257。

② Michael L. Ross，*The Oil Curse：How Petroleum Wealth Shapes the Development of Nations*，Princeton：Princeton University Press，2012，p. 199.

③ 一项经典的研究是罗宾·伯吉斯（Robin Burgess）等在分配政治经济学的范畴内，分别对民主和专制时期内肯尼亚所存在的族群偏袒和道路修建的探讨。其研究雄辩地证明了民主大幅降低了分配的偏向性，保障了其他族群的权益，进而促进了经济增长。详见 Robin Burgess，et al.，"The Value of Democracy：Evidence from Road Building in Kenya"，*American Economic Review*，Vol. 105，No. 6，2015，pp. 1817-1851。更多讨论详见 Kenneth Scheve，David Stasavage，"Wealth Inequality and Democracy"，*Annual Review of Political Science*，Vol. 20，2017，pp. 451-468。

④ Helen V. Milner，Keiko Kubota，"Why the Move to Free Trade? Democracy and Trade Policy in the Developing Countries"，*International Organization*，Vol. 59，No. 1，2005，pp. 107-143.

前者但拖累了后者的经济增长。① 其六，同样就能源出口国而言，政治体制的开放性与能源生产的波动性之间存在明显的负相关，这意味着实行民主政体的能源出口国要比实行专制政体的能源出口国更少面临能源生产的波动性，因此这也降低了经济增长的不稳定因素。②

尤其值得注意的是，阿西莫格鲁和罗宾逊等在其题为“民主确实有助于增长”的新晋研究中提供了全面、深刻、稳健的分析。面对民主政体与经济增长之间的内生性问题，他们分别运用经典的动态线性回归分析、半参数干预效应框架来识别民主化前后的经济绩效、工具变量这三种方法来克服两者因果效应分析的既有困境。其研究表明，民主政体与人均 GDP 呈现出正相关关系，民主化将使国家的人均 GDP 增长约 20%。③ 即便该研究或许仍无法成为一项“终结性的研究”，但其提供了迄今为止关于民主政体有助于经济增长的最强有力的论证。

如果上述逻辑成立，那么与此相对应的则是专制制度更不利于经济增长。亚当·普热沃斯基等在其对民主与经济增长的划时代研究中发现一个现象，即民主国家的经济增长要快于专制国家。④ 戴维·斯塔萨维奇雄辩地论证了虽然专制国家的经济绩效好于人类文明史早期的民主国

---

① Rabah Arezki, Markus Brückner, “Resource Windfalls and Emerging Market Sovereign Bond Spreads: The Role of Political Institutions”, *The World Bank Economic Review*, Vol. 26, No. 1, 2012, pp. 78-99.

② Gilbert E. Metcalf, Catherine Wolfram, “Cursed Resources? Political Conditions and Oil Market Outcomes”, Working Paper, 2010, https://www.nber.org/system/files/working_papers/w16614/w16614.

③ Daron Acemoglu, Suresh Naidu, Pascual Restrepo, James A. Robinson, “Democracy Does Cause Growth”, *Journal of Political Economy*, Vol. 127, No. 1, 2019, pp. 47-100. 另外，曼瑟·奥尔森（Mancur Olson）也指出民主国家要比专制国家拥有更好的经济增长绩效。不过由于其并未阐明相应的机制，本书未将其列入正文中。详见［美］曼瑟·奥尔森《权力与繁荣》，苏长和、嵇飞译，上海人民出版社 2017 年版，第 106—107 页。

④ 需要注意的是，普热沃斯基等研究发现其原因可能在于专制国家的人口会增长地更快。此外，该研究其他的经典论断还包括：经济发展并不必然催生民主；民主政体更有可能在富余的社会中存续下来；政体类型对国民总收入没有影响；政治不稳定只对专制国家的经济增长有影响。详见 Adam Przeworski, Michael E. Alvarez, Jose Antonio Cheibub, Fernando Limongi, *Democracy and Development Political Institutions and Well-being in the World, 1950-1990*, New York: Cambridge University Press, 2000。当然，普热沃斯基等人的发现也招致了批评，譬如 David L. Epstein, Robert Bates, Jack Goldstone, Ida Kristensen, Sharyn O' Halloran, “Democratic Transitions”, *American Journal of Political Science*, Vol. 50, No. 3, 2006, pp. 551-569。

家，但其逊于现代民主国家。[①] 罗斯总结性地指出较好的能源禀赋将导致更低的民主水平，而这几乎可以肯定是减少了全国性财富收入。他指出这种逻辑不仅自洽而且在经验上也非常稳健。[②] 至此基于政治经济学领域对政体类型与经济增长绩效的研究，可发现民主政体更有利于经济增长而专制政体更可能拖累经济增长。[③] 换句话说，学理性研究证实了 C 过程的存在性。

回归到本书对“政治能源诅咒”和“经济能源诅咒”存在性的讨论，可以发现如图 1-7 所示，即便 C 过程切实存在，但上文已经表明 B 过程并不存在，这意味着大规模能源出口经过 B 过程和 C 过程拖累经济增长的因果链条是中断的。因而完全可以排除能源大规模开发和出口导致专制巩固，而专制巩固又拖累经济增长的这一竞争性解释。基于此本书只需要对 A 过程，即“经济能源诅咒”进行研究即可。

四 “能源诅咒”的概念操作化

在明确了本书所要探讨的是“经济能源诅咒”（后续章节均简称为“能源诅咒”）之后，接下来需要明确变量选择及操作化。[④] 如同政治学与国际关系领域的绝大多数概念，虽然“能源诅咒”这一概念被广泛地使用，但是其在不同研究中的意涵和操作化却不尽相同甚至差异明显。[⑤] 因此，为了避免乔瓦尼·萨托利所担忧的概念的误用、模糊及无限延伸等

① David Stasavage, *The Decline and Rise of Democracy*: *A Global History from Antiquity to Today*, Princeton: Princeton University Press, 2020, pp. 182-193.

② Michael L. Ross, “What Have We Learned about the Resource Curse?”, *Annual Review of Political Science*, Vol. 18, 2015, p. 252.

③ 在此进行两点说明：其一，笔者无意对此给出价值判断，仅陈述学理讨论的结果；其二，这一论断也面临着挑战和争议。

④ 本书现已说明了“政治能源诅咒”现象实际上并不存在，因此无须区分“能源诅咒”究竟是“政治能源诅咒”还是“经济能源诅咒”。由此，可以使用“能源诅咒”简化和指代“经济能源诅咒”。

⑤ 关于概念使用所存在的问题详见［美］肯尼思·华尔兹《国际政治理论》，信强译，苏长和校，上海人民出版社 2008 年版，第 12 页；［美］罗伯特·吉尔平《跨国公司与美国霸权》，钟飞腾译，东方出版社 2011 年版，第 17 页；Richard Rose, W. J. M. Mackenzie, “Comparing Forms of Comparative Analysis”, *Political Studies*, Vol. 39, No. 3, 1991, pp. 447-449。正因如此，对模糊概念进行有效的操作化其本身就是一项重要创新。详见［美］戴维·莱克《国际关系中的等级制》，高婉妮译，上海人民出版社 2013 年版，第 67 页。

问题，系统界定作为因变量的“能源诅咒”并详细说明其操作化尤为必要。① 在此处对因变量以及第三章对自变量和中间变量的操作化过程中，本书尽最大可能实现其测量的一致性、有效性以及对定性和定量实证检验的通用性。②

既有研究已经对能源及“能源诅咒”的操作化进行了较为充分的讨论。罗斯梳理发现对能源和自然资源的操作化就已经有三大类共计数十种。由于尚无“最佳的测量标准与方法”并且各国政府从能源部门获取的收入数据难以获得，学者们往往退而求其次地使用人均能源产值、全球能源价格冲击、大型油田发现等指标测量能源及“能源诅咒”。③ 另有研究还专门讨论了“能源诅咒”的概念范畴、测量的改进、指标系数化等。④ 值得注意的是，经济发展与经济增长具有不同的概念范畴，尽管前者更为根本但后者的操作化更为可行，因而本书并未如同拉腊·科克斯等的研究那样探讨更为宽泛的经济甚至社会发展。⑤ 在衡量经济增长的多项指标中，尽管人均 GDP 也存在测量问题和短板，但其适用性更广、认可度更高、数据可获性更好，因而也被罗斯视为当前“能源诅咒”操作化的最优指标。⑥ 因而，本书也通过人均 GDP 的增长情况来对“能源诅咒”进行操作化。

基于此，在操作层面判断一个国家是否陷入“能源诅咒”需要遵照

---

① Giovanni Sartori, “Concept Misformation in Comparative Politics”, *American Political Science Review*, Vol. 64, No. 4, 1970, pp. 1033-1053.

② 不同译者对 Gary Goertz 的翻译存有差异，本书将其统一为加里·格尔茨，但引证是以出版物为准。［美］加里·戈茨：《概念界定：关于测量、个案和理论的讨论》，尹继武译，重庆大学出版社 2014 年版，第 60—80 页；Robert Adcock, David Collier, “Measurement Validity: A Shared Standard for Qualitative and Quantitative Research”, *American Political Science Review*, Vol. 95, No. 3, 2001, pp. 529-546。

③ Michael L. Ross, “What Have We Learned about the Resource Curse?”, *Annual Review of Political Science*, Vol. 18, 2015, pp. 239-259.

④ 鲁金萍：《广义“资源诅咒”的理论内涵与实证检验》，《中国人口·资源与环境》2009 年第 1 期，第 133—137 页；安锦、王建伟：《资源诅咒：测度修正与政策改进》，《中国人口·资源与环境》2015 年第 3 期，第 91—98 页；薛雅伟等：《资源产业空间集聚与区域经济增长：“资源诅咒”效应实证》，《中国人口·资源与环境》2016 年第 8 期，第 25—33 页；姚予龙、周洪、谷树忠：《中国资源诅咒的区域差异及其驱动力剖析》，《资源科学》2011 年第 1 期，第 18—24 页。

⑤ Lara Cockx, “Extending the Concept of the Resource Curse: Natural Resources and Public Spending on Health”, *Ecological Economics*, Vol. 108, 2014, pp. 136-149；另外，笔者分别于 2021 年 6 月 25 日和 2022 年 2 月 4 日对陈占明和迈克尔·罗斯进行了访谈，他们各自谈到了这一点。

⑥ 笔者于 2021 年 9 月 14 日对迈克尔·罗斯进行了访谈，他进行了如上陈述。

如下两个步骤。第一步需要判断该国是否长期、实质性、大规模出口能源。进一步讲，这需要从三个方面加以考量：第一，能源出口必须是“长期的”，这就意味着一国必须蕴藏规模可观的能源。如果一国并不具有丰裕的能源禀赋，其有限的能源储量无法支撑其连续数十年的开采和出口，那么此类国家终究不会形成大规模出口能源的经济发展模式。“是否蕴藏可观规模的能源”旨在衡量一国的能源禀赋，其判断标准为该国石油或天然气储量占全球储量的比重是否达到英国石油公司“世界能源统计年鉴数据总库”的储量标准阈值 0.1%。[①] 如果一国的储量高于这一阈值，则表明该国蕴藏有规模可观的能源，反之则反是。

第二，能源出口必须是“实质性的”，即能源出口国必须是“能源净出口国”。伴随着同类贸易的兴起，全世界几乎所有的国家在出口能源的同时也在进口相同的能源及其制成品，这意味着传统的能源出口国与能源进口国的界限变得模糊。“是否为能源净出口国”旨在剔除那些虽然大规模出口能源但却进口更多能源的国家。这些国家因为是能源净进口国，实际上并不真的依赖能源出口发展经济，因此既不会出现“能源祝福”也不可能落入“能源诅咒”。对于一国“是否为能源净出口国”的判断仍基于英国石油公司“世界能源统计年鉴数据总库”中各国历年进出口数据计算得出。[②]

第三，能源出口必须是“大规模的”，这也是能源出口国陷入“能源诅咒”或获得“能源祝福”的主要先决条件。如果一国并未大规模出口能源而实现了经济的长期稳健增长，这绝不意味着该国获得了“能源祝福”；同理，如果一国长期经济增长缓慢、趋于停滞甚至出现负增长但该国并未大规模出口能源，那么该国也绝非陷入了“能源诅咒”。“是否大规模出口能源”旨在对能源出口国做进一步筛选，将能源出口量有限的国家排除在外。这是因为有限的能源出口对一国经济增长的影响并不显著甚至微不足道。“是否大规模出口能源”的最佳衡量标准为世界银

---

① British Petrol，“Statistical Review of World Energy – all data，1965 – 2018”，https：//www.bp.com/en/global/corporate/energy-economics/statistical-review-of-world-energy.html.

② British Petrol，“Statistical Review of World Energy – all data，1965 – 2018”，https：//www.bp.com/en/global/corporate/energy-economics/statistical-review-of-world-energy.html.

行数据库中“燃料占商品出口比重”指标的历年平均值是否高于 2%。[1]因此，一国能源出口量高于该阈值则表明该国大规模地出口能源，反之则表明其能源出口量有限。

第二步综合操作化第一步的上述三点，可以筛选出 39 个国家长期、实质性、大规模出口能源。[2] 只有这些国家才具有陷入“能源诅咒”或获得“能源祝福”的可能性。在此基础上，第二步需要考察上述 39 个国家的经济增长情况并识别出陷入“能源诅咒”与获得“能源祝福”的国家。如上文所述，经济增长的公认测量指标为人均 GDP 增长的绝对值与增幅比，其数据来源为世界银行数据库中的“人均 GDP”（2010 年不变价美元）。[3] 在此约定，首先，如果一国自 1960 年至今“人均 GDP”（2010 年不变价美元）的增长绝对值超过 12000 美元（年均增长绝对值 200 美元并累计 60 年）或年均增幅超过 3%，则视该国实现了长期稳健的经济增长，这也意味着该国获得了“能源祝福”。其次，如果一国上述指标的增长绝对值处于 3000 美元至 12000 美元的区间且年均增幅处于

① World Bank, “Fuel Export (% of Merchandise Export)”, https://data.worldbank.org/indicator/TX.VAL.FUEL.ZS.UN? locations=VE.

② 39 个国家分别为阿尔及利亚、安哥拉、阿根廷、澳大利亚、阿塞拜疆、巴林、玻利维亚、文莱、加拿大、哥伦比亚、厄瓜多尔、埃及、加蓬、印度尼西亚、伊朗、伊拉克、哈萨克斯坦、科威特、利比亚、马来西亚、墨西哥、缅甸、尼日利亚、挪威、阿曼、秘鲁、卡塔尔、刚果（布）、俄罗斯、沙特阿拉伯、苏丹、叙利亚、特立尼达和多巴哥、土库曼斯坦、阿联酋、乌兹别克斯坦、委内瑞拉、越南、苏联。需要说明的是：其一，考虑到苏联及其之后的俄罗斯联邦具有诸多根本性区别，本书将其分作两个国家；其二，考虑到南苏丹自 2011 年才独立建国，在此之前无相关经济数据，因而本书也未将其纳入分析。

③ 用人均 GDP 来测量经济增长速度时不仅需要关注人均 GDP 的增幅，还需要关注人均 GDP 增长的绝对值。其原因详见王孜弘《新常态下中美综合经济实力对比——基于国内生产总值的分析》，《美国研究》2016 年第 5 期，第 32—40 页。使用人均值而非总值变动来衡量经济增长，其原因详见［美］道格拉斯·诺斯、罗伯特·托马斯《西方世界的兴起》，厉以宁、蔡磊译，华夏出版社 2015 年版，第 4 页。使用特定指标（人均 GDP）来测量抽象（经济增长情况）的方法论支撑可详见［美］加里·金、罗伯特·基欧汉、悉尼·维巴《社会科学中的研究设计》，陈硕译，格致出版社 2014 年版，第 106 页。在“能源诅咒”领域研究中使用人均 GDP 的研究例如徐康宁、邵军《自然禀赋与经济增长：对“资源诅咒”命题的再检验》，《世界经济》2006 年第 11 期，第 41 页；魏国学、陶然、陆曦《资源诅咒与中国元素：源自 135 个发展中国家的证据》，《世界经济》2010 年第 12 期，第 55 页。人均 GDP 增长情况的数据来源为 World Bank, “GDP Per Capita Growth (Annual %)”, https://data.worldbank.org/indicator/NY.GDP.PCAP.KD.ZG? view=chart。实际上，对经济增长的测量与核算实际上非常繁复，本书所使用的仅为核算经济增长的简易方法。更充分的讨论详见［美］罗伯特·J. 巴罗、夏威尔·萨拉-伊-马丁《经济增长（第二版）》，夏俊译，格致出版社 2010 年版，第 342—364 页；［美］达龙·阿西莫格鲁《现代经济增长导论（上册）》，唐志军等译，中信出版集团 2019 年版，第 84—87 页。

1%至3%的区间，则视该国的经济增长缓慢。再者，如果一国的上述指标的增长绝对值处于0美元至3000美元的区间且年均增幅处于0至1%的区间，则视该国的经济增长趋于停滞。最后，如果一国的上述指标的增长绝对值低于0美元且年均增幅低于0则视该国的经济负增长。经济增长缓慢、趋于停滞甚至负增长的能源出口国可以被视为陷入了“能源诅咒”。① 因变量的操作化过程详见图1-8。②

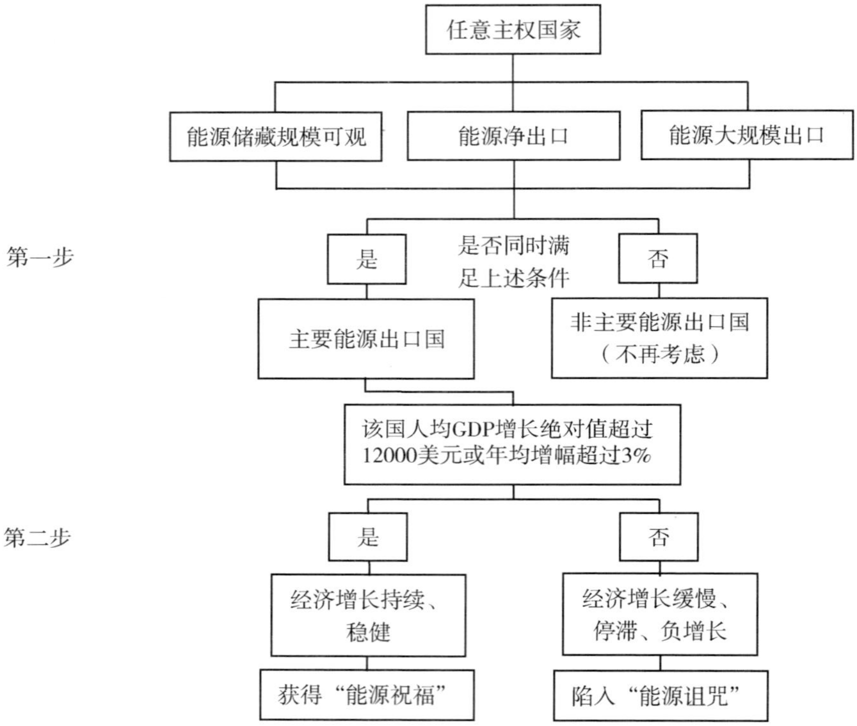

图1-8 因变量的操作化过程

---

① 需要说明的两点是，其一，在经济增长缓慢、趋于停滞和负增长这三个状态的判定过程中，当一国的人均GDP增幅与增长绝对值分属两个不同的区间时，应以人均GDP增幅为标准进行判断。其二，在后续章节中，当世界银行的上述数据因缺失等原因无法支持论证时，本书也会用其他数据库或数据集中的人均GDP指标进行补充分析。笔者于2021年6月25日对陈占明进行了访谈，他指出经济学领域尚无判断经济增长与否的公认人均GDP增长阈值，为此研究者可以在合理区间内自行界定。

② 本书部分借鉴了萨德·邓宁所绘制的变量示意图，详见Thad Dunning, *Crude Democracy, Natural Resource Wealth and Political Regimes*, New York: Cambridge University Press, 2008, p. 19。

小　结

经验现象的真实性决定了研究问题的真实性，而研究问题的真实性赋予了后续研究的必要性。由于围绕“能源诅咒”现象真实性的争论伴随着该领域的发展一直延续至今，本书也需要重拾对其真实性的讨论。当前关于“能源诅咒”的讨论主要聚焦于“政治能源诅咒”和“经济能源诅咒”这两个病理现象，围绕两者的研究已然浩如烟海。

一方面，对经验现象的检视表明：专制巩固主要限于特定地区或个别能源出口国，而大多数能源出口国则出现明显的民主转型；相比之下，经济增长缓慢、停滞甚至衰退则普遍存在于大多数能源出口国。另一方面，对学理逻辑的检视表明：能源收益也会强化民主统治，并且其“亲稳定”而非“亲专制”，而专制巩固更可能是由其他因素导致；相比之下，能源开发与出口可以通过多项机制拖累经济增长，其并未受到强有力的实质性挑战。因此，“政治能源诅咒”为因研究者的观察偏差臆想而成的“学术海市蜃楼”，“经济能源诅咒”则是值得攀登的“学术高峰”。因此在后续章节中，本书不再探讨“政治能源诅咒”而只关注“经济能源诅咒”。总体而言，证明“经济能源诅咒”的真实性只是探究其生成根源的第一步，更为重要也更为繁复的第二步则需要聚焦于梳理既有研究对其生成要素和生成机制的探讨。

第二章

“能源诅咒”的成因：既有理论的解释

强有力的证据已经表明：那些资源丰富国家的经济表现不如资源稀缺的国家。至于为什么会这样，（学界）却鲜有共识。①

——迈克尔·罗斯

“资源诅咒”主要是个政治现象而非经济现象。②

——泰瑞·林·卡尔（Terry Lynn Karl）

---

① Michael L. Ross, "The Political Economy of the Resource Curse", *World Politics*, Vol. 51, No. 2, 1999, p. 297.

② Terry Lynn Karl, "Ensuring Fairness: The Case for a Transparent Fiscal Social Contract", in Macartan Humphreys, Jeffrey D Sachs, Joseph E Stiglitz, eds., *Escaping the Resource Curse*, New York: Columbia University Press, 2007, p. 256.

如果说围绕“能源诅咒”病理现象真实性进行的论争是该领域内“三大论争”之一，那么该领域内另外两大论争——关于“能源诅咒”的生成机制以及其生成机制条件性的论争则无疑均与“能源诅咒”的生成原因有关。[①] 从第一章中不难看出对“能源诅咒”病理现象真实性的讨论已可谓浩如烟海；相比之下学界对其生成根源及机制的讨论则更显庞杂繁复、更为卷帙浩繁。

总的来看，关于“能源诅咒”成因的宏观性研究能够根据解释变量及其作用机制的学科特性划分为经济学解释和政治学解释。虽然在当前提倡问题优先、机制为王、跨学科分析的社会科学领域，以学科门类作为文献梳理的脉络难免有些画地为牢。然而如罗斯、罗伯特·迪肯和拉梅兹·巴迪卜等的梳理性研究所示，探索“能源诅咒”成因的研究在变量选择和解释机制上的学科属性仍泾渭分明。[②] 参考并遵从这些研究，本章也先以学科为划分再详细梳理学科内部的不同解释变量及机制。

基于此，本章对探析“能源诅咒”成因的既有研究进行了系统的梳理和评析，进而发掘其不足和可进一步突破的方向。第一节呈现了“能源诅咒”成因研究的知识谱系，一方面简述了该领域研究的学术演进历程；另一方面概述了多个学科在宏观和微观层次上的研究及其特点。第二节和第三节分别在经济学与政治学的学科范畴内对“能源诅咒”生成原因的宏观研究加以梳理，着重回顾并评析了这些研究所发掘的解释变

① Michael L. Ross, “What Have We Learned about the Resource Curse?”, *Annual Review of Political Science*, Vol. 18, 2015, p. 240.

② Michael L. Ross, “The Political Economy of the Resource Curse”, *World Politics*, Vol. 51, No. 2, 1999, p. 298; Robert T. Deacon, “The Political Economy of the Natural Resource Curse: A Survey of Theory and Evidence”, *Foundations and Trends in Microeconomics*, Vol. 7, No. 2, 2011, pp. 113–120; Ramez Abubakr Badeeb, Hooi Hooi Lean and Jeremy Clark, “The Evolution of the Natural Resource Curse Thesis: A Critical Literature Survey”, *Resources Policy*, Vol. 51, 2017, p. 125; Magali Dauvin, David Guerreiro, “The Paradox of Plenty: A Meta-Analysis”, *World Development*, Vol. 94, 2017, p. 212.

量及因果机制。通过第一章和本章的梳理，本书将构建一个覆盖更为全面、层次更为明晰、内容更为翔实的“能源诅咒”研究地图，进而为后续章节对分析框架的讨论和实证性检验提供支撑。

第一节　“能源诅咒”成因研究的知识谱系

理清知识谱系是研究开展的重要基础和必要前提。[①] 为此，本节一方面着眼于“能源诅咒”成因研究的学术脉络，从时间的纵向维度回顾其学术演进历程；另一方面聚焦于“能源诅咒”成因研究的学科分布，从学科的横向维度探讨其所涉的智识范畴。

一　“能源诅咒”成因研究的演进历程

回溯至18—19世纪，当时古典经济学家固然已经认识到了资源对于经济增长的积极作用，但对其可能起到的约束作用则显然关注不足。诸如威廉·配第（William Petty）、亚当·斯密（Adam Smith）和大卫·李嘉图（David Ricardo）等学者各自阐述了以土地为代表的广义上的资源有助于私人财富的创造和国家经济的增长。[②] 然而在其看来相较于资源，劳动力和资本显然对于经济增长重要得多。这种对资源约束性的认知不足被奥蒂批评为“经济学家……在19世纪的粗心自大”，并且其在研究惯性的影响下导致后续的经济学者长期未能有效地关注和严肃地探讨资源对经济增长的制约作用。[③]

20世纪50—70年代，部分结构主义发展经济学家注意到发展中国家出口能源以及与之伴随的不等价交换现象，相应的讨论也普遍被视为“能源诅咒”成因的第一阶段研究。当时以阿瑟·刘易斯（Arthur

---

① 王正毅教授于2019年6月27日在中国人民大学国际关系学院评阅博士论文研究设计时，详尽阐释并特别强调了这一观点。

② 景普秋：《资源诅咒：研究进展及其前瞻》，《当代财经》2010年第11期，第120页。

③ Richard M. Auty, “Natural Resources, Capital Accumulation and the Resource Curse”, *Ecological Economics*, Vol. 61, No. 4, 2007, p. 627.

Lewis）、雅各布·维纳（Jacob Viner）、约瑟夫·斯宾格勒（Joseph Spengler）等为代表的经济学家坚信，能源丰富的发展中国家要比能源贫乏的发展中国家实现更快的经济增长，其原因在于能源能够提供必要的资本以实现工业化和出口多元化。① 这一观点受到了结构主义经济学家的批评和挑战，而围绕能源与经济增长关系的论争也成为贯穿20世纪50—70年代结构主义与非结构主义经济学的辩论焦点之一。② 当时劳尔·普雷维什（Raul Prebisch）和汉斯·辛格（Hans Singer）等发展经济学者关注到了拉丁美洲与非洲的部分发展中国家大量出口能源却未能实现经济增长的“反常现象”。③ 为此，他们从三个方面做出了解释。其一，发展中国家参与国际贸易的条件和自身禀赋与发达国家差异明显，这使得前者的能源禀赋很难像后者那样自然而然地转化成为经济增长动力。其二，国际市场上能源价格的剧烈波动会传导至能源出口国的国内经济，影响其政府财政和外汇收入。其三，由西方能源公司主导的能源开发和出口造成了发展中国家和发达国家的不等价交换，能源出口实际上并未创造出能够推动其他产业发展的额外利润。④ 可以说，结构主义发展经济学家为“能源诅咒”的成因提供了最早的解释。

从20世纪70年代至90年代初的第二阶段，得益于观察视角及核心概念的创新，“能源诅咒”成因研究逐渐得到了主流经济学派的关注。如果说第一阶段的“能源诅咒”成因研究由结构主义经济学的批判所驱动，那么第二阶段的研究显然是由核心概念的创新驱动的。这一阶段又可以根据核心概念的差异被进一步分为三个波次：其中第一波滥觞于1970年侯赛因·马哈达维（Hussein Mahdavy）对于中东能源出口国寻租效应的讨论，

① 相应的梳理详见Pauline Jones Luong，Erika Weinthal，“Rethinking the Resource Curse：Ownership Structure，Institutional Capacity，and Domestic Constraints”，*Annual Review of Political Science*，Vol. 9，2006，p. 242。

② Michael L. Ross，“The Political Economy of the Resource Curse”，*World Politics*，Vol. 51，No. 2，1999，p. 299.

③ Hans W. Singer，“The Distribution of Gains Between Investing and Borrowing Countries”，*American Economic Review*，Vol. 40，No. 2，1950，pp. 473-485；Raul Prebisch，*The Latin American Common Market and the Multilateral Payments System*，New York：United Nations Publications，1959；Gobind Nankani，“Development Problems of Mineral-Exporting Countries”，1979，http：//documents. worldbank. org/curated/en/777281468741386714/pdf/multi0page. pdf.

④ Michael L. Ross，“The Political Economy of the Resource Curse”，*World Politics*，Vol. 51，No. 2，1999，pp. 301-302.

其首创的“食利者国家”概念也是对“能源诅咒”最早的抽象描述。① 第二波肇始于 1982 年马克斯·科登（Max Corden）和彼得·内里（Peter Neary）对于格罗宁根天然气开发之后荷兰去工业化现象的探讨，其首创的“荷兰病”概念被视为“能源诅咒”重要的表征和病理机制。② 第三波则始于 1988 年艾伦·盖尔布对石油“意外之财”的讨论，而更具标志性的是 1993 年奥蒂首次使用了“能源诅咒”的概念并且系统提出了能源拖累经济增长的猜想。③ 上述带有文学色彩的概念不仅成功吸引到了学界、政策界甚至大众的高度关注，其背后的观察视角创新更是推动“能源诅咒”的成因研究迅速走向成熟。

自 20 世纪 90 年代中期至今的第三阶段，在机制发掘和实证检验的双重驱动下，“能源诅咒”的成因研究更为学理化和精细化。自萨克斯与华纳 1995 年的开创性实证研究起，“能源诅咒”的成因研究全面迈入了发掘病理机制并加以实证检验的全新阶段。④ 根据解释变量和机制的选择差异，这一阶段又可以被粗略地划分为两个波次。其中第一波滥觞于萨克斯与华纳的上述研究。在这项研究的启发下，经济学家一方面对“荷兰病”、价格波动、贸易条件等传统的解释机制进行细致的检验；另一方面也发掘出了诸如能源类型、债务等的新机制。第二波的先声在于泰瑞·林·卡尔对石油国家“丰裕的悖论”的探讨，但其实质性的起点则应回溯至罗斯于 1999 年对“资源诅咒政治经济学”旗帜鲜明的阐述。⑤ 至此“能源

① Hussein Mahdavy, “The Patterns and Problems of Economic Development in Rentier States: The Case of Iran”, in M. A. Cook, ed., *Studies in Economic History of the Middle East: From the Rise of Islam to the Present Day*, London: Oxford University Press, 2014, pp. 428–467. 需要说明的是，本书引用的为 2014 年再版的版本，其初版刊印于 1970 年。马哈达维之后对“食利者国家”进行讨论的文献不再逐一列出。

② W. Max Corden, J. Peter Neary, “Booming Sector and De-Industrialisation in a Small Open Economy”, *The Economic Journal*, Vol. 92, No. 368, 1982, pp. 825–848; J. Peter Neary, Sweder Van Wijinbergen, eds., *Natural Resources and the Macroeconomy: A Theoretical Framework*, Cambridge: MIT Press, 1986. 虽然《经济学人》在 1977 年已经使用了这一概念，但其讨论并非学术性的。因此本书仍以科登和内里的研究作为该领域的开端。

③ Richard M. Auty, *Sustaining Development in Mineral Economies: The Resource Curse Thesis*, London: Routledge, 1993.

④ Jeffrey D. Sachs, Andrew M. Warner, “Natural Resource Abundance and Economic Growth”, Working Paper, 1995, https://www.nber.org/papers/w5398.

⑤ Terry Lynn Karl, *The Paradox of Plenty: Oil Booms and Petro-States*, Berkeley: University of California Press, 1997, pp. 44–69; Michael L. Ross, “The Political Economy of the Resource Curse”, *World Politics*, Vol. 51, No. 2, 1999, pp. 297–322.

诅咒”正式进入了政治学的研究议程，此后政治学家纷纷尝试通过实证研究从寻租、内战、国家能力等角度出发探讨“能源诅咒”的生成根源。与第二阶段前后承袭的三个波次不同，第三阶段的两个波次各自兴起后呈现出并行发展的态势并持续至今。

另外有多篇综述也试图梳理“能源诅咒”成因研究的演进历程。譬如本杰明·史密斯与戴维·瓦尔德纳全面回溯了过去50年里“能源诅咒”研究的进展与不足，并且将该领域研究划分为1970—2000年、2000—2010年、2010年至今这三个阶段。① 这三个阶段分别以聚焦寻租、跨国统计分析、大量运用新的方法和新的范式为特点。维克多·梅纳尔多等则综合根据病理现象识别、概念、理论和方法，将该领域的主要政治经济学研究划分为四个波次，详见表2-1。② 拉梅兹·巴迪卜等则以代表性的经济学家及其学术发现为标志，指出了该领域的六个里程碑。③ 此外，埃利萨奥斯·帕派拉克斯和张复明等也根据特定的标准回顾评析了“能源诅咒”成因研究的学术史。④

表2-1　梅纳尔多等对“资源诅咒”政治经济学研究的波次划分

研究波次	标志性贡献	“资源诅咒”病理分析	概念、理论和方法
第一波	Beblawi and Luciani (1987), Gelb (1988), Auty (1990)	公共产品供应不足，问责制缺失	寻租、食利者国家、食利者心态、中东和北非的案例研究、依赖理论、“荷兰病”

① Benjamin Smith, David Waldner, *Rethinking the Resource Curse*, Cambridge: Cambridge University Press, 2021, pp. 5-14.

② William Gochberg, Victor Menaldo, “The Resource Curse Puzzle Across Four Waves of Work”, in Thijs Van de Graaf, Benjamin K. Sovacool, Arunabha Ghosh, Florian Kern and Michael T. Klare, eds., *The Palgrave Handbook of the International Political Economy of Energy*, London: Palgrave Macmillan, 2016, pp. 505-525.

③ Ramez Abubakr Badeeb, Hooi Hooi Lean, Jeremy Clark, “The Evolution of The Natural Resource Curse Thesis: A Critical Literature Survey”, *Resources Policy*, Vol. 51, 2017, pp. 124-125.

④ Elissaios Papyrakis, “The Resource Curse—What Have We Learned from Two Decades of Intensive Research: Introduction to the Special Issue”, *Journal of Development Studies*, Vol. 53, No. 2, 2017, pp. 176-178; Francesco Caselli, Tom Cunningham, “Leader Behaviour and the Natural Resource Curse”, *Oxford Economic Papers*, Vol. 61, No. 4, 2009, p. 629; 张复明、景普秋：《资源型经济及其转型研究述评》，《中国社会科学》2006年第6期，第78—80页。

续表

研究波次	标志性贡献	“资源诅咒”病理分析	概念、理论和方法
第二波	Karl（1997），Ross（2001）	精英们依靠资源开采，避免因获得财政收入而向大众做出政治妥协	案例研究、财政契约、结构/代理者
第三波	Sachs and Warner（1995），Ross（2001），Collier and Hoeffler（1998），Fearon and Latin（2003）	在特定情况下，资源会扩大或加剧冲突，并且可能有损民主制度	大样本统计模型分析、更聚焦于冲突和威权主义
第四波	Dunning（2008），Ross（2012），Haber and Menaldo（2011），Menaldo（2016）	有条件的资源诅咒：资源发现时的制度塑造了政治和经济路径；制度诅咒是诅咒而资源是祝福	最先进的统计方法和长期的历史案例研究、因果机制检验

资料来源：William Gochberg，Victor Menaldo，“The Resource Curse Puzzle Across Four Waves of Work”，in Thijs Van de Graaf，Benjamin K. Sovacool，Arunabha Ghosh，Florian Kern and Michael T. Klare，eds.，*The Palgrave Handbook of the International Political Economy of Energy*，London：Palgrave Macmillan，2016，p. 507.

总之，回顾“能源诅咒”成因研究的学术演进历程，可以发现该领域已经历经三个大的发展阶段和六个研究波次，详见表2-2。

表2-2　“能源诅咒”成因研究的学术演进历程

研究阶段	研究波次	时间	起引领作用的学者	特点/标志
第一阶段	第一波*	1950—1970年	汉斯·辛格 劳尔·普雷维什	结构主义经济学的批判
第二阶段	第一波	1970—1982年	侯赛因·马哈达维	“食利者国家”
	第二波	1982—1988年	马克斯·科登 彼得·内里	“荷兰病”
	第三波	1988—1995年	艾伦·盖尔 理查德·奥蒂	意外之财 “能源诅咒”
第三阶段	第一波	1995年至今	杰弗里·萨克斯 安德鲁·华纳	发掘“能源诅咒”生成的解释机制、通过实证分析进行论证
	第二波	1999年至今	泰瑞·林·卡尔 迈克尔·罗斯	将“能源诅咒”纳入政治学的研究议程、发掘解释机制、进行实证分析

注：可将第一阶段视为一个波次。

二 “能源诅咒”成因研究的学科分布

当前的“能源诅咒”成因研究已经呈现出明显的多学科和跨学科特质。诚如弗雷德里克·范德普勒格所述：“对资源丰富国家的研究从宏观经济学、公共财政学、公共政策学、国际经济学、资源经济学、经济史学和计量经济学汲取了大量营养。它还受益于与政治科学家和历史学家的共同努力”。① 张复明和景普秋也注意到主流经济学、区域经济学、发展经济学、经济地理学、政治学及社会学等学科也为探索“能源诅咒”成因提供了各自学科的知识。② 总的来看，不同学科对“能源诅咒”成因的研究呈现出了微观与宏观的视角分野及层次分异。其中一部分学科侧重于借助微观变量探讨国家内部特定行政区的“能源诅咒”及其治理，而另一部分学科则更倾向于从宏观层面进行“能源诅咒”的跨国比较与结构性成因的探讨。③

在微观层次讨论“能源诅咒”成因的研究主要集中在区域经济学、环境社会学、行政管理学、人文地理学等学科。④ 其一，作为微观层次最庞大的分支，区域经济学范畴内的研究主要运用技术创新和社会资本等变量检视了一国内部特定省州或市县陷入或避免“能源诅咒”的原因。譬如，万建香和汪寿阳将社会资本与技术创新内生化，并构建了一个涵盖资源产业与制造业的四部门内生增长模型。他们通过数值模拟和对中国各省份共 16 年的面板数据分析，发现社会资本的增加有助于劳动

① Frederick van der Ploeg, “Natural Resources: Curse or Blessing?”, *Journal of Economic Literature*, Vol. 49, No. 2, 2011, p. 407.

② 张复明、景普秋：《资源型经济及其转型研究述评》，《中国社会科学》2006 年第 6 期，第 87 页。

③ 埃利萨奥斯·帕派拉克斯等已经对此进行了深入的讨论，并且将不同学科划分入宏观、中观和微观三个层面。详见 Emma Gilberthorpe, Elissaios Papyrakis, “The Extractive Industries and Development: The Resource Curse at the Micro, Meso and Macro Levels”, *The Extractive Industries and Society*, Vol. 2, No. 2, 2015, pp. 381–390。为了便于分析，本书使用了两分法而非该研究的三分法。对“能源诅咒”研究宏观和微观二分的讨论，详见 Tim Wegenast, Arpita Asha Khanna, Gerald Schneider, “The Micro-foundations of the Resource Curse: Mineral Ownership and Local Economic Well-Being in Sub-saharan Africa”, *International Studies Quarterly*, Vol. 64, No. 3, 2020, pp. 531–532。

④ 将各个研究归入不同学科的划分标准主要基于变量选择与因果机制所属的学科范围，而非基于研究者本身的学术训练和刊发期刊所属的学科门类。

力向技术创新部门流动，进而有助于避免"能源诅咒"。① 再如，李江龙和徐斌特别关注了能源丰裕度对绿色经济的影响。他们通过对中国275个地级市10年的面板数据进行分析，进而发现能源丰裕会通过挤出科研投入和对外贸易进而损害绿色经济的增长。② 区域经济学范畴内的其他研究还通过分析资本形成、人力资源等变量来探讨"能源诅咒"的成因。③

其二，行政管理学范畴内的研究多聚焦于从财政收支或政府职能等与政府或国家治理密切相关的方面探讨"能源诅咒"的成因和治理。譬如，莱昂纳多·科拉尔等力求通过对秘鲁的自然实验来探讨能源意外之财的成因及其局部效应。他们通过考察卡米西亚社会经济发展基金（Camisea Fund for Socioeconomic Development）分配规则，发现能源意外之财会对市政支出造成负面影响。④ 行政管理学范畴内的其他研究还通过研究腐败、政治文化、宏观政策、官僚行政能力等变量来探讨"能源诅咒"的成因。⑤

其三，人文地理学范畴内的研究主要通过分析能源空间结构、地

---

① 万建香、汪寿阳：《社会资本与技术创新能否打破"资源诅咒"？——基于面板门槛效应的研究》，《经济研究》2016年第12期，第76—89页。

② 李江龙、徐斌：《"诅咒"还是"福音"：资源丰裕程度如何影响中国绿色经济增长?》，《经济研究》2018年第9期，第151—167页。

③ 在此仅例举几项研究。邵帅、杨莉莉：《自然资源开发、内生技术进步与区域经济增长》，《经济研究》2011年第2期，第112—123页；胡援成、肖德勇：《经济发展门槛与自然资源诅咒——基于我国省际层面的面板数据实证研究》，《管理世界》2007年第4期，第15—23页；景普秋：《煤炭资源开发与区域经济发展中的"福"与"祸"：基于山西的实证分析》，《中国工业经济》2008年第7期，第80—90页；李强、徐康宁：《资源禀赋、资源消费与经济增长》，《产业经济研究》2013年第4期，第81—90页；安虎森、周亚雄、薄文广：《技术创新与特定要素约束视域的"资源诅咒"假说探析——基于我国的经验观察》，《南开经济研究》2012年第6期，第100—115页；Michael R. Betz, et al.,"Coal Mining, Economic Development, and the Natural Resources Curse", *Energy Economics*, Vol. 50, 2015, pp. 105-116；Jaime Bonet-Morón, et al.,"Oil Shocks and Subnational Public Investment: The Role of Institutions in Regional Resource Curse", *Energy Economics*, Vol. 92, 2020, pp. 1-13；Mark Gradstein, Marc Klemp,"Natural Resource Access and Local Economic Growth", *European Economic Review*, Vol. 127, 2020, pp. 1-21。

④ Leonardo Corral, Heath Henderson, Juan Jose Miranda,"The Fiscal Impact of Natural Resource Windfalls: Evidence from a Peruvian Natural Experiment", *Land Economics*, Vol. 95, No. 4, 2019, pp. 577-598.

⑤ 宋瑛、陈纪平：《政府主导、市场分割与资源诅咒——中国自然资源禀赋对经济增长作用研究》，《中国人口·资源与环境》2014年第9期，第156—162页；夏飞、曹鑫、赵锋：《基于双重差分模型的西部地区"资源诅咒"现象的实证研究》，《中国软科学》2014年第9期，第127—135页；Jing Vivian Zhan,"Do Natural Resources Breed Corruption? Evidence from China", *Environmental and Resource Economics*, Vol. 66, No. 2, 2017, pp. 237-259。

理区位等地理相关变量来研究“能源诅咒”的成因。[①] 譬如，鲁内·菲特哈尔等在与演化经济地理学既有研究对话的基础上，以挪威为案例讨论了能源繁荣对与能源相关的产业以及与能源无关的产业各自的积极和消极影响。[②] 再如，郭文炯着重发掘了“能源诅咒”研究的空间结构与组织分析视角。他在研究中表明能源禀赋丰富的经济模式具有自强机制，由此导致的经济活动与人口空间分布分散化，进而形成了一种特殊的“核心边缘”结构和要素流动特征。这种结构弱化了核心区域的集聚效应并导致偏态的城市功能，一方面制约现代服务业和制造业集聚，另一方面引发了逆工业化过程，因此导致了“能源诅咒”。[③]

其四，作为微观层次的另一大分支，环境社会学范畴内的研究更为宽泛地讨论了“能源诅咒”的成因，因此其变量及视角选择也更为泛化庞杂。譬如，岳利萍等的研究构建了能源禀赋影响人均收入的理论模型，据此分析了能源对经济增长的直接、间接和总效应以及影响机制。其研究发现，能源通过拖累投资、教育、开放水平和研发等主要社会经济变量进而导致“能源诅咒”。[④] 不难发现，由于环境社会学其本身就高度聚焦于资源和能源议题，因而该范畴内的研究除了聚焦于能源丰裕度之外并未带有其他明显的学科烙印。[⑤] 而除了以上四个学科外，譬如人类学

---

① R. M. Auty, “Industrial Policy, Sectoral Maturation, and Postwar Economic Growth in Brazil: The Resource Curse Thesis”, *Economic Geography*, Vol. 71, No. 3, 1995, pp. 257-272；黄悦、刘继生、张野：《资源丰裕程度与经济发展关系的探讨：资源诅咒效应国内研究综述》，《地理科学》2013 年第 7 期，第 873—877 页；冯宗宪、姜昕、王青：《中国省际层面“资源诅咒”问题的再检验》，《中国人口·资源与环境》2010 年第 10 期，第 129—136 页。

② Rune Dahl Fitjar, Bram Timmermans, “Relatedness and the Resource Curse: Is There a Liability of Relatedness?”, *Economic Geography*, Vol. 95, No. 3, 2019, pp. 231-255.

③ 郭文炯：《“资源诅咒”的空间结构解析：核心边缘理论视角》，《经济地理》2014 年第 3 期，第 17—23 页。

④ 岳利萍、吴振磊、白永秀：《中国资源富集地区资源禀赋影响经济增长的机制研究》，《中国人口·资源与环境》2011 年第 10 期，第 153—159 页。

⑤ 譬如张菲菲、刘刚、沈镭《中国区域经济与资源丰度相关性研究》，《中国人口·资源与环境》2007 年第 4 期，第 19—24 页；韩亚芬、孙根年、李琦《资源经济贡献与发展诅咒的互逆关系研究——中国 31 个省区能源开发利用与经济增长关系的实证分析》，《资源科学》2007 年第 6 期，第 188—193 页；周喜君、郭丕斌《煤炭资源就地转化与“资源诅咒”的规避——以中国中西部 8 个典型省区为例》，《资源科学》2015 年第 2 期，第 318—324 页；Grant D. Jacobsen, Dominic P. Parker, Justin B. Winikoff, “Are Resource Booms a Blessing or a Curse? Evidence from People (not Places)”, *Journal of Human Resources*, Vol. 58, No. 2, 2023, pp. 393-420。

等早前被视为与“能源诅咒”研究较为疏离或不相关的学科也开始在微观层次为“能源诅咒”成因的探讨提供借鉴。①

总的来看，上述在微观层次讨论“能源诅咒”成因的研究呈现出以下四个特点。第一，更聚焦于对省州、市县等国内行政区层面“能源诅咒”的经验现象进行剖析，对这种经验现象的识别和叙事方式明显有别于跨国比较。第二，聚焦于一国内部的现象使诸多变量都得到了有效的控制，不同样本之间的异质性相对较小。因而这些研究多将政治制度、民主程度、国际能源价格等宏观层面的变量作为微观层面的常量。第三，主要探讨诸如谈判过程、合同披露、透明度、协议签订、拍卖设计、区域技术创新、地方行政能力等微观变量及其导致“能源诅咒”的微观机制，并且使用微观社会经济数据进行分析。② 第四，多在学理性讨论之后提出了缓解或避免“能源诅咒”的政策性建议。③

在宏观层次讨论“能源诅咒”成因的研究主要集中在发展经济学、国际经济学、比较政治经济学、国际政治经济学等学科。其一，作为宏观层次最庞大的分支，发展经济学范畴内的研究从要素价格、挤出效应、债务水平、不平等程度等视角出发对“能源诅咒”的成因进行了最为宽泛的探讨。譬如，奥哈德·拉维（Ohad Raveh）等讨论了能源出口带来的暴利收入对国家公共债务的影响。作为发展经济学的主要研究领域之一，债务规模对发展中国家的经济增长具有深远的影响。拉维等注意到，能源暴利既增加了政府收入也增加了财富规模，前者减轻了政府借贷的需要而后者则因改善借款条件而鼓励政府借贷。对很多国家而言，其政府受任期限制的影响多选择扩大借贷规模，因此能源暴利显然会扩大国家的公共债务。其评估显示，对于有严格任期

---

① Emma Gilberthorpe, Dinah Rajak, “The Anthropology of Extraction: Critical Perspectives on the Resource Curse”, *Journal of Development Studies*, Vol. 53, No. 2, 2017, pp. 186-204.

② Jenik Radon, “How to Negotiate an Oil Agreement”, in Macartan Humphreys, Jeffrey D Sachs, Joseph E Stiglitz, eds., *Escaping the Resource Curse*, New York: Columbia University Press, 2007, pp. 89-113; Tim Wegenast, Arpita Asha Khanna, Gerald Schneider, “The Micro-foundations of the Resource Curse: Mineral Ownership and Local Economic Well-Being in Sub-saharan Africa”, *International Studies Quarterly*, Vol. 64, No. 3, 2020, pp. 531-532; 丁从明、马鹏飞、廖舒娅：《资源诅咒及其微观机理的计量检验——基于 CFPS 数据的证据》，《中国人口·资源与环境》2018 年第 8 期，第 139 页。

③ 在此仅例举一项研究，详见张复明等《破解“资源诅咒”：矿业收益、要素配置与社会福利》，商务印书馆 2016 年版，第 35—43 页。

限制的国家而言，能源暴利每增加 1 美元，该国的公共债务就会增加约 20 欧元。①

其二，国际经济学范畴内的研究主要基于贸易条件、能源价格波动等视角分析了“能源诅咒”的成因。在开放经济条件下，国际贸易条件及大宗商品价格对国家经济增长的影响极其显著，国际经济学范畴内的研究则对此进行了充分的探讨。譬如，詹姆斯·罗宾逊等探讨了国际能源价格波动对于发展中能源出口国经济增长的影响。其逻辑在于，国家公共预算的波动严重影响了经济的平稳运行，而公共预算的波动则源自对能源收益的依赖。然而由于国际能源价格波动明显，其价格的波动会传导至国家公共预算，进而影响国家经济的增长。②

其三，比较政治经济学范畴内的研究大多通过分析寻租、腐败、内战、国内制度质量等变量来研究“能源诅咒”的成因。譬如，迈克尔·沙弗（Michael Shafer）聚焦于国家内部主导性出口产业对该国经济增长绩效的影响。其研究表明，对于由少量大公司、进入和退出门槛较高、资产专用性较高的出口产业而言，其很难应对国际市场波动的负面影响，因而会强力地游说政府为其提供保护。相反，对由大量小公司、进入和退出门槛较低、资产专用性较低的出口产业而言，其能够较好地应对国际市场波动的负面影响，因而相较之下不太会寻求政府为其提供保护。在前一种情况下，缺乏弹性且寻求保护的主导性出口产业弱化了政府对于其他产业的征税需要、影响了政府对其他产业的支持力度、将政府与本产业绑定起来，这些全面弱化了国家自主性和国家能力。③ 虽然这项经典研究的四个案例中有两个关注的是农业资源而另一个关注的是矿产资源，但其逻辑同样能够很好地适用于能源产业，为“能源诅咒”的成

---

① 虽然该研究讨论了政府任期而其题目也宣称采用了“政治经济学视角”。但是总体而言，其更偏向于发展经济学而非政治经济学的研究，特别是与下文所列出的比较政治经济学和国际政治经济学研究具有一定的差异。故此将其归入发展经济学的范畴内，详见 Ohad Raveh，Yacov Tsur，“Resource Windfalls and Public Debt：A Political Economy Perspective”，*European Economic Review*，Vol. 123，2020，pp. 1-22。

② James A. Robinson，Ragnar Torvik，Thierry Verdier，“The Political Economy of Public Income Volatility：With an Application to the Resource Curse”，*Journal of Public Economics*，Vol. 145，2017，pp. 243-252.

③ Michael Shafer，*Winners and Losers：How Sectors Shapes the Developmental Prospects of States*，Ithaca：Cornell University Press，1994.

因提供了很好的解释。总体而言，比较政治经济学范畴内的研究不仅重视上述政治变量，而且侧重于讨论政治性进程。

其四，国际政治经济学范畴内的研究对国际经济学和比较政治经济学的变量进行了整合，因而相较于前者更侧重研究政治过程，而相较于后者则更注重分析国际层面的自变量。[①] 譬如，*Comparative Political Studies* 2011 年第 6 期的特刊中有多篇文章探讨了国际贸易、国际移民、跨国直接投资及其他全球性活动对能源政治的影响，其中就包括全球化进程、国际声誉等对“能源诅咒”生成的作用机制。[②] 再如，罗斯与埃里克·沃滕（Erik Voeten）首次证实了能源出口对制度化合作具有广泛消极的影响。他们发现，一方面能源出口国凭借能源禀赋优势更容易吸引到国际投资，因而其政府缺乏与他国政府谈判并签署国际投资协定的动机；另一方面，能源出口国的主要产品（即能源）很容易进入其他国家的市场，这也降低了其政府谈判并签订互惠贸易协定的动机。[③] 在其他条件不变的情况下，一般而言签订上述两类协定要比不签订更有助于国家的经济增长，因此能源收益通过降低政府签订上述协定的动机进而影响国家的经济增长。

总的来看，上述在宏观层次讨论“能源诅咒”成因的研究呈现出以下三个特点。第一，更聚焦于在主权国家层面对“能源诅咒”的经验现象进行观察，并且侧重提供跨国的实证分析。第二，由于不同国家之间的差异性要比同一国家内部不同省州、市县的差异性大得多，因此政治制度、民主程度、国际能源价格等都被视作变量而非常量。第三，主要探讨诸如公共债务规模、不平等程度、国际贸易条件、国际能源价格水

---

① Kiren Aziz Chaudhry, “The Price of Wealth: Business and State in Labor Remittance and Oil Economies”, *International Organization*, Vol. 43, No. 1, 1989, pp. 101-145; Adrian J. Shin, “Primary Resources, Secondary Labor: Natural Resources and Immigration Policy”, *International Studies Quarterly*, Vol. 63, No. 4, 2019, pp. 805-818; Jungmoo Woo, “Oil Export, External Prewar Support for the Government, and Civil Conflict Onset”, *Journal of Peace Research*, Vol. 54, No. 4, 2017, pp. 513-526; Jewellord Tolentino Nem Singh, “Towards Post-neoliberal Resource Politics? The International Political Economy (IPE) of Oil and Copper in Brazil and Chile”, *New Political Economy*, Vol. 19, No. 3, 2014, pp, 329-358.

② Nita Rudra, Nathan M. Jensen, “Globalization and the Politics of Natural Resources”, *Comparative Political Studies*, Vol. 44, No. 6, 2011, pp. 639-661. 另见该期特刊内的其他研究。

③ Michael L. Ross, Erik Voeten, “Oil and International Cooperation”, *International Studies Quarterly*, Vol. 60, No. 1, 2016, pp. 85-97.

平及稳定性、寻租及腐败程度、内战、国内制度质量、国际移民、跨国直接投资等宏观变量及其导致“能源诅咒”的宏观机制。

综上，上述不同学科对“能源诅咒”成因的研究呈现出了微观与宏观的层次分异，详见表2-3。本书无意运用微观变量对国内特定行政区的“能源诅咒”经验现象加以解释，因此也就无须与侧重于从微观层次对此加以探讨的学科及相应研究开展学术对话。相反，为了更聚焦于对“能源诅咒”的跨国比较与成因探讨，本书需要对宏观层次上的“能源诅咒”成因研究进展加以梳理，对相关研究的不足之处进行评析。

表2-3 “能源诅咒”成因研究的层次分异

学科*	分析层次	关注的经验现象	主要解释变量（机制）
区域经济学	微观层次	国内行政区的“能源诅咒”	谈判过程、合同披露、透明度、协议签订、拍卖设计、区域技术创新、地方行政能力等
行政管理学			
人文地理学			
环境社会学			
发展经济学	宏观层次	主权国家层面的“能源诅咒”	公共债务规模、不平等程度、国际贸易条件、国际能源价格水平及稳定性、寻租及腐败程度、内战、国内制度质量、国际移民、跨国直接投资
国际经济学			
比较政治经济学			
国际政治经济学			

注：* 此处的学科并非完全参照中国教育部公布的一级学科和二级学科目录进行划分，也部分借鉴了约定俗成的学科分类方法。

第二节 “能源诅咒”成因的经济学透视

总体而言，对“能源诅咒”成因的解释可以分为外生性和内生性。① 能源外生性解释一般认为，在能源丰裕的情况下，其他特定的变量及相

① 对于“能源诅咒”成因的外生解释和内生解释的区分，详见 Michael L. Ross, “What Have We Learned about the Resource Curse?”, *Annual Review of Political Science*, Vol. 18, 2015, pp. 248-249; Richard M. Auty, “Introduction and Overview”, in R. M. Auty, ed., *Resource Abundance and Economic Development*, Oxford: Oxford University Press, 2001, pp. 6-10。

应机制导致了“能源诅咒”。而当这一变量得到控制或相应机制中断时，能源丰裕仍然会转化为“能源祝福”。能源内生性解释一般认为，能源丰裕或者能源依赖作用于特定的变量或产生特定的机制，而正是在这些变量或机制的作用下最终导致了“能源诅咒”。因此只有从根本上改变能源丰裕或者能源依赖的情况，才能实现可观的经济增长。鉴于解释外生性和内生性的区分对于理解“能源诅咒”生成的具体机制及其条件性至关重要，本书在梳理相关研究时还将特别关注其内生性或外生性的归属。

本节聚焦于经济学范畴内对“能源诅咒”生成原因的研究，着重回顾并评析了这些研究所发掘的解释变量及因果机制。相应的研究分别指出，能源所具有的“飞地”属性等产业特质、“荷兰病”效应、价格波动剧烈、对投资和创新等的挤出效应、增加经济不平等、恶化国际贸易条件等导致了“能源诅咒”。

一　能源的产业特质

能源产业所具有的独特产业性质使其很难拉动国家的经济增长。这些特质具体包括以下几点。其一，能源产业具有极其明显的“飞地”（Enclave）属性，即与其他产业缺乏生产性联系。虽然能源作为产品为其他产业的发展提供了必不可少的能量，但是能源产业却与其他产业具有明显的疏离，这使得能源产业的高度繁荣很难带动其他产业的发展。正如约瑟夫·斯蒂格利茨（Joseph Stiglitz）等所言，能源只需“勘探和开采出来”而无须像其他工业制成品那样“设计和生产出来”，因此能源产业与其他产业组成的产业链最为隔绝。能源产业的发展不仅基本独立于国家的工业化进程，对于其他产业的发展也几乎没有带动作用。①换句话说，受制于“飞地”属性，即便能源产业取得了较好的发展，也无法为其他产业带来溢出价值。

---

① Macartan Humphreys, Jeffrey D Sachs, Joseph E Stiglitz, “Introduction: What Is the Problem with Natural Resource Wealth?”, in Macartan Humphreys, Jeffrey D Sachs, Joseph E Stiglitz, eds., *Escaping the Resource Curse*, New York: Columbia University Press, 2007, p. 4; Terry Lynn Karl, “Understanding the Resource Curse”, in Svetlana Tsalik, Anya Schiffrin, eds., *Covering Oil: A Reporter's Guide to Energy and Development*, New York: Open Society Institute, 2005, p. 24.

其二，能源作为一种“点资源”（Point Resource），其经济绩效低于“散资源”（Diffuse Resource）。具体而言，前者是指诸如石油和天然气等基于狭小土地开发，并且资本和所有权相对集中的资源；而后者是指诸如小麦和玉米等在更广阔的土地上耕种，并且资本和所有权相对分散的资源。① 实证研究表明，上述两种不同类型的资源具有截然不同的经济绩效。伊沙姆等的研究发现“点资源”加剧了社会的分化、弱化了国家机构的效能、降低了应对经济波动和冲击的能力，相反“散资源”则并不存在上述问题。② 另外，萨拉·霍尔顿（Sarah Holton）等注意到加拿大和挪威的“点资源”数量较多而肯尼亚和尼日利亚的“点资源”数量较少，据此推断仅就“点资源”而言其数量的多少也决定了经济绩效的好坏。其研究表明，一国的“点资源”数量越多则“自然资源池”就越分散，围绕特定“点资源”寻租竞争的激励就越低，陷入“资源诅咒”的可能性就越小。③

其三，能源的丰裕度往往与其使用效率成反比。对于大多数非能源产业而言，其所生产的终端产品并不存在比较优势和利用率的反向关系。譬如，一国在生产笔记本电脑上具有比较优势，但这绝不会造成该国在使用笔记本电脑上的效率低于其他国家。然而对能源产业而言，却明显地存在能源丰裕度与利用率的反向关系。有研究表明对能源更丰裕的国家和地区而言，其在本国和本地区内使用能源的效率往往更低。④ 能源

---

① 既有研究对于“点资源”和“散资源”缺乏一以贯之的明晰界定，在对两者的描述中也侧重于不同的维度，在此仅以奥蒂所编纂的文集和乔纳森·伊沙姆（Jonathan Isham）等的研究为主要参考。分别详见 R. M. Auty, ed., *Resource Abundance and Economic Development*, Oxford: Oxford University Press, 2001; Jonathan Isham, Michael Woolcock, Lant Pritchett, Gwen Busby, “The Varieties of Resource Experience: Natural Resource Export Structures and the Political Economy of Economic Growth”, *The World Bank Economic Review*, Vol. 19, No. 2, 2005, pp. 141-174。

② Jonathan Isham, Michael Woolcock, Lant Pritchett, Gwen Busby, “The Varieties of Resource Experience: Natural Resource Export Structures and the Political Economy of Economic Growth”, *The World Bank Economic Review*, Vol. 19, No. 2, 2005, pp. 141-174. 另有多项实证研究也印证了这一点，相应的梳理详见赵伟伟、白永秀《资源诅咒实证研究的文献综述》，《世界经济文汇》2009 年第 6 期，第 111 页。

③ Benoit S. Y. Crutzen, Sarah Holton, “The More the Merrier? Natural Resource Fragmentation and the Wealth of Nations”, *KYKLOS*, Vol. 64, No. 4, 2011, pp. 500-515.

④ 张力小、梁竞：《区域资源禀赋对资源利用效率影响研究》，《自然资源学报》2010 年第 8 期，第 1237—1247 页；黄建欢等：《生态效率视角下的资源诅咒资源开发型和资源利用型区域的对比》，《中国管理科学》2015 年第 1 期，第 34—42 页。即便这两项研究均以中国各省为实证案例，但是其逻辑对于各国而言同样适用。

开发所取得的经济红利因为较低的能源使用效率而部分丧失，这在俄罗斯、委内瑞拉及中东主要石油生产国均有不同程度的体现。

二 "荷兰病"效应

"荷兰病"被用以形容1959年荷兰发现并大规模开发天然气后所出现的明显的去工业化现象，其概念首见于1977年的《经济学人》；而其作为一个真正的学术概念则始于马克斯·科登与彼得·内里1982年的开创性研究。[①] 在这项研究中，他们建立了包括可贸易的能源部门、可贸易的制造业部门和以服务业为代表的其他不可贸易部门在内的三部门分析模型，同时假定一国在初始状态实现充分就业并且劳动力在上述三个部门间可自由流动。然而，能源产业的繁荣和出口收益的扩大带来了两个负面效应。

其一为资源转移效应（Resource Movement Effect）。蓬勃发展的能源部门从其他部门吸取了更多的资本和劳动力，破坏了三个部门之间的初始平衡状态。特别是就劳动力而言，制造业部门为了与能源部门争夺劳动力不得不为其提供更高的工资，这种变相的成本上涨直接削弱了制造业部门参与国际竞争的能力。其二为消费效应（Spending Effect）。能源出口的巨额收益提高了本国货币的汇率和对商品的购买能力，这对可贸易的制造业部门和其他不可贸易部门带来了截然不同的影响。一方面，国内可贸易的制造业部门因为汇率的上升失去了出口竞争力，相反其他国家制造业产品却因汇率优势而大量涌入。[②] 另一方面，不可贸易部门受到大量购买需求的刺激而蓬勃发展，进一步吸引了劳动力从制造业部门转移到不可贸易部门。因此，可贸易的制造业部门不仅在与其他国家制造业部门的竞争中全面溃败，而且还因国内不可贸易部门对劳动力的争夺而进一步丧失活力。在资源转移效应和消费效应的共同作用下，大

① "The Dutch Disease", *The Economist*, November 1977, pp. 82-83; W. Max Corden, J. Peter Neary, "Booming Sector and De-Industrialisation in a Small Open Economy", *The Economic Journal*, Vol. 92, No. 368, 1982, pp. 825-848.

② 在后续的研究中，萨克斯和华纳进一步证实了这一观点。详见 Jeffrey D. Sachs, Andrew M. Warner, "Natural Resources and Economic Development: The Curse of Natural Resources", *European Economic Review*, Vol. 45, No. 4-6, 2001, pp. 834-835。

规模出口能源的国家走向了一条去工业化的道路。[①]

上述“荷兰病”模型甫一提出便成为“能源诅咒”成因最炙手可热的解释，以此为基础的拓展性解释大量涌现。松山公纪（Kiminori Matsuyama）以及萨克斯和华纳纷纷提出了拓展性的“荷兰病”模型。[②] 张复明和景普秋在“荷兰病”模型的基础上重点分析了能源型经济形成的自强机制，特别是在吸纳效应、粘滞效应和锁定效应的影响下生产要素向能源部门持续流入，形成了能源产业的主导性以及国家对其的依赖性。[③] 乔纳斯·邦特进一步发现了工资谈判协调程度高和收入不平等程度低分别有助于阻断资源转移效应和消费效应，反之则反是。[④] 丹尼·巴哈尔和米格尔·桑托斯发现“荷兰病”还会导致非资源产品的出口集中度明显增加，即出口结构越发单一。[⑤] 无论上述研究进行了怎样的拓展，其共有的观点都在于“荷兰病”所导致的去工业化最终会拖累经济增长。

三 价格波动剧烈

国际市场上能源价格波动频繁且剧烈，这种波动性显然不利于能源出口国经济的持续稳定增长。能源财富及出口的规模固然重要，但是其究竟能否推动国家经济的增长和社会福利的增加还取决于能源的价格水平。[⑥] 弗雷德里克·范德普勒格等挑战了与收入、投资、人力资本、人

---

① W. Max Corden, J. Peter Neary, “Booming Sector and De-Industrialisation in a Small Open Economy”, *The Economic Journal*, Vol. 92, No. 368, 1982, pp. 825-848. 其他的梳理另见 Adrian J. Shin, “Primary Resources, Secondary Labor: Natural Resources and Immigration Policy”, *International Studies Quarterly*, Vol. 63, No. 4, 2019, pp. 806-807; Michael L. Ross, “The Political Economy of the Resource Curse”, *World Politics*, Vol. 51, No. 2, 1999, p. 306。

② 相应的梳理详见赵伟伟《相对资源诅咒理论及其在中国的实证研究》，中国经济出版社2012年版，第50—52页。

③ 张复明、景普秋：《资源型经济的形成：自强机制与个案研究》，《中国社会科学》2008年第5期，第117—130页。

④ Jonas B. Bunte, “Wage Bargaining, Inequality, and the Dutch Disease”, *International Studies Quarterly*, Vol. 60, No. 4, 2016, pp. 677-692.

⑤ Dany Bahar, Miguel A. Santos, “One More Resource Curse: Dutch Disease and Export Concentration”, *Journal of Development Economics*, Vol. 132, 2018, pp. 102-114.

⑥ Pietro Peretto, “Resource Abundance, Growth and Welfare: A Schumpeterian Perspective”, *Journal of Development Economics*, Vol. 97, No. 1, 2012, pp. 142-155.

口增长等相关的传统解释，将能源出口国的经济增长与否归结于波动性。其研究表明，虽然能源出口能够带来相应的经济收益，但是这种收益会被波动性的负面影响吞噬。相较于农产品及其他矿产资源，能源的波动性更加明显，而波动性的根源并不在于贸易条件而是在于能源价格。[①]实际上，能源价格不仅取决于其生产成本和供需关系，还会因汇率、期货市场行情以及地缘政治等出现明显的变动，因此其波动走向很难得到准确的预测。[②]

具体来说，能源价格波动拖累经济增长的渠道至少有如下六条。其一，能源价格的反复、剧烈波动既损害投资者进行长期价值投资的信心，也迫使政府接受更高的贴现率。这导致无论是投资者还是政府在做出与能源相关的决策时，更倾向于选择“短平快”的方案，然而这些短期行为要比长期审慎的能源投资更容易失败，长此以往会严重损害国家的经济增长。[③] 其二，从长期来看在能源价格的上行周期内，能源出口国往往因能源收益的增长和对未来收益的乐观预期而轻易地选择大量举债。然而当能源价格在不可预见的情况下转入下行周期时，能源出口国的能源收益大幅下降继而无法偿还债务，最终背负了沉重的债务。[④] 其三，在能源价格上行周期内，能源出口国固然会获得额外的巨额收益，但是当能源价格进入下行周期时，能源出口国还将面临着巨额的损失。当收益和损失两者相抵时，能源出口显然无法为经济增长带来任何动能，特

---

① Frederick van der Ploeg, Steven Poelhekke, “Volatility and the Natural Resource Curse”, *Oxford Economic Papers*, Vol. 61, No. 4, 2009, pp. 727-760.

② Richard M. Auty, *Sustaining Development in Mineral Economies*: *The Resource Curse Thesis*, London: Routledge, 1993, pp. 242-243. 对能源市场脆弱性的讨论详见 Michael Levi, “The Enduring Vulnerabilities of Oil Markets”, *Security Studies*, Vol. 22, No. 1, 2013, pp. 132-138。

③ 卢凌宇、许剑：《因“祸”得福？石油进口依赖与发展中国家能力》，《世界经济与政治》2020 年第 12 期，第 131—132 页。

④ Ozmel Manzano, Roberto Rigobón, “Resource Curse or Debt Overhang?” in Daniel Lederman and William F. Maloney, eds., *Natural Resource*: *Neither Curse nor Destiny*, Palo Alto: Stanford University Press, 2007, pp. 41-70. 托马斯·丘法特（Thomas Chuffart）和艾玛·胡珀（Emma Hooper）在对俄罗斯和委内瑞拉的主权信用违约掉期的分析中也得到了相似的结论。详见 Thomas Chuffart, Emma Hooper, “An Investigation of Oil Prices Impact on Sovereign Credit Default Swaps in Russia and Venezuela”, *Energy Economics*, Vol. 80, 2019, pp. 904-916。

别是对那些严重依赖能源出口的国家来说尤为如此。① 其四，在能源价格暴涨时，一方面大量美元涌入并可能导致严重的通货膨胀问题；另一方面银行的利差下降并提高信贷违约的可能，两者同时作用会严重扰乱一国金融市场的正常运转。② 其五，詹姆斯·罗宾逊等的发现表明，能源价格的波动导致了政府公共预算的波动，而后者则一方面使能源开发效率进一步降低，另一方面引发了政治恩惠问题，最终不利于国家的经济增长。③ 其六，能源价格剧烈波动导致了能源贸易的波动，而能源贸易的波动会拖累经济的增长。④

四　挤出效应

能源产业的蓬勃发展“挤出”了有助于经济增长的要素投入。这种挤出效应体现在多个维度上。其一，为挤出投资。弗雷德里克·范德普勒格等的计量分析指出，一个国家勘探出丰富的能源后，流向该国非能源领域的外国直接投资（Foreign Direct Investment，FDI）将在短期内减少 16%，而在长期内下降 68%。虽然流向能源产业的 FDI 有所增加，但是能源产业所新吸纳的 FDI 不及其他产业减少的 FDI，对该国而言其吸纳 FDI 的总额下降了 4%。⑤ 不仅是 FDI，能源出口国内部的投资也会被挤出。一方面，能源繁荣扩大了国民的私人消费而减少了其私人投资行

---

① Alan Gelb and Associates, *Oil Windfalls: Blessing or Curse*, Oxford: Oxford University Press, 1988, pp. 134-144; Alexander James, "The Resource Curse: A Statistical Mirage?", *Journal of Development Economics*, Vol. 114, 2015, p. 62.

② 上述两个方面分别详见两项研究，Mahmoud A. El-Gamal, Amy Myers Jaffe, *Oil, Dollars, Debt, and Crises: The Global Curse of Black Gold*, New York: Cambridge University Press, 2010, pp. 148-149; Jinxuan Yang, et al., "The Competing Role of Natural Gas and Oil as Fossil Fuel and the Non-linear Dynamics of Resource Curse in Russia", *Resources Policy*, Vol. 72, 2021, pp. 1-11。

③ James A. Robinson, Ragnar Torvik, Thierry Verdier, "The Political Economy of Public Income Volatility: With an Application to the Resource Curse", *Journal of Public Economics*, Vol. 145, 2017, pp. 243-252.

④ Maryam Moradbeigi, Siong Hook Law, "Growth Volatility and Resource Curse: Does Financial Development Dampen the Oil Shocks?" *Resources Policy*, Vol. 48, 2016, pp. 97-103.

⑤ Frederick van der Ploeg, Steven Poelhekke, "The Impact of Natural Resources: Survey of Recent Quantitative Evidence", *Journal of Development Studies*, Vol. 53, No. 2, 2017, p. 214; Steven Poelhekke, Frederick van der Ploeg, "Do Natural Resources Attract Non-resource FDI?", *Review of Economics and Statistics*, Vol. 95, No. 3, pp. 1047-1065.

为，因此整个国家层面的投资也严重不足。① 另一方面，政府推动的公共投资也明显减少，譬如基础设施投资等都出现不足或滞后的情况。②

其二，为挤出储蓄。世界银行的数据显示对于依赖能源产业的国家而言，其真实储蓄率显著低于其他国家，甚至在大多数情况下为负数。③在保罗·科利尔看来，关于“能源诅咒”特别值得关注的两个方面之一便是能源收益被用于过度消费而非储蓄。④ 实际上，巨额的能源收益改变了企业与国民在当期消费与远期储蓄之间做出选择的激励，储蓄随着能源出口收益的增长而降低。由于银行的储蓄与私人商业投资息息相关，因此储蓄率的降低也导致投资的减少，进而强化了挤出投资的效应。

其三，为挤出人力资本。萨拉·布鲁克斯与马库斯·库尔茨特别指出，在经济全球化的背景下，人力资本的积累尤为关键，并且与能源丰裕程度共同决定了一国能否实现经济增长。⑤ 托瓦尔德·吉尔法森在其探讨自然资源、教育与经济增长的开创性研究中发现，诸如教育占公共支出的比重和中学毛入学率等多项衡量教育水平的指标都与能源占国家财富中的比重成反比。显然是能源挤出了人力资本，并且将“太多人口锁定在了低技能密集型的能源产业中”，由此影响了需要高素质和高技能

---

① Jeffrey D. Sachs, “How to Handle the Macroeconomics of Oil Wealth”, in Macartan Humphreys, Jeffrey D. Sachs, Joseph E. Stiglitz, eds., *Escaping the Resource Curse*, New York: Columbia University Press, 2007, pp. 176–180; Beatriz Gaitan, Terry L. Roe, “International Trade, Exhaustible-resource Abundance and Economic Growth”, *Review of Economic Dynamics*, Vol. 15, No. 1, 2012, p. 90.

② Thorvaldur Gylfason, Gylfi Zoega, “Natural Resources and Economic Growth: The Role of Investment”, *The World Economy*, Vol. 29, No. 8, 2006, pp. 1091–1115.

③ Frederick van der Ploeg, Anthony J. Venables, “Natural Resource Wealth: The Challenge of Managing a Windfall”, *Annual Review of Economics*, Vol. 4, 2012, p. 317, 322, 334; Frederick van der Ploeg, “Why Do Many Resource-rich Countries Have Negative Genuine Saving? Anticipation of Better Times or Rapacious Rent Seeking”, *Resource and Energy Economics*, Vol. 32, No. 1, 2010, pp. 28–44. 对能源出口国真实储蓄率的更多探讨详见 Kirk Hamilton, “The Sustainability of Extractive Economies”, in R. M. Auty, ed., *Resource Abundance and Economic Development*, Oxford: Oxford University Press, 2001, pp. 36–55。

④ Paul Collier, “The Institutional and Psychological Foundations of Natural Resource Policies”, *Journal of Development Studies*, Vol. 53, No. 2, 2017, p. 227.

⑤ Marcus J. Kurtz, Sarah M. Brooks, “Conditioning the ‘Resource Curse’: Globalization, Human Capital, and Growth in Oil-Rich Nations”, *Comparative Political Studies*, Vol. 44, No. 6, 2011, pp. 750–751.

型人才的相关产业的发展，最终有碍于实现经济的高质量发展。① 后续的研究除了反复印证这一观点外，还分别发现：能源对男性人力资本的挤出更为明显；影响了学生在其大学阶段的专业选择，并且使其偏离了社会所需的最佳专业需求；出现了高技能人才向他国移民的外流情况；能源繁荣导致了学生的高中和大学成绩下降；政府给教育的公共投入明显降低；等等。②

其四为挤出技术创新。与人力资本积累不足伴随而来的往往是技术创新的趋缓。譬如，埃莉娜·布鲁钦等的研究发现，能源收益带来的财富刺激影响到了研发和创新，这具体体现在研发支出和专利授权数量的下降。③ 邵帅等的系列研究通过建立包含创新部门、中间产品部门、制造业部门和能源开发部门的四部门模型（有研究是三部门模型），据此特别关注了能源部门对创新部门的潜在影响。其多项分析均表明，能源的大规模开发在国家层面挤出了技术创新，这从长期来看有损于经济的

---

① Thorvaldur Gylfason, “Natural Resources, Education, and Economic Development”, *European Economic Review*, Vol. 45, No. 4–6, 2001, pp. 847–859.

② 分别详见：Ji Yeon Hong, “How Natural Resources Affect Authoritarian Leaders' Provision of Public Services: Evidence from China”, *Journal of Politics*, Vol. 80, No. 1, 2017, pp. 178–194; Elena Esposito, Scott F. Abramson, “The European Coal Curse”, *Journal of Economic Growth*, Vol. 26, No. 1, 2021, pp. 77–112; Christian Ebeke, Luc Désiré Omgba, Rachid Laajaj, “Oil, Governance and the (Mis) allocation of Talent in Developing Countries”, *Journal of Development Economics*, Vol. 114, 2015, pp. 126–141; Daniel Steinberg, “Resource Shocks and Human Capital Stocks--Brain Drain or Brain Gain?”, *Journal of Development Economics*, Vol. 127, 2017, pp. 250–268; Dan S. Rickman, Hongbo Wang, John V. Winters, “Is Shale Development Drilling Holes in the Human Capital Pipeline?”, *Energy Economics*, Vol. 62, 2017, pp. 283–290; Lara Cockx, Nathalie Francken, “Natural Resources: A Curse on Education Spending?”, *Energy Policy*, Vol. 92, 2016, pp. 394–408。其他研究还包括：Rune Dahl Fitjar, Bram Timmermans, “Relatedness and the Resource Curse: Is There a Liability of Relatedness?”, *Economic Geography*, Vol. 95, No. 3, 2019, pp. 231–255; Gavin Hilson, Tim Laing: “Guyana Gold: A Unique Resource Curse?”, *Journal of Development Studies*, Vol. 53, No. 2, 2017, pp. 229–248; Pelle Ahlerup, Thushyanthan Baskaran, Arne Bigsten, “Gold Mining and Education: A Long-run Resource Curse in Africa?”, *Journal of Development Studies*, Vol. 56, No. 9, 2020, pp. 1745–1762; Jorge M. Agüero, et al., “The Value of Redistribution: Natural Resources and the Formation of Human Capital Under Weak Institutions”, *Journal of Development Economics*, Vol. 148, 2021, pp. 1–12; Shao Shuai, Yang Lili, “Natural Resource Dependence, Human Capital Accumulation, and Economic Growth: A Combined Explanation for the Resource Curse and the Resource Blessing”, *Energy Policy*, Vol. 74, 2014, pp. 632–642; 杨莉莉、邵帅：《人力资本流动与资源诅咒效应：如何实现资源型区域的可持续增长》，《财经研究》2014 年第 11 期，第 44—60 页。

③ Elina Brutschin, Andreas Fleig, “Innovation in the Energy Sector--The Role of Fossil Fuels and Developing Economies”, *Energy Policy*, Vol. 97, 2016, pp. 27–38.

持续增长。①

此外能源还挤出了其他要素的投入。譬如，能源会挤出农业。伊丽莎白·多利内等在考察能源对撒哈拉以南非洲农业部门的影响时发现，巨额的能源收益降低了该地区的农业生产效率。由于农业的发展是减少贫困和发展制造业的基础，撒哈拉以南非洲显然因为能源繁荣会使得上述两个目标的实现更无从谈起。② 再如，能源会挤出公共资本。保罗·科利尔等指出，为了保持经济增长的持续性，政府需要将一部分能源收入划转入公共资本当中。然而数据分析却表明能源收益的增长显著地减少了公共资本的存量。③ 综上，由于挤出了有助于经济增长的要素投入，能源产业的蓬勃发展最终会拖累经济的增长。

五　恶化国际贸易条件

能源对其出口国的贸易条件具有两个不利的影响。其一，形成并锁定不对等的贸易关系。劳尔·普雷维什和汉斯·辛格的结构主义研究对此提供了最早的分析。前者在其研究中指出发展中国家出口能源而发达国家出口工业制成品，由此形成了中心—边缘结构，并且导致发展中国家面临着贸易收益分配低、无法较好地适应贸易周期、主要出口产品弹性较低等一系列问题。④ 后者的发现为：能源出口国的贸易条件要比工业制成品出口国的贸易条件恶化得更快；能源的价格要比工业制成品下

---

① 邵帅、杨莉莉：《自然资源开发、内生技术进步与区域经济增长》，《经济研究》2011 年第 S2 期，第 112—123 页；邵帅、齐中英：《资源输出型地区的技术创新与经济增长——对"资源诅咒"现象的解释》，《管理科学学报》2009 年第 6 期，第 23—33 页；邵帅、齐中英：《自然资源开发、区域技术创新与经济增长——一个对"资源诅咒"的机理解释及实证检验》，《中南财经政法大学学报》2008 年第 4 期，第 3—9 页；邵帅、齐中英：《基于"资源诅咒"学说的能源输出型城市 R&D 行为研究——理论解释及其实证检验》，《财经研究》2009 年第 1 期，第 61—73 页；杨莉莉、邵帅、曹建华：《资源产业依赖对中国省域经济增长的影响及其传导机制研究——基于空间面板模型的实证考察》，《财经研究》2014 年第 3 期，第 4—16 页。需要说明的是，虽然邵帅等的研究主要以中国各省的数据作为实证的基础，但是其逻辑完全适用于国家层面的分析。

② Elizavetta Dorinet, Pierre-André Jouvet, Julien Wolfersberger, "Is the Agricultural Sector Cursed Too Evidence from Sub-Saharan Africa", *World Development*, Vol. 140, 2021, pp. 1-16.

③ Sambit Bhattacharyya, Paul Collier, "Public Capital in Resource Rich Economies: Is There a Curse?", *Oxford Economic Papers*, Vol. 66, No. 1, 2014, pp. 1-24.

④ Raul Prebisch, *The Economic Development Latin America and its Principal Problems*, New York: Lake Success, 1950.

降得更快；能源占出口比重更高的发展中国家所面临的上述问题更为严重。[①] 虽然在之后新自由主义浪潮的侵袭下，普雷维什和辛格的研究曾被一度忽视。但是关于“能源诅咒”的晚近研究不仅表明能源出口国与工业制成品出口国的中心—边缘结构仍然存在，而且这种产品生产分工的专业化在全球化时代被进一步锁定，进而出现了能源出口的“刚性专业化陷阱”。[②] 一些实证性研究还特别关注了作为工业制成品出口大国的中国与部分能源出口国是否存在上述中心—边缘关系，并且得出了肯定性的结论。[③]

其二，降低能源出口国的对外贸易开放程度。迈克尔·沙弗从国内主导性产业的特质出发分析了政府采取自由贸易或者贸易保护的不同逻辑。其中对由少量大公司、进入和退出门槛较高、资产专用性较高的能源产业而言，其很难应对国际市场波动的负面影响，因而会强力地游说政府为其提供保护。[④] 格雷厄姆·戴维斯等同样发现，能源出口国政府为了降低经济波动，采取了各类封闭性的贸易政策。[⑤] 米努·法哈迪等的研究关注到了包括贸易自由度在内的含义更广的经济自由度对能源出口国的影响。其研究发现之一便是提高经济自由度对能源出口国实现更好的经济绩效来说至关重要。[⑥] 其他研究还关注到了与对外贸易开放密切相关的金融自由和资本管制，并且发现能源出口国的金融自由程度更

① Hans W. Singer, “The Distribution of Gains Between Investing and Borrowing Countries”, *American Economic Review*, Vol. 40, No. 2, 1950, pp. 473-485.

② 赵丽红：《“资源诅咒”与拉美国家初级产品出口型发展模式》，当代世界出版社 2010 年版，第 49—83 页；王智辉：《自然资源禀赋与经济增长的悖论研究——资源诅咒现象辨析》，博士学位论文，吉林大学，2008 年，第 53—54 页。

③ Ian Coxhead, “A New Resource Curse? Impacts of China's Boom on Comparative Advantage and Resource Dependence in Southeast Asia”, *World Development*, Vol. 35, No. 7, 2007, pp. 1099-1119. 对此进行反驳的研究有 Ian Coxhead《国际贸易和自然资源“诅咒”：中国的增长威胁到东南亚地区的发展了吗?》，《经济学（季刊）》2006 年第 1 期，第 609—634 页；魏国学、陶然、陆曦《资源诅咒与中国元素：源自 135 个发展中国家的证据》，《世界经济》2010 年第 12 期，第 48—66 页。

④ Michael Shafer, *Winners and Losers: How Sectors Shapes the Developmental Prospects of States*, Ithaca: Cornell University Press, 1994.

⑤ Graham A. Davis, Arturo L. Vásquez Cordano, “International Trade in Mining Products”, *Journal of Economic Surveys*, Vol. 27, No. 1, 2013, pp. 74-97.

⑥ Minoo Farhadi, Md. Rabiul Islam, Solmaz Moslehi, “Economic Freedom and Productivity Growth in Resource-rich Economies”, *World Development*, Vol. 72, 2015, pp. 109-126.

低并且资本管制也更严格。[①] 总之，能源出口国的贸易开放程度明显低于其他国家，这从长期来看有损于其经济增长。[②]

六 增加经济不平等

能源繁荣加剧了能源出口国国内的经济不平等，而经济不平等则不利于经济的持续增长。经济史的大量研究表明，无论是对农业资源的开发还是对矿产资源及能源的开采，都会造成“根深蒂固的不平等”。[③] 埃利萨奥斯·帕派拉克斯等的突破性研究则发现：对能源占出口比重适中或较小的国家而言，能源出口并未加剧其国内的经济不平等；而对那些依赖能源出口的国家而言，能源出口显然加剧了其国内的经济不平等。[④]

经济不平等影响能源出口国经济增长的渠道主要有两条。[⑤] 其一，经济不平等扭曲了工资收入分配，破坏了人力资本的积累。与能源大规模开发伴随而来的是能源产业的从业者获得更高的工资、能源公司的高级管理人员及利益攸关方获得巨额利润。这直接破坏了人力资本积累与分配平等良性互动的必要基础。[⑥] 另有研究也发现贫富差距扩大和贫困加剧使依赖能源的国家无法实现人力资本的积累，特别是对伊朗等那些

---

① Raouf Boucekkine, et al.,“Stochastic Petropolitics: The Dynamics of Institutions in Resource-dependent Economies”, *European Economic Review*, Vol. 131, 2021, pp. 1-22.

② 邵帅等对中国各省“能源诅咒”的研究也得到了相同的结论，详见杨莉莉、邵帅、曹建华《资源产业依赖对中国省域经济增长的影响及其传导机制研究——基于空间面板模型的实证考察》，《财经研究》2014 年第 3 期，第 12—13 页。另外，后续研究对能源出口国对外贸易开放程度的讨论更为细致复杂，譬如 Paulo Henrique Vaz,“Discovery of Natural Resources: A Class of General Equilibrium Models”, *Energy Economics*, Vol. 61, 2017, pp. 174-178。

③ Jonathan Isham, Michael Woolcock, Lant Pritchett, Gwen Busby,“The Varieties of Resource Experience: Natural Resource Export Structures and the Political Economy of Economic Growth”, *The World Bank Economic Review*, Vol. 19, No. 2, 2005, pp. 148-149.

④ Osiris J. Parceroa, Elissaios Papyrakis,“Income Inequality and the Oil Resource Curse”, *Resource and Energy Economics*, Vol. 45, 2016, pp. 159-177.

⑤ 需要特别留意的是，尽管这两条渠道与挤出效应和“荷兰病”效应存有紧密的联系，但是并不相同。

⑥ Nancy Birdsall, Thomas Pinckney, Richard Sabot,“Natural Resources, Human Capital, and Growth”, in R. M. Auty, ed., *Resource Abundance and Economic Development*, Oxford: Oxford University Press, 2001, pp. 72-73.

还面临族群分化的能源出口国而言，这种效应将更为明显。[①]

其二，经济不平等放大甚至直接导致了“荷兰病”效应。乔纳斯·邦特发现工资谈判协调程度高和收入不平等程度低分别有助于阻断“荷兰病”的资源转移效应和消费效应。反之在收入不平等程度较高的情况下，“荷兰病”的上述两种效应不仅无法得到阻断甚至还有可能会被放大。[②] 纳扎宁·贝扎丹等人更是向前推进了一步，提出“‘荷兰病’完全源于自然资源租金的分配不平等”。他们构建了两个除了自然资源租金分配公平性不同而在其他方面都相同的国家模型，分析发现公平性较低的国家将减少制造业产品的生产，并且指出公平性越差的国家所出现的“荷兰病”效应就越显著。[③] 总之，无论是破坏人力资本积累还是加剧或导致“荷兰病”效应，能源出口及能源繁荣所带来的经济不平等都将有损于经济的增长。

七　其他解释机制

除了以上六个机制外，另有一些研究相对零散地讨论了解释“能源诅咒”生成的其他机制。其一，能源的易获性导致了“能源诅咒”。萨拉·布鲁克斯与马库斯·库尔茨认为并非所有的能源都会导致“能源诅咒”。具体而言，那些难以开采的能源倒逼政府和企业进行技术革新和体制改进，因而并不会产生不利于经济政治的效应；相反那些容易开采的能源，因其易获性无法带来技术上的进步而引发了“能源诅咒”。[④]

其二，非法的资源开发活动提高了传染病的发生率，而传染病则持续削弱国家经济增长的潜力。桑德拉·罗佐（Sandra Rozo）另辟蹊径地

---

① Mohammad Reza Farzanegan, Mohammad Mahdi Habibpour, “Resource Rents Distribution, Income Inequality and Poverty in Iran”, *Energy Economics*, Vol. 66, 2017, pp. 35-42.

② Jonas B. Bunte, “Wage Bargaining, Inequality, and the Dutch Disease”, *International Studies Quarterly*, Vol. 60, No. 4, 2016, pp. 677-692.

③ Nazanin Behzadan, Richard Chisik, Harun Onder, Bill Battaile, “Does Inequality Drive the Dutch Disease? Theory and Evidence”, *Journal of International Economics*, Vol. 106, 2017, pp. 104-118.

④ Sarah M. Brooks, Marcus J. Kurtz, “Oil ‘Rents’ and Political Development: What Do We Really Know About the Curse of Natural Resources?”, *Comparative Political Studies*, Vol. 55, No. 10, 2022, pp. 1698-1731.

发现非法的资源开发损害了人类的健康程度和国家经济增长的社会基础。通过对哥伦比亚的数据分析，他发现非法开采金矿的地区每增加 1 公顷，疟疾的年度寄生虫指数在每 10 万名居民中就会增加 1.04 例。疟疾的蔓延又间接引发学生逃课、工厂停工、医疗负担加重等一系列负面效应，进而损害了经济增长的社会基础。①

其三，国际能源公司的商业活动导致了发展中能源出口国的“能源诅咒”。道达·亚当斯等回顾了诸如腐败、治理不善、问责制不健全、透明度低等拖累发展中能源出口国的经济增长的主要渠道，并且指出国际能源公司追求自身利益最大化、避税、寻租、游说政府、协助资本外逃等基于商业逻辑的行为为上述渠道提供了作用平台。② 因此国际能源公司应该为发展中能源出口国的“能源诅咒”负责。

其四，能源繁荣大幅增加了公共债务。有别于上文所述的价格波动剧烈扩大公共债务的机制，此处的讨论更具有一般性。奥哈德·拉维等的研究指出能源繁荣既增加了政府收入也增加了财富规模，前者减轻了政府借贷的需要而后者则因改善借款条件而鼓励政府借贷。对很多国家而言，其政府受任期限制的影响而更容易实施短视的政策，譬如选择扩大借贷规模。③ 因此能源繁荣会扩大国家的公共债务，其最终会转变为“债务陷阱”。

其五，地理空间上的邻近性也会影响能源出口国的经济增长绩效。无论是经济学对贸易引力的探讨，还是国际关系学对规范扩散的研究，抑或是政治学对民主化波次的分析，其都充分关注到了地理空间临近以及相应的并发和扩散机制的重要性。同样，阿丘塔·阿德瓦柳等通过对非洲能源出口国及其空间邻近性的研究发现，当特定国家的邻国能源贫乏时该国的能源出口有助于其增长；相反当特定国家的邻国能源丰裕并据此实现了经济增长，该国反而会难以取得理想的经济增长绩效。该研

---

① Sandra V. Rozo, “Unintended Effects of Illegal Economic Activities: Illegal Gold Mining and Malaria”, *World Development*, Vol. 136, 2020, pp. 1-17.

② Dawda Adams, et al., “Globalisation, Governance, Accountability and the Natural Resource ‘Curse’: Implications for Socio-economic Growth of Oil-rich Developing Countries”, *Resources Policy*, Vol. 61, 2019, pp. 128-140.

③ Ohad Raveh, Yacov Tsur, “Resource Windfalls and Public Debt: A Political Economy Perspective”, *European Economic Review*, Vol. 123, 2020, pp. 1-22.

究的结论在于，能源出口国的经济增长与否不仅取决于其本身，还取决于邻国的能源丰裕情况。①

需要注意的是，上文所梳理的各项机制并非相互排斥，实际上其往往同时出现并共同产生影响。譬如，埃利萨奥斯·帕派拉克斯就指出，能源丰裕不仅挤出了投资、教育、对外开放和研发支出，还增加了腐败和经济波动等，这些都会拖累一个国家经济的增长。② 总之，催生“能源诅咒”的上述多项机制很可能是并发的。

八 上述研究的不足

总的来看，经济学范畴内对“能源诅咒”生成原因的研究可谓浩如烟海。然而除了各个解释机制自身所存在的不自洽问题外，这些研究还普遍存在四个方面的不足。③ 第一，对能源出口国的情境及其生成“能源诅咒”的过程过度抽象化和简化。固然抽象化和简化对于理论发现和机制检验来说不可或缺，但是过度的抽象化和简化则不仅导致学术发现与经验现实明显疏离，还使得机制的发现越发碎片化、其在解释力上的增量也越发有限。上述研究大多将复杂的现实世界简化为：能源出口国政府同质或近似、能源公司追求利润最大化、能源贸易无政治性或过程性阻力、各类行为体不存在能动性、政策选择或商业活动的收益清晰可

① Achyuta Adhvaryu, et al.,“Resources, Conflict, and Economic Development in Africa”, *Journal of Development Economics*, Vol. 149, 2021, pp. 1-22.

② Elissaios Papyrakis, Reyer Gerlagh,“Resource Abundance and Economic Growth in The United States”, *European Economic Review*, Vol. 51, No. 4, 2007, pp. 1011-1039.

③ 在此仅以“荷兰病”机制为例，已有多项研究对其逻辑提出了挑战。这些研究发现，“荷兰病”效应在发展中国家不太可能出现，容易被政府的宏观经济调控政策所抵消，新的数据集提供了驳斥“荷兰病”效应的结果，“荷兰病”甚至是一些国家经济增长过程中的最佳结果而非负面结果。相应的讨论详见 Michael L. Ross,“The Political Economy of the Resource Curse”, *World Politics*, Vol. 51, No. 2, 1999, pp. 305-307; Hunt Allcott, Daniel Keniston,“Dutch Disease or Agglomeration? The Local Economic Effects of Natural Resource Booms in Modern America”, *Review of Economic Studies*, Vol. 85, No. 2, 2018, pp. 695-731; Hadi Salehi Esfahani, Kamiar Mohaddes, M. Hashem Pesaran,“An Empirical Growth Model for Major Oil Exporters”, *Journal of Applied Econometrics*, Vol. 29, No. 1, 2014, pp. 1-21; Paul Pelzl, Steven Poelhekke,“Good Mine, Bad Mine: Natural Resource Heterogeneity and Dutch Disease in Indonesia”, *Journal of International Economics*, Vol. 131, 2021, pp. 1-21; Egil Matsen, Ragnar Torvik,“Optimal Dutch Disease”, *Journal of Development Economics*, Vol. 78, No. 2, 2005, pp. 494-515。

见、国家内只存有两个或数个经济部门、决策者及其他行为体根据博弈树的结果进行行动等。[①] 这在简化现实世界的同时也将有可能诱发“能源诅咒”的重要因素一并剪裁。同时，过度简化所营造出的近似于实验环境下的模型或数据虽然有助于研究者发掘新的解释机制，然而这些新机制不仅高度破碎化，而且一旦脱离其原有的模型或数据环境就很容易被迅速证伪。因此，建立在过度抽象化和简化基础上的机制很难为理解“能源诅咒”的成因提供可观的知识增量。

第二，近年来统计分析和数据发掘已经成为发现“能源诅咒”新解释机制的主要渠道，然而基于不同数据而得出的结论经常迥异甚至相对，由此该领域研究越发沦为“统计游戏”，而相应的发现也仅仅是“统计幻象”。正如亚历山大·詹姆斯和迈克尔·阿列克谢耶夫等批评的，该领域内的诸多研究经常性地受困于数据质量较差、变量存有内生性、遗漏变量所导致的偏误、代理变量还原度低等问题，由此可能会导致对“能源诅咒”成因及其作用机制的错误分析。[②] 然而上述研究者终究也难以摆脱其所提出的批评。虽然其“创新性发现”挑战了既有的认知和解释机制，但单纯基于数据和模型的实证研究使得关于“能源诅咒”的讨论变成了越发捉摸不透的统计游戏。[③] 对此，唐世平等一针见血地指出：诸多定量实证研究检验的是纯数理的假说，然而如果没有严谨理论的指

---

① Andrew Rosser, “The Political Economy of the Resource Curse: A Literature Survey”, Working Paper, 2006, https://www.ids.ac.uk/publications/the-political-economy-of-the-resource-curse-a-literature-survey; Alan Gelb and Associates, *Oil Windfalls: Blessing or Curse*, Oxford: Oxford University Press, 1988, pp. 32-46, 56-77.

② Alexander James, “The Resource Curse: A Statistical Mirage?” *Journal of Development Economics*, Vol. 114, 2015, pp. 55-63; Michael Alexeev, Robert Conrad, “The Elusive Curse of Oil”, *Review of Economics and Statistics*, Vol. 91, No. 3, 2009, pp. 586-598; Gavin Wright and Jesse Czelusta, “Resource-Based Growth Past and Present”, in Daniel Lederman and William F. Maloney, eds., *Natural Resource: Neither Curse nor Destiny*, Palo Alto: Stanford University Press, 2007, p. 184; Frederick van der Ploeg, Steven Poelhekke, “The Impact of Natural Resources: Survey of Recent Quantitative Evidence”, *Journal of Development Studies*, Vol. 53, No. 2, 2017, pp. 205-216; Kevin M. Morrison, “Natural Resources and Development”, in Robert A. Scott, Marlis Buchmann and Stephen M. Kosslyn, eds., *Emerging Trends in the Behavioral and Social Sciences*, https://onlinelibrary.wiley.com/doi/epdf/10.1002/9781118900772.etrds0232.

③ Michael Alexeev, Robert Conrad, “The Elusive Curse of Oil”, *Review of Economics and Statistics*, Vol. 91, No. 3, 2009, pp. 586-598. 在此例举一项研究：Dong-Hyeon Kim, Shu-Chin Lin, “Oil Abundance and Income Inequality”, *Environmental and Resource Economics*, Vol. 71, No. 4, 2018, pp. 825-848。

导，这些定量研究终究经不起推敲且难以提供有价值的解释。①

第三，对“能源诅咒”的核心概念及其操作化缺乏明显共识，因此大量的讨论难以形成有效的学术对话。现有大量研究未加区分地使用了能源、能源繁荣、能源出口、能源依赖、能源丰裕（度）等近似概念。②然而赫里斯塔·布伦施韦勒、弗雷德里克·范德普勒格、邵帅等的研究表明上述概念绝不能简单混用，而混用上述概念的研究则几乎不具备学术对话的可能性。③ 由于“能源诅咒”的核心概念及其操作化长期模糊不清，罗斯在其阶段性的综述研究中不得不大费笔墨地对资源（能源）及其操作化进行全面的梳理。④ 由此可见，核心概念及其操作化的混乱制约了该领域研究取得更为精细、更具对话性的进展。

第四，经济学范畴内的上述研究虽然揭示了“能源诅咒”生成的直接原因，但忽视了其生成的深层次根源。上述解释机制无法有效地回应以下两个问题。其一，为何在现实世界中部分能源出口国获得了“能源祝福”而其余的能源出口国陷入了“能源诅咒”？上述机制中的绝大多数是对能源内生的解释，根据其理论只有从根本上改变能源丰裕或者能源依赖的情况才能实现客观的经济增长，这显然与现实不符。因此能源内生的解释只有助于理解部分能源出口国在短期内陷入“能源诅咒”的直接原因。换句话说，“能源诅咒”成因的解释机制应该是条件性的而非无条件的。其二，为什么能源出口国的政府不采取行动以抗阻“能源诅咒”的生成？⑤ 上文所述的各项解释机制固然重要，但是理解政府为

---

① Shiping Tang, Yihan Xiong, Hui Li, “Does Oil Cause Ethnic War? Comparing Evidence from Process-tracing with Quantitative Results”, *Security Studies*, Vol. 26, No. 3, p. 364, 387.

② 由于这一问题的存在，本书在第一章和第二章中并未也无法使用统一的概念。自第三章起，本书将统一这些概念的运用。

③ Christa N. Brunnschweiler, Erwin H. Bulte, “The Resource Curse Revisited and Revised: A Tale of Paradoxes and Red Herrings”, *Journal of Environmental Economics and Management*, Vol. 55, No. 3, 2008, p. 261; Frederick van der Ploeg, Steven Poelhekke, “The Impact of Natural Resources: Survey of Recent Quantitative Evidence”, *Journal of Development Studies*, Vol. 53, No. 2, 2017, p. 206; 邵帅、范美婷、杨莉莉：《资源产业依赖如何影响经济发展效率？——有条件资源诅咒假说的检验及解释》，《管理世界》2013 年第 2 期，第 33—34 页。

④ Michael L. Ross, “What Have We Learned about the Resource Curse?”, *Annual Review of Political Science*, Vol. 18, 2015, pp. 241-243.

⑤ 已有研究直接提出了这一问题，详见 Antonio Cabrales, Esther Hauk, “The Quality of Political Institutions and the Curse of Natural Resources”, *The Economic Journal*, Vol. 121, No. 551, 2011, p. 60。

何不采取行动以避免“能源诅咒”则更为根本。具体而言，虽然上述研究较为清楚地阐明了“荷兰病”效应、能源价格波动、挤出效应等自变量诱发“能源诅咒”的作用机制，但对能够影响上述自变量的政府或政治性因素和机制则完全忽视。① 总之，外生解释机制和关注政治进程的解释机制更可能从根本上揭示“能源诅咒”的起源。

第三节 “能源诅咒”成因的政治学分析

虽然经济学对“能源诅咒”成因的研究颇具穿透力，但上述第四点不足同样表明对该议题的探讨必须借助政治学的视角、变量与分析逻辑。潘维特别强调了“深刻的经济学却是政治经济学”。② 同样，阿西莫格鲁与罗宾逊对其经济学同人所长期鼓吹的“好的经济学即好的政治学”“政治为随机因素”等表达了严重的不满，并且指出无论是在理论建构层面还是在现实分析层面，对经济因变量的分析不仅需要关注到经济自变量也需要充分研究政治自变量。③ 显然，在对“能源诅咒”进行的研究中必须要着眼于政治学的解释变量与因果机制。

由此，在上一节所梳理的经济学范畴内相应研究的基础上，本节聚焦于政治学范畴内对“能源诅咒”生成原因的探讨，着重回顾并评析了

---

① Giles Atkinson, Kirk Hamilton, “Savings, Growth and the Resource Curse Hypothesis”, *World Development*, Vol. 31, No. 11, 2003, pp. 1793-1807. 另外弗雷德里克·范德普勒格更为明确地倡议：“要解开这个难题，我们需要引入政治经济学的要素，以便解释为什么自然资源没有完全或者没有有效地再投资于经济”。详见 Frederick van der Ploeg, “Rapacious Resource Depletion, Excessive Investment and Insecure Property Rights: A Puzzle”, *Environmental and Resource Economics*, Vol. 48, No. 1, 2011, p. 126。

② 潘维：《比较政治学理论与方法》，北京大学出版社 2014 年版，第 170 页。

③ Daron Acemoglu, James A. Robinson, “Economics Versus Politics: Pitfalls of Policy Advice”, *Journal of Economic Perspectives*, Vol. 27, No. 2, 2013, pp. 173-192. 阿西莫格鲁在其所著的关于经济增长的教科书中表达了同样的观点。他指出既有的经济学教学体系忽视了政治因素，然而这些政治因素对于理解国家的经济政策、经济制度及经济绩效至关重要。详见［美］达龙·阿西莫格鲁：《现代经济增长导论（上册）》，唐志军等译，徐浩庆、谌莹校，中信出版集团 2019 年版，第Ⅻ页。

这些研究所发掘的解释变量及因果机制。[①] 相应的研究分别指出，能源引起寻租行为、能源引起腐败行为、冲突的破坏性影响、制度薄弱/制度弱化、国家能力不足/弱化国家能力、“跨期困境”等导致了“能源诅咒”。

一 能源引起寻租行为

政府对市场的管制和配额经济的存在必然催生寻租行为，而寻租及寻租竞争本质上是一种资源浪费，因而有碍于国家经济的持续增长。[②] 尽管斯蒂格利茨和詹姆斯·布坎南（James Buchanan）对寻租的界定存有差异，但其共同之处在于行为体为获取租金而动用资源影响政府的分配，而这种被动用的资源实际上被完全浪费。有别于“通过生产新产品或重新配置资源来创造价值”的寻利行为，寻租行为作为一种非生产性活动“通过浪费有价值的资源来消灭价值”，以此谋取垄断地位、配额、执照、特许经营或政府的其他授权。[③]

相较于其他产业，能源产业内的寻租行为更为普遍和猖獗。其原因分别在于以下几点。其一，能源往往是政府干预和管制最集中的产业之一，其开发和出口所涉及的执照办理、特许审批、配额发放等均与政府密切相关，这使得大规模的寻租行为在客观上成为了可能。其二，能源经济不仅天生具有垄断或寡头性质，为了获得或巩固其垄断或寡头优势的能源公司有充足的动力向政府寻租。其三，能源开发和出口的收益巨大，这使得能源公司为获取租金而在寻租竞争中投入更多的成本。因此，

---

① 考虑到学科位、研究开展时间、知识谱系的发展顺序等因素，在对特定政治经济学议题的文献综述中，研究者的通行做法是先梳理经济学范畴内的相应研究，并以此为基础再梳理政治学范畴内的相应研究。例如丁斗《货币危机的政治经济学解释：文献评述》，《世界经济与政治》2011年第1期，第45—58页。

② 尽管经济学家对寻租行为进行了充分的探讨，但考虑到寻租本质上是一个分配性过程和政治性过程，因而本书将其归入政治学的范畴内。

③ 戈登·塔洛克（Gordon Tullock）、安妮·克鲁格（Anne O. Krueger）、以布坎南为代表的“弗吉尼亚学派”等都对寻租理论进行了大量探讨。本书不再逐一列出其研究，更多讨论详见 Anne O. Krueger, “The Political Economy of the Rent-seeking Society”, *American Economic Review*, Vol. 64, No. 3, 1974, pp. 291-303; Charles K. Rowley, Friedrich Schneider, eds., *Readings in Public Choice and Constitutional Political Economy*, New York: Springer, 2008。

虽然寻租行为不可避免地存在于几乎所有国家的所有产业当中，但是其在能源产业和依赖能源产业的国家中则格外严重。

能源产业内大规模的寻租行为不仅浪费了寻租竞争中各能源企业投入的资源，还因扭曲政府的资源配置在后续持续降低了经济的收益曲线。拉格纳·托尔维克认为能源丰裕增加了从事寻租行为的行为体数量，同时减少了从事生产性活动的行为体数量。在考虑经济活动外部性的基础上可以进一步发现，能源开发带来的经济增长效应不及能源寻租的经济拖累效应。① 帕特里克·弗朗索瓦（Patrick Francois）等也指出，伴随着能源要素的繁荣，配额的价值增速要高于生产性活动的价值，因此寻租成为企业家的理性选择。② 奥蒂所提出的租金循环理论（Theory of Rent Cycling）聚焦于不同水平的租金对政策精英的差异化激励。根据该理论，能源丰裕带来的高租金将鼓励政策精英为实现自身致富而推行有损市场效率的错误政策，长此以往必将导致经济的崩溃。③ 拉巴·阿雷兹基（Rabah Arezki）等还发现能源租金和寻租行为进一步导致了严重的腐败行为、政治秩序动荡、损害了一些政治权利，进而对经济增长造成了不利影响。④ 总之，能源出口国因存在普遍存在严重的寻租行为而难以实现经济增长。⑤

---

① Ragnar Torvik, "Natural Resources, Rent Seeking and Welfare", *Journal of Development Economics*, Vol. 67, No. 2, 2002, pp. 455-470.

② Jean-Maire Baland, Patrick Francois, "Rent-seeking and Resource Booms", *Journal of Development Economics*, Vol. 61, No. 2, 2000, pp. 527-542.

③ Richard M. Auty, "From Resource Curse to Rent Curse: A Theoretical Perspective", in Marc Badia-Miró, Vicente Pinilla and Henry Willebald, eds., *Natural Resources and Economic Growth: Learning from History*, London: Routledge, 2015, pp. 26-53; Richard M. Auty, Haydn I. Furlonge, *The Rent Curse: Natural Resources, Policy Choice, and Economic Development*, Oxford: Oxford University Press, 2019, p. 5, 31.

④ Rabah Arezki, Markus Brückner, "Oil Rents, Corruption, and State Stability: Evidence from Panel Data Regressions", *European Economic Review*, Vol. 55, No. 7, 2011, pp. 955-963.

⑤ 赵伟伟、白永秀：《资源诅咒传导机制的研究述评》，《经济理论与经济管理》2010 年第 2 期，第 48—49 页；Edward B. Barbier, "The Role of Natural Resources in Economic Development", *Australian Economic Papers*, Vol. 42, No. 3, 2003, pp. 253-272。需要注意到的是，关于能源领域寻租的研究早已超越了寻租对经济的负面影响的简单讨论。部分研究还以寻租作为因变量，探讨诸如选举等对寻租的影响。详见 Thad Dunning, "Endogenous Oil Rents", *Comparative Political Studies*, Vol. 43, No. 3, 2010, pp. 379-410。

二 能源引起腐败行为

尽管在现实中寻租与腐败往往互为表里，但在学理上仍需要对二者区别看待。虽然从分配层面来看，寻租和腐败都不利于经济增长；但从法律层面来看，寻租并不都是违法行为，但腐败一定是违法行为。另外，伊瓦尔·科尔斯塔等在对寻租行为的批判性讨论中也旗帜鲜明地指出寻租因为降低经济效率而不受欢迎，但其从本质上讲并不能与腐败混为一谈。①

能源开发难以避免地滋生了大量腐败。譬如，卡尔·克努森等在研究资源开发对非洲国家地方腐败的影响时发现，资源开发导致了对警察的大规模贿赂，严重侵蚀地方层面的执法和司法体系。② 詹晶（Jing Vivian Zhan）和卡洛斯·莱特（Carlos Leite）等认为经济诱惑和制度漏洞使能源领域经常出现腐败现象，其中前者的实证研究还表明伴随着能源依赖的增强，国家公务人员的腐败倾向也明显提升。③ 董保民等在对煤炭开发与县级腐败关系的研究中发现了两者之间的正相关关系，而费尔南达·布罗洛（Fernanda Brollo）等则在市级层面同样发现能源引发了政治腐败进而降低了市长候选人的质量。④ 总之，能源开发将催生腐败，而且越依赖能源开发的国家和地区其腐败现象也就越严重。

能源开发引起腐败进而影响经济增长的渠道不尽相同。其一，能源腐败造成额外的政治风险。萨克斯和斯蒂格利茨等指出，严重腐败明显加大了国家的政治风险，使得国家领导人或者地方公务人员能够窃据能

① Ivar Kolstad, Arne Wiig, "It's The Rents, Stupid! The Political Economy of the Resource Curse", *Energy Policy*, Vol. 37, No. 12, 2009, p. 5320.

② Carl Henrik Knutsen, Andreas Kotsadam, Eivind Hammersmark Olsen, Tore Wig, "Mining and Local Corruption in Africa", *American Journal of Political Science*, Vol. 61, No. 2, 2017, pp. 320-334.

③ Jing Vivian Zhan, "Do Natural Resources Breed Corruption? Evidence from China", *Environmental and Resource Economics*, Vol. 66, No. 2, 2017, pp. 237 - 259; Carlos Leite, Jens Weidmann, "Does Mother Nature Corrupt? Natural Resources, Corruption, and Economic Growth", Working Paper, 1999, https://www.imf.org/external/pubs/ft/wp/1999/wp9985.pdf.

④ Baomin Dong, Yu Zhang, Huasheng Song, "Corruption as A Natural Resource Curse: Evidence from the Chinese Coal Mining", *China Economic Review*, Vol. 57, 2019, pp. 1-14; Fernanda Brollo, Tommaso Nannicini, Roberto Perotti, Guido Tabellini, "The Political Resource Curse", *American Economic Review*, Vol. 103, No. 5, 2013, pp. 1759-1796.

源收益，造成数十亿美元的损失也屡见不鲜。① 其二，能源腐败反蚀能源开发。法鲁克·卡西姆（Farouk Al-Kasim）等着眼于能源腐败对能源开发本身的影响，而这一点长期被学界所忽视。其另辟蹊径的发现在于能源所导致的腐败使得能源公司和政府共同选择了次优而非最优的能源生产模式，因此能源生产量要低于没有腐败的情形，这最终会影响能源生产国的开发收入。② 其三，能源腐败对国家治理造成了全局性的负面影响。阿莱德·威廉姆斯（Aled Williams）等分别阐述了能源诱发腐败的一系列综合性影响，并认为腐败破坏了能源管理政策、减少了税收收入、破坏了生态环境、侵蚀了民众对政府的信任、加剧了社会经济不平、破坏了司法、降低了政府的公共服务能力等。③ 而这些负面效应又进一步影响了经济增长。

三　冲突的破坏性影响

能源丰裕的国家更容易爆发冲突，这将给该国的经济增长带来严重的负面影响。作为当代暴力冲突的重要形式，内战已经成为影响国家建构、塑造社会形态、决定经济增长的主要因素。④ 保罗·科利尔与安科·霍夫勒（Anke Hoeffler）最早发现包括能源丰裕在内的四个因素决定了内战的发生概率和持续时间。⑤ 以此为基础，后继的研究对能源丰

---

① Macartan Humphreys, Jeffrey D. Sachs, Joseph E. Stiglitz, “Introduction: What Is the Problem with Natural Resource Wealth?”, in Macartan Humphreys, Jeffrey D. Sachs, Joseph E. Stiglitz, eds., *Escaping the Resource Curse*, New York: Columbia University Press, 2007, pp. 10-11.

② Farouk Al-Kasim, Tina Søreide, Aled Williams, “Corruption and Reduced Oil Production: An Additional Resource Curse Factor?”, *Energy Policy*, Vol. 54, 2013, pp. 137-147.

③ Aled Williams, Philippe Le Billon, “Introduction”, in Aled Williams and Philippe Le Billon, eds., *Corruption, Natural Resources and Development: From Resource Curse to Political Ecology*, Cheltenham: Edward Elgar Publishing, 2017, pp. 1-2; Ivar Kolstad, Arne Wiig, Aled Williams, “Mission Improbable: Does Petroleum-related Aid Address the Resource Curse?”, *Energy Policy*, Vol. 37, No. 3, 2009, pp. 954-965; Pr Atangana Ondoa Henri, “Natural Resources Curse: A Reality in Africa”, *Resources Policy*, Vol. 63, 2019, pp. 1-13.

④ 需要说明的是：战争是指在1年内造成超过1000人死亡的冲突；从战争数量和所造成的伤亡人数来看，内战已经超过国家间战争成为当代最主要的战争形式。全面的综述详见 Christopher Blattman, Edward Miguel, “Civil War”, *Journal of Economic Literature*, Vol. 48, No. 1, 2010, pp. 3-57。对内战起因的分类简述详见陈冲《机会、贪婪、怨恨与国内冲突的再思考——基于时空模型对非洲政治暴力的分析》，《世界经济与政治》2018年第8期，第99—103页。

⑤ Paul Collier, Anke Hoeffler, “On Economic Causes of Civil War”, *Oxford Economic Papers*, Vol. 50, No. 4, 1998, pp. 563-573.

裕诱发内战的机制进行了大量探讨。其一，能源繁荣降低了经济的增长率和民众的收入水平，由此导致内战的机会成本降低。[①] 其二，能源繁荣破坏了国家机构并侵蚀了政治制度，国家能力的削弱和政治制度的衰朽更容易导致内战。[②] 其三，潜在的能源收益极大地激起了地方民众、分裂势力、少数族裔等的贪欲，激励其发动旨在控制能源的武装斗争。[③] 其四，对能源公司进行资金劫掠或者自行出售能源以获取收益，这两种方式均为上述群体提供了充足的资金来源，进而使其有能力通过武力反抗中央政府的统治。[④] 其五，能源的地理分布也非常重要。当其主要分布在少数族裔聚居区、因其他原因导致冲突的地区、人口稠密的地区时，能源更容易导致内战或延长内战的时间。[⑤] 其六，能源开发所导致的环境退化、土地征用、贫富分化等问题激化了社会矛盾或放大了历史积怨，

① 科利尔与霍夫勒梳理出了两个机制，其一为本机制。详见 Paul Collier，Anke Hoeffler，“Resource Rents，Governance，and Conflict”，*Journal of Conflict Resolution*，Vol. 49，No. 4，2005，pp. 625–633。

② 科利尔与霍夫勒梳理出了两个机制，其二为本机制。详见 Paul Collier，Anke Hoeffler，“Resource Rents，Governance，and Conflict”，*Journal of Conflict Resolution*，Vol. 49，No. 4，2005，pp. 625–633。另外，詹姆斯·费伦与戴维·莱挺对族群、叛乱与内战的讨论实际上也说明了因为石油出口而导致的国家能力较低的国家更容易发生内战，详见 James D. Fearon，David D. Laitin，“Ethnicity，Insurgency，and Civil War”，*American Political Science Review*，Vol. 97，No. 1，2003，p. 81；Michael L. Ross，“A Closer Look at Oil，Diamonds，and Civil War”，*Annual Review of Political Science*，Vol. 9，2006，pp. 280，290–291。

③ Paul Collier，Anke Hoeffler，“Greed and Grievance in Civil War”，*Oxford Economic Papers*，Vol. 56，No. 4，2004，pp. 563–595. 更多梳理详见 Michael L. Ross，“A Closer Look at Oil，Diamonds，and Civil War”，*Annual Review of Political Science*，Vol. 9，2006，pp. 280–281，288–290。

④ Michael L. Ross，“How Do Natural Resources Influence Civil War? Evidence from Thirteen Cases”，*International Organization*，Vol. 58，No. 1，2004，pp. 42–45，52–55；Jean-Paul Azam，“Looting and Conflict Between Ethnoregional Groups：Lessons for State Formation in Africa”，*Journal of Conflict Resolution*，Vol. 46，No. 1，2002，pp. 131–153.

⑤ 熊易寒、唐世平：《石油的族群地理分布与族群冲突升级》，《世界经济与政治》2015 年第 10 期，第 87—89 页；Shiping Tang，Yihan Xiong，Hui Li，“Does Oil Cause Ethnic War? Comparing Evidence from Process-tracing with Quantitative Results”，*Security Studies*，Vol. 26，No. 3，2017，pp. 363–369；Päivi Lujala，“The Spoils of Nature：Armed Civil Conflict and Rebel Access to Natural Resources”，*Journal of Peace Research*，Vol. 47，No. 1，2010，pp. 15–28；Philipp Hunziker，Lars-Erik Cederman，“No Extraction Without Representation：The Ethno-regional Oil Curse and Secessionist Conflict”，*Journal of Peace Research*，Vol. 54，No. 3，2017，pp. 365–381。罗斯的研究尤其强调了能源位置及地理分布的重要性，详见 Michael L. Ross，“What Have We Learned about the Resource Curse?”，*Annual Review of Political Science*，Vol. 18，2015，p. 251；Michael L. Ross，*The Oil Curse：How Petroleum Wealth Shapes the Development of Nations*，Princeton：Princeton University Press，2012，pp. 160–164。

进而导致暴力抗争。[①] 此外，能源丰裕还通过影响政府与反叛武装的互动、诱使其他国家进行武装干预、提供反叛武装用以出售的"战利品期货"（Booty Futures）等多个渠道使内战更容易爆发。[②] 另有实证性研究通过引入新的变量、改进原有测量、使用新的数据集或计量方法进而证实或小幅改进了上述具体机制。[③]

除了内战外，能源丰裕也很容易造成其他形式的冲突。就国家间战争而言，杰夫·科尔根发现石油出口国要比非石油出口国更容易卷入国家间战争，其原因在于石油丰裕为革命性政府的冒进举动提供了自主性，这导致更多国家资源被用于战备和战争当中。[④] 就小规模的叛乱或暴乱而言，能源丰裕更有助于反叛组织招募童子兵或无业青年、加剧其"贪婪心态"、提供了通过劫掠或敲诈而获得收益的渠道等大大提高了叛乱或

① Morten Bøås, "'Mend Me': The Movement for the Emancipation of the Niger Delta and the Empowerment of Violence", in Cyril Obi and Siri Aas Rustad, eds., *Oil and Insurgency in the Niger Delta: Managing the Complex Politics of Petro-violence*, London: Zed Books, 2011, pp. 115-124; Jack Paine, "Economic Grievances and Civil War: An Application to the Resource Curse", *International Studies Quarterly*, Vol. 63, No. 2, 2019, pp. 244-258.

② Michael L. Ross, "What Have We Learned about the Resource Curse?", *Annual Review of Political Science*, Vol. 18, 2015, pp. 250-252; Michael L. Ross, "How Do Natural Resources Influence Civil War? Evidence from Thirteen Cases", *International Organization*, Vol. 58, No. 1, pp. 35-67; James Ron, "Paradigm in Distress? Primary Commodities and Civil War", *Journal of Conflict Resolution*, Vol. 49, No. 4, 2005, pp. 443-450. 另有研究相对零散地讨论并获得了如下发现：能源类型（可再生能源和不可再生能源）对于冲突发生具有影响；能源出口国的统治者为了巩固自身地位而加强武装力量进而对其他部门劳动力产生了挤出效应；宽松的信贷约束加剧了能源丰裕所导致的内战，能源的集中度和族群的区域集中度越高越容易导致内战；在政府武装力量武器优势薄弱时，内战的双方不进行合作将导致"贪婪"的能源开采并降低能源开发的总收入；政府的支出规模以及支出在福利和国防上的分配对能源对内战的影响起到了调节作用；社会分层和战争成本对于能源对内战的影响起到了调节作用；能源商业活动的低透明度阻碍政府与反政府武装找到可接受的谈判范围；围绕能源争夺而产生的交战主要发生在内战快结束的时期；在政治极不稳定的情况下能源繁荣才会引发反政府武装发动内战。

③ Michael L. Ross, "What Do We Know about Natural Resources and Civil War?", *Journal of Peace Research*, Vol. 41, No. 3, 2004, pp. 337-356; Yu-Hsiang Lei, Guy Michaels, "Do Giant Oilfield Discoveries Fuel Internal Armed Conflicts?", *Journal of Development Economics*, Vol. 110, 2014, pp. 139-157; Curtis Bell, Scott Wolford, "Oil Discoveries, Shifting Power, and Civil Conflict", *International Studies Quarterly*, Vol. 59, No. 3, 2015, pp. 517-530; Macartan Humphreys, "Natural Resources, Conflict, and Conflict Resolution: Uncovering the Mechanisms", *Journal of Conflict Resolution*, Vol. 49, No. 4, 2005, pp. 508-537.

④ Jeff D. Colgan, "Oil and Revolutionary Governments: Fuel for International Conflict", *International Organization*, Vol. 64, No. 4, 2010, pp. 661-694.

暴乱的可能性。[①] 就恐怖袭击而言，能源为恐怖分子提供了高价值的袭击目标、激发了少数个体的“贪婪心态”或“怨恨心态”并促使其加入恐怖组织，石油收益也很容易用于资助恐怖活动，因而能源丰裕更容易诱发恐怖袭击。[②] 就武装政变而言，弗洛德·诺德维克发现石油价格上涨使得依赖陆地石油开发的国家很容易发生武装政变，而依赖海上石油开发的国家则没有这一现象。[③] 就严重暴力犯罪及其他社会冲突而言，更广义上的资源繁荣增加了敲诈勒索的收益和年轻男性劳动力的供应，在政府治理不善的情况下很容易带来更多的暴力犯罪和社会冲突。[④] 总之，尽管能源丰裕导致内战或其他形式冲突的具体机制纷繁复杂，但基于罗兰·霍德勒雄辩的研究可以肯定的是：这些冲突都会抑制生产活动、模糊产权边界、杀伤劳动力人口，进而拖累了经济增长。[⑤]

四　制度薄弱/制度弱化

“制度至关重要”（Institutions Matter）无可争议，其中良性的制度是

---

① Jason Sorens, “Mineral Production, Territory, and Ethnic Rebellion: The Role of Rebel Constituencies”, *Journal of Peace Research*, Vol. 48, No. 5, 2011, pp. 571-585; Roos Haer, Christopher Michael Faulkner, Beth Elise Whitaker, “Rebel Funding and Child Soldiers: Exploring the Relationship between Natural Resources and Forcible Recruitment”, *European Journal of International Relations*, Vol. 26, No. 1, 2020, pp. 236-262; Michael L. Ross, *The Oil Curse: How Petroleum Wealth Shapes the Development of Nations*, Princeton: Princeton University Press, 2012, pp. 145-187.

② 需要说明的是，李佳怡（Chia-yi Lee）在其研究中证实了前两个机制而证否了第三个机制。详见 Chia-yi Lee, “Oil and Terrorism: Uncovering the Mechanisms”, *Journal of Conflict Resolution*, Vol. 62, No. 5, 2018, pp. 903-928。

③ Frode Martin Nordvik, “Does Oil Promote or Prevent Coups? The Answer is Yes”, *The Economic Journal*, Vol. 129, No. 619, pp. 1425-1456.

④ Paolo Buonanno, Ruben Durante, Giovanni Prarolo, Paolo Vanin, “Poor Institutions, Rich Mines: Resource Curse in the Origins of the Sicilian Mafia”, *The Economic Journal*, Vol. 125, No. 586, 2015, pp. 175-202; Joshua D. Angrist, Adriana D. Kugler, “Rural Windfall or a New Resource Curse? Coca, Income, and Civil Conflict in Colombia”, *Review of Economics and Statistics*, Vol. 90, No. 2, 2008, pp. 191-215; Renard Sexton, “Unpacking the Local Resource Curse: How Externalities and Governance Shape Social Conflict”, *Journal of Conflict Resolution*, Vol. 64, No. 4, 2020, pp. 640-673.

⑤ Roland Hodler, “The Curse of Natural Resources in Fractionalized Countries”, *European Economic Review*, Vol. 50, No. 6, 2006, pp. 1367-1386.

经济增长的重要基石，而恶性的制度则会严重制约经济增长。① 既有研究表明，由于能源出口国的制度本身就薄弱或因能源繁荣导致其制度弱化，能源出口国很难实现长期稳健的经济增长。而制度薄弱和制度弱化则分别代表了制度外生于能源及制度内生于能源的两条解释路径。②

就制度薄弱而言，能源出口国其本身的制度问题才是拖累其经济增长的根本原因，而非能源丰裕。道格拉斯·诺思（Douglass North）与阿西莫格鲁等指出制度差异是造成国家经济增长绩效差异的根本原因，具体在于良好的制度鼓励投资、保护私有财产、提供公平的机会、限制精英，进而有助于经济增长；薄弱低效的制度则使得腐败丛生、法治淡薄、官僚机构失灵。③ 大多数能源生产与出口国陷入"能源诅咒"并非能源本身所致，而是由于其国内制度薄弱低效；相反诸如挪威、博茨瓦纳等少数例外之所以能够逃离"能源诅咒"，也是因为其设计并实行了良好的国内制度。④ 詹姆斯·罗宾逊等人的大量研究发现：制度软弱无力时政治家过度开发能源并服务自身选举的政治激励将不受钳制；当制度为"劫掠者友好型"时资源繁荣会降低国家总收入；制度薄弱导致能源出口国的制造业面临着更严重的挤出效应；制度薄弱的国家在获得巨额能源收益时会出现利益集团争夺暴利；财政制度羸弱的国家无法有效地应对能源价格波动的冲击；制度薄弱使得能源出口国的寻租活动更容易替代

---

① Dani Rodrik, Arvin Subramanian, Francesco Trebbi, "Institutions Rule: The Primacy of Institutions Over Geography and Integration in Economic Development", *Journal of Economic Growth*, Vol. 9, No. 2, 2004, pp. 131-165.

② Michael L. Ross, "What Have We Learned about the Resource Curse?", *Annual Review of Political Science*, Vol. 18, 2015, pp. 248-249; Pauline Jones Luong, Erika Weinthal, *Oil Is Not a Curse: Ownership Structure and Institutions in Soviet Successor States*, New York: Cambridge University Press, 2010, pp. 2-3; Jeffrey Frankel, "The Natural Resource Curse: A Survey", in Brenda Shaffer and Taleh Ziyadov, eds., *Beyond the Resource Curse*, Philadelphia: University of Pennsylvania Press, 2012, p. 34.

③ ［美］道格拉斯·C. 诺思：《制度、制度变迁与经济绩效》，杭行译，韦森译审，格致出版社2014年版，第127—139页；［美］德隆·阿西莫格鲁、詹姆斯·A. 罗宾逊：《国家为什么会失败》，李增刚译，徐彬校，湖南科学技术出版社2015年版，第68—108页。需要说明的是，Douglass North的中文译名因译者的语言习惯而存有差异。正文中以普遍使用的译名为准，而引证中则以译著的原文为准。

④ Robert T. Deacon, "The Political Economy of the Natural Resource Curse: A Survey of Theory and Evidence", *Foundations and Trends in Microeconomics*, Vol. 7, No. 2, 2011, p. 114; Halvor Mehlum, Karl Moene, Ragnar Torvik, "Institutions and the Resource Curse", *The Economic Journal*, Vol. 116, No. 508, 2006, pp. 3-4.

生产性活动；制度薄弱使得能源租金更容易滋生腐败行为；过高的交易成本使执政者更追求易于获得的收入，这导致了产业的卡特尔化并损害了多数民众的利益；制度薄弱的能源出口国更容易爆发革命并损害人力资源积累；制度健全的时间晚于能源开发的时间将导致上述一系列问题；总统制民主国家的制度特性使其比议会制民主国家更难以应对能源丰裕的负面效应。① 总之，制度薄弱的上述机制均会拖累能源出口国的经济增长，而“能源诅咒”从根本上讲是一种“制度诅咒”。

就制度弱化而言，能源繁荣的一些负面效应破坏了制度或降低了制度质量，进而影响了经济增长。诸多经验性研究发现能源储量或能源收益往往与制度质量成反比，这表明制度或许并非外生于能源而是深受其影响。② 至于能源影响制度质量的机制，罗斯等的大量研究发现：能源繁荣诱使政治家破坏制度以便更容易地获得租金；能源繁荣所导致的政策封闭和分配不公等阻碍了制度改善；能源繁荣导致了更频繁和更暴力的冲突进而破坏了国家的产权制度；非税收的能源意外之财加剧了政治代理问题，并且通

① 论证上述机制的研究逐一详见 James A. Robinson, Ragnar Torvik, Thierry Verdier, “Political Foundations of The Resource Curse”, *Journal of Development Economics*, Vol. 79, No. 2, 2006, pp. 447-468; Halvor Mehlum, Karl Moene, Ragnar Torvik, “Institutions and the Resource Curse”, *The Economic Journal*, Vol. 116, No. 508, 2006, pp. 1-20; Roman Horváth, Ayaz Zeynalov, “Natural Resources, Manufacturing and Institutions in Post-soviet Countries”, *Resources Policy*, Vol. 50, 2016, pp. 141-148; Aaron Tornell, Philip R. Lane, “The Voracity Effect”, *American Economic Review*, Vol. 89, No. 1, 1999, pp. 22-46; Jonathan Isham, Michael Woolcock, Lant Pritchett, Gwen Busby, “The Varieties of Resource Experience: Natural Resource Export Structures and the Political Economy of Economic Growth”, *The World Bank Economic Review*, Vol. 19, No. 2, 2005, pp. 141-174; 郑义、秦炳涛：《政治制度、资源禀赋与经济增长——来自全球85个主要国家的经验》，《世界经济研究》2016年第4期，第75页；Sambit Bhattacharyya, Roland Hodler, “Natural Resources, Democracy and Corruption”, *European Economic Review*, Vol. 54, No. 4, 2010, pp. 608-621; Victor Menaldo, *The Institutions Curse: Natural Resources, Politics, and Development*, Cambridge: Cambridge University Press, 2016; Antonio Cabrales, Esther Hauk, “The Quality of Political Institutions and the Curse of Natural Resources”, *The Economic Journal*, Vol. 121, No. 551, 2011, pp. 58-88. 关于能源发现与制度健全时间节点的讨论详见 Inge Amundsen, “Drowning in Oil: Angola's Institutions and the ‘Resource Curse’”, *Comparative Politics*, Vol. 46, No. 2, 2014, pp. 169-189; Abel Gwaindepi, Johan Fourie, “Origin of Extractive States in Africa: The Case of the British Cape Colony, 1834-1909”, Working Paper, 2019, https://www.econrsa.org/system/files/publications/working_papers/working_paper_783.pdf; Jørgen Juel Andersen, Silje Aslaksen, “Constitutions and the Resource Curse”, *Journal of Development Economics*, Vol. 87, No. 2, 2008, pp. 227-246。

② 支持这一观点的研究为数众多，但因其并非本书所要特别论证之处，为此不再逐一列出相应的文献。对此进行的梳理可详见 Michael L. Ross, “What Have We Learned about the Resource Curse?”, *Annual Review of Political Science*, Vol. 18, 2015, pp. 249。

过降低政治候选人素质影响了政治制度的运作。① 总之，能源繁荣先降低了制度质量，而较低的制度质量则在多个方面打击了经济增长的动能。

值得注意的是，有别于上述对一般意义上制度的探讨，部分研究更为聚焦于能源出口国的产权制度及其对经济增长的影响。产权制度除了有内生及外生于能源的区分外，还有产权保护强弱及产权制度类型的分野。② 就前者而言，拉蒙·洛佩斯等和弗雷德里克·范德普勒格的研究分别表明，产权界定越明晰并且产权保障越到位，“能源诅咒”就越不可能出现；相反产权不安全带来了负外部性使得能源价格上涨和“贪婪心态”导致能源被过早地加速开采，进而造成了一系列负面影响。③ 就后者而言，宝琳·隆与艾丽卡·温塔尔的突破性研究聚焦于能源的所有权结构，并且逐一分析了四种不同的所有权结构对5个依赖能源出口的苏联加盟共和国经济增长的影响。其研究充分表明，所有权结构的选择决定了能源出口国究竟是获得“能源祝福”还是陷入“能源诅咒”。④

五 国家能力不足/弱化国家提取能力

如果说良好的制度是国家实现经济增长的两大支柱之一，那么另一

---

① 论证上述机制的研究逐一详见 Michael L. Ross, *Timber Booms and Institutional Breakdown in Southeast Asia*, New York: Cambridge University Press, 2001, p. 2；王智辉：《自然资源禀赋与经济增长的悖论研究——资源诅咒现象辨析》，博士学位论文，吉林大学，2008年，第65-102页；Arthur Silve, “Asset Complementarity, Resource Shocks, and the Political Economy of Property Rights”, *Journal of Conflict Resolution*, Vol. 62, No. 7, 2018, pp. 1489-1516; Fernanda Brollo, Tommaso Nannicini, Roberto Perotti, Guido Tabellini, “The Political Resource Curse”, *American Economic Review*, Vol. 103, No. 5, 2013, pp. 1759-1796。

② 宋亦明、邹仪婷：《“能源祝福”与“能源诅咒”的政治分流——基于产权制度的解释》，《世界政治研究》2020年第4期，第100—103页。

③ Ramón López, Maurice Schiff, “Interactive Dynamics between Natural and Man-made Assets: The Impact of External Shocks”, *Journal of Development Economics*, Vol. 104, 2013, pp. 1-15; Frederick van der Ploeg, “Rapacious Resource Depletion, Excessive Investment and Insecure Property Rights: A Puzzle”, *Environmental and Resource Economics*, Vol. 48, No. 1, 2011, pp. 105-128. 另有研究也关注到能源出口国的产权（所有权）划分是否合理、产权保护是否健全等对于经济增长的影响。详见 Paul Collier, “The Institutional and Psychological Foundations of Natural Resource Policies”, *Journal of Development Studies*, Vol. 53, No. 2, 2017, pp. 217-228；赵伟伟、白永秀《资源诅咒传导机制的研究述评》，《经济理论与经济管理》2010年第2期，第48页。

④ Pauline Jones Luong, Erika Weinthal, *Oil Is Not a Curse: Ownership Structure and Institutions in Soviet Successor States*, New York: Cambridge University Press, 2010; Michael L. Ross, “The Political Economy of the Resource Curse”, *World Politics*, Vol. 51, No. 2, 1999, pp. 319-321.

个甚至更为重要的支柱则是强大的国家能力。[①] 国家能力有广义和狭义之分：就前者而言，根据诺埃尔·约翰逊（Noel Johnson）等的梳理，强大的国家能力有助于抵御入侵、完善市场、提供更有效的官僚机构、推行法治、推动民族国家的建构，而这些因素对现代国家的经济增长至关重要。[②] 可以说广义上的国家能力越强，国家实现经济增长的条件就往往越好。就后者而言，尽管国家能力本身是个复杂的综合性概念，具体可以被细分为多种不同的能力类型。[③] 但无论作何划分、被冠以何种称呼，国家从社会中汲取资源的提取能力（又被称为汲取能力、财政能力等）无疑是国家能力最重要的组成部分。[④] 提取能力对国家的经济增长也至关重要。

基于国家能力视角阐释“能源诅咒”生成原因的研究可以被分为两个部分。其中一部分将国家能力视为能源的外生变量，并认为广义上的国家能力不足是能源出口国陷入“能源诅咒”的真正原因。譬如，在对保罗·科利尔与安科·霍夫勒关于能源与内战研究的批判中，詹姆斯·费伦指出能源出口国的国家能力较低才是其更容易爆发内战的重要原因。[⑤] 基于费伦的研究可以发现，国家能力不足的能源出口国容易爆发内战，而内战会拖累该国的经济增长。凯蒂尔·比约瓦滕（Kjetil Bjorvatn）等的两项研究分别关注了国家能力对租金及租金分配的调节作用。其研究表明，国家能力较强的能源出口国能够较好地借助能源租金并实现政治稳定和经济增长，相比之下国家能力较弱的能源出口国不仅无法享受到能源

① Noel D. Johnson, Mark Koyama, “States and Economic Growth: Capacity and Constraints”, *Explorations in Economic History*, Vol. 64, 2017, pp. 2-3. 另外，笔者分别于2021年7月5日和2022年2月14日对叶成城和詹晶进行了访谈，他们也分别提及了这一主张。

② Noel D. Johnson, Mark Koyama, “States and Economic Growth: Capacity and Constraints”, *Explorations in Economic History*, Vol. 64, 2017, pp. 8-12.

③ 更细致的梳理详见陈兆源《外国直接投资结构与东道国国家能力：来自发展中世界的经验证据》，博士学位论文，中国人民大学，2020年，第49—51页。

④ ［美］乔尔·S. 米格代尔：《强社会与弱国家：第三世界的国家社会关系及国家能力》，张长东等译，江苏人民出版社2012年版，第5页；王绍光、胡鞍钢：《中国国家能力报告》，辽宁人民出版社1993年版，第9—13页。

⑤ James D. Fearon, “Primary Commodity Exports and Civil War”, *Journal of Conflict Resolution*, Vol. 49, No. 4, 2005, pp. 483-507.

租金的收入效应，还会导致政治不稳定及更差的经济增长绩效。[①]

另一部分将研究将国家能力视为能源的内生机制，并认为能源繁荣削弱了国家的提取能力，进而影响了国家的经济增长。譬如，卢凌宇等在既有研究的基础上通过自变量的倒置，讨论了石油进口依赖迫使进口国尽力扩大其税基规模、提高官僚机构能效、增强了公民的纳税意愿，进而使其获得了更强的提取能力。[②] 再次反置其分析框架不难发现，能源出口国大规模持续的能源净出口缩减了税基规模、降低了官僚机构能效、削弱了公民的纳税意愿。因此损害了能源出口国的提取能力，而提取能力的降低也将给国家的经济增长带来消极影响。

实际上"食利者效应"是这一部分研究的核心机制。侯赛因·马哈达维和萨德·邓宁分别将食利者国家界定为"定期收取大量外部租金的国家"和"资源租金在政府收入中占很大份额的国家"。[③] 这类国家所产生的"食利者效应"具有诸多病理表征。一方面，政府因不依赖征税而无需向民众负责，特别是因不依赖从其他产业征税而减少了对其发展的支持。[④] 另一方面，巨额的石油租金导致决策者目光短浅、安于现状、无意改善

---

① Kjetil Bjorvatn, Mohammad Reza Farzanegan, Friedrich Schneider, "Resource Curse and Power Balance: Evidence from Oil-Rich Countries", *World Development*, Vol. 40, No. 7, 2012, pp. 1308-1316; Kjetil Bjorvatn, Mohammad Reza Farzanegan, "Resource Rents, Balance of Power, and Political Stability", *Journal of Peace Research*, Vol. 52, No. 6, 2015, pp. 758-773.

② 卢凌宇、许剑：《因"祸"得福？石油进口依赖与发展中国家能力》，《世界经济与政治》2020年第12期，第123—154页。

③ Hossein Mahdavy, "The Patterns and Problems of Economic Development in Rentier States: The Case of Iran", in M. A. Cook, ed., *Studies in the Economic History of Middle East: From the Rise of Islam to the Present Day*, Routledge, 2014, p. 428; Thad Dunning, *Crude Democracy: Natural Resource Wealth and Political Regimes*, New York: Cambridge University Press, 2008, p. 42. 对于"食利者国家"的更多探讨详见 Giacomo Luciani, "Allocation vs. Production States: A Theoretical Framework", in Hazem Beblawi and Giacomo Luciani, eds., *The Rentier State*, London: Croom Helm, 1987, pp. 63-82; Mehran Kamrava, "Oil and Institutional Stasis in the Persian Gulf", in Mehran Kamrava, ed., *The "Resource Curse" in the Persian Gulf*, London: Routledge, 2020, pp. 1-12; Andrew Kirkpatrick, "After the Resource Curse: The Unexplored Possibility of the Post-Rentier State", *International Studies Perspectives*, Vol. 19, No. 2, 2018, pp. 188-197。

④ Michael L. Ross, "Does Oil Hinder Democracy?" *World Politics*, Vol. 53, No. 3, 2001, pp. 329-332; Benjamin Smith, "Oil Wealth and Regime Survival in the Developing World, 1960-1999", *American Journal of Political Science*, Vol. 48, No. 2, 2004, pp. 233-234; Alexander A. Cooley, "Booms and Busts: Theorizing Institutional Formation and Change in Oil States", *Review of International Political Economy*, Vol. 8, No. 1, 2001, p. 166. 需要注意到相比于早期的研究，对该问题的讨论已经日趋精细化，上述观点也不可一概而论。详见 Lucas I. González, "Oil Rents and Patronage: The Fiscal Effects of Oil Booms in the Argentine Provinces", *Comparative Politics*, Vol. 51, No. 1, 2018, pp. 101-119。

经济政策、无意采取发展型政策等。[①] 值得注意的是，“食利者效应”还对国家的提取能力造成了严重的破坏。基伦·乔德里在 20 世纪 80 年代末就注意到沙特阿拉伯和也门虽然获得巨额的石油租金，但两国的税收能力却明显下降的现象。[②] 泰瑞·林·卡尔等也关注到委内瑞拉、尼日利亚、伊朗等国的相同现象，并且指出这是因为能源开发与出口的利润往往十分丰厚，使政府获得的能源租金极其充盈。由于能源租金基本满足了政府的财政收入需求，因而其无须依赖其他产业所缴纳的税收。[③] 这严重弱化了能源出口国的财政提取能力，其税务及其他行政机构无法实现对经济事务的有效管理，最终有损于国家的经济增长。[④]

六　“跨期困境”

能源出口国面临着更为严峻的经济活动“跨期困境”，由此导致的较差声誉和较高的交易成本有损其经济增长。由于能源产业投资周期长、投资额大、资产专用性高，国际投资者尤其担心政府在投资活动前后采取不同的政策（譬如投资活动发生前承诺给予超国民待遇，但在投资活动发生后宣布国有化），政府对国际投资者的跨期承诺就显得尤为重要。然而研究表明，能源出口国普遍面临着“跨期困境”。

一方面，能源繁荣扭曲了政府的激励，导致其更容易撕毁与国际能源公司签订的协议，由此所导致的声誉损失削弱了其他投资者的投资意愿。在经济全球化的背景下，一方面能源投资的外溢作用更加明显并且其对经济的拉动作用越发明显，另一方面因为撕毁合约而造成的声誉损

---

① 本书不再逐一引用涉及上述内容的研究，相关的简单综述可详见 Michael L. Ross, “The Political Economy of the Resource Curse”, *World Politics*, Vol. 51, No. 2, 1999, pp. 312-313。

② Kiren Aziz Chaudhry, “The Price of Wealth: Business and State in Labor Remittance and Oil Economies”, *International Organization*, Vol. 43, No. 1, 1989, p. 103.

③ Terry Lynn Karl, *The Paradox of Plenty: Oil Booms and Petro-States*, Berkeley: University of California Press, 1997, pp. 48-49, 61-62; Thad Dunning, *Crude Democracy: Natural Resource Wealth and Political Regimes*, New York: Cambridge University Press, 2008, pp. 37-60.

④ 卢凌宇、许剑：《因“祸”得福？石油进口依赖与发展中国家能力》，《世界经济与政治》2020 年第 12 期，第 134—135 页；Stephen Knack, “Sovereign Rents and Quality of Tax Policy and Administration”, *Journal of Comparative Economics*, Vol. 37, No. 3, 2009, pp. 359-371; Pauline Jones Luong, Erika Weinthal, *Oil Is Not a Curse: Ownership Structure and Institutions in Soviet Successor States*, New York: Cambridge University Press, 2010, pp. 31-44。

失的机会成本也在大幅提高。即便如此诺埃尔·约翰斯顿（Noel Johnston）与内森·詹森借助形式模型却发现，能源丰裕的国家很容易吸引国际石油公司对其能源产业进行投资，这使该国政府相对于后者处于优势地位，更容易忽视后者的合法利益并违反与后者达成的合作协议。能源丰裕弱化了政府履行合同，这直接扩大了国际能源公司对该国投资的政治风险，阻隔了能源甚至其他产业的投资人对该国进行直接的投资。① 更为严重的是，能源丰裕国的政府经常非法地对国际能源公司的资产进行征用甚至国有化，这更加严重地破坏了该国的国际声誉。② 即便加入多边国际经济制度并接受其硬性约束有助于国家向投资者发出遵守规则、重视声誉的积极信号，但是罗斯等的研究却发现能源丰裕的国家对加入投资和贸易领域的国际经济制度并无兴趣。③

另一方面，由于上述原因的存在，国际能源公司在与能源出口国政府开展合作时面临着更高的交易成本。奥利弗·威廉姆森（Oliver Williamson）将交易成本分为事先的交易成本和事后的交易成本。前者是指由草拟和订立合同、确保合同得以履行所付出的成本；后者是指不适应成本、讨价还价成本、建立及转运成本、保证成本。④ 不难发现，由于能源产业投资周期长、投资额大、资产专用性高，加之能源出口国往往声誉较差、透明度较低，其与外国厂商订立合同的事前交易成本往往非常高；同样由于能源出口国更容易违约，其事后交易成本也比一般国家更高。⑤

---

① Nathan M. Jensen, Noel P. Johnston, “Political Risk, Reputation, and the Resource Curse”, *Comparative Political Studies*, Vol. 44, No. 6, 2011, pp. 662–688.

② Riitta-Ilona Koivumaeki, “Evading the Constraints of Globalization: Oil and Gas Nationalization in Venezuela and Bolivia”, *Comparative Politics*, Vol. 48, No. 1, 2015, p. 119.

③ Michael L. Ross, Erik Voeten, “Oil and International Cooperation”, *International Studies Quarterly*, Vol. 60, No. 1, 2016, pp. 85–97. 对于加入国际制度并遵守相应约束重要性的讨论详见 Beth Simmons, “International Law and State Behavior: Commitment and Compliance in International Monetary Affairs”, *American Political Science Review*, Vol. 94, No. 4, 2000, pp. 819–835.

④ ［美］奥利弗·E. 威廉姆森：《资本主义经济制度——论企业签约与市场签约》，段毅才、王伟译，商务印书馆2002年版，第33—36页。

⑤ Krishna Chaitanya Vadlamannati, Indra De Soysa, “Do Resource-wealthy Rulers Adopt Transparency-promoting Laws?”, *International Studies Quarterly*, Vol. 60, No. 3, 2016, pp. 457–474; Ivar Kolstad, Arne Wiig, “Is Transparency the Key to Reducing Corruption in Resource-rich Countries?”, *World Development*, Vol. 37, No. 3, 2009, pp. 521–532; Benjamin K. Sovacool, et al., “Energy Governance, Transnational Rules, and the Resource Curse: Exploring the Effectiveness of the Extractive Industries Transparency Initiative (EITI)”, *World Development*, Vol. 83, 2016, pp. 179–192.

芦思姮发现能源出口国较高的交易成本对其财税扩张与投资激励具有明显的负向冲击。① 另有研究也分别表明较高的交易成本对能源丰裕的国家吸收直接投资和间接投资都带来了额外的障碍。② 综合上述两个方面，能源出口国普遍面临着更为明显的“跨期困境”。

七 其他解释机制

除以上六个机制外，另有一些研究相对零散地讨论了解释“能源诅咒”生成的其他机制。其一，能源价格涨跌导致了额外的政治性负面影响。本章第二节对能源价格波动剧烈的讨论仅限于其在经济层面的直接影响，而此处的分析则进一步表明能源价格的上涨或下跌作为重要的调节变量带来了其他的政治性影响。能源价格上涨一方面扭曲了选举结果、降低了中间立场候选人胜选的可能、加大了支持右翼候选人胜选的概率、提高了暴力活动的发生率；另一方面则激励能源出口国的政府对国际能源公司的资产进行国有化。③ 能源价格下降使石油出口国的政府不仅难

① 芦思姮：《制度弱化视域下拉美国家“发展陷阱”的传导路径考察：“资源诅咒”与制度选择》，《拉丁美洲研究》2020 年第 3 期，第 131—135 页。

② Rabah Arezki, Frederick van der Ploeg, Frederik Toscani, “The Shifting Natural Wealth of Nations: The Role of Market Orientation”, *Journal of Development Economics*, Vol. 138, 2019, p. 229; Sambit Bhattacharyya, Roland Hodler, “Do Natural Resource Revenues Hinder Financial Development? The Role of Political Institutions”, *World Development*, Vol. 57, 2014, p. 102. 需要额外进行两点说明，其一，桑比特·巴塔查里亚（Sambit Bhattacharyya）等的研究除了说明能源提高交易成本外还特别说明了制度质量的调节作用，相关讨论详见其原文。其二，金融资本的流入也被视为“间接投资”，相应的使用详见 Jeffry A. Frieden, “Invested Interests: The Politics of National Economic Policies in a World of Global Finance”, *International Organization*, Vol. 45, No. 4, 1991, pp. 425-451。

③ 支持上述两个方面中前一方面的研究为：Maria Carreri, Oeindrila Dube, “Do Natural Resources Influence Who Comes to Power, and How?”, *Journal of Politics*, Vol. 79, No. 2, 2017, pp. 502-518; Oeindrila Dube, Juan Vargas, “Commodity Price Shocks and Civil Conflicts Evidence from Columbia”, *Review of Economic Studies*, Vol. 80, No. 4, 2013, pp. 1384-1421; Graeme Blair, Darin Christensen, Aaron Rudkin, “Do Commodity Price Shocks Cause Armed Conflict? A Meta-Analysis of Natural Experiments”, *American Political Science Review*, Vol. 115, No. 2, 2021, pp. 709-716。支持上述两个方面中后一方面的研究为薛庆、王震《油价冲击、政治制度与资源国有化决策——基于1960-2010 年数据的实证分析》，《世界经济与政治》2012 年第 9 期，第 93—106 页；Michael Shafer, “Capturing the Mineral Multinationals: Advantage or Disadvantage?”, *International Organization*, Vol. 37, No. 1, 1983, pp. 93-119。

以应对经济危机，还会面临更多的反政府示威抗议活动。① 可以说无论能源价格上涨或下跌，都会带来不同的政治性负面效应，而这些负面效应最终都会损害国家的经济增长。

其二，能源繁荣诱使政府盲目地推行了一些无益于经济增长的政策。根据罗斯所述的“能源诅咒”的认知解释路径，能源繁荣很容易导致政策制定者陷入目光短浅、行事慵懒、盲目乐观的状态，而这又会影响其所制定和实施的政策绩效。② 在此基础上，弗雷德里克·范德普勒格等进一步发现，能源繁荣确实导致政府采取了不可持续的经济政策；极其迟缓地推行发展型产业政策；放弃了产业多元化政策，同时推行了进一步加强能源产业的政策；提高了能源公司破产的行政门槛，而这些政策都不利于经济增长。③

其三，上文所梳理的各项机制并非相互排斥，实际上其往往同时出现并共同产生影响。譬如，艾米·贾菲（Amy Jaffe）等从商业周期、投资周期、能源价格周期、地缘政治周期共同导致了全球性的“能源诅咒”。④ 弗雷德里克·范德普勒格等注意到实行限制贸易政策且制度质量较差的能源出口国往往具有较差的经济增长绩效。⑤ 亚历克斯·阿曼德（Alex Armand）等指出腐败行为和国内冲突对能源出口国的经济增长具有负面影响。虽然当信息能够传递至民众时，上述负面影响能够得到改

---

① Kiren Aziz Chaudhry, “The Price of Wealth: Business and State in Labor Remittance and Oil Economies”, *International Organization*, Vol. 43, No. 1, 1989, pp. 101–145; Krishna Chaitanya Vadlamannati, Indra de Soysa, “Oil Price Volatility and Political Unrest: Prudence and Protest in Producer and Consumer Societies, 1980–2013”, *Energy Policy*, Vol. 145, 2020, pp. 1–12.

② Michael L. Ross, “The Political Economy of the Resource Curse”, *World Politics*, Vol. 51, No. 2, 1999, p. 309.

③ 关于上述四个方面的讨论分别详见 Frederick van der Ploeg, “Natural Resources: Curse or Blessing?”, *Journal of Economic Literature*, Vol. 49, No2, 2011, pp. 392–393; Richard M. Auty, “Industrial Policy Reform in Six Large Newly Industrializing Countries: The Resource Curse Thesis”, *World Development*, Vol. 22, No. 1, 1994, pp. 11–26; R. M. Auty, “Natural Resources and Small Island Economies: Mauritius and Trinidad and Tobago”, *Journal of Development Studies*, Vol. 53. No. 2, 2017, pp. 264–277; Paul Collier, Benedikt Goderis, “Structural Policies for Shock-prone Developing Countries”, *Oxford Economic Papers*, Vol. 61, No. 4, 2009, pp. 703–726。

④ Mahmoud A. El-Gamal, Amy Myers Jaffe, *Oil, Dollars, Debt, and Crises: The Global Curse of Black Gold*, New York: Cambridge University Press, 2010.

⑤ Rabah Arezki, Frederick van der Ploeg, “Trade Policies, Institutions and the Natural Resource Curse”, *Applied Economics Letters*, Vol. 17, No. 15, 2010, pp. 1443–1451.

观；但当信息集中在地方领导人时，上述负面影响将更为明显。① 总之，催生“能源诅咒”的上述多项机制很可能是并发的。

八 上述研究的不足

总的来看，在政治学的学科范畴内对“能源诅咒”成因的研究同样卷帙浩繁。虽然这些研究提供了诸多真知灼见，但还普遍存在三个方面的不足。② 其一，过于简化并基本忽视了非能源产业的“有组织利益”。相较于经济学学科范畴内对“能源诅咒”成因的研究，政治学领域的相关研究因引入更多的变量、注重分配性过程和政治进程、放宽严苛的假设条件而更贴合经验世界。然而，这些政治学领域的研究同样过度简化了能源出口国的经济结构与行为体构成，大多将其国内行为体约化为政府与能源公司，忽视了非能源产业的公司及其他行为体。实际上，非能源产业在能源出口国的经济结构中同样重要，其产业联盟作为“有组织利益”完全能够对经济政策制定产生竞争性影响。③ 总体而言，能源出口国内部非能源产业的产业联盟构成、偏好及其对政府施加影响的政治过程非常重要，但被既有研究基本忽视。

其二，上述解释机制各自存有诸多未尽之处，亟须进一步弥补、拓展和整合。尽管政治学范畴内对“能源诅咒”成因的研究在对经验世界的还原度和贴合度上要好于经济学的同类研究，但前者在解释机制的精

---

① Alex Armand, Alexander Coutts, Pedro C. Vicente, Inês Vilela, “Does Information Break the Political Resource Curse? Experimental Evidence from Mozambique”, *American Economic Review*, Vol. 110, No. 11, 2020, pp. 3431-3453.

② 政治学范畴内对“能源诅咒”成因的无条件性解释同样无法回答为何在现实世界中部分能源出口国获得了“能源祝福”而其余的能源出口国陷入了“能源诅咒”的问题，这再次说明了“能源诅咒”成因的解释机制应该是条件性的而非无条件的。本节不再对此展开分析。

③ Sarah M. Brooks, Mareus J. Kurtz, “Oil and Democracy: Endogenous Natural Resources and the Political ‘Resource Curse’”, *International Organization*, Vol. 70, No. 2, 2016, pp. 291-292. 另外，以高度依赖能源产业的委内瑞拉为例，该国 GDP 约七成仍由非能源产业创造，显然非能源产业在经济结构中以及非能源产业联盟在政策制定中均不能被忽视。详见 David R. Mares, Nelson Altamirano, “Venezuela's PDVSA and World Energy Markets: Corporate Strategies and Political Factors Determining Its Behavior and Influence”, 2007, https://www.bakerinstitute.org/media/files/page/9c4eb216/noc_pdvsa_mares_altamirano.pdf. 另有研究还对将能源出口国的政府简化为一元行为体进行了批评，详见 Adam S. Harris, et al., “Oiling the Bureaucracy? Political Spending, Bureaucrats and the Resource Curse”, *World Development*, Vol. 127, 2020, pp. 1-19。

细度和成熟度上逊于后者，以至于对"能源诅咒"成因的政治性解释机制的批评要远多于经济性解释机制。仅以上文所述的"冲突的破坏性影响"解释为例，既有研究反驳指出：能源缩短了内战的持续时间；受机会成本影响，劳动密集型资源价格上涨反而导致整体冲突强度下降；能源腐败降低了冲突爆发的可能；能源依赖与内战爆发的可能性呈倒 U 形而非线性关系，高度依赖能源的国家反而不容易爆发内战；能源繁荣有助于国家统一而非武装叛乱；能源丰裕与地方性武装冲突无关；能源降低了冲突的可能性；能源收益能够用于收买反对派武装进而减少冲突并保障稳定与和平；冲突是殖民主义的历史遗存问题与能源丰裕无关；国家为生存而战而非为能源而战，"能源战争"是个被错误贴上的标签；战争的爆发是偶然的；人们高估了能源收益的实际回报因而夸大了其诱发战争的可能；逻辑应该是经济发展水平决定战争爆发的概率而非反之；只有在陆地上开采能源才会加剧冲突，在海洋上开采能源则会降低冲突；商业和平的逻辑及高昂的战争成本带来的是"石油和平"。①

① 对"冲突的破坏性影响"解释机制的上述 15 项批评逐一详见：Krista Wiegand, Eric Keels, "Oil Wealth, Winning Coalitions, and Duration of Civil Wars", *Journal of Conflict Resolution*, Vol. 63, No. 4, 2019, pp. 1077-1105; Anouk S. Rigterink, "Diamonds, Rebel's and Farmer's Best Friend: Impact of Variation in the Price of a Lootable, Labor-intensive Natural Resource on the Intensity of Violent Conflict", *Journal of Conflict Resolution*, Vol. 64, No. 1, 2020, pp. 90-126; Hanne Fjelde, "Buying Peace? Oil Wealth, Corruption and Civil War, 1985-99", *Journal of Peace Research*, Vol. 46, No. 2, 2009, pp. 119-218; Matthias Basedau, Jann Lay, "Resource Curse or Rentier Peace? The Ambiguous Effects of Oil Wealth and Oil Dependence on Violent Conflict", *Journal of Peace Research*, Vol. 46, No. 6, 2009, pp. 757-776; Fidel Perez-Sebastian, Ohad Raveh, "Natural Resources, Decentralization, and Risk Sharing: Can Resource Booms Unify Nations?", *Journal of Development Economics*, Vol. 121, 2016, pp. 38-55; Maarten Voors, et al., "Resources and Governance in Sierra Leone's Civil War", *Journal of Development Studies*, Vol. 53, No. 2, 2017, pp. 278-294; Christa N. Brunnschweiler, Erwin H. Bulte, "Natural Resources and Violent Conflict: Resource Abundance, Dependence, and the Onset of Civil Wars", *Oxford Economic Papers*, Vol. 61, No. 4, 2009, pp. 651-674; Trung K. Do, "Resource Curse or Rentier Peace? The Impact of Natural Resource Rents on Military Expenditure", *Resources Policy*, Vol. 71, 2021, pp. 1-10; John R. Heilbrunn, *Oil, Democracy, and Development in Africa*, New York: Cambridge University Press, 2014, pp. 225-227; Emily Meierding, "Do Countries Fight Over Oil?", in Thijs Van de Graaf, Benjamin K. Sovacool, Arunabha Ghosh, Florian Kern and Michael T. Klare, eds., *The Palgrave Handbook of the International Political Economy of Energy*, London: Palgrave Macmillan, 2016, pp. 441-460; Alan Beyerchen, "Clausewitz, Nonlinearity, and the Unpredictability of War", *International Security*, Vol. 17, No. 3, 1992/1993, pp. 59-90; Emily Meierding, "Dismantling the Oil Wars Myth", *Security Studies*, Vol. 25, No. 2, 2016, pp. 258-288; James D. Fearon, David D. Laitin, "Ethnicity, Insurgency, and Civil War", *American Political Science Review*, Vol. 97, No. 1, 2003, p. 88; Jørgen Juel Andersen, Frode Martin Nordvik, Andrea Tesei, （转下页）

同样，能源引起寻租行为及制度薄弱/制度弱化等其他解释机制同样受到了大量的逻辑批评和经验挑战。① 总的来看，虽然当前政治学范畴内“能源诅咒”成因的研究已经不复罗斯早年所批评的变量选择模糊、案例实证模糊、因果机制模糊的严重问题，但其在论证逻辑的严密性上仍有可改进之处、在因果机制的根本性上也有进一步发掘的空间。②

其三，诸多解释机制存在解释边界的无限延展问题。如果说第二节梳理的经济学范畴内对“能源诅咒”成因的研究尚处于“宏观层面”，那么本节所梳理的政治学范畴内的同类研究实际上则属于“超宏观层面”。③ 相较于前者，后者所关注的自变量往往对国家的经济增长更具有全局性和根本性的影响，因此研究者很容易不自觉地夸大这些变量及相应机制的解释边界。譬如，制度薄弱/制度弱化显然就被视为解释“能源诅咒”成因的“万能钥匙”。研究者很容易将“能源诅咒”生成的原因统统归结于能源出口国的制度质量较差或者制度羸弱，这显然错误地将由其他变量解释的内容划归于制度的解释范畴之内。总之，上述三方面问题需要后继的研究者多加留意并尽力弥补。

（接上页）“Oil Price Shocks and Conflict Escalation：Onshore Versus Offshore”，*Journal of Conflict Resolution*，Vol. 66，No. 2，2022，pp. 327-356；Hye Ryeon Jang，Benjamin Smith，“Pax Petrolica? Rethinking the Oil-interstate War Linkage”，*Security Studies*，Vol. 30，No. 2，2021，pp. 159-181。

① 对“能源引起寻租行为”解释机制的批评详见 Steffen Hertog，“Defying the Resource Curse：Explaining Successful State-owned Enterprises in Rentier States”，*World Politics*，Vol. 62，No. 2，2010，pp. 261-301；Kjetil Bjorvatn，Mohammad Reza Farzanegan，“Resource Rents，Balance of Power，and Political Stability”，*Journal of Peace Research*，Vol. 52，No. 6，2015，pp. 758-773. 对“制度薄弱/制度弱化”解释机制的批评详见 Ryan Kennedy，Lydia Tiede，“Economic Development Assumptions and the Elusive Curse of Oil”，*International Studies Quarterly*，Vol. 57，No. 4，2013，pp. 760-771；Raúl Bajo-Buenestado，“Relationship-specificity，Incomplete Contracts，and the Pattern of Trade：A Comment on the Role of Natural Resources”，*Energy Economics*，Vol. 75，2018，pp. 410-422；José Carlos Orihuela，“From Paper Institutions to Bureaucratic Autonomy：Institutional Change as a Resource Curse Remedy”，*World Development*，Vol. 143，2021，pp. 1-12；Paul Stevens，Evelyn Dietsche，“Resource Curse：An Analysis of Causes，Experiences and Possible Ways Forward”，*Energy Policy*，Vol. 36，No. 1，2008，pp. 56-65。

② Michael L. Ross，“The Political Economy of the Resource Curse”，*World Politics*，Vol. 51，No. 2，1999，pp. 308-309. 譬如，宝琳·隆与艾丽卡·温塔尔认为需要基于更长的时间周期来思考“能源诅咒”的生成原因，并且特别需要注意先前被视作常量的一些变量（如产权结构）。详见 Pauline Jones Luong，Erika Weinthal，*Oil Is Not a Curse：Ownership Structure and Institutions in Soviet Successor States*，New York：Cambridge University Press，2010，pp. 30，322-336。

③ 笔者于 2021 年 6 月 25 日对陈占明进行了访谈，他提及了如上观点。

小　　结

自“能源诅咒”的学术议程兴起至今，该领域已历经三个研究阶段和六个波次的发展，现已形成了横跨宏观和微观分析层次、覆盖多个学科、涉及百余个自变量和机制的庞大知识谱系。本章聚焦于宏观分析层次上经济学和政治学范畴内对“能源诅咒”成因的研究，回顾、梳理并评析这些研究的发现、贡献及不足。

正如“幸福的家庭家家相似，不幸的家庭各个不同”，获得“能源祝福”的国家特质每每相似，而国家陷入“能源诅咒”的原因则缕缕不同。既有的经济学和政治学研究正是对这些不同的原因及其作用机制进行了大量的探讨。总的来说，经济学范畴内的研究分别发现能源所具有的“飞地属性”等产业特质、“荷兰病”效应、价格波动剧烈、对投资和创新等的挤出效应、增加经济不平等、恶化国际贸易条件等导致了“能源诅咒”。政治学范畴内的研究分别发现能源引起寻租行为、能源引起腐败行为、制度薄弱/制度弱化、冲突的破坏性影响、国家能力不足/弱化国家能力、“跨期困境”等导致了“能源诅咒”。

一方面，上述解释各自提供了穿透“能源诅咒”知识迷雾的手电筒，使得学界对“能源诅咒”及其生成原因的认知越发全面深刻。另一方面，这些解释大多也存有各自的不足，亟须改进或整合。在充分考虑“能源诅咒”领域的知识密度、上述解释机制的可取之处和不足之处的基础上，本书无须也不应执着于提出关于“能源诅咒”成因的全新替代性解释，而是应在避免上述不足的基础上致力于对既有的解释加以整合与补充。

回到罗斯所述的“能源诅咒”研究中三场大论争，如果说第一章就“能源诅咒”病理现象真实性的论争提供了见解，那么本章显然是对“能源诅咒”成因条件性的论争给出了判断。相较于早期的研究，晚近以来更精细的研究以及本书都主张“能源诅咒”只是在特定条件下产生的现象（相关梳理详见表2-4）。本章中的诸多分析已经表明，解释能源出口国经济增长的变量很可能外生于而非内生于能源，没有其中一些外生变量的存在国家就不会触发导致“能源诅咒”的机制。所以直接建立在能源丰裕、开发或出口之上的内生机制绝非解释国家陷入“能源诅咒”的“万能酸”（Universal Acid）。[①] 至此，本书已经针对“能源诅咒”研究“三大论争”中的两个给出了论断，至于关于第三个论争，即关于“能源诅咒”生成机制的讨论则交由第三章完成。

表 2-4　“能源诅咒”成因解释的条件性与非条件性分类

内生于能源/无条件的	外生于能源/有条件的
能源产业的特质、“荷兰病”效应、能源价格波动剧烈、对投资和创新等的挤出效应、增加经济不平等、恶化国际贸易条件、提高传染病的发生率、能源公司商业活动的负面影响、能源繁荣增加公共债务、能源引起寻租行为、能源引起腐败行为、制度弱化、冲突的破坏性影响、弱化国家能力、“跨期困境”、能源价格涨跌的政治性负面影响、政府推行错误的经济政策	能源的易获性、地理空间上的临近性、制度薄弱、国家能力不足

① Kevin M. Morrison, “Whither the Resource Curse?”, *Perspectives on Politics*, Vol. 11, No. 4, 2013, p. 1122; Sarah M. Brooks, Marcus J. Kurtz, “Oil ‘Rents’ and Political Development: What Do We Really Know About the Curse of Natural Resources?”, *Comparative Political Studies*, Vol. 55, No. 10, 2022, pp. 1698-1731.

第三章

经济现代化、产业联盟与产权制度：核心变量与分析框架

无论是穷国还是富国，经济增长的发动机必定安装在相同的四个轮子上。这四个轮子或者说经济增长的要素就是：人力资源、自然资源、资本、技术变革和创新……但在当今世界上，自然资源的拥有量并不是经济发展取得成功的必要条件。①

——保罗·萨缪尔森（Paul Samuelson）

威廉·诺德豪斯（William Nordhaus）

当一个落后国家最终发起工业化时，其工业化进程与更先进的国家相比将显示出相当大的不同。这不仅体现在发展的速度（工业增长率）上，而且还体现在从这些进程中产生的工业的生产结构与组织结构方面。②

——亚历山大·格申克龙（Alexander Gerschenkron）

---

① ［美］保罗·萨缪尔森、威廉·诺德豪斯：《经济学（第19版，下册）》，萧琛主译，商务印书馆2017年版，第858—860页。

② ［美］亚历山大·格申克龙：《经济落后的历史透视》，张凤林译，商务印书馆2017年版，第8页。

为了避免第二章所回顾的研究普遍存在的不足，本书力求针对“能源诅咒”的起源提出新的解释变量并阐明其影响机制。肯尼思·华尔兹（Kenneth Waltz）指出“理论并非只是规律的集合，而是对规律的解释”。而这种解释不应仅停留在对因果效应的简单描述，还必须对因果机制加以全面阐释。[①] 正如比较社会学的巨擘马太·杜甘（Mattei Dogan）和比较政治学的旗手阿尔蒙德所指出的那样，比较对于揭示因果机制具有极其重要的作用。[②] 基于此，为了探寻“能源诅咒”的产生根源及其作用机理，本书需要在比较研究的方法论指引下发掘导致主要能源出口国产生陷入“能源诅咒”与获得“能源祝福”分流的因果机制。

本书通过中介分析（Mediation Analysis）来解决因果机制建立过程中的因果识别（Causal Identification）问题。社会科学研究的核心目标之一在于发掘因果关系并建立因果机制，不过试图实现这一目标的研究要比仅尝试发掘相关关系的研究面临更大的复杂性和困难，其中之一便是因果效应的识别问题。卢克·基尔（Luke Keele）再次强调需要高度重视两类混淆情形（Confounding）所导致的因果效应识别偏差。[③] 为此，基尔总结了能够有效解决因果效应识别问题的八种策略，具体包括随机试验、自然实验、工具变量、断点回归设计、对观测对象的选择、基于

① ［美］肯尼思·华尔兹：《国际政治理论》，信强译，苏长和校，上海人民出版社 2008 年版，第 6 页。

② ［法］马太·杜甘：《国家的比较：为什么比较，如何比较，拿什么比较》，文强译，社会科学文献出版社 2010 年版，第 11 页；Gabriel A. Almond, “Political Theory and Political Science”, *American Political Science Review*, Vol. 60, No. 4, 1966, p. 878.

③ 其一是两个变量是第三个变量的结果但这两个变量本身并不具有因果关系；其二是两个变量是第三个变量的成因但这两个变量本身并不具有因果关系。这两类混淆情形的出现很容易使得研究者错误地建立两个变量之间的因果关系，而且也直接导致试图解释这一错误因果关系的机制变得毫无意义。详见 Luke Keele, “The Statistics of Causal Inference: A View from Political Methodology”, *Political Analysis*, Vol. 23, No. 3, 2015, pp. 314–318。

即时数据对观测对象的选择、不完全识别和中介分析。① 上述策略虽然主要面向运用统计方法的研究，但其操作思想完全可以有效指导运用其他方法的研究。② 上述策略中的中介分析旨在将可能存有因果关系的两个变量的关系进一步细化和拆分，发掘出受到一个变量作用并且又作用于另一变量的中间变量。中介分析要求分别识别潜在的自变量与中间变量的因果关系、中间变量与潜在的因变量的因果关系以及潜在的自变量与潜在的因变量的总的因果关系。③ 这样不仅能够很好地避免上述两类混淆情形对因果效应识别的负面影响，还有助于对因果机制进行更为细致翔实的建构和分析。因此，本书将借助中介分析的策略建立阐释“能源诅咒”与“能源祝福”分流的分析框架，并且在后续的章节对该框架中变量的作用机制加以检验。

在上述方法论的指导下，本章由直接到间接、以反向递推的方式逐步回溯诱发“能源诅咒”的结构性变量并阐释其作用机制。这种阐明各主要变量及作用机制的方式在整个社会科学领域都屡见不鲜。譬如在政治学领域，卡岑斯坦直接观察到了美国、英国、联邦德国、意大利、法国和日本在20世纪70年代的对外经济政策目标和工具上存在明显的差异。向前追溯，他认为这些差异是由于上述6个国家的统治联盟（Ruling Coalition）与政策网络（Policy Network）存在不同，而统治联盟与政策网络的差异则源于其国家集中程度与社会集中程度的差异。进一步追溯，国家与社会的集中程度的差异根源则在于上述国家摆脱封建束缚的时间早晚完全不同。④ 又如在社会学领域，兰格和詹姆斯·马奥尼（James Mahoney）等直接观察到了一部分曾被殖民的国家经济增长绩效较好而另一部分国家绩效则较差。向前追溯，他们认为这些国家中约束

---

① Luke Keele, “The Statistics of Causal Inference: A View from Political Methodology”, *Political Analysis*, Vol. 23, No. 3, 2015, pp. 318-324.

② ［美］加里·金、罗伯特·基欧汉、悉尼·维巴：《社会科学中的研究设计》，陈硕译，格致出版社2014年版，第73—82页。需要认识到这一论断并非没有争议，详见朱天飚《〈社会科学中的研究设计〉与定性研究》，《公共行政评论》2015年第4期，第63—68页。

③ 更多讨论详见［美］朱迪亚·珀尔、达纳·麦肯齐《为什么：关于因果关系的新科学》，江生、于华译，中信出版集团2019年版，第273—320页；张桂琳：《多重因果路径分析述评》，《政治学研究》2008年第5期，第91—98页。

④ ［美］彼得·J. 卡岑斯坦：《结论：国内结构与对外经济政策战略》，载［美］彼得·J. 卡岑斯坦主编《权力与财富之间》，陈刚译，吉林出版集团有限责任公司2007年版，第361—412页。

商业与市场、政治权威、族群的制度所出现的分异导致了这种不同。受西班牙殖民的国家实行了一套更差的制度，受英国殖民的国家实行了一套更好的制度。进一步追溯，这是因为西班牙选择了初始条件较好的殖民地并力推重商主义，而英国选择了初始条件较差的殖民地并力推自由主义。[①] 在充分借鉴这些研究的基础上，本章也逐步倒推诱发“能源诅咒”的机制并发掘最根本的变量。

由此，本章第一节在简单回顾关于经济增长的经典智识的基础上，阐述了一国能源产业畸大与其经济增长的关系。其中重点关注了能源产业畸大拖累后续工业化进程以及放大能源价格波动负效应这两个机制。第二节向前追溯了部分国家不可避免地形成能源产业畸大的产业结构的原因。其中重点关注了强大的能源产业联盟以及在能源领域实行国家产权制度使得能源产业有能力且必须（必然）贡献超额税汇、提供过度补贴、影响选举结果，进而导致政府与政治家对能源产业形成病态依赖的三个机制。第三节进一步向前追溯了强大的能源产业联盟以及在能源领域实行国家产权制度的由来。其中重点关注了国家开启经济现代化进程的早晚对其经济发展模式的影响，以及不同经济发展模式对能源产业联盟形态和能源领域产权制度类型的差异性影响。

第一节　能源依赖与“能源诅咒”

发展经济学与发展政治学范畴内关于经济增长的经典研究为理解“能源诅咒”的病理机制提供了重要的指导。本节概略性地回顾了上述学科范畴内论及经济增长的经典智识，从中发掘整理出了六个带有公理性质的论断。[②] 以这些论断为逻辑起点，本节首先阐明了“能源依赖”而非“能源丰裕”直接有损于经济增长。而能源依赖在国内层面通过拖

---

① Matthew Lange, James Mahoney, Matthias vom Hau, “Colonialism and Development: A Comparative Analysis of Spanish and British Colonies”, *American Journal of Sociology*, Vol. 111, No. 5, 2006, pp. 1412-1462.

② 公理是不需要证明的定理，其往往是进一步分析推演的基础。相应的讨论详见李巍《制度变迁与美国国际经济政策》，上海人民出版社2010年版，第62页。

累能源出口国的后续工业化进程、在国际层面通过放大能源价格波动的负面影响进而破坏了一国的经济增长。

一　关于经济增长的经典智识

当前关于经济增长及其理论史的经典研究浩如烟海。从保罗·萨缪尔森等关于经济增长的定义及支撑增长的“四个轮子”的探讨，到罗伯特·巴罗等转引梳理的“人均产出持续增长，并且其增长率不会趋于下降”等六个经济增长的典型特征；从罗伯特·索洛（Robert Solow）对于传统经济增长理论与新经济增长理论脉络的精简式梳理，到沃尔特·罗斯托（Walt Rostow）对过去两个半世纪内15位最重要的发展经济学家的思想梳理以及其本人关于经济增长阶段的里程碑式讨论；再到晚近阿西莫格鲁按照索洛模型、新古典增长模型、内生技术模型、以制度为核心的政治经济模型的叙述逻辑对经济增长学术史的全景式呈现。① 基于此，本节暂时性地跳出第二章梳理的关于“能源诅咒”成因的聚焦性研究，重拾发展经济学与发展政治学范畴内关于经济增长的一般性探讨，可以发掘整理出下述六个公理性论断。

其一，能源及范畴更广的资源与其他经济要素无异，其本身的丰裕有助于经济增长。威廉·配第（William Petty）、安·杜尔哥（Anne Turgot）、托马斯·马尔萨斯（Thomas Malthus）、约翰·密尔（John Mill）等古典经济学家从不同角度阐明了国家的经济增长受制于广义上的资源，并普遍将资源视为经济增长的重要根基。② 保罗·萨缪尔森等指出虽然不同国家实现经济增长的方式各不相同，但都不同程度地依赖人力资源、自

---

① ［美］保罗·萨缪尔森、威廉·诺德豪斯：《经济学（第十九版，下册）》，萧琛译，商务印书馆2017年版，第857—877页；［美］罗伯特·J. 巴罗、夏威尔·萨拉-伊-马丁：《经济增长（第二版）》，夏俊译，格致出版社2010年版，第10—17页；［美］罗伯特·M. 索洛：《经济增长理论：一种解说（第二版）》，朱保华译，格致出版社2015年版；［美］W. W. 罗斯托：《经济增长理论史：从大卫·休谟至今》，陈春良等译，浙江大学出版社2016年版；［美］达龙·阿西莫格鲁：《现代经济增长导论（上册及下册）》，唐志军等译，徐浩庆、谌莹校，中信出版集团2019年版。

② ［美］W. W. 罗斯托：《经济增长理论史：从大卫·休谟至今》，陈春良等译，浙江大学出版社2016年版，第15—225页；梅冠群：《我国“资源诅咒”形成的条件与路径研究》，中国经济出版社2017年版，第10—11页。需要注意的是，古典经济学对于资源的讨论与土地密切相关。

然资源、资本、技术变革和创新这“四个轮子”。通过数学表达式体现的总生产函数 Q=AF（K，L，R）中，R 所代表的自然资源与 K 及 L 分别代表的资本的生产性作用和劳动投入一样，越丰裕就越提高 Q 所代表的经济产出。① 就此而言，经济增长缓慢甚至停滞绝非能源或资源丰裕的“原罪”。

其二，对于特定要素及产品的过度倚重和过分依赖不利于经济增长。奥利维尔·卡多（Olivier Cadot）等批判性地梳理了讨论生产及贸易集中程度与经济增长关系的既有研究。其梳理性研究表明，尽管近年来讨论两者关系的研究越发复杂，但鲜有争议的是经济增长绩效较好的国家并不依赖于特定的要素和产品；而经济增长绩效较差的国家在生产和贸易上则具有较高的集中度，往往依赖于特定的要素或产品，而这几乎成为了一个“程式化的事实”。② 换句话说，生产和贸易的集中化程度越高/多样化程度越低，经济增长就越可能面临不利影响。

其三，工业化是现代经济增长的必要前提，而其本身明显倚仗于知识、技术及人力资本积累。戴维·兰德斯（David Landers）在其对“国富国穷”的讨论中特别谈及了工业化提高生产率、改变人类社会的发展动力、提高能源的效率及其所带来的颠覆式增长。③ 沃尔特·罗斯托和霍利斯·钱纳里（Hollis Chenery）等的研究表明，工业化是所有国家实现经济增长的方式必经之路，而无法实现工业化的国家很难取得长期、稳健的经济增长。④ 在此基础上，郑宇批判性地指出工业化的模式具有多样性，但再次强调了工业化是实现经济增长的唯一出路。⑤ 西蒙·库兹涅茨（Simon Kuznets）认为现代经济增长的趋势不仅是人均 GDP 的增长，更重要的是不同部门结构占比的变化。其中，以农业为代表的 A 部

---

① ［美］保罗·萨缪尔森、威廉·诺德豪斯：《经济学（第十九版，下册）》，萧琛译，商务印书馆 2017 年版，第 859 页。

② 需要说明的是，该研究并非致力于肯定这一观点，而是从多个维度挑战这一观点。详见 Olivier Cadot，Céline Carrère，Vanessa Strauss-Kahn，“Trade Diversification，Income，and Growth：What Do We Know?”，*Journal of Economic Surveys*，Vol. 27，No. 4，2013，pp. 790-812。

③ ［美］戴维·S. 兰德斯：《国富国穷》，门洪华等译，新华出版社 2010 年版，第 199—211 页。

④ ［美］W. W. 罗斯托：《经济增长的阶段：非共产党宣言》，郭熙保、王松茂译，中国社会科学出版社 2001 年版；［美］霍利斯·钱纳里、谢尔曼·鲁宾逊、摩西·赛尔奎因：《工业化和经济增长的比较研究》，吴奇、王松宝等译，格致出版社 2015 年版。

⑤ 郑宇：《全球化、工业化与经济追赶》，《世界经济与政治》2019 年第 11 期，第 109—112 页。

门占比下降；以能源和制造业为代表的I部门占比显著上升；以服务业为代表的S部门占比也会有所上升。① 值得注意的是，相较于以农业为基础的传统经济模式，工业经济对知识、技术和人力的资本积累有着更高的需求。肯尼思·阿罗（Kenneth Arrow）在对“干中学”的经典讨论中、罗伯特·索洛在对新古典经济增长模型的讨论中以及保罗·罗默（Paul Romer）在对内生经济增长模型的讨论中都强调了技术和知识积累对于经济增长的重要价值。② 西奥多·舒尔茨在对人力资本里程碑式的研究中特别强调了其对于经济增长的巨大贡献。③

其四，在完全或接近完全的竞争市场，经济活动的参与者不仅难以影响价格变动反而受其影响。既有研究已经较为充分地探讨了价格涨跌与经济起伏的相关性、价格弹性对于供求双方的影响、由价格变动带来的福利变动与财富转移、大宗商品价格变动对于货币供应等的影响等。④ 尽管相应的研究发现不一而足，但均表明价格直接影响着微观层面的生产活动与宏观层面的经济增长。值得注意的是，就由经济活动的行为体数量差异所形成的不同市场类型而言，其单个行为体与价格的关系也迥然不同。在完全竞争市场中单个行为体无法影响价格；在垄断竞争市场中单个行为体对价格能够产生一定的影响但影响相对有限；在寡头市场中单个行为体能够在很大程度上影响价格变动；在垄断市场中唯一的行

① ［美］西蒙·库兹涅茨：《各国的经济增长》，常勋等译，商务印书馆2011年版。

② Kenneth Arrow, “The Economic Implication of Learning by Doing”, *Review of Economic Studies*, Vol. 29, No. 3, 1962, pp. 155-173；［美］罗伯特·M. 索洛：《经济增长理论：一种解说（第二版）》，朱保华译，格致出版社2015年版；Paul M. Romer, “Increasing Returns and Long-run Growth,” *Journal of Political Economy*, Vol. 94, No. 5, 1986, pp. 1002-1037。更多讨论另见［美］戴维·S. 兰德斯：《国富国穷》，门洪华等译，新华出版社2010年版，第299—314页；［美］阿瑟·刘易斯：《经济增长理论》，周师铭、沈丙杰、沈伯根译，商务印书馆2016年版，第197—243页；［美］罗伯特·巴罗：《经济增长的决定因素——跨国经验研究》，李剑译，中国人民大学出版社2017年版，第1—34页；［美］保罗·萨缪尔森、威廉·诺德豪斯：《经济学（第十九版，下册）》，萧琛主译，商务印书馆2017年版，第869—875页；［美］达龙·阿西莫格鲁：《现代经济增长导论（上册）》，唐志军等译，中信出版集团2019年版，第27—120，483—636页。

③ Theodore W. Schultz, “Investment in Human Capital”, *American Economic Review*, Vol. 51, No. 1, 1961, pp. 1-17. 更多讨论另见［美］达龙·阿西莫格鲁《现代经济增长导论（上册）》，唐志军等译，徐浩庆、谌莹校，中信出版集团2019年版，第419—453页。

④ 简略的梳理详见梅冠群《我国“资源诅咒”形成的条件与路径研究》，中国经济出版社2017年版，第15页。

为体能够决定价格。[①]

其五，制度的作用至关重要，良性的制度更可能推动经济增长。阿瑟·刘易斯被反复引证的论断“一国有了资源，它的增长率就取决于人的行为和制度”常常被用于证明制度的重要性。[②] 在刘易斯看来，能够有效保护财富、促进贸易及专业化、允许较高程度的行动自由的制度有助于经济增长。[③] 道格拉斯·诺思在其讨论制度与经济绩效的巨著中也先后指出“制度在社会中具有更为基础的作用，它们是决定长期经济绩效的根本因素”以及“制度是理解政治与经济之间关系以及这种相互关系对经济增长之影响的关键”。[④] 诺思与阿西莫格鲁等指出制度差异是造成国家经济增长绩效差异的根本原因，其原因在于良好的制度鼓励投资、保护私有财产、提供公平的机会、限制精英，进而有助于经济增长；薄弱低效的制度则使得腐败丛生、法治淡薄、官僚机构失灵。[⑤] 当前关于制度与经济增长的讨论日趋精细化、批判性研究也层出不穷，但“制度是经济增长的决定性因素”始终未被撼动。[⑥]

其六，国家的作用也至关重要，强有力的国家能力及特定类型的国家更可能推动经济增长。罗伯特·贝茨认为“没有国家就没有（经济）发展，但是那些被赋予国家权力的人经常利用国家权力来侵占他们统治

---

① N. Gregory Mankiw, *Principles of Economics*（8th Edition）, Boston: Cengage Learning, 2017, pp. 247-358.

② ［美］阿瑟·刘易斯：《经济增长理论》，周师铭、沈丙杰、沈伯根译，商务印书馆 2016 年版，第 58 页。

③ ［美］阿瑟·刘易斯：《经济增长理论》，周师铭、沈丙杰、沈伯根译，商务印书馆 2016 年版，第 63—196 页。

④ ［美］道格拉斯·C. 诺思：《制度、制度变迁与经济绩效》，杭行译，格致出版社 2014 年版，第 127、140 页。

⑤ ［美］道格拉斯·C. 诺思：《制度、制度变迁与经济绩效》，杭行译，格致出版社 2014 年版，第 147—161 页；［美］德隆·阿西莫格鲁、詹姆斯·罗宾逊：《国家为什么会失败》，李增刚译，徐彬校，湖南科学技术出版社 2015 年版，第 68—108 页；［美］达龙·阿西莫格鲁：《现代经济增长导论（下册）》，唐志军等译，徐浩庆、谌莹校，中信出版集团 2019 年版，第 929—1023 页；汪广龙、刘守英：《从前现代增长到现代增长——政治发展与持续增长的制度基础》，《经济社会体制比较》2019 年第 3 期，第 175—184 页；李楠：《繁荣与贫困：经济发展的历史根源》，中国社会科学出版社 2020 年版，第 118—119，132—133 页；［美］尼考劳斯·扎哈里亚迪斯主编：《比较政治学：理论、案例与方法》，宁骚、欧阳景根等译，北京大学出版社 2008 年版，第 129 页。

⑥ 唐世平：《经济发展的新制度经济学：一个根本性的批判》，《经济社会体制比较》2021 年第 6 期，第 173—185 页；释启鹏：《“好制度”为何不能总是带来“好结果”——中美洲国家兴衰的比较历史分析》，《经济社会体制比较》2021 年第 5 期，第 184—193 页。

的人的财富和财产"，而张长东也指出"现代国家被认为是一国经济发展和社会进步的前提条件（也可能是问题本身）"。① 而国家究竟是经济增长的根基还是经济衰退的根源，一方面取决于国家能力的强弱。就广义上的国家能力而言，强大的国家能力有助于抵御入侵、完善市场、提供更有效的官僚机构、推行法治、推动民族国家的建构，而这些因素对现代国家的经济增长至关重要。② 就狭义上的国家提取能力而言，提取能力更强的国家往往能够提供更多公共产品及公共服务，这有助于经济增长。国家作用的分流另一方面还取决于其重要特质的差异。根据不同的分类标准，国家还可以被进一步分为不同的类型，譬如马克斯·韦伯所述的家产制国家和现代理性国家；约瑟夫·熊彼特所述的领主国家、税收国家和租金国家；彼得·埃文斯所述的发展型国家、中间型国家、掠夺型国家；等等。③ 上述不同类型的国家对各自经济增长的影响大相径庭。其中，具有官僚自主性、发展意愿强烈、政商关系紧密、力主国家干预经济等特征的国家被称为发展型国家，这一类多出现于东亚地区的国家，比其他类型的国家更好地推动了本国的经济增长。④ 与上述研究不同的是，阿瑟·刘易斯进一步聚焦于国家内部的行政主体，即政府及其职能。他指出"如果政府处事正确，就会促进（经济）增长。如果它们做得太少或太多，或处事错误，就会妨碍增长"，因此政府能够对经

---

① Robert H. Bates, *The Political Economy of Development: A Game Theoretic Approach*, New York: Cambridge University Press, p. 1；张长东：《比较政治学视角下的国家理论发展》，《北大政治学评论》2018 年第 1 期，第 198 页。

② Noel D. Johnson, Mark Koyama, "States and Economic Growth: Capacity and Constraints", *Explorations in Economic History*, Vol. 64, 2017, pp. 8-12.

③ ［德］马克斯·韦伯：《经济与社会(第二卷，上册）》，阎克文译，上海人民出版社 2019 年版，第 1321—1517 页；Joseph Aloisius Schumpeter, "The Crisis of The Tax State", https://edisciplinas.usp.br/pluginfile.php/5322348/mod_resource/content/1/Crise%20do%20Estado%20Fiscal.pdf; Peter Evans, *Embedded Autonomy: States and Industrial Transformation*, Princeton: Princeton University Press, 1995, pp. 43-73。

④ 关于发展型国家的研究及梳理已经非常充分。相应的研究详见由朱天飚主编、吉林出版集团有限公司出版的"比较政治经济学书系"；陈玮、耿曙：《发展型国家的兴与衰：国家能力、产业政策与发展阶段》，《经济社会体制比较》2017 年第 2 期，第 1—13 页；朱天飚：《发展型国家的衰落》，《经济社会体制比较》2005 年第 5 期，第 34—39 页；王正绪、耿曙、唐世平主编：《比较政治学》，复旦大学出版社 2021 年版，第 234—239 页。

济增长产生明显的影响。[①]

此外，制度和国家往往共同影响经济增长。实际上，道格拉斯·诺思和约拉姆·巴泽尔（Yoram Barzel）等制度经济学家早已关注到国家对于经济增长的重要性，充分讨论了国家对制度的塑造作用。[②] 曼瑟·奥尔森（Mancur Olson）提出了强化市场型政府（Market-augment Government）的概念，专门用以形容一方面政府具有较强的能力与较高的自主性；另一方面政府也因受制于制度而不会侵犯私人权利。[③] 唐世平在其最新的研究中整合性地提出了经济增长的三角理论，即适应不同发展阶段的国家能力、特定的制度基础与政策组合会有助于国家的经济增长。其中国家能力影响制度的选择与实施，而制度的选择与实施则部分决定了国家的经济增长绩效。[④] 戴维·瓦尔德纳也注意到了国家与制度对经济增长的作用，但有别于唐世平对制度与国家关系的上述讨论，前者认为“制度化的安排界定了国家的发展能力”。[⑤] 总之，无论制度与国家呈现出怎样的关系，可以肯定的是二者能够同时影响一国的经济增长。

重新聚焦于“能源诅咒”的病理机制，基于上述第一个和第二个论断可以推知能源依赖而非能源丰裕损害了经济增长。能源依赖是指能源产业在一国的产业结构中占据了过高的比重，即能源产业畸大。其更直观地表现为能源不仅是一国生产的主要商品，还在该国对外出口中占据了较高比重。实际上，部分探讨“能源诅咒”成因的研究也已经认识到了能源产业畸大对于一国经济增长具有负面作用。例如，斯文·奥斯卡森与埃里克·奥托森指出以能源为自变量说明不了任何问题，重要的是要区分能源丰裕与能源依赖，并且在很多情况下是后者而非前者触发了

① ［美］阿瑟·刘易斯：《经济增长理论》，周师铭、沈丙杰、沈伯根译，商务印书馆2016年版，第502页。

② ［美］道格拉斯·C. 诺思：《经济史中的结构与变迁》，陈郁等译，上海人民出版社、上海三联书店1994年版，第20—34页；［美］约拉姆·巴泽尔：《国家理论——经济权利、法律权利与国家范围》，钱勇、曾咏梅译，石磊审订，上海财经大学出版社2006年版。更多制度经济学范畴内对国家理论的研究详见卢现祥、朱巧玲主编《新制度经济学（第二版）》，北京大学出版社2012年版，第280—309页。

③ ［美］曼瑟·奥尔森：《权力与繁荣》，苏长和、嵇飞译，上海人民出版社2018年版，第4页。

④ Shiping Tang, *The Institutional Foundation of Economic Development*, Princeton: Princeton University Press, 2022.

⑤ ［美］戴维·瓦尔德纳：《国家构建与后发展》，刘娟凤、包刚升译，吉林出版集团有限责任公司2011年版，第2页。

因果机制。① 同样，萨德·邓宁认为"能源诅咒"研究的自变量并非能源财富其本身，而是对能源财富的依赖度。进而他指出后续研究应该聚焦于探索能源依赖的产生原因以及如何摆脱这种依赖。② 邵帅等的研究同样对两者进行了区分，并且发现能源依赖与经济增长具有倒U形关系。换句话说，当迈过特定的拐点后，能源产业规模越大，经济增长效率就越低。③ 罗斯等的新晋研究对比了加拿大和刚果民主共和国在能源丰裕度相同的情况下出现经济增长巨大差异的原因。其实证研究表明能源丰裕与国家竞争力成正相关，而能源依赖与之成负相关。④ 此外，赫里斯塔·布伦施韦勒等的多项研究也特别区分了能源依赖和能源丰裕；借助能源出口额占出口总额或GDP总值的比重来衡量能源依赖；强调了能源依赖对于国家经济增长的拖累作用。⑤ 可以说，当能源产业畸大而非能源产业规模较小时，能源对国家经济增长的拖累效应就会显现。⑥

---

① 需要特别说明的是，虽然斯文·奥斯卡森与埃里克·奥托森的研究讨论的是"政治能源诅咒"，但是他们对于能源丰裕与能源依赖的区分同样适用于"经济能源诅咒"。详见 Sven Oskarsson, Eric Ottoson, "Does Oil Still Hinder Democracy?", *Journal of Development Studies*, Vol. 46, No. 6, 2010, p. 1069。

② Thad Dunning, "Resource Dependence, Economic Performance, and Political Stability," *Journal of Conflict Resolution*, Vol. 49, No. 4, 2005, pp. 474-476.

③ 邵帅、范美婷、杨莉莉：《资源产业依赖如何影响经济发展效率？——有条件资源诅咒假说的检验及解释》，《管理世界》2013年第2期，第32—63页。穆赫森·梅赫拉（Mohsen Mehrara）得出了相似的结论，并且精确地测量出了拐点的值：能源收入的增长率为18%，低于这个阈值时能源有益于经济增长，高于这个阈值时能源有碍于经济增长。详见 Mohsen Mehrara, "Reconsidering the Resource Curse in Oil-Exporting Countries", *Energy Policy*, Vol. 37, No. 3, 2009, pp. 1165-1169。

④ Addisu A. Lashitew, Michael L. Ross, Eric Werke, "What Drives Successful Economic Diversification in Resource-Rich Countries?", *World Bank Research Observer*, Vol. 36, No. 2, 2021, pp. 164-196.

⑤ C. N. Brunnschweiler, E. H. Bulte, "Linking Natural Resources to Slow Growth and More Conflict", *Science*, Vol. 320, No. 5876, 2008, pp. 616-617; Erika Weinthal, Pauline Jones Luong, "Combating the Resource Curse: An Alternative Solution to Managing Mineral Wealth", *Perspectives on Politics*, Vol. 4, No. 1, 2006, p. 36; Kevin M. Morrison, "Whither the Resource Curse?", *Perspectives on Politics*, Vol. 11, No. 4, 2013, p. 1117; Paul Mosley, *Fiscal Policy and the Natural Resources Curse How to Escape from the Poverty Trap*, London: Routledge, 2017, p. 203; Ning Ding, Barry C. Field, "Natural Resource Abundance and Economic Growths", *Land Economics*, Vol. 81, No. 4, 2005, pp. 496 - 502; Vittorio Daniele, "Natural Resources and the 'Quality' of Economic Development", *Journal of Development Studies*, Vol. 47, No. 4, 2011, pp. 545-573.

⑥ 马宇、程道金：《"资源福音"还是"资源诅咒"——基于门槛面板模型的实证研究》，《财贸研究》2017年第1期，第22—23页；王闰平、陈凯：《资源富集地区经济贫困的成因与对策研究——以山西省为例》，《资源科学》2006年第4期，第158—165页；Eric W. Djimeu, Luc Désiré Omgba, "Oil Windfalls and Export Diversification in Oil-producing Countries: Evidence from （转下页）

总之，能源丰裕并不是一国陷入“能源诅咒”的真正元凶，相反能源产业畸大才是直接的罪魁祸首。后者通过在国内层面拖累后续的工业化进程、在国际层面放大能源价格波动的负面效应这两个渠道直接拖累了一国的经济增长。

二　国内层面：拖累后续的工业化进程

上述第三个论断指出，工业化是现代经济增长的必要前提，然而能源产业畸大很容易拖累一国后续的工业化进程。其一，能源产业畸大会带来明显的挤出效应，这必然对工业化所依托的人力资本积累和技术创新产生负面影响。能源产业畸大会使“太多人口锁定在了低技能密集型的能源产业中”，由此影响了需要高素质和高技能型人才的相关产业的发展。① 同时由于能源产业对人力资本的需求较低，对能源产业畸大的国家而言其政府对教育的公共投入也明显更低，由此形成了能源产业畸大与人力资源积累不足的恶性循环。② 伴随人力资本积累不足而来的往往是技术创新的趋缓，由此国家的总研发支出和专利授权数量也将下降或停留在较低水平上。③ 另外，能源产业畸大使创新能力较差的能源企业的出清变得异常困难，大量能源“僵尸企业”的存在吸收了本应用于技术创新的资源，进而明显挤出了技术创新。④ 尽管认为能源产业畸大的国家主动放弃了工业化有失公允，但相比于其他国家的“人力资本积累—技

（接上页）Oil Booms”, *Energy Economics*, Vol. 78, 2019, pp. 494–507; María Dolores Guilló, Fidel Perez-Sebastian, “The Curse and Blessing of Fixed Specific Factors in Small-open Economies”, *Journal of Development Economics*, Vol. 82, 2007, pp. 58–78。

① Thorvaldur Gylfason, “Natural Resources, Education, and Economic Development”, *European Economic Review*, Vol. 45, No. 4–6, 2001, pp. 847–859.

② Lara Cockx, Nathalie Francken, “Natural Resources: A Curse on Education Spending?”, *Energy Policy*, Vol. 92, 2016, pp. 394–408; Luisa Blanco, Robin Grier, “Natural Resource Dependence and the Accumulation of Physical and Human Capital in Latin America”, *Resources Policy*, Vol. 37, No. 3, 2012, pp. 281–295.

③ Elina Brutschin, Andreas Fleig, “Innovation in the Energy Sector--The Role of Fossil Fuels and Developing Economies”, *Energy Policy*, Vol. 97, 2016, pp. 27–38; Yacov Tsur, Amos Zemel, “Scarcity, Growth and R&D”, *Journal of Environmental Economics and Management*, Vol. 49, No. 3, 2005, pp. 484–499.

④ 尽管邵帅等的研究聚焦于中国的“僵尸企业”，但是其逻辑同样适用于世界其他国家。详见邵帅等《资源产业依赖对僵尸企业的诱发效应》，《经济研究》2021 年第 11 期，第 138—154 页。

术迭代创新”的发展模式，其所采取的“能源开采提炼—规模出口获益”的发展模式与工业化天然格格不入。[①] 由此可以认为，人力资本积累不足和技术创新停滞将对国家的工业化进程将产生持续且深远的负面影响。

其二，女性参与工作是工业化的客观趋势和重要要求，然而一国的能源产业畸大会明显减少该国女性参与工作的可能性。无论是前工业革命时期女性在家庭手工业的投入，还是工业革命之后女性对纺织业的支撑，女性参加生产劳动对社会财富增长与国家经济增长的重要性不言而喻。然而罗斯在性别政治的范畴内讨论了能源依赖与女性工作参与及政治权利的关系。其突破性的研究表明：一方面能源产业畸大意味着对男性劳动力的更多需求，而非能源贸易产业的萎缩缩减了对女性劳动力的需求；另一方面，能源产业男性工资和国家转移支付的提高都提升了女性的“保留工资”（Reservation Wage），即女性认为值得进入劳动市场的工资门槛。[②] 在上述两方面的作用下女性参与工作的可能性明显降低，换句话说能源产业畸大明显缩减了女性的就业人数。

其三，上述第 6 个论断指出发展型国家能够相对更好地推动经济增长，然而能源产业畸大的国家难以孕育出发展型国家的主要特质。不可否认的是诸如威权体制等发展型的国家特质是东亚发展型国家与生俱来的历史遗留，但诸如拥有经济领航机构、具有官僚自主性、发展意愿强烈、政商关系紧密、力主国家干预经济等特征则不同程度地有赖于国家在发展中逐渐孕育或推动形成。[③] 宝琳·隆与艾丽卡·温塔尔发现，依赖能源的国家很难成为发展型国家，而既有的能源出口国也无一例外不是发展型国家。[④] 奥蒂进一步说明其背后的原因：能源产业畸大的国家孕育的是食利者国家而非发展型国家。前者的政府因不依赖征税而无须

---

① 李楠：《资源依赖、技术创新和中国的产业发展》，《经济社会体制比较》2015 年第 4 期，第 56—67 页；Jenny R. Kehl, “Rethinking the Resource Curse: A Review Essay on the Politics of Oil Investments”, *International Studies Review*, Vol. 13, No. 3, 2011, p. 499.

② Michael L. Ross, “Oil, Islam, and Women”, *American Political Science Review*, Vol. 102, No. 1, 2008, pp. 107 - 123; Michael L. Ross, *The Oil Curse: How Petroleum Wealth Shapes the Development of Nations*, Princeton: Princeton University Press, 2012, pp. 111-144.

③ 对于发展型国家特征的相应梳理详见陈玮、耿曙《发展型国家的兴与衰：国家能力、产业政策与发展阶段》，《经济社会体制比较》2017 年第 2 期，第 2—3 页。

④ Pauline Jones Luong, Erika Weinthal, *Oil Is Not a Curse: Ownership Structure and Institutions in Soviet Successor States*, New York: Cambridge University Press, 2010, p. 75.

向民众负责，特别是因不依赖向其他产业征税而减少了对其发展的支持。[①] 因此能源产业畸大的国家难以孕育上述已列出的发展型国家特征及嵌入式自主性（Embedded Autonomy），也注定不会成为凝聚性资本主义国家（Cohesive-Capitalist States）。[②]

总之，固然工业化是现代经济增长的必要前提，但是能源产业畸大会通过上述渠道拖累一国后续的工业化进程。因此对依赖能源的国家而言，其工业化进程往往处在较为初级的阶段停滞不前。特别是能源产业越畸大，其对国家工业化的拖累效应就越明显。既有研究也已经再三印证，工业化进程停滞是能源产业畸大国家的共同现象，而对工业化进程的拖累也是此类国家的通病。[③]

三　国际层面：放大波动的负效应

上述第四个论断指出，在完全竞争市场中经济活动的参与者很容易受制于价格变动的影响，而国际能源市场早已从寡头市场转变为近乎完全的竞争市场，因此国际能源市场上的直接参与者及利益攸关方无不受制于能源价格波动的影响。就石油而言，相较于由 7 个主要私人石油公司定价的“七姐妹时期”和 OPEC 通过官价确定石油价格的“OPEC 时

① 对于食利者国家的详尽说明详见本书第二章第三节。奥蒂的论证详见 Richard M. Auty, “The Political Economy of Resource-driven Growth”, *European Economic Review*, Vol. 45, No. 4-6, 2001, pp. 839-846。需要说明的是，奥蒂研究中的图 1 对于发展型国家和食利者国家的对比提供了颇具价值的洞见。

② ［澳］琳达·维斯、约翰·M·霍布森：《国家与经济发展——一个比较及历史性的分析》，黄兆辉、廖志强译，黄玲校，吉林出版集团有限责任公司 2009 年版；［美］阿图尔·科利：《国家引导的发展——全球边缘地区的政治权力与工业化》，朱天飚、黄琪轩、刘骥译，吉林出版集团有限责任公司 2007 年版。

③ 张复明、景普秋：《资源型经济及其转型研究述评》，《中国社会科学》2006 年第 6 期，第 84 页；邵帅、杨莉莉：《自然资源丰裕、资源产业依赖与中国区域经济增长》，《管理世界》2010 年第 9 期，第 29 页；Jeffrey D. Sachs, Andrew M. Warner, “The Big Push, Natural Resource Booms and Growth”, *Journal of Development Economics*, Vol. 59, No. 1, 1999, pp. 43-76; Terry Lynn Karl, *The Paradox of Plenty: Oil Booms and Petro-States*, Berkeley: University of California Press, 1997, pp. 64-65；另见 Marc Badia-Miró, Vicente Pinilla, Henry Willebald, eds., *Natural Resources and Economic Growth: Learning from History*（London: Routledge, 2015）一书中的第 4、8、10、11、12 章。为了避免本书论证的偏颇，在此列出一篇反驳性研究，详见 Karlygash Kuralbayeva, Radoslaw Stefanski, “Windfalls, Structural Transformation and Specialization”, *Journal of International Economics*, Vol. 90, No. 2, 2013, pp. 273-301。

期”，20 世纪 80 年代起国际石油市场上的参与者呈现出暴涨之势，不仅涌现了大量中小规模的石油公司，而且数以万计的金融机构也通过期货及其他衍生品交易参与到国际石油市场中。① 就天然气而言，伴随着液化天然气长途运输技术的成熟以及天然气市场定价替代长期合约定价成为主流，由少数巨型天然气企业根据合约通过管道出售天然气的模式逐渐转变为由大量小型天然气企业根据供求通过液化天然气船出售天然气。因此，无论是对国际石油市场还是对国际天然气市场而言，两者都可以被视作近乎完全的竞争市场，单一的政府、国际组织、企业很难影响价格反而受到价格变动的影响。②

相较于其他商品，能源价格的波动非常明显。一方面，肇始于石油期货市场在纽约和伦敦分别设立，20 世纪 80 年代出现了一轮国际能源定价金融化浪潮。此后即便是实际交易的能源合同价格也由买卖双方基于国际能源期货牌价升水或贴水后确定。③ 由于期货及其衍生品交易往往会在分钟级别的时间精度内完成并且价格无上下限，这使得国际能源价格在短期内经常性地出现偏离其价值与合理价格水平的剧烈波动。④ 另一方面，能源作为一种“战略商品”，其供应和价格还受到诸多非市场因素的影响。譬如迈克尔·列维指出因政治和军事原因而导致的沙特阿拉伯国内失稳、霍尔木兹海峡受阻、马六甲海峡断行等都会造成国际能源市场的动荡。由于上述阴影挥之不去，国际能源市场呈现出了“持久的脆弱性”。⑤ 此外，诸如极端天气、库存变动、新的能源储量发现等都会造成

---

① 张建新：《能源与当代国际关系（第二版）》，上海人民出版社 2016 年版，第 296—333 页。

② 需要补充说明的是：当前沙特阿拉伯对于国际石油价格的影响已经大幅下降，为此沙特阿拉伯不得不借助 OPEC 的平台联合多个产油国同时影响价格。但是 OPEC 对于价格的影响力也明显减弱，为此 OPEC 不得不联合俄罗斯等国打造“OPEC+”机制并尝试据此影响价格。然而即便是在 OPEC+的机制下，主要产油国对价格的影响也有限且短暂，这与“七姐妹时期”和“OPEC 时期”形成了鲜明的对比。

③ 笔者于 2018 年 12 月 7 日对王佩进行了访谈，她介绍了能源公司在实际参与国际贸易时确定价格的方式。

④ Robert O. Keohane, “The Old IPE and the New”, *Review of International Political Economy*, Vol. 16, No. 1, 2009, p. 41. 最具有代表性的例子是 2020 年 4 月 20 日，将于当年 5 月交割的西得州轻质原油期货价格跌至-37. 63 美元/桶。违背一般经济学常识的负油价现象之所以产生，很大程度上是能源期货定价机制的独特规定及其波动性所致。

⑤ Michael Levi, “The Enduring Vulnerabilities of Oil Markets”, *Security Studies*, Vol. 22, No. 1, 2013, pp. 132-138.

能源价格的波动，并且这种波动有时非常剧烈且完全不可预测。[①]

基于此，能源出口国将不可避免地受到能源价格波动的影响，其中能源产业畸大的能源出口国受波动的影响将更为严重。总的来看，能源价格波动的负面影响主要表现在三个方面：其一，当能源价格在较长的周期内明显高于合理的价格区间时，“荷兰病”效应将会凸显。[②] 在此情境下能源产业的发展因价格信号的刺激变得更加活跃繁荣。一方面，能源产业不可避免地从其他产业吸取更多的资本和劳动力，加剧了“荷兰病”的资源转移效应。特别是制造业为了与能源产业争夺劳动力不得不提供更高的工资，这种变相的成本上涨直接削弱了制造业参与国际竞争的能力。另一方面，在能源产业繁荣的带动下，能源出口国国内不可贸易部门受到大量购买需求的刺激而蓬勃发展，这进一步吸引了劳动力从制造业转移到不可贸易部门，即加剧了“荷兰病”的消费效应。在上述效应的影响下，能源出口国的制造业在能源价格长期高企时很难取得发展，从而间接破坏了经济增长的制造业支柱。

其二，当能源价格在较长的周期内明显低于合理的价格区间时，能源出口国会出现本币持续贬值和财政赤字攀升等问题。在此情境下能源出口国的出口收益下降且外汇收入减少。一方面，能源出口国的本币币值因为外汇收入减少和投资者看空而下跌，因而其偿还以外币计价的债务的成本大幅攀升，往往进一步诱发了债务陷阱。[③] 另一方面，政府的收入因为能源税收或租金收入的减少而降低，因此财政赤字迅速攀升。这严重制约了政府提供公共服务的能力。可以说在能源价格长期低垂时，繁重的外债和政府公共服务的缺失严重侵蚀着经济增长的基础。[④]

---

① Jeffrey Frankel, “The Natural Resource Curse: A Survey”, in Brenda Shaffer and Taleh Ziyadov, eds., *Beyond the Resource Curse*, Philadelphia: University of Pennsylvania Press, 2012, pp. 26–27; Luc Désiré Omgba, “Institutional Foundations of Export Diversification Patterns in Oil-producing Countries”, *Journal of Comparative Economics*, Vol. 42, No. 4, 2014, p. 1053. 对于影响能源价格的诸多因素的探讨详见 Benjamin K. Sovacool, ed., *The Routledge Handbook of Energy Security*, Oxford: Routledge, 2011。需要说明的是，虽然该书主要讨论的是能源安全的影响因素，但是其分析同样与能源价格高度紧密相关。

② 关于“荷兰病”效应的梳理详见本书第二章第二节。

③ Ohad Raveh, Yacov Tsur, “Resource Windfalls and Public Debt: A Political Economy Perspective”, *European Economic Review*, Vol. 123, 2020, pp. 1–22.

④ 亚历山大·詹姆斯发现自20世纪80年代起能源出口国的经济增长放缓，其原因就是在于能源价格长期处在低位。详见 Alexander James, “The Resource Curse: A Statistical Mirage?”, *Journal of Development Economics*, Vol. 114, 2015, pp. 55–63。

其三，当能源价格在较短的周期内出现反复剧烈异动时，能源出口国无法实现宏观经济的稳定。自20世纪80年代起，能源价格的短期异动成为常态，以至于价格的周变动达10%的情形已经成了家常便饭。① 一方面，能源价格的短期异动提高了政府规划的贴现值，诱使其在制定经济政策时压缩政策规划的时间周期，助长了短视的经济行为。② 然而这种盲目短视的经济活动不仅效果不彰，而且很容易破坏经济增长的连续性和稳定性。另一方面，能源价格的短期异动引发了政府公共预算的波动，而后者则使能源开发效率进一步降低，同时引发了政治恩惠问题。③ 固然能源出口能够带来可观的经济收益，但是这种收益会被波动性的负面影响吞噬。④

一国能源产业畸大的产业结构决定了其以能源为主的单一出口结构，而出口结构越单一上述三个负面影响就越显著，进而该国就越不可能实现经济的持续增长。罗斯通过对38个石油出口国的分析发现此类国家非常容易遭受能源价格波动的影响，并且其出口向能源的集中程度还在不断加强。⑤ 弗雷德里克·范德普勒格等发现“对于能源的依赖大大加剧了波动性的负面影响”。⑥ 李嘉图·豪斯曼等指出拥有足够规模的非能源

① Macartan Humphreys, Jeffrey D Sachs, Joseph E Stiglitz, “Introduction: What Is the Problem with Natural Resource Wealth?”, in Macartan Humphreys, Jeffrey D Sachs, Joseph E Stiglitz, eds., *Escaping the Resource Curse*, New York: Columbia University Press, 2007, pp. 6-8.

② 卢凌宇、许剑：《因“祸”得福？石油进口依赖与发展中国家能力》，《世界经济与政治》2020年第12期，第131—132页。

③ James A. Robinson, Ragnar Torvik, Thierry Verdier, “The Political Economy of Public Income Volatility: With an Application to the Resource Curse”, *Journal of Public Economics*, Vol. 145, 2017, pp. 243-252.

④ Frederick van der Ploeg, Steven Poelhekke, “Volatility and the Natural Resource Curse”, *Oxford Economic Papers*, Vol. 61, No. 4, 2009, pp. 727-760; Frederick van der Ploeg, “Natural Resources: Curse or Blessing?”, *Journal of Economic Literature*, Vol. 49, No. 2, 2011, p. 406; Thomas Chuffart, Emma Hooper, “An Investigation of Oil Prices Impact on Sovereign Credit Default Swaps in Russia and Venezuela”, *Energy Economics*, Vol. 80, 2019, pp. 904-916. 罗斯发现，全世界范围内石油出口国的经济增长率标准差要比非石油出口国高出40%。如果仅看发展中国家，石油出口国的经济增长率标准差要比非石油出口国高出60%。这足以说明能源出口国的宏观经济缺乏稳定性。详见 Michael L. Ross, *The Oil Curse: How Petroleum Wealth Shapes the Development of Nations*, Princeton: Princeton University Press, 2012, p. 191。

⑤ Michael L. Ross, “What Do We Know About Export Diversification in Oil-producing Countries?”, *The Extractive Industries and Society*, Vol. 6, No. 3, 2019, pp. 792-806.

⑥ Frederick van der Ploeg, Steven Poelhekke, “The Pungent Smell of ‘Red Herrings’: Subsoil Assets, Rents, Volatility and the Resource Curse”, *Journal of Environmental Economics and Management*, Vol. 60, No. 1, 2010, p. 50.

可贸易部门的国家相对价格稳定，而非能源可贸易部门较小的国家相对价格则波动剧烈。[①] 这再一次印证了能源产业畸大放大了价格波动的负效应。

综合本节的讨论可以发现：能源产业畸大在国内层面拖累后续的工业化进程、在国际层面放大能源价格波动的负面效应，由此直接拖累了一国的经济增长。相反对能源产业与其他产业协调发展的国家（即并未形成能源依赖的国家）而言，其能源开发在国内层面并不会阻碍制造业的发展，也不会拖累其后续的工业化进程；在国际层面受到的能源价格波动的负面效应也相对有限。本节的发现如图 3-1 所示。

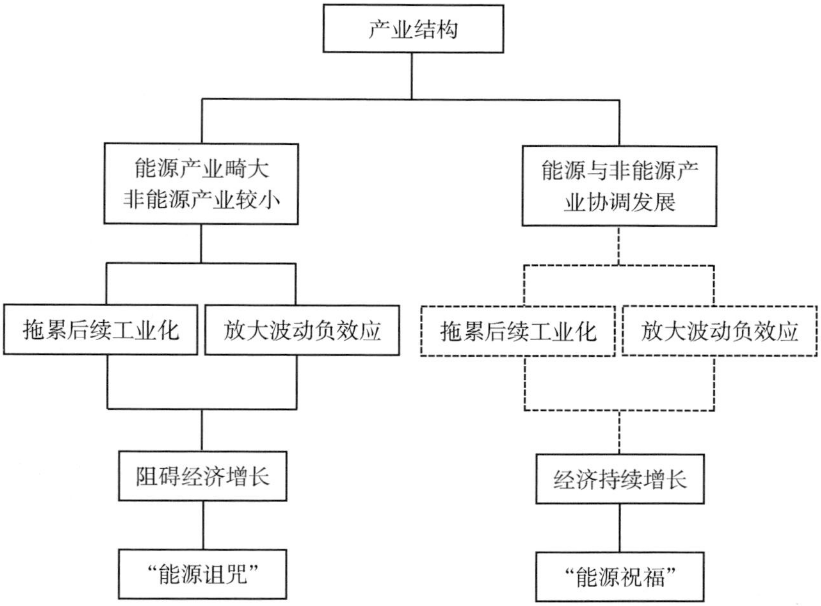

图 3-1　能源产业畸大诱发“能源诅咒”的因果机制

注：虚线表示未触发的机制。

至此可以认为一国能源产业畸大是导致其陷入“能源诅咒”的直接原因。但正如阿西莫格鲁所述，原因也有直接原因与根本原因之分，为

① Ricardo Hausmann, Roberto Rigobon: “An Alternative Interpretation of the ‘Resource Curse’: Theory and Policy Implications”, Working Paper, https: //www. nber. org/system/files/working_ papers/w9424/w9424. pdf.

此在发现直接原因后还需要进一步向前追溯根本原因。[①] 更为重要的问题在于：能源产业畸大的产业结构为何产生？为何具有能动性的政府不尝试改变畸形的产业结构以减轻能源依赖？[②] “如果产业多元化是有益的，为什么（能源出口国）不这么做呢？”[③] 对这一系列问题的回答有赖于对能源出口国国内产业联盟和产权制度的政治分析。

第二节　产业联盟、产权制度与能源依赖

斯蒂芬·哈格德（Stephan Haggard）在讨论新兴工业化经济体发展的政治逻辑时就已经提及了决定一国产业政策选择的四个重要因素，即国际系统、国内联盟、政治制度及理念。[④] 哈格德已经充分意识到，一方面国际系统无法解释相同处境下国家的行为差异，因此有必要考虑国内层次的变量；另一方面国内联盟大致框定了产业政策选择，而这种选择同时还受制于政治制度环境。[⑤] 所以，为了阐明能源产业畸大的产生原因就必须打开“国家的黑箱”，分析一国内部的产业联盟形态及产权制度类型。

---

① ［美］达龙·阿西莫格鲁：《现代经济增长导论（上册）》，唐志军等译，中信出版集团2019年版，第19—21，121—159页。

② 安东尼奥·卡夫拉莱斯等指出绝不能忽视政府的作用，否则就无法解释为什么政府一开始就不选择好政策。详见 Antonio Cabrales, Esther Hauk, “The Quality of Political Institutions and the Curse of Natural Resources”, *The Economic Journal*, Vol. 121, No. 551, 2011, p. 60。另有研究也表达了相同的观点，详见 Alessandro Cologni, Matteo Manera, “Exogenous Oil Shocks, Fiscal Policies and Sector Reallocations in Oil Producing Countries”, *Energy Economics*, Vol. 35, 2013, p. 56; Michael L. Ross, “The Political Economy of the Resource Curse”, *World Politics*, Vol. 51, No. 2, 1999, p. 307; Jenny R. Kehl, “Rethinking the Resource Curse: A Review Essay on the Politics of Oil Investments”, *International Studies Review*, Vol. 13, No. 3, 2011, p. 500。

③ 这一问题出自伊瓦尔·科尔斯塔等研究的题目，详见 Arne Wiig, Ivar Kolstad, “If Diversification Is Good, Why don’t Countries Diversify More? The Political Economy of Diversification in Resource-rich Countries”, *Energy Policy*, Vol. 40, 2012, p. 196。

④ ［美］斯蒂芬·哈格德：《走出边缘——新兴工业化经济体成长的政治》，陈慧荣译，吉林出版集团有限责任公司2009年版，第3页。

⑤ ［美］斯蒂芬·哈格德：《走出边缘——新兴工业化经济体成长的政治》，陈慧荣译，吉林出版集团有限责任公司2009年版，第4—5页。需要补充说明的是：虽然理念的重要性也不可忽视，但其因果效应难以得到识别，因果机制也难以直接阐明。因此本书承认其重要性但不围绕理念展开分析。

具体而言，产业联盟分析聚焦于有组织利益团体的偏好和实力对比，而产权制度分析则重点关注在特定制度约束下有组织利益团体与政府的关系及其影响。尽管以彼得·霍尔（Peter Hall）为代表的一派学者与以海伦·米尔纳为代表的另一派学者对联盟利益与政治制度究竟谁更重要的认识截然相反，但他们都将二者同时纳入研究框架。① 因此本书不再刻意区分产业联盟与产权制度之间的优先性及因果性。另外，斯蒂芬·范埃弗拉（Stephen Van Evera）指出中间变量是由自变量引起并引发因变量的变量。② 因果机制的复杂性意味着自变量往往并未直接作用于因变量，相反自变量通过影响中间变量进而作用于因变量则更为普遍。就此而言，产业联盟形态及产权制度类型是本书的中间变量。由此，本节分别阐述了产业联盟形态及其政治效应以及产权制度类型及其政治效应，据此接续回答了一国能源产业畸大的产生原因。

一　产业联盟形态及其政治效应

借鉴自国际经济学中贸易理论的社会联盟分析尤其重视不同产业或阶级对政府决策或政治过程的竞争性影响，其又可以被细分为产业联盟分析与阶级联盟分析。③ 前者滥觞于以各贸易行业为分析单位的李嘉图—维纳模型（Ricardo-Viner Model），并且经由彼得·古勒维奇（Peter Gourevitch）等的发展形成了以国家内部特定产业的实力对比、利益偏好

① ［美］彼得·霍尔：《驾驭经济：英国与法国国家干预的政治学》，刘骥、刘娟凤、叶静译，江苏人民出版社 2008 年版，第 15—17 页；［美］海伦·米尔纳：《利益、制度与信息：国内政治与国际关系》，曲博译，王正毅校，上海人民出版社 2015 年版，第 16—17，97—125 页。

② Stephen Van Evera, *Guide to Methods for Students of Political Science*, Ithaca: Cornell University Press, 1997, p. 10.

③ 相关梳理和评述详见田野《对外经济政策的政治学——社会联盟理论解析》，《国际政治科学》2008 年第 2 期，第 55—80 页；朱天飚《比较政治经济学》，北京大学出版社 2006 年版，第 123—138 页；钟飞腾《社会行为体与政策偏好：国际政治经济学研究的微观基础》，《世界经济与政治》2007 年第 4 期，第 54—62 页。需要说明的是虽然钟飞腾将社会行为体分为要素所有者、产业（部门）和企业这 3 类，但是主流的社会联盟理论并未将企业作为主体纳入其中。对与社会联盟分析高度相关的国际经济学中贸易理论的介绍，详见［美］保罗·R. 克鲁格曼、茅瑞斯·奥伯斯法尔德、马克·J. 梅里兹《国际经济学：理论与政策（第十版）》，丁凯等译，中国人民大学出版社 2016 年，第 17—92 页。

及收益情况为核心的分析框架。[①] 后者则发轫于以生产要素为分析单位的赫克歇尔-俄林-萨缪尔森模型（Heckscher-Ohlin-Samuelson Model），并在罗纳德·罗戈夫斯基等的改造下形成了以分析土地、劳动与资本要素的丰裕程度以及这三种要素所属阶级联盟实力强弱为核心的分析框架。[②] 之后虽然迈克尔·希斯考克斯（Michael Hiscox）试图以要素流动性为变量将产业联盟分析与阶级联盟分析加以整合，但在要素流动性难以考察的情形下，上述两种社会联盟分析仍然泾渭分明。[③] 总的来看，社会联盟分析“打开了国家的黑箱”，为揭示“能源诅咒”的成因提供了重要的考察视角。然而正如斯蒂芬·哈格德所告诫的那样“首先是界定恰当的联盟（类型）”，本书需要进一步明确究竟要开展产业联盟分析还是阶级联盟分析。[④]

实际上，产业联盟分析的微观基础更适用于“能源诅咒”成因探析，其分析精度明显更胜一筹。不可否认，罗纳德·罗戈夫斯基批评产业联盟分析只是阶级联盟分析的短期例外，要素流动在更长的考察周期内更适用于阶级联盟分析。[⑤] 但正如杰弗里·弗里登（Jeffry Frieden）的反驳所言：一方面，阶级联盟分析在考察两种以上要素时将变得模糊不清；另一方面，政治过程的周期往往较短，而要素流动的周期则较长，

---

① Peter Gourevitch, “International Trade, Domestic Coalitions, and Liberty: Comparative Responses to The Crisis of 1873-1896”, *The Journal of Interdisciplinary History*, Vol. 8, No. 2, 1977, pp. 281-313;［美］彼得·古勒维奇：《艰难时世下的政治：五国应对世界经济危机的政策比较》，袁旭明、朱天飚译，吉林出版集团有限责任公司 2009 年版，第 46—55 页；Jeffrey A. Frieden, “Invested Interests: The Politics of National Economic Policies in a World of Global Finance”, *International Organization*, Vol. 45, No. 4, 1991, pp. 425-451；［美］杰弗里·A. 弗里登：《货币政治：汇率政策的政治经济学》，孙丹、刘旭东、王颖樑译，机械工业出版社 2016 年版，第 1—42 页。

② ［美］罗纳德·罗戈夫斯基：《商业与联盟：贸易如何影响国内政治联盟》，杨毅译，上海人民出版社 2012 年版，第 1—20 页。需要补充的是，虽然当前的阶级联盟分析主要源于国际经济学中的贸易理论，但其思想渊源也包括政治学与社会学的经典研究，譬如中共中央马克思恩格斯列宁斯大林著作编译局编译《马克思恩格斯选集（第一卷）》，人民出版社 2012 年版，第 399—435 页；［美］巴林顿·摩尔《专制与民主的社会起源：现代世界形成过程中的地主和农民》，王茁、顾洁译，上海译文出版社 2012 年版。

③ ［美］迈克尔·J. 希斯考克斯：《国际贸易与政治冲突——贸易、联盟与要素流动程度》，于扬杰译，中国人民大学出版社 2005 年版，第 3—71 页。

④ ［美］斯蒂芬·哈格德：《走出边缘——新兴工业化经济体成长的政治》，陈慧荣译，吉林出版集团有限责任公司 2009 年版，第 31 页。

⑤ ［美］罗纳德·罗戈夫斯基：《商业与联盟：贸易如何影响国内政治联盟》，杨毅译，上海人民出版社 2012 年版，第 13—14 页。

这也使得阶级联盟分析在考察政治过程时往往效果不彰。① 更为致命的是，阶级联盟分析以资本、劳动与土地为微观分析基础的三分法太过模糊，以至于完全忽视了阶级或上述要素所有者内部存在的巨大分歧。② 例如，弗里登观察到糖、棉花、咖啡和稻米虽然同属于土地要素，但前两者是“反动的”农作物，催生了以奴役和压制为代表的种植园经济；而后两者则是“进步的”农作物，催生了更具活力、更为健全的资本主义经济，上述四种作物各自所属的产业联盟的经济政策偏好也有天壤之别。③ 同样，19 世纪由美国西部家庭农产主结成的产业联盟与东北部工商业联盟共同反对南部种植园联盟，虽然西部家庭农耕作物与南部种植园作物均属土地要素但其所有者偏好各异。④ 再如，二战后英国的金融资本与商业资本决裂，两者均向政府施压出台有利于本产业联盟的政策，虽然金融资本与商业资本均属于资本要素但其所有者偏好各异。⑤ 显然，在考察“能源诅咒”成因这一聚焦于具体产业的议题时，阶级联盟分析会因为过于模糊而力不从心。相比之下产业联盟分析则更为精确细致，因而本书需要进行产业联盟分析。

具体而言，“产业联盟”是由同属一个产业的从业者组成的利益共同体，其主要目标在于通过影响政府或政治家来扩大该产业所有从业者的收益。虽然各国内部产业联盟的组织方式和表现形式均不尽相同，但相同的是一国内部的各个产业联盟都试图在影响政府及政治家的“锦标赛”中占据更大的优势，并且与二者结成更紧密的政治经济关系。然而由于实力差距的客观存在，不同产业联盟对政府和政治家影响力的大小及关系的紧密程度均不相同。一般来说，缴纳更多税收或租金、从业人数更多、开展集体行动更有效的产业联盟实力更强，其对政府和政治家

---

① Jeffrey A. Frieden, “Invested Interests: The Politics of National Economic Policies in a World of Global Finance”, *International Organization*, Vol. 45, No. 4, 1991, p. 436.

② 迈克尔·沙弗也表达了近似的观点。详见 Michael Shafer, *Winners and Losers: How Sectors Shapes the Developmental Prospects of States*, Ithaca: Cornell University Press, 1994, p. 129。

③ 杰弗里·弗里登：《20 世纪全球资本主义的兴衰》，杨宇光等译，上海人民出版社 2017 年版，第 89—94 页。

④ ［美］巴林顿·摩尔：《专制与民主的社会起源：现代世界形成过程中的地主和农民》，王茁、顾洁译，上海译文出版社 2012 年版，第 111—142 页。

⑤ ［美］彼得·霍尔：《驾驭经济：英国与法国国家干预的政治学》，刘骥、刘娟凤、叶静译，江苏人民出版社 2008 年版，第 74，299 页。

的影响力更大且关系也更为紧密，相反政府和政治家也对该产业联盟更为倚重甚至更为依赖。基于此，本书将重点考察产业联盟的形态，即能源产业联盟相较于其他产业联盟的实力差异，以及由此产生的政府和政治家对能源产业联盟的依赖程度，据此进一步发掘“能源诅咒”的成因及其作用机理。① 在操作层面，不同产业联盟的实力强弱可以通过能源产业联盟人口占总人口的比重、能源产业产值或出口额占 GDP 的比重、能源产业联盟平均工资与其他产业联盟平均工资的比值等得以测量，测量结果也可以加以互证。②

实际上，迈克尔·沙弗关于产业形态与政府保护关系的里程碑式研究就已经触及了能源产业联盟与其他产业联盟实力强弱对能源出口国经济增长的影响。③ 沙弗指出，一国取得经济增长的能力取决于其国内主导性国际贸易产业的属性，而产业属性也由其资本密度、规模经济、生产灵活性、资本/要素灵活性共同决定。④ 不同的产业在国际市场结构与重组、重组的（不）可控性、绝对能力、社会行为体的集体行动能力、自主性、相对能力这六个方面产生了截然不同的影响。由此，对于由少量大公司所组成、进入和退出门槛较高、资产专用性较高的出口型产业而言，其很难应对国际市场波动的负面影响，因而会强力地游说政府为其提供保护，这全面弱化了国家自主性和国家能力。相反，对于由大量小公司所组成、进入和退出门槛较低、资产专用性较低的出口型产业而言，其能够较好地应对国际市场波动的负面影响，因而相较之下不太会寻求政府为其提供保护。⑤ 当前一种产业是国家的主导性出口产业时，国家的经济增长更

① 需要着重阐明的一点是：本书为何使用“产业联盟”的概念而不直接运用“产业”或“企业”进行分析。其原因在于相较于“产业”，“产业联盟”是一个具有能动性的概念；相较于“企业”，“产业联盟”具有明显的概念包容性，完全能够代表一家企业、多家企业、企业行会组织、工会组织、社团组织等，对于不同的国家都具有良好的适用性。

② 上述三种测量中的后两种分别详见宋亦明、张经纬《产业联盟与“能源诅咒”：委内瑞拉与俄罗斯的现代化“宿命”》，《外交评论》（外交学院学报）2020 年第 2 期，第 99—101 页；Jeffrey D. Sachs, Andrew M. Warner, “Natural Resources and Economic Development: The Curse of Natural Resources”, *European Economic Review*, Vol. 45, No. 4-6, 2001, p. 837.

③ 需要说明的是，沙弗在其研究中使用的是“部门”（Sector）这一概念。

④ Michael Shafer, *Winners and Losers: How Sectors Shapes the Developmental Prospects of States*, Ithaca: Cornell University Press, 1994, p. 12.

⑤ Michael Shafer, *Winners and Losers: How Sectors Shapes the Developmental Prospects of States*, Ithaca: Cornell University Press, 1994.

慢；当后一种产业是国家的主导性出口产业时，国家的经济增长更快。值得注意的是，虽然不同产业联盟具有不同的特质，但只有实力更强的产业联盟才能够影响政府的政策，进而影响到国家的经济增长。

沙弗的研究印证了实力更强的产业联盟对政府和政治家具有更明显的影响，而当能源产业联盟较其他产业联盟实力更强时将带来三个政治效应。首先，实力强大的能源产业联盟诱发了“税汇陷入”效应，即政府形成了对能源产业联盟的税收和创汇依赖，失去了推动其他产业发展的动力。① 能源开发与出口在短期内能够创造极其丰厚的收益并为政府缴纳充盈的税款以及带来更多的外汇收入，因而政府对其他非能源产业的征税和创汇需求以及提取能力均明显下降。② 一方面，由于政府并不依赖向其他产业联盟征税和创汇也就无须对其负责，这也自然而然地减少了政府对其他产业发展的直接支持。③ 同时，由政府责任性的缺失所导致的公共服务效率的降低和公共资本的减少也间接损害了其他产业的发展。④ 另一方面，巨额而易获的税收和外汇收入导致政策制定者目光短浅、安于现状、无意改善经济政策、无意采取发展型政策。⑤ “税汇陷入”效应使得能源出口国沦为食利者国家，破坏了非能源产业发展的产业政策基础。这些产业中尤以纺织和服装等轻工业遭受的消极影响最为显著，然而正是这些产业的发展拉

---

① 需要认识到除了税收外，政府还严重依赖能源产业联盟的租金（租金是一种非税收收入）。由于租金具有模糊性和隐蔽性，并且难以操作化，本研究在分析框架建构和实证检验阶段并未对其进行讨论。

② 从格申克龙对 1937 年保加利亚工业净产出的统计就可以管窥能源产业人均净产出之高远非其他产业所能企及。当年能源产业人均净产出为 277290 个货币单位，相比之下人均净产出第二高的面粉产业仅为 5805，所有工业人均净产值的平均值仅为 2139。详见亚历山大·格申克龙著：《经济落后的历史透视》，张凤林译，商务印书馆 2012 年版，第 255 页。

③ Michael L. Ross, “Does Oil Hinder Democracy?”, *World Politics*, Vol. 53, No. 3, 2001, pp. 329–332; Benjamin Smith, “Oil Wealth and Regime Survival in the Developing World, 1960–1999”, *American Journal of Political Science*, Vol. 48, No. 2, 2004, pp. 233–234; Alexander A. Cooley, “Booms and Busts: Theorizing Institutional Formation and Change in Oil States”, *Review of International Political Economy*, Vol. 8, No. 1, 2001, p. 166.

④ Lars-Erik Borge, Pernille Parmer, Ragnar Torvik, “Local Natural Resource Curse?”, *Journal of Public Economics*, Vol. 131, 2015, pp. 101–114; Sambit Bhattacharyya, Paul Collier, “Public Capital in Resource Rich Economies: Is There a Curse?”, *Oxford Economic Papers*, Vol. 66, No. 1, 2014, pp. 1–24.

⑤ 本书不再逐一引用涉及上述内容的研究，相关的简单综述可详见 Michael L. Ross, “The Political Economy of the Resource Curse”, *World Politics*, Vol. 51, No. 2, 1999, pp. 312–313.

开了东亚国家经济崛起的序幕。[①] 显然，一国政府对能源产业联盟的税收和创汇依赖根本无法扭转该国产业多元化水平较低的情形，留下的只是“一种容易崩溃的虚幻繁荣”。[②]

其次，实力强大的能源产业联盟导致了“补贴分异”效应，即政府形成了对能源产业联盟的再分配依赖，然而能源产业联盟提供的再分配性补贴不仅失衡，还弱化了政府通过再分配带动其他产业发展的能力。再分配是政府保障社会公平、缩小产业联盟间发展差异的重要手段。有别于非能源出口国以政府财政支出为主、政策工具丰富且相对精细的再分配模式，能源出口国主要采取通过压低本国能源市场价格变相补贴其他产业的粗放型再分配模式。换句话说，实力强大的能源产业联盟通过提供更廉价的能源替代政府成为再分配的主体。罗斯等针对世界 155 个国家补贴情况的研究发现有 22 个净补贴国（Net Subsidizers），而令人吃惊的是，这 22 个国家都是石油出口国。[③] 以拉丁美洲的能源出口国为例，其价格补贴平均已经占到了 GDP 的 3%，部分国家的这一数字更是高达 9%。[④] 由此产生了两个结果：其一，实力强大的能源产业联盟虽然提供了更廉价的能源，但这只让使用能源较多的少数产业获益，其他大多数产业并未明显享受到其再分配红利。可以说，不同产业联盟和利益团体所获得的能源补贴出现了明显的分异，这种分异也使通过能源价格补贴带动其他产业均衡发展的努力注定效果不彰。[⑤] 其二，更为严重的是“补贴分配机制已经成为主要产

---

① Michael L. Ross, “Oil, Islam, and Women”, *American Political Science Review*, Vol. 102, No. 1, 2008, p. 108.

② 奥蒂阐述了近似的观点，其观点及上述原文详见 R. M. Auty, “Natural Resources and Small Island Economies: Mauritius and Trinidad and Tobago”, *Journal of Development Studies*, Vol. 53, No. 2, 2017, p. 275.

③ Paasha Mahdavi, Cesar B. Martinez-Alvarez, Michael L. Ross, “Why Do Governments Tax or Subsidize Fossil Fuels”, Working Paper, 2020, https://www.cgdev.org/sites/default/files/why-do-governments-tax-or-subsidize-fossil-fuels.pdf.

④ 芦思姮：《制度弱化视域下拉美国家“发展陷阱”的传导路径考察：“资源诅咒”与制度选择》，《拉丁美洲研究》2020 年第 3 期，第 128—131 页；David R. Mares, Nelson Altamirano, “Venezuela's PDVSA and World Energy Markets: Corporate Strategies and Political Factors Determining Its Behavior and Influence”, March 2007, https://www.bakerinstitute.org/media/files/page/9c4eb216/noc_pdvsa_mares_altamirano.pdf。

⑤ 芦思姮：《制度弱化视域下拉美国家“发展陷阱”的传导路径考察：“资源诅咒”与制度选择》，《拉丁美洲研究》2020 年第 3 期，第 129—130 页；Andrew Cheon, Maureen Lackner, Johannes Urpelainen, “Instruments of Political Control: National Oil Companies, Oil Prices, and Petroleum Subsidies”, *Comparative Political Studies*, Vol. 48, No. 3, 2014, pp. 397-399。

油国国内经济的支柱”，压低能源价格并提供价格补贴已经替代了推行有效的经济政策成为这类国家政府的政策首选，这最终破坏了政府通过有效的再分配政策来减轻不同产业联盟发展失衡的能力。①

最后，实力强大的能源产业联盟加深了其与政治家之间的“利益交换”效应，即面临选举压力的政治家有赖于能源产业联盟的支持，并且在胜选后往往以大力支持能源产业的发展作为回报。② 如果说税收和租金对政府的激励非常重要，那么在选举中获胜并且连选连任对于政治家的意义同样不可忽视。③ 相较于其他产业联盟，实力强大的能源产业联盟能够聚集更多的资源来克服集体行动的困境，其对特定政治家的支持也更容易帮助后者在选举中获胜。④ 由此，能源产业联盟能够为特定政党或政治家捐献更多经费、组织或参与更有影响力的拉票运动、公开称支持更能引领选民的投票倾向，以此帮助政治家赢得选举。⑤ 另外，在政治家谋求连选连任时，实力强大的能源产业联盟也作用显著。⑥ 多项

---

① Alexander A. Cooley, “Booms and Busts: Theorizing Institutional Formation and Change in Oil States”, *Review of International Political Economy*, Vol. 8, No. 1, 2001, p. 165; Jenny R. Kehl, “Rethinking the Resource Curse: A Review Essay on the Politics of Oil Investments”, *International Studies Review*, Vol. 13, No. 3, 2011, p. 500; Terry Lynn Karl, *The Paradox of Plenty: Oil Booms and Petro-States*, Berkeley: University of California Press, 1997, p. 16.

② Paul Collier, *The Bottom Billion: Why the Poorest Countries are Failing and What Can Be Done About It*, Oxford: Oxford University Press, 2007, pp. 44-49. 需要特别指出的是，“利益交换”机制并不适用于部分实行专制君主制的国家。在这一政体类型下，政治家无须参与选举。

③ 对政治家的优先目标（芭芭拉·格迪斯将其称为“第一偏好”）的探讨详见：Barbara Geddes, “A Game Theoretic Model of Reform in Latin American Democracies”, *American Political Science Review*, Vol. 85, No. 2, 1991, pp. 373-374。

④ 田野等：《国际贸易与政体变迁：民主与威权的贸易起源》，中国社会科学出版社 2019 年版，第 39—58 页；［美］曼瑟·奥尔森：《国家的兴衰：经济增长、滞胀和社会僵化》，李增刚译，上海人民出版社 2018 年版，第 21—46 页；Michael Shafer, *Winners and Losers: How Sectors Shapes the Developmental Prospects of States*, Ithaca: Cornell University Press, 1994, p. 39。

⑤ 王晓玥、田野：《国际石油贸易扩张与选举式威权政体的巩固——基于委内瑞拉和哈萨克斯坦的比较研究》，《外交评论》（外交学院学报）2016 年第 4 期，第 87—89 页。萨德·邓宁等的研究表达了相近的意思，然而需要注意的是其所述的资源是广义的资源而非特质能源。详见 Natália S. Bueno, Thad Dunning, “Race, Resources, and Representation: Evidence from Brazilian Politicians”, *World Politics*, Vol. 69, No. 2, 2017, pp. 327-365。

⑥ Arthur Colom-Jaén, Alicia Campos-Serrano, “Oil in Chad and Equatorial Guinea: Widening the Focus of the Resource Curse”, *European Journal of Development Research*, Vol. 25, No. 4, 2013, pp. 587-588; Hootan Shambayati, “The Rentier State, Interest Groups, and the Paradox of Autonomy: State and Business in Turkey and Iran”, *Comparative Politics*, Vol. 26, No. 3, 1994, pp. 307-311; Sarah M. Brooks and Mareus J. Kurtz, “Oil and Democracy: Endogenous Natural Resources and the Political ‘Resource Curse’ ”, *International Organization*, Vol. 70, No. 2, 2016, pp. 281-285.

研究表明在实力强大的能源产业联盟的加持下，政治家胜选与连选连任的可能性明显提升。[①] 然而，能源产业联盟对特定政治家的支持绝非慈善行动，相反其以政治家胜选后的补偿性支持为条件。因此政治家在胜选后往往会大力推行有利于能源产业发展的经济政策，此举进一步扩大了能源产业在国家产业布局中的优势地位。在如此往复的循环中，能源产业畸大的产业结构得以巩固并不断自我强化。

二　产权制度类型及其政治效应

第二章第三节对制度薄弱/制度弱化解释的综述表明，一般意义上制度因其内涵的广泛性、层次的宏观性以及边界的模糊性使得界定并测量制度的强与弱、好与坏、健全的时间节点等都变得格外困难。这导致相应的分析不仅存在宏大而粗糙的问题，而且远远扩大了制度的解释边界。相比之下产权制度则更为聚焦和清晰，曾被罗斯视为进一步揭示“能源诅咒”成因的重要突破方向。[②] 他明确了基于产权制度在界定产权归属与保障产权实施上的差异以及产权制度的不同类型这两条不同的细分方向。基于罗斯提出的上述研究议程，本书需要“重新发现产权制度”及其导致能源产业畸大的政治效应。[③]

在制度经济学中产权学派的引领下，大量研究聚焦于产权制度在界定产权归属与保障产权实施上的差异所带来的影响，即罗斯所提出的第一个方向。本章第一节所列的第五个论断指出，良性的制度更可能推动经济增长。仅就产权制度而言，其在界定上的明晰和在执行上的有力会

---

① James A. Robinson, Ragnar Torvik, Thierry Verdier, “Political Foundations of The Resource Curse”, *Journal of Development Economics*, Vol. 79, No. 2, 2006, pp. 447-468; Paasha Mahdavi, “Explaining the Oil Advantage: Effects of Natural Resource Wealth on Incumbent Reelection in Iran”, *World Politics*, Vol. 67, No. 2, 2015, pp. 226-267; Fernanda Brollo, Tommaso Nannicini, Roberto Perotti, Guido Tabellini, “The Political Resource Curse”, *American Economic Review*, Vol. 103, No. 5, 2013, pp. 1759-1796; Jeroen Klomp, Jakob de Haan, “Election Cycles in Natural Resource Rents: Empirical Evidence”, *Journal of Development Economics*, Vol. 121, 2016, pp. 79-93; Egil Matsen, Gisle J. Natvik, Ragnar Torvik, “Petro Populism”, *Journal of Development Economics*, Vol. 118, 2016, pp. 1-12.

② Michael L. Ross, “The Political Economy of the Resource Curse”, *World Politics*, Vol. 51, No. 2, 1999, pp. 319-321.

③ “重新发现产权制度”的提法借鉴自：［美］詹姆斯·G. 马奇、［挪］约翰·P. 奥尔森《重新发现制度：政治的组织基础》，张伟译，生活·读书·新知三联书店 2011 年版。

通过激励市场参与者创造财富、优化资源配置、将经济活动的负外部性内部化等来实现经济的持续高速增长。[①] 不同国家选择的产权制度在产权界定的明晰程度和产权保护的有力程度上都存在明显的差异，这种差异从根本上决定了不同国家经济绩效的差异。[②] 尽管迈克尔·阿尔贝图斯（Michael Albertus）等开展的产权政治学研究突破了产权经济学的既有研究范畴，但也并未从根本上挑战和背弃后者的上述发现。[③] 总的来说，当国家实行的产权制度能够清晰地界定并保护好产权，则该国很可能实现经济的高速增长。

关于“能源诅咒”成因的部分研究虽然借鉴了产权经济学的上述逻辑，但其论证逻辑也面临着与后者相同的批评。拉蒙·洛佩斯等的研究分别指出产权界定越明晰且产权保障越到位，“能源诅咒”就越不可能出现。[④] 具体而言，产权制度无法清晰地界定产权并保障产权实施时，

---

① 阿兰·鲁福斯·华特斯：《经济增长与产权制度》，载［美］詹姆斯·A. 道、［美］史蒂夫·H. 汉科、［英］阿兰·A. 瓦尔特斯编：《发展经济学的革命》，黄祖辉、蒋文华译，格致出版社2014年版，第89—104页；哈罗德·德姆塞茨：《关于产权的理论》，载［美］罗纳德·H. 科斯等：《财产权利与制度变迁：产权学派与新制度学派译文集》：刘守英等译，格致出版社2014年版，第71—73页；罗纳德·科斯：《社会成本问题》，载［美］罗纳德·科斯编：《企业、市场与法律》，陈郁译校，格致出版社2014年版，第78—123页；刘守英、路乾：《产权安排与保护：现代秩序的基础》，《学术月刊》2017年第5期，第40—47页；［美］兰迪·T. 西蒙斯：《政府为什么会失败》，张媛译，新华出版社2017年版，第143—166页。

② ［美］道格拉斯·C. 诺思：《经济史中的结构与变迁》，陈郁等译，格致出版社1994年版；［美］道格拉斯·C. 诺思：《制度、制度变迁与经济绩效》，杭行译，格致出版社2014年版，第74—84，140—155页；［美］约拉姆·巴泽尔：《国家理论——经济权利、法律权利与国家范围》，钱勇、曾咏梅译，上海财经大学出版社2006年版，第19—45页；［美］曼瑟尔·奥尔森：《权力与繁荣》，苏长和、嵇飞译，上海人民出版社2018年版，第3页；［美］罗伯特·巴罗：《经济增长的决定因素——跨国经验研究》，李剑译，中国人民大学出版社2017年版，第1—33页；Richard Barnes, *Property Rights and Natural Resources*, Oxford: Hart Publishing, 2009, pp. 1-19。

③ Kathryn Firmin-Sellers, “The Politics of Property Rights”, *American Political Science Review*, Vol. 89, No. 4, 1995, pp. 867-881; Mogens K. Justesen, “Better Safe than Sorry: How Property Rights and Veto Players Jointly Affect Economic Growth”, *Comparative Politics*, Vol. 46, No. 2, 2014, pp. 147-167; Michael Albertus, *Property without Rights: Origins and Consequences of the Property Rights Gap*, Cambridge: Cambridge University Press, 2021；马啸：《产权制度的中国经验及其学术意义》，《北大政治学评论》2019年第1期，第58—72页；邓大才：《产权与政治研究：进路与整合——建构产权政治学的新尝试》，《学术月刊》2011年第12期，第5—14页；邓大才：《产权的政治逻辑：产权怎样、如何影响政治——从产权政治的功能视角考察》，《学习与探索》2014年第9期，第73—82页。

④ Ramón López, Maurice Schiff, “Interactive Dynamics Between Natural and Man-made Assets: The Impact of External Shocks”, *Journal of Development Economics*, Vol. 104, 2013, pp. 1-15; Frederick van der Ploeg, “Rapacious Resource Depletion, Excessive Investment and Insecure Property Rights: A Puzzle”, *Environmental and Resource Economics*, Vol. 48, No. 1, 2011, pp. 105-128; Leif Wenar, “Property Rights and the Resource Curse”, *Philosophy& Public Affairs*, Vol. 36, No. 1, 2008, pp. 2-32; （转下页）

能源出口的财富效应将会被少数集团攫取，并没有带来促进经济增长的持续动力。① 根据其理论，一旦能源出口国的产权制度无法界定产权并保障其实施，那么该国就会陷入“能源诅咒”。然而，产权制度在界定产权归属与保障产权实施的差异决定经济绩效虽然在理论逻辑上简洁完美，但其却在实证检验上被大量证伪。史蒂芬·哈伯（Stephen Haber）等发现即便19世纪初墨西哥大多数产业的产权在内战与暴力中根本未能得到保护，但该国的经济仍然保持着增长。② 同样，约翰·罗德雷甘等多位学者的研究也表明社会动荡破坏了产权制度致使产权被肆意侵犯，但实证检验却表明经济增长并未因此受到拖累。③ 这使得有学者批评认为：制度经济学所建立的产权制度对产权的界定执行与经济绩效之间的因果关系很可能是脆弱的甚至是虚假的。④ 即便不是如此，必须要承认的是产权制度在界定产权归属与保障产权实施的差异在解释经济绩效时也未能展现其所宣称的规律性。⑤ 同样的问题也会出现在以产权制度在界定产权归属与保障产权实施的差异来解释“能源祝福”与“能源诅咒”分流的研究上。

（接上页）Peter Schaber, “Property Rights and the Resource Curse”, *Global Governance*, Vol. 17, No. 2, 2011, pp. 185-196; Lael Weis, “Resources and the Property Rights Curse”, *Canadian Journal of Law& Jurisprudence*, Vol. 28, No. 1, 2015, pp. 209-236. 需要说明的是，尽管本注释列出的后三篇文章在政治哲学的范畴内进行了探讨，但是其主要观点与政治科学路径下的其他研究基本上是一致的。

① James Roberts, John Robinson, “Property Rights Can Solve the ‘Resource Curse’”, in Terry Miller, et al., 2013 *Index of Economic Freedom*, Washington D. C.: The Heritage Foundation, 2013, pp. 71-78; Frederick van der Ploeg, “Natural Resources: Curse or Blessing?”, *Journal of Economic Literature*, Vol. 49, No. 2, 2011, pp. 369-370; Minoo Farhadi, Md. Rabiul Islam, Solmaz Moslehi, “Economic Freedom and Productivity Growth in Resource-rich Economies”, *World Development*, Vol. 72, 2015, pp. 109-126.

② ［美］史蒂芬·哈伯、阿曼多·拉佐、诺埃尔·毛雷尔：《产权的政治学：墨西哥的制度转型》，何永江、余江译，中信出版集团2019年版，第16—36页。

③ John Longdregan, Keith Poole, “Poverty, the Coup Trap, and the Seizure of Executive Power”, *World Politics*, Vol. 42, No. 2, 1990, p. 174; Ross Levine, David Renelt, “A Sensitivity Analysis of Cross-Country Growth Regressions”, *American Economic Review*, Vol. 82, No. 4, 1992, p. 943; Aymo Brunetti, *Politics and Economic Growth: A Cross Country Data Perspective*, Paris: OECD, 1998, pp. 60-79.

④ ［美］史蒂芬·哈伯、阿曼多·拉佐、诺埃尔·毛雷尔：《产权的政治学：墨西哥的制度转型》，何永江、余江译，中信出版集团2019年版，第6—7页。

⑤ Kirill Borissov, Mikhail Pakhnin, “Economic Growth and Property Rights on Natural Resources”, *Economic Theory*, Vol. 65, No. 2, 2018, pp. 423-482.

相比之下，罗斯所提出的第二个方向，即产权制度的不同类型来对此提供解释则更为可行。在经济学领域，以产权制度类型为解释变量来分析经济增长直到近年才逐渐得到较为充分的关注。[①] 在政治学领域，关于“能源诅咒”成因的研究则长期因为“过度关注石油的特殊性和国家的伪善角色”而忽视了产权制度类型产生的潜在影响。[②] 近年来在宝琳·隆与艾丽卡·温塔尔等的推动下，越来越多的研究关注到产权制度类型在揭示“能源诅咒”成因上的重要价值。[③] 她们与罗斯、帕夏·马赫达维（Paasha Mahdavi）等分别注意到国家能源公司运营效率明显更低，往往是拖累能源出口国经济增长的重要原因。[④] 基于这一发现，更多研究关注到不同能源出口国的产权或所有权类别差异，大致将其划分为国家产权/所有权及私人产权/所有权。这些研究普遍发现，对在能源领域实行国家产权/所有权的能源出口国而言，其经济增长绩效明显不如实行私人产权/所有权的能源出口国。[⑤] 接续上述研究，本部分将以产权制度类型为中间变量对能源产业畸大的原因进行分析。

---

① Kirill Borissov, Mikhail Pakhnin, “Economic Growth and Property Rights on Natural Resources”, *Economic Theory*, Vol. 65, No. 2, 2018, pp. 424-425.

② Pauline Jones Luong, Erika Weinthal, *Oil Is Not a Curse: Ownership Structure and Institutions in Soviet Successor States*, New York: Cambridge University Press, 2010, p. 28.

③ 宝琳·隆与艾丽卡·温塔尔对该研究议程的推动详见 Pauline Jones Luong, Erika Weinthal, “Rethinking the Resource Curse: Ownership Structure, Institutional Capacity, and Domestic Constraints”, *Annual Review of Political Science*, Vol. 9, 2006, p. 242。

④ 宝琳·隆与艾丽卡·温塔尔指出：“石油资源为国家（石油公司）所有和控制时，其很可能成为政治与经济发展的障碍”。详见 Pauline Jones Luong, Erika Weinthal, *Oil Is Not a Curse: Ownership Structure and Institutions in Soviet Successor States*, New York: Cambridge University Press, 2010, p. 336。其他阐述相同观点的研究例如：Michael L. Ross, “The Political Economy of the Resource Curse”, *World Politics*, Vol. 51, No. 2, 1999, pp. 319-320; Michael L. Ross, *The Oil Curse: How Petroleum Wealth Shapes the Development of Nations*, Princeton: Princeton University Press, 2012, pp. 5-6; Paasha Mahdavi, *Power Grab: Political Survival through Extractive Resource Nationalization*, Cambridge: Cambridge University Press, 2020, p. 19。

⑤ Pauline Jones Luong, Erika Weinthal, “Rethinking The Resource Curse: Ownership Structure, Institutional Capacity, and Domestic Constraints”, *Annual Review of Political Science*, Vol. 9, 2006, pp. 241-263; Erika Weinthal, Pauline Jones Luong, “Combating the Resource Curse: An Alternative Solution to Managing Mineral Wealth”, *Perspectives on Politics*, Vol. 4, No. 1, 2006, pp. 35-53; Pauline Jones Luong, Erika Weinthal, *Oil Is Not a Curse: Ownership Structure and Institutions in Soviet Successor States*, New York: Cambridge University Press, 2010; Kirill Borissov, Mikhail Pakhnin, “Economic Growth and Property Rights on Natural Resources”, *Economic Theory*, Vol. 65, No. 2, 2018, p. 424.

具体而言，如果“制度”是指限定并塑造人类互动的一系列安排，那么“产权制度”就是指限定财产所有权、使用权、收益权、让渡权以及在此基础上的社会关系的一系列安排。① 产权制度一方面通过《宪法》或《物权法》等法律得以正式框定，另一方面也会基于历史传统、市场活动、政府政策、行业规范等非正式的方式来确立。② 根据上文的分析，本书不再关注其界定产权归属与保障产权实施的维度，只关注其类型维度。就产权制度的操作化而言，制度经济学普遍将其进一步划分为框定所有权、使用权、收益权、让渡权的正式或非正式制度，因此对关于上述四项权利的制度的考察就可以判断出一个国家在某一特定产业所实行的产权制度类型。③ 与此一一对应的是，根据一国政府对其在其国内一家或多家主要能源企业的持股比重；能否调动能源企业以实现与后者无关的非经营目标；能否从能源企业获得除税收和股权收益外的其他收益；能源企业的股权能否在资本市场上自由转让的制度设计或实践，本书可

① 本书接受了道格拉斯·诺思对于制度的定义。详见［美］道格拉斯·C. 诺思《制度、制度变迁与经济绩效》，杭行译，格致出版社 2014 年版，第 4—6 页。关于制度概念的探讨和辨析另见于唐世平《制度变迁的广义理论》，沈文松译，北京大学出版社 2016 年版，第 4—7 页；［美］彼得·A. 霍尔、戴维·索斯凯斯等《资本主义的多样性：比较优势的制度基础》，王新荣译，中国人民大学出版社 2018 年版，第 10—13 页；朱天飚《比较政治经济学》，北京大学出版社 2006 年版，第 139—140 页。即使在制度经济学内部，对于产权的界定也存在不同的侧重和明显的分歧，详见卢现祥、朱巧玲主编《新制度经济学（第二版）》，北京大学出版社 2012 年版，第 113—115 页；［以］约拉姆·巴泽尔《产权的经济分析（第二版）》，费方域等译，格致出版社 2017 年版，第 3—6 页；阿曼·A. 阿尔钦：《产权：一个经典注释》，载［美］罗纳德·H. 科斯等《财产权利与制度变迁：产权学派与新制度学派译文集》，刘守英等译，格致出版社 2014 年版，第 121—129 页。制度经济学对产权制度的界定特别强调：一方面，其所限定的不仅仅为财产这一产权客体，更重要的是依附于客体上的社会关系。另一方面，产权本身是“一束权利”，不应过分强调其中的一种权利，需要综合考虑多种权利。需要特别强调的是，根据定义产权制度绝非等同于所有权制度，这一变量也不能被诸如能源企业对政府的依赖度、政府与能源企业关系的紧密程度、政府对能源企业的影响力等其他难以操作化的变量所简单替代。

② ［美］道格拉斯·C. 诺思：《经济史中的结构与变迁》，陈郁等译，上海人民出版社 1994 年版，第 230 页；宋亦明：《国家维护能源安全手段的选择逻辑：产权制度的视角》，《国际安全研究》2020 年第 1 期，第 106 页。

③ ［冰岛］思拉恩·埃格特森：《新制度经济学》，吴经邦等译，商务印书馆 1996 年版，第 35—36 页。彼得·霍尔与罗斯玛丽·泰勒（Rosemary Taylor）强调产权与产权制度源自制度经济学的学科范畴，开展研究时需要借鉴并参照制度经济学的既有研究。详见 Peter Hall, Rosemary Taylor, “Political Science and the Three New Institutionalisms”, *Political Studies*, Vol. 44, No. 5, 1996, p. 943。

以将不同国家在能源领域实施的产权制度分为国家产权制度与私人产权制度。[①] 而正如李·阿尔斯通（Lee Alston）等所指出的那样，产权制度类型的差异对国家后续的发展具有不同的影响。[②] 对于能源出口国而言，这一差异在很大程度上影响了其最终是否会形成能源产业畸大的产业结构。

国家产权制度使得政府与能源产业联盟的边界变得模糊，这使得"税汇陷入""补贴分异""利益交换"这三个政治效应更容易出现。宝琳·隆与艾丽卡·温塔尔特别强调了能源国家所有权制度下商业精英与国家官僚之间的边界变得模糊，实际上这也意味着在国家产权制度下政府与能源产业联盟的边界变得模糊。[③] 在能源领域的国家产权制度下，政府很容易突破其与能源产业联盟的权利与责任边界，并将自身偏好施加于本国能源产业联盟之上。[④] 具体来说，政府往往会要求能源产业联盟根据前者的意志开展非经营性活动，譬如上缴远超应缴税额的税款以弥补政府的财政赤字、为成品油销售提供补贴以降低油价、雇佣远多于实际需要的雇员以保障就业、参与援建以帮助政府实现财富的转移支付，

---

① 国家产权制度与私人产权制度不是非黑即白的关系。特别是就所有权制度而言，大多数国家在能源领域实行混合所有制，主要能源企业并非完全由政府全资控股或由私人企业家全资控股，而是由政府与私人企业家共同持股。然而出于因果机制简洁性的考量，如果一国在能源所有权制度中实行混合所有制，本书还将根据使用权、收益权、让渡权制度来综合确定该国能源产权制度的类型。更多探讨详见：Stephen Brooks，"The Mixed Ownership Corporation as an Instrument of Public Policy"，*Comparative Politics*，Vol. 19，No. 2，1987，pp. 173-191。关于国家产权制度与私人产权制度的划分依据如下：Harold Demsetz，"Toward a Theory of Property Rights Ⅱ：The Competition Between Private and Collective Ownership"，*Journal of Legal Studies*，Vol. 31，No. S2，2002，pp. S653-S672；刘守英、路乾：《产权安排与保护：现代秩序的基础》，《学术月刊》2017 年第 5 期，第 42 页。

② Lee Alston，Thrainn Eggertsson，Douglas North，eds.，*Empirical Studies of Organizational Change*，Cambridge：Cambridge University Press，1996，转引自［美］盖伊·彼得斯《政治科学中的制度理论：新制度主义》，王向民、段红伟译，上海人民出版社 2016 年版，第 71 页。

③ Erika Weinthal，Pauline Jones Luong，"Combating the Resource Curse：An Alternative Solution to Managing Mineral Wealth"，*Perspectives on Politics*，Vol. 4，No. 1，2006，p. 43.

④ 产权制度在政府与产业联盟之间划设了权利与责任的边界，而不同类型的产权制度下政府突破这条边界，进而获取产业联盟（具体表现为企业）的权利并将自身的责任交由后者来履行的可能性与成本截然不同。需要指出的是，政府突破这一边界以及政府对产权的侵犯具有根本性的差异，原因在于前者以产权制度为依托，具有合法性及合理性；后者则是对产权制度的破坏，不具有合法性及合理性。一般来说，在国家产权制度下，政府很容易以很低的成本突破其与产业联盟之间的权利与责任边界，进而一方面获取后者的权利，另一方面将自身的责任交由后者来履行；在私人产权制度下，政府很难或者需要以极高的成本才能突破其与产业联盟之间的权利与责任边界，因此无法获取后者的权利并将自身的责任交由后者来履行。相应的讨论详见宋亦明《国家维护能源安全手段的选择逻辑：产权制度的视角》，《国际安全研究》2020 年第 1 期，第 105—110 页。

等等。[①] 这导致能源产业联盟很大程度上丧失了经营与发展策略选择的自主性，需要遵从政府的特定要求并成为后者意志的延伸；相反，政府则高度依赖能源产业联盟甚至在推行政策时将其“内部化”。由此这触发了上述三个政治效应。

首先，在能源领域的国家产权制度下，能源产业联盟需要根据政府的要求贡献超额税汇，这必然产生了“税汇陷入”效应。宝琳·隆与艾丽卡·温塔尔在其突破性研究中将产权制度划分为国家所有和控制、国家所有但不控制、国内私人所有、国际私人所有这 4 类，以此分析土库曼斯坦、乌兹别克斯坦、俄罗斯、阿塞拜疆和哈萨克斯坦这 5 个苏联加盟共和国的财政体制强弱。[②] 其重要的发现在于在交易成本、社会期望和权力关系这三方面的影响下，国家所有和控制的产权制度明显削弱了财政制度；而国内私人所有的产权制度则强化了财政制度。[③] 这项研究雄辩地建立起了能源领域产权制度类型与财政制度强弱的因果关系，并且基本印证了国家产权制度下政府一方面形成了对能源产业联盟的税收依赖，另一方面减少了对其他产业联盟的征税需求。对于实行能源领域国家产权制度的国家而言，其能源产业联盟的纳税税率不仅明显更高，甚至还会出现根据政府要求提前纳税、购买政府债券、拍卖资产替政府偿还外债等荒唐的变相超额纳税行为。[④] 这一逻辑在解释能源出口国的创汇上同样适用。最终，该国将不可避免地沦为食利者国家，这破坏了

① The James A. Baker Ⅲ Institute for Public Policy of Rice University, “The Changing Role of National Oil Companies in International Energy Markets”, 2007, https://www.bakerinstitute.org/files/420/; Stacy L. Eller, Peter Hartley, Kenneth B. Medlock, “Empirical Evidence on the Operational Efficiency of National Oil Companies”, 2007, https://www.bakerinstitute.org/files/3897/; Peter Hartley, Kenneth B. Medlock, “A Model of the Operation and Development of a National Oil Company”, *Energy Economics*, Vol. 30, No. 5, 2008, pp. 2459-2485; Erin Bass, Subrata Chakrabarty, “Resource Security: Competition for Global Resources, Strategic Intent, and Governments as Owners”, *Journal of International Business Studies*, Vol. 45, No. 3, 2014, p. 964; David Victor, David Hults, Mark Thurber, “Introduction and Overview”, in David Victor, David Hults, Mark Thurber, eds., *Oil and Governance: State-owned Enterprises and the World Energy Supply*, New York: Cambridge University Press, 2012, pp. 17-18.

② Pauline Jones Luong, Erika Weinthal, *Oil Is Not a Curse: Ownership Structure and Institutions in Soviet Successor States*, New York: Cambridge University Press, 2010.

③ Pauline Jones Luong, Erika Weinthal, *Oil Is Not a Curse: Ownership Structure and Institutions in Soviet Successor States*, New York: Cambridge University Press, 2010, pp. 1-180.

④ 宋亦明、邹仪婷：《“能源祝福”与“能源诅咒”的政治分流——基于产权制度的解释》，《世界政治研究》2020 年第 4 期，第 126—127 页。

非能源产业发展的产业政策基础。

其次，在能源领域的国家产权制度下，能源产业联盟根据政府的要求必须向其他产业联盟提供大规模补贴，这必然产生了“补贴分异”效应。基于这种产权安排，政府会直接要求能源产业联盟根据其设定的标准提供能源价格补贴，由此经常会导致终端市场上的能源价格甚至低于能源生产的实际成本。① 其原因在于，国家产权制度扭曲了特定能源企业乃至整个能源产业联盟的商业激励，实现利润最大化已经让位于服从政府的行政指导。② 然而这种补贴并非“雨露均沾”而是分异明显，约翰内斯·乌尔佩莱宁等已经发现能源产业联盟与政府会向有更强政治影响力的产业及选民提供补贴。③ 受此影响不同产业的发展不均不仅未能得到缓解，其失衡问题将变得越发严重。不仅如此，由于政府能够较为轻松地要求并借助能源产业联盟进行宏观经济调节，价格补贴已经替代了推行有效的经济政策成为这类国家政府的政策首选，这最终破坏了政府通过有效的再分配政策来缩小不同产业联盟发展失衡的能力。

最后，在能源领域的国家产权制度下，在任的政治家能够轻易地裹挟着能源产业联盟为其连选连任提供支持，这很可能会强化“利益交换”效应。在这种产权安排下，政治家可以很容易地任命自己的亲信去直接领导能源产业联盟，以便确保能源产业联盟在选举周期开始后充分支持其扩张性的宏观经济政策，同时为其选举动员提供支持。帕夏·马赫达维的研究更是表明，政治家为了延续其执政时间，甚至不惜以损害国家经济增长为代价也要将能源公司国有化。④ 这也充分表明在能源领域

---

① John D. Grace, *Russian Oil Supply: Performance and Prospects*, Oxford: Oxford University Press, 2005, pp. 93-94.

② Javier Corrales, Gonzalo Hernández, Juan Camilo Salgado, “Oil and Regime Type in Latin America: Reversing the Line of Causality”, *Energy Policy*, Vol. 142, 2020, pp. 1-17; Peter Hartley, Kenneth B. Medlock, “A Model of the Operation and Development of a National Oil Company”, *Energy Economics*, Vol. 30, No. 5, 2008, pp. 2459-2485. 另外笔者于 2018 年 11 月 15 日、11 月 27 日上午、11 月 27 日下午分别对张建新、陈占明、杨建红进行了访谈。他们基于各自的角度，阐明了不同产权安排下能源企业的经营目标和行动逻辑具有明显的差异。

③ Andrew Cheon, Maureen Lackner, Johannes Urpelainen, “Instruments of Political Control: National Oil Companies, Oil Prices, and Petroleum Subsidies”, *Comparative Political Studies*, Vol. 48, No. 3, 2014, pp. 370-402.

④ Paasha Mahdavi, *Power Grab: Political Survival through Extractive Resource Nationalization*, Cambridge: Cambridge University Press, 2020.

的国家产权制度下，能源产业联盟在选举周期内很容易被政治家“私有化”，进而为后者的连选连任提供巨大的支持和便利。然而如上文所述，能源产业联盟对特定政治家的支持并非慈善行动，相反其以政治家胜选后的补偿性支持为条件。由于政治家在胜选后大力推行有利于能源产业发展的经济政策，此举进一步扩大了能源产业在国家产业布局中的优势地位。

综合本节的讨论可以发现：当一国国内的能源产业联盟实力强于其他产业联盟、并且该国在能源领域实行国家产权制度时，其能源产业有能力且必须贡献超额税汇、提供过度补贴、影响选举结果。这使得政府与政治家对能源产业形成了病态的依赖，不可避免地塑造强化了能源产业畸大的产业结构。相反，当一国国内的能源产业联盟实力与其他产业联盟较为平衡、并且该国在能源领域实行私人产权制度时，其能源产业并无贡献超额税汇、提供过度补贴、影响选举结果的能力也无须这样做。这并不会导致政府与政治家形成对能源产业的病态依赖，也就不会塑造强化能源产业畸大的产业结构，能源与其他产业协调发展。本节的发现如图 3-2 所示。

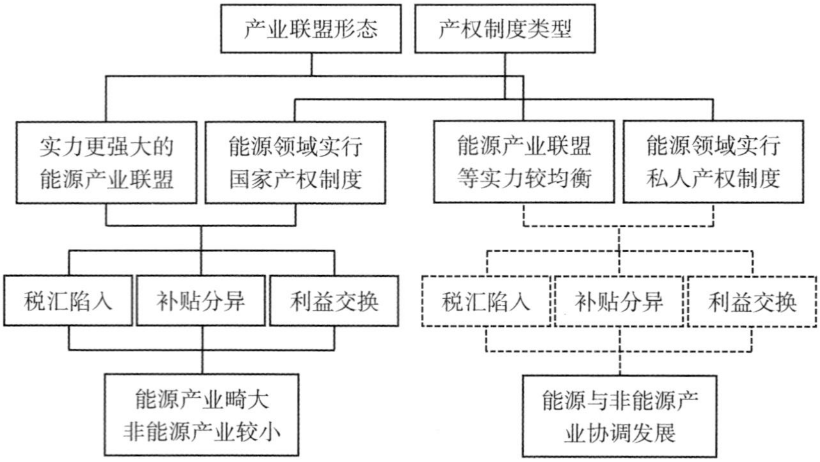

图 3-2　产业联盟形态与产权制度类型影响产业结构的因果机制

注：虚线表示未触发的机制。

至此，可以认为实力强大的能源产业联盟以及在能源领域实行国家产权制度很可能使得一国最终出现能源产业畸大的产业结构。然而无论是贾雷德·戴蒙德（Jared Diamond）还是戴维·瓦尔德纳，抑或是阿西莫格鲁，他们不约而同地指出对于制度的研究不能停留在其本身，还要向前追溯制度的起源。[①] 宝琳·隆与艾丽卡·温塔尔也指出“所有权结构并不存在于历史的真空中”。[②] 威廉·里克尔（William Riker）等在阐述其产权起源的政治理论时特别强调了“权利源于历史事件”。[③] 可以说一国产权制度的选择有其特殊的历史背景，而其产业联盟的形态也不可避免地受制于历史遗产。更为根本性的问题由此产生：实力强大的能源产业联盟与能源领域的国家产权制度何以出现？两者为何必然成对出现？对于这一问题的回答有赖于对能源出口国迈入经济现代化进程的始点加以分析。

第三节　经济现代化与产业联盟、产权制度

对经济现代化始点的讨论是揭开“能源诅咒”政治起源面纱的最后一步。虽然现代化其本身就是一个包罗万象的概念，并且现代化始点的历史遗产不胜枚举，因此以经济现代化始点作为自变量不可避免地存在宏观且模糊的问题。然而诚如亚历山大·格申克龙所言：“我们对当前问题理解的深度在很大程度上取决于我们参考的广度”，因此通过分析能源出口国迈入经济现代化进程的始点来分析其产业联盟形态与产权制度类型也并不违和。[④] 实际上，以吕克·奥姆格巴为代表的部分学者已经注意到了诸如国家独立的节点、殖民遗产及其他早期历史制约因素对能源出口国产业形态的决定性影响。[⑤] 正是在这些研究的启发下，本节阐述

---

① ［美］贾雷德·戴蒙德：《为什么有的国家富裕，有的国家贫穷：比较人类社会》，栾奇译，中信出版集团2017年版，第56，61，74页；［美］戴维·瓦尔德纳：《国家建构与后发展》，刘娟凤、包刚升译，吉林出版集团有限责任公司2011年版，第2页；［美］达龙·阿西莫格鲁：《现代经济增长导论（下册）》，唐志军等译，中信出版集团2019年版，第988—1023页。

② Pauline Jones Luong, Erika Weinthal, *Oil is not a Curse: Ownership Structure and Institutions in Soviet Successor States*, New York: Cambridge University Press, 2010, p. 13.

③ William H. Riker, Itai Sened, “A Political Theory of the Origin of Property Rights: Airport Slots”, *American Journal of Political Science*, Vol. 35, No. 4, 1991, p. 955.

④ ［美］亚历山大·格申克龙：《经济落后的历史透视》，张凤林译，商务印书馆2017年版，第10页。

⑤ Luc Désiré Omgba, “Institutional Foundations of Export Diversification Patterns in Oil-producing Countries”, *Journal of Comparative Economics*, Vol. 42, No. 4, 2014, pp. 1052-1064.

了关注历史节点的重要意义并对经济现代化始点进行了操作化，在此基础上分析了经济现代化始点早晚的分异效应，进而指出了一国陷入“能源诅咒”的根本原因。

一 历史节点与经济现代化

“经济发展政策（关乎）时间和政治”，因而在追溯特定产业联盟形态与产权制度选择的根源时需要尤其关注时间的作用与历史节点的价值。[①] 保罗·皮尔逊（Paul Pierson）总结道，由于时间和时序的不可逆以及路径依赖的存在，初始条件对于后续的制度选择至关重要。[②] 贾雷德·戴蒙德与王国斌等也各自阐述了时间的决定性作用，具体而言历史事件发生时机的早与晚、某一历史事件相较于另一历史事件发生时序的先与后、某一历史事件产生作用的快与慢都会对后续进程产生截然不同的影响。[③] 对于历史节点的深入探讨有效地揭示了经济结构、政策选择及制度设计的差异根源。譬如，卡岑斯坦关注到了国家摆脱封建束缚的节点差异对国家与社会的集中程度的影响，两者进一步决定了统治联盟与政策网络，进而影响到了经济政策的选择。[④] 再如，戴维·瓦尔德纳关注到了由精英冲突强度所决定的国家转型与平民吸纳的时序，因时序不同而形成的非发展型国家和发展型国家在克服“格申克龙集体困境”与“卡尔多集体困境”时出现了分异，最终使得两类国家的发展能力截

① ［美］W. W. 罗斯托：《经济增长理论史：从大卫·休谟至今》，陈春良等译，浙江大学出版社2016年版，第639页。

② ［美］保罗·皮尔逊：《时间中的政治：历史、制度与社会分析》，黎汉基、黄佩璇译，江苏人民出版社2014年版，第20—93页。对皮尔逊的批判式总结详见郝诗楠、唐世平《社会科学研究中的时间：时序和时机》，《经济社会体制比较》2014年第2期，第195—197页。

③ ［美］贾雷德·戴蒙德：《枪炮、病菌与钢铁：人类社会的命运》，谢延光译，上海译文出版社2016年版，第3—22页；［美］王国斌、罗森塔尔：《大分流之外：中国和欧洲经济变迁的政治》，周琳译，江苏人民出版社2019年版，第8页；［瑞士］丹尼尔·卡拉曼尼：《基于布尔代数的比较法导论》，蒋勤译，格致出版社2012年版，第32页。对于历史节点与路径依赖的梳理详见Orfeo Fioretos, Tulia G. Falleti, Adam Sheingate, “Historical Institutionalism in Political Science”, in Orfeo Fioretos, Tulia G. Falleti, Adam Sheingate, eds., *The Oxford Handbook of Historical Institutionalism*, Oxford: Oxford University Press, 2016, pp. 11-14。

④ ［美］彼得·J. 卡岑斯坦：《结论：国内结构与对外经济政策战略》，载彼得·J. 卡岑斯坦编《权力与财富之间》，陈刚译，吉林出版集团有限责任公司2006年版，第361—412页。

然不同。[①] 这些研究充分表明，对历史节点的回溯有助于揭示产业联盟形态与产权制度选择差异的成因，这对于进一步理解“能源诅咒”的生成根源至关重要。[②]

实际上，尝试探索“能源诅咒”成因的部分研究已经关注到了历史节点及早期历史制约因素对之后的重要影响。例如，吕克·奥姆格巴的洞见在于在能源出口国实现政治独立之前就进行石油开发更容易导致该国之后的产业及出口结构单一。[③] 他进一步发现，石油出口国的出口集中度往往与该国石油开发节点与政治独立节点的时间差存有负相关关系。换句话说，一国实现政治独立的时间越早且开发石油的时间越晚，那么该国就更可能实现产业及出口多元化，反之则反是。同样，英格·阿蒙森（Inge Amundsen）发现在民主且负责任的政治体制得以巩固之前就进行大规模能源开发的国家会陷入“能源诅咒”；而在这种政治制度巩固之后进行大规模石油开发的国家则会获得“能源祝福”。[④] 奥姆格巴与埃里克·德吉梅乌（Eric Djimeu）还注意到早期的历史制约因素影响到了之后石油出口国的出口多样程度。其研究表明，石油繁荣前的经济结构决定了石油暴利是否会影响出口多元化。当一国早期的产业多元化水平就较低时，石油繁荣会阻碍该国后续的出口多元化；而当一国早期的产业多元化水平较高时，石油繁荣会并不会阻碍该国后续的出口多元化。[⑤] 再如，约翰·海尔布伦（John Heilbrunn）在对非洲石油出口国的研究中特别强调，当前非洲石油出口国的经济结构与政府行为的根源都要追溯至殖民统治时期，这是因为殖民统治的历史遗产塑造了非洲国家的国家建设过程。[⑥] 此外，安德鲁·罗瑟尔（Andrew Rosser）等在其研究中也各自提及

① ［美］戴维·瓦尔德纳：《国家建构与后发展》，刘娟凤、包刚升译，吉林出版集团有限责任公司 2011 年版。

② 对通过分析历史节点来理解经济政策或制度选择等的研究综述可详见段宇波《新制度主义政治学理论研究述评》，《比较政治学研究》2014 年第 2 期，第 29—32 页。

③ Luc Désiré Omgba, “Institutional Foundations of Export Diversification Patterns in Oil-producing Countries”, *Journal of Comparative Economics*, Vol. 42, No. 4, 2014, pp. 1052-1064.

④ Inge Amundsen, “Drowning in Oil: Angola's Institutions and the ‘Resource Curse’ ”, *Comparative Politics*, Vol. 46, No. 2, 2014, pp. 169-189.

⑤ Eric W. Djimeu, Luc Désiré Omgba, “Oil Windfalls and Export Diversification in Oil-producing Countries: Evidence from Oil Booms”, *Energy Economics*, Vol. 78, 2019, pp. 494-507.

⑥ John R. Heilbrunn, *Oil, Democracy, and Development in Africa*, New York: Cambridge University Press, 2014, p. 37.

了早期历史制约因素差异对能源出口国后续发展的不同影响。① 参考上述研究，本节尝试发掘经济现代化始点的价值及其对国家后续发展模式的影响。

经济现代化进程对国家内部的社会组织形态与经济发展模式具有深远的塑造力，而这种塑造力的产生与否取决于国家何时迈入经济现代化进程的门槛。从学科史的角度来看，围绕现代化的研究是比较政治学得以创立和勃兴的重要根基。② 虽然该领域研究在 20 世纪 70—80 年代一度暗淡，但在 90 年代后又强势回归。③ 然而，“现代化研究就是我们的（西西弗斯）巨石”。④ 仅在学理层面，“现代化”及与之密切相关的“现代性”犹如多面棱镜，两者概念展现出了极强的延展性和复杂性。本书无意在政治哲学的范畴内讨论现代化的思想内涵及哲学批判，而是参考既有的经典政治科学研究，进而明确经济现代化以及经济现代化始点的概念。⑤

既有研究对现代（性）及现代化的概念及特征的讨论已经非常充分。就现代（性）而言，弗兰克·萨顿（Frank Sutton）对农业社会和现代工业社会的特征进行了梳理，以此区分传统和现代；罗伯特·沃德（Robert Ward）等阐述了现代政治相较于传统国家的八个区别；西里

① Andrew Rosser, “Escaping the Resource Curse”, *New Political Economy*, Vol. 11, No. 4, 2006, p. 559; Terry Lynn Karl, *The Paradox of Plenty: Oil Booms and Petro-States*, Berkeley: University of California Press, 1997, p. 59; Paul Stevens, Evelyn Dietsche, “Resource Curse: An Analysis of Causes, Experiences and Possible Ways Forward”, *Energy Policy*, Vol. 36, No. 1, 2008, p. 62.

② ［美］卡莱斯·鲍什：《民主与再分配》，熊洁译，王正毅校，上海人民出版社 2018 年版，第 217 页；李路曲：《比较政治学研究范式的综合性趋势评析》，《当代世界与社会主义》2020 年第 4 期，第 178 页；Dankwart A. Rustow, “Modernization and Comparative Politics: Prospects in Research and Theory”, *Comparative Politics*, Vol. 1, No. 1, 1968, pp. 37-51。需要说明的是，现代化研究中非常庞大的一个议题领域是讨论经济增长与民主发展的关系。然而本书并未尝试与这一领域内的文献进行对话。该领域研究详见 Adam Przeworski, Fernando Limongi, “Modernization: Theories and Facts”, *World Politics*, Vol. 49, No. 2, 1997, pp. 155-183; David L. Epstein, Robert Bates, Jack Goldstone, Ida Kristensen, Sharyn O' Halloran, “Democratic Transitions”, *American Journal of Political Science*, Vol. 50, No. 3, 2006, p. 552。

③ Michael L. Ross, “Does Oil Hinder Democracy?”, *World Politics*, Vol. 53, No. 3, 2001, p. 357.

④ ［美］戴维·E. 阿普特：《现代化的政治》，陈尧译，上海人民出版社 2016 年版，第 1 页。

⑤ 政治哲学范畴内也涌现出了对现代性和现代化的大量研究和争鸣，譬如“现代性与后现代性之争”。参见［德］于尔根·哈贝马斯《现代性的哲学话语》，曹卫东译，译林出版社 2011 年版；［英］安东尼·吉登斯《资本主义与现代社会理论：对马克思、涂尔干和韦伯著作的分析》，郭忠华、潘华凌译，上海译文出版社 2018 年版。

尔·布莱克（Cyril Black）与马里恩·列维（Marion Levy）等则从对环境控制程度的角度出发区分了传统与现代（更多梳理详见表3-1）。[①] 在塞缪尔·亨廷顿看来，连接传统与现代并从前者跨越至后者的进程就是现代化，并且该进程具有革命性、复杂性、系统性、全球性、长期性、阶段性、同质化性、不可逆性、进步性这九个特点。[②]

由于现代化包罗万象，因而其概念的界定也是多维的。譬如阿瑟·刘易斯等在经济维度上指出现代化是农业劳动力向制造业转移以及新工业不断发展的过程；再如布莱恩·唐宁（Brian Dowing）等在政治维度上指出现代化是小型分权且自给的封建领主被大型、财政集中且拥有先进装备武装的君主所代替的过程；此外戴维·阿普特（David Apter）等在社会维度、吉尔伯特·罗兹曼（Gilbert Rozman）等在能源获取维度、玛格丽特·利瓦伊（Margaret Levi）等在政府财政维度、迈克尔·曼（Michael Mann）等在多个维度上都对现代化进行了不同的界定（更多梳理详见表3-2）。[③] 除了"现代化"这一概念外，还有诸如工业化、资本主义化、英国化、欧洲化、城市化、世俗化、发展等诸多相近的概念能够表达前者的部分甚至全部意思。[④] 然而考虑到这些概念各自的局限性，加之广

① Frank X. Sutton, "Social Theory and Comparative Politics", in Harry Eckstein and David Apter, eds., *Comparative Politics: A Reader*, New York: The Free Press of Glencoe, 1963, pp. 67-81; Dankwart A. Rustow, Robert E. Ward, "Introduction", in Robert E. Ward and Dankwart A. Rustow, eds., *Political Modernization in Japan and Turkey*, Princeton: Princeton University Press, 1964, pp. 6-7; Samuel P. Huntington, "The Change to Change: Modernization, Development, and Politics", *Comparative Politics*, Vol. 3, No. 3, 1971, pp. 286-287. 更多梳理另见于燕继荣主编：《发展政治学（第二版）》，北京大学出版社2010年版，第19—21，57—61页。

② Samuel P. Huntington, "The Change to Change: Modernization, Development, and Politics", *Comparative Politics*, Vol. 3, No. 3, 1971, pp. 288-290.

③ 详尽的梳理详见叶成城《理解早期西欧现代化：概念、动力与机制》，《比较政治学研究》2020年第1期，第56—60页。相应的梳理可另见燕继荣主编《发展政治学（第二版）》，北京大学出版社2010年版，第19—21，53—56页。

④ 实际上诸多研究已经提及现代化概念的多样化，详见Samuel P. Huntington, "The Change to Change: Modernization, Development, and Politics", *Comparative Politics*, Vol. 3, No. 3, 1971, p. 285；陈媛：《反思现代化与西方国家制度的修正——吉登斯的"世界主义"要义》，《比较政治学研究》2014年第1期，第60页；［美］A. R. 德赛：《现代化概念有重新评价的必要》，载［美］西里尔·E. 布莱克主编《比较现代化》，杨豫、陈祖洲译，上海译文出版社1996年版，第131—157页。

义上的现代化范畴过于宽泛，本书只使用经济维度上的现代化概念。① 综合梳理并精简上述研究，可以认为"经济现代性"主要体现为以大工业生产为主的经济生产模式及以高度整合、等级与秩序为特征的社会经济组织模式，而"经济现代化"则是以"经济现代性"为目标不断发展变化的进程，进而国家迈入经济现代化进程的始点可被简称为"经济现代化始点"。

表 3-1　　传统与现代的对比*

学者	传统/传统性/传统社会	现代/现代性/现代社会
弗兰克·萨顿	1. 明显的归属性、特殊性及分散性模式；2. 稳定的局部群体和有限的空间流动性；3. 相对简单和稳定的"职业"区分；4. 拥有一个基于"遵从性"的等级制度	1. 明显的普适性、具体性和成就性的规范；2. 高度的社会流动性；3. 完备的职业体系；4. 基于职业成就的等级制度；5. 普遍的"联系性"
罗伯特·沃德、丹克瓦特·鲁斯托（Dankwart Rustow）	（未说明，但肯定与右栏所示内容相反）	1. 高度专业化的政府组织系统；2. 政府结构的高度整合；3. 制定政策时遵循理性和世俗程序；4. 政治及行政的决策量大、范围广、效率高；5. 对国家的历史、领土和民族身份的普遍认同；6. 对政治的广泛性趣与普遍参与；7. 通过成就而非归属来分配政治角色；8. 基于世俗和非个人法治的治理体系
马里恩·列维	社会成员借助公共权力和/或使用工具的程度较低	社会成员借助公共权力和/或使用工具成本增加
西里尔·布莱克	（未说明，但肯定与右栏所示内容相反）	人类知识空前增长且能够据此应对环境变化
丹克瓦特·鲁斯托	（未说明，但肯定与右栏所示内容相反）	人类之间更密切的合作，迅速扩大对自然的控制

① 需要特别阐明本书并未采用"工业化"而是使用"经济现代化"的原因。一方面，就概念范畴而言：经济学家将工业化普遍界定为"制造业产出或就业的增加"，部分政治学家则将其界定为"制造业的发展"。这两种具有代表性的概念界定明显都相对狭隘。这两种界定分别详见 Dani Rodrik，"Premature Deindustrialization"，*Journal of Economic Growth*，Vol. 21，No. 1，2016，p. 1；John Gerring，Haakon Gjerløw，Carl Henrik Knutsen，"Regimes and Industrialization"，*World Development*，Vol. 152，2022，p. 1。另一方面，就保障学术对话的一致性而言：既有的经典研究大量使用了"现代化"而非"工业化"的概念，为了与这些研究进行对话。本书也应该使用"经济现代化"而非"工业化"的概念。

续表

学者	传统/传统性/传统社会	现代/现代性/现代社会
加布里埃尔·阿尔蒙德	具有不发达的政治体制	具有发达的政治体制
戴维·阿普特	（未说明，但肯定与右栏所示内容相反）	不断创新的社会体系；被分化的、易变的社会结构；能够提供在科学技术发达的世界生存的技术和知识
西蒙·库兹涅茨	（未说明，但肯定与右栏所示内容相反）	1. 人均产值和人均增长率很高；2. 生产力提高很快；3. 经济结构转变速度快；4. 有紧密联系而且极为重要的社会结构，其意识形态也迅速变化；5. 运输和交通能力足以拓展到世界上其余地区；6. 经济增长的传播
鲁恂·派伊（Lucian Pye）	（未说明，但肯定与右栏所示内容相反）	1. 工业社会的政治形态；2. 民族国家的运转方式；3. 民族国家、行政和法律的发展；4. 大规模的群众动员和群众参与；5. 民主建设；6. 稳定和有序的变化；7. 多元社会的变迁
埃米尔·涂尔干（Emile Durkheim）	“机械团结”的社会	“有机团结”的社会
安东尼·吉登斯（Anthony Giddens）	（未说明，但肯定与右栏所示内容相反）	1. 对信息和社会的督导的控制；2. 在战争工业化情境下对暴力工具的控制；3. “人化环境”的发展；4. 在竞争性劳动和产品市场情境下的资本积累

注：* 因篇幅限制，本书未逐一引用上述作者的原作，而是引用涵盖上述作品的梳理性研究。

资料来源：Samuel P. Huntington，“The Change to Change：Modernization，Development，and Politics”，*Comparative Politics*，Vol. 3，No. 3，1971，pp. 285-290；王正毅：《国际政治经济学通论》，北京大学出版社 2010 年版，第 198 页；叶成城：《理解早期西欧现代化：概念、动力与机制》，《比较政治学研究》2020 年第 1 期，第 56—60 页。

表 3-2　　不同维度上的现代化概念

维度	学者	现代化概念
经济维度	阿瑟·刘易斯	农业剩余劳动力向制造业转移；农业重要性下降；农业与制造业二元结构趋向消失的过程
	沃尔特·罗斯托	经济迅速发展的过程，伴随的是新工业不断发展和农业商品化

续表

维度	学者	现代化概念
政治维度	布莱恩·唐宁	小型分权且自给的封建领主被大型、财政集中且拥有先进装备武装的君主所代替的过程
	贾恩弗朗哥·波奇（Gianfranco Poggi）	近代国家的起源和发展，即国家建构的过程
	塞缪尔·亨廷顿	一个权力集中、扩大或分散的过程
社会维度	戴维·阿普特	改善选择条件并选取最令人满意的机制的过程
军事或科技维度*	威廉·麦克尼尔（William McNeill）	军事技术不断改进，以及军事技术与工业相互作用不断增加的过程
	吉尔伯特·罗兹曼	生命动力资源增长越发难以弥补非生命动力资源减弱的过程
财政维度	玛格丽特·利瓦伊	国家岁入生产提高的过程
综合维度	塞缪尔·亨廷顿	城市化、工业化、世俗化、民主化、普及教育和新闻参与等取得进展
	迈克尔·曼	政治、经济、意识形态和军事上的综合发展

注：* 此处沿用了叶成城的划分，但正文中将其改为“能源获取维度”。

资料来源：叶成城：《理解早期西欧现代化：概念、动力与机制》，《比较政治学研究》2020 年第 1 期，第 56—60 页；叶成城、唐世平：《超越“大分流”的现代化：比较研究时空视角下的历史、方法与理论》，《学术月刊》2021 年第 5 期，第 78 页。

作为本书的自变量，“经济现代化始点”需要得到有效的识别。戴维·阿普特指出可以通过职业角色、企业家角色、技术和人均收入这四个指标来衡量经济现代化的程度。[①] 然而借助上述指标来识别经济现代化始点缺乏明确公认的标准。相比之下，更多的研究是通过阶段来划分经济现代化的程度。譬如，沃尔特·罗斯托就将经济现代化的阶段分为传统社会、为起飞创造前提条件、经济起飞、走向成熟、高额的大众消费这五个部分。[②] 在其后续研究中，罗斯托又补充了追求生活质量作为第六个阶段。[③] 无论是五个阶段还是六个阶段的划分，罗斯托所述的

① ［美］戴维·E. 阿普特：《现代化的政治》，陈尧译，上海人民出版社 2016 年版，第 48—51 页。

② ［美］W. W. 罗斯托：《经济增长的阶段：非共产党宣言》，郭熙保、王松茂译，中国社会科学出版社 2001 年版，第 4—96 页。

③ ［美］W. W. 罗斯托：《经济增长理论史：从大卫·休谟至今》，陈春良等译，罗卫东、范良聪校，浙江大学出版社 2016 年版，序言第 3 页。

经济起飞阶段的始点显然就是经济现代化始点。再如，西里尔·布莱克将经济现代化分为准备时期、转变时期、高级现代化时期和国际一体化时期。① 同样，布莱克所述的转变时期的始点都可以被视作经济现代化始点。上述研究主要从单个国家经济现代化进程的纵向维度上进行了划分，在此基础上对经济现代化始点的识别还需要满足国家之间的横向可比。

在本书的研究精度要求下，对不同国家经济现代化始点的识别根本无须精确到年及更精细的时间单位，而是有助于判断出一国属于“先发国家”还是“后发国家”及其所属的现代化波次即可。对经济现代化始点的两种操作化基本满足了上述要求。其一，本书可以通过观察与经济现代化紧密相连的经济社会指标来判断一国究竟属于“先发国家”还是“后发国家”。基于与经济现代化联系的紧密性、数据的可获性、横向可比性、降低数据内生性这四个方面的考量，本书通过测量世界银行数据库中的“国民预期寿命”指标做出判断。具体而言，一国 1960 年预期寿命小于 OECD 成员国的平均值则表明该国为“后发国家”，反之则为“先发国家”②。其二，本书参考现代化研究的重要分支，即对现代化波次的研究来判断一国所属的现代化波次。③ 唐世平和叶成城等对现代化的波次进行了充分的探讨，明确了波次的划分依据、不同波次的特点、对应的国家和地区、现代化的主要动力，进而为确定特定国家的现代化波次提供了便利（详见表 3-3）。④ 基于上述两种操作化方法，特定国家的经济现代化始点能够得到相对明晰的识别。

---

① ［美］西里尔·E. 布莱克主编：《比较现代化》，杨豫、陈祖洲译，上海译文出版社 1996 年版，第 11 页。

② 考虑到 OECD 国家的范围在不断变动，本部分直接参考了世界银行注明的 OECD 国家平均值而非重新进行计算。

③ 对于现代化波次研究的详尽梳理详见王子夔《现代化研究的回顾与反思——从“类型”到“分波次”》，《学术月刊》2018 年第 3 期，第 182—184 页。

④ 叶成城、唐世平：《第一波现代化：一个“因素+机制”的新解释》，《开放时代》2015 年第 1 期，第 119—137 页；叶成城、唐世平：《第一波半现代化之“帝国的黄昏”——法国与西班牙的改革之殇》，《世界经济与政治》2016 年第 3 期，第 122—154 页；叶成城：《第一波半现代化之“帝国的胎动”——18 世纪普鲁士和奥地利的崛起之路》，《世界经济与政治》2017 年第 5 期，第 126—154 页；王子夔：《普鲁士歧路——19 世纪俄国和奥地利现代化改革中的效仿》，《世界经济与政治》2018 年第 10 期，第 105—128 页；黄振乾、唐世平：《现代化的“入场券”——现代欧洲国家崛起的定性比较分析》，《政治学研究》2018 年第 6 期，第 26—41 页；（转下页）

表 3-3　　现代化的波次、地区与机制*

波次	主要地区	影响现代化的新机制
第一波现代化	西欧	探索阶段
第一波半现代化	西欧、中欧	效仿
第二波现代化	欧洲、拉丁美洲	制度的空间扩散
第二波半现代化	多民族帝国、日本、前英国殖民地	诱导和强制
第三波现代化	拉丁美洲、东亚	意识形态和两极对抗
第三波半现代化	全球范围	全球化、地区化、信息化

注：*本表格对原表格进行了一定的调整。

资料来源：叶成城、唐世平：《超越“大分流”的现代化：比较研究时空视角下的历史、方法与理论》，《学术月刊》2021 年第 5 期，第 85 页。

二　经济现代化始点的分异效应

从根本上讲，不同国家经济现代化始点的不同导致了其产业联盟形态与产权制度类型的分异。具体而言，对于经济现代化始点较早的国家，即根据上述标准划分出的先发国家和第一波、第一波半和第二波现代化国家，其能源产业联盟的实力与其他产业联盟较为平衡并且会在能源领域实行私人产权制度。相反，对于经济现代化始点较晚的国家，即根据上述标准划分出的后发国家和第二波半、第三波和第三波半现代化国家，其能源产业联盟的实力更强并且会在能源领域实行国家产权制度。经济现代化始点早晚的分异效应在于以下方面。

就产业联盟形态而言，经济现代化始点较晚国家的政府往往会大规模干预经济，优先发展以能源为代表的产业，这很容易导致其能源产业

（接上页）叶成城、唐世平：《超越“大分流”的现代化比较研究：时空视角下的历史、方法与理论》，《学术月刊》2021 年第 5 期，第 77—86 页；叶成城：《第二波现代化之“帝国的共鸣”——1848 年欧洲变革的案例研究和定性比较分析》，《欧洲研究》2021 年第 4 期，第 62—88 页；王正绪、耿曙、唐世平主编：《比较政治学》，复旦大学出版社 2021 年版，第 212—215 页。需要说明的是，其一，上述作者在其不同的研究中对现代化的波次也进行了不同的划分，本书综合权衡后选定了当前的划分方法。其二，尽管另有一系列研究通过对工业革命的阶段性划分也能提供类似的波次分类，但考虑到该系列研究主要以关键技术或特定工业制成品的出现作为阶段划分的依据，因而本书仅将其视为参照但并未采纳。梳理详见贾根良《第三次工业革命与工业智能化》，《中国社会科学》2016 年第 6 期，第 99—100 页。

联盟在该国的经济现代化进程之初就拥有了远强于其他产业联盟的实力。亚历山大·格申克龙的研究表明，先发国家与后发国家在经济现代化速度、生产组织方式、产业结构布局等多个方面都存在明显差异。① 其中，后发国家会出现更高的制成品增长率、更重视企业的大规模化、更重视生产资料而非消费品、更可能压制民众的消费水平、政府在新兴工业部门资本供给中的作用更大、经济结构可能更不平衡。② 在英国等经济现代化始点较早的国家中，各个产业通过技术革新与贸易盈利自主发展，政府并未通过直接的行政干预或积极的产业政策介入经济活动或优先推动特定产业的发展。这种“原生型”的自主发展模式使这类国家内各个产业的发展相对均衡，由此产业联盟间的实力对比也更为平衡。在俄罗斯等经济现代化始点较晚的国家中，政府高度介入经济发展并通过提供补贴、承诺收益、政府采购、行政干预等方式刺激能源、钢铁和军工等重要产业的发展。这种“追赶型”的干预发展模式在短时间内迅速推动了少数产业的发展，同时也明显加强了这些产业联盟相较于其他产业联盟的实力优势。③

除了格申克龙的上述经典研究外，其他学者也各自独立地论证了经济现代化始点较晚国家的政府往往会大规模干预经济。譬如，阿尔伯特·赫希曼（Albert Hirschman）就特别强调后发国家的政府需要通过大规模干预把不同的资源要素连接起来，改变低水平的经济结构平衡，进而利用“不平衡的增长”来追赶先发国家。④ 同样，查默斯·约翰逊（Chalmers Johnson）等对东亚的后发国家的研究表明，这些被称作发展型国家的政府往往通过大规模补贴或行政干预“将价格搞错”，使原本不具有国际比较优势的产业形成了比较优势。⑤ 再如，耿曙在对产业政

---

① ［美］亚历山大·格申克龙：《经济落后的历史透视》，张凤林译，商务印书馆2012年版，第11页。

② ［美］亚历山大·格申克龙：《经济落后的历史透视》，张凤林译，商务印书馆2012年版，译者前言第3页。

③ ［美］亚历山大·格申克龙：《经济落后的历史透视》，张凤林译，商务印书馆2012年版，第9—63页。除了上述两类国家外，格申克龙还讨论了以德国为代表的介于上述两类国家之间的一类国家。这类国家尤其依仗银行业筹集所需要的经济发展资本。

④ Albert O. Hirschman, *The Strategy of Economic Growth*, New Haven: Yale University Press, 1958.

⑤ 对发展型国家的梳理和探讨详见本章第一节。

策的研究中揭示了政府干预在产业不同发展阶段的差异化影响，肯定了其在产业早期追赶阶段的重要价值。① 此外，迈克尔·曼与阿图尔·科利（Atul Kohli）等进一步指出不论后发国家的经济绩效如何，其政府干预经济并大力推动特定产业的发展是一个尤为普遍的现象。② 值得注意的是，这种干预并非面向所有的产业，而是只针对有助于国家在短期内实现赶超的重要战略性产业。③

能源产业具有重要的商业和战略价值，因而得到了经济现代化始点较晚的国家其政府的优先发展和强力扶持。相比之下，农业、生产消费品的轻工业、服务业等则并未获得政府的重点关注和额外支持，因而上述产业的发展长期处于缓慢甚至停滞状态。经济现代化始点较晚的国家在其追赶初期片面发展能源产业的政策直接导致了能源产业的发展规模和速度远超上述其他产业，进而使得能源产业联盟的实力也远强于其他产业联盟。总之，对经济现代化始点较晚的国家而言，其政府的大力扶持催生了实力强大的能源产业联盟。相反，对于经济现代化始点较早的国家而言，其政府并未大力推动能源产业的发展，因而其能源产业联盟的实力与其他产业联盟较为平衡。

就产权制度类型而言，经济现代化始点较晚国家的政府往往会在能源领域建立起国家产权制度。其原因分别在于，其一，经济现代化始点较晚的国家对整合社会力量以实现经济增长的需要更迫切，因而会建立起动员体系，而动员体系很容易孕育出国家产权制度。戴维·阿普特表明经济现代化始点较早与较晚的国家在政治模式和社会组织形式上具有

---

① 耿曙：《发展阶段如何影响产业政策：基于中国太阳能产业的案例研究》，《公共行政评论》2019 年第 1 期，第 24—49 页。更多探讨详见《公共行政评论》2019 年第 1 期的“发展型国家的产业政策”专题文章及“产业政策研究的回顾与前瞻”专题文章。

② Michael Mann，“The Autonomous Power of the State：Its Origins，Mechanisms and Results”，*European Journal of Sociology*，Vol. 25，No. 2，1984，pp. 185－213；［澳］琳达·维斯、约翰·M. 霍布森：《国家与经济发展——一个比较及历史性的分析》，黄兆辉、廖志强译，黄玲校，吉林出版集团有限责任公司 2009 年版，第 1—15，168—176，181—220 页；［美］阿图尔·科利：《国家引导的发展——全球边缘地区的政治权力与工业化》，朱天飚、黄琪轩、刘骥译，吉林出版集团有限责任公司 2007 年版，第 1—28 页。另见朱天飚《比较政治经济学》，北京大学出版社 2006 年版，第 59—81 页。

③ ［美］亚历山大·格申克龙：《经济落后的历史透视》，张凤林译，商务印书馆 2012 年版，第 9—63 页。

明显的差异。[①] 他根据价值类型和等级程度这两个指标对政治模式进行了类型学上的划分，所得到的五个类型中处在两个极端的动员体系与协调体系最为典型。[②] 经济现代化始点较早的国家在实现一定程度的经济增长后特别需要解决好社会公平问题，因而其建立起了向社会提供更多信息的协调体系；相反经济现代化始点较晚的国家亟须整合社会力量以实现经济增长，因而其更关注获得权威的问题，进而会选择建立更容易压制社会的动员体系。[③] 阿普特还进一步指出，与协调体系以及动员体系对应的产权制度类型也并不相同：在协调体系基础上建立的产权制度更可能是私人产权制度，相反在动员体系基础上建立的产权制度则更可能是国家产权制度。[④] 可以说，阿普特提供了从经济现代化始点早晚差异到产权制度类型分异的宏观逻辑链条。

其二，经济现代化始点较晚国家的政府为了尽快扩大税收并获取外汇，往往会采取通过建立国家产权制度来控制能源产业的机会主义行为。发展工业和高新技术产业所依托的引进工业设备、培养高素质劳动力、自主研发创新不仅投入巨大且见效缓慢，相比之下发展能源产业的成效显现迅速且回报惊人。能源产业的人均净产出远非其他产业所能企及，能源出口在短期内就能为政府创造可观的外汇收入，而能源产业联盟也会缴纳超额的税收。[⑤] 斯科特·盖尔巴赫（Scott Gehlbach）与帕夏·马赫达维都发现：能源产业联盟因其出色的创汇纳税能力不仅得到了政府的额外保护和支持，相应的能源企业还且很有可能因政府实施国家产权

① ［美］戴维·阿普特：《现代化的政治》，陈尧译，上海人民出版社 2016 年版，第 3 页。需要指出的是，由于戴维·阿普特对于现代化的定义与其他大多数研究有较大差异，其将现代化与工业化割裂并视作前后两个阶段也并未被接受，因此本书并未采纳其对于现代化的定义，而是根据普遍接受的现代化定义对其表述进行了适当的修正。

② 另外的三种类型还包括：现代化专制政治、军人寡头、新重商主义。另外需要注意的是，阿普特本人也已经指出动员体系和协调体系并非威权和民主。这两组概念两两具有相似性但绝不吻合。

③ ［美］戴维·阿普特：《现代化的政治》，陈尧译，上海人民出版社 2016 年版，第 15—29 页。

④ ［美］戴维·阿普特：《现代化的政治》，陈尧译，上海人民出版社 2016 年版，第 27 页。阿普特的论证逻辑得到了诺思的佐证。后者指出一般而言政治制度决定了产权制度的选择。详见［美］道格拉斯·C. 诺思《制度、制度变迁与经济绩效》，杭行译，韦森译审，格致出版社 2014 年版，第 57—61 页。

⑤ ［美］亚历山大·格申克龙：《经济落后的历史透视》，张凤林译，商务印书馆 2012 年版，第 255 页。

制度而被后者直接控制。① 经济现代化始点较晚的国家由于多数产业基础薄弱，其政府通过在能源领域建立国家产权制度来直接控制主要能源企业的意愿更为强烈，采取这一机会主义行径也尤为普遍。与之相反，经济现代化始点较早国家的多数产业基础雄厚且发展均衡，其政府通过建立能源国家产权制度来控制能源企业进而获得巨额外汇和税收的动机并不强烈，因而未能建立起国家产权制度。

其三，能源产业的高资本密度与高垄断性特性意味着经济现代化始点较晚国家内部只有政府有能力推动能源开发和出口，相应的政府在能源领域建立起国家产权制度也就理所应当。泰瑞·林·卡尔将亚历山大·格申克龙的理论应用于能源领域，指出能源开发需要巨额的资本投入，而在后发国家中只有政府有能力从社会中筹集或从外国资本市场借入，政府介入能源开发伴随而来的必然就是建立国家产权制度。② 同样，由于后发国家资本要素稀缺，私人行为体很难筹集到足够的资本突破能源产业高度垄断所形成的进入壁垒，其选择退出能源开发的竞争也以非正式的方式接受了能源国家产权制度。③ 与之相反，经济现代化始点较早的国家资本丰裕，私人行为体能够筹集到足够的资本进行能源开发，无须政府全面介入。④

---

① Scott Gehlbach, *Representation through Taxation: Revenue, Politics, and Development in Post-communist States*, New York: Cambridge University Press, 2008. 转引自马啸《产权制度的中国经验及其学术意义》，《北大政治学评论》2019 年第 1 期，第 69—70 页。Paasha Mahdavi, “Why Do Leaders Nationalize the Oil Industry? The Politics of Resource Expropriation”, *Energy Policy*, Vol. 75, 2014, pp. 228-243. 帕夏·马赫达维在其关于能源企业国有化与政权存续的研究中也间接表达了相同的意思。详见 Paasha Mahdavi, *Power Grab: Political Survival through Extractive Resource Nationalization*, Cambridge: Cambridge University Press, 2020。更多研究详见王震等的综述：薛庆、王震《油价冲击、政治制度与资源国有化决策——基于 1960—2010 年数据的实证分析》，《世界经济与政治》2012 年第 9 期，第 96 页。

② Terry Lynn Karl, *The Paradox of Plenty: Oil Booms and Petro-States*, Berkeley: University of California Press, 1997, pp. 44-69.

③ Michael Shafer, *Winners and Losers: How Sectors Shapes the Developmental Prospects of States*, Ithaca: Cornell University Press, 1994, pp. 1-48; Richard Auty, Alan Gelb, “Political Economy of Resource-Abundant States”, in Richard Auty, ed., *Resource Abundance and Economic Development*, Oxford: Oxford University Press, 2001, pp. 126-144.

④ 关于先发国家与后发国家的资本丰裕与稀缺情况，详见［美］罗纳德·罗戈夫斯基《商业与联盟：贸易如何影响国内政治联盟》，杨毅译，上海人民出版社 2012 年版，第 1—20 页。保罗·拜罗克（Paul Bairoch）打造的人均工业化指数可用于衡量特定国家资本的丰裕或稀缺程度，详见 Paul Bairoch, “International Industrialization Levels from 1750 to 1980”, *Journal of European Economic History*, Vol. 11, No. 2, 1982, pp. 269-333。

虽然对于经济现代化始点较早的国家而言其能源领域也存有较高的垄断性，但私人行为体能够相对轻松地筹集到资本以突破垄断壁垒参与竞争，由此经济现代化始点较早的国家更可能建立私人产权制度。

其四，经济现代化始点较晚国家的政府很容易接受能源国有化的规范，其在实施能源国有化后会建立国家产权制度。大多数经济现代化始点较晚国家在其历史上曾被经济现代化始点较早国家殖民统治，其积蓄已久的反帝国主义、反殖民统治的社会思潮即便在其实现政治独立后也会集中爆发，这一思潮在能源领域的表现为能源国有化。① 宝琳·隆等发现，20 世纪 50 年代滥觞于墨西哥的能源国有化在拉丁美洲、中东和撒哈拉以南非洲迅速传播，这些地区的能源出口国的政府很快就接受了这一规范并通过赎买或扣押等不同的方式对其境内的外国能源企业的资产进行国有化，并在此基础上最终建立了国家产权制度。② 与之相反，经济现代化始点较早的国家并未集中涌现反殖民统治的社会思潮，因而更不会出现与之相关的能源国有化和建立国家产权制度的浪潮。对部分经济现代化始点较早国家的政府而言，在能源领域建立国家产权制度只在世界大战、能源危机期间在技术性层面得到了有限的探讨并且最终均不了了之。综上四个方面，经济现代化始点较晚国家的政府往往会在能源领域建立起国家产权制度。相反，经济现代化始点较早国家的政府往往会在能源领域建立起私人产权制度。

本节的发现如图 3-3 所示。

① David Victor, David Hults, Mark Thurber, "Introduction and Overview", in David Victor, David Hults, Mark Thurber, eds., *Oil and Governance: State-owned Enterprises and the World Energy Supply*, New York: Cambridge University Press, 2012, pp. 8-9.

② Pauline Jones Luong, Erika Weinthal, *Oil Is Not a Curse: Ownership Structure and Institutions in Soviet Successor States*, New York: Cambridge University Press, 2010, p. 322; Michael Shafer, "Capturing the Mineral Multinationals: Advantage or Disadvantage?", *International Organization*, Vol. 37, No. 1, 1983, pp. 93-119; Paasha Mahdavi, "Why Do Leaders Nationalize the Oil Industry? The Politics of Resource Expropriation", *Energy Policy*, Vol. 75, 2014, pp. 228-243; Riitta-Ilona Koivumaeki, "Evading the Constraints of Globalization: Oil and Gas Nationalization in Venezuela and Bolivia", *Comparative Politics*, Vol. 48, No. 1, 2015, p. 107. 值得注意的是，虽然斯蒂芬·科布林（Stephen Kobrin）在其研究中突出了功能性因素在能源国有化中的决定性作用，但他也承认能源国有化的模仿和扩散也是不容忽视的。详见 Stephen J. Kobrin, "Diffusion as an Explanation of Oil Nationalization: Or the Domino Effect Rides Again", *Journal of Conflict Resolution*, Vol. 29, No. 1, 1985, pp. 3-32。

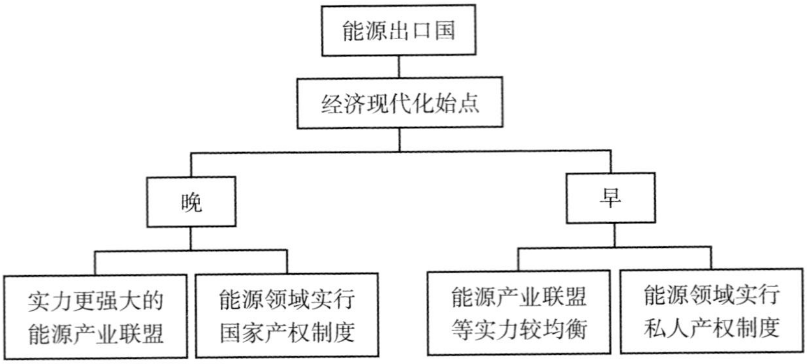

图 3-3　经济现代化始点决定产业联盟形态与产权制度类型的因果机制

综合本章三个小节对因果机制的阐述，可以清晰地发现：经济现代化始点早晚从根本上框定了产业联盟形态与产权制度类型；产业联盟形态与产权制度类型的差异决定了能源产业是否畸大；能源产业是否畸大则直接影响了能源出口国的经济增长绩效，进而使其出现了“能源祝福”与“能源诅咒”的分流。将图 3-1、图 3-2 和图 3-3 合并之后可得全面呈现本书因果机制的图 3-4。

在此需要特别说明两点，其一，强大的能源产业联盟与能源产业畸大的产业结构并非同义反复和循环论证。两者除了概念范畴不同外，还在时序上存有先后。强大的能源产业联盟往往形成于后发能源出口国优先发展能源产业之后，在时序上较早；能源产业畸大则特指经过数十年甚至上百年的发展之后的最终产业形态，在时序上较晚。其二，虽然詹姆斯·马奥尼将现代化与经济增长视为无法区分孰先孰后、孰因孰果的“同义的充分原因”（Tautological Sufficient Cause），但对经济增长做更为细致的区分就会发现：一国前现代经济增长拉开了其经济现代化进程的序幕，而随之而来的则是以工业化为特征的现代经济模式及以此为基础的社会组织架构。①

① James Mahoney, “Comparative-historical Methodology”, *Annual Review of Sociology*, Vol. 30, 2004, pp. 82-83；［美］戴维·E. 阿普特：《现代化的政治》，陈尧译，上海人民出版社 2016 年版，第 33—47 页。

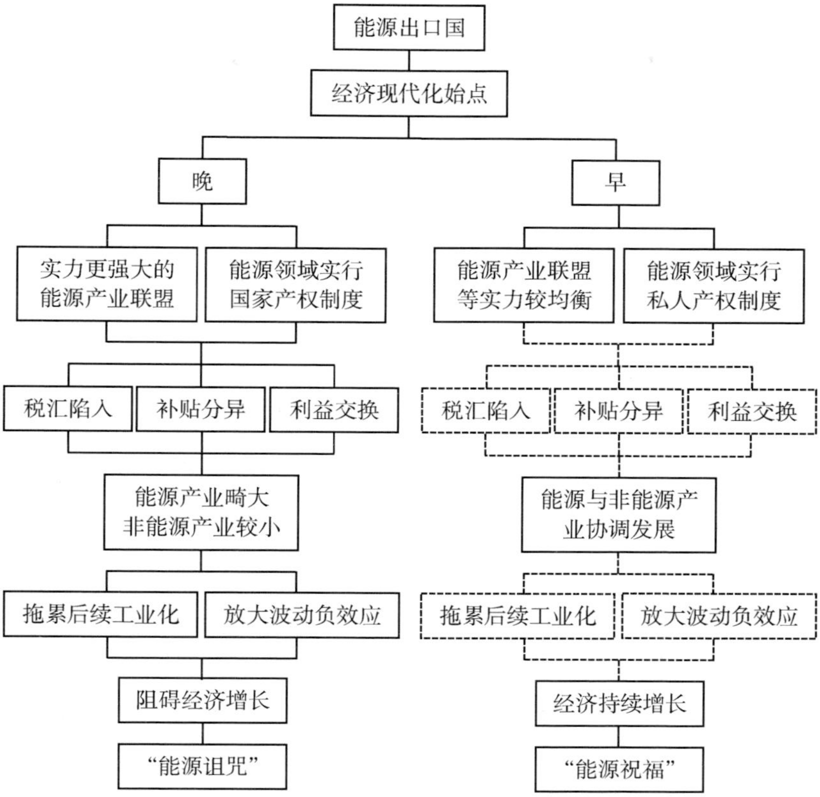

图 3-4　因果机制

注：虚线表示未触发的机制。

小　　结

本章提供了一种解释性理论，回答了“能源诅咒”产生的原因并阐明了其生成的政治性机制。① 简单来看，国家开启经济现代化进程的早

① 蒂姆·邓恩（Tim Dunne）等将理论分为五种类型，分别是：解释性理论、批判性理论、规范性理论、构成性理论和“视角”（Lens）。本章所构建的分析框架旨在回应“为什么”，并且提供了按照时序的因果陈述，完全符合邓恩所述的解释性理论的标准。详见 Tim Dunne, Lene Hansen, Colin Wight, “The End of International Relations Theory”, *European Journal of International Relations*, Vol. 19, No. 3, 2013, pp. 407-412。

晚极大地影响了其经济发展模式。经济现代化始点较晚的能源出口国往往采取政府直接强力干预经济的“追赶型”发展模式，该模式有助于在短期内催生实力强大的能源产业联盟并建立能源领域的国家产权制度。[①]实力强大的能源产业联盟以及在能源领域实行国家产权制度使得能源产业有能力且必须（必然）贡献超额税汇、提供过度补贴、影响选举结果，进而导致政府与政治家对能源产业形成了病态的依赖，不可避免地导致了国家最终形成能源产业畸大的产业结构。能源产业畸大的产业结构会在国内层面拖累后续的工业化进程，在国际层面放大能源价格波动的负面效应。受此影响国家难以实现长期、持续和稳健的经济增长，即陷入了“能源诅咒”。本书建立了以经济现代化始点为自变量、以产业联盟形态与产权制度类型为中间变量的分析框架，据此探讨了“能源诅咒”的政治起源。

值得注意的是，无论是本书的分析框架还是既有研究对能源经济价值的讨论都再一次表明：“能源诅咒”的成因绝不在于能源本身。[②] 根据本书的分析框架可以进一步推断出如果能源产业畸大的产业结构是“能源诅咒”的直接成因，那么较晚开启经济现代化进程才是“能源诅咒”的真正根源。[③] 更极端地讲，能源甚至只能算作是马奥尼所说的“琐细的必要原因”（Trivial Necessary Causes）。[④] 这足以表明“能源诅咒”中的“能源”只是一个指代的研究客体（即能源丰裕的国家），而绝非

① 已有研究发现政府干预的强化增加了“能源诅咒”发生的风险。详见邵帅、范美婷、杨莉莉《资源产业依赖如何影响经济发展效率？——有条件资源诅咒假说的检验及解释》，《管理世界》2013 年第 2 期，第 32—63 页。该研究与本书独立地发现了同一现象，这意味着政府大力干预很可能无益于能源出口国的经济增长。

② Thomas Gunton, “Natural Resources and Regional Development: An Assessment of Dependency and Comparative Advantage Paradigms”, *Economic Geography*, Vol. 79, No. 1, 2003, pp. 67-94.

③ 本书的这一发现已经得到了其他一些研究的佐证。譬如马加利·道文（Magali Dauvin）和大卫·格雷罗（David Guerreiro）通过对 69 项关于“资源诅咒”的研究进行了 1419 次元分析，发现只有发展中国家受到了“诅咒”。尽管他们未能阐明这些机制，但这一发现与本章所指出的经济现代化始点较晚的国家会陷入“能源诅咒”的判断基本一致。详见 Magali Dauvin, David Guerreiro, “The Paradox of Plenty: A Meta-Analysis”, *World Development*, Vol. 94, 2017, pp. 212-231。

④ “琐细的必要原因”是指那些在所有案例中都存在但同时对因变量的变化却没有产生实质性影响的原因。详见 James Mahoney, “Comparative - historical Methodology”, *Annual Review of Sociology*, Vol. 30, 2004, pp. 82-83。尽管约翰·海尔布伦（John Heilbrunn）没有使用这一概念，但在其研究开篇的发问表达了同样的意思。详见 John R. Heilbrunn, *Oil, Democracy, and Development in Africa*, New York: Cambridge University Press, 2014, p. vii。

“诅咒”生成的原因。

如果说本书第一章和第二章分别针对罗斯所述的“能源诅咒”研究中三场大论争中的前两场提出了见解，那么本章显然参与到了第三场论争，即关于“能源诅咒”生成机制的论争中。用一句话概括本书的观点：较晚的经济现代化始点是“能源诅咒”生成的根源，而“能源诅咒”在本质上就是一种“现代化的诅咒”。虽然相较于探讨“能源诅咒”成因的既有研究这一发现难免有些“惊世骇俗”，但实际上与这一观点遥相呼应的洞见早已见诸发展经济学当中。①

构建理论分析框架固然重要，但理论分析框架能否经受住多种研究方法的“一致性平行实证检验”恐怕更为关键。肯尼思·华尔兹曾指出“规律可以被发现，而理论只能被构建”，芭芭拉·格迪斯也直言道“理论的目的之一就是要简化这个世界”。② 这两番话分别为国际关系和比较政治的学者简化纷繁的世界、撇开复杂的变量、构建简明的理论提供了便利。诚然简化有助于理论构建，但是在此基础上构建的理论能否较好地呈现和回应客观世界、能否经受住数据和历史的检验仍然存疑。同理，本章所构建的分析框架是否具有有效性，这仍有待于后续三章的实证检验。

---

① ［美］达龙·阿西莫格鲁：《现代经济增长导论（下册）》，唐志军等译，中信出版集团2019年版，第1026页。

② ［美］肯尼思·华尔兹：《国际政治理论》，信强译，苏长和校，上海人民出版社2008年版，第8页；［美］芭芭拉·格迪斯：《范式与沙堡：比较政治学中的理论建构与研究设计》，陈子恪、刘骥等译，张睿壮、刘骥校，重庆大学出版社2012年版，第13页。此外，潘维对此也提出了类似的表述：“理论是简约的，简单是美。”详见潘维《比较政治学理论与方法》，北京大学出版社2014年版，第3页。

第四章

“能源诅咒”成因的多重检验

大胆的假设，小心的求证。①

——胡适

政治科学是一门数据科学。②

——杰夫·吉尔（Jeff Gill）

① 该句原为胡适对清代学者治学方法的评价，后被普遍引申为从事学术研究的基本要求。详见胡适著，季羡林主编，郑大华整理《胡适全集（第一卷）》，安徽教育出版社 2003 年版，第 388 页。

② Jeff Gill, "Political Science Is a Data Science", *Journal of Politics*, Vol. 83, No. 1, 2021, p. 1.

无论是吉尔在政治学的范畴内对于数据分析重要性的上述强调，还是保罗·萨缪尔森在经济分析中所提出的“数学就是种语言”的隐喻，其都表明以数据为基础的实证分析对于识别因果关系、发掘因果效应、检验分析框架都具有不可替代的作用。[①] 考虑到自然语言和数学语言在实证检验中互为补充，本书第五章和第六章完全基于前者加以分析，而本章则主要依仗后者来进行实证。

由此，在导论二小节对于各研究方法及其适用性讨论的基础上，本章依托笔者所建立的“能源丰裕国主要社会经济数据”数据集，分别运用 QRA、QCA 和 SCA 进行实证分析，进而通过多重检验来探讨“能源诅咒”的成因。除了遵照上述方法各自的操作流程和检验标准外，本章还特别遵循了加里·金对政治学定量研究操作的告诫，以求尽可能保证相应实证检验的可靠性、有效性和可重复性。[②]

基于第三章对于“能源诅咒”成因分析框架的讨论，在其他条件不变或相同的情况下，可以提出如下假说。

假说 1a：一国开启经济现代化进程的始点越晚，越可能出现强大的能源产业联盟。

假说 1b：一国开启经济现代化进程的始点越晚，越可能在能源领域建立国家产权制度。

假说 2a：一国能源产业联盟实力越强，其能源产业在产业结构中占较高比例的可能性越大。

假说 2b：一国在能源领域实行国家产权制度，其能源产业在产业结构中占较高比例的可能性越大。

---

① 陈玮、耿曙、钟灵娜：《白话〈社会科学中的研究设计〉：日常思考的语言与研究设计的逻辑》，《公共行政评论》2015 年第 4 期，第 18 页。

② Gary King, “How Not to Lie with Statistics: Avoiding Common Mistakes in Quantitative Political Science”, *American Journal of Political Science*, Vol. 30, No. 3, 1986, pp. 666-687.

假说3a：一国能源产业在产业结构中占比越高，其经济增长速度就越慢。

假说3b：一国能源禀赋的丰裕程度不会显著影响其经济增长速度。

假说4：一国开启经济现代化进程的始点越晚，其经济增长速度就越慢。①

为了验证上述假说，本章第一节首先详述“能源丰裕国主要社会经济数据”数据集的基本结构及其对本书各变量的测量情况；其次汇报描述性统计的初步发现；之后阐述所选用的回归模型的原因并汇报回归结果；最后简述稳健性检验的策略和检验结果。第二节分别运用清晰集定性比较分析（crisp-set qualitative comparative analysis，csQCA）和模糊集定性比较分析（fussy-sets qualitative comparative analysis，fsQCA）来发掘主要变量之间的条件关系。第三节分别构造委内瑞拉和挪威的反事实控制组与上述2个国家进行对照，据此再次检验了上述部分假说。

第一节　定量回归分析

基于回归分析的基本要求和一般步骤，本节的论证需要分为四个步骤。其一，阐述各核心变量及控制变量的选取及不同的测量方式。其二，介绍各变量的统计特征和相关系数，并且初步呈现核心变量之间的相关关系。其三，详述所选用的两种回归方法及其原因，并且汇报回归结果。其四，通过运用替代性测量方式及更换回归模型的策略进行四项稳健性检验，并且简要汇报稳健性检验结果。

一　变量及其测量

回归分析能够充分地揭示和检验变量之间的因果关系，但其前提在于对变量进行较为准确和可操作的测量。戴维·科利尔（David Collier）等指出在变量的测量上遵照定量和定性研究的共同标准、兼顾概念本身

① 该假说中的“一国”特指满足本书界定标准的能源出口国，而非针对世界上的所有国家。

的意涵和变量的测量效度、满足测量对各国情境的普适性。① 加里·金等提出的准则包括：记录数据来源或产生过程、尽可能多搜集不同背景和渠道下关于因变量的观察值、提高测量效度、确保数据的搜集和清理科学可靠、保证数据搜集及后续分析可复制。② 这些准则有助于提高数据的质量及后续分析的可靠性。而对于那些不容易进行测量的变量而言，陈志武则特别提醒研究人员需要充分发挥想象力，尝试通过寻找代理变量的方式解决测量难题。③ 参照以上标准，笔者对第三章所提出的核心变量及其他重要的协变量进行测量。

首先，为了清晰地识别各观察值，需要通过标识对其进行标注。为此本书通过“样本编号”“国家名称”“国家名称（缩写）”“国家编码”和“年份”这5个维度对各观察值进行标注。其中，“国家编码”采用了战争相关数据集（The Correlates of War Project）国家编码，这为后续的其他拓展性研究搜集整合新的变量提供了便利。

其次，核心变量为第三章涉及的“经济增长速度”“经济现代化始点”“产业联盟形态”“能源领域产权制度类型”和“能源产业畸大程度”，其中多个变量由三种或更多的方式加以测量。譬如，“经济增长速度”分别由世界银行、麦迪逊项目和宾大世界表的“人均GDP”数据及其转化而成的哑变量数据共计六种方式进行测量。再如，“经济现代化始点”分别由现代化的波次以及铁路运能、钢铁生产和国民预期寿命数据及其转化而成的哑变量数据共计七种方式进行测量。④

最后，其他重要的协变量为第二章所综述的研究中普遍使用的19个变量。这些变量具体包括“石油价格”“天然气价格”“石油储量”“天然气储量”“石油产量”“天然气产量”“石油出口量”“天然气出口量”“政体

① Robert Adcock, David Collier, “Measurement Validity: A Shared Standard for Qualitative and Quantitative Research”, *American Political Science Review*, Vol. 95, No. 3, 2001, pp. 529-546.

② ［美］加里·金、罗伯特·基欧汉、悉尼·维巴：《社会科学中的研究设计》，陈硕译，格致出版社2014年版，第21—25页。

③ 陈志武：《量化历史研究的过去与未来》，《清史研究》2016年第4期，第9页。

④ 本书第三章已经介绍了使用现代化的波次和1960年国民预期寿命测量经济现代化的始点早晚并注明了相应的引证文献，不再赘述。关于使用铁路运能和钢铁生产测量经济现代化的可信性及具体操作，详见 John Gerring, Haakon Gjerløw, Carl Henrik Knutsen, “Regimes and Industrialization”, *World Development*, Vol. 152, 2022, p. 5。

类型（民主程度）”“战争”“国家能力”“制度质量”“治理绩效”“人口”“宗教”“族群”“自然灾害”“与美国关系”“所在地区”。① 其中，“政体类型（民主程度）”“国家能力”“制度质量”和“与美国关系”等相对复杂或可能存有测量争议的变量将由两种或更多的方式加以测量。

基于此，笔者构建了“能源丰裕国主要社会经济数据”数据集，实现了对上述 29 个变量（维度）的总计 66 种测量。关于上述变量及其测量的简述详见表 4-1。本书附录第二节的附表 2-1 不仅详述了上述变量及其测量，还涵盖了数据来源以及关于转化为自然对数、哑变量阈值划分等的补充说明。

表 4-1　变量及其测量

变量序号	变量名称	测量序号	测量	编号
1	样本编号	1	——	I-*num*
2	国家名称	2	——	I-*cou*
3	国家名称（缩写）	3	——	I-*abb*
4	国家编码	4	战争相关数据集—COW 国家编码	I-*ccd*
5	年份	5	——	I-*yea*
6	经济增长速度	6	世界银行“人均 GDP（2010 年不变价美元）”	A-*egr*-1
		7	世界银行“人均 GDP（2010 年不变价美元）”增速—哑变量	A-*egr*-2
		8	麦迪逊项目“人均 GDP”	A-*egr*-3
		9	麦迪逊项目“人均 GDP”增速—哑变量	A-*egr*-4
		10	宾大世界表“人均 GDP”	A-*egr*-5
		11	宾大世界表“人均 GDP”增速—哑变量	A-*egr*-6

① 黄琪轩提醒笔者一国与美国的关系可能影响其经济增长；保罗·科利尔等的研究指出自然灾害也能对经济增长带来重要的影响；阿尔贝托·阿莱西纳（Alberto Alesina）等的综述性研究也展现了族群多样性与经济增长的复杂关系。分别详见 Paul Collier, Benedikt Goderis, “Structural Policies for Shock-prone Developing Countries”, *Oxford Economic Papers*, Vol. 61, No. 4, 2009, pp. 703-726; Alberto Alesina, Eliana La Ferrara, “Ethnic Diversity and Economic Performance”, *Journal of Economic Literature*, Vol. 43, No. 3, 2005, pp. 762-800。因此本书将“与美国关系”“自然灾害”“族群”作为控制变量纳入并对其进行了操作化，其他涉及上述变量的相应研究详见第二章第二节和第三节，在此不再赘述。在下文选取协变量的过程中，本书尽可能避免漫无目的地添加协变量，相应的原则详见 Christopher H. Achen, “Let's Put Garbage-can Regressions and Garbage-can Probits Where They Belong”, *Conflict Management and Peace Science*, Vol. 22, No. 4, 2005, pp. 327-339。关于国际关系领域协变量选择的更多探讨详见该期特刊中的其他研究。

续表

变量序号	变量名称	测量序号	测量	编号
7	经济现代化始点	12	（经济）现代化的波次—哑变量	A-*spm*-1
		13	铁路运能	A-*spm*-2
		14	铁路运能—哑变量	A-*spm*-3
		15	钢铁生产	A-*spm*-4
		16	钢铁生产—哑变量	A-*spm*-5
		17	国民预期寿命	A-*spm*-6
		18	国民预期寿命—哑变量	A-*spm*-7
8	产业联盟形态	19	世界银行“石油及天然气租金占 GDP 的比重”	A-*icf*-1
9	能源领域产权制度类型	20	能源领域的国有化与国有产权	A-*prs*-1
		21	能源领域的国有化与国有产权—哑变量	A-*prs*-2
		22	上游石油公司的所有权结构—哑变量	A-*prs*-3
		23	国家石油公司是否完全为政府所有—哑变量	A-*prs*-4
		24	“民主的多样性”（V-Dem）项目：产权-经济的国家所有权	A-*prs*-5
10	能源产业畸大程度	25	世界银行“燃料出口占商品出口的比重”	A-*nal*-1
		26	世界银行“制造业占 GDP 的比重”	A-*nal*-2
		27	国际货币基金组织“出口多样性指数”	A-*nal*-3
11	石油价格	28	世界石油价格	B-*cop*-1
		29	本国石油价格	B-*cop*-2
12	天然气价格	30	世界天然气价格	B-*ngp*-1
		31	本国天然气价格	B-*ngp*-2
13	石油储量	32	截至 2020 年已探明石油储量	B-*cor*-1
14	天然气储量	33	截至 2020 年已探明天然气储量	B-*ngr*-1
15	石油产量	34	石油产量-1	B-*opd*-1
		35	石油产量-2	B-*opd*-2
16	天然气产量	36	天然气产量-1	B-*gpd*-1
		37	天然气产量-2	B-*gpd*-2
17	石油出口量	38	石油出口量-1	B-*coe*-1
		39	石油出口量-2	B-*coe*-2

续表

变量序号	变量名称	测量序号	测量	编号
18	天然气出口量	40	天然气出口量-1	B-*nge*-1
		41	天然气出口量-2	B-*nge*-2
19	政体类型（民主程度）	42	政体-5 数据集的“polity2”指标	C-*rty*-1
		43	“政体的全数据集”中的民主二分测量	C-*rty*-2
20	战争	44	战争—哑变量	C-*war*-1
21	国家能力	45	国家能力	C-*ncp*-1
		46	汲取能力：政府收入占 GDP 的比重	C-*ncp*-2
		47	汲取能力：税收占 GDP 的比重	C-*ncp*-3
22	制度质量	48	监管质量	C-*itq*-1
		49	法治	C-*itq*-2
		50	腐败控制	C-*itq*-3
23	治理绩效	51	政府有效性	C-*gvp*-1
		52	国家脆弱指数	C-*gvp*-2
		53	执政有效性评分	C-*gvp*-3
		54	执政合法性评分	C-*gvp*-4
24	人口	55	人口总数	C-*ppl*-1
		56	15—64 岁劳动人口占总人口的比重	C-*ppl*-2
25	宗教	57	国内主要宗教	C-*rlg*-1
		58	伊斯兰教信众占比	C-*rlg*-2
26	族群	59	少数族裔人口占比	C-*eth*-1
27	自然灾害	60	EM-DAT 自然灾害统计	C-*nds*-1
28	与美国关系	61	与美国签署的防务合作协议	C-*rus*-1
		62	受到美国的制裁	C-*rus*-2
29	所在地区	63	西亚北非国家—哑变量	C-*rgd*-1
		64	拉丁美洲及加勒比国家—哑变量	C-*rgd*-2
		65	撒哈拉以南非洲国家—哑变量	C-*rgd*-3
		66	独联体国家—哑变量	C-*rgd*-4

二　描述性统计

一般而言，在回归分析之前需要说明各变量测量的统计特征和相关系数，并且初步汇报核心变量之间的相关关系。全部变量测量的统计特征值详见附录第二节的附表 2-2，而部分核心变量与控制变量的相关系数矩阵可见于附录第二节的附表 2-3。需要说明的是，除了 A-*spm*-1 与 C-*ncp*-1 的皮尔逊相关系数超过 0.6 以外，其他变量测量两两组合的相关系数均低于 0.6，其中的绝大多数低于 0.4。这初步表明与变量之间的强相关性伴随而来的多重共线性问题总体上并不严重，而本节后续还会通过检视方差膨胀因子进一步探讨多重共线性问题。

图 4-1 至图 4-4 分别呈现了核心变量之间的关系，初步检视了本章引言部分的七个假说。首先，如图 4-1 所示，后发国家能源产业联盟实力和能源领域实行的产权制度在各自箱线图的中位值均高于先发国家对应变量的上限值。这很可能意味着对于经济现代化始点较晚的后发国家而言，其能源产业联盟实力更强、在能源领域的产权制度类型也更偏向国家产权制度。可以说，图 4-1 有助于建立对假说 1a 和假说 1b 成立的信心。

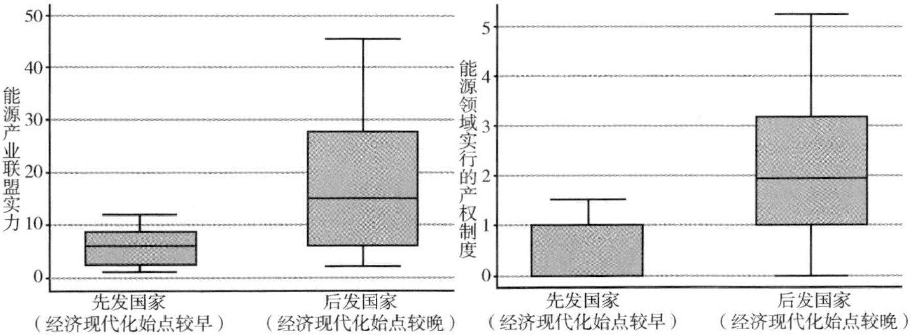

图 4-1　经济现代化始点分别与产业联盟形态及产权制度类型的关系

注：横坐标数据为 A-*spm*-1；纵坐标数据分别为 A-*icf*-1 和 A-*prs*-1。数据单位及其他细节说明详见数据集，在此不再单独注明，下同。

其次，如图 4-2 所示，能源产业联盟实力与能源领域实行的产权制度分别与能源产业畸大程度呈现出明显的正相关，两组拟合线的斜率均为正。这很可能意味着对于能源产业联盟实力更强和在能源领域更偏向国家产权制度的国家而言，其能源产业在产业结构中所占的比重更高、其对能源产业的依赖也更严重。可以说，图 4-2 有助于建立对假说 2a 和假说 2b 成立的信心。

再次，如图 4-3 所示，能源产业畸大程度与经济增长速度呈现出明显的负相关，其拟合线的斜率为负；并且后发国家在箱线图中的各分界值均明显低于先发国家。这很可能意味着对于能源产业在产业结构中占比更高的国家以及经济现代化始点较晚的后发国家而言，其经济增长速度更慢。可以说，图 4-3 有助于建立对假说 3a 和假说 4 成立的信心。

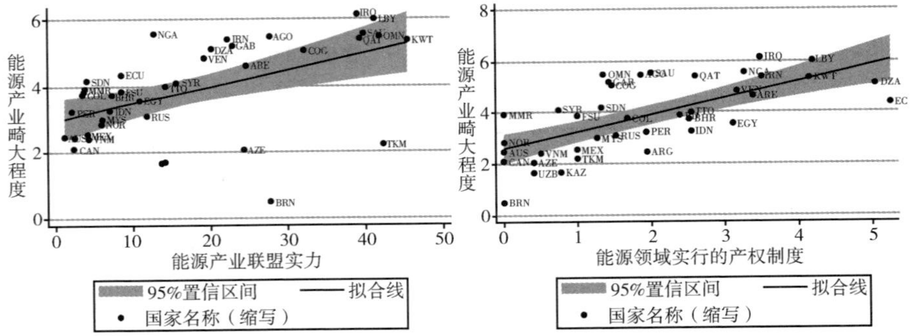

图 4-2　产业联盟形态及产权制度类型分别与能源产业畸大程度的关系

注：横坐标数据分别为 A-*icf*-1 和 A-*prs*-1；纵坐标数据为 A-*nal*-3。
资料来源：笔者自制。

最后，如图 4-4 所示，石油丰裕程度与天然气丰裕程度与经济增长速度并未呈现出明显的相关性，两组拟合线的斜率近乎于 0。这很可能意味着石油丰裕程度与天然气丰裕程度不会显著影响经济增长速度。可以说，图 4-4 有助于建立对假说 3b 成立的信心。

另需说明的是，虽然上述数据集整合性地呈现了能源丰裕国的主要社会经济数据，但大量缺失值的存在明显拉低了数据的质量。一般而言，相较于在回归分析中剔除存在缺失值的观察观察值，通过合理公开的方

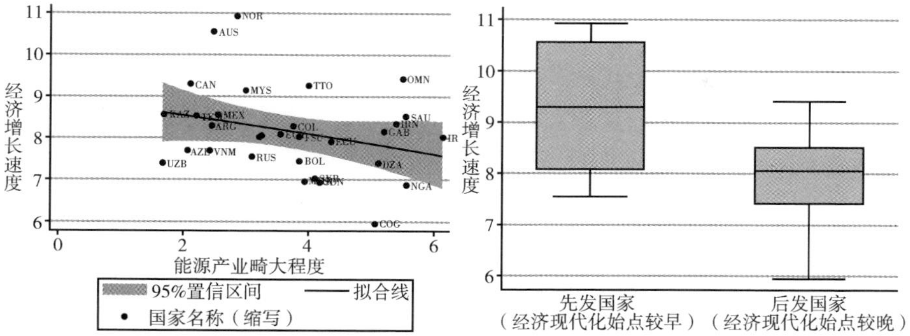

图 4-3　能源产业畸大程度及经济现代化始点分别与经济增长速度的关系

注：横坐标数据分别为 A-*nal*-3 和 A-*spm*-1；纵坐标数据为 A-*egr*-1。由于 A-*egr*-1 经过自然对数转换，因此未包括原经济增长速度为负的国家。将这些国家纳入后拟合线的斜率更加陡峭。

式补齐缺失值是更佳的选择。[①] 缺失值的处理包括人工填充、特殊值填充、平均值填充、热卡填充、回归、多重插补等多种不同的方法。考虑到这些方法各自的优劣势，本书采用回归法，即通过建立线性模型补充缺失值。

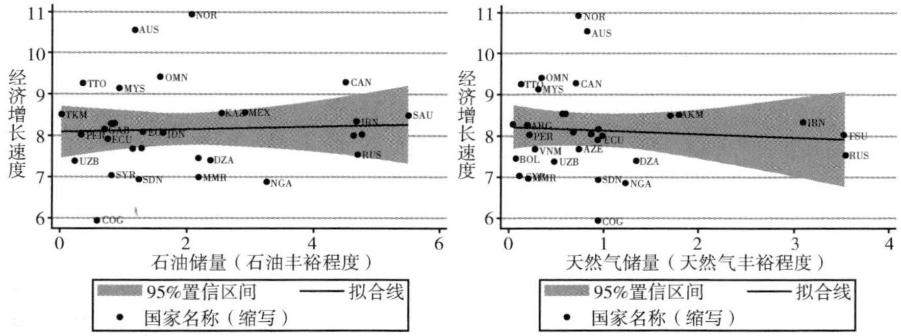

图 4-4　石油和天然气丰裕度分别与经济增长速度的关系

注：横坐标数据分别为 B-*cor*-1 和 B-*ngr*-1；纵坐标数据为 A-*egr*-1。

① 陈强编著：《计量经济学及 Stata 应用》，高等教育出版社 2015 年版，第 189—191 页；Simon Wigley, “Is There a Resource Curse for Private Liberties?” *International Studies Quarterly*, Vol. 62, No. 4, 2018, p. 839.

三　回归设计及结果

为了尽可能降低遗漏变量偏差并缓解对双向因果效应的担忧，在充分考虑数据集特征和参照既有研究的基础上，本节主要采用如下两种方法进行回归分析。一方面，使用普通最小二乘法（Ordinary Least Squares，OLS）进行回归。尽管诸如面板修正标准误差回归等方法相较于 OLS 具有其独特的优势，但考虑到一方面关于“能源诅咒”成因的既有经典研究大多采用了 OLS，另一方面该领域新晋的实证研究仍普遍将 OLS 的分析结果作为对照，因此本节首先使用 OLS。① 另一方面，基于配套数据集的长面板数据结构进行混合效应（Mixed Effect，ME）、固定效应（Fixed Effects，FE）和随机效应（Random Effects，RE）分析。①

OLS 的回归结果可直观地见于图 4-5，具体的数值则详见附录第三节的附表 3-1。需要说明的是，在获得 OLS 回归结果的同时，本书通过 BP 检验和怀特检验检视了异方差问题；通过残差图检视了自相关问题；通过方差膨胀因子检视了多重共线性问题。检视后发现多重共线性问题并不明显，但是异方差问题和自相关问题却较为明显，对此应使用稳健标准误的 OLS。另需说明的是，为了缓和对逆向因果关系的担忧，本节的全部回归均将核心变量及控制变量时滞 1 年。

---

① 使用面板修正标准误差回归探讨“能源诅咒”的研究例子：卢凌宇、许剑：《因“祸”得福？石油进口依赖与发展中国家能力》，《世界经济与政治》2020 年第 12 期，第 146—147 页；Adrian J. Shin，“Primary Resources，Secondary Labor：Natural Resources and Immigration Policy”，*International Studies Quarterly*，Vol. 63，No. 4，2019，p. 808。运用 OLS 的经典和新晋研究例如 Pauline Jones Luong，Erika Weinthal，*Oil Is Not a Curse*：*Ownership Structure and Institutions in Soviet Successor States*，New York：Cambridge University Press，2010，pp. 354-359；Paul Mosley，*Fiscal Policy and the Natural Resources Curse How to Escape from the Poverty Trap*，London：Routledge，2017，pp. 193-199；Paolo Buonanno，Ruben Durante，Giovanni Prarolo，Paolo Vanin，“Poor Institutions，Rich Mines：Resource Curse in the Origins of the Sicilian Mafia”，*The Economic Journal*，Vol. 125，No. 586，2015，pp. 189-198；Traviss Cassidy，“The Long - Run Effects of Oil Wealth on Development：Evidence from Petroleum Geology”，*The Economic Journal*，Vol. 129，No. 623，2019，pp. 2758-2771；张复明、景普秋：《资源型经济的形成：自强机制与个案研究》，《中国社会科学》2008 年第 5 期，第 125 页。

① 邵帅、杨莉莉：《自然资源丰裕、资源产业依赖与中国区域经济增长》，《管理世界》2010 年第 9 期，第 32 页；Victor Menaldo，*The Institutions Curse*：*Natural Resources*，*Politics*，*and Development*，Cambridge：Cambridge University Press，2016，pp. 206-207，221-226.

ME、RE 和 FE 回归的结果可直观地见于图 4-6，具体的数值则详见附录第三节的附表 3-2 和附表 3-3。需要说明的是：一方面，由于使用 A-*spm*-1 不随时间变化，将其作为经济现代化始点的测量进行固定 FE 分析时会被略去，故而仅汇报 ME 和 RE 的结果。LM 检测强烈接受“不存在个体随机效应”的原假设，故而应选择并汇报 ME 的结果，详见图 4-6中的模型（1）至模型（6）。另一方面，使用 A-*spm*-6 代替 A-*spm*-1 来测量经济现代化始点虽然理论意义有所弱化但其统计意义则明显增强，进而规避了上述问题并提供了 FE 分析的结果。[①] 基于 ME、RE 和 FE 分析对假说 4 的额外检验详见模型（13）至模型（16）。LM 检测和豪斯曼检验均表明应选择 FE 的结果。更详细的回归结果详见上述两个附表。

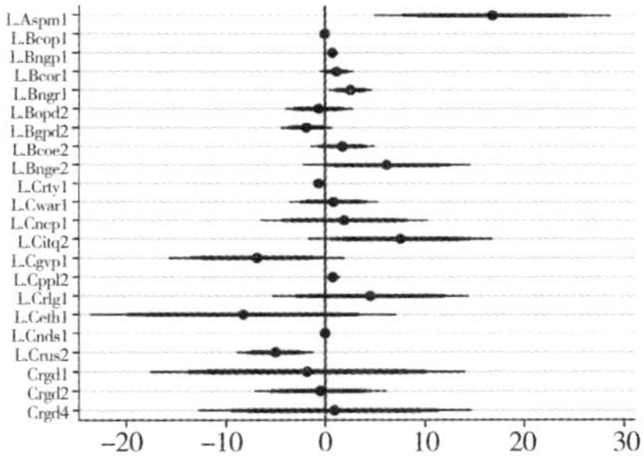

模型（1）_因变量：Aicf1

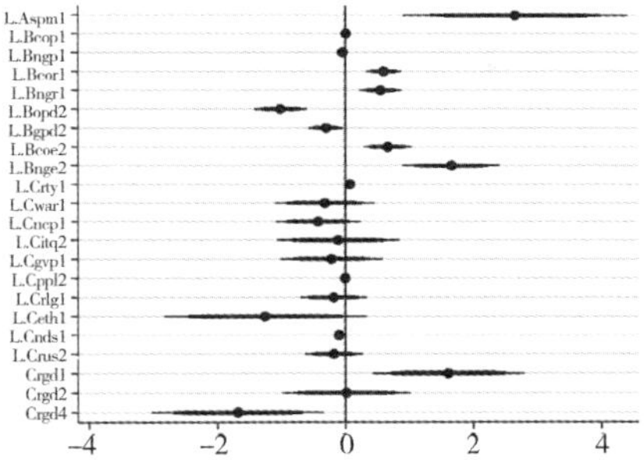

模型（2）_因变量：Aprs1

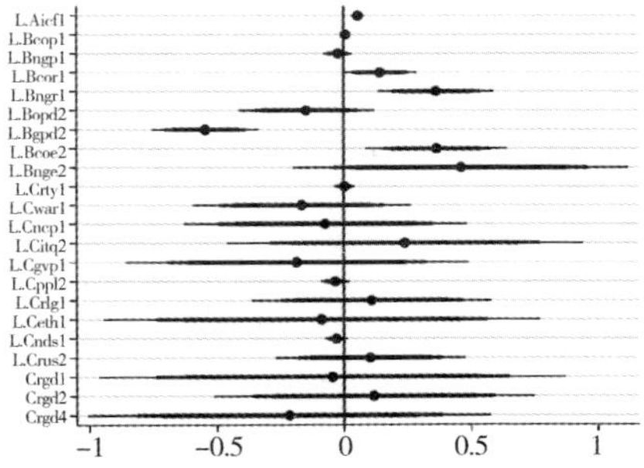

模型（3）_因变量：Anal3

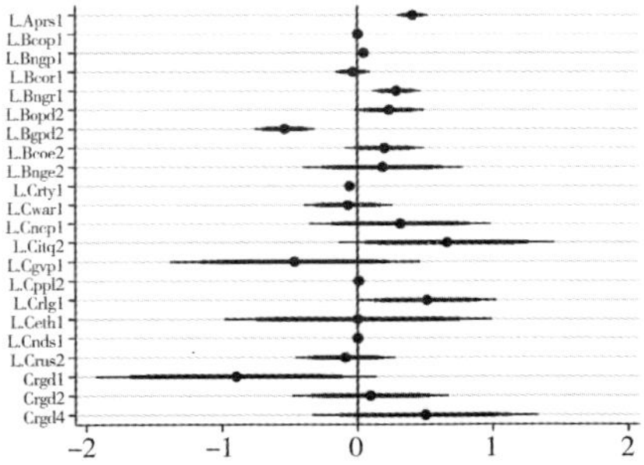

模型（4）_因变量：Anal3

① 使用国民预期寿命作为变量的研究例如：Jean-Philippe Stijns，“Natural Resource Abundance and Human Capital Accumulation”，*World Development*，Vol. 34，No. 6，2006，p. 1065。

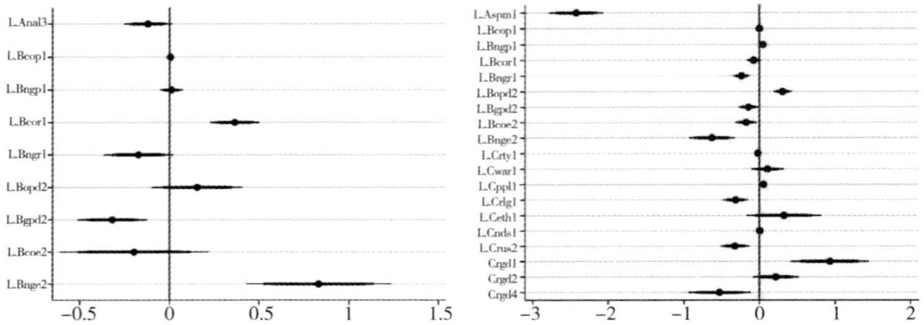

模型（5）_因变量：Aegr1　　模型（6）_因变量：Aegr1

图 4-5　基于面板数据的稳健标准误 OLS 模型

注：较细、中等和较粗的线段分别代表 90%、95%和 99%的置信区间。下同。

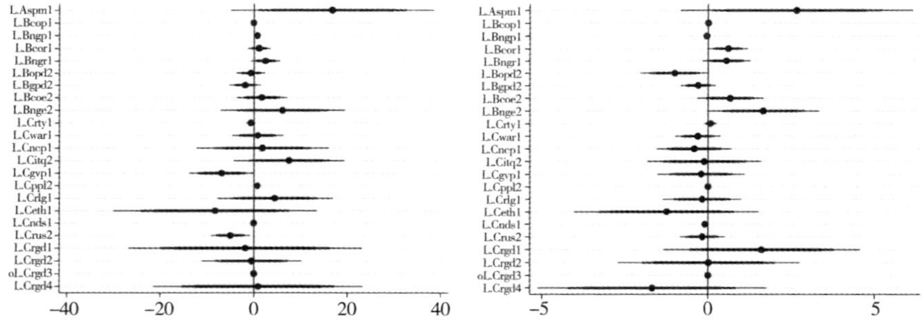

模型（1）_混合效应_因变量：Aicf1　　模型（2）_混合效应_因变量：Aprs1

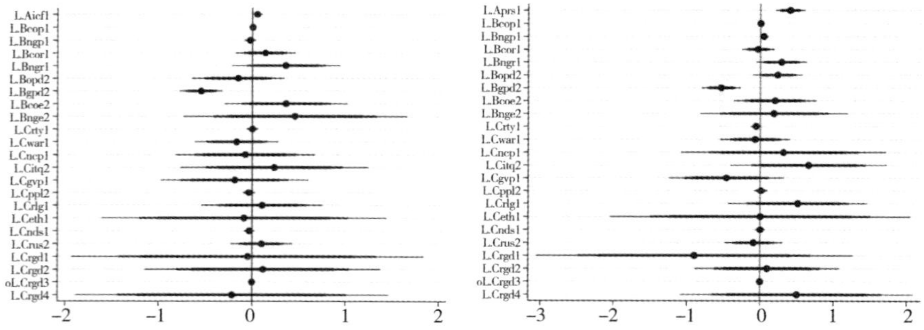

模型（3）_混合效应_因变量：Anal3　　模型（4）_混合效应_因变量：Anal3

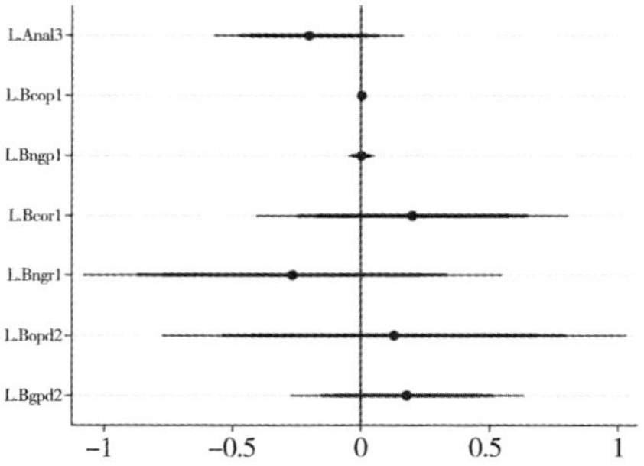

模型（5）_混合效应_因变量：Aegr1

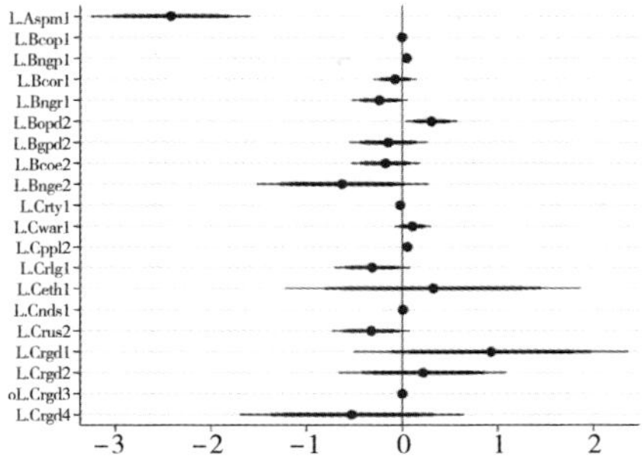

模型（6）_混合效应_因变量：Aegr1

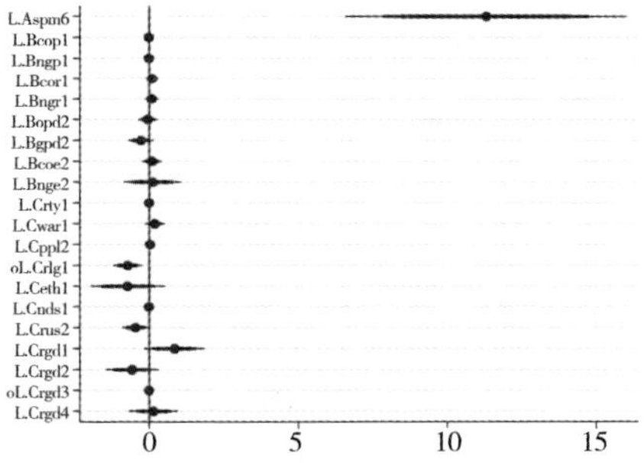

模型（13）_混合效应_因变量：Aegr1

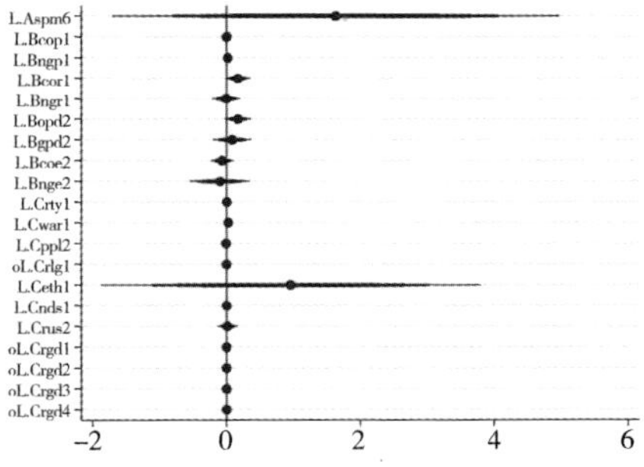

模型（14）_混合效应_因变量：Aegr1

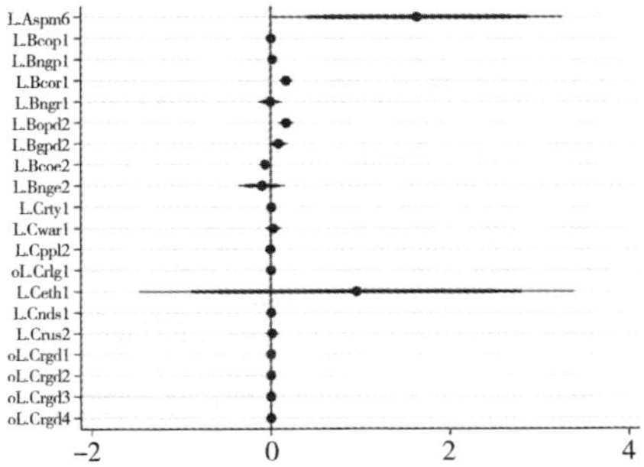

模型（15）_混合效应_因变量：Aegr1

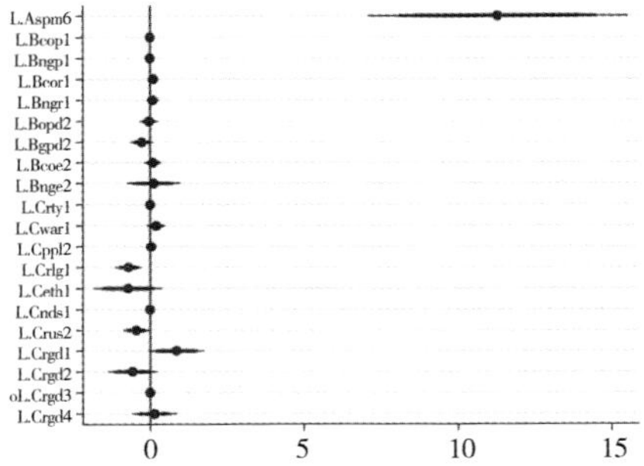

模型（16）_混合效应_因变量：Aegr1

图 4-6　ME、RE 和 FE 模型

注：模型（14）由细到粗的线段分别代表 80%、90%、95%和 99%的置信区间。① 其他模型置信区间的设定未做调整。

① 设置比 0.1 更宽松的 p 值显著标准并非本研究独创，其他研究同样这样操作。例如邵帅、杨莉莉《自然资源丰裕、资源产业依赖与中国区域经济增长》，《管理世界》2010 年第 9 期，第 33 页。

上述回归分析较为充分地检验了本书的分析框架，其分析结果也与既有实证研究的发现相互呼应。其一，在上述以经济增长速度为因变量的各模型中，石油储量和天然气储量对经济增长的影响并未呈现出稳健的规律性。这除了证实假说3b以外，也完全与萨德·邓宁等的研究发现相契合。[①] 其二，上述多个模型表明能源产业畸大（或能源依赖度高、产业多样性低）的国家经济增长速度较慢。这除了证实假说3a以外，也与罗斯关于能源出口多元化的研究有诸多共通之处。[②] 其三，其余的模型均表明一国经济现代化始点的早晚对于产业联盟形态、能源领域产权制度类型及其经济增长速度均有决定性的影响，而且各核心变量之间的因果完全如本书分析框架所述。以上除证实假说1a、假说1b、假说2a、假说2b和假说4以外，也与吕克·奥姆格巴等研究的实证结果相印证。[③]

四　稳健性检验

稳健性检验对于QRA必不可少。亚当·普热沃斯基在其关于“比较政治学能否成为一门科学”的经典讨论的最后告诫读者：为了论证研究发现的稳固，学者所能做的就是尝试不同的假设。即便存在潜在的偏差和内生性，如果不同假设下的分析结果并无太大差异，那么研究发现也是可靠的。[④] 参照埃里克·诺伊迈耶（Eric Neumayer）和托马斯·普吕佩尔（Thomas Plümper）关于稳健性检验的基本要求，本节开展了四项稳健性检验。[⑤]

---

① 阐明能源丰裕度与经济增长速度无关的大量实证性研究详见第三章第一节，在此不再赘述。

② Michael L. Ross,“What Do We Know About Export Diversification in Oil-producing Countries?”, *The Extractive Industries and Society*, Vol. 6, No. 3, 2019, pp. 792-806.

③ Eric W. Djimeu, Luc Désiré Omgba,“Oil Windfalls and Export Diversification in Oil-producing Countries: Evidence from Oil Booms”, *Energy Economics*, Vol. 78, 2019, pp. 494-507.

④ 亚当·普列泽沃斯基：《比较政治科学可能吗?》，载［美］罗伯特·E. 戈定主编，卡尔斯·波瓦克斯、苏珊·斯托克斯编：《牛津比较政治学手册（上册）》，唐士其等译，人民出版社2016年版，第168页。正文中作者的中译姓名与上文保持统一，引证时则遵从译文原文。

⑤ ［英］埃里克·诺伊迈耶、［奥］托马斯·普吕佩尔：《定量研究中的稳健性检验》，韩永辉、谭锐译，格致出版社2020年版。

第一，使用截面数据进行 OLS 分析。使用截面数据替代面板数据进行回归分析并非数据形态的退化，而是充分考虑了本书自变量经济现代化始点不随时间变化的客观事实。相应的回归结果详见附表 3-4。第二，使用哑变量进行逻辑回归（Logit Regression）。① 本书配套数据集提供了全部核心变量的哑变量测量，这为各种二值选择模型的运用提供了可能。相应的回归结果详见附表 3-5。第三，使用广义矩估计（Generalized Method of Moments，GMM）进行工具变量分析。考虑到扰动项可能存在异方差和自相关的问题，GMM 在此情形下比起 2SLS 要更为有效。② 探讨“能源诅咒”成因的研究也大量使用 GMM 进行实证分析。③ 相应的回归结果详见附表 3-6。第四，加入能源产业联盟实力与能源领域产权制度类型的交互项，检视两者之一对能源产业畸大程度的边际效应受到另一变量的影响情况。对调节效应的分析表明，两者相互强化了彼此对能源产业畸大程度的影响，这对于理清两者之间的关系至关重要。相应的回归结果详见附表 3-7。

总的来看，稳健性检验的结果与上述定量回归的发现基本一致，这进一步证实了本章引言部分的七个假说。可以说，QRA 验证了本书分析框架的有效性和因果效应的存在性。然而由于本节所述的多种方法和模型纳入了较多的变量，变量之间的复杂关系弱化了回归分析的效用。④ 定性比较分析不仅能够有效地弥补这一问题，而且还能提供另一种截然不同的实证检验。

---

① 庞珣：《国际关系研究的定量方法：定义、规则与操作》，《世界经济与政治》2014 年第 1 期，第 23—24 页。

② 陈强编著：《高级计量经济学及 Stata 应用（第二版）》，高等教育出版社 2014 年版，第 146 页。

③ Jeroen Klomp, Jakob de Haan, "Election Cycles in Natural Resource Rents: Empirical Evidence", *Journal of Development Economics*, Vol. 121, 2016, pp. 83 - 91; Rabah Arezki, Markus Brückner, "Oil Rents, Corruption, and State Stability: Evidence from Panel Data Regressions", *European Economic Review*, Vol. 55, No. 7, 2011, pp. 957 - 960; Minoo Farhadi, Md. Rabiul Islam, Solmaz Moslehi, "Economic Freedom and Productivity Growth in Resource-rich Economies", *World Development*, Vol. 72, 2015, pp. 113-121; 魏国学、陶然、陆曦：《资源诅咒与中国元素：源自 135 个发展中国家的证据》，《世界经济》2010 年第 12 期，第 52—54 页；薛雅伟等：《资源产业空间集聚与区域经济增长：“资源诅咒”效应实证》，《中国人口·资源与环境》2016 年第 8 期，第 29—31 页。

④ ［英］埃里克·诺伊迈耶、［奥］托马斯·普吕佩尔：《定量研究中的稳健性检验》，韩永辉、谭锐译，格致出版社 2020 年版，第Ⅱ页。

第二节　定性比较分析

不同于建立在统计学和概率论基础之上的 QRA，QCA 完全以逻辑学和集合论为根基。① 这种方法论基础的重要差异使得分别运用上述 2 种方法进行“一致性平行实证检验”更显必要。历经近 40 年的发展，QCA 已经发展出了包括 csQCA、fsQCA、多值定性比较分析（multi - value Qualitative Comparative Analysis，mvQCA）、时序定性比较分析、时间序列定性比较分析等在内的多种子分析类型。然而，考虑到 mvQCA 本质上为 csQCA 的延伸，加之本书无须专门讨论各条件变量之间的时序和特定条件变量的前后变化，因此本节仅聚焦于清晰集分析和模糊集分析。②

一　清晰集分析

正如本章第一节所述，原始数据集中大量存在的缺失值拉低了数据的质量和分析的效果，并且使得由其转化而成的原始数值表也不可避免地存在缺失值，由此导致 QCA 略过存在缺失数据的样本而未能对其进行分析。为此，本书同时运用人工填充和平均值填充的方式补齐了相应的缺失信息。③

在此基础上，本书还需进一步明确或完成两个重要的步骤。其一，基于机械分界点或既有研究对数据进行转化和重新赋值。根据 csQCA 的操作规程，原始数据均需要经过转化并被赋值为 0 或 1，分别代表不符合及符合。查尔斯·拉金强调对变量进行赋值的关键在于在原始数据中合

---

① ［美］加里·格尔茨、詹姆斯·马奥尼：《两种传承：社会科学中的定性与定量研究》，刘军译，格致出版社 2016 年版，第 19，27 页。

② 释启鹏：《时间中的定性比较分析：TQCA 与 TSQCA 的发展》，《比较政治学研究》2016 年第 1 期，第 40—58 页。

③ 相较于用于第一节 QRA 的面板数据，用于 QCA 的数据体量较小且易于根据现实情况进行赋值，为此本书优先采用人工填充的方式补齐缺失数据。当缺失数据无法进行人工填充时，本书接续采用平均值填充的方式进行补正。虽然上述补充缺失值的方式不可避免地形成了与真实情况的偏差，但这种偏差与其所带来的增益相比十分有限。

理地设置阈值，这一方面有赖于理论或现有研究的支持，另一方面则需要借助诸如平均数、中位数、特定整数值等机械分界点来参考。各变量具体测量值的赋值标准和赋值依据详见表4-2。其二，在上述步骤的基础上构建原始数值表。由各变量的其中一种测量值构建得来的精简版原始数值表详见附录第二节的附表2-4。涵盖各变量全部测量值的完整版原始数值表以及更详尽的说明另可见于“能源丰裕国主要社会经济数据”数据集中的“清晰集数据”部分。

表4-2　各变量测量的赋值标准及依据

变量类型	变量测量编号	赋值标准	赋值依据
结果变量	A-*egr*-2	增长绝对值超过12000美元或年均增幅超过3%则编码为0，否则编码为1	定义①
	A-*egr*-4	同上	定义（同上）
	A-*egr*-6	同上	定义（同上）
条件变量	A-*spm*-1	第一波到第二波（前3个波次）编码为0；第二波半到第三波半（后3个波次）编码为1	定义②
	A-*spm*-3	在1920年高于俄罗斯则为先发国家，编码为0；低于俄罗斯则为后发国家，编码为1。俄罗斯也编码为1	特定值
	A-*spm*-5	同上	特定值
	A-*spm*-7	一国1960年预期寿命小于OECD成员国的平均值则编码为1，否则编码为0	定义③
	A-*icf*-1	超过3%则编码为1，否则为0	特定值
	A-*prs*-2	出现1次国有化进程并成功建立起国家产权制度则编码为1，否则编码为0	特定值
	A-*prs*-3	上游石油公司为政府所有则编码为1，否则编码为0	特定值
	A-*prs*-4	国家石油公司完全为政府所有则编码为1，否则编码为0	特定值
	A-*prs*-5	小于0就编码为1，大于0则编码为0	特定值

① 详见本书第一章第三节对因变量的概念界定及测量说明。
② 详见本书第三章第三节对经济现代化始点的概念界定及测量说明。
③ 详见本书第三章第三节对经济现代化始点的概念界定及测量说明。

续表

变量类型	变量测量编号	赋值标准	赋值依据
条件变量	A-*nal*-1	超过33%就编码为1，否则就编码为0	既有研究①
	A-*nal*-2	超过10%就编码为0，否则编码为1	特定值
	A-*nal*-3	超过3%就编码为1，否则编码为0	特定值
	B-*cor*-1	超过0.5%就编码为1，否则编码为0	特定值
	B-*ngr*-1	同上	特定值
	B-*opd*-1	超过平均值就编码为1，否则编码为0	平均值
	B-*opd*-2	同上	平均值
	B-*gpd*-1	同上	平均值
	B-*gpd*-2	同上	平均值
	B-*coe*-1	同上	平均值
	B-*coe*-2	同上	平均值
	B-*nge*-1	同上	平均值
	B-*nge*-2	同上	平均值
	C-*rty*-1	所有数字统一+10，所得的新数字低于10则编码为1，否则编码为0	特定值
	C-*rty*-2	平均值是（或接近）1则编码为0，平均值是（或接近）0就编码为1	特定值
	C-*war*-1	出现战争就编码为1，否则编码为0	特定值
	C-*ncp*-1	小于0就编码为1，否则编码为0	特定值
	C-*ncp*-2	小于0就编码为1，否则编码为0	特定值
	C-*ncp*-3	超过平均值则编码为0，否则编码为1	平均值
	C-*itq*-1	大于0就编码为0，否则编码为1	特定值
	C-*itq*-2	同上	特定值
	C-*itq*-3	同上	特定值
	C-*gvp*-1	同上	特定值
	C-*gvp*-2	在7及7以下编码为0；在8及8以上编码为1	特定值
	C-*gvp*-3	在4及4以下编码为0；在5及5以上编码为1	特定值
	C-*gvp*-4	在4及4以下编码为0；在5及5以上编码为1	特定值

① James D. Fearon, David D. Laitin, “Ethnicity, Insurgency, and Civil War”, *American Political Science Review*, Vol. 97, No. 1, 2003, p. 81.

续表

变量类型	变量测量编号	赋值标准	赋值依据
条件变量	C-*ppl*-1	低于各国人口平均数则编码为1，否则编码为0	平均值
	C-*ppl*-2	低于比重平均数则编码为1，否则编码为0	平均值
	C-*rlg*-2	超过30就编码为1，否则编码为0	特定值
	C-*eth*-1	第一大族裔人口超过0.7（即其他族裔人口少于0.3）则编码为0，否则编码为1	特定值
	C-*nds*-1	在历史上有高于200000的事件则编码为1，否则编码为0	特定值
	C-*rus*-1	历史上有事件记录则编码为0，否则编码为1	特定值
	C-*rus*-2	历史上有事件记录则编码为1，否则编码为0	特定值
	C-*rgd*-1	属于该地区国家则编码为1，否则编码为0	——
	C-*rgd*-2	同上	——
	C-*rgd*-3	同上	——
	C-*rgd*-4	同上	——

在构建原始数值表之后，参照查尔斯·拉金和丹尼尔·卡拉曼尼（Daniele Caramani）等关于csQCA的学理逻辑、操作步骤及具体要求的研究，本书先后进行必要条件与充分条件组合分析。① 前者旨在检验单个条件变量对结果变量的影响及解释程度，而后者则主要发掘多个变量之间的不同组合对结果变量的作用及解释程度。无论是必要条件分析还是充分条件组合分析，其衡量的标准都是吻合度（Consistency）与覆盖度（Coverage），其中吻合度越高则表明对结果变量的解释程度越高，覆盖度越高则表明解释范围越广。

必要条件分析表明经济现代化始点较晚、能源产业联盟实力较强、在能源领域实行国家产权制度是“能源诅咒”产生的必要条件。根据广

① ［瑞士］丹尼尔·卡拉曼尼：《基于布尔代数的比较法导论》，蒋勤译，格致出版社2012年版；［比利时］伯努瓦·里豪克斯、［美］查尔斯C. 拉金编：《QCA设计原理与应用：超越定性与定量研究的新方法》，杜运周、李永发等译，机械工业出版社2017年版，第31—59页；贝努亚·瑞郝克思：《案例为导向的结构化分析：定性比较分析（QCA），模糊集及相应技艺》，载［美］珍尼特·M. 博克斯-史蒂芬斯迈埃尔等编：《牛津政治学研究方法手册（下）》，人民出版社2020年版，第687—700页；Charles Ragin, *The Comparative Method: Moving beyond Qualitative and Quantitative Strategies*, Berkeley: University of California Press, 1987.

泛采用的必要条件吻合度阈值标准，只有吻合度超过 0.9 的条件变量才能被视作是结果变量的必要条件。① 在以 A-*egr*-2（“经济增长缓慢”）为结果变量的必要条件分析中，A-*spm*-1（“经济现代化始点较晚”）、A-*icf*-1（“能源产业联盟实力较强”）和 A-*prs*-1（“在能源领域实行国家产权制度”）的吻合度均超过了 0.9，而 A-*nal*-1（“能源产业畸大”）的吻合度也高达 0.87。② 同样重要的是，这 4 个条件变量的覆盖度也均在 0.8 之上。相比之下，其他条件变量均没有同时达到吻合度与覆盖度的上述阈值，在解释程度与解释范围上都要有限得多，详见表 4-3。显然，必要条件分析已经有效证实了经济现代化始点、产业联盟形态和能源产权制度类型对能源出口国是否会陷入“能源诅咒”具有重要的影响。

表 4-3　　必要条件分析

变量（测量）名称	吻合度	覆盖度
A-*spm*-1	0. 935484	0. 852941
~A-*spm*-1	0. 064516	0. 400000
A-*icf*-1	0. 935484	0. 828571
~A-*icf*-1	0. 064516	0. 500000
A-*prs*-2	0. 967742	0. 882353
~A-*prs*-2	0. 032258	0. 200000
A-*nal*-1	0. 870968	0. 900000
~A-*nal*-1	0. 129032	0. 444444
B-*cor*-1	0. 387097	0. 857143
~B-*cor*-1	0. 612903	0. 760000
B-*ngr*-1	0. 483871	0. 750000
~B-*ngr*-1	0. 516129	0. 842105
B-*opd*-2	0. 419355	0. 812500
~B-*opd*-2	0. 580645	0. 782609
B-*gpd*-2	0. 387097	0. 705882

① 蒋建忠：《模糊集合、质性比较与国关研究》，《国际政治科学》2016 年第 2 期，第 165 页。

② QCA 的优势在于，即便各个条件变量之间也存在一定的逻辑关系，但这并不妨碍将这些条件变量同时纳入必要条件和充分条件组合分析。

续表

变量（测量）名称	吻合度	覆盖度
~B-*gpd*-2	0.612903	0.863636
B-*coe*-2	0.354839	0.916667
~B-*coe*-2	0.645161	0.740741
B-*nge*-2	0.161290	0.555556
~B-*nge*-2	0.838710	0.866667
C-*rty*-1	0.709677	0.846154
~C-*rty*-1	0.290323	0.692308
C-*war*-1	0.709677	0.785714
~C-*war*-1	0.290323	0.818182
C-*ncp*-1	0.483871	0.882353
~C-*ncp*-1	0.516129	0.727273
C-*itq*-1	0.677419	0.875000
~C-*itq*-1	0.322581	0.666667
C-*gvp*-1	0.741935	0.884615
~C-*gvp*-1	0.258065	0.615385
C-*ppl*-2	0.645161	0.869565
~C-*ppl*-2	0.354839	0.687500
C-*rlg*-2	0.580645	0.857143
~C-*rlg*-2	0.419355	0.722222
C-*eth*-1	0.580645	0.818182
~C-*eth*-1	0.419355	0.764706
C-*nds*-1	0.612903	0.703704
~C-*nds*-1	0.387097	1.000000
C-*rus*-2	0.741935	0.884615
~C-*rus*-2	0.258065	0.615385
C-*rgd*-1*	0.387097	0.923077
C-*rgd*-2*	0.258065	1.000000
C-*rgd*-3*	0.129032	1.000000
C-*rgd*-4*	0.161290	1.000000

注：* 考虑到~C-*rgd*-1、~C-*rgd*-2、~C-*rgd*-3、~C-*rgd*-4 缺乏实际意义，本书并未将其纳入必要条件分析。

基于同样的程序进一步检视发现：在分别以 A-*icf*-1 和 A-*prs*-1 为结果变量的必要条件分析中，A-*spm*-1 的吻合度分为别 0. 91 和 0. 94，而覆盖度分别为 0. 94 和 0. 94；在以 A-*nal*-1 为结果变量的必要条件分析中，A-*icf*-1 和 A-*prs*-1 的吻合度分为别 1 和 0. 93，而覆盖度分别为 0. 85 和 0. 82。此外，对 A-*spm*-1、A-*icf*-1、A-*prs*-1 和 A-*nal*-1 集合并存（Coincidence）情况的检视也表明上述条件变量之间具有很高的重叠度。其中，涵盖全部 4 个条件变量的 1 个并存组的重叠度为 0. 70；涵盖 3 个条件变量的 4 个并存组的重叠度均在 0. 70 以上；涵盖 2 个条件变量的 6 个并存组的重叠度均在 0. 73 以上。总之，必要条件分析进一步表明上述条件变量之间也呈现出了如第三章分析框架所示的条件关系。

必要条件只是逻辑分析与集合论分析的一个方向，另一个方向则是充分条件。在比较方法从单因分析到多因探讨转向的浪潮中，QCA 因其在识别多重并发原因上的独特优势而格外突出。① 根据 csQCA 的操作要求，本书需要将未被视为必要条件的条件变量纳入条件组合分析，并将这一条件组合与必要条件组合起来进而得到充分条件组合。② 基于此，在排除上述吻合度超过 0. 9 的条件变量后，本书以解释案例数的阈值 1 和吻合度的阈值 0. 75 剔除掉不符合要求的条件组合。③ 布尔简化的标准分析提供了复杂解（Complex Solution）、精简解（Parsimonious Solution）和中间解（Intermediate Solution）这三种不同的条件组合。④ 本书选用中间解，其所列出的 11 个条件组合详见表 4-4。在纳入“经济现代化始点较晚”“能源产业联盟实力较强”和“在能源领域实行国家产权制度”这三个必要条件后分别可得能源出口国陷入“能源诅咒”的 11 条路径，

---

① 高奇琦：《从单因解释到多因分析：比较方法的研究转向》，《政治学研究》2014 年第 3 期，第 11—13 页。

② 蒋建忠：《模糊集合、质性比较与国关研究》，《国际政治科学》2016 年第 2 期，第 166 页。

③ Carsten Q. Schneider, Claudius Wagemann, *Set-theoretic Methods for the Social Sciences: A Guide to Qualitative Comparative Analysis*, Cambridge: Cambridge University Press, 2012, p. 127.

④ QCA3. 0 操作手册也建议研究人员使用中间解，详见 Charles Ragin, et al., “User's Guide to Fuzzy-Set/Qualitative Comparative Analysis”, http://www. socsci. uci. edu/~cragin/fsQCA/download/fsQCAManual. pdf。

这11条路径也即充分条件组合。① 总之，一旦能源出口国的经济现代化始点较晚、能源产业联盟实力较强、在能源领域实行国家产权制度，并且在其他因素的共同作用下，该国的经济增长速度会较为缓慢，即陷入到“能源诅咒”之中。csQCA的上述结果再次证实了本章引言部分的全部7个假说。

表4-4　条件组合分析（基于中间解）

条件组合	粗覆盖度	净覆盖度	吻合度
~B-*nge*-2 * ~C-*rty*-1 * C-*war*-1 * C-*gvp*-1 * C-*rus*-2	0. 193548	0. 0645161	1
A-*nal*-1 * ~B-*nge*-2 * C-*war*-1 * C-*gvp*-1 * C-*rus*-2	0. 451613	0. 290323	1
A-*nal*-1 * ~B-*nge*-2 * ~C-*war*-1 * ~C-*itq*-1 * ~C-*gvp*-1 * ~C-*rus*-2	0. 0967742	0. 032258	1
~B-*nge*-2 * C-*rty*-1 * ~C-*war*-1 * ~C-*itq*-1 * ~C-*gvp*-1 * ~C-*rus*-2	0. 0967742	0. 032258	1
A-*nal*-1 * C-*rty*-1 * ~C-*war*-1 * C-*itq*-1 * C-*gvp*-1 * ~C-*rus*-2	0. 0967742	0. 0967742	1
A-*nal*-1 * ~B-*nge*-2 * C-*rty*-1 * C-*war*-1 * ~C-*itq*-1 * C-*rus*-2	0. 0967742	0. 0645161	1
A-*nal*-1 * ~B-*nge*-2 * ~C-*rty*-1 * C-*itq*-1 * C-*gvp*-1 * C-*rus*-2	0. 129032	0. 032258	1
A-*nal*-1 * ~C-*rty*-1 * C-*war*-1 * C-*itq*-1 * C-*gvp*-1 * C-*rus*-2	0. 129032	0. 032258	1
A-*nal*-1 * B-*nge*-2 * C-*rty*-1 * C-*war*-1 * ~C-*itq*-1 * ~C-*gvp*-1 * ~C-*rus*-2	0. 0322581	0. 032258	1
~A-*nal*-1 * ~B-*nge*-2 * C-*rty*-1 * ~C-*war*-1 * C-*itq*-1 * C-*gvp*-1 * C-*rus*-2	0. 0322581	0. 032258	1
A-*nal*-1 * B-*nge*-2 * C-*rty*-1 * C-*war*-1 * C-*itq*-1 * ~C-*gvp*-1 * C-*rus*-2	0. 0322581	0. 032258	1
解的覆盖度（solution coverage）：0. 967742			
解的吻合度（solution consistency）：1			

注：*表示“且”，~表示“非”；为了克服因条件变量太多导致运算程序无响应的技术性问题，本书只将“特定条件变量”或“~特定条件变量”中吻合度高于0.65的条件变量纳入条件组合分析。

① 基于同样的方法，本书还能提供以A-*icf*-1、A-*prs*-1和A-*nal*-1为结果变量的充分条件组合的中间解。其结果同样建立起了上述变量之间的充分条件关系。因篇幅所限不再逐一汇报相应的结果。

二　模糊集分析

即便基于相同的数据，运用不同类型的 QCA 进行分析完全可以实现结果互证，进而起到稳健性检验的功效。① 有别于 csQCA 将原始数据进行二分值的转化，fsQCA 可以根据隶属度的差异将原始数据转化为连续值，从而避免了由简单二分法带来的过度简化、划分标准主观等诸多问题。② 然而，为了避免与上述 csQCA 在分析形式上过于相似以及在结果变量选择上的完全雷同，fsQCA 将聚焦于发掘“能源祝福”产生的条件变量及其条件关系。参照查尔斯·拉金等关于 fsQCA 的学理逻辑、操作步骤及具体要求的研究，本书分三步进行模糊集分析。③

其一，对原始数据进行校准（Calibration）。校准是 fsQCA 独有且至关重要的环节，其将原始数据根据隶属分度（Membership Score）的差别转化为从 0 到 1 的连续值。而校准又可以分为直接法和间接法，其中更为普遍且完全适用于本书的直接法是针对特定变量设置 3 个锚点，即“完全隶属”“不完全隶属”和“交叉点”（Crossover Point）的具体值。④ 在充分考虑不同变量测量的数据结构的基础上本书对其原始数据进行校准，而相应的锚点详见表 4-5。以 A-*icf*-1 为例，其校准前（X 轴）和校准后（Y 轴）的数值变化如图 4-7 所示。校准后生成的精简版原始数值表详见附录第二节的附表 2-5。涵盖各变量全部测量值的完整版原始数据以及更详尽的说明另可见于“能源丰裕国主要社会经济数据”数据集中的“模糊集数据”部分。

---

① 例如，唐睿、唐世平《历史遗产与原苏东国家的民主转型——基于 26 个国家的模糊集与多值 QCA 的双重检测》，《世界经济与政治》2013 年第 2 期，第 47—55 页。

② ［比利时］伯努瓦·里豪克斯、［美］查尔斯·C. 拉金编著：《QCA 设计原理与应用：超越定性与定量研究的新方法》，杜运周、李永发等译，机械工业出版社 2017 年版，第 77—84 页。关于二分法的诸多问题详见刘丰《类型化方法与国际关系研究设计》，《世界经济与政治》2017 年第 8 期，第 49—56 页。

③ Charles Ragin, *Fuzzy Sets Social Science*, Chicago: University of Chicago Press, 2000；［美］查尔斯·C. 拉金：《重新设计社会科学研究》，杜运周等译，机械工业出版社 2019 年版；［比利时］伯努瓦·里豪克斯、［美］查尔斯·C. 拉金编：《QCA 设计原理与应用：超越定性与定量研究的新方法》，杜运周、李永发等译，机械工业出版社 2017 年版，第 77—105 页。

④ ［美］查尔斯·C. 拉金：《重新设计社会科学研究》，杜运周等译，机械工业出版社 2019 年版，第 47—72 页。

表 4-5 直接法校准的锚点设置

变量测量编号	锚点（0.95；0.5；0.05）	变量测量编号	锚点（0.95；0.5；0.05）
A-*egr*-1	12000；7500；3000	A-*spm*-6	4.3；4.1；3.9
A-*icf*-1	30；20；10	A-*prs*-1	5；3；1
A-*nal*-1	80；50；20	B-*cor*-1	5；3；1
B-*ngr*-1	2；1；0	B-*opd*-2	6；4；2
B-*gpd*-2	6；4；2	B-*coe*-2	5；4；3
B-*nge*-2	5；4.5；4	C-*rty*-1	20；15；10
C-*ncp*-1	1.5；0.5；-0.5	C-*itq*-1	1.5；0；-1.5
C-*gvp*-1	1.5；0；-1.5	C-*ppl*-2	70；60；50
C-*rlg*-2	90；50；10	C-*eth*-1	0.7；0.4；0.1
C-*nds*-1	1000000；100000；10000	C-*rus*-1	0.7；0.35；0

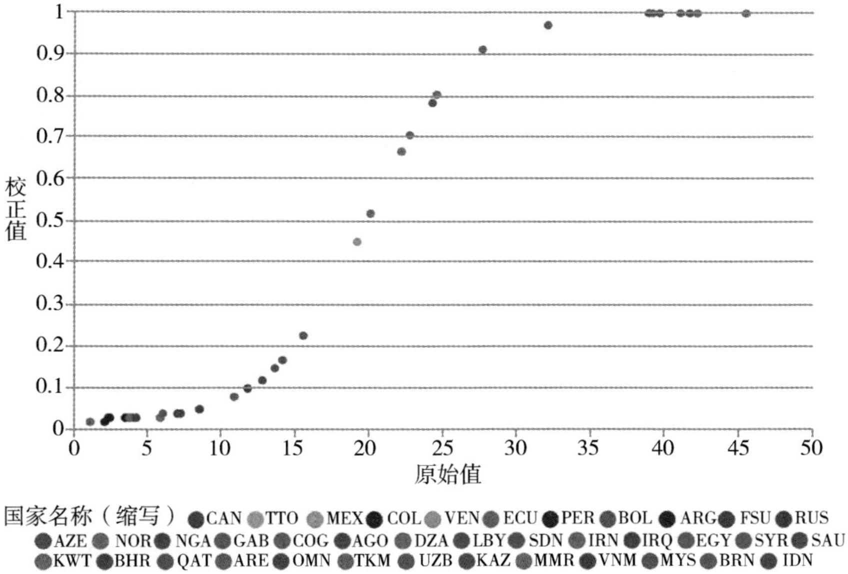

图 4-7 A-*icf*-1 为例的校正前后数值对比

其二，进行必要条件分析。在以 A-*egr*-1（“经济增长较快”）为结果变量的必要条件分析中，A-*spm*-1（“经济现代化始点较早”）和 A-*prs*-1（“在能源领域较偏向实行私人产权制度”）的吻合度均超过了

0.9，而～A－*icf*－1（“能源产业联盟实力较弱”）的吻合度也超过了0.8。而将A－*prs*－1、A－*prs*－1、～A－*icf*－1和～A－*nal*－1（“能源产业与其他产业较为协调”）所组成的三个双条件集合（Selected Unions of Two Conditions）、两个三条件集合和一个四条件集合的吻合度均超过了0.9，详见表4－6。① 显然，必要条件分析已经有效证实了经济现代化始点、产业联盟形态和能源产权制度类型对能源出口国是否会陷入“能源诅咒”具有重要的影响。

表4－6　　　　必要条件分析

变量（测量）名称	吻合度	覆盖度
A－*spm*－6	0.947369	0.248508
～A－*spm*－6	0.298720	0.172131
A－*icf*－1	0.307255	0.146242
～A－*icf*－1	0.806543	0.234007
A－*prs*－1	0.230441	0.152830
～A－*prs*－1	0.958748	0.237324
A－*nal*－1	0.493599	0.163834
～A－*nal*－1	0.678521	0.267677
B－*cor*－1	0.358464	0.196568
～B－*cor*－1	0.813656	0.218487
B－*ngr*－1	0.386913	0.175597
～B－*ngr*－1	0.823613	0.246278
B－*opd*－2	0.448080	0.226131
～B－*opd*－2	0.772404	0.216594
B－*gpd*－2	0.402560	0.368010
～B－*gpd*－2	0.812233	0.182370
B－*coe*－2	0.577525	0.169096
～B－*coe*－2	0.662873	0.310874
B－*nge*－2	0.493599	0.325516

① 这一操作的合理性及示范详见常晓燕《美国为何介入盟国国际危机——基于模糊集定性比较分析的解释》，《当代亚太》2020年第3期，第112—113页。

续表

变量（测量）名称	吻合度	覆盖度
~B-*nge*-2	0.726885	0.180310
C-*rty*-1	0.631579	0.647230
~C-*rty*-1	0.480797	0.105165
C-*ncp*-1	0.832148	0.481086
~C-*ncp*-1	0.421052	0.110283
C-*itq*-1	0.899004	0.415516
~C-*itq*-1	0.345661	0.102144
C-*gvp*-1	0.899004	0.395990
~C-*gvp*-1	0.345661	0.105469
C-*ppl*-2	0.790896	0.298123
~C-*ppl*-2	0.489331	0.169042
C-*rlg*-2	0.389758	0.145822
~C-*rlg*-2	0.772404	0.268679
C-*eth*-1	0.533428	0.201288
~C-*eth*-1	0.675676	0.233186
C-*nds*-1	0.715505	0.307457
~C-*nds*-1	0.493599	0.153269
C-*rus*-1	0.460882	0.314258
~C-*rus*-1	0.712660	0.174625
A-*spm*-6+~A-*icf*-1	0.953058	0.207110
A-*spm*-6+~A-*prs*-1	0.988620	0.206784
~A-*icf*-1+~A-*prs*-1	0.988620	0.212799
A-*spm*-6+~A-*icf*-1+~A-*prs*-1	0.990043	0.194088
A-*spm*-6+~A-*icf*-1+~A-*prs*-1+~A-*nal*-1	0.990043	0.194088

其三，进行充分条件组合分析。根据 fsQCA 的操作要求，本书需要将未被视为必要条件的条件变量纳入条件组合分析，并将这一条件组合与必要条件组合起来进而得到充分条件组合。在排除上述吻合度超过 0.9 的条件变量后，本书一方面基于验证因果机制的需要将 A-*icf*-1 和 A-*nal*-1 纳入；另一方面在充分考虑程序计算能力的基础上纳入了其他主

要的条件变量。[①] 在剔除掉不符合要求的条件组合，本书通过布尔简化的标准分析得到了中间解。其所列出的一个条件组合详见表 4-7。在纳入“经济现代化始点较早”和“在能源领域较偏向实行私人产权制度”这两个必要条件后可得能源出口国获得“能源祝福”的路径。总之，当能源出口国的经济现代化始点较早、能源产业联盟实力较弱、在能源领域实行私人产权制度，并且在其他因素的共同作用下，该国的经济增长速度较快，即会获得“能源祝福”。fsQCA 的这一结果完全与 csQCA 的上述分析相互印证，这无疑进一步增加了对假说成立的信心。

表 4-7　　条件组合分析（基于中间解）

条件组合	粗覆盖度	净覆盖度	吻合度
~A-*icf*-1 * ~A-*nal*-1 * C-*itq*-1 * C-*gvp*-1	0. 645804	0. 645804	0. 524855
解的覆盖度（solution coverage）：0. 645804			
解的吻合度（solution consistency）：0. 524855			

注：为了克服因条件变量太多导致运算程序无响应的技术性问题，本书只将“特定条件变量”或“~特定条件变量”中吻合度高于 0. 85 的条件变量纳入条件组合分析。

最后需要指出的是，无论对于 csQCA 还是 fsQCA 而言，两者在因果效应的分析上均存在两个明显的疏漏之处。[②] 其一，这两种分析均忽略了对时间（特别是时序）的考察。时间维度的缺失意味着“先因后果”

---

① 将全部条件变量纳入条件组合分析后程序持续运算但无结果反馈。受制于此，本书不得不逐步提高将条件变量纳入条件组合分析的门槛，以此减少条件变量的数量。最初的门槛为吻合度高于 0. 65，在问题无法得到解决的情形下本书遂将门槛提高至 0. 7，以此类推。直至门槛调整为吻合度 0. 85 时，该问题才得以解决。此时 C-*itq*-1 和 C-*gvp*-1 是可以被纳入条件组合分析的条件变量。

② 需要说明的是：QCA 的争议还包括案例敏感性、阈值设定主观性等多个方面，本书已经充分意识到这些问题但不再对其加以探讨。相应的争议详见阿克塞尔·马克斯、贝努瓦·里候科斯、查尔斯·拉金：《社会科学研究中的定性比较分析法——近 25 年的发展及应用评估》，臧雷振编译，《国外社会科学》2015 年第 6 期，第 109 页；刘丰：《定性比较分析与国际关系研究》，《世界经济与政治》2015 年第 1 期，第 109—110 页；蒋建忠：《模糊集合、质性比较与国关研究》，《国际政治科学》2016 年第 2 期，第 173—177 页。

的因果推断基础无法得到有效的识别。① 值得庆幸的是，这一疏漏已由本章第一节的回归分析进行弥补。然而第二个疏漏仍有待于应对，即本书导论部分所提及的 QCA 在反事实分析上明显薄弱。② 这一缺陷则应交由第三节的合成控制分析加以弥补。

第三节 合成控制分析

如上文所述 QRA 和 QCA 的方法论根基迥异，但相比之下依托于反事实思维的 SCA 与前两者的差别则更为明显和根本。在科学哲学的范畴内，通过找回因果的概念和对既有因果推论路径进行批判，反事实的因果分析路径在 20 世纪后期掀起了一场“因果的革命”。③ 反事实因果分析是指：在现实情形下特定变量 A 导致了结果 B，而如果在另一非现实的情形下特定变量 ¬ *A* 导致了结果 B’，那么 B 与 B’之间的差异就是由 A 导致的，换句话说 A 就是原因。④ 尽管“历史的不可回溯性”使上述另一非现实的情形无法直接观测到，但回归断点分析和双重差分法等都是将观测性研究视作假想的随机试验来寻找恰当的反事实情形。⑤ 在这些方法中，SCA 已经发展成为进行反事实分析的重要方法。总之，SCA 相较于 QRA 和 QCA 在方法论基础上的这一根本性差异使得运用 SCA 进行“一致性平行实证检验”更显必要。

---

① ［比利时］伯努瓦·里豪克斯、［美］查尔斯·C. 拉金编著：《QCA 设计原理与应用：超越定性与定量研究的新方法》，杜运周、李永发等译，机械工业出版社 2017 年版，第 138—140 页；何俊志：《比较政治分析中的模糊集方法》，《社会科学》2013 年第 5 期，第 36 页。值得注意的是，并非所有的 QCA 都存在这一问题，本节开头所例举的时序定性比较分析、时间序列定性比较分析就纳入了时间维度。详见释启鹏《时间中的定性比较分析：TQCA 与 TSQCA 的发展》，《比较政治学研究》2016 年第 1 期，第 40—58 页。

② Kevin Clarke, “Logical Constraints: The Limitations of QCA in Social Science Research”, *Political Analysis*, Vol. 28, No. 4, 2020, pp. 563-565.

③ 吴小安、张瑜：《因果的革命与革命的因果》，《中国社会科学评价》2021 年第 3 期，第 32—43 页。

④ 蒋建忠、钟杨：《合成控制法及其在国际关系因果推论中的应用》，《国际观察》2018 年第 4 期，第 87—88 页。

⑤ 吴小安、张瑜：《因果的革命与革命的因果》，《中国社会科学评价》2021 年第 3 期，第 41 页。

本节一方面参考运用 SCA 讨论“能源诅咒”的既有研究，另一方面遵照阿尔贝托·阿巴迪（Alberto Abadie）等关于 SCA 的操作步骤及具体要求，在此基础上对委内瑞拉和挪威这 2 个国家进行分析，进而重点探讨了能源领域产权制度类型与经济增长之间的关系。①

一 委内瑞拉

委内瑞拉政府于 1975 年在能源领域建立国家产权制度，运用 SCA 对这一节点后委内瑞拉经济增长速度的考察有助于揭示能源领域产权制度类型对经济增长的因果效应。② 在操作层面，配套数据集中除委内瑞拉之外的其他国家均被置入“捐赠池”（Donor Pool）中；数据集中的全部控制变量也被纳入以进行均方预测误差（Mean Squared Prediction Error）的最小化计算。由于 SCA 要求前干预期各国在各变量上至少有 1 个值，因此不满足该标准的国家和变量被移除以确保实现拟合。最终有 27 个国家被置入“捐赠池”，有 9 个变量被纳入分析。

在此基础上，根据 1975 年之前上述国家相应变量的数据 SCA 建构了一个与“真实的委内瑞拉”尽可能相似的“合成的委内瑞拉”。相应协变量的权重以及合成国家的权重可分别详见表 4-8 的第 2 列和图 4-8 中

① 运用 SCA 讨论“能源诅咒”的既有研究详见 Yu-Ming Liou, Paul Musgrave, “Refining the Oil Curse: Country-level Evidence from Exogenous Variations in Resource Income”, *Comparative Political Studies*, Vol. 47, No. 11, 2014, pp. 1584-1610; Brock Smith, “The Resource Curse Exorcised: Evidence from A Panel of Countries”, *Journal of Development Economics*, Vol. 116, 2015, pp. 57-73; Torben K. Mideksa, “The Economic Impact of Natural Resources”, *Journal of Environmental Economics and Management*, Vol. 65, No. 2, 2013, pp. 277-289; Dan S. Rickman, Hongbo Wang, John V. Winters, “Is Shale Development Drilling Holes in the Human Capital Pipeline?” *Energy Economics*, Vol. 62, 2017, pp. 283-290; Lorenzo Pellegrini, Luca Tasciotti, Andrea Spartaco, “A Regional Resource Curse? A Synthetic-control Approach to Oil Extraction in Basilicata, Italy”, *Ecological Economics*, Vol. 185, 2021, pp. 1-13. 阿巴迪等的系列研究详见 Alberto Abadie, Javier Gardeazabal, “The Economic Costs of Conflict: A Case Study of the Basque Country”, *American Economic Review*, Vol. 93, No. 1, 2003, pp. 113-132; Alberto Abadie, Alexis Diamond, Jens Hainmueller, “Synthetic Control Methods for Comparative Case Studies: Estimating the Effect of California's Tobacco Control Program”, *Journal of the American Statistical Association*, Vol. 105, No. 490, 2010, pp. 493-505; Alberto Abadie, Alexis Diamond, Jens Hainmueller, “Comparative Politics and the Synthetic Control Method”, *American Journal of Political Science*, Vol. 59, No. 2, 2015, pp. 495-510。值得一提的是，SCA 也是一种试图结合定量分析和定性分析的方法，按照阿巴迪的说法是将“定性的血肉置于定量的骨骼上”。

② 相关历史过程详见第五章第一节。

的子图（1）。从表4-8中可以看出，真实的委内瑞拉与合成的委内瑞拉在1975年之前总体上具有高度的相似性。

表4-8　　　　前干预期的协变量平衡及权重（1）

协变量	权重	真实的委内瑞拉	合成的委内瑞拉	“捐赠池”国家平均值
B-*opd*-1	0.0000	18.9425	17.3964	15.9722
B-*gpd*-1	0.0002	4.5105	4.5101	1.8075
C-*rty*-1	0.0000	17.2667	10.7444	7.1678
C-*war*-1	0.9991	0.0000	0.0000	0.0519
C-*ncp*-1	0.0000	0.6277	0.6824	-0.0837
C-*ppl*-1	0.0000	16.1480	16.1516	15.3870
C-*rlg*-2	0.0000	0.3049	20.5445	48.6967
C-*eth*-1	0.0000	0.1520	0.3206	0.3814
C-*rus*-2	0.0008	0.0000	0.0000	0.0494

图4-8中的子图（2）、（3）、（4）汇报了SCA的结果，并且提供了稳健性检验和安慰剂检验（Placebo Test）的相关信息。子图（2）显示1975年之前真实的委内瑞拉与合成的委内瑞拉的经济增长速度基本一致；1975年之后真实的委内瑞拉的经济增长速度在剧烈波动中下降，而合成的委内瑞拉的经济增长速度则明显加快。子图（3）显示1975年之前真实的委内瑞拉与合成的委内瑞拉经济增长速度的差距并不明显；1975年之后两者的差距在明显扩大。上述两幅子图还提供了通过“留一法”（Leave-one-out）进行稳健性检验的信息，结果表明上述分析结果非常可靠。[①] 图4-8子图（4）显示真实的委内瑞拉的经济增长速度低于绝大多数“安慰剂”国家，这进一步验证上述分析结果的可靠性。总之，如果委内瑞拉在能源领域延续了先前的私人产权制度而非建立起国家产权制度，其经济增长速度远比现在快得多。换句话说，能源领域的国家产权制度拖累了委内瑞拉的经济增长。

① Alberto Abadie, Alexis Diamond, Jens Hainmueller, “Comparative Politics and the Synthetic Control Method”, *American Journal of Political Science*, Vol. 59, No. 2, 2015, p. 506.

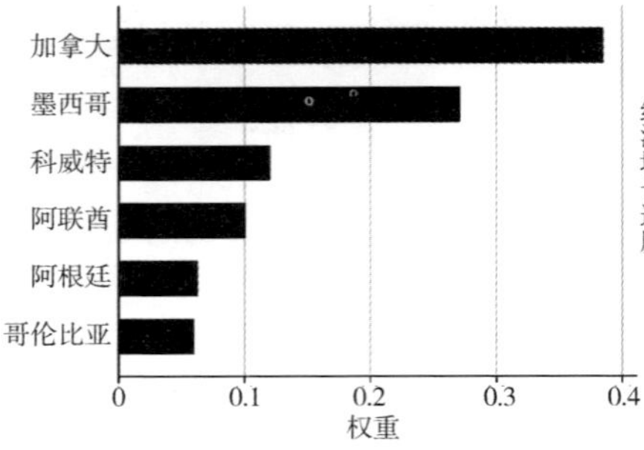

（1）用于合成的国家及其权重

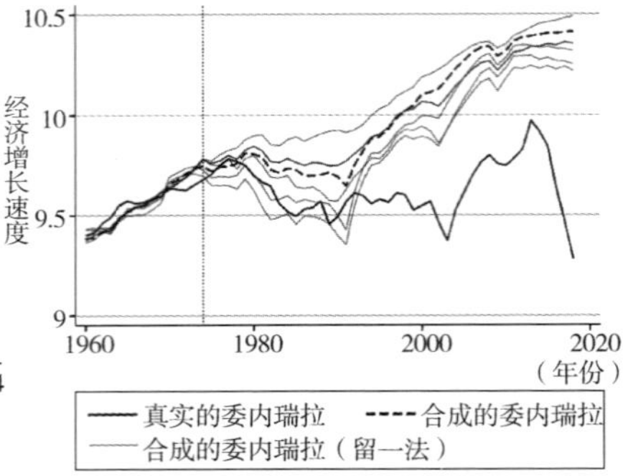

（2）真实与合成的委内瑞拉经济增长速度

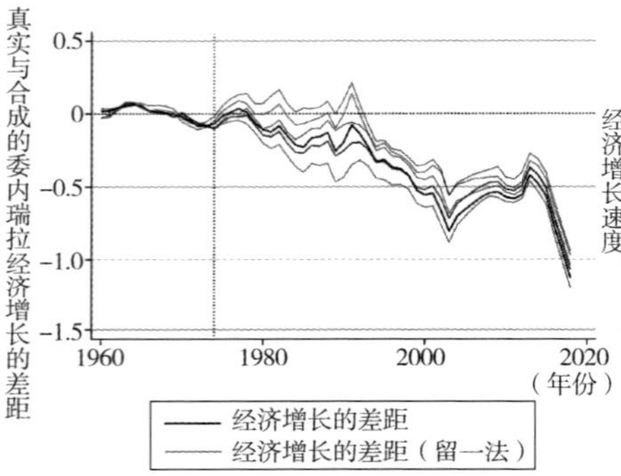

（3）真实与合成的委内瑞拉经济增长速度的差距

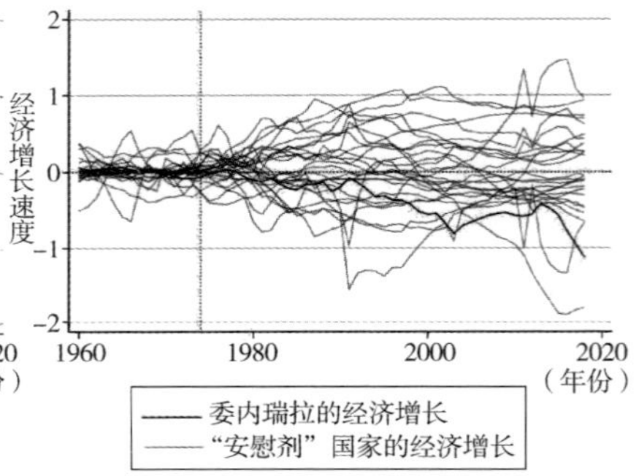

（4）安慰剂检验

图 4-8　对委内瑞拉的合成控制分析

二　挪威

挪威政府在 1985 年推行了具有标志性的能源管理体制调整，自此加快在能源领域建立私人产权制度，这也为运用 SCA 考察能源领域产权制度类型与经济增长的因果关系提供了可能。① 基于相同的操作，可以建构一个与“真实的挪威”尽可能相似的“合成的挪威”。相应协变量的权重以及合成国家的权重可分别详见表 4-9 的第 2 列和图 4-9 中的子图（1）。从表 4-9 中可以看出，真实的挪威与合成的挪威在 1985 年之前具有高度的相似性。

① 相关历史过程详见第五章第二节。

表 4-9 前干预期的协变量平衡及权重（2）

协变量	权重	真实的挪威	合成的挪威	“捐赠池”国家平均值
B-*opd*-1	0.0000	15.9568	17.0978	16.5010
B-*gpd*-1	0.0000	3.5069	4.8180	2.7545
C-*rty*-1	0.0000	20.0000	17.8854	6.7972
C-*war*-1	0.0001	0.0000	0.0000	0.0459
C-*ncp*-1	0.0000	1.9507	1.1958	0.0079
C-*ppl*-1	0.0000	15.1760	15.7021	15.5970
C-*rlg*-2	0.0000	0.2489	2.4984	48.5813
C-*eth*-1	0.0000	0.0000	0.4831	0.4021
C-*rus*-2	0.9999	0.0000	0.0000	0.0741

图 4-9 中的子图（2）、（3）、（4）汇报了 SCA 的结果，并且提供了稳健性检验和安慰剂检验的相关信息。子图（2）显示 1985 年之前真实的挪威与合成的挪威的经济增长速度基本一致；1985 年之后真实的挪威的经济增长速度明显更快，而合成的挪威的经济增长速度则相对更慢。子图（3）显示 1985 年之前真实的挪威与合成的挪威经济增长速度的差距并不明显；1985 年之后两者的差距出现明显扩大。子图（4）显示真实的挪威的经济增长速度高于所有“安慰剂”国家，这进一步验证上述分析结果的可靠性。总之，如果挪威没有进行能源管理体制调整，其经济增长速度很可能要明显慢于当前的情形。换句话说，能源领域的私人产权制度为挪威经济的持续快速增长提供了重要助力。

总之，得益于能源领域产权制度的建立往往具有的明确时间节点，本节能够运用 SCA 研究能源领域产权制度类型与经济增长之间的关系，并且发现在能源领域建立国家产权制度会拖累经济增长而建立私人产权制度则有助于经济增长。需要说明的是，经济现代化的具体年份始点超过了配套数据集的数据追溯范围，而产业联盟形态的转变是个连续的过程而并不具有节点效应，因而本节无法直接借助 SCA 来分析这两个变量与经济增长之间的关系。尽管如此，考虑到能源领域国家产权制度与较晚的经济现代化始点及能源产业联盟实力较强具有稳固的联系，证明前者与经济增长的负向关系也有助于增强关于后两者与经济增长具有负向关系的信心。SCA 的这一未尽之处不仅已由本章前两节弥补，第五章和第六章也会对此做出更详尽的说明。

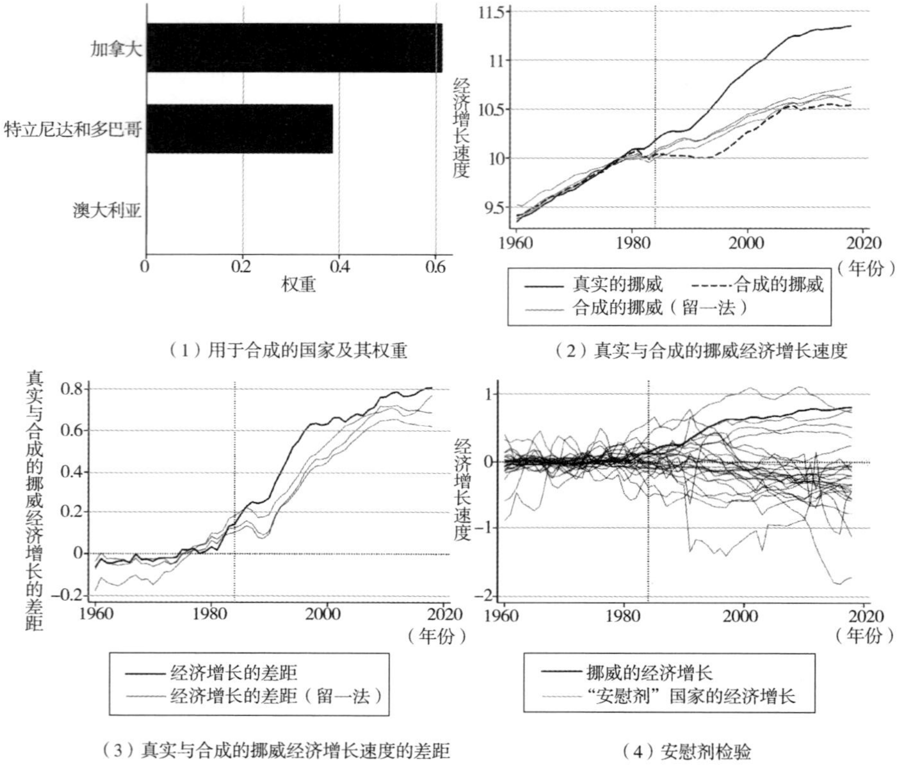

图 4-9　对挪威的合成控制分析

小　　结

考虑到任何研究方法在检验因果效应上均存有薄弱之处，而仅运用单一方法也很难自证分析结果的稳固。对此，本章在混合研究设计的指导下运用 QRA、QCA 和 SCA 对第三章建立的分析框架及其所揭示的因果效应进行了多重检验。具体而言：第一节运用 OLS 等两种方法进行了回归分析，并且运用 GMM 等开展了四项稳健性检验；第二节运用 csQCA

和 fsQCA 分析了“能源诅咒”生成的必要条件和充分条件组合；第三节在反事实思维的启发下特别检视了能源领域特定产权制度的建立及其对经济增长的重要影响。总之，上述分析结果逐一验证了本章引言部分的七个假说，再三检验了本书分析框架的有效性并且证实了因果效应的存在性。

值得注意的是，虽然以数据为基础的分析难逃“糟糕的天气预报”和“猩猩随机掷飞镖”之类的讥讽，甚至还被菲利普·斯罗德（Philip Schrodt）冠以“七宗罪”这样的严厉批评。[①] 然而正如弗雷德里克·莫斯特勒（Frederick Mosteller）的辩护：“虽然用统计学容易说谎，但不用统计学更容易说谎。”即便以数据为基础的分析存在诸多问题，但是其实际上更有助于识别因果关系、发掘因果效应而非反之。[②] 因此本书真正需要关注的并非数据分析的固有缺陷，而是截至目前其在检验因果机制上的未尽之处，对此第五章和第六章将运用自然语言通过 CHA 来接续分析。

① Jacqueline Stevens, “Political Scientists Are Lousy Forecasters”, *New York Times*, https://www.nytimes.com/2012/06/24/opinion/sunday/political-scientists-are-lousy-forecasters.html; Philip A. Schrodt, “Seven Deadly Sins of Contemporary Quantitative Political Analysis”, *Journal of Peace Research*, Vol. 51, No. 2, 2014, pp. 287-300.

② 转引自 Charles Murray, “How to Accuse the Other Guy of Lying with Statistics”, *Statistical Science*, Vol. 20, No. 3, 2005, p. 240。

第五章

“能源诅咒”与“能源祝福”的分流：委内瑞拉与挪威

比较是知识的发动机。①

——马太·杜甘

尽管……挪威和委内瑞拉“同属石油国家”，但挪威的发展情况则要明显好得多。②

——迈克尔·沙弗

---

① ［法］马太·杜甘：《国家的比较：为什么比较，如何比较，拿什么比较》，文强译，社会科学文献出版社 2010 年版，第 11 页。

② Michael Shafer, *Winners and Losers: How Sectors Shapes the Developmental Prospects of States*, Ithaca: Cornell University Press, 1994, p. 233.

第四章运用截然不同的方法检验了本书分析框架的有效性并且证实了因果效应的存在性，接下来的两章将在混合研究设计的指导下运用CHA更进一步地检验因果机制。[①] 到目前为止运用CHA的两个主要障碍已经被基本扫除。其一，“变量众多而案例极少”的问题。对此本书参照利普哈特的建议使用较为简化的理论并采用2组（4个案例）而非1组（2个案例）来增加案例的数量，此外第四章的大样本QRA和QCA也有助于克服该问题。[②] 其二，“案例选择存有偏差”的问题。[③] 对此本书参照芭芭拉·格迪斯和埃文·利伯曼的建议在对“横跨因变量的全域案例”逐一检视并进行定量研究之后才进行案例筛选和定性分析，以此避免根据因变量选择案例所带来的偏差。[④] 即便上述障碍已被基本扫除，但仍有两个极其重要的问题有待说明。

其一，如何确定CHA的对象，即用于比较的国家及时段？[⑤] 根据比

① 黄杰：《当政治遇上历史：比较历史分析方法（CHA）介绍》，《政治学研究》2020年第1期，第117页。

② Arend Lijphart, “Comparative Politics and the Comparative Method”, *American Political Science Review*, Vol. 65, No. 3, 1971, pp. 686-688.

③ 臧雷振、陈鹏：《比较政治学研究选择性偏差及其规避探索》，《政治学研究》2016年第1期，第40—46页；臧雷振、陈鹏：《选择性偏差问题及其识别》，《世界经济与政治》2015年第4期，第139—148页。

④ ［美］芭芭拉·格迪斯：《范式与沙堡：比较政治学中的理论构建与研究设计》，陈子恪、刘骥等译，重庆大学出版社2012年版，第58—85页；Evan S. Lieberman, “Nested Analysis as a Mixed-Method Strategy for Comparative Research”, *American Political Science Review*, Vol. 99, No. 3, 2005, pp. 435-452.

⑤ 沙弗在其探讨一国主要出口部门的经济特征与该国经济增长之间关系的经典研究中特别强调：“案例研究的说服力最终取决于案例选择的质量。如果案例选择有倾向性，那么再多的努力也不会让‘发现’有任何意义。因此必须明确案例选择的逻辑及这些案例的限制。”详见Michael Shafer, *Winners and Losers: How Sectors Shapes the Developmental Prospects of States*, Ithaca: Cornell University Press, 1994, p. 16。芭芭拉·格迪斯与加里·金等在方法论层面也提出了类似的忠告，详见Barbara Geddes, “How the Cases You Choose Affect the Answers You Get: Selection Bias in Comparative Politics”, *Political Analysis*, Vol. 2, 1990, pp. 131-150；［美］加里·金、罗伯特·基欧汉、悉尼·维巴：《社会科学中的研究设计》，陈硕译，格致出版社2014年版，第136—137页。

较政治学的通行分析步骤，在进行理论建构和具体的案例分析之间，必须要选择用于比较的国家和时段。① 错误的案例选择策略会造成选择偏差，而这种偏差必然会导致"案例所选影响研究所得"的因果谬误。② 对此尽管并不存在选择国家和时段的最优方法，但是仍有一些标准可供参照、有部分策略更宜采用。③ 詹森·西赖特（Jason Seawright）在梳理现有案例选择研究的基础上总结出了包括随机、典型、偏差等在内的10种案例选择策略并分别阐述了其实践方法。④ 本书同时选用了其中的"最大相似"和"典型"这两种策略。一方面，"最大相似"策略要求将两个国家在特定时段内的其他条件Z_1和Z_2的差距最小化，而关键自变量X_1和X_2则具有明显的差距。另一方面，"典型"策略要求国家在特定时段内所呈现的经验现象与同类国家的总体现象尽可能一致，即$|Y_i-\hat{Y}|$的差距尽可能最小化。据此，为了避免由时段不同而导致的Z_1和Z_2的差异，本书考察的所有案例的时段均为19世纪中叶至今。而通过上文对经验现象和数据的检视，可以认为委内瑞拉和俄罗斯、挪威和加拿大分别为陷入"能源诅咒"与获得"能源祝福"的典型国家，并且委内瑞拉与挪威、俄罗斯与加拿大分别在关键自变量"经济现代化始点"具有明显的早晚分异。⑤ 因此，本书将分别对委内瑞拉和俄罗斯、挪威和加拿大出现"能源诅咒"与"能源祝福"分流的原因进行比较分析。

---

① ［美］尼考劳斯·扎哈里亚迪斯主编：《比较政治学：理论、案例与方法》，宁骚、欧阳景根等译，北京大学出版社2008年版，第20—26页；李路曲：《比较政治分析的逻辑》，《政治学研究》2009年第4期，第116—117页。

② Barbara Geddes, "How the Cases You Choose Affect the Answers You Get: Selection Bias in Comparative Politics", *Political Analysis*, Vol. 2, 1990, pp. 131-150.

③ 游宇、陈超：《比较的"技艺"：多元方法研究中的案例选择》，《经济社会体制比较》2020年第2期，第68—76页。相关综述亦可见于臧雷振、陈鹏《比较政治学研究选择性偏差及其规避探索》，《政治学研究》2016年第1期，第47页。Shiping Tang, Yihan Xiong, Hui Li, "Does Oil Cause Ethnic War? Comparing Evidence from Process-tracing with Quantitative Results", *Security Studies*, Vol. 26, No. 3, pp. 369-371.

④ ［美］詹森·西赖特：《多元方法社会科学：定性和定量工具的结合》，王彦蓉、余利青译，格致出版社2020年版，第63页。

⑤ 具体而言：$|Y_{俄}-\hat{Y}_{诅咒}|$、$|Y_{委}-\hat{Y}_{诅咒}|$、$|Y_{挪}-\hat{Y}_{祝福}|$、$|Y_{加}-\hat{Y}_{祝福}|$在39个主要能源出口国中相对较小，其中俄罗斯与委内瑞拉分别为低于$\hat{Y}$诅咒的国家中第2和第5接近该值的国家，挪威和加拿大分别为低于$\hat{Y}$祝福的国家中第1和第4接近该值的国家。并且$X_{俄}$与$X_{委}$=现代化始点较晚、$X_{挪}$与$X_{加}$=现代化始点较早，具有明显的差异。

其二，上述4个国家所形成的两组对比案例是否具有可比性？① 更具体地说，即便控制了时段相同，两组案例中 $Z_{委}$ 和 $Z_{挪}$、$Z_{俄}$ 和 $Z_{加}$ 的差异是否仍然过大？对于CHA而言，最理想的情况是对“历史的自然实验”进行分析，譬如阿西莫格鲁等对“两个诺加利斯”的描述性对比；史蒂芬·哈珀对美国、巴西和墨西哥的政体类型与银行业发展的对比分析；贾雷德·戴蒙德对同处于伊斯帕尼奥拉岛的海地与多米尼加的经济增长的比较分析；宝琳·隆和艾丽卡·温塔尔对苏联解体后具有共同历史遗产和诸多相似性的俄罗斯、土库曼斯坦、乌兹别克斯坦、哈萨克斯坦、阿塞拜疆的产权制度与经济增长的比较分析；等等。② 相近的时空能意味着相近的情境与条件，进而意味着 Z_1 和 Z_2 之间更小的差异、更短的“布尔距离”（Boolean Distance）。③ 不可否认，相比于选择相同时空情境下的案例或拥有共同历史遗产的自然实验案例用于比较研究，以委内瑞拉和挪威、俄罗斯与加拿大作为对比案例会面临着其他条件差异性更大的问题。然而，将上述4个国家进行两两比较均满足了李路曲、杜甘、戴维·科利尔等以及利普哈特等提出的比较研究

① 詹姆斯·马奥尼和加里·格尔茨指出了案例选择的条件范围（Scope Condition）和可能性原则（Possibility Principle），其中前者是指所选择的案例应该具有较高的相似性。相应的探讨详见James Mahoney, Gary Goertz, “The Possibility Principle: Choosing Negative Case in Comparative Research”, *American Political Science Review*, Vol. 98, No. 4, 2004, pp. 653-669。

② 对于自然实验及其他类型试验的分析详见Jens Blom-Hansen, Rebecca Morton, Søren Serritzlew, “Experiments in Public Management Research”, *International Public Management Journal*, Vol. 18, No. 2, 2015, pp. 151-170。对上述案例的讨论详见［美］德隆·阿西莫格鲁、詹姆斯·A. 罗宾逊：《国家为什么会失败》，李增刚译，湖南科学技术出版社2015年版，第1—3页。斯蒂芬·哈珀：《政治、银行和经济发展：来自新世界经济的证据》，载［美］贾雷德·戴蒙德、詹姆斯·A. 罗宾逊主编：《历史的自然实验》，李增刚等译，中国人民大学出版社2020年版，第109—150页；贾雷德·戴蒙德：《岛内比较和岛际比较》，载［美］贾雷德·戴蒙德、詹姆斯·A. 罗宾逊主编：《历史的自然实验》，李增刚等译，中国人民大学出版社2020年版，第153—182页；Pauline Jones Luong, Erika Weinthal, *Oil is not a Curse: Ownership Structure and Institutions in Soviet Successor States*, New York: Cambridge University Press, 2010, pp. 20-24。需要补充说明的是：自然实验在受控比较上的优势只是相对而非绝对的，相应的讨论详见Jasjeet S. Sekhon, Rocío Titiunik, “When Natural Experiments are Neither Natural nor Experiments”, *American Political Science Review*, Vol. 106, No. 1, 2012, pp. 35-57。

③ 叶成城、黄振乾、唐世平：《社会科学中的时空与案例选择》，《经济社会体制比较》2018年第3期，第145—155页；叶成城、唐世平：《超越“大分流”的现代化比较研究：时空视角下的历史、方法与理论》，《学术月刊》2021年第5期，第77—86页；［比利时］伯努瓦·里豪克斯、［美］查尔斯·拉金编著：《QCA设计原理与应用：超越定性与定量研究的新方法》，杜运周、李永发等译，机械工业出版社2017年版，第26页。

案例选择的 4 个可比性原则。具体而言：上述两组案例首先作为“民族国家”而具有的同质性构成了可比性的最宽泛基础；其次分别在人口规模和领土面积等主要指标上具有相近性；再者具有“能源禀赋丰裕”的家族相似性（Family Resemblances）；最后所具有的带有明显差异但无足轻重的变量完全可以被忽略。① 此外，泰瑞·林·卡尔和奥克尚·巴尤尔根分别在其关于“能源诅咒”的经典研究中论证了依赖能源开发和出口的国家天然具有一系列明显的相似性。② 综上，将上述两组案例用于 CHA 仍然是科学的和可操作的。

基于此，本章聚焦于上述两组对比案例中的委内瑞拉和挪威一组，试图在第三章所构建的分析框架的指导下解释委内瑞拉陷入“能源诅咒”而挪威获得“能源祝福”的原因。③ 委内瑞拉和挪威均蕴藏着大量的石油，两国在领土面积、人口规模、初始经济规模及形态等诸多方面具有明显的相似性，但两国开启经济现代化进程的始点则明显不同。本书借鉴艾伦·盖尔布等学者呈现石油出口国经济与政治特征的方式，首先简单呈现委内瑞拉和挪威的经济增长基础，详见表 5-1。④ 本章第一节和第二节分别回顾委内瑞拉和挪威自开启经济现代化进程至今的能源产业发展与经济增长情况。第三节阐述委内瑞拉和挪威出现“能源诅咒”与“能源祝福”分流的因果机制，并且逐一对比由经济现代化始点差异而产生的后续影响以及其他主要变量的特征差异。

---

① 李路曲：《国家间的可比性与不可比性分析》，《政治学研究》2020 年第 5 期，第 6 页；［法］马太·杜甘：《国家的比较：为什么比较，如何比较，拿什么比较》，文强译，社会科学文献出版社 2010 年版，第 99—115 页；David Collier, James Mahon, “Conceptual ‘Stretching’ Revisited: Adapting Categories in Comparative Analysis”, *American Political Science Review*, Vol. 87, No. 4, 1993, pp. 846-848; Arend Lijphart, “Comparative Politics and the Comparative Method”, *American Political Science Review*, Vol. 65, No. 3, 1971, pp. 686-689。

② Terry Lynn Karl, *The Paradox of Plenty: Oil Booms and Petro-States*, Berkeley: University of California Press, 1997, pp. 13、46-49; Oksan Bayulgen, *Foreign Investment and Political Regimes: The Oil Sector in Azerbaijan, Russia, and Norway*, New York: Cambridge University Press, 2010, pp. 6-9. 此外，沙弗在其研究中强调了研究者不应为了追求案例的地理、文化、历史的相似性而据此画地为牢。详见 Michael Shafer, *Winners and Losers: How Sectors Shapes the Developmental Prospects of States*, Ithaca: Cornell University Press, 1994, p. 238。

③ 虽然导论部分声明本书所述的“石油”均为原油，但本章和第五章所引用的部分石油统计数据还包括成品油及其他石油制品。不同数据对于“石油”的范畴详见其数据说明。

④ Alan Gelb and Associates, *Oil Windfalls: Blessing or Curse*, Oxford: Oxford University Press, 1988, pp. 52-53.

表 5-1　　委内瑞拉与挪威的经济增长基础

	委内瑞拉（1900 年）	挪威（1900 年）
领土面积	91.6 万平方千米	38.7 万平方千米
人口规模	254.2 万人	221.8 万人
劳动人口	204.0 万人	125.0 万人
主要产业	农业	渔业、林业、航运业
主要农业产品	可可、咖啡	大麦、小麦、马铃薯、燕麦、莓果
主要工业产品	纺织品	木制品、初级金属及化工制品
主要能源资源	石油、天然气	石油、天然气、水力资源
主要出口产品	可可、烟草、咖啡	木材、鱼类、矿砂及金属制成品
人均 GDP*	1846 国际元	3249 国际元
国家成立时间	1830 年	1905 年
政治体制	考迪罗式总统制	君主立宪制

注：* 此处显示的为 2011 年国际元的价格。

资料来源：委内瑞拉的数据详见 María Andreína Salas-Bourgoin, “Sociedad, Estado y Renta Petrolera en Venezuela: una Relación Unidireccional”, *Revista Geográfica Venezolana*, Vol. 57, No. 2, 2016, pp. 163-185; Terry Lynn Karl, *The Paradox of Plenty: Oil Booms and Petro-States*, Berkeley: University of California Press, 1997, pp. 75-76; Francisco Rodríguez, Jeffrey D. Sachs, “Why Do Resource-abundant Economies Grow More Slowly?” *Journal of Economic Growth*, Vol. 4, No. 3, 1999, pp. 277-303;“数据中的世界”网站。① 挪威的数据详见挪威统计局;②“数据中的世界”网站；彼得·马赛厄斯、M. M. 波斯坦主编《剑桥欧洲经济史（第七卷）工业经济：资本、劳动力和企业（上册）英国、法国、德国和斯堪的纳维亚》，徐强、李军、马宏生译，经济科学出版社 2004 年版，第 766 页。

第一节　委内瑞拉的能源开发与经济停滞

为了更为清晰直观地呈现委内瑞拉能源开发与经济增长的情况，这一节的论证进一步分成四个部分。本节首先回溯委内瑞拉开启经济现代

① Our World in Data, “GDP Per Capita, 1900-Maddison Project”, https://ourworldindata.org/grapher/maddison-data-gdp-per-capita-in-2011us? time=1900.

② Statistics Norway, “Population”, https://www.ssb.no/en/statbank/table/05803/; Statistics Norway, “Historisk Statistikk-Nasjonalregnskap”, https://www.ssb.no/a/histstat/aarbok/ht-0901-bnp.html.

化的条件和进程，大致明确其经济现代化始点；其次阐述与经济现代化始点伴随而来的能源产业联盟形态与产权制度类型；再者分析了该类型是否触发“税汇陷入”“补贴分异”和“利益交换”效应，并观察委内瑞拉是否最终形成了能源产业畸大的产业结构；最后探讨这种产业结构对近年来委内瑞拉经济增长的影响。

一　走向现代：委内瑞拉经济现代化的条件与进程

委内瑞拉在独立后长期受制于考迪罗式总统制的负面影响，其国内局势动荡不安且政府机构软弱无能。委内瑞拉于 1811 年宣布脱离西班牙的统治，于 1819 年加入大哥伦比亚共和国。由于遭到西班牙殖民者的反攻，加之大哥伦比亚共和国内部矛盾频发，委内瑞拉最终选择退出并于 1930 年成立了独立的联邦共和国。然而此时的委内瑞拉并未建立起强有力的政府，而是由多个独裁的军人或地主，即考迪罗所统治。当时委内瑞拉政府的影响力仅局限于首都加拉加斯及其周边，这使得该国大部分领土和人口实际上处在考迪罗的控制之下。[①] 此外，政府机构薄弱导致其中央政府被迫与地方性的考迪罗分享其所在地的海关收入。[②] 在考迪罗式总统制之下，民主制度及宪法程序几乎形同虚设，各地区之间和各统治集团之间时常因争夺权力而发生激烈的战争。直至 20 世纪初，委内瑞拉的政府机构仍然异常脆弱和不稳定，以至于其合法性也不断受到威胁。[③] 总之从 19 世纪独立到 20 世纪初，委内瑞拉在政治上仍然是一个前现代国家。

前现代的委内瑞拉经济结构较为单一，以咖啡、可可为主的农业是

---

① Francisco Rodríguez, “Caudillos, Políticos y Banqueros: Un Ensayo sobre el Surgimiento y la Incidencia de las Instituciones Económicas Venezolanas antes del Petróleo”, in José Gregorio Pineda and Francisco Sáez, eds., *Crecimiento Económico en Venezuela: Bajo el Signo del Petróleo*, Caracas: Banco Central de Venezuela, Colección Economía y Finanzas, 2006, pp. 91–126; Fernando Coronil, *El Estado Mágico: Naturaleza, Dinero y Modernidad en Venezuela*, Caracas: Editorial Alfa, 2016, p. 91.

② Francisco Rodríguez, “Caudillos, Políticos y Banqueros: Un Ensayo sobre el Surgimiento y la Incidencia de las Instituciones Económicas Venezolanas antes del Petróleo”, in José Gregorio Pineda and Francisco Sáez, eds., *Crecimiento Económico en Venezuela: Bajo el Signo del Petróleo*, Caracas: Banco Central de Venezuela, Colección Economía y Finanzas, 2006, pp. 91–126.

③ Fernando Coronil, *El Estado Mágico: Naturaleza, Dinero y Modernidad en Venezuela*, Caracas: Editorial Alfa, 2016, p. 91.

其主要经济支柱。独立战争结束后，委内瑞拉经济作物的出口量明显增长，咖啡逐渐取代可可成为国民经济的支柱和政府收入的主要来源。20世纪初委内瑞拉80%的出口产品为咖啡，1914年其成为除巴西之外咖啡出口数量最多的国家。[①] 统计显示，委内瑞拉商业作物的出口额从1830年的800万玻利瓦尔增长至1910年的9000万玻利瓦尔。[②] 然而由于长期处于殖民统治之下，委内瑞拉的工业发展缓慢。其工业主要以纺织业为主，呈现规模小、产量少的特点。由于委内瑞拉国内市场规模小且民众生活水平低下，对于当时的外国资本而言该国并非进行工业投资的首选，这也进一步延缓了委内瑞拉的工业发展。[③] 因此与绝大部分拉丁美洲国家一样，19世纪至20世纪初的委内瑞拉主要以农业为支柱性产业，而工业发展较为落后。

19世纪末至20世纪初，一系列有利于委内瑞拉开启经济现代化进程的积极因素先后出现。首先，胡安·维森特·戈麦斯·查孔（Juan Vicente Gómez Chacón）执政时期该国国家能力明显加强，由此为委内瑞拉经济现代化提供了基础。这具体体现在以下三个方面。第一，集权体制初步建立。1908年，戈麦斯通过军事政变上台后结束了接连不断的考迪罗战争与领土分裂，实现了该国历史上前所未有的中央集权。[④] 第二，武装力量迅速加强。1910年，戈麦斯对武装力量进行了全面改革，试图将其建设成为具有明确指挥系统的部队。同年，戈麦斯一方面建立了负责武装部队行政管理的陆军总监察局，另一方面还创建了警察队伍和情报机构。[⑤] 第三，

---

① ［委］吉利尔莫·莫隆：《委内瑞拉史》，［英］约翰·斯特里特编译，吉林大学外语系翻译组译，吉林人民出版社1973年版，第376页；［美］迈克尔·塔弗、朱丽亚·弗雷德里克：《委内瑞拉史》，黄公夏译，东方出版中心2010年版，第91页。

② Asdrúbal Baptista, *Bases Cuantitativas de la Economía Venezolana, 1830 – 1995*, Caracas: Fundación Polar, 1997, p. 87.

③ Miguel Lacabana, "Petróleo y Hegemonía en Venezuela", in Eduardo Basualdo and Enrique Arceo, eds., *Neoliberalismo y Sectores Dominantes. Tendencias Globales y Experiencias Nacionales*, Buenos Aires: CLACSO, 2006, p. 319.

④ ［英］莱斯利·贝瑟尔主编：《剑桥拉丁美洲史（第5卷）》，胡毓鼎等译，社会科学文献出版社1992年版，第694—695页。

⑤ Francisco Rodríguez, "Caudillos, Políticos y Banqueros: Un Ensayo sobre el Surgimiento y la Incidencia de las Instituciones Económicas Venezolanas antes del Petróleo", in José Gregorio Pineda and Francisco Sáez, eds., *Crecimiento Económico en Venezuela: Bajo el Signo del Petróleo*, Caracas: Banco Central de Venezuela, Colección Economía y Finanzas, 2006, pp. 91–126.

财税制度大幅改革。在1913年至1922年，财政部部长罗曼·卡德纳斯（Román Cárdenas）推动了一系列行政改革，力求全面禁止私人征收租金，进而将税收权收回至中央政府。① 在戈麦斯的统治下，委内瑞拉的国内政治结构和行政体系出现了明显的改进，在行政能力和国家治理上基本成为现代国家。②

其次，欧洲国家和美国对委内瑞拉产品的需求增长使得委内瑞拉对外贸易迅速增加，国内产业变迁和经济结构转型加快。19世纪70年代受工业革命影响，欧洲及美国对委内瑞拉产品需求大幅增加，这为委内瑞拉制造业的出现提供了有利的外部条件。1890年，委内瑞拉的贸易盈余达到5300万玻利瓦尔，农产品和其他原材料出口增长幅度达到40%。③ 得益于繁荣发展的对外贸易，委内瑞拉出现了现代制造业，并在1893年时建立起了286家工厂。④ 第一次世界大战期间，委内瑞拉成为欧洲的产品生产基地。从1914年到1919年，委内瑞拉向各交战国出口产品的金额从7000万玻利瓦尔上升到2亿玻利瓦尔，制造业也得到了进一步刺激。⑤ 可以说，贸易需求增长为制造业的早期发展提供了动力，委内瑞拉的主导产业开始从农业向制造业过渡，其经济结构随之转型。

最后，国内商品经济的发展带来了生产关系的革新和生产结构的变革。一方面，与制造业发展伴随而来的是雇佣劳动的普及。相比之前，雇佣劳动下的劳动力流动性更强，经济也更有活力。另一方面，委内瑞拉商品经济的长期积累推动了农村居民向城市流动。原先从事咖啡和可可生产、出口的部分地主和商人转而从事服务业、进口贸易和工业，这一转变促使新中产阶级的出现与壮大。⑥ 此外，商品经济的长期积累也

---

① Francisco Rodríguez, “Caudillos, Políticos y Banqueros: Un Ensayo sobre el Surgimiento y la Incidencia de las Instituciones Económicas Venezolanas antes del Petróleo”, in José Gregorio Pineda and Francisco Sáez, eds., *Crecimiento Económico en Venezuela: Bajo el Signo del Petróleo*, Caracas: Banco Central de Venezuela, Colección Economía y Finanzas, 2006, pp. 91-126.

② 韩琦主编：《世界现代化历程：拉美卷》，江苏人民出版社2010年版，第429页。

③ Mario Sanoja, *Historia Sociocultural de la Economía Venezolana*, Caracas: Banco Central de Venezuela, 2010, p. 312.

④ Mario Sanoja, *Historia Sociocultural de la Economía Venezolana*, Caracas: Banco Central de Venezuela, 2010, p. 315.

⑤ Mario Sanoja, *Historia Sociocultural de la Economía Venezolana*, Caracas: Banco Central de Venezuela, 2010, p. 334.

⑥ 陆国俊、金计初主编：《拉丁美洲资本主义发展》，人民出版社1997年版，第308页。

促成了委内瑞拉的资本积累，该国银行的黄金储备从 1914 年的 900 万比索增加到 1919 年的 5000 万比索。① 随着商品经济的发展，委内瑞拉国内的生产关系与生产结构有所改变、资本积累逐渐增加，为开启经济现代化创造了良好的条件。

随着以上有利条件的出现，委内瑞拉的经济与社会面貌自 20 世纪 20 年代起出现了显著的变化。主要表现在以下三个方面。首先，委内瑞拉的经济结构出现了从农业到工业的快速转型。20 世纪 20 年代，委内瑞拉以咖啡和可可为主的传统农业趋于衰落而制造业则开始兴起。1924 年，委内瑞拉农业产品和工业产品的出口量几乎持平。② 自此以后，工业产品逐渐替代咖啡和可可等农产品，成为委内瑞拉的主要出口产品。1929 年，委内瑞拉工业产品的出口值已经大幅超过农产品的出口值，占出口总额的比重上升至 71.64%。③ 显然，20 世纪 20 年代是委内瑞拉经济结构转型的重要节点。

其次，委内瑞拉的经济增长速度明显加快。委内瑞拉“经济活动总体水平指数”在 19 世纪末至 20 世纪初仅达到 1.1，且在 1910 年至 1920 年只增长了 0.1 个点；到了 1930 年，该指数达到 7.41，在 1920 年至 1930 年增长了 5.51 个点。④ 20 世纪初，以咖啡、可可为主的农业经济在一定程度上阻碍了本国的资本积累，使得委内瑞拉成为当时拉丁美洲最贫穷的经济体之一，其人均收入只有拉丁美洲国家平均水平的 62%，仅为收入最高国家的 25%左右。⑤ 但在 1920 年至 1965 年，委内瑞拉成为拉丁美洲增长最快的经济体之一，其人均 GDP 由 1920 年相当于美国

① Mario Sanoja, *Historia Sociocultural de la Economía Venezolana*, Caracas: Banco Central de Venezuela, 2010, p. 343.

② Giuseppe De Corso, “El Crecimiento Económico de Venezuela, desde la Oligarquía Conservadora hasta la Revolución Bolivariana: 1830-2012. Una Visión Cuantitativa”, *Revista de Historia Económica*, Vol. 31, No. 3, 2013, pp. 321-357.

③ 石瑞元、曹柯、张文峰：《委内瑞拉经济》，社会科学文献出版社 1987 年版，第 10 页。

④ 该指数由 Asdrúbal Baptista 以 1984 年委内瑞拉国内生产和消费总值为基数 100 测算得出，具体测算方式详见 Asdrúbal Baptista, *Bases Cuantitativas de la Economía Venezolana, 1830-1995*, Caracas: Fundación Polar, 1997, p. 63。

⑤ Angus Maddison, *Monitoring the World Economy, 1820-1992*, Paris: OECD, 1995, p. 202; Francisco Rodriguez, Jeffrey D. Sachs, “Why Do Resource-abundant Economies Grow More Slowly?”, *Journal of Economic Growth*, Vol. 4, No. 3, 1999, pp. 277-303.

的 20%上升至 1958 年的 90%，一跃成为拉丁美洲最富裕国家之一。[①] 自 20 世纪 20 年代开始，委内瑞拉经济增长速度显著提升，这是其经济现代化的另一个重要表现。

最后，委内瑞拉人口总数增加，城市人口增多，国家基础设施不断完善。这具体表现在以下几个方面。其一，人口增长速度加快。委内瑞拉在 20 世纪最初的 10 年人口增长率呈下降趋势，但在 20 年代后人口增长率开始上升，到 40 年代末增长率已经接近 4%，详见图 5-1。其二，人口死亡率逐渐降低。1915 年委内瑞拉的死亡率为 2.16%，到 1950 年已下降至 1.08%。[②] 其三，城市化速度加快。20 世纪上半叶，委内瑞拉经历了拉丁美洲最快的城市化，城市人口占比由 1920 年的 20%迅速上升至 1950 年的 48%，其中首都加拉加斯的人口在此期间突破 100 万。[③] 与此同时其他城镇也在迅速扩展，例如拉古尼亚斯市的人口从 1920 年的 982 人增加到 1936 年的 13922 人。[④] 人口增长加速、死亡率降低、城市化率提高成为委内瑞拉经济现代化的重要表现。通过对委内瑞拉产业结构变迁、经济增长速度变化和人口变化的考察，本书能够对其开启经济现代化进程的大致始点加以判断。

既有的研究也对委内瑞拉开启经济现代化进程的始点进行了探讨。如委内瑞拉社会民主行动党（Acción Democrática）公布的信息指出委内瑞拉在 19 世纪 70 年代布兰科（Antonio Guzmán Blanco）执政后统一货币，兴建基础设施从而开启了经济现代化。[⑤] 张森根认为从资本原始积累的角度考量，包括委内瑞拉在内的整个拉丁美洲地区大约在 19 世纪 80

---

① Omar D. Bello, Juan S. Blyde, Diego Restuccia, “Venezuela's Growth Experience”, *Latin American Journal of Economics*, Vol. 48, No. 2, 2011, pp. 199-226.

② Asdrúbal Baptista, *Bases Cuantitativas de la Economía Venezolana, 1830 - 1995*, Caracas: Fundación Polar, 1997, p. 35.

③ Terry Lynn Karl, “Petroleum and Political Pacts: The Transition to Democracy in Venezuela”, *Latin American Research Review*, Vol. 22, No. 1, 1987, pp. 63-94; Omar D. Bello, Juan S. Blyde, Diego Restuccia, “Venezuela's Growth Experience”, *Latin American Journal of Economics*, Vol. 48, No. 2, 2011, pp. 199-226; Asdrúbal Baptista, *Bases Cuantitativas de la Economía Venezolana, 1830-1995*, Caracas: Fundación Polar, 1997, p. 29.

④ Giuseppe De Corso, “El Crecimiento Económico de Venezuela, desde la Oligarquía Conservadora hasta la Revolución Bolivariana: *1830-2012*. Una Visión Cuantitativa”, *Revista de Historia Económica*, Vol. 31, No. 3, 2013, pp. 321-357; B. S. McBeth, *Juan Vicente Gómez and the Oil Companies in Venezuela, 1908-1935*, Cambridge: Cambridge University Press, 1983, p. 128.

⑤ Luis Ricardo Dávila, *Imaginario Político Venezolano*, Caracas: Alfa Ediciones, 1992, p. 57.

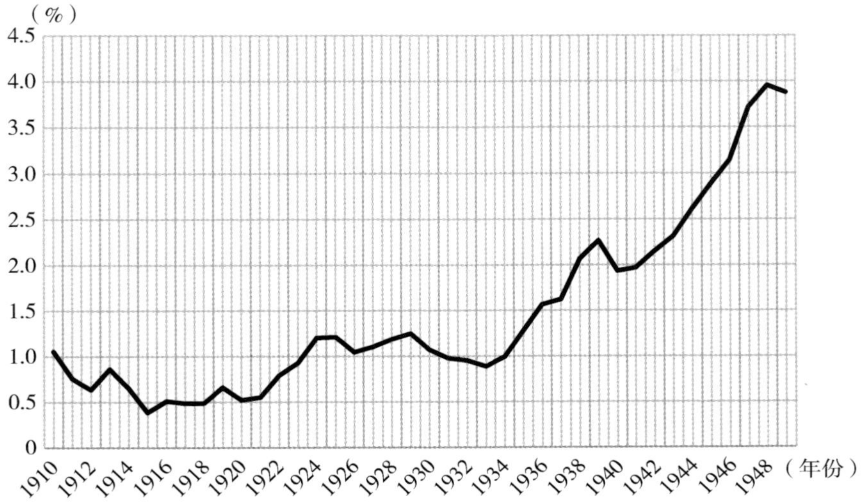

图 5-1　1910—1948 年委内瑞拉人口增长率

资料来源：Asdrúbal Baptista, *Bases Cuantitativas de la Economía Venezolana, 1830-1995*, Caracas: Fundación Polar, 1997, p. 28.

年代开启了经济现代化进程。[①] 马里奥·萨诺亚则认为委内瑞拉在 1930 年出现了新的经济生产及生活方式，从而迈入经济现代化的轨道。[②] 此外，乔纳森·约翰等多位学者认为 20 世纪 20 年代戈麦斯的统治以及国内石油资源的发现推动了委内瑞拉经济现代化的兴起。[③] 另有研究以广义上的食品产业在 20 世纪 40 年代成为委内瑞拉最重要的产业为标志，指出这一节点即该国的经济现代化始点。[④] 基于上文的分析并综合考量

① 笔者于 2022 年 2 月 20 日对王飞进行了访谈。王飞转述了他就此向拉丁美洲经济史学家张森根咨询及后者的回应情况。张森根的回应如正文所示。

② Mario Sanoja, *Historia Sociocultural de la Economía Venezolana*, Caracas: Banco Central de Venezuela, 2010, p. 343.

③ Jonathan Di John, *From Windfall to Curse? Oil and Industrialization in Venezuela, 1920 to the Present*, Pennsylvania: The Pennsylvania State University Press, 2009, pp. 21 - 24; Victor Bulmer-Thomas, *The Economic History of Latin America since Independence*, Cambridge: Cambridge University Press, 2003, pp. 211-214. 笔者于 2022 年 3 月 16 日对金晓文进行了访谈，他介绍了关于委内瑞拉现代化始点的不同研究，但总体认同以 20 世纪 20 年代作为委内瑞拉经济现代化始点的判断。

④ 20 世纪 40 年代，委内瑞拉食品产业吸引的劳动力占总劳动力的 54.71%，食品企业数量占所有企业数量的一半以上。详见 Juan Pablo Pérez Sainz, Paul Zarembka, “Accumulation and the State in Venezuelan Industrialization”, *Latin American Perspectives*, Vol. 4, No. 3, 1979, pp. 5-29。

上述学者的观点，可以断定委内瑞拉大约于20世纪20年代开启了经济现代化的进程，属于"第二波半现代化"国家。相比属于第二波开启现代化的德国、意大利等国，委内瑞拉显然是一个开启经济现代化进程较晚的后发国家。

二 委内瑞拉的石油产业联盟形态与石油产权制度类型

委内瑞拉的石油产业从20世纪初开始萌芽，直至70年代之前基本由西方石油公司主导。委内瑞拉是世界上较早发现并开采石油的国家之一，早在西班牙殖民之前委内瑞拉土著部落就将沥青作为胶水使用。① 进入戈麦斯统治时期，政府将土地租让给了多家外国石油公司，包括委内瑞拉发展公司、委内瑞拉油田勘探公司、通用沥青公司、荷兰皇家壳牌公司和标准石油公司。② 1914年，荷兰皇家壳牌公司的子公司加勒比石油公司更是在委内瑞拉发现了庞大的石油储量。③ 1922年，美国洛克菲勒财团的印第安纳标准石油公司和梅隆财团的海湾石油公司开始参与委内瑞拉的石油开采，并且迅速在该国的石油产业中占据了统治地位。④ 1932年，主导委内瑞拉石油产业的三大石油集团公司分别为壳牌集团、标准集团和海湾集团。⑤ 这三大石油集团公司于20世纪40年代控制了委

---

① Élita Rincón, et al., "Petróleo y Desarrollo en Venezuela: Un Balance a 100 Años de su Explotación. Período *1914-2014*", *Multiciencias*, Vol. 16, No. 1, 2016, pp. 28-38.

② Mario Sanoja, *Historia Sociocultural de la Economía Venezolana*, Caracas: Banco Central de Venezuela, 2010, p. 342.

③ Fernando Coronil, *El Estado Mágico*: *Naturaleza*, *Dinero y Modernidad en Venezuela*, Caracas: Editorial Alfa, 2016, p. 85.

④ Douglas C. Ramírez Vera, "Mene en Venezuela: El Surgimiento del Conflicto por la Renta del Petróleo, Preámbulo Histórico a la Coyuntura Actual (1917 a 1936)", *Análisis Político*, Vol. 20, No. 59, 2007, pp. 24-45.

⑤ Douglas C. Ramírez Vera, "Mene en Venezuela: El Surgimiento del Conflicto por la Renta del Petróleo, Preámbulo Histórico a la Coyuntura Actual (1917 a 1936)", *Análisis Político*, Vol. 20, No. 59, 2007, pp. 24-45. 壳牌集团下属加勒比石油公司、委内瑞拉石油特许权有限公司、科隆开发有限公司、英控股油田有限公司和北委内瑞拉石油公司；标准集团下属拉戈石油公司和印第安纳标准石油公司；海湾集团下属委内瑞拉海湾石油公司。需要说明的是，美国标准石油公司于1911年被拆解，拆解出的诸多石油公司仍延续了标准石油公司的命名。但是后者与前者并非同一公司。

内瑞拉约 99.5%的石油产业，它们所控制的比例依次为 45.7%、33.2%、20.6%。[①] 直至 70 年代初这三大石油集团公司一直是委内瑞拉石油产业的主导性力量。[②]

总的来看，委内瑞拉走上了先吸引西方石油公司投资再将其国有化，而后实施政府大规模干预石油产业发展的道路。其主要原因在于，首先，由于开启经济现代化进程较晚，委内瑞拉政府通过石油收益来偿还外债的动机格外强烈。在戈麦斯上台前委内瑞拉已欠下巨额外债，外债数额在 1900 年就达到 1.89 亿玻利瓦尔。1901 年，委内瑞拉政府受困于逐年减少的财政收入，被迫暂停支付外债利息，在短短 4 年时间内外债逐渐增加到 2.25 亿玻利瓦尔。[③] 这一时期恰逢委内瑞拉境内大量石油得以发现和开采，石油产业的巨额利润和租金给执政者带来了新的发展思路。受制于国内工业基础相对薄弱、缺乏石油开采所需的技术和设备，委内瑞拉政府决定借助外国资本开采石油，以获取石油租金偿还外债。基于这一思路，委内瑞拉政府最终于 1930 年还清所有外债。[④] 此后，政府通过立法收取高比例的石油税收，以此作为提高财政收入的重要手段。1945 年，委内瑞拉政府颁布法令规定石油公司缴纳的所得税从 12.0%提高到 28.5%；1958 年，将该税率提高到 47.5%；到了 1967 年，又将该税率增加至 52.0%。[⑤]

其次，为了打破外国石油公司对本国石油产业的垄断，委内瑞拉政府采取了一系列国家干预的措施。1927 年，委内瑞拉的石油出口收入超过了咖啡和可可等传统农产品的出口收入，并于次年成为世界第二大石油生产国及第一大石油出口国。[⑥] 然而，委内瑞拉的石油产业绝大部分

---

① Jesús Mora Contreras, “El Poder de las Grandes Empresas Petroleras: 1900-1950”, *Investigación Económica*, Vol. 62, No. 241, 2002, pp. 153-183.

② Vegard Bye, “Nationalization of Oil in Venezuela: Re-Defined Dependence and Legitimization of Imperialism”, *Journal of Peace Research*, Vol. 16, No. 1, 1979, pp. 57-78.

③ Fernando Coronil, *El Estado Mágico: Naturaleza, Dinero y Modernidad en Venezuela*, Caracas: Editorial Alfa, 2016, p. 84.

④ Fernando Coronil, *El Estado Mágico: Naturaleza, Dinero y Modernidad en Venezuela*, Caracas: Editorial Alfa, 2016, p. 85.

⑤ Thad Dunning, “Endogenous Oil Rents”, *Comparative Political Studies*, Vol. 43, No. 3, 2010, pp. 379-410.

⑥ Jesús Mora Contreras, “El Poder de las Grandes Empresas Petroleras: 1900-1950”, *Investigación Económica*, Vol. 62, No. 241, 2002, pp. 153-183.

都被外国石油公司控制。以 1957 年为例，石油产量排名在前 8 位的公司全部都是外国石油公司，这 8 家公司更是占据了该国石油总产量 96.3%的份额。[①] 为了扭转这一局面，早在 20 世纪 50 年代以时任发展部部长的佩雷兹·阿方索（Juan Pablo Perez Alfonzo）为代表的政治精英便开始筹划如何对其国内的外国石油公司资产进行国有化。[②] 从 1958 年开始，委内瑞拉既不延长外国公司的特许权也不再给予其新的特许权，并在整个 60 年代限制其商业行为直至实现国有化。[③] 70 年代以来，委内瑞拉政府逐步采取包括提高石油税收在内的多种方法增加对石油产业的控制。1971 年，委内瑞拉政府颁布了关于收回石油资产的法律，这标志着石油国有化进程的正式开启。1974 年，委内瑞拉政府成立总统委员会，该机构致力于推动石油产业联盟代表和国家机构官员等讨论石油国有化计划。1975 年 12 月颁布的《石油国有化法》规定碳氢化合物工业和贸易归属国家，并创建了完全由国家控股的委内瑞拉国家石油公司（Petróleos de Venezuela S. A.，PDVSA）。[④] 此后，委内瑞拉政府又采取了提供优先开发、增加政府投资等一系列举措支持石油工业的发展，详见表 5-2。

表 5-2　　委内瑞拉历届政府的石油政策

总统及其任期	关键石油政策
胡安·维森特·戈麦斯·查孔 1908—1935 年	• 较为宽松的外国石油公司准入制度 • 采用特许权制 • 收取勘探及特许权税 • 开采税上涨 10%-15%

① 芦思姮、高庆波：《委内瑞拉：资源诅咒与制度陷阱》，《亚太经济》2016 年第 5 期，第 75—83 页。

② 张建新：《能源与当代国际关系（第二版）》，上海人民出版社 2014 年版，第 148—151 页；María del Mar Rubio-Varas，“Oil Illusion and Delusion：Mexico and Venezuela over the Twentieth Century”，in Marc Badia-Miró，Vicente Pinilla，Henry Willebald，eds.，*Natural Resources and Economic Growth：Learning from History*，London：Routledge，2015，p. 170。

③ Ramón Espinasa，“El Auge y el Colapso de PDVSA a los Treinta Años de la Nacionalización”，*Revista Venezolana de Economía y Ciencias Sociales*，Vol. 12，No. 1，2006，pp. 147-182.

④ Gregorio Darwich，“Petróleo en Venezuela：Experiencias del Siglo XX”，*Espacio abierto*，Vol. 23，No. 1，2014，pp. 107-127；Daniel Hellinger，“Venezuelan Oil：Free Gift of Nature or Wealth of A Nation?”，*International Journal*，Vol. 62，No. 1，2007，pp. 55-67.

续表

总统及其任期	关键石油政策
何塞·埃莱亚萨尔·洛佩斯·康特雷拉斯 (Eleazar López Contreras) 1936—1941年	• 勘探税上涨100% • 提高石油工人收入
伊萨亚斯·梅迪纳·安加里塔 (Isaías Medina Angarita) 1941—1945年	• 石油公司需缴纳12.0%的所得税 • 特许权使用费不得少于16.67% • 提出利润五五分成的原则
罗慕洛·埃内斯托·贝坦科尔特·贝略 (Rómulo Ernesto Betancourt Bello) 1945—1948年	• 石油所得税从12.0%提高到28.5% • 进一步的税收改革；落实利润五五分成的原则 • 迈向“不再授予特许权”
罗慕洛·加列戈斯（Rómulo Gallegos）1948年	
卡洛斯·德尔加多·查尔沃德 (Carlos Delgado Chalbaud) 1948—1950年	
赫尔曼·苏亚雷斯·弗拉梅里奇 (German Suárez Flamerich) 1950—1952年	
马科斯·埃万格利斯塔·佩雷斯·希门尼斯 (Marcos Evangelista Pérez Jiménez) 1952—1958年	
罗慕洛·埃内斯托·贝坦科尔特·贝略 (Rómulo Ernesto Betancourt Bello) 1959—1964年	• 石油所得税从28.5%提高到47.5% • 在委内瑞拉领导下建立OPEC • 创建了“财政参考价格”(Fiscal Reference Price)
劳尔·莱昂尼·奥特罗 (Raúl Leoni Otero) 1964—1969年	• 石油所得税从47.5%提高到52.0% • 新的优惠政策须经国会批准
拉斐尔·卡尔德拉·罗德里格斯 (Rafael Caldera Rodríguez) 1969—1974年	• 石油所得税从52.0%提高到60.0%
卡洛斯·安德烈斯·佩雷斯·罗德里格斯 (Carlos Andrés Pérez Rodríguez) 1974-1979年	• 石油国有化 • PDVSA购买了第一个外国炼油厂 • PDVSA被要求将资金转换为玻利瓦尔 • 购买炼油厂和雪铁戈石油公司(CITGO)的一半权益 • PDVSA的外国资产被用来担保贷款 • 边缘油田需缴纳34.0%的所得税，没有特许权使用费 • 重质原油需缴纳34.0%的所得税，1.0%的特许权使用费 • 购买CITGO的全部权益
路易斯·埃雷拉·坎平斯 (Luis Herrera Campins) 1979—1884年	
海梅·拉蒙·卢辛奇 (Jaime Ramón Lusinchi) 1984—1989年	
卡洛斯·安德烈斯·佩雷斯·罗德里格斯 (Carlos Andrés Pérez Rodríguez) 1989—1993年	

续表

<table>
<tr><th>总统及其任期</th><th>关键石油政策</th></tr>
<tr><td>拉蒙·何塞·贝拉斯克斯·穆希卡
（Ramón José Velásquez Mujica）1993—1994 年</td><td>• 降低 PDVSA 的“财政参考价格”</td></tr>
<tr><td>拉斐尔·卡尔德拉·罗德里格斯
（Rafael Caldera Rodríguez）1994—1999 年</td><td>• 取消 PDVSA 的“财政参考价格”</td></tr>
<tr><td>乌戈·拉斐尔·查韦斯·弗里亚斯
（Hugo Rafael Chávez Frías）1999—2013 年</td><td rowspan="2">• PDVSA 开始支付分红
• 政府在石油活动中保留 50%以上的参与权
• 石油的特许权使用费，从 16.67%增加到 30%
• 对于在国内市场上销售的每升碳氢化合物衍生的产品征收 30%至 50%的税费
• 国家拥有 PDVSA100%的股份
• OPEC 得到加强</td></tr>
<tr><td>尼古拉斯·马杜罗·莫罗斯
（Nicolás Maduro Moros）2013 年至今</td></tr>
</table>

资料来源：Fernando Coronil, *El Estado Mágico: Naturaleza, Dinero y Modernidad en Venezuela*, Caracas: Editorial Alfa, 2016, p. 90; Douglas C. Ramírez Vera, “Mene en Venezuela: el Surgimiento del Conflicto por la Renta del Petróleo, Preámbulo Histórico a la Coyuntura Actual (1917 a 1936)”, *Análisis Político*, Vol. 20, No. 59, 2007, pp. 24-45; Omaira Zambrano Roa, “Desarrollo de la Política Petrolera en Venezuela para el Siglo XX”, in Actas de las IX Jornadas de Sociología de la UBA: *Capitalismo del siglo XXI. Crisis y Reconfiguraciones. Luces y Sombras*, Universidad de Buenos Aires, 2011; Tomás Straka, *La Nación Petrolera: Venezuela 1914—2014*, Caracas: Universidad Metropolitana, 2016, p. 28; Thad Dunning, “Endogenous Oil Rents”, *Comparative Political Studies*, Vol. 43, No. 3, 2010, pp. 379-410; Bernard Mommer, “Petróleo Subversivo”, *Poder y Petróleo en Venezuela*, Caracas: Faces-UCV, 2003, pp. 19-39; Diego Baustita Urbaneja, *La Política Venezolana desde 1899 hasta 1958*, Caracas: Fundación Centro Gumilla y Universidad Católica Andrés Bello, 2002, pp. 68-69, p. 83; La Política Venezolana desde 1958 hasta nuestros días, Caracas: Fundación Centro Gumilla y Universidad Católica Andrés Bello, 2007, pp. 43-45.

再次，由于开启经济现代化进程较晚，委内瑞拉在政治上呈现动员体系的特点。从 19 世纪独立至今，委内瑞拉经历了三次政治体制的变迁，分别是考迪罗式总统制、蓬托菲霍政体以及选举式威权政体。① 这三种政体都具有关注权威获取与维持、集中社会资源以实现经济增长的

① 尽管委内瑞拉名义上的政体始终是总统共和制，但是这种笼统的划分方法无助于描述该国政体的变迁及最主要的特质。为此，本书在参照既有研究的基础上对委内瑞拉的政体进行了如上划分。

特点。考迪罗通过对军队和公共财政的控制打造自己的政治霸权，使用从上而下的控制手段塑造更强大、更现代化的经济。① 蓬托菲霍政体的一大支柱是政府通过补贴和保护主义的进口替代工业化来实现赶超式经济增长。② 其间随着工业经济的增长，政府通过其复杂的半国营企业和规划机构网络来指导经济和社会生活的权力也在增长。③ 在选举式威权政体下，乌戈·拉斐尔·查韦斯·弗里亚斯提出的“21 世纪的社会主义”本质也是在国家的支持下发展经济，为穷人大众进行经济再分配和政治整合。④ 此外，以上三种政体下的政府都惯用其对社会资源的控制来巩固自身的权力，对民众的反抗和罢工予以严厉的压制，这使得动员体系在委内瑞拉不断地被巩固。⑤

最后，委内瑞拉国内私人商业资本相对匮乏，政府主导资本筹集和投入势在必行。拜罗克的人均工业化指数显示委内瑞拉在 20 世纪长期处在资本匮乏的状态。⑥ 这同样体现在该国商业银行的数量和吸收存款的规模。1913 年，委内瑞拉仅有 3 家商业银行且人均存款仅为 1. 2 美元，

① Terry Lynn Karl, *The Paradox of Plenty: Oil Booms and Petro-States Studies in International Political Economy*, Berkeley: University of California Press, 1997, p. 77；［美］查尔斯·蒂利：《民主》，魏洪钟译，上海人民出版社 2015 年版，第 166 页。

② Terry Lynn Karl, *The Paradox of Plenty: Oil Booms and Petro-States*, Berkeley: University of California Press, 1997, pp. 102-104; Michael L. Ross, Erik Voeten, “Oil and International Cooperation”, *International Studies Quarterly*, Vol. 60, No. 1, 2016, pp. 85-97.

③ David G. Becker, “Business Associations in Latin America: The Venezuelan Case 1990”, *Comparative Political Studies*, Vol. 23, No. 1, 1990, pp. 114-138; James F. Petras, Morris H. Morley, “Petrodollars and the State: The Failure of State Capitalist Development in Venezuela”, *Third World Quarterly*, Vol. 5, No. 1, 1983, pp. 7-27.

④ John L. Hammond, “The Resource Curse and Oil Revenues in Angola and Venezuela”, *Science & Society*, Vol. 75, No. 3, 2011, pp. 365-378.

⑤ 考迪罗政体详见［德］沃尔夫·格雷贝道尔夫《拉丁美洲向何处去》，齐楚译，时事出版社 1985 年版，第 96—97 页。蓬托菲霍政体详见许丰《委内瑞拉蓬托菲霍体系的创立、制度化及其缺陷》，《拉丁美洲研究》2018 年第 2 期，第 100—104 页；高波《权力结构视角下的发展陷阱——基于对委内瑞拉“蓬托菲霍体制”的分析》，《国际政治研究》2020 年第 1 期，第 26—35 页。选举式威权政体详见王晓玥、田野《国际石油贸易扩张与选举式威权政体的巩固——基于委内瑞拉和哈萨克斯坦的比较研究》，《外交评论》（外交学院学报）2016 年第 4 期，第 78—82 页；Yonatan L. Morse, “The Era of Electoral Authoritarianism”, *World Politics*, Vol. 64, No. 1, 2012, pp. 164-165。

⑥ ［美］罗纳德·罗戈夫斯基：《商业与联盟：贸易如何影响国内政治联盟》，杨毅译，上海人民出版社 2012 年版，第 103 页；Paul Bairoch, “International Industrialization Levels from 1750 to 1980”, *Journal of European Economic History*, Vol. 11, No. 2, 1982, pp. 269-333.

在同期拉丁美洲国家中排名倒数第 3 位。① 鉴于调动国内资源进行资本积累方面遇到的困难，委内瑞拉政府从 19 世纪末开始将定期发行外国债券作为推动国内经济增长的一种融资方式。② 为了弥补私人资本严重匮乏、信贷设施不足等问题，委内瑞拉政府通过增加公共支出来推动能源产业的发展，该国公共部门参与资本形成的比例从 1973 年的 32%上升到 1983 年的 122%。③ 总之，私人资金的极度匮乏成为委内瑞拉发展资本密集型石油产业的严重掣肘。

综上四个方面可以发现，由于开启经济现代化进程较晚，委内瑞拉逐渐走向了政府大规模干预石油产业发展的道路。而政府的大规模干预又进一步导致委内瑞拉形成实力强大的石油产业联盟并在石油领域建立起了国家产权制度。

就产业联盟形态而言，委内瑞拉的石油产业联盟是一个拥有巨大影响力的政治经济实体。从产业联盟的规模来看，石油产业联盟在工资收入、创造产值、社会地位等方面优势明显。委内瑞拉的石油产业联盟主要由 PDVSA 及其他小型石油公司职员和工人构成，规模从 20 世纪 50 年代的约 4.5 万人缩小至 70 年代的 2.5 万人，后又反弹到 80 年代末的 4.0 万人。这约占全国人口总数的 1.5%，详见图 5-2。④ 虽然从数据上来看，产业联盟规模有起伏，且占总人口比例较小，但他们却赚取了全国 50%以上的工资，并且创造了从 1976 年至 1985 年 10 年间 25%以上的 GDP。⑤ 与石油工业有关的劳工运动成为委内瑞拉劳工运动中最具影响力的部分，这使得石油产业的员工具有“工人贵族”的称号。⑥

---

① Victor Bulmer-Thomas, *The Economic History of Latin America since Independence*, Cambridge: Cambridge University Press, 2003, pp. 121-122.

② Victor Bulmer-Thomas, *The Economic History of Latin America since Independence*, Cambridge: Cambridge University Press, 2003, p. 125.

③ Trudie O. Coker, “Globalization and State Capital Accumulation: Deteriorating Economic and Political Rights in Venezuela”, *Latin American Perspectives*, Vol. 26, No. 5, 1999, pp. 75-91.

④ Ministerio del Poder Popular de Petróleo, “Petróleo y Otros Datos Estadísticos (PODE)”, http://www.minpet.gob.ve/index.php/es-es/comunicaciones/pode.

⑤ Edwin Lieuwen, *Venezuela*, Oxford: Oxford University Press, 1961, p. 14; Ministerio del Poder Popular de Petróleo, “Petróleo y Otros Datos Estadísticos (PODE)”, http://www.minpet.gob.ve/index.php/es-es/comunicaciones/pode.

⑥ Miguel Tinker Salas, *The Enduring Legacy: Oil, Culture, and Society in Venezuela*, Durham: Duke University Press, 2009, p. 11.

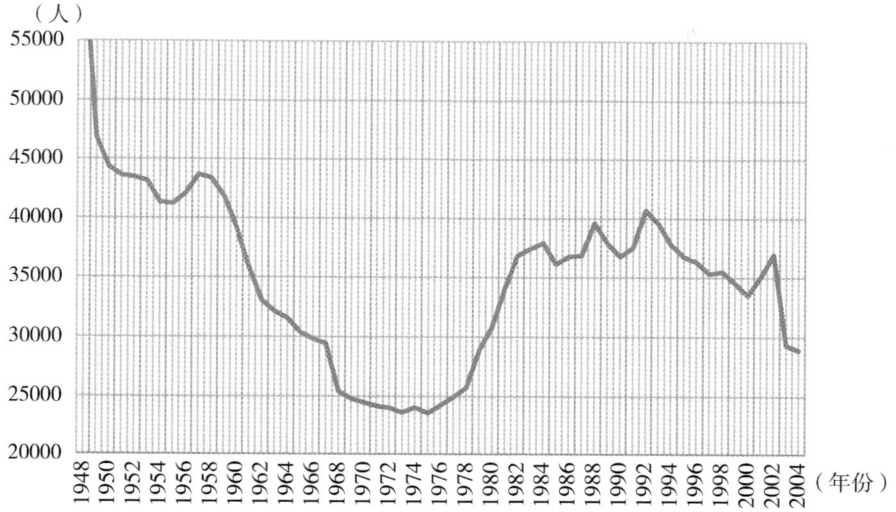

图 5-2 1948—2004 年委内瑞拉石油产业联盟人数

资料来源：Ramón Espinasa，“El Auge y el Colapso de PDVSA a los Treinta Años de la Nacionalización”，*Revista Venezolana de Economía y Ciencias Sociales*，Vol. 12，No. 1，2006，pp. 147-182.

值得一提的是，自 20 世纪 40 年代以来外国石油公司推行了一种被称为“委内瑞拉化”的战略，即在除高管以外的所有职位上雇用委内瑞拉人。这一战略的目标在于使委内瑞拉人在石油公司中拥有明确的个人利益，此后他们将以“旋转门”的方式在石油公司和政府之间流动，以确保石油公司的长期利益得以维护。① 在这一战略的实施下，石油产业联盟成为委内瑞拉政治、商业和社会领域的重要角色。在国有化后，这些角色得到进一步的强化。委内瑞拉政府开始公开涉足石油公司，特别是 PDVSA 的管理层任命，石油公司和政府之间高层人员流动变得愈加频繁。由此，根据第三章第二节中的操作标准，委内瑞拉石油产业联盟实力明显更强，其对该国经济、社会和政治的影响力也是其他产业联盟无法追赶的。

就产权制度类型而言，委内瑞拉政府颁布了一系列的法律法规，在

① Miguel Tinker Salas，*The Enduring Legacy*：*Oil*，*Culture*，*and Society in Venezuela*，Durham：Duke University Press，2009，p. 5.

石油领域建立了国家产权制度。在所有权方面，委内瑞拉石油资产在国有化后绝大多数时期均归国家所有。1975 年颁布的《石油国有化法》规定，委内瑞拉最大的石油公司 PDVSA 是一家由政府百分之百控股的国有企业。2002 年 1 月，新的《碳氢化合物法》（LOH，第 1510 号法令）开始生效，其修改了国家对所谓的初级活动（勘探、开采、收集、运输和初始储存）的参与权。① 此前，政府在合资企业的初级活动中参与率最高只能达到 35%，而 LOH 生效后，政府保留了 50%以上的参与权。② 这意味着，委内瑞拉所有的私人投资者项目都必须与政府合作，并在后者控股的基础上完成勘探、开采等初级活动。

在使用权方面，政府始终拥有对石油产业及其生产资料的使用特权。《石油国有化法》第 6 条规定，政府有权对 PDVSA 的经营目标进行修改，并且能够决定该公司的合并与废除等重大事项。③ 该法律进一步指出，PDVSA 最终的负责对象为国家总统，而能源矿产部部长作为总统代表对其进行政策指导，这为政府利用 PDVSA 来实现与后者无关的非经营目标提供了便利。④ 此外，委内瑞拉政府对 PDVSA 的预算具有很大的自由裁量权，绝大多数的预算外税率都没有明确的条文规定。⑤ 委内瑞拉政府甚至还可以根据不同的需求，要求 PDVSA 为其他产业提供资源。对于其他小型石油公司而言，虽然它们的生产经营活动并不由政府完全决定，但是它们所有与石油相关的活动都需要政府参与，因而它们的自主决定权也不高。

在收益权方面，委内瑞拉政府始终是石油产业的最大受益者。委内

---

① James D. Fry, El Fadil Ibrahim, “Reassessing Venezuela's Organic Hydrocarbon Law: A Balance between Sovereignty and Efficiency?”, *Journal of World Energy Law and Business*, Vol. 6, No. 3, 2013, pp. 234-259.

② Humberto Campodónico, *Renta Petrolera y Minera en Países Seleccionados de América Latina*, Santiago de Chile: CEPAL, 2008, p. 60.

③ Congreso de la República de Venezuela, “Ley Orgánica que Reserva al Estado la Industria y el Comercio de los Hidrocarburos”, https://docs.venezuela.justia.com/federales/leyes-organicas/ley-organica-que-reserva-al-estado-la-industria-y-el-comercio-de-los-hidrocarburos.pdf.

④ 王基铭主编：《世界著名石油石化公司手册（上卷）》，中国石化出版社 2005 年版，第 306 页。

⑤ David R. Hults, “Petróleos de Venezuela, S.A. (PDVSA): From Independence to Subservience”, in David G. Victor, David R. Hults and Mark C. Thurber, eds., *Oil and Governance: State-owned Enterprises and the World Energy Supply*, New York: Cambridge University Press, 2012, p. 458.

瑞拉政府多次颁发法令提高石油的特许权使用费，2002 年的《碳氢化合物法》第 44 条将石油特许权使用费的收费比例从 16.67%增加到 30%；并且对在国内市场销售的碳氢化合物衍生产品每升征收 30%至 50%的税费。① 2006 年，委内瑞拉政府对《碳氢化合物法》进行新一轮的修订，其中规定在任何油田开采的油气，政府有权获得 30%的份额以作为对传统产业的补贴。② 此外，对于委内瑞拉主要的石油公司 PDVSA，《石油国有化法》规定政府有权将其资本转移到其他企业。③ 这一收益权制度使得该国政府能够以较低的成本获取了大量的石油收入。

在让渡权方面，委内瑞拉政府始终禁止对石油产业及其资产进行私有化转移。根据《石油国有化法》，PDVSA 唯一的股东为委内瑞拉共和国并不允许开展任何形式的私有化。④《委内瑞拉宪法》也在 303 条明确规定国家应保留 PDVSA 的所有股份。⑤ 在现实生活中几乎所有的政治家都认为，将 PDVSA 的权益让渡私人资本家相当于一种“政治自杀”行为。⑥ 该让渡权完全否定了 PDVSA 私有化的可能，同时也保证了政府长期拥有对国内石油生产的经营管理能力，加强了对石油产业的控制。因此，委内瑞拉政府很容易以较低的成本突破其与石油产业联盟之间的权力与责任边界，使得后者很大程度上沦为其意志的延伸。

三　产业联盟形态与产权制度类型的政治效应

实力强大的石油产业联盟与石油领域的国家产权制度共同作用，使

---

① Humberto Campodónico, *Renta Petrolera y Minera en Países Seleccionados de América Latina*, Santiago de Chile: CEPAL, 2008, p. 61.

② Congreso de la República de Venezuela, “Ley Orgánica de Hidrocarburos”, http://www.minpet.gob.ve/images/biblioteca/leyes/LEY_ ORGANICA_ DE_ HIDROCARBUROS_ CORREGIDA.pdf.

③ 王基铭主编：《世界著名石油石化公司手册（上卷）》，中国石化出版社 2005 年版，第 306 页。

④ Stacy Rentner, “Venezuela: How a Hydrocarbons Law Crippled an Oil Giant”, *Hastings International and Comparative Law Review*, Vol. 27, No. 2, 2004, pp. 351-366.

⑤ Gobierno de Venezuela, “Constitución de la República Bolivariana de Venezuela”, http://www.pdvsa.com/images/pdf/marcolegal/constitucion_ de_ la_ republica_ bolivariana_ de_ venezuela.pdf.

⑥ Daniel Hellinger, “Venezuelan Oil: Free Gift of Nature or Wealth of a Nation?”, *International Journal*, Vol. 62, No. 1, 2007, pp. 55-67.

委内瑞拉政府和政治家在税汇收入、产业补贴、政治竞争这三方面对石油产业形成了病态依赖。首先，委内瑞拉政府在税收和外汇收入上严重依赖石油产业，触发了“税汇陷入”效应。就税收而言，为了尽可能多地吸取石油收益，委内瑞拉政府频繁地利用法律手段提高石油公司的税率。1980—1985 年，石油税收基本占委内瑞拉财政收入的 40%以上，在 1981 年甚至达到了 59%。虽然这一数字在随后数年内有所下降，但依旧保持在 20%以上，详见图 5-3。每当遇到财政危机，委内瑞拉政府要求国家石油公司提前纳税，甚至没收其财产等现象屡见不鲜。1982 年，面对巨额外债的委内瑞拉政府便命令中央银行没收了 PDVSA 约 60 亿美元的收入，以偿还政府的外债。① 相比于同时期的其他发展中国家，委内瑞拉政府从个人所得税中筹集的税收比例不到前者的一半。② 可见，石油收入对于委内瑞拉政府十分重要。

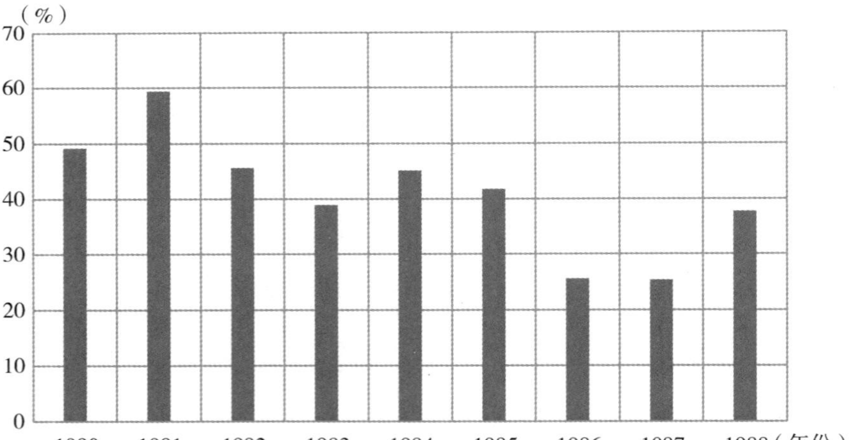

图 5-3　1980—1988 年委内瑞拉石油税收占财政收入的比重

资料来源：Efraín J. Velázquez, *El Déficit Público y la Política Fiscal en Venezuela, 1980-1990*, Santiago de Chile：CEPAL, 1991, p. 15.

① Daniel J. Seyler, “The Economy”, in Richard A. Haggerty, ed., *Venezuela：A Country Study*, Washington D. C：Library of Congress, 1993, p. 99.

② Terry Lynn Karl, *The Paradox of Plenty：Oil Booms and Petro-states*, Berkeley：University of California Press, 1997, pp. 171.

就外汇而言，委内瑞拉在 20 世纪 80 年代面临的巨额外债加剧了其对石油外汇收入的依赖，而石油出口为其提供的外汇收入也在不断增加。1980 年，石油出口为委内瑞拉政府贡献了 32%的外汇收入，1985 年则贡献了 72%，虽然其间石油外汇收入有较大的波动，但是从 1970 年到 2000 年石油产业联盟平均贡献的外汇也达到了 41%，详见图 5-4。正是由于委内瑞拉政府对石油产业税收和外汇的深度依赖，该国政府通过向国内其他产业联盟征收税款及获取外汇的意愿明显降低，自然也就相对忽视了对其他产业发展的支持。① 由此可见，委内瑞拉政府已经深陷于石油产业的“税汇陷阱”之中。

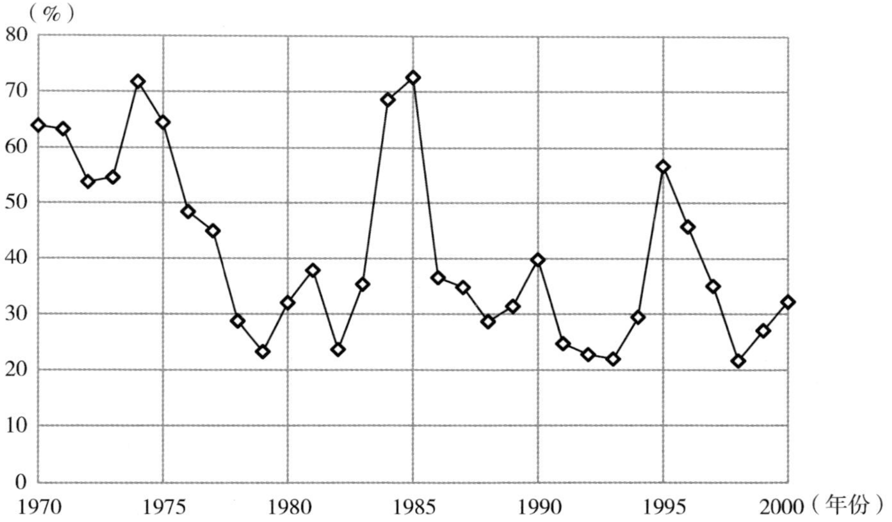

图 5-4　1970—2000 年委内瑞拉石油产业贡献的外汇占总外汇收入的比重

资料来源：委内瑞拉人民政权石油部。②

其次，委内瑞拉政府不仅将石油产业联盟视为其税汇收入的主要来源，还将再分配的职责交由后者一同承担，诱发了“补贴分异”效应。自 20 世纪 70 年代起，石油产业联盟便对医疗、社保、住房等民生领域

① Terry Lynn Karl, “Oil-Led Development Social, Political, and Economic Consequences”, *Encyclopedia of Energy*, Vol. 4, 2004, pp. 661-672.

② Ministerio del Poder Popular de Petróleo, “Petróleo y Otros Datos Estadísticos (PODE)”, http: //www. minpet. gob. ve/index. php/es-es/comunicaciones/pode.

开始提供补贴，并且补贴金额总体呈上升态势，详见表 5-3。1975 年石油产业国有化以后，向非石油产业提供补贴的职责落到了 PDVSA 的肩上。① 自 2000 年起，PDVSA 提供补贴的非石油产业扩展到了诸如农业、基础设施、电力等更多领域。仅在 2016 年，PDVSA 对其他产业的补贴就达到了 109 亿玻利瓦尔；2001—2016 年，其更是累计提供了 2500 多亿玻利瓦尔的补贴金额。② 从 20 世纪 80 年代至今，在“播种石油”的影响下，委内瑞拉石油产业联盟为其他产业联盟提供了大量的补贴，承担了政府的部分再分配职能。③

表 5-3　1974—1990 年委内瑞拉石油产业联盟对医疗和社会保障的援助金额

（单位：万玻利瓦尔）

年份	医院和诊所补贴	社会保障支持	医院建设投资	诊所建设投资	住房投资	食堂投资	保障住房投资	总计
1974	1652	3918	—	—	81	—	68	5719
1975	2469	3112	31	34	111	—	3	5760
1976	2631	3412	41	—	76	1	12	6173
1977	3029	4451	72	11	616	—	28	8207
1978	3706	4927	88	7	1314	11	19	10072
1979	5001	4544	460	12	4220	10	515	14762
1980	8074	2975	487	12	17454	5	515	29522
1981	8520	8415	439	177	2726	142	3225	23644
1982	5697	5514	531	—	5333	30	—	17105
1983	12769	7855	358	696	4364	10	728	26780
1984	6786	8050	340	26	—	—	—	15202
1985	9639	7702	906	—	4688	—	37	22972

① D. Bello, Juan S. Blyde, Diego Restuccia, “Venezuela's Growth Experience”, *Latin American Journal of Economics*, Vol. 48, No. 2, 2011, pp. 199-226.

② Petróleos de Venezuela, S. A., “Balance de la Gestión Social Ambiental”, http://www.pdvsa.com/images/pdf/balancededeuda2016.pdf.

③ Juan Kornblihtt, “Oil Rent Appropriation, Capital Accumulation, and Social Expenditure in Venezuela During Chavism”, *World Review of Political Economy*, Vol. 6, No. 1, 2015, pp. 58-74; Thomas Francis Purcell, “The Political Economy of Social Production Companies in Venezuela”, *Latin American Perspectives*, Vol. 40, No. 3, 2013, pp. 146-168.

续表

年份	医院和诊所补贴	社会保障支持	医院建设投资	诊所建设投资	住房投资	食堂投资	保障住房投资	总计
1986	11088	7456	2498	188	1714	107	241	23292
1987	6275	7396	4910	—	2090	—	400	21071
1988	6892	8868	250	—	2300	—	—	18310
1989	19989	14780	180	—	6754	—	—	41703
1990	35557	25265	1499	—	16192	130	1540	80183

资料来源：委内瑞拉人民政权石油部。①

虽然石油产业为其他产业提供了大规模的补贴，但这一策略并没有促进后者的持续健康发展。20 世纪 70 年代之后，委内瑞拉政府利用廉价的能源大力发展钢铁、铝和化学品工业等重工业，推动以自然资源为基础的“进口替代战略”。② 1991 年，委内瑞拉的天然气平均价格为每升 0. 07 美元，远低于美国、英国和法国等西方发达国家。③ 此外，政府还会利用石油收入对食品和生活用品提供补贴，并以低于成本 5%的价格出售给工人。④ 然而真正有利于委内瑞拉经济增长的高端制造业、信息产业等所得到的补贴与农业和重工业相比却少之又少。⑤ 更为严重的是，上述措施使委内瑞拉政府在改善产业布局上越发无力。委内瑞拉政府的补贴催生了效率低下的企业，以至于即使是实际产能只有设计产能 60%的企业也能在市场上生存下来，并且由大企业组成的工业发展集团一直能够维持僵化的垄断。⑥ 在接受补贴的非石油产业中，只有少数非生产

① Ministerio del Poder Popular de Petróleo, “Petróleo y Otros Datos Estadísticos (PODE)”, http: //www. minpet. gob. ve/index. php/es-es/comunicaciones/pode.

② Juan Pablo Pérez Sainz, Paul Zarembka, “Accumulation and the State in Venezuelan Industrialization”, *Latin American Perspectives*, Vol. 6, No. 3, 1979, pp. 5-29.

③ Jonathan Di John, *From Windfall to Curse? Oil and Industrialization in Venezuela, 1920 to the Present*, Pennsylvania: The Pennsylvania State University Press, 2009, p. 180.

④ Benito Sánchez, César Baena, Paul Esqueda, *La Competitividad de la Industria Petrolera*, Santiago de Chile: CEPAL, 2000, p. 31.

⑤ John L. Hammond, “The Resource Curse and Oil Revenues in Angola and Venezuela”, *Science & Society*, Vol. 75, No. 3, 2011, pp. 365-378.

⑥ Fred Jongkind, “1989 Economic Policy”, *European Review of Latin American and Caribbean Studies*, No. 54, 1993, pp. 65-93; Brian F. Crisp, “Lessons from Economic Reform in the Venezuelan Democracy”, *Latin American Research Review*, Vol. 33, No. 1, 1998, pp. 7-41.

性的第三产业展现出了活力，而其他大部分产业的发展仍然相对沉寂。①

再次，委内瑞拉政治家与石油产业联盟在政治选举上有着密切的联系，经常出现“利益交换”的行为。面临选举压力的政治家依赖于石油产业联盟的选举支持，在胜选后往往以大力推动石油产业发展作为对其支持的回报。② 委内瑞拉的石油产业联盟除了为其支持的候选人提供大量的竞选经费，还能够发挥其巨大的影响力动员公社委员会与玻利瓦尔小组（Círculos Bolivarianos）及主流电视台为其支持的候选人宣传和拉票。③ 自蓬托菲霍政体建立以后，政府机构和包括 PDVSA 在内国家企业之间的人员轮换变得司空见惯。④ 虽然在 PDVSA 成立之初就有其高管需要从本公司内部推选产生这样一条不成文的规定，但 1984 年路易斯·埃雷拉·坎平斯总统在其任期即将结束时打破了这一规定，并且任命其所在政党的主要领袖担任 PDVSA 的总裁，以便在下一届总统选举中获得 PDVSA 的支持。⑤ 此后，委内瑞拉的政治精英频频利用 PDVSA 的高管“任命权”为自己选举获胜增添筹码。

21 世纪以来，委内瑞拉政治家与石油产业联盟的关系变得更加密切。查韦斯上台后便将其大量亲信任命为 PDVSA 的高管，使后者成为其竞选连任时最重要的支持力量。⑥ 当 2006 年查韦斯为再次选举做准备时，委内瑞拉政府从 PDVSA 获取了 39 亿美元的支持，同比增长 44%。⑦ 同

---

① James F. Petras, Morris H. Morley, “Petrodollars and the State: The Failure of State Capitalist Development in Venezuela”, *Third World Quarterly*, Vol. 5, No. 1, 1983, pp. 7-27.

② David R. Mares, Nelson Altamirano, “Venezuela's PDVSA and World Energy Markets: Corporate Strategies and Political Factors Determining its Behavior and Influence”, https://www.bakerinstitute.org/media/files/page/9c4eb216/noc_ pdvsa_ mares_ altamiraNo.pdf.

③ 王晓玥、田野：《国际石油贸易扩张与选举式威权政体的巩固——基于委内瑞拉和哈萨克斯坦的比较研究》，《外交评论》（外交学院学报）2016 年第 4 期，第 78—82 页。

④ Terry Lynn Karl, *The Paradox of Plenty: Oil Booms and Petro-States*, Berkeley: University of California Press, 1997, pp. 108-109.

⑤ David R. Mares, Nelson Altamirano, “Venezuela's PDVSA and World Energy Markets: Corporate Strategies and Political Factors Determining its Behavior and Influence”, https://www.bakerinstitute.org/media/files/page/9c4eb216/noc_ pdvsa_ mares_ altamiraNo.pdf.

⑥ Adam Kott, “Assessing Whether Oil Dependency in Venezuela Contributes to National Instability”, *Journal of Strategic Security*, Vol. 5, No. 3, 2012, pp. 69-86; Pauline Jones Luong, Jazmín Sierra, “The Domestic Political Conditions for International Economic Expansion: Lessons from Latin American National Oil Companies”, *Comparative Political Studies*, Vol. 48, No. 14, 2011, pp. 2010-2043.

⑦ Ángel E. Álvarez, “Venezuela 2007: Los Motores del Socialismo se Alimentan con Petróleo”, *Revista de Ciencia Política*, No. 27, 2007, pp. 265-289.

期，PDVSA 还直接为查韦斯的社会项目提供了 5 亿美元，相应的补贴同比增长了 65%。[①] 最终的选举结果显示，查韦斯在每个州的支持率都超过了 50%，其中在五个产油州中的四个州都获得了相当高的选票数。[②] 马杜罗在连任选举前甚至将对石油产业的控制权移交于军队，以确保他本人能够获得石油产业联盟的支持。[③] 为了回报 PDVSA 在选举中发挥的广泛作用，查韦斯政府默认了 PDVSA “国中之国”的地位。2007 年，查韦斯政府使得 PDVSA 获得了所有石油项目的多数控制权，其中包括之前 PDVSA 未达成协议的项目。[④] 此外，以往获胜的政治家还会通过其他措施来回报石油产业联盟的支持，包括提供廉价的投资信贷、关税保护和进口许可证、住房和抵押贷款以及对基本消费品的价格控制等。[⑤] 如此周而复始的“利益交换”行为使得石油产业联盟与政治家的关系愈加紧密，形成了难以分割的裙带关系。

总之，委内瑞拉政府及政治家在税汇收入、产业补贴和政治选举这三个方面都对石油产业联盟形成了病态依赖，最终导致了该国在 20 世纪 70 年代之后逐渐形成了石油产业一家独大的畸形产业结构。1990 年石油产业的产值超过 6000 亿玻利瓦尔，在该国 GDP 的占比高达到 39%，详见图 5-5。此外，石油出口也占据了商品出口的绝大部分。1970—2010 年石油出口额占商品出口额的平均比例约为 85%，2013 年这一数值甚至高达 97%，详见图 5-6。

在委内瑞拉石油产业畸形扩张的同时，其他产业的发展空间被有所挤占，明显出现了增长缓慢、停滞甚至倒退的情况。首先，非石油产业对 GDP 的贡献无明显增长，部分产业甚至呈下降趋势。从 1968 年至 2005 年，石油产业在 GDP 中的占比从 17.9%增长至 30.4%，而整个能

① Ángel E. Álvarez, “Venezuela 2007: los Motores del Socialismo se Alimentan con Petróleo”, *Revista de Ciencia Política*, No. 27, 2007, pp. 265-289.

② Javier Corrales, Michael Penfold-Becerra, “Venezuela: Crowding out the Opposition”, *Journal of Democracy*, Vol. 18, No. 2, 2007, p. 104.

③ Francisco Monaldi, “The Collapse of the Venezuelan Oil Industry and its Global Consequences”, https: //www. jstor. org/stable/pdf/resrep16791. 10. pdf? ab_segments=0%2Fbasic_SYC-5055%2Ftest.

④ David R. Hults, “Petróleos de Venezuela, S. A. (PDVSA): From Independence to Subservience”, in David G. Victor, David R. Hults and Mark C. Thurber, eds., *Oil and Governance: State-owned Enterprises and the World Energy Supply*, New York: Cambridge University Press, 2012, p. 435.

⑤ Jonathan Di John, *From Windfall to Curse? Oil and Industrialization in Venezuela, 1920 to the Present*, Pennsylvania: The Pennsylvania State University Press, 2009, p. 188.

源产业增幅也超过了 14.0%。但与此同时，建筑业在 GDP 中的占比缩减 4.5%，运输仓储和通信产业在 GDP 中的占比也仅增加了 3.7%。① 农业则出现了严重的衰退，不仅人均粮食生产几乎没有增长，其对 GDP 的年平均贡献从 1961 年至 1970 年的 7.0%下降到 1976 年至 1980 年的 6.1%，这使其成为拉丁美洲中农业占 GDP 比重最小的国家。② 其次，非石油产业所创造的就业岗位也随之减少，制造业尤为明显。20 世纪 60 年代，委内瑞拉制造业的就业人口占该国总就业人口的比重仅为 18.1%，远落后于同期拉丁美洲其他国家 27.0%的平均水平。③ 1980 年以后，委内瑞拉制造业的从业人口数量开始下降，由 1980 年的 46 万人减少至 2010 年的 34 万人。④ 总体而言，委内瑞拉在 20 世纪 70 年代之后只有石油产业得到了充分发展，其他产业则逐渐衰退。

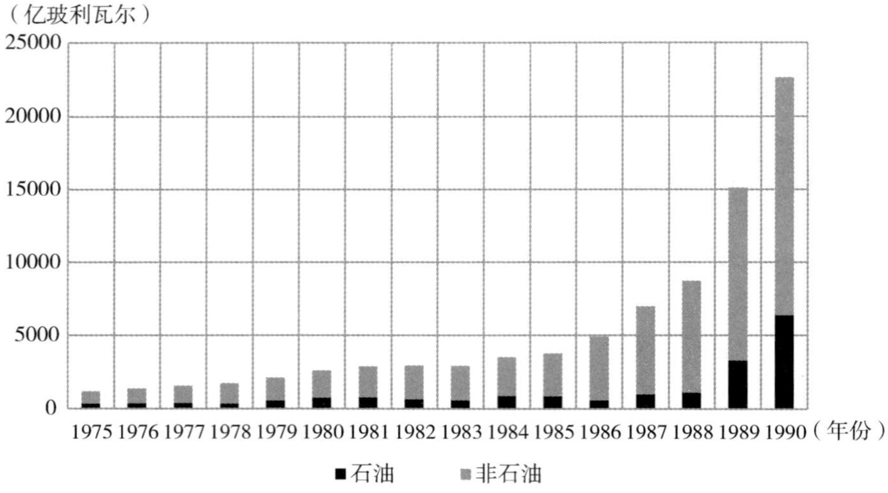

图 5-5　1975—1990 年委内瑞拉石油 GDP 与非石油 GDP 规模

资料来源：委内瑞拉人民政权石油部。⑤

① Héctor Lucena, Hermes Carmona, “La Industria Venezolana, Auge y Ocaso a través de Tres Modelos Productivos”, *Ensayos de Economía*, Vol. 21, No. 39, 2011, pp. 73-90.

② James F. Petras, Morris H. Morley, “Petrodollars and the State: The Failure of State Capitalist Development in Venezuela”, *Third World Quarterly*, Vol. 5, No. 1, 1983, pp. 7-27.

③ Fernando Coronil, *El Estado Mágico: Naturaleza, Dinero y Modernidad en Venezuela*, Caracas: Editorial Alfa, 2016, p. 201.

④ Héctor Lucena, Hermes Carmona, “La Industria Venezolana, Auge y Ocaso a través de Tres Modelos Productivos”, *Ensayos de Economía*, Vol. 21, No. 39, 2011, pp. 73-90.

⑤ Ministerio del Poder Popular de Petróleo, “Petróleo y Otros Datos Estadísticos (PODE)”, http://www.minpet.gob.ve/index.php/es-es/comunicaciones/pode.

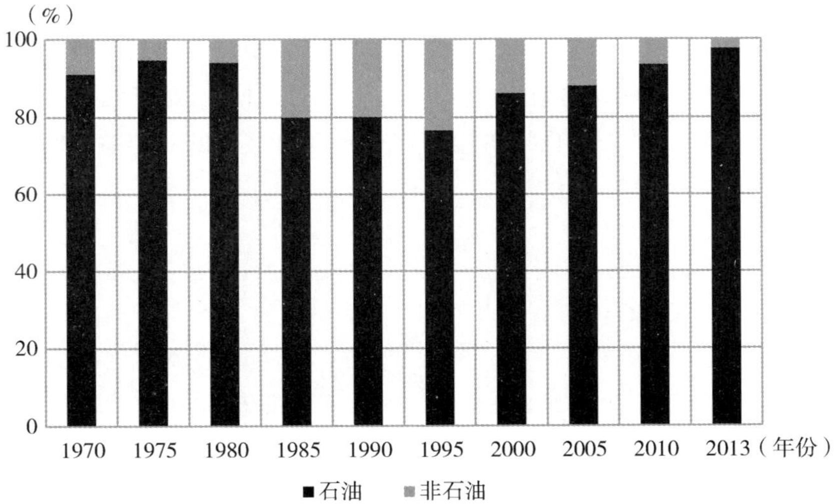

图 5-6　1970—2013 年委内瑞拉石油与非石油出口占比

资料来源：世界银行。①

四　“能源诅咒”的宿命：畸大的能源产业与停滞的经济增长

以石油产业为超级核心的畸形产业结构不可避免地导致两个结果。其一，委内瑞拉后续的工业化和产业升级进程全面受阻。一方面，该国工业整体水平呈现相对衰退趋势。20 世纪末，委内瑞拉的制造业整体发展趋于停滞，对 GDP 的贡献显著下降，详见图 5-7。1997 年，委内瑞拉的制造业部门仅有 12000 家制造企业，对 GDP 的贡献不到 20%。若将企业的数量与国家的居民数量联系起来，当时委内瑞拉每 1000 名居民只有 0.6 个制造业企业。令人吃惊的是，该数据还不到哥伦比亚的一半，是墨西哥的三分之一，更远不及德国的十分之一。1997—1999 年委内瑞拉制造业企业的数量进一步减少，到 2000 年该国仅剩 8000 家制造业企业。② 另一方面，委内瑞拉的非石油工业发展严重落后。委内瑞拉的非

① World Bank, “Fuel Exports (% of merchandise exports)”, https://data.worldbank.org/indicator/TX.VAL.FUEL.ZS.UN?locations=VE.

② Héctor Lucena, Hermes Carmona, “La Industria Venezolana, Auge y Ocaso a través de Tres Modelos Productivos”, *Ensayos de Economía*, Vol. 21, No. 39, 2011, pp. 73-90.

石油工业主要以低端制造业为主，家具、纺织、食品加工和服装是其主要代表。① 20世纪70年代，委内瑞拉制造的大部分鞋子仍然使用进口皮革，而其生产衬衫所需的聚酯纤维也依赖于国外进口。尽管实施了多年的“进口替代战略”，委内瑞拉生产汽车所需的一半以上的零部件依旧需要从美国进口。②

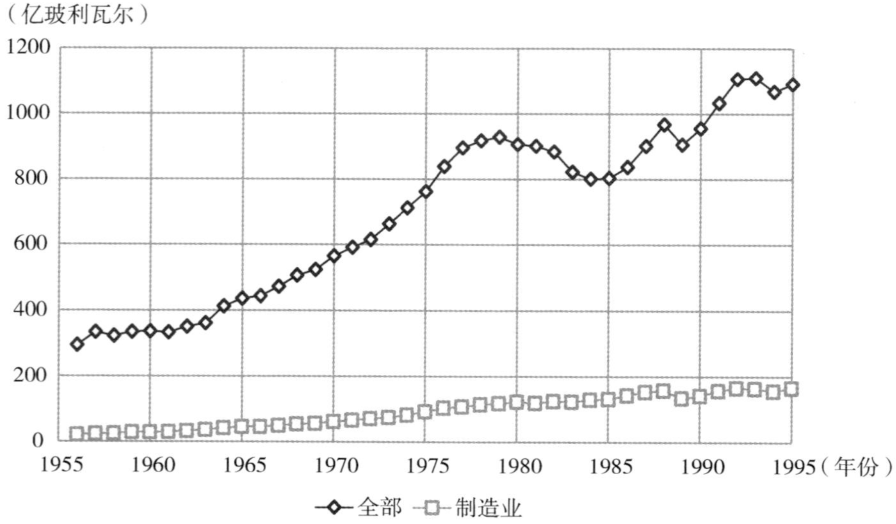

图5-7　1956—1995年委内瑞拉GDP与制造业GDP规模

资料来源：Asdrúbal Baptista, *Bases Cuantitativas de la Economía Venezolana, 1830-1995*, Caracas: Fundación Polar, 1997, p. 59-60.

其二，畸大的石油产业结构造成了委内瑞拉以石油为主的单一出口结构，放大了石油价格波动的负面效应。首先，当石油价格长期处于高位时，委内瑞拉在获得巨额石油收入的同时挤占了其他产业的发展空间。在1972年至1974年，受到第一次石油危机的影响，委内瑞拉原油的平均价格从每桶2.5美元上升到10.5美元。③ 石油价格这一惊人的增长为

① William P. Avery, “Oil, Politics, and Economic Policy Making: Venezuela and the Andean Common Market”, *International Organization*, Vol. 30, No. 4, 1976, pp. 541-571.

② Marc Levinson, “Venezuela: Is there Life after Oil?”, *World View*, Vol. 28, No. 5, 1985, pp. 14-16.

③ Alan Gelb and Associates, *Oil Windfalls: Blessing or Curse*? Oxford: Oxford University Press, 1988, p. 293.

委内瑞拉带来了前所未有的巨额收益。1974—1985年，委内瑞拉的石油收入高达2470亿美元，而人口几乎是其10倍的巴西在此期间的出口收入仅为1940亿美元。① 大量涌入的石油收益以及不断上升的本国汇率，严重冲击着该国的可贸易制造业部门，进而导致其在同一时期并没有获得实质性的增长。1965—1998年，委内瑞拉实际石油出口价格与非石油产业的增长之间呈负相关关系，其相关系数为-0.44，详见图5-8。② 此外，非石油产业的全要素生产率从1950年到1968年的年均增长1.1%下降至从1968到1984年的-1.45%。③ 当石油价格长期处于高位时涌入的巨额石油收入并没有为委内瑞拉带来具有国际竞争力的非石油产业，反而挤占了后者的发展空间。

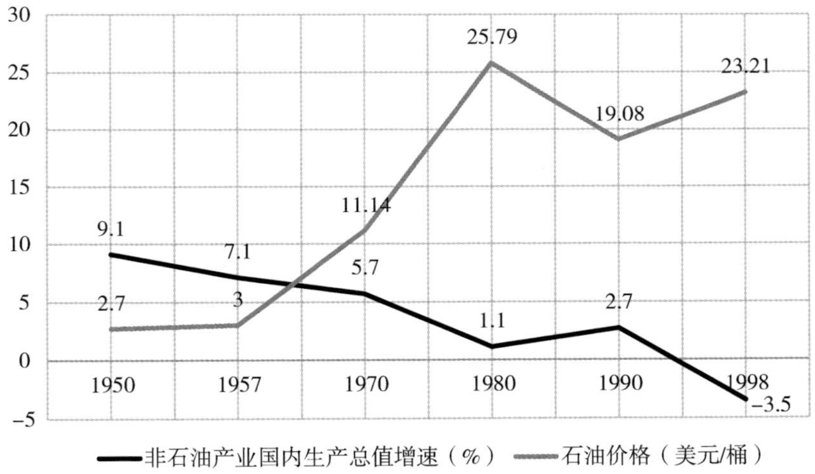

图5-8 1950—1998年委内瑞拉非石油产业GDP增速与石油价格

资料来源：“宏观趋势”网站；④ Jonathan Di John, *From Windfall to Curse? Oil and Industrialization in Venezuela, 1920 to the Present*, Pennsylvania: The Pennsylvania State University Press, 2009, p. 17.

---

① Jonathan Di John, *From Windfall to Curse? Oil and Industrialization in Venezuela, 1920 to the Present*, Pennsylvania: The Pennsylvania State University Press, 2009, p. 22.

② Jonathan Di John, *From Windfall to Curse? Oil and Industrialization in Venezuela, 1920 to the Present*, Pennsylvania: The Pennsylvania State University Press, 2009, p. 23.

③ 赵丽红：《“资源诅咒”与拉美国家初级产品出口型发展模式》，当代世界出版社2010年版，第177—178页。

④ Macrotrends, “Crude Oil Prices - 70 Year Historical Chart”, https://www.macrotrends.net/1369/crude-oil-price-history-chart.

其次，当石油价格长期处于低位时，委内瑞拉无法获得足够的外汇收入，进而导致该国货币贬值、政府财政收入降低，最终拖累经济增长。20 世纪 70 年代的石油繁荣并没有持续太久，到了 80 年代末石油价格暴跌并长期处于低位，委内瑞拉陷入了经济困境。1986 年油价同比暴跌了 50%，这导致委内瑞拉从 1986 年到 1988 年的人均石油出口急剧下降，其间每年平均不到 600 美元。[①] 1985 年，委内瑞拉的财政预算盈余相当于 GDP 的 3%，但到 1988 年财政赤字便达到了 GDP 的 9%以上。[②] 面对石油财政收入的减少，委内瑞拉政府没有足够的资金支撑高额的公共支出，导致委内瑞拉人民的生活水平直线下降。1990 年该国实际工资比历史最高水平低了 50%以上，甚至比戈麦斯统治时期的工资还低。生活在贫困线以下的人口比例从 1984 年的 36%上升到 1995 年的 66%。[③] 委内瑞拉在 1980—1983 年的 GDP 增速均为负数，堪称当时拉丁美洲国家中最严重的经济衰退，详见图 5-9。

最后，当石油价格在短期内的剧烈波动时，委内瑞拉经济根本无法实现宏观经济的稳定。2008 年前半年油价持续爬升至 7 月的 132 美元/桶的高点，7 月到 12 月油价暴跌，跌幅达到 70%。在石油价格暴涨的数个月内，委内瑞拉的通货膨胀由 2007 年的 20%上升至 31%，远远超过了当时拉丁美洲国家的平均水平，成为世界上通货膨胀率最高的国家之一。[④] 然而在石油价格暴跌的数个月内，尽管委内瑞拉中央银行实行了负利率政策，但信贷规模仍迅速萎缩。[⑤] 同期政府的预算同比减少了 6%，并且

---

① Jonathan Di John, “Economic Liberalization, Political Instability, and State Capacity in Venezuela”, *International Political Science Review*, Vol. 26, No. 1, 2005, pp. 107-124.

② Brian F. Crisp, “Lessons from Economic Reform in the Venezuelan Democracy”, *Latin American Research Review*, Vol. 33, No. 1, 1998, pp. 7-41.

③ Trudie O. Coker, “Globalization and State Capital Accumulation: Deteriorating Economic and Political Rights in Venezuela”, *Latin American Perspectives*, Vol. 26, No. 5, 1999, pp. 75-91; Thad Dunning, *Crude Democracy: Natural Resource Wealth and Political Regimes*, New York: Cambridge University Press, 2008, p. 169.

④ Javier Corrales, “The Repeating Revolution: Chávez's New Politics and Old Economics”, in Kurt Weyland, Paúl L. Madrid and Wendy Hunter, eds., *Leftist Governments in Latin America: Successes and Shortcomings*, New York: Cambridge University Press, 2010, pp. 41-46.

⑤ Javier Corrales, “The Repeating Revolution: Chávez's New Politics and Old Economics”, in Kurt Weyland, Paúl L. Madrid and Wendy Hunter, eds., *Leftist Governments in Latin America: Successes and Shortcomings*, New York: Cambridge University Press, 2010, pp. 49-50.

被迫从专项资金中撤出外汇储备，以保障中央银行的外汇储备。① 受此影响该国政府再次出现财政困难，债务占其 GDP 的比重从 2008 年的 14%上升到 2010 年的 28%。② 委内瑞拉经济增长也受到了很大的影响，2004—2008 年其人均 GDP 平均每年以 8%的速度增长，是当时世界上经济增长速度最快的国家之一；然而到了 2009 年，该国人均 GDP 增长率已经骤降为-4.6%。③

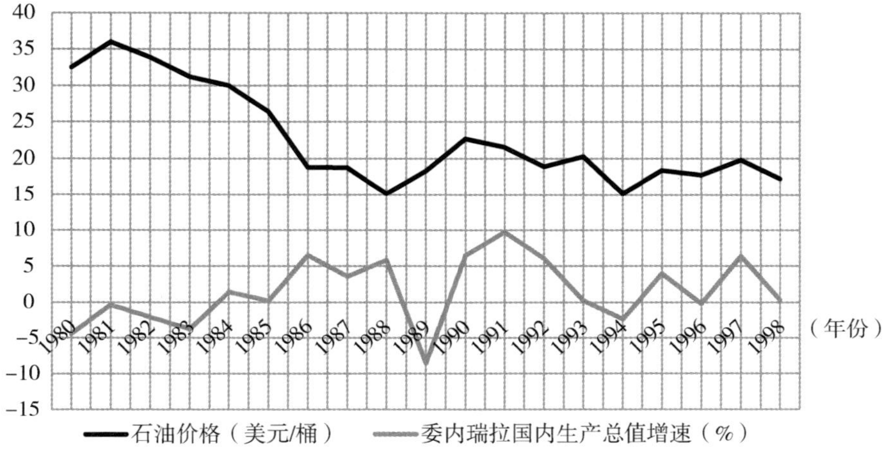

图 5-9 1980—1998 年委内瑞拉 GDP 增速及石油价格

资料来源：World Bank，“GDP per Capita Growth（Annual %）”，https：//data.worldbank.org/indicator/NY.GDP.PCAP.KD.ZG?location=VE；Macrotrends，“Crude Oil Prices-70 Year Historical Chart”，https：//www.macrotrends.net/1369/crude-oil-price-history-chart.

总之，委内瑞拉工业化和产业升级的严重滞后以及饱受石油价格波动的负面冲击，使得该国难以实现经济的长期稳定增长。数据显示：一方面，与同时期的拉丁美洲国家相比，委内瑞拉经济增长更为缓慢。

① Javier Corrales，“The Repeating Revolution：Chávez's New Politics and Old Economics”，in Kurt Weyland，Paúl L. Madrid and Wendy Hunter，eds.，*Leftist Governments in Latin America：Successes and Shortcomings*，New York：Cambridge University Press，2010，p.49.

② Carol Yeh-Yun Lin，Leif Edvinsson，Jeffrey Chen，Tord Beding，*National Intellectual Capital and the Financial Crisis in Argentina，Brazil，Chile，Colombia，Mexico，and Venezuela*，New York：Springer，2014，p.70.

③ Leonardo Vera，“Venezuela 1999-2014 Macro-Policy，Oil Governance and Economic Performance”，*Comparative Economic Studies*，Vol.57，No.3，2015，pp.539-568；World Bank，“GDP Per Capita Growth（Annual %）”，https：//data.worldbank.org/indicator/NY.GDP.PCAP.KD.ZG?location=VE.

1980 年该国人均 GDP 为 3894 美元，远高于拉丁美洲国家 2166 美元的平均水平，在地区内位列第 5。但是到了 2004 年，委内瑞拉人均 GDP 约为 4325 美元，与拉丁美洲国家 4309 美元的平均水平差别并不大，但其排名却下降至第 14 名，详见表 5-4。此外，委内瑞拉人均 GDP 的世界排名也从 1980 年的 49 名降至 2004 年的第 73 名，详见表 5-5。20 世纪 80 年代，委内瑞拉人均 GDP 同墨西哥、乌拉圭、智利等国家相似，甚至是韩国、巴西、马来西亚等国家的 2 倍。但是在后续 30 年的发展中，相比于墨西哥、乌拉圭、巴西等拉美国家，委内瑞拉的人均 GDP 增长缓慢，同韩国等国家的差距更是越发明显，详见图 5-10。

表 5-4　　1980—2004 年委内瑞拉及拉丁美洲人均 GDP　　（单位：美元）

年份	1980	1983	1986	1989	1992	1995	1998	2001	2004
拉丁美洲	2166	1925	1895	2323	2993	3986	4548	4245	4309
委内瑞拉	3894	4180	3398	2270	2857	3529	3921	4986	4325
排名	5	5	7	17	15	14	16	12	14

资料来源：Banco Mundial，“PIB Per Cápita（US $ a precios actuales）-Latin America & Caribbean ”，https：//datos. bancomundial. org/indicador/NY. GDP. PCAP. CD? locations = ZJ&name_ desc = true。

表 5-5　　1980—2004 年委内瑞拉人均 GDP 世界排名

年份	1980	1983	1986	1989	1992	1995	1998	2001	2004
排名	49	48	53	72	70	67	66	61	73

资料来源：Banco Mundial，“PIB Per Cápita（US $ a precios actuales）-Latin America & Caribbean ”，https：//datos. bancomundial. org/indicador/NY. GDP. PCAP. CD? locations = ZJ&name_ desc = true。

另一方面，与同期的拉丁美洲国家相比，委内瑞拉的国家债务规模更大。进入 21 世纪后，虽然委内瑞拉与墨西哥、巴西、哥伦比亚等国的外债占 GDP 的比重增减趋势相同，但是其外债占比更高。在 2015 年，外债占 GDP 的比重甚至达到了 99. 8%，详见图 5-11。总的来说，委内瑞拉近数十年来不仅经济增长速度缓慢，而且在经济增长过程中存在着严重的问题。根据第一章第三节中的因变量判断标准，委内瑞拉已然陷入了“能源诅咒”之中。

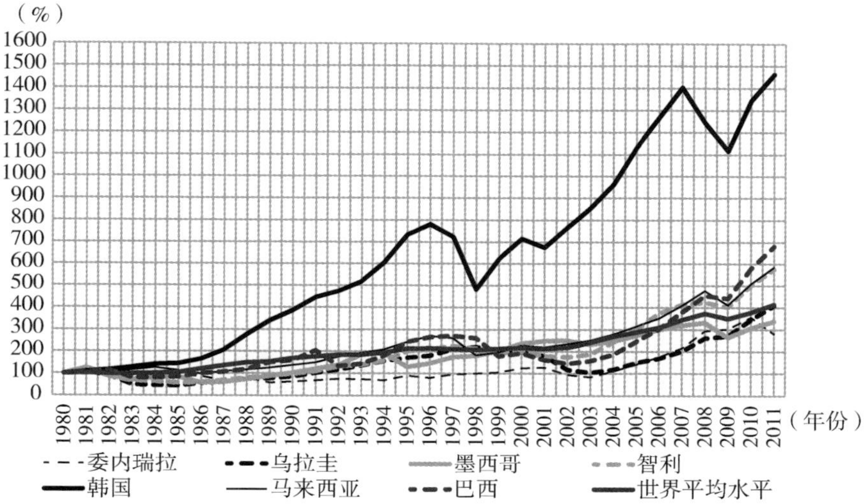

图 5-10　1980—2011 年委内瑞拉与其他国家人均 GDP 增长对比

资料来源：Banco Mundial，“PIB Per Cápita（US $ a precios actuales）-Latin America & Caribbean”，https：//datos. bancomundial. org/indicador/NY. GDP. PCAP. CD? locations=ZJ&name_ desc=true。

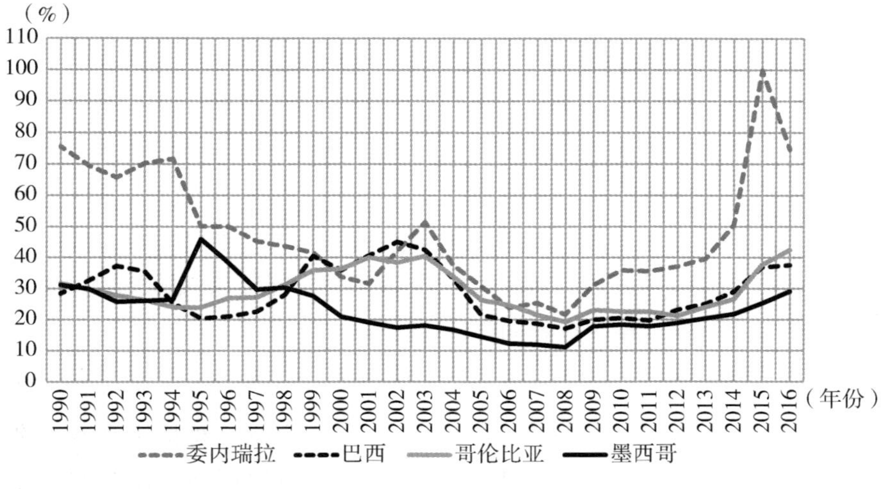

图 5-11　1990—2016 年委内瑞拉与其他拉美国家债务占 GDP 比重

资料来源：联合国拉丁美洲和加勒比经济委员会。①

① CEPALSATA，Bases de Datos y Publicaciones Estadísticas，“Venezuela（República Bolivariana de）：Perfil Nacional Económico”，https：//estadisticas. cepal. org/cepalstat/Perfil _ Nacional _ Economico. html? pais=VEN&idioma=spanish.

第二节　挪威的能源开发与经济增长

同样，为了更为清晰直观地呈现挪威能源开发与经济增长的情况，这一节的论证被进一步分成了四个部分。本节首先回溯挪威开启经济现代化的条件和进程，大致明确了其经济现代化始点；其次阐述与经济现代化始点伴随而来的能源产业联盟形态与产权制度类型；再者分析该类型是否触发了“税汇陷入”“补贴分异”和“利益交换”效应，并观察挪威是否最终形成了能源产业畸大的产业结构；最后探讨这种产业结构对近年来挪威经济增长的影响。

一　走向现代：挪威经济现代化的条件与进程

挪威在19世纪前期建立了君主立宪制，其前现代时期的政治体制较为完善、国家治理协调有序。1814年挪威脱离丹麦的控制继而成为瑞典的附庸，在此期间该国虽然颁布了宪法、建立起了议会和政府、获得了征税权和财政自主权、但仍缺乏独立的军事权和外交权。1884年挪威自由党首次在大选中获胜，确立了国民议会（Storting）为国家最高立法机构，这也标志着挪威现代政党体制的建立和现代政治的开端。1905年挪威通过谈判成功脱离瑞典，成为独立的主权国家。① 无论是附庸瑞典时期还是独立之后，挪威政府对国家内部事务都具有较强的统治力，并且很快在政治上发展成较为成熟的现代民主国家。

前现代时期的挪威经济以农业和林业为基础，渔业、造船及航运业迅速发展，形成了相对原始但较为多元化的产业结构。整个18世纪，挪威处于缓慢的前工业化发展阶段，农业、渔业和林业的从业人口占总劳动人口的60%。就农业而言，自然环境的限制使挪威的农业发展长期囿

① 田德文编著：《列国志：挪威》，社会科学文献出版社2007年版，第46—65页。

于生存型经济，粮食产量尚不足以满足国内需求。① 直到19世纪初，挪威才通过扩大旧农场和建立新农场提高了农产品产量，农业开始向商业型经济转型。与此同时挪威的佃农逐渐消失，19世纪初该国自耕农的比例已经上升到全部农业人口的75%。就渔业而言，渔业的发展依托于挪威得天独厚的鱼类资源，18世纪西海岸的卑尔根成了渔业贸易中心，垄断了向西欧和南欧的初级鱼类制品出口，在经济上形成了渔业利益集团。② 就林业而言，18世纪挪威凭借丰富的森林资源建立了一批专门服务出口的大型锯木厂，对外出口初级木材加工品。这还直接带动了造船及航运业的迅速发展。另外，18世纪中期以来采矿业逐渐成为挪威的代表性产业，随后冶金工业也开始发展。③ 由此可见，在18世纪到19世纪上半叶挪威就已经具备了较为原始而多样的工农业部门，出口导向型经济初具雏形。

在19世纪上半叶，一系列有利于挪威开启经济现代化进程的积极因素先后出现。第一，发展良好的航运业促进了挪威初级产品的出口，也便于挪威维系与英国的贸易联系，进而享受英国工业化的发展红利。19世纪中期挪威的造船业已经形成了较为深厚的技术积累，其商业船队装载量在60年内增加了6倍，成为具备强大远洋运输能力的世界第三大船队。一方面，挪威航运业创造了占总出口值45%的收入，还为本国木材、矿产等优势产品的出口提供了便利。④ 另一方面，挪威航运业的发展也帮助挪威进口了大量英国先进的工业制成品，使其享受到了英国工业革命的资本和技术红利。譬如，英国蒸汽机的大规模进口使得挪威汽轮得以迅速发展，19世纪70年代挪威的汽轮数量已经超过帆船数量，大幅提高了货物运输能力。

① ［英］彼得·马赛厄斯、M. M. 波斯坦主编：《剑桥欧洲经济史（第七卷）工业经济：资本、劳动力和企业（上册）英国、法国、德国和斯堪的纳维亚》，徐强、李军、马宏生译，经济科学出版社2004年版，第757页。

② 张润森、林进成：《战后挪威经济与社会发展》，百家出版社1994年版，第3页。

③ 田德文编著：《列国志：挪威》，社会科学文献出版社2007年版，第119—120页；［意］卡洛·M. 奇波拉主编：《欧洲经济史（第四卷 下册）工业社会的兴起》，吴继淦、芮苑如译，商务印书馆1991年版，第46—48页。

④ Ivan Berend, *An Economic History of Nineteenth-Century Europe: Diversity and Industrialization*, New York: Cambridge University Press, 2012, p. 249.

第二，大量外资的流入推动了挪威工业部门的萌芽。在挪威经济现代化的初始阶段，外资占挪威全部工业投资的39%。其中，作为挪威现代工业体系重要基础的电力工业，其全部投资中约有50%的资本来自其他国家，而这一比例在矿业和化学工业中更是高达约80%。可以说大量外资的进入推动了挪威工业部门的勃兴。19世纪末期，随着挪威国内积累和投资逐步占据主导地位，外资开始逐步撤出挪威工业部门。1894年至1914年，外国资本流入减少到国内资本积累的三分之一，且仅占其GDP的5%。① 工业化初期外资的涌入是挪威快速建立产业基础、增加国内资本积累的重要初始条件；而在工业化起步后，挪威政府通过立法等限制性措施促使外资有序撤出，进而确保了工业部门发展的自主性。

第三，挪威民众对瑞典派遣的路德教官员的反抗运动也推动了挪威民族意识的形成和经济现代化的兴起。由于挪威在19世纪沦为瑞典的附庸，其行政官员大多为来自瑞典且信仰路德教的精英，而挪威民众主要为受过教育的有地农民和手工业者，他们自给自足但没有国家治理的参与权。在这种独特的社会结构下，挪威民众展开了“侯格主义运动”（Haugianism）、“瑟雷恩运动”（Thrane Movement）和“农场主的朋友们运动”（Farmers' Friends）等反对路德教官员的温和运动，提出了推动妇女政治参与和重新分配土地等一系列政治诉求。② 上述民众运动一方面促进了挪威的宗教自由，推动了挪威大众教育和社会平等的发展，并努力将其转变为有形的经济、政治或社会制度；另一方面也使挪威民众紧密团结，萌发出了朴素的民族国家意识和经济自主观念，为挪威的经济现代化进程创造了有利条件。

随着以上有利条件的出现，挪威的经济与社会面貌自19世纪50年代起出现了明显的转变。首先，19世纪50年代以来，挪威的产业结构逐步完成了从以农业为基础到以工业为基础的过渡。航运业成为挪威最具国际竞争力的产业，挪威的商船总吨位已逾百万，采矿、冶金、造纸

---

① Ivan Berend, *An Economic History of Nineteenth-Century Europe: Diversity and Industrialization*, New York: Cambridge University Press, 2012, p. 251.

② 张琳：《多元现代性？一个斯堪的纳维亚经验的故事——“第三届〈哲学分析〉讲堂”综述》，《哲学分析》2013第1期，第157—162页。

和电力产业也在外资的帮助下开始迅速发展。① 在劳动力的产业分布方面，挪威从事农业、林业和渔业的人口比例由 18 世纪的 75%左右下降到 1890 年的 51%，而制造业和采矿业的从业人口在 1890 年也超过了其全国劳动人口的 20%。

其次，在采矿、造船、冶金等高附加值产业等的带动下，挪威自 19 世纪 50 年代起经济增长速度明显加快。在 1866—1870 年按照不变价格计算，挪威的 GDP 增长了 13. 7%，同时人均 GDP 增长了 10. 6%。1875 年挪威 GDP 突破 400 亿挪威克朗，与 18 世纪到 19 世纪前期缓慢的 GDP 增长形成了鲜明对比。按不变价格计算，挪威的 GDP 和人均 GDP 在 1866 之后的 40 余年时间内维持了正增长态势。② 在人均收入方面，1870—1910 年是挪威的人均收入的高速增长期，按不变价格计算，该时段内挪威人均收入增长了 61%。尤其是 1870—1875 年，挪威人均收入增长了 14%，上升速度远超其他斯堪的纳维亚国家。③

最后，受益于挪威经济的发展和工业部门的勃兴，19 世纪中期挪威人口和城市化率的迅速增加。其一，在人口数量变化方面，19 世纪 50—60年代是挪威的人口快速增长期，其间挪威人口由 138 万人增至 173 万人。尤其是 1850—1860 年这 10 年间，挪威人口增长达 20 万人。④ 其二，在人口增长率方面，1815—1860 年挪威的人口出生率稳定在 3%以上，死亡率下降至 2%以下，由此保持了 1%以上的人口增长率。在 19 世纪 50 年代末期，人口增长率达到了 1. 7%的峰值，详见图 5-12。⑤ 其三，在城市化水平方面，1860—1910 年挪威的城市化水平由 15%增至 29%，在斯堪的纳维亚国家中仅次于丹麦。⑥

产业结构转向以工业为主、经济增速加快以及人口和城市化水平提

① ［意］卡洛·M·奇波拉主编：《欧洲经济史（第四卷 下册）工业社会的兴起》，吴继淦、芮苑如译，商务印书馆 1991 年版，第 49 页。

② ［意］卡洛·M·奇波拉主编：《欧洲经济史（第四卷 下册）工业社会的兴起》，吴继淦、芮苑如译，商务印书馆 1991 年版，第 4 页。

③ ［意］卡洛·M·奇波拉主编：《欧洲经济史（第四卷 下册）工业社会的兴起》，吴继淦、芮苑如译，商务印书馆 1991 年版，第 10 页。

④ Statistics Norway，“Population”，https：//www. ssb. no/en/statbank/table/.

⑤ Statistics Norway，“Population”，https：//www. ssb. no/en/statbank/table/.

⑥ 田德文编著：《列国志：挪威》，社会科学文献出版社 2007 年版，第 119 页。

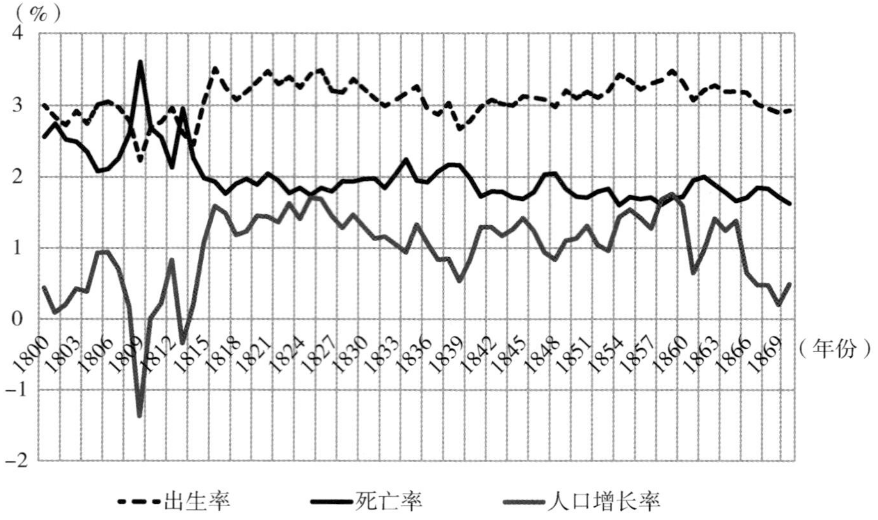

图 5-12　1800—1869 年挪威人口出生率、死亡率及自然增长率

资料来源：挪威统计局。①

高都是印证挪威开启经济现代化进程的重要标志，而多位学者也对挪威经济现代化进程的始点进行了研究。譬如，K. G. 希尔德布兰德（K. G. Hildebrand）将斯堪的纳维亚四国经济现代化的时间框定在 1850—1914 年，认为 19 世纪中期这些国家发生了"经济关系的大转变"。② 伦纳特·约伯格（Lennart Sjöberg）根据挪威人均 GDP 在 1870—1875 年出现猛增，判断挪威于 1870 年左右开始了经济现代化进程。③ 伊万·贝伦德则主要通过产业结构变迁的视角，指出斯堪的纳维亚国家在 19 世纪 30 年代末发生了轻微的经济转型，但直至 1870 年才开启了本质上的经济现代化进程。④ 在参考上述学者研究的基础上，本书结合挪威在产业结构、

① 田德文编著：《列国志：挪威》，社会科学文献出版社 2007 年版，第 119 页。

② ［英］彼得·马赛厄斯、M. M. 波斯坦主编：《剑桥欧洲经济史（第七卷）工业经济：资本、劳动力和企业（上册）英国、法国、德国和斯堪的纳维亚》，徐强、李军、马宏生译，经济科学出版社 2004 年版，第 760，769 页。

③ ［意］卡洛·M. 奇波拉主编：《欧洲经济史（第四卷 下册）工业社会的兴起》，吴继淦、芮苑如译，商务印书馆 1991 年版，第 2—15 页。

④ Ivan Berend, *An Economic History of Nineteenth-Century Europe: Diversity and Industrialization*, New York: Cambridge University Press, 2012, pp. 239-251.

经济增速和人口变化上的数据，推断出挪威开启经济现代化的始点约为19世纪50年代。因此，挪威属于第二波现代化国家，在全球范围内显然属于较早开启了经济现代化进程的先发国家。这对之后挪威石油产业联盟形态与石油产权制度类型均产生了极其深远的影响。

二 挪威的石油产业联盟形态与石油产权制度类型

自19世纪50年代开启经济现代化进程后，挪威通过百余年的发展积累了较为坚实的工业基础。① 20世纪60年代中期，挪威石油产业走上了蓬勃发展之路。挪威政府制定了允许分配许可证的石油开发体制，开始组织外国石油公司对近海大陆架展开石油勘探活动，英国石油公司、埃克森美孚公司、荷兰皇家壳牌公司等跨国石油公司承担了大部分的勘探任务。② 1968—1969年，科德（Cod）油田和艾考费斯克（Ekofisk）油田相继被发现，而1971年艾考费斯克油田的正式投产则标志着挪威迈入石油经济时代。20世纪70年代，出于削减外国石油公司控制权和发展本国石油开采技术的需要，挪威政府颁布了“石油十诫”（The Ten Oil Commandments），建立了以国家石油公司（Statoil）、挪威石油局以及石油和能源部为主导的石油管理体制，通过暂时的国家指导帮助石油产业探索总体发展方向。③ 挪威政府一方面对新的石油开发许可证颁发进行限制，另一方面也要求外国石油公司向挪威企业和公共部门传授石油开

① Simon Ville, Olav Wicken, “The Dynamics of Resource-based Economic Development: Evidence from Australia and Norway”, *Industrial and Corporate Change*, Vol. 22, No. 5, 2013, p. 1352.

② Ole Andreas Engen, Oluf Langhelle, Reidar Bratvold, “Is Norway Really Norway?”, in Taleh Ziyadov and Brenda Shaffer, eds., *Beyond the Resource Curse*, Philadelphia: University of Pennsylvania Press, 2012, p. 261; Hilde C. Bjørnland, Leif Anders Thorsrud, Ragnar Torvik, “Dutch Disease Dynamics Reconsidered”, *European Economic Review*, Vol. 119, 2019, p. 413; Anne Margrethe Brigham, Jonathon W. Moses, “Den nye oljen”, *Norsk Statsvitenskapelig Tidsskrift*, Vol. 37, No. 1, 2021, p. 10.

③ Steinar Holden, “Avoiding the Resource Curse the Case Norway”, *Energy Policy*, Vol. 63, 2013, p. 876; Mark C. Thurber, Benedicte Tangen Istad, “Norway's Evolving Champion: Statoil and the Politics of State Enterprise”, in David G. Victor, David R. Hults and Mark C. Thurber, eds., *Oil and Governance: State-owned Enterprises and the World Energy Supply*, New York: Cambridge University Press, 2012, p. 599; Svein S. Andersen, Ole Gunnar Austvik, “Norge som Petroleumsland-Modent for Endring”, http://www.kaldor.no/energy/mdu2000-11r21.html. 1972年挪威国家议会通过了石油开采的十项基本原则，包括确保国家的监督与控制、成立国家石油公司并建立石油工业基础和注重环境保护等内容，被称为“石油十诫”。

采技术，逐步推进石油开采的“挪威化”进程，以便挪威石油产业快速步入私人产权制度下企业自主经营的发展阶段。①

值得注意的是，挪威石油进入大规模开发阶段后，挪威政府很快减少了对石油产业的直接介入，取而代之的则是授予能源企业充分的自主经营权。其主要原因在于以下四点，首先，挪威较早地开启了经济现代化进程，因而其国家政治和经济制度呈现协调体系的特征，有利于私人企业的发展和私人产权制度的形成。在国家政治体制方面，挪威在1814年确立了君主立宪政体，后于1884年建立了议会制和内阁制，形成了典型的三权分立的代议制政府。20世纪60年代以来，挪威逐渐走向了多党联合执政的道路，并产生了具有强大政策影响力的众多利益集团，逐步建立了致力于促进社会平等的社会保障和社会福利制度。为与政治制度相适应，挪威建立了较为典型的混合经济制度，强调以私有制的市场经济为基础，减少以行政干预方式进行的经济调控。挪威的政治经济体制呈现平等和理性的色彩，基本符合阿普特所述的协调体系的特征，有利于通过地方的创新精神和个人的企业家精神，建立私人或公私合营性质的企业，进而形成私人产权制度。②

其次，挪威较早地开启了经济现代化进程，因而其资本要素较为丰裕，有利于私人商业团体筹集足够的资本来进行石油开发。挪威的手工业和造纸、金属冶炼等工业发展基础良好，为石油开发积累了相对充分的剩余资本。拜罗克的人均工业化指数显示挪威在第一次世界大战之后即成为资本充裕国家，且私人资本占据着主导地位。③ 1969年，挪威私人商业团体控制了所有实际资本要素的61%。④ 1972年，挪威私人商业团体筹建了萨嘎（Saga）石油公司，该公司产值仅次于Statoil和海德鲁

---

① Oksan Bayulgen, *Foreign Investment and Political Regimes: The Oil Sector in Azerbaijan, Russia, and Norway*, New York: Cambridge University Press, 2010, p. 187. 另外需要注意的是，Statoil于2018年改名为“Equinor”，为避免混淆下文仍沿用原名“Statoil”。

② ［美］戴维·E. 阿普特：《现代化的政治》，陈尧译，上海人民出版社2016年版，第15—21，27页。

③ ［美］罗纳德·罗戈夫斯基：《商业与联盟：贸易如何影响国内政治联盟》，杨毅译，上海人民出版社2012年版，第71—72页；Paul Bairoch, “International Industrialization Levels from 1750 to 1980”, *Journal of European Economic History*, Vol. 11, No. 2, 1982, p. 281、330.

④ Thorvald Gran, *The State in the Modernization Process: The Case of Norway 1850-1970*, Oslo: Ad Notam Gyldendal, 1994, p. 179.

公司（Hydro）而排名第三。除国内资本外，来自其他欧洲国家的私人资本也对挪威石油产业发展提供了融资支持。在1965年挪威政府颁发首轮海上勘探许可证时，外国石油公司就持有91%的份额。英国石油公司、埃克森美孚公司等一大批跨国石油公司都积极地参与了挪威的油田开发。[①] 特别是自1973年OAPEC实施了颇具争议的石油禁运以来，挪威凭借丰富的石油储量和透明的监管制度成为国际石油公司的新宠。[②]

再次，由于较早开启了经济现代化，挪威已经形成了较为均衡的产业结构和基本稳固的税收基础，因此挪威政府对石油产业征收超额税汇的动机并不强烈。20世纪70年代，挪威的航运业、冶金业、渔业、木材加工业等产业发展良好，成为该国最稳固的税汇基础。1970年挪威税收收入占GDP的39.3%，在经合组织国家中排名第三，货物出口量和商业服务出口量占GDP比重均位居经合组织国家前列。[③] 由于挪威政府收入充足且稳定，缺乏对新兴的石油产业征收额外税汇的动机。2010—2011年挪威石油和能源部白皮书《未来产业—挪威石油活动》指出，20世纪70年代挪威政府在正常公司税收规则的基础上建立了该国石油企业的税收体系，规定运营设备投资可根据直线折旧法在投资开始后的六年内注销。[④] 与勘探、研发、融资（债务）、运营和搬迁相关的成本均可按此规定扣除，不必缴纳特别税。该规定同时适用于参与挪威石油开发的

---

① Oksan Bayulgen, *Foreign Investment and Political Regimes*: *The Oil Sector in Azerbaijan*, *Russia*, *and Norway*, New York: Cambridge University Press, 2010, p. 183.

② Jenny R. Kehl, "Rethinking the Resource Curse: A Review Essay on the Politics of Oil Investments", *International Studies Review*, Vol. 13, No. 3, 2011, p. 496; Birthe Eriksen, Tina Søreide, "Zero-tolerance to Corruption? Norway's Role in Petroleum-related Corruption Internationally", in Aled Williams and Philippe Le Billon, eds., *Corruption*, *Natural Resources and Development*: *From Resource Curse to Political Ecology*, London: Edward Elgar Publishing Limited, 2017, pp. 30-32; Erling Røed Larsen, "Escaping the Resource Curse and the Dutch Disease? When and Why Norway Caught up with and Forged Ahead of Its Neighbors", *American Journal of Economics and Sociology*, Vol. 65, No. 3, 2006, p. 632.

③ OECD Library, "OECD Economies at a Glance: Structural Indicators", https://read.oecd-ilibrary.org/environment/oecd-economies-at-a-glance_9789264149472-en#page63.

④ 直线折旧法（Straight-line Method）是指在固定资产的估计使用年限内平均确认折旧的固定资产折旧法。折旧的计算方法是原始成本减去资产的残值，再除以估计的资产使用寿命。直线折旧适用于较便宜的商品，如家具。直线折旧法可以补充其他几种折旧方法，如余额递减法和年数累加法。

外国石油公司，从而较好地保障了国内外石油开发者的税后利润。[①] 1975 年政府引入了“定额价格”制度计算公司的石油收入，其目标是避免在属于同一家公司的生产者和消费者之间进行交易时价格被高估，从而降低需要征税的净利润，增加石油企业盈利空间。[②]

最后，挪威较早开启了经济现代化进程，形成了以支持工会和利益集团活动，促进以雇主、雇员和政府三方协商合作为特点的“北欧模式”，未接受亚非拉国家建立的能源国有化规范。20 世纪 60 年代初期，挪威政府和壳牌、菲利普斯等石油公司通过谈判制定了石油开发的许可证体制。[③] 70 年代挪威政府推动了石油开采的“挪威化”进程，一方面组织本国石油企业积极向外国石油公司学习，提高石油相关产业的技术能力；另一方面，出于培育本国石油开发基本能力的目的，挪威政府适度增加了国家对石油产业的规范和指导，但并未出现强制收购私人产权或干预石油企业的内部经营管理的现象。[④] 20 世纪 70—80 年代石油产业的迅猛发展促进了“北欧模式”的形成，挪威石油工会和相关利益集团在政府规定的基本框架下，进行了一系列的工资谈判和政策动议。[⑤] 在“北欧模式”下，一方面石油产业的雇主、雇员和政府在经济政策、信息交流和产业等不同层次开展协商合作，减少了强制政策带来的冲突。另一方面，面对“挪威化”进程带来的政府石油收入的增加，挪威政府通过规范政府收益渠道、设立石油基金等方式，保证了石油利润的合理

---

① Norwegian Ministry of Petroleum and Energy, “An Industry for the Future—Norway's Petroleum Activities”, https://www.regjeringen.no/contentassets/19da7cee551741b28edae71cc9aae287/en-gb/pdfs/stm201020110028000en_pdfs.pdf.

② Juan M. Ramírez-Cendrero, Eszter Wirth, “Is the Norwegian Model Exportable to Combat Dutch Disease?”, *Resources Policy*, Vol. 48, 2016, p. 93; Oksan Bayulgen, *Foreign Investment and Political Regimes: The Oil Sector in Azerbaijan, Russia, and Norway*, New York: Cambridge University Press, 2010, p. 193.

③ Ole Andreas Engen, Oluf Langhelle, Reidar Bratvold, “Is Norway Really Norway?”, in Taleh Ziyadov and Brenda Shaffer, eds., *Beyond the Resource Curse*, Philadelphia: University of Pennsylvania Press, 2012, p. 261.

④ Andreas R. Dugstad Sanders, Pål Thonstad Sandvik, “Avoiding the Resource Curse? Democracy and Natural Resources in Norway Since 1990”, in Marc Badia-Miró, Vicente Pinilla, Henry Willebald, eds., *Natural Resources and Economic Growth: Learning from History*, London: Routledge, 2015, p. 344.

⑤ Ole Andreas Engen, Oluf Langhelle, Reidar Bratvold, “Is Norway Really Norway?”, in Taleh Ziyadov and Brenda Shaffer, eds., *Beyond the Resource Curse*, Philadelphia: University of Pennsylvania Press, 2012, pp. 267-268.

分配，促进了挪威产业间和代际间平等。①

总的来看，在挪威石油开发过程中上述四个因素共同作用，避免了挪威石油产业联盟实力过强，也有利于石油领域私人产权制度的形成。②自20世纪60年代挪威开始石油开发以来，历任政府都出台了石油政策来引导和监管石油产业发展。总体来看，挪威政府在20世纪60年代至70年代初期聚焦于石油开发扶持；在70年代中后期至90年代初期重视石油收益管理和分配；在90年代中后期以来则开始关注国际石油合作和环境保护问题，详见表5-6。

表5-6　　挪威历届政府的石油政策

<table>
<tr><th>首相及其任期</th><th>关键石油政策</th></tr>
<tr><td>佩尔·博滕政府
（Per Borten）1965—1971年</td><td>• 确立石油产业的税率为净利润的10%</td></tr>
<tr><td>特里格夫·布拉特利
（Trygve Bratteli）1971—1972年</td><td>• 推进大陆架海底自然资源的勘探和开发
• 1972年建立Statoil</td></tr>
<tr><td>拉尔斯·科尔瓦尔德
（Lars Korvald）1972—1973年</td><td>• 初步划定石油开采作业区
• 石油税率调整为8%—16%的浮动税率</td></tr>
<tr><td>特里格夫·布拉特利
1973—1976年，第2次执政</td><td rowspan="2">• 1975年颁布《石油税收法案》（Petroleum Taxation Act）
• 对外国石油公司的许可证颁发进行限制，组织挪威石油企业学习外国石油公司的勘探和开采技术
• 规定国有资本在每个油气开采项目中至少持股50%
• 颁布海底石油矿藏征税规定</td></tr>
<tr><td>奥德瓦尔·诺德利
（Odvar Nordli）1976—1981年</td></tr>
<tr><td>格罗·哈莱姆·布伦特兰
（Gro Harlem Brundtland）1981年</td><td rowspan="2">• 推进对石油产业的政府投资
• 建立国家直接财政收益（State's Direct Financial Interests，SDFI）</td></tr>
<tr><td>凯尔·威洛赫
（Kåre Willoch）1981—1986年</td></tr>
</table>

① Steinar Holden, “Avoiding the Resource Curse the Case Norway”, *Energy Policy*, Vol. 63, 2013, p. 870; Marianne Takle, “Oljefondet—I Solidaritet Med Frametidige Generasjoner”, https://www.idunn.no/doi/10.18261/issn.1504-3053-2018-03-04-06. 需要注意的是，石油基金于2001年更名为“政府养老基金”（Government Pension Fund），为避免混淆，后文仍沿用石油基金的称谓。

② 与石油产业相比，天然气产业体量较小且发展轨迹与石油产业较为类似，因而本书不予讨论。但由于挪威政府对于石油和天然气产业是合并统计和讨论的，下文中关于石油产业联盟的相关数据包含了天然气产业。

续表

首相及其任期	关键石油政策
格罗·哈莱姆·布伦特兰 1986—1989 年，第 2 次执政	• 颁布石油开采渔民补偿守则 • 颁布石油税收的"普通税+特殊税"征收规则，普通税税率为 28%，特殊税为 50%
简 P. 西塞（Jan P. Syse） 1989—1990 年	• 建立石油基金管理石油收入 • 加强对挪威大陆架石油作业的监管 • 对石油消耗和未来开采模式进行分析
格罗·哈莱姆·布伦特兰 1990—1996 年，第 3 次执政	
索比约恩·贾格兰 （Thorbjørn Jagland）1996—1997 年	• 强调挪威国家对石油收益进行直接管理 • 进一步细化 SDFI 经营规定 • 颁布第 72 号石油法令，为许可证制度提供全面法律基础
凯尔·马格内·邦德维克（Kjell Magne Bondeviks）1997—2000 年	• 明确欧洲经济区原油进口及颁布交付登记法
延斯·斯托尔滕贝格 （Jens Stoltenberg）2000—2001 年	• 加强挪威大陆架上冗余管道和电缆的排查 • 允许 Statoil 上市，建立佩德罗（Petrol）公司代替 Statoil 管理 SDFI
凯尔·马格内·邦德维克 2001-2005 年，第 2 次执政	• 推动石油开采新技术的开发及石油专业知识的普及 • 建立成熟区块许可证颁发制度 • 强调以石油产业为龙头，带动挪威产业协调发展 • 保护生态环境，推进实现石油废气零排放 • 推进挪威石油产业国际化进程
延斯·斯托尔滕贝格 2005—2013 年，第 2 次执政	• 寻找和开发巴伦支海和洛弗顿地区（Barents Sea-Lofoten area）的油气资源 • 加强对石油收入和产出的监管
埃尔娜·索尔贝格 （Erna Solberg）2013—2021 年	• 减少北海石油开发碳排放，加强对气候变化的监测 • 开展致力于二氧化碳捕获、运输和储存技术研究的 CLIMIT 计划① • 与英国开展跨境能源合作，加强清洁能源合作

① CLIMIT 是挪威为碳储存与捕捉技术的研究、开发和阐释提供财政支持的国家计划，力求更快地实现碳储存与捕捉。相应的说明详见 CLIMIT，"About the CLIMIT Programme"，https：//climit. no/en/about-the-climit-programme/.

续表

首相及其任期	关键石油政策
约纳斯·加尔·斯特勒（Jonas Gahr Støre）2021 年至今	• 计划扩大北极圈内巴伦支海区域油气资源开发，开放 125 个油气区块，新增发放 47 个生产许可证 • 与法国、德国在氢能、电池技术、海上风电及碳捕集与封存领域加强合作，增加可再生能源产量，发展绿色产业

资料来源：中华人民共和国商务部：《挪威石油战略管理及对我国的启示》，http：//no. mofcom. gov. cn/article/ztdy/200503/20050300022216. shtml；Ministry of Petroleum and Energy, *Facts 2000：The Norwegian Petroleum Sector*, Oslo：Norwegian Ministry of Petroleum and Energy, 2000, pp. 185-187；Ministry of Petroleum and Energy, *An Industry for the Future-Norway's Petroleum Activities*, Oslo：Norwegian Ministry of Petroleum and Energy, 2011, pp. 63-71；Ministry of Petroleum and Energy, *Oil and Gas Activities-Unofficial translation from Norwegian*, Oslo：Norwegian Ministry of Petroleum and Energy, 2002, pp. 17-23；Ministry of Petroleum and Energy, *On the Petroleum Activity-Unofficial Translation from Norwegian*, Oslo：Norwegian Ministry of Petroleum and Energy, 2004, pp. 4-7；Ministry of Petroleum and Energy, *The Revised National Budget 2008-A summary*, Oslo：Norwegian Ministry of Petroleum and Energy, 2008, pp. 11-13；Ministry of Petroleum and Energy, *Health, Safety and Environment in the Petroleum Industry*, Oslo：Norwegian Ministry of Petroleum and Energy, 2018, pp. 13-21；Ministry of Petroleum and Energy, *Norway's Integrated Ocean Management Plans*, Oslo：Norwegian Ministry of Petroleum and Energy, 2020, pp. 115-118.

挪威政府对其石油产业相对放任的支持政策和较为宽松的监管直接影响到了其产业联盟形态与产权制度类型。就产业联盟形态而言，挪威石油产业联盟的实力与其他产业联盟较为均衡。在产业联盟的组织性方面，挪威石油产业联盟与英、美等国主要产业的产业联盟相比，政治组织较为松散，与政府的冲突性较小。挪威石油和天然气协会（Norsk Olje & Gass）是挪威石油产业联盟的主要纽带，其成员涵盖了从事石油和天然气业务、海上可再生能源发电的公司和近海矿物开采供应商。此外，INTSOK 也是挪威石油产业的重要组织，其致力于推动产业联盟内的各公司开展合作。① 挪威石油产业联盟的关注点主要集中于商业经营和产业合作，同时也通过提交产业发展报告和提供有关许可证制度、劳工报酬

① 2017 年 INTSOK 与致力于可再生能源产业国际合作的产业组织 INTPOW 合并组建了“挪威能源合作伙伴”（Norwegian Energy Partners）。

和气候变化的发展建议等方式与政府沟通。①

在产业联盟的人员规模方面，鉴于挪威石油勘探和开采机械化程度较高，石油产业对劳动力的需求不大，因此石油产业联盟持续保持了较小规模。1995—2015 年挪威石油产业联盟人数由 2. 4 万人增长至 6 万人以上，并且从 2006 年开始实现了较快增长，2006—2015 年挪威石油产业联盟人数的平均年增长率达到了 5. 94%，详见图 5-13。同期挪威劳动力总数由 210 万人增至 270 万人，由此推知石油产业联盟在劳动力总数中的占比一直稳定在 1%—2%。②

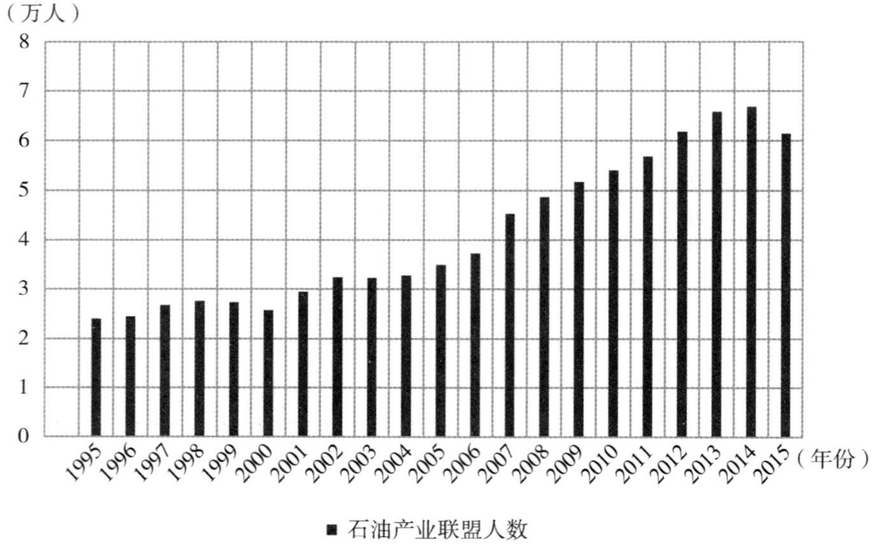

图 5-13　1995—2015 年挪威石油产业联盟人数

资料来源：挪威统计局。③

在产业联盟的工资方面，挪威石油产业联盟成员的工资与其他产业

① Norwegian Energy Partners, “The Board 2021”, https: //www. norwep. com/About/The - Board2.

② Hilde C. Bjørnland, Leif A. Thorsrud, “Boom or Gloom? Examining the Dutch Disease in Two-speed Economies”, *The Economic Journal*, Vol. 125, No. 598, 2016, p. 2221; Hilde C. Bjørnland, Leif A. Thorsrud, “RINGVIRKNING Norsk økonomi og olje”, https: //biopen. bi. no/bi - xmlui/bitstream/handle/11250/2366310/CME_ wp2013_ 07. pdf? sequence = 1.

③ Statistics Norway, “Wages and Employment, by Industry”, https: //www. ssb. no/en/statbank/table/09175.

联盟成员的工资差距并没有过于悬殊，且呈现与其他产业工资相同的变动趋势。卡岑斯坦在其对欧洲小国的研究中指出，20 世纪 60—70 年代挪威通过集体自由协商体系和团结一致的工资联合政策进行了工资控制，避免了产业间工资差异过大的问题。[①] 统计显示 20 世纪 90 年代石油产业联盟的平均工资比其他产业联盟每年高出 18 万挪威克朗，但挪威石油产业联盟成员的工资与其他产业联盟成员的工资变化趋势基本一致。[②] 挪威统计局对 1995—2015 年石油产业、制造业、公共部门及国防业和远洋运输业的工资数据统计表明，石油产业的工资增长曲线与其他三个产业较为相似。虽然石油产业联盟的工资是其他产业联盟的 2 倍，但这一比值要远低于委内瑞拉等其他主要石油出口国，详见图 5-14。

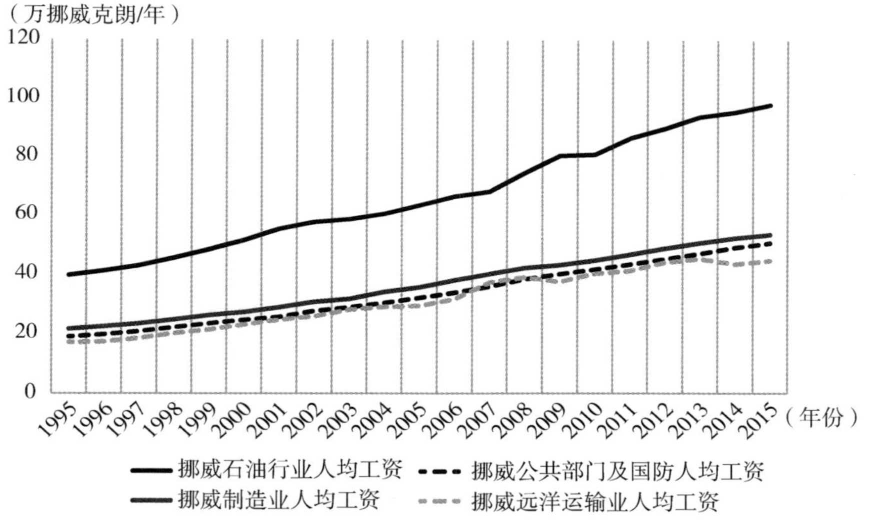

图 5-14　1995—2015 年挪威主要产业年均工资对比

资料来源：挪威统计局。[③]

① ［美］彼得·J. 卡岑斯坦：《世界市场中的小国家——欧洲的产业政策》，叶静译，吉林出版集团有限责任公司 2009 年版，第 47 页；Jonas B. Bunte, “Wage Bargaining, Inequality, and the Dutch Disease”, *International Studies Quarterly*, Vol. 60, No. 4, 2016, p. 681.

② Rune Dahl Fitjar, Bram Timmermans, “Relatedness and the Resource Curse: Is there a Liability of Relatedness?”, *Economic Geography*, Vol. 95, No. 3, 2019, p. 248.

③ Rune Dahl Fitjar, Bram Timmermans, “Relatedness and the Resource Curse: Is there a Liability of Relatedness?”, *Economic Geography*, Vol. 95, No. 3, 2019, p. 248.

在产业联盟的产值方面，挪威石油产业联盟创造的产值占所有产业产值的比例不高，石油产业与其他产业发展较为协调。图 5-15 显示了 1978—1998 年挪威石油产业联盟创造的产值占挪威所有产业产值的比例。该比值在 20 年间平均值为 8%，最高值为 1984 年的 11.49%，最低值为 1988 年的 5.04%。与委内瑞拉等石油出口国相比，挪威石油产业联盟创造的产值占比较低。总之，通过对挪威石油产业联盟的组织构成、人员规模、平均工资、占挪威所有产业产值比这四方面进行分析，根据第三章第二节中的操作标准可以看出挪威的石油产业联盟的实力没有明显强于其他产业。①

图 5-15　1978—1998 年挪威石油产业联盟创造产值占所有产业产值比

资料来源：挪威统计局。②

① Erling Røed Larsen, “Escaping the Resource Curse and the Dutch Disease? When and Why Norway Caught up with and Forged Ahead of Its Neighbors”, *American Journal of Economics and Sociology*, Vol. 65, No. 3, 2006, p. 625.

② Statistics Norway, “Production Account and Income Generation, by Industry”, https://www.ssb.no/en/statbank/table/09171. 挪威统计局网站对所有产业产值的统计是基于基础价值（Basic Value）的所有产业的产出；而对 GDP 的统计则基于产值创造地，如挪威大陆（Mainland）的产值。由于本书所使用的石油产业联盟产值与所有产业产值数据出自同一张表，是所有产业产值的一部分，故与之相比更为合理。

就产权制度类型而言，挪威石油领域形成了私人产权制度。伊瓦尔·科尔斯塔等指出，一个国家要从石油资源中获益就必须建立提高私营部门效率以及促进公共部门问责制的制度，这样才能减少政府及其官员被能源暴利俘获的可能性。显然，挪威出色地践行了科尔斯塔等的观点。① 在所有权方面，挪威在石油产业实行混合所有制，私有股份在挪威三大石油公司中占有不同比例的份额。挪威自 1985 年起挪威政府调整了原有的能源管理模式，加快了石油产业的私有化进程。挪威最大的石油公司 Statoil 的大部分石油股份分为两部分，一部分与 Statoil 商业运行相挂钩，进而成为公司资本；另一部分则在 1985 年后变成 SDFI，由 Statoil 管理，其所得油气收入成为政府直接财政收入。② 2001 年 Statoil 正式上市进行股份出售，当前政府的持股比例已降至 67%。汤森路透（Thomson Reuters）甚至将 Statoil 划入了世界“八大国际石油公司”之列。③ 第二大石油公司海德鲁公司有 65.74%的流通股份。④ 在法律性质上，上述两大公司的资产不被认为是国家资产，挪威政府也不对其内部固定资产进行会计核算。第三大石油公司萨嘎公司则始终保持了完全私有的产权性质。

在使用权方面，挪威石油公司建立了较为科学的组织管理机构，具有自我管理的权利和能力。萨嘎石油公司等私人企业可以在挪威政府制定的法律法规允许范围内完全实现自我管理，而在 Statoil 和海德鲁公司等国有控股公司的经营管理方面，挪威政府扮演着“被动所有者”的角色。⑤ 挪

① Ivar Kolstad, Arne Wiig, Aled Williams, “Mission Improbable: Does Petroleum-related Aid Address the Resource Curse?”, *Energy Policy*, Vol. 37, No. 3, 2009, p. 957.

② 中华人民共和国商务部：《挪威油气产业发展现状》，http://no.mofcom.gov.cn/article/ztdy/201209/20120908323591.shtml。

③ 需要特别说明的是，在能源政治学中通行的做法是将能源公司划分为“国际石油公司”和“国家石油公司”，两者往往分别为私人和政府所有。将 Statoil 归入“国际石油公司”之列也体现出汤森路透对于挪威石油产业的私人产权制度的认可。详见邱茂鑫、郭晓霞、吕建中《国际石油公司商业模式的衰落与转变》，《国际石油经济》2016 年第 12 期，第 11—17 页。

④ The Hydro, “Main Shareholders”, https://www.hydro.com/zh-CN/tou-zi-zhe/the-hydro-share/main-shareholders/.

⑤ Mariana Pargendler, Aldo Musacchio, Sergio G. Lazzarini, “In Strange Company: The Puzzle of Private Investment in State-Controlled Firms”, Working Paper, 2013, https://dash.harvard.edu/bitstream/handle/1/10304547/13-071.pdf; sequence=1；中华人民共和国商务部：《挪威国有企业管理制度初探》，http://no.mofcom.gov.cn/article/ztdy/201506/20150600998409.shtml。

威政府对公司的经营管理并不拥有任何“政治”权力，而是以效率为基础，鼓励国有企业的董事会和高级管理层积极承担责任，在政府制定的规则框架下按照市场经济原则自主经营。国有控股石油公司不需要向政府呈报年度预算，其一般的投资开发决策和向银行借款也不需要政府部门批准。石油企业的董事大多是具有专业经验的私营石油企业前管理者，从而保证了董事会决策的科学性和效率性。

在收益权方面，挪威政府从石油产业获益的渠道清晰且固定，为私人石油企业留下了充分的获利空间。在许可证制度下，挪威政府与大多数海上油气田有直接利益关系，可获得约占开采企业总收入的40%的租金，剩余利益归企业所有。在这段时期，挪威政府比较注重根据世界油价波动调节税收，为参与开发的外国石油公司和本国石油企业留下了充足的利润空间。挪威政府从石油产业获益渠道主要有三个。一是特殊的税收体系。挪威政府对石油产业的税率为78%，其中包括28%的所有产业都需缴纳的普通税和50%的特别税。① 如图5-16所示，石油税收是挪威政府石油收益的最大来源，占据了50%以上的比例。二是挪威政府通过SDFI获取资金。20世纪90年代以来SDFI增长迅速，也成为挪威政府石油收益的重要组成部分。三是挪威国家通过在Statoil等公司中的67%股份获取分红，该部分在挪威政府石油收益中占比较小。②

在让渡权方面，挪威石油公司非国有股份均可上市流通，21世纪以来挪威政府也多次做出了减持石油股份的决定。挪威议会于2001年4月25日通过决议对Statoil进行产权改造，允许部分股份进行自由转让并建立了佩德罗（Petoro）公司代替Statoil管理国家直接财政利益。6月18

① Petter Osmundsen, “Risk Sharing and Incentives in Norwegian Petroleum Extraction”, *Energy Policy*, Vol. 27, No. 9, 1999, p. 553.

② Steinar Holden, “Avoiding the Resource Curse the Case Norway”, *Energy Policy*, Vol. 63, 2013, p. 872; Erika Weinthal, Pauline Jones Luong, “Combating the Resource Curse: An Alternative Solution to Managing Mineral Wealth”, *Perspectives on Politics*, Vol. 4, No. 1, 2006, p. 42; Birthe Eriksen, Tina Søreide, “Zero-tolerance to Corruption? Norway's Role in Petroleum-related Corruption Internationally”, in Aled Williams and Philippe Le Billon, eds., *Corruption, Natural Resources and Development: From Resource Curse to Political Ecology*, London: Edward Elgar Publishing Limited, 2017, p. 28; Av Sveinung Fjose, Leo Gründfeld og Atle Blomgren, “Totale Sysselsettings-og Skatteeffekter av Petroleumsvirksomhet i Norge-utsikter til Fremtidig Vekset”, https://www.menon.no/wp-content/uploads/11sysselsettings-og-skattevirkninger-av-petroleumsvirksomheten-endelig-rapport-pptx.pdf.

日，Statoil 在奥斯陆和纽约股票交易所同时上市，将 18.3%的股份出售给了国内外的私人股东。2004 年以来挪威政府屡次减持股份，2005 年国家在 Statoil 中的持股比例降至 70.9%，2017 年则达到最低值 62.5%。① 挪威政府之后又进行了少量增持，目前国有股份稳定在 67%，挪威私人所有者持有 11.52%的股份，来自英国、美国和欧洲其他地区的投资者则持有 5%—8%的股份。② 除国家占有的 67%的股份外，Statoil 的其他股份允许转让，诸如放弃与任何股票发行有关的优先权利、批准合并或分拆或授权增加或减少股本的决议等重要决定必须获得至少三分之二的投票总数和出席股东大会的三分之二的股本的同意。③ 通过对挪威石油公司所有权、使用权、收益权和让渡权的分析，可以看出挪威在石油领域建立了私人产权制度，政府很难突破产权制度的边界对石油产业进行过度干预。

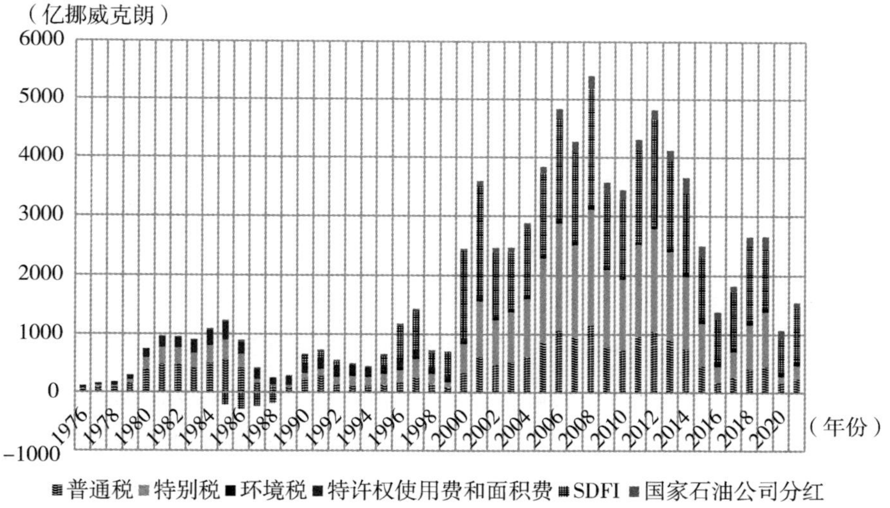

图 5-16 1976—2021 年挪威政府的石油收益

资料来源：挪威石油局。④

① Jørn Håvard Iversen, "Kompleksitet i Norsk Identitet: En Analyse av Norsk olje – og Gassindustri", Mastergradsoppgave, Tromsø: Universitetet i Tromsø, 2012, p. 49.

② The Equinor, "Our Shareholders", https://www.equinor.com/en/investors/our-shareholders.html.

③ The Equinor, "The Equinor Book", https://www.equinor.com/en/about-us/corporate-governance.html.

④ Norwegian Petroleum, "The Government's Revenues", https://www.norskpetroleum.no/en/economy/governments-revenues/#.

三 产业联盟形态与产权制度类型的政治效应

自20世纪70年代以来，挪威形成了与其他产业联盟实力相对均衡的石油产业联盟，并且在石油领域建立了私人产权制度。这使得挪威政府和政治家并未在税汇收入、产业补贴、政治竞争这三方面对石油产业形成病态依赖。首先，挪威政府并未在税收和外汇收入上严重依赖石油产业，没有触发“税汇陷入”效应。就缴纳税收而言，挪威石油税率经过了多次调整，石油税收占政府财政收入和GDP的比重也较为合理。20世纪60年代中期，由于挪威政府无法获知其石油储量，加之挪威企业普遍缺乏石油勘探和开采技术，挪威政府无意对石油产业征收高昂税收以损害外国石油企业的投资热情。挪威在1965年的石油产业初始税率为10%，到1972年调整为8%至16%的浮动税率。由于OAPEC通过禁运推高了世界油价，加之挪威政府希望加强对本国石油资源的控制，1975年挪威政府对石油企业缴纳所得税和特许权使用费后的剩余利润加征25%的特别税，但石油产业需向政府缴纳的所有税费总和只占石油生产总回报的20%，可以说石油产业联盟还有可观的利润空间。[①] 1986年挪威工党政府制定了新的税收政策，政府对石油产业的税收实行“普通税+特别税”的征收方案，普通税税率为28%，特别税为50%，同时逐步取消了外国石油公司需要分担的勘探成本和油气生产的特许权使用费。[②] 如图5-17所示，挪威石油税占政府收入的比重在35%以下，而实行石油国有化的委内瑞拉，石油税收一度高达政府财政收入的85%。[③] 80年代后

① Oksan Bayulgen, *Foreign Investment and Political Regimes: The Oil Sector in Azerbaijan, Russia, and Norway*, New York: Cambridge University Press, 2010, p. 189; Helge Ryggvik, “A Short History of the Norwegian Oil Industry: From Protected National Champions to Internationally Competitive Multinationals”, *The Business History Review*, Vol. 89, No. 1, 2015, p. 11.

② Steinar Holden, “Avoiding the Resource Curse the Case Norway”, *Energy Policy*, Vol. 63, 2013, p. 872; Helge Ryggvik, “A Short History of the Norwegian Oil Industry: From Protected National Champions to Internationally Competitive Multinationals”, *The Business History Review*, Vol. 89, No. 1, 2015, p. 11.

③ María del Mar Rubio - Varas, “Oil Illusion and Delusion: Mexico and Venezuela over the Twentieth Century”, in Marc Badia-Miró, Vicente Pinilla, Henry Willebald, eds., *Natural Resources and Economic Growth: Learning form History*, London: Routledge, 2015, p. 163.

期挪威石油税收占 GDP 的比重在 10%—25%，占投资和出口的比重也较为合理，可以看出挪威政府并未对石油产业联盟进行过度压榨，石油税收体系也相对稳健合理。

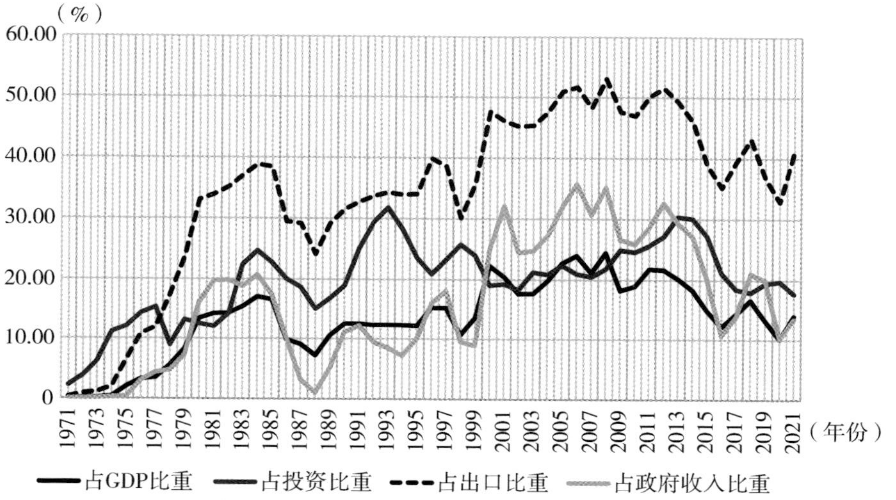

图 5-17　1971—2021 年挪威石油税收占主要经济指标的比重

资料来源：挪威石油局。①

就创造外汇而言，虽然石油产业为国家创造了大量外汇，但远非挪威赖以生存的唯一创汇支柱。首先，直到 1970 年挪威传统的出口支柱海运服务业仍然占挪威出口商品产值的 41.6%，与木材、矿产等初级资源产品一起，构成了挪威多元化的出口创汇结构。② 其次，从挪威石油和天然气出口价值占总出口价值比值数据来看，1982—2000 年这一比值都在 40%以下。在 1986—1987 年世界油价低位期，挪威油气出口的比值仅占挪威总出口价值的 23%左右，详见图 5-18。同为重要的石油出口国的墨西哥，其在 20 世纪 70 年代后期至 80 年代前期石油出口值占总出口值的比例一度高达 75%，相比之下挪威石油产业的出口创汇情况一直维持

① Norwegian Petroleum, “The Government's Revenues”, https://www.norskpetroleum.no/en/economy/governments-revenues/.

② 田德文编著：《列国志：挪威》，社会科学文献出版社 2007 年版，第 122 页。

在较为健康的水平。① 通过上述分析可知，挪威政府的收入依靠的是挪威多元化的产业结构，并未过度依赖石油产业贡献超额税汇，因而并不存在诱发"能源诅咒"的"税汇陷入"效应。

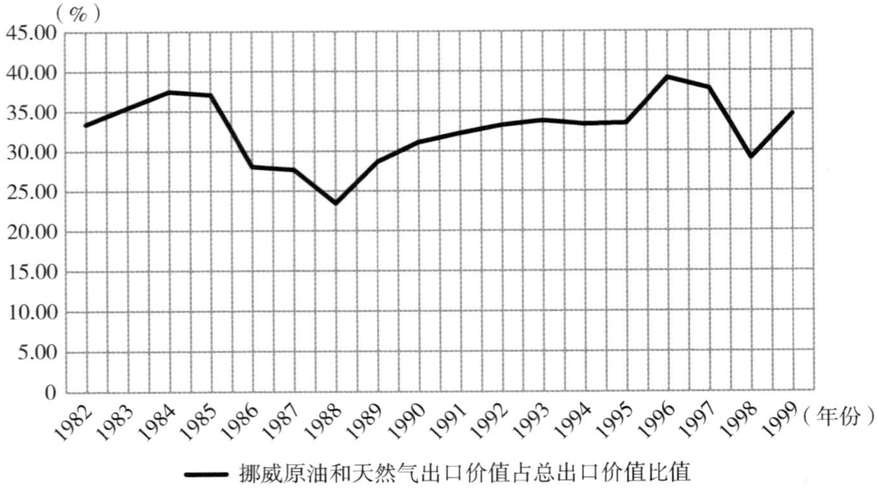

图 5-18　1982—1999 年挪威原油和天然气出口价值占总出口价值比例

资料来源：挪威统计局。②

其次，挪威政府并未片面倚重石油产业联盟承担再分配职能，而是通过建立石油基金促进产业间的平等发展，因而没有触发"补贴分异"效应。巴尤尔根指出，挪威政府能够将巨额的石油收益投资于非石油产业、财富分配和石油基金来促进未来的经济增长。③ 挪威政府于 1990 年

① María del Mar Rubio - Varas, "Oil Illusion and Delusion: Mexico and Venezuela over the Twentieth Century", in Marc Badia-Miró, Vicente Pinilla, Henry Willebald, eds., *Natural Resources and Economic Growth: Learning form History*, London: Routledge, 2015, p. 163; Simon Ville, Olav Wicken, "The Dynamics of Resource - based Economic Development: Evidence from Australia and Norway", *Industrial and Corporate Change*, Vol. 22, No. 5, 2013, p. 1351.

② Statistics Norway, "Final Expenditure and Gross Domestic Product", https://www.ssb.no/en/statbank/table/09190/.

③ Oksan Bayulgen, *Foreign Investment and Political Regimes: The Oil Sector in Azerbaijan, Russia, and Norway*, New York: Cambridge University Press, 2010, p. 215.

建立了石油基金，确保了石油利益惠及各个产业和所有国民。① 相应的政策规定政府获得的石油收益需移交到石油基金统一管理，该基金中的石油出口收入只允许投资于外国资产，以免影响挪威币值稳定和制造业发展。石油基金预期实际收益的4%将被转移到年度国家预算中，以弥补政府在其他产业的投资赤字，从而平抑了短期石油收入波动对经济的影响，促进了产业平衡发展。20 世纪末期，挪威政府着眼于大陆架油气资源消耗率升高和人口老龄化的问题，将石油基金更名为政府养老基金（The Government Pension Fund Global），为将石油收入转化为养老福利支出做好了准备，有利于在代际间更公平地分配财富。②

21 世纪以来世界石油价格的飙升带动了挪威石油利润的猛增，从而提高了挪威政府的再分配能力。2019 年挪威石油基金突破万亿美元大关，成为全球最大的主权财富基金，为挪威政府实施再分配提供了强大保障。③ 2005 年来，挪威政府抽调的4%的石油基金预期收益稳定地高于非石油产业的结构性赤字，能为出现赤字的非石油产业提供足够补贴。④ 另外，挪威政府借助石油基金进行再分配的能力和绩效也明显增强。一方面，挪威政府进行产业布局的能力日趋增强，政府通过价格补偿、关税优惠等产业政策积极推动石油产业的前后向关联产业发展，大力支持资源产业的技术创新和绿色产业发展，使石油产业与其他部门形成了良好的互动关系。⑤ 另一方面，挪威政府自第二次世界大战后就有着积极的宏观管理经济的传统。挪威政府在促进就业、发展教育事业和缩小性

① Jenny R. Kehl, “Rethinking the Resource Curse: A Review Essay on the Politics of Oil Investments”, *International Studies Review*, Vol. 13, No. 3, 2011, pp. 495 - 501; Klaus Schmidt - Hebbel, “Fiscal Institutions in Resource-rich Economies”, in Ibrahim Elbadawi, Hoda Selim, eds. , *Understanding and Avoiding the Oil Curse in Resource - rich Arab Economies*, New York: Cambridge University Press, 2016, pp. 266-270.

② 景普秋、范昊：《挪威规避资源诅咒的经验及其启示》，《经济学动态》2011 年第 1 期，第 148—152 页；钟维琼、安海忠、丁颖辉：《挪威油气资源管理流程研究》，《资源与产业》2013 年第 6 期，第 77—83 页。

③ Francis N. Okpaleke, Magnus Abraham-Dukuma, “Dynamics of Resource Governance, Climate Change, and Security”, *Journal of Strategic Security*, Vol. 13, No. 4, 2020, pp. 123-140.

④ Steinar Holden, “Avoiding the Resource Curse the Case Norway”, *Energy Policy*, Vol. 63, 2013, p. 874.

⑤ Simon Ville, Olav Wicken, “The Dynamics of Resource-based Economic Development: Evidence from Australia and Norway”, *Industrial and Corporate Change*, Vol. 22, No. 5, 2013, p. 1350.

别差距等方面表现良好，其主导再分配的能力不断增强。①

最后，私人产权制度下挪威政府的权力受到严格限制，加之石油产业联盟规模有限，这很难产生政治干预和寻租腐败行为，由此并未触发"利益交换"效应。其一，挪威政府通过建立挪威石油基金从制度上避免了石油产业联盟将过多资源投入政治选举和寻租。② 其二，挪威石油产业联盟包含的人员和占有的资源并不充裕，在政治活动中难以形成压倒其他产业联盟的集体行动。其三，挪威政府对石油部门和石油企业的管理形成了较为完善的"分权"结构。1972 年以来，挪威将政府石油开发管理中的政策、监管和商业职能分开，形成了石油部门治理的"挪威模式"。③ 挪威政府成立了石油和能源部负责石油生产及投资的重大决策，为石油企业活动进行战略性指导；又在挪威石油理事会之下建立了自主监管和技术咨询机构，负责汇编石油活动数据以及向石油和能源部及石油企业提出建议；由 Statoil 负责挪威大陆架和国外投资地的商业开采活动。在 2012 年的统计中，Statoil 负责的开采项目的石油产量占挪威石油产量的 70%。④ 在石油公司内部管理方面，20 世纪 90 年代挪威国家议会作出决议要求公务员不能成为 Statoil 董事会的成员，从而杜绝了干预政治选举等现象的出现。

同时，挪威的选举有着严格且透明的程序规定，留给石油产业联盟的活动空间也极为有限。挪威选举实行直接选举和多部门成员选举的比例代表制原则，登记的各个政党则要在选举前列出本党参选名单，名单上的成员在获得一定数量的签名或者上届选举的票数后方可参选。挪威《政党法》规定，政党禁止接受以匿名形式或国家或其他公共当局控制

① James E. Alt, "Crude Politics: Oil and the Political Economy of Unemployment in Britain and Norway, 1970-85", *British Journal of Political Science*, Vol. 17, No. 2, 1987, p. 187; World Economic Forum, "Lessons from Norway, The World's Most Inclusive Economy", https://www.weforum.org/agenda/2017/04/lessons-from-norway-the-world-s-most-inclusive-economy/.

② E. Røed. Larsen, "Are Rich Countries Immune to the Resource Curse? Evidence from Norway's Management of its Oil Riches", *Resources Policy*, Vol. 30, No. 2, 2005, p. 83.

③ Mark C. Thurber, David R. Hults, Patrick R. P. Heller, "Exporting the 'Norwegian Model': The Effect of Administrative Design on Oil Sector Performance", *Energy Policy*, Vol. 39, No. 9, 2011, pp. 5366-5367.

④ Helge Ryggvik, "A Short History of the Norwegian Oil Industry: From Protected National Champions to Internationally Competitive Multinationals", *The Business History Review*, Vol. 89, No. 1, 2015, p. 11.

的法律实体和外国捐助者的竞选捐款。政党必须按照议会规定的记账原则详细记录捐款情况并在指定日期上报。对于超过35000克朗的捐赠应单独报告捐赠者身份和捐赠金额，如果与任何捐赠者达成了政治或商业协议，也必须提交相关声明。在选举结束后，任何有权投票的人可就选举的筹备和进行有关事项在7天内提出上诉，由国家议会或全国选举委员会直接受理。① 这些规定基本杜绝了石油利益集团与政客勾结干预选举的可能性。欧洲安全与合作组织的民主体制和人权办公室对挪威大选进行了持续观察和评价，其报告中从未出现石油产业联盟干预或操纵选举的内容。②

与其他产业联盟实力相对均衡的石油产业联盟以及石油领域的私人产权制度均使挪威成功避免了“税汇陷入”“补贴分异”和“利益交换”效应的生成，实现了石油产业与非石油产业的协调发展。从产值数据来看，图5-15反映了挪威石油产业产值占所有产业产值的变化情况，石油产业产值占GDP比重约10%，与同期委内瑞拉占GDP的30%的石油产值相比要合理得多。③ 就挪威的非石油产业而言，其自20世纪70年代以来发展态势良好，并未出现石油产业过度挤占资源导致产业畸形发展的情况。如表5-7所示，渔业和水产养殖业是挪威传统第一产业的代表，进入21世纪后该产业产值仍实现了翻倍增长；采矿与勘探产业在70年代后逐渐退出历史舞台，保持着小规模增长；制造业、建筑业和电力、煤气、蒸汽供应是传统第二产业的代表，与石油产业的发展直接相关，且在20世纪90年代以来实现了产值的成倍增加；海运业在21世纪前一直保持着较高速度的增长；邮政与电信是挪威信息与通信技术产业的重要代表，21世纪初期其产值近乎翻倍，是挪威第三产业迅猛发展的缩影。综上，挪威从未出现石油产业畸大的产业结构，各个产业的发展均

---

① The Ministry of Government Administration, Reform and Church Affairs, “The Political Parties Act”, https://www.regjeringen.no/globalassets/upload/fad/vedlegg/partifinansiering/political_ parties_ act.pdf.

② Organization for Security and Co-operation in Europe, “Norway, Parliamentary Election, 11 September 2017: Final Report”, https://www.osce.org/odihr/elections/norway/360336.

③ María del Mar Rubio-Varas, “Oil Illusion and Delusion: Mexico and Venezuela over the Twentieth Century”, in Marc Badia-Miró, Vicente Pinilla and Henry Willebald, eds., *Natural Resources and Economic Growth: Learning form History*, London: Routledge, 2015, p. 164.

较为协调、有序、稳健。

表 5-7　　1970—2005 年挪威非石油产业产值　　（单位：亿挪威克朗）

产业＼年份	1970	1980	1990	2000	2003	2005
渔业和水产养殖	11.57	25.03	45.28	123.94	65.38	110.51
采矿与勘探	5.95	10.52	17.88	26.11	30.45	35.37
制造业	169.4	454.21	841.96	1417.78	1536.56	1649.55
建筑业	53.4	151.15	311.45	542.03	624.32	756.85
电力、煤气、蒸汽供应	24.35	75.52	213.81	247.71	358.52	375.87
海运	69.29	110.81	167.18	260.10	230.66	250.05
邮政与电信	14.81	45.33	165.93	226.70	306.47	307.67

资料来源：田德文编著：《列国志：挪威》，社会科学文献出版社 2007 年版，第 129、139、157 页。

四　“能源祝福”的必然：协调的能源产业与可观的经济增长

得益于挪威并未出现石油产业畸大的产业结构，并且挪威政府并未形成对石油产业的病态依赖，这使该国实现长期稳健的经济增长成为可能。一方面，近数十年来挪威并未出现工业化进程受阻的情况，包括可再生能源以及信息与通信技术（Information and Communications Technology，ICT）产业在内的更高精尖的产业发展迅猛。另一方面，能源价格波动的负面效应对挪威影响有限。具体如下。

其一，石油产业的蓬勃发展并未拖累挪威后续的工业化进程，可再生能源和 ICT 产业的跨越式发展就是绝佳的证明。① 就可再生能源产业而言，传统能源出口国往往片面依赖化石能源出口带来的巨额利润，很容易忽视可再生能源产业的发展。而挪威在石油大规模开发后仍然大力推进可再生能源发展，特别是使水电产业在 1960—1985 年达到了发展高峰。20 世纪 90 年代后期，水电不仅供给了挪威 98%—99%的电力资源，

① 笔者于 2022 年 2 月 21 日对贾瑞霞进行了访谈，她指出没有任何迹象表明挪威石油产业的发展对其他产业产生了挤压。

还可以根据需求通过互联器向邻国出口。[①] 目前挪威已经通过“北欧电力交换协议”参与到国际电力贸易中，成为欧洲第一、世界第六大水电出口国。[②] 21 世纪以来，挪威政府大力推进潮汐能、太阳能以及生物质能发电，形成了更为多元化的能源结构；同时通过项目资金支持和税收优惠等措施，鼓励传统的化石燃料公司投资新能源汽车产业，促进新能源技术发展。[③] 2006 年之后挪威可再生能源发电量超过了其总消耗电量，实现了绿色能源的储存和出口，详见图 5-19。[④] 2008 年挪威可再生能源消费量所占的比重已经高达全部能源消费量的 62%，这一数字远高于其他欧盟国家。[⑤] 由此可见，挪威的可再生能源产业发展水平较高，并未受到石油产业发展的挤压。

就高新技术产业而言，挪威政府较早地确立了 ICT 产业的发展方向，并将其与石油产业发展相融合实现了共同发展。挪威政府在 20 世纪 60 年代末期就成立了挪威研究理事会和挪威创新署，以此来主导能源领域的创新。20 世纪末，石油产业已成为 ICT 产业的主要客户。进入 21 世纪以来，挪威政府也积极推动 ICT 产业的国际合作。仅在 2001—2002 的年两年时间内，挪威的 ICT 公司就与外国相关公司签订了超过 30 项合作协定。[⑥] 21 世纪以来，挪威着力推进信息基础设施建设，陆地站、纤维光学、电缆网络和数字传输设施发展完备，目前挪威已经成为欧洲推行综合业务数字网（Integrated Service Digital Network）技术最先进的国家。挪威 ICT 产业的代表性企业娜拉通信有限公司更是在 2000 年创造了

---

① Lars-Erik Borge, Pernille Parmer, Ragnar Torvik, “Local Natural Resource Curse?”, *Journal of Public Economics*, Vol. 131, 2015, p. 102.

② 田德文编著：《列国志：挪威》，社会科学文献出版社 2007 年版，第 143—144 页。

③ Anne Margrethe Brigham, Jonathon W. Moses, “Den nye oljen”, *Norsk Statsvitenskapelig Tidsskrift*, Vol. 37, No. 1, 2021, pp. 13-20.

④ Ministry of Petroleum and Energy, “Renewable Energy Production in Norway”, https://www.regjeringen.no/en/topics/energy/renewable-energy/renewable-energy-production-in-norway/id2343462/.

⑤ Ann Christin Bøeng, “Konsekvenser for Norge av EUs Fornybardirektiv”, *Økonomiske Analyser*, Vol. 28, No. 4, 2010, p. 49.

⑥ Jan Fagerberg, David C. Mowery, Bart Verspagen, “The Evolution of Norway's National Innovation System”, *Science and Public Policy*, Vol. 36, No. 6, 2009, pp. 431-444; Olav Wicken, “Policies for Path Creation: The Rise and Fall of Norway's Research-driven Strategy for Industrialization”, in Jan Fagerberg, David C. Mowery and Bart Verspagen, eds., *Innovation, Path Dependency, and Policy*, Oxford: Oxford University Press, 2009, pp. 89-115.

25.5亿挪威克朗的营业额，在世界上26个国家设立了办事处，并在奥斯陆股票交易所和美国纳斯达克上市。挪威统计局的数据显示：从2007年至2012年的5年间挪威ICT产业产值增长了近20%；2012年该产业就业人数达65500人；企业数达16000余家；创造了1630亿挪威克朗的营业额，进而成为挪威产业升级的重要方向。① 综上，挪威可再生能源产业及ICT产业在20世纪60年代后期与石油产业一起实现了迅猛发展，这显然是石油产业并未拖累挪威后续工业化进程和产业升级的有力例证。

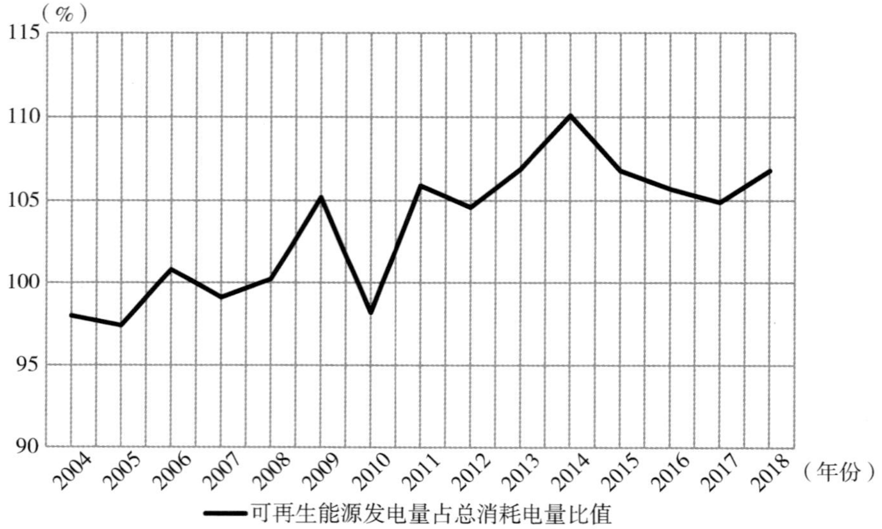

图5-19　2004—2018年挪威可再生能源发电量与总消耗电量之比

资料来源：挪威统计局。②

其二，得益于产业布局均衡，挪威能够最大限度地减少石油价格波动对其经济增长的负面影响。③ 首先，当石油价格长期处于高位时，挪威石油收入的迅速增加并未挤占其他产业的发展空间，并未出现明显的

---

① Statistics Norway, "Information Sector, Business Statistics (Discontinued), 2012", https://www.ssb.no/en/teknologi-og-innovasjon/statistikker/iktoms.

② Statistics Norway, "Production and Consumption of Energy, Energy Balance and Energy Account", https://www.ssb.no/en/statbank/table/11564/tableViewLayout1/.

③ Hilde C. Bjørnland, Leif A. Thorsrud, "RINGVIRKNING Norsk økonomi og olje", https://biopen.bi.no/bi-xmlui/bitstream/handle/11250/2366310/CME_wp2013_07.pdf?sequence=1.

“荷兰病”效应。譬如，2003—2007 年是一个明显的石油价格上升期。该时段内世界石油价格持续上涨了 237%，挪威政府的石油收入也由 6328 亿挪威克朗增长至 13954 亿挪威克朗，同比增长了 120.5%。[①] 虽然挪威的石油产业在高油价的刺激下发展迅猛，但是其他产业并未因此而受到影响。同期，挪威制造业的产值持续增加，2007 年的产值与 2003 年的初始值相比增长了 108.5%；金融和保险业的产值也增长明显，与 2003 年相比增长了 81.8%；ICT 产业与 2003 年相比增长了 37.0%。由此可见，在世界油价上涨的背景下，挪威石油收入的增加并未挤占其他产业的发展空间，这与“荷兰病”效应的预期截然相反，详见图 5-20。

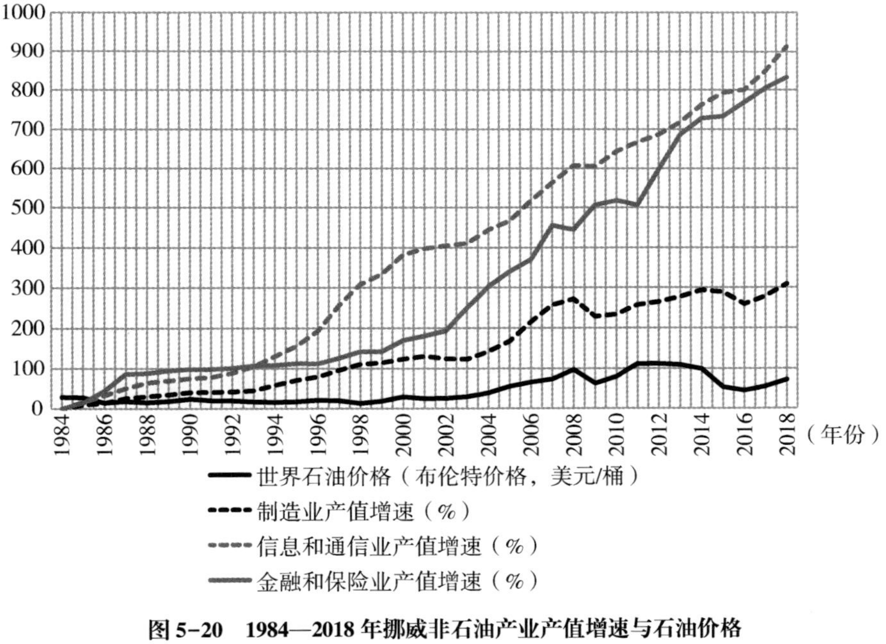

图 5-20　1984—2018 年挪威非石油产业产值增速与石油价格

资料来源：英国石油公司；[②] 挪威统计局。[③]

① Norwegian Petroleum, “The Government's Revenues”, https://www.norskpetroleum.no/en/economy/governments-revenues/#.

② British Petrol, “Statistical Review of World Energy”, https://www.bp.com/en/global/corporate/energy-economics/statistical-review-of-world-energy.html.

③ Statistics Norway, “Production Account and Income Generation”, https://www.ssb.no/en/statbank/table/09171/.

其次，当石油价格长期处于低位时，挪威多元化的产业结构可以在一定程度上分担石油收入减少对其经济的冲击，避免了货币大幅贬值和国家债务危机。2012—2016年是最明显的石油价格下降期，该时段内世界油价累计下降了60.8%。但同期挪威中央政府的总收入仅减少了2.5%，并未出现政府财政赤字，反而保持了超过1300亿挪威克朗的财政盈余。① 同时，油价的下跌并未导致挪威汇率的暴跌，除2012年挪威克朗的汇率下跌了1.2%外，2013—2016年挪威克朗汇率均有所上升，详见图5-21。②

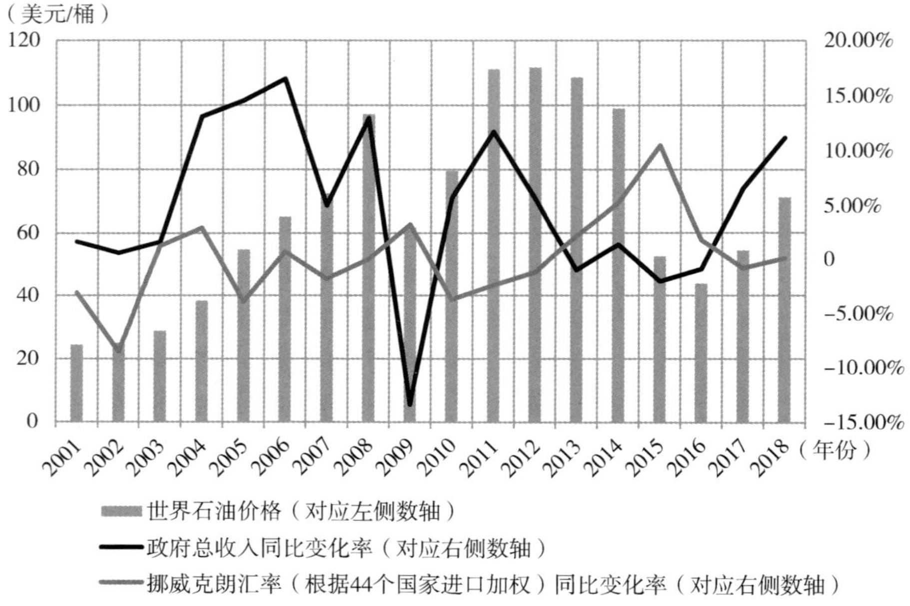

图5-21　2001—2018年世界石油价格与挪威汇率及政府总收入变化率对比

资料来源：英国石油公司；③ 挪威统计局。④

① Statistics Norway, “General Government Revenue and Expenditure”, https://www.ssb.no/en/statbank/table/10721/tableViewLayout1/.

② Statistics Norway, “Economic Trends”, https://www.ssb.no/en/statbank/table/12880/tableViewLayout1/.

③ British Petrol, “Statistical Review of World Energy”, https://www.bp.com/en/global/corporate/energy-economics/statistical-review-of-world-energy.html.

④ Statistics Norway, “General Government Revenue and Expenditure”, https://www.ssb.no/en/statbank/table/10721/tableViewLayout1/; Statistics Norway, “Economic Trends”, https://www.ssb.no/en/statbank/table/12880/tableViewLayout1/.

在政府债务方面，挪威政府总债务在5年间上涨了26.8%，债务占GDP的比重由28.9%增至38.1%。[①] 值得注意的是，挪威政府债务的增长是在可控范围之内的。2012—2016年其政府债务水平仍低于丹麦、瑞典和芬兰。由此可见，油价长期处于低位并未对挪威整体的经济增长产生重大负面影响。

最后，挪威能够很好地应对油价在短期内的剧烈波动。譬如，2008年石油价格经历了非常明显的波动。国际原油价格在当年第一季度末期和第二季度迅速上涨直至最高单日成交价格达147.5美元/桶。此后国际油价大幅下挫，在同年12月已跌至36.2美元/桶。即便面临着如此剧烈的波动，挪威在2008年四个季度的GDP一直保持着持续增长态势，由6200亿挪威克朗增至6700亿挪威克朗。[②] 更难能可贵的是，挪威在2008年上半年各月的通货膨胀率均低于1.5%。国际货币基金组织的数据显示，挪威在当年的通货膨胀率为3.8%，低于国际公认的5%的警戒线，这反映了挪威并没有发生恶性通货膨胀。[③] 总的来看，由于挪威产业布局均衡、石油产业并非畸大发展，这使得挪威能够很好地应对石油价格波动的负面影响，有效地保障其经济的平稳增长。

总之，在石油产业蓬勃发展的加持下挪威取得了良好的经济增长。一方面，挪威的人均GDP增长迅猛。挪威的人均GDP在1960年时为19134美元，而到2020年时已经增长至75059美元，其增长绝对值远高于第一章第三节在因变量操作化中所划设的10000美元大关。[④] 回顾历史，第二次

① Statistics Norway, “General Government, Financial Assets and Liabilities”, https://www.ssb.no/en/statbank/table/11560/tableViewLayout1/; International Monetary Fund, “World Economic Outlook Database”, https://www.imf.org/external/datamapper/GGXWDG_NGDP@WEO/NOR/ISL/DNK/SWE/VEN/MEX.

② Statistics Norway, “National Accounts”, https://www.ssb.no/en/statbank/table/09190/tableViewLayout1/.

③ International Monetary Fund, “Norway”, https://www.imf.org/en/Countries/NOR.

④ World Bank, “GDP Per Capita (Constant 2015 US $) - Norway”, https://data.worldbank.org/indicator/NY.GDP.PCAP.KD? locations=NO.

世界大战结束时挪威的人均 GDP 在斯堪的纳维亚 4 国中排名第 3。① 石油开发和出口为挪威创造了巨大财富，使得其人均 GDP 在 20 世纪 70 年代后期相继超越瑞典和丹麦成为斯堪的纳维亚最富裕的国家。② 就人均 GDP 排名而言，挪威自 1988 年以来人均 GDP 始终稳居世界前 5 位，在进入 21 世纪后连续多年位居世界第 2 位并仅次于卢森堡，详见表 5-8。③ 统计显示，在与同为石油出口国且初始人均 GDP 水平更高的科威特、卡塔尔和阿联酋的对比中，挪威的人均 GDP 在 1980—2010 年基本保持了稳健的正增长，而上述三者则经历了约 20 年的负增长期，详见图 5-22。

表 5-8　　1980—2010 年挪威人均 GDP 世界排名

年份	1980	1983	1986	1989	1992	1995	1998	2001	2004	2007	2010
排名	8	6	4	4	5	5	3	3	3	2	2

资料来源：国际货币基金组织。④

① Our World in Data, “Output-side Real GDP Per Capita, 2011 International-$”, https://ourworldindata.org/grapher/real-gdp-per-capita-pwt? tab=table&time=earliest.latest&country=AGO~DZA~ALB~AIA~ATG~ARG~ARM~ABW~AUS~AUT~AZE~BHS~BHR~BGD~BRB~BLR~BEL~BLZ~BEN~BMU~BTN~BOL~BIH~BWA~BRA~VGB~BRN~BGR~BFA~BDI~KHM~CMR~CAN~CPV~CYM~CAF~TCD~CHL~CHN~COL~COM~COG~CRI~CIV~HRV~CUW~CYP~CZE~COD~DNK~DJI~DMA~DOM~ECU~EGY~SLV~GNQ~EST~SWZ~ETH~FJI~FIN~FRA~GAB~GMB~GEO~DEU~GHA~GRC~GRD~GTM~GIN~GNB~HTI~HND~HKG~HUN~ISL~IND~IDN~IRN~IRQ~IRL~ISR~ITA~JAM~JPN~JOR~KAZ~KEN~KWT~KGZ~LAO~LVA~LBN~LSO~LBR~LTU~LUX~MAC~MDG~MWI~MYS~MDV~MLI~MLT~MRT~MUS~MEX~MDA~MNG~MNE~MSR~MAR~MOZ~MMR~NAM~NPL~NLD~NZL~NIC~NER~NGA~MKD~NOR~OMN~PAK~PSE~PAN~PRY~PER~PHL~POL~PRT~QAT~ROU~RUS~RWA~KNA~LCA~VCT~STP~SAU~SEN~SRB~SYC~SLE~SGP~SXM~SVK~SVN~ZAF~KOR~ESP~LKA~SDN~SUR~SWE~CHE~SYR~TWN~TJK~TZA~THA~TGO~TTO~TUN~TUR~TKM~TCA~UGA~UKR~ARE~GBR~USA~URY~UZB~VEN~VNM~YEM~ZMB~ZWE.

② Sevil Acar, *The Curse of Natural Resources: A Developmental Analysis in a Comparative Context*, New York: Palgrave Macmillan, 2017, p. 145; Adrian J. Shin, “Primary Resources, Secondary Labor: Natural Resources and Immigration Policy”, *International Studies Quarterly*, Vol. 63, No. 4, 2019, p. 815.

③ International Monetary Fund, “World Economic Outlook Database”, https://www.imf.org/en/Publications/WEO/weo-database/2021/April/.

④ International Monetary Fund, “World Economic Outlook Database”, https://www.imf.org/en/Publications/WEO/weo-database/2021/April/.

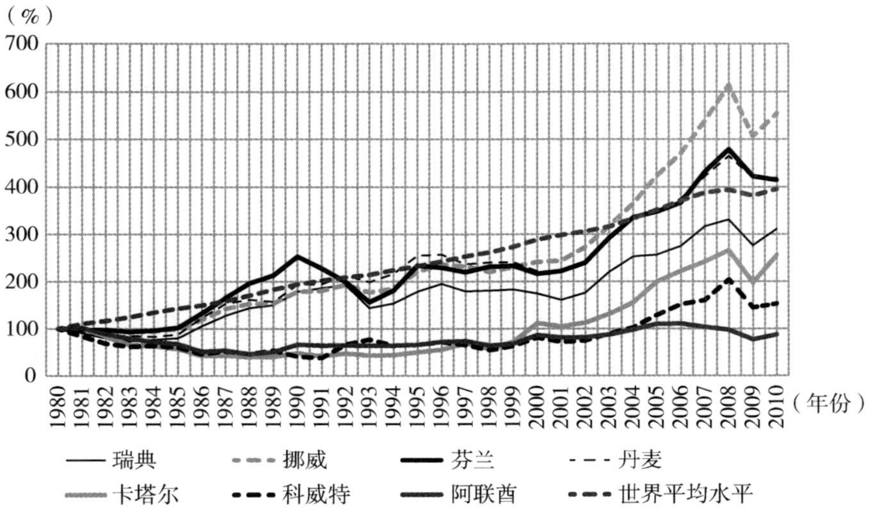

图 5-22　1980—2010 年挪威及其他国家的人均 GDP 增长

资料来源：国际货币基金组织。①

另一方面，挪威政府较好地控制了政府债务。1990—2010 年挪威政府净债务占 GDP 的比重基本维持在 50%以下，且呈现较为平稳的趋势。与其他北欧国家相比，挪威政府债务水平和变化趋势与瑞典和丹麦较为相似，且占 GDP 的比重远低于冰岛；与墨西哥和委内瑞拉等石油出口国相比，挪威的债务水平相对较低，并且从未出现过类似于 2017 年委内瑞拉政府债务水平大规模攀升的情况，详见图 5-23。可以说挪威政府债务水平发展较为健康，基本不存在陷入债务危机的风险。综上，通过考察近年来挪威的人均 GDP 增长和政府债务情况，可以发现挪威依托石油大规模开发和出口实现了长期、持续和稳健的经济增长。显然挪威获得了“能源祝福”。

① International Monetary Fund, “World Economic Outlook Database”, https://www.imf.org/en/Publications/WEO/weo-database/2021/April/.

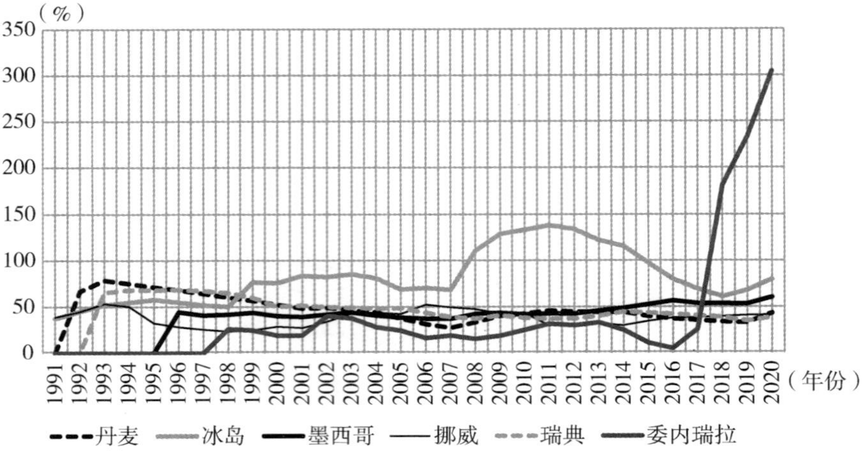

图 5-23　1991—2020 年部分国家中央政府净债务占 GDP 比重

资料来源：国际货币基金组织。①

注：因大部分国家 1990 年前的政府债务数据缺失，故本表将考察时间向后推移至 1990—2020 年，本图中丹麦 1991 年、墨西哥 1991—1995 年、瑞典 1991—1992 年和委内瑞拉 1991—1997 年的数据缺失。

第三节　委内瑞拉与挪威的比较分析

本章第一和第二节分别回顾了委内瑞拉和挪威的能源产业发展历程与经济增长绩效，追踪了经济现代化始点等变量在上述两个案例中发挥作用的时序和过程，更为侧重历史性和情境性叙述。在此基础上，本章第三节一方面需要直观地阐明经济现代化始点、产业联盟形态、产权制度类型这三个变量在委内瑞拉和挪威案例中的作用机制；另一方面则需要同时将委内瑞拉和挪威置于比较的视域下，逐一对比由经济现代化始点差异而产生的后续影响以及其他主要变量的特征差异。

基于此，图 5-24 和图 5-25 分别参照图 3-4 进行绘制，各自精简地揭示了委内瑞拉陷入“能源诅咒”与挪威获得“能源祝福”的因果机制以及各个主要变量的作用情况。表 5-9 则逐一对比了上述两国在经济现

① International Monetary Fund, “World Economic Outlook Database”, https://www.imf.org/external/datamapper/GGXWDG_ NGDP@WEO/NOR/ISL/DNK/SWE/VEN/MEX.

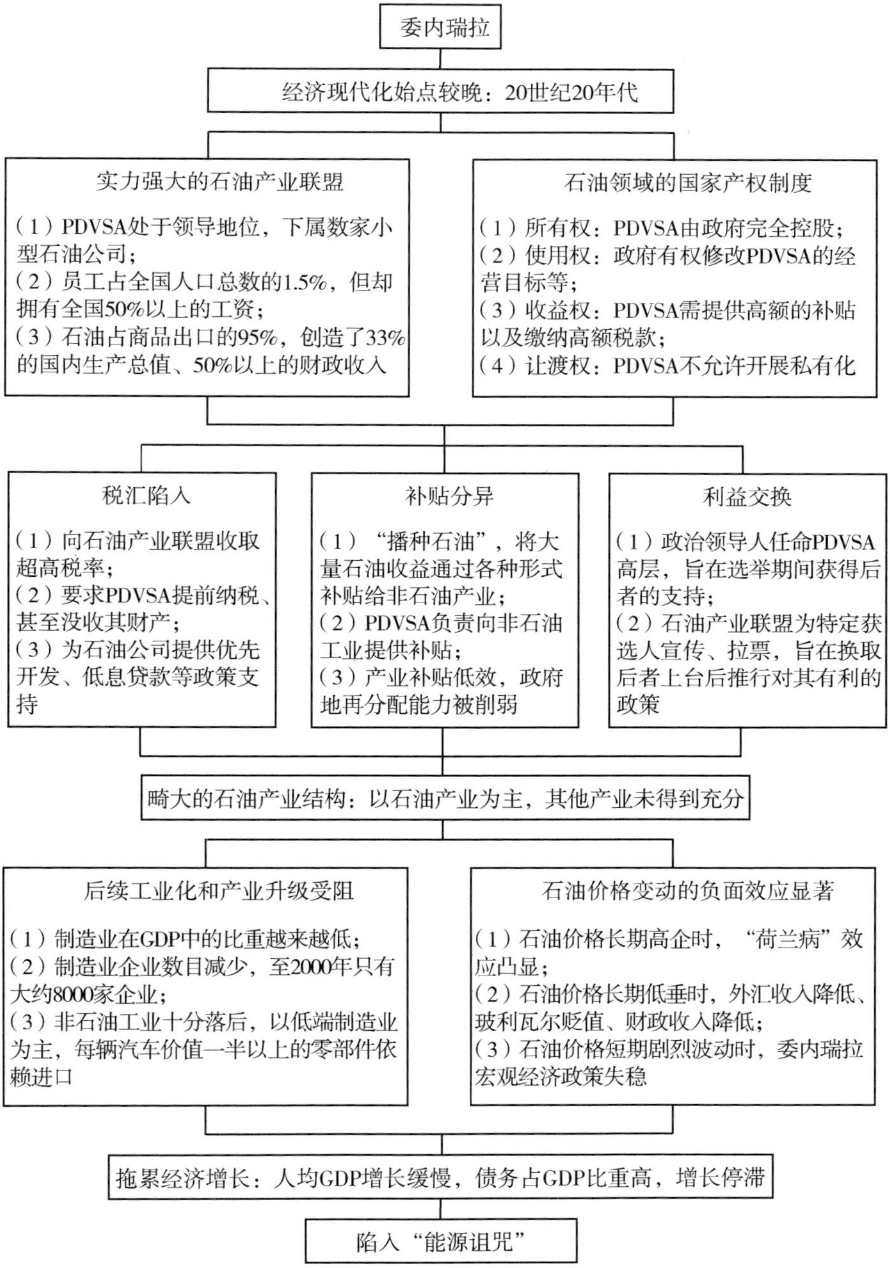
委内瑞拉
经济现代化始点较晚：20世纪20年代
实力强大的石油产业联盟
（1）PDVSA处于领导地位，下属数家小型石油公司；
（2）员工占全国人口总数的1.5%，但却拥有全国50%以上的工资；
（3）石油占商品出口的95%，创造了33%的国内生产总值、50%以上的财政收入
石油领域的国家产权制度
（1）所有权：PDVSA由政府完全控股；
（2）使用权：政府有权修改PDVSA的经营目标等；
（3）收益权：PDVSA需提供高额的补贴以及缴纳高额税款；
（4）让渡权：PDVSA不允许开展私有化
税汇陷入
（1）向石油产业联盟收取超高税率；
（2）要求PDVSA提前纳税、甚至没收其财产；
（3）为石油公司提供优先开发、低息贷款等政策支持
补贴分异
（1）“播种石油”，将大量石油收益通过各种形式补贴给非石油产业；
（2）PDVSA负责向非石油工业提供补贴；
（3）产业补贴低效，政府地再分配能力被削弱
利益交换
（1）政治领导人任命PDVSA高层，旨在选举期间获得后者的支持；
（2）石油产业联盟为特定获选人宣传、拉票，旨在换取后者上台后推行对其有利的政策
畸大的石油产业结构：以石油产业为主，其他产业未得到充分
后续工业化和产业升级受阻
（1）制造业在GDP中的比重越来越低；
（2）制造业企业数目减少，至2000年只有大约8000家企业；
（3）非石油工业十分落后，以低端制造业为主，每辆汽车价值一半以上的零部件依赖进口
石油价格变动的负面效应显著
（1）石油价格长期高企时，“荷兰病”效应凸显；
（2）石油价格长期低垂时，外汇收入降低、玻利瓦尔贬值、财政收入降低；
（3）石油价格短期剧烈波动时，委内瑞拉宏观经济政策失稳
拖累经济增长：人均GDP增长缓慢，债务占GDP比重高，增长停滞
陷入“能源诅咒”

图5-24　委内瑞拉陷入“能源诅咒”的因果机制

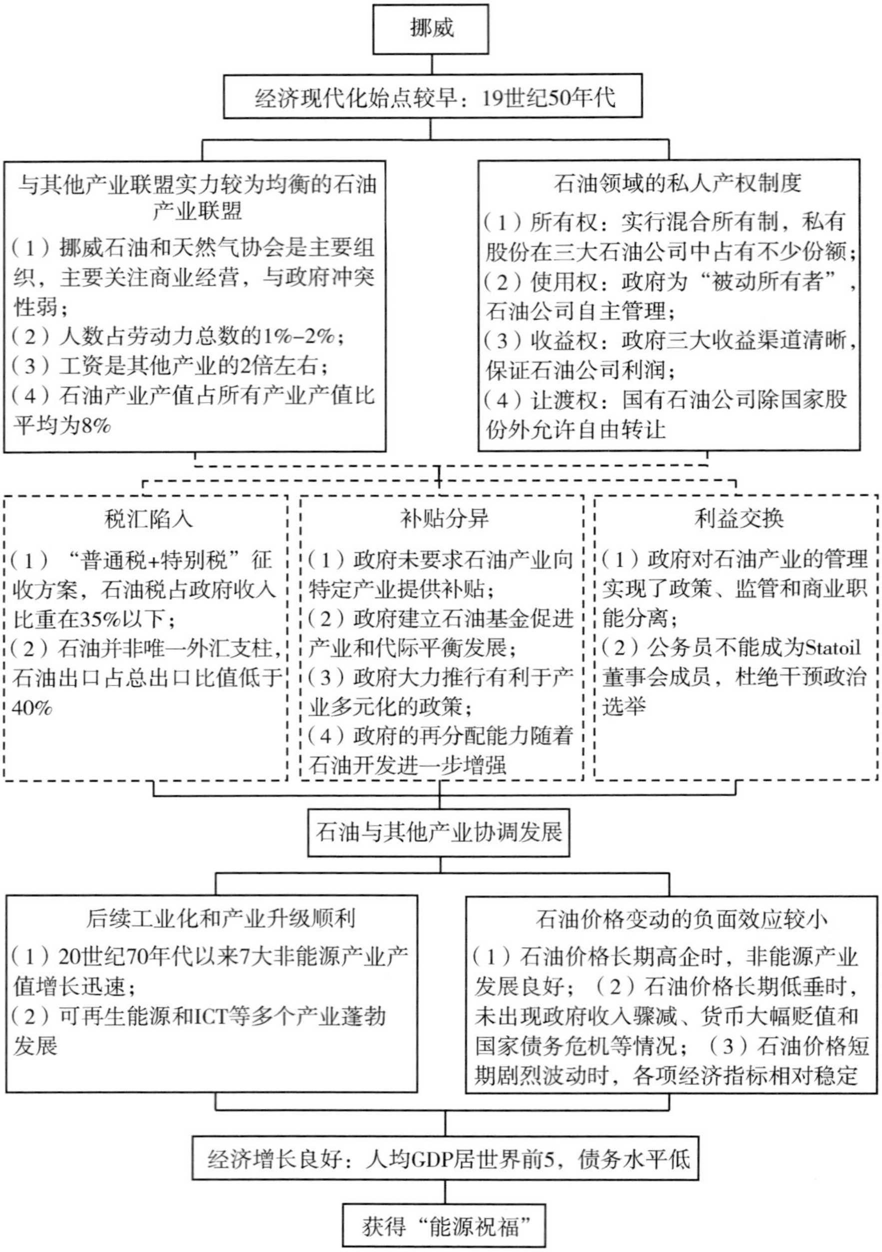
挪威
经济现代化始点较早：19世纪50年代
与其他产业联盟实力较为均衡的石油产业联盟
（1）挪威石油和天然气协会是主要组织，主要关注商业经营，与政府冲突性弱；
（2）人数占劳动力总数的1%–2%；
（3）工资是其他产业的2倍左右；
（4）石油产业产值占所有产业产值比平均为8%
石油领域的私人产权制度
（1）所有权：实行混合所有制，私有股份在三大石油公司中占有不少份额；
（2）使用权：政府为“被动所有者”，石油公司自主管理；
（3）收益权：政府三大收益渠道清晰，保证石油公司利润；
（4）让渡权：国有石油公司除国家股份外允许自由转让
税汇陷入
（1）“普通税+特别税”征收方案，石油税占政府收入比重在35%以下；
（2）石油并非唯一外汇支柱，石油出口占总出口比值低于40%
补贴分异
（1）政府未要求石油产业向特定产业提供补贴；
（2）政府建立石油基金促进产业和代际平衡发展；
（3）政府大力推行有利于产业多元化的政策；
（4）政府的再分配能力随着石油开发进一步增强
利益交换
（1）政府对石油产业的管理实现了政策、监管和商业职能分离；
（2）公务员不能成为Statoil董事会成员，杜绝干预政治选举
石油与其他产业协调发展
后续工业化和产业升级顺利
（1）20世纪70年代以来7大非能源产业产值增长迅速；
（2）可再生能源和ICT等多个产业蓬勃发展
石油价格变动的负面效应较小
（1）石油价格长期高企时，非能源产业发展良好；（2）石油价格长期低垂时，未出现政府收入骤减、货币大幅贬值和国家债务危机等情况；（3）石油价格短期剧烈波动时，各项经济指标相对稳定
经济增长良好：人均GDP居世界前5，债务水平低
获得“能源祝福”

图 5–25　挪威获得“能源祝福”的因果机制

注：虚线表示未触发的机制。

代化始点及后续的政治性过程、政治性结果、经济性过程、经济性结果上的差异。这些图表不仅呈现了委内瑞拉陷入“能源诅咒”与挪威获得“能源祝福”的根源及政治过程，还表明本书所提出的以经济现代化始点为自变量、以产业联盟形态与产权制度类型为中间变量的分析框架具有良好的解释力。

表 5-9 委内瑞拉陷入“能源诅咒”与挪威获得“能源祝福”的根源及过程

		委内瑞拉	挪威
根本原因	经济现代化始点	20 世纪 20 年代，经济现代化进程的始点较晚。属于第二波半现代化国家和后发国家	19 世纪 50 年代，经济现代化进程的始点较早。属于第二波现代化国家和先发国家
政治性过程	政府干预与否	政府大规模强力干预：（1）通过石油收益来偿还外债的动机格外强烈；（2）接受国有化规范，连续多年出台多项政策强力支持石油产业发展；（3）政治上呈现动员体系的特点；（4）国内私人商业资本相对匮乏，政府主导资本筹集和投入势在必行	政府干预相对较少：（1）政府对石油产业征收超额税汇动机不强烈；（2）未接受能源国有化规范；（3）政治上呈现协调体系的特点；（4）国内私人资本充裕，私人行为体有能力进行石油开发
	产业联盟形态	实力强大的石油产业联盟：（1）PDVSA 处于领导地位，下属数家小型石油公司；（2）员工占全国人口总数的 1.5%，但却拥有全国 50% 以上的工资；（3）石油占商品出口的 95%，为该国创造了 33% 的 GDP，50% 以上的财政收入	与其他产业实力较为均衡的石油产业联盟：（1）挪威石油与天然气协会等组织主要关注商业经营，与政府冲突性弱；（2）石油产业从业人数占全国总人数的 1%－2%；（3）石油产业从业者工资为其他产业的 2 倍左右；（4）石油产业产值占全产业产值的 8% 左右，占商品出口的 40% 以下
	产权制度类型	石油领域的国家产权制度：（1）所有权：PDVSA 由政府完全控股；（2）使用权：政府有权修改 PDVSA 的经营目标等；（3）收益权：PDVSA 需提供高额的补贴以及缴纳高额税款；（4）让渡权：PDVSA 不允许开展私有化	石油领域的私人产权制度：（1）所有权：实行混合所有制，私有股份在三大石油公司中占有不同比例的份额；（2）使用权：政府为“被动所有者”，公司自主管理；（3）收益权：政府三大收益渠道清晰，保证石油公司利润；（4）让渡权：国有公司除国家股份外允许自由转让

续表

		委内瑞拉	挪威
政治性过程	触发“税汇陷入”与否	是。石油产业为委内瑞拉政府贡献了最高达59%的税收收入和72%的外汇，造成政府对石油产业的依赖	否。石油税收遵循“普通税+特别税”的透明规定，石油税占政府收入的35%以下，油气出口占总出口比值在40%以下
	触发“补贴分异”与否	是。“播种石油”，将大量石油收益补贴给非石油产业，但是收益低效，同时政府的再分配能力被削弱	否。挪威政府未要求石油产业联盟向其他产业提供补贴；政府建立石油基金促进产业和代际平衡发展；政府的再分配能力随着石油开发进一步增强
	触发“利益交换”与否	是。政治领导人任命PDVSA高层，旨在选举期间获得后者的支持；后者为特定获选人宣传、拉票，以换取利好政策	否。政府对石油产业的管理实现了政策、监管和商业职能分离；挪威选举制度和政党法杜绝石油企业干预选举
政治性结果	产业布局	石油产业畸大，其他产业未得到充分发展	石油产业并不畸大，其他产业得到了充分发展
经济性过程	后续工业化	工业化进程异常缓慢：（1）制造业在GDP中的比重越来越低；（2）制造业企业数目减少，至2000年只有大约8000家企业；（3）非石油工业十分落后，以低端制造业为主	工业化进程较快、产业明显升级：（1）大力发展可再生能源产业，形成了多元化能源结构；（2）ICT产业产值迅速增长，与石油产业发展相协调
	出口波动	受石油价格波动的影响较大：（1）石油价格长期高企时，“荷兰病”效应凸显；（2）石油价格长期低垂时，外汇收入降低、玻利瓦尔贬值、财政收入降低；（3）石油价格短期剧烈波动时，委内瑞拉宏观经济政策失稳	受油气价格波动的影响较小：（1）石油价格长期高企时，非能源产业发展良好；（2）石油价格长期低垂时，未出现政府收入骤减、货币大幅贬值和国家债务危机等情况；（3）石油价格短期剧烈波动时，各项经济指标相对稳定
经济性结果	经济增长情况	委内瑞拉人均GDP增长缓慢，债务占GDP比重增高。经济增长停滞，彻底陷入了“能源诅咒”	挪威人均GDP持续增长且位居世界前五位，债务占GDP比重较低。经济增长绩效良好，获得了“能源祝福”

小 结

委内瑞拉与挪威百余年的经济现代化历程及能源发展史为检视本书的因果机制提供了绝佳的素材。抛开相对琐细的历史细节而只关注变量的作用过程，不难发现：委内瑞拉与挪威同为石油富集国且具有诸多相似的经济增长初始条件，然而两国却出现了经济增长的明显分流，其根源可以追溯至两国开启经济现代化进程的始点存有差异。经济现代化始点早晚及其带来的截然相反的政治效应对委内瑞拉与挪威的石油产业进行了不同的塑造，这进而对两国的经济增长造成了迥异的影响。

具体而言：委内瑞拉和挪威分别于20世纪20年代和19世纪50年代左右开启了经济现代化进程。这种经济现代化始点早晚的分异使得委内瑞拉政府大力推行石油国有化和国家干预，该国也形成了实力强大的石油能源产业联盟并在石油领域建立了国家产权制度；相比之下挪威政府则并未大规模推动和干预石油产业的发展，该国形成了与其他产业联盟实力相对均衡的石油产业联盟并在石油领域建立了私人产权制度。委内瑞拉的案例表明，该国石油产业长期缴纳了超额的税收以及带来更多的外汇收入，直接向其他产业提供过量的价格补贴，持续影响着总统选举并与政治家进行着利益交换。可以说，委内瑞拉触发了“税汇陷入”“补贴分异”和“利益交换”效应，导致该国石油产业严重畸大且难以调整改善。相反，挪威的案例表明，该国石油产业从未缴纳超额的税收以及带来更多的外汇收入、直接向其他产业提供过度的补贴、影响挪威选举并与政治家进行利益交换。可以说，挪威隔绝了“税汇陷入”“补贴分异”和“利益交换”效应，该国的产业协调发展并形成了多元均衡的产业布局。因此，委内瑞拉很难继续推进工业化进程和产业升级，并且饱受石油价格长期高企、长期低垂和短期剧烈波动三种情形下的负面效应，经济增长停滞不前，最终彻底陷入了“能源诅咒”的陷阱；挪威则能够继续推进工业化进程和产业升级，有效缓解了能源价格波动的上述三种负面效应，实现了经济持续高质量的增长，最终获得了“能源祝福”。总之，运用CHA对委内瑞拉与挪威的分析印证了较晚的经济现代化始点是“能源诅咒”生成的根源。

第六章

“能源诅咒”与“能源祝福”的分流：俄罗斯与加拿大

（俄罗斯面临）石油诅咒的可能性越来越大。近年来其无疑朝着这个方向越陷越深。①

——奥克尚·巴尤尔根

加拿大的资源产业大幅提高了人均国民生产总值，并且丝毫没有阻碍其国内经济的增长。②

——伊恩·凯耶（Ian Keay）

---

① Oksan Bayulgen, *Foreign Investment and Political Regimes*: *The Oil Sector in Azerbaijan*, *Russia*, *and Norway*, New York: Cambridge University Press, 2010, p. 182.

② Ian Keay, "The Engine or the Caboose? Resource Industries and Twentieth-century Canadian Economic Performance", *Journal of Economic History*, Vol. 67, No. 1, 2007, p. 29.

第五章检视了委内瑞拉和挪威的案例，揭示了此类中小规模能源出口国陷入“能源诅咒”与获得“能源祝福”的政治根源及相应的因果机制。对于领土面积与人口规模更大、政治组织与社会结构更复杂、各类可动员性资源更多、发展空间更为广阔、产业禀赋更为丰裕的中大规模能源出口国来说，其出现“能源诅咒”与“能源祝福”分流的原因仍有待于阐释。[①] 特别是，如果说委内瑞拉能很好地代表所有陷入“能源诅咒”的国家，那么俄罗斯则与这些国家格格不入。俄罗斯长达百年的现代化历程、与欧洲大国在战争中的国家建构、良好的重工业基础、一流的科学研究与技术研发能力等都意味着俄罗斯具有其他绝大多数国家所不具有发展优势，然而吊诡的是本可依托这些优势实现经济持续增长的俄罗斯却也深陷于“能源诅咒”之中。因此，俄罗斯陷入“能源诅咒”的原因和机制尤为值得关注。

对此，本章聚焦于俄罗斯和加拿大，试图在第三章所构建的分析框架的指导下解释俄罗斯陷入“能源诅咒”而加拿大获得“能源祝福”的原因。俄罗斯蕴藏着大量的石油和天然气而加拿大的石油储量也极为可观，两国在领土面积、人口规模、初始经济规模及形态等诸多方面具有诸多相似性，但两国开启经济现代化进程的始点则有所不同，详见表6-1。本章第一节和第二节分别回顾了俄罗斯和加拿大自开启经济现代化进程至今的能源产业发展与经济增长情况。第三节阐述了俄罗斯和加拿大出现“能源诅咒”与“能源祝福”分流的因果机制，并且逐一对比了由经济现代化始点差异而产生的后续影响以及其

---

① 奥蒂的研究表明国家规模也会影响经济增长，其中小国更难以实现经济增长而大国更容易实现经济增长。因此他认为需要对大国和小国加以区分。为了证明本书的因果机制同样可用于解释大国的经验现象，需要引入两个大国作为一组对比案例。相应的讨论详见 R. M. Auty，“Natural Resources and Small Island Economies：Mauritius and Trinidad and Tobago”，*Journal of Development Studies*，Vol. 53. No. 2，2017，pp. 264-277。

他主要变量的特征差异。

表 6-1　　　　俄罗斯与加拿大的经济增长基础

	俄罗斯帝国（1860 年）	加拿大（1840 年）
领土面积	1880 万平方千米	998.5 万平方千米
人口规模	7400.0 万人	175.0 万人
劳动人口	5200.0 万人*	123.0 万人*
主要产业	农业	农业、渔业、造船业
主要农业产品	小麦、黑麦、亚麻、大麻	小麦、大麦、黑麦、玉米
主要工业产品	钢铁	船只、鞋靴、农业器械、酒
主要能源资源	石油、天然气、煤炭	石油、天然气
主要出口产品	小麦、大麻	皮毛、木材、牲畜、大麦、浆果
人均 GDP	41 美元**	1852 国际元***
国家成立时间	1480 年	1867 年
政治体制	沙皇专制制度	英式代议制度

注：* 劳动人口数据为估计值。** 此处显示的为 1913 年美元的价格。麦迪逊项目并未提供俄国当时的人均 GDP，此处呈现的为替代数据。*** 此处显示的为 2011 年国际元的价格。

资料来源：俄国的数据详见 Robert Michell，“Summary of Statistics of the Russian Empire”，*Journal of the Statistical Society of London*，Vol. 35，No. 3，1872，p. 341；Masaaki Kuboniwa，Yoshisada Shida，Shinichiro Tabata，“Gross Domestic Products”，in Masaaki Kuboniwa，Yasushi Nakamura，Kazuhiro Kumo and Yoshisada Shida，eds.，*Russian Economic Development Over Three Centuries*，Singapore：Palgrave Macmillan，2019，p. 345；［英］马丁·吉尔伯特：《俄国历史地图》，王玉菡译，中国青年出版社 2012 年版，第 55 页；沈影：《俄罗斯领土变迁史》，社会科学文献出版社 2013 年版，第 2 页；俄罗斯大百科全书。① 加拿大的数据详见 Scott W. See，*The History of Canada*（2nd Edition），Westport：Grey House Publishing，2010，p. 52；Roger E. Riendeau，*A Brief History of Canada*（2nd Edition），New York：Infobase Publishing，2007，p. 121；H. C. Pentland，“The Role of Capital in Canadian Economic Development Before 1875”，*Canadian Journal of Economics and Political Science*，Vol. 16，No. 4，1950，p. 461；张崇鼎主编：《加拿大经济史》，四川大学出版社 1999 年版，第 238 页；［加］玛格丽特·康拉德：《剑桥加拿大史》，王士宇、林星宇译，新星出版社 2019 年版，第 56—61

① Проскурякова Н. А.，“Большая Российская Энциклопедия 19 ВЕК”，https：//bigenc. ru/domestic_ history/text/3249696.

页；Statista；[①]“数据中的世界”网站。[②]

第一节　俄罗斯的能源开发与经济停滞

为了更为清晰直观地呈现俄罗斯能源开发与经济增长的情况，这一节的论证进一步分成四个部分。本节首先回溯俄罗斯开启经济现代化的条件和进程，大致明确其经济现代化始点；其次阐述与经济现代化始点伴随而来的能源产业联盟形态与产权制度类型；再者分析该类型是否触发了“税汇陷入”“补贴分异”和“利益交换”效应，并观察俄罗斯是否最终形成了能源产业畸大的产业结构；最后探讨这种产业结构对近年来俄罗斯经济增长的影响。

一　走向现代：俄罗斯经济现代化的条件与进程

经济现代化开始前，俄罗斯在政治层面形成了沙皇专制制度，沙皇独揽权力但缺少对地方的直接控制手段。[③] 莫斯科公国于 15 世纪末到 16 世纪初结束了旨在推翻金帐汗国的独立战争与吞并周边邦国的兼并战争，实现了国家独立与统一。金帐汗国的制度遗存与拜占庭传统、东正教君权思想共同成为沙皇专制制度的基础。[④] 18 世纪彼得一世（Peter I）改革后，俄国由等级代表君主制转变为绝对君主制。[⑤] 一方面，沙皇专制体制下皇权无限，各阶层人民均被彻底排除出国家机构，呈现明显的前

① Statista, “Population of Canada from 1800 to 2020”, https://www.statista.com/statistics/1066836/population-canada-since-1800/.

② Our World in Data, “GDP Per Capita, 1840-Maddison Project”, https://ourworldindata.org/grapher/maddison-data-gdp-per-capita-in-2011us? tab=chart&country=~CAN.

③ 本部分涉及俄罗斯的多个历史时期。为避免混淆，特对俄罗斯、俄国、苏联、俄罗斯联邦等名词进行如下区分。俄罗斯特指长时间范围、跨政权的俄罗斯民族国家，俄国指沙皇时期俄罗斯，苏联即指苏维埃俄罗斯联邦及苏维埃社会主义共和国联盟，俄罗斯联邦指苏联解体后的俄罗斯。

④ Charles J. Halperin, *Russia and the Golden Horde: The Mongol Impact on Medieval Russian History*, Bloomington and Indianapolis: Indiana University Press, 1985, pp. 44-61.

⑤ ［美］尼古拉·梁赞诺夫斯基、马克·斯坦伯格：《俄罗斯史》，杨烨等译，上海人民出版社 2013 年版，第 138 页。

现代君主专制特征。[①] 另一方面，这一时期沙皇专制处于官僚贵族君主制阶段，落后的社会生产与庞大的国土面积使沙皇只能依靠贵族、地主管理国家。[②] 因此，直到18世纪晚期俄国基本不存在地方政府，国家依赖当地贵族地主收税和征兵。[③] 在这种制度下，沙皇以维护农奴制换取地主和贵族的支持。

在经济层面，俄罗斯长期为落后的农业国家。就生产力而言，18世纪初俄国在农业国家中也处于低水平，单位面积作物产量仅为中国的四分之一。[④] 就生产关系而言，经1649年《国民议会法典》在法律上确认的农奴制不断巩固加强。该制度下，农奴被束缚于土地上，农奴主无偿占有农奴的一切劳动成果，这显然是一种典型的自给自足封建经济形态。[⑤] 就产业结构而言，农业部门长期在俄国国民生产和就业中占主导地位。[⑥] 直到19世纪末俄国依然是农业国，四分之三的人口从事农业，农业产值占国内生产总值的50%左右。[⑦] 从18世纪开始，俄国开始明显地依赖甚至依附欧洲其他国家来实现发展。[⑧] 18世纪末俄国对欧洲出口中的49.9%为大麻、亚麻及其制品，粮食、皮毛、油脂、木材等初级产品约占28.2%，初级工业产品铁仅占11.3%。[⑨] 显然，19世纪之前俄罗斯经济结构及模式仍呈现明显的非工业性和前现代性。

19世纪以来，一系列有利于俄罗斯开启经济现代化进程的积极因素

---

① 中共中央马克思恩格斯列宁斯大林著作编译局编译：《列宁选集（第一卷）》，人民出版社1972年版，第393页。

② 俄国沙皇专制制度的发展，根据其阶级性质，可分为贵族杜马君主制、官僚贵族君主制、资产阶级君主制三个阶段。详见中共中央马克思恩格斯列宁斯大林著作编译局编译《列宁全集（第二十卷）》，人民出版社2017年版，第187—208页。

③ David Moon, “Reassessing Russian Serfdom”, *European History Quarterly*, Vol. 26, No. 4, 1996, p. 489.

④ Vitali A. Meliantsev, “Russia's Comparative Economic Development in the Long Run”, *Social Evolution & History*, Vol. 3, No. 1, 2004, p. 108.

⑤ 邓沛勇：《俄国经济史（1700～1917）》，社会科学文献出版社2020年版，第35页。

⑥ Mau Vladimir, Drobyshevskaya Tatiana, “Modernization and the Russian Economy: Three Hundred Years of Catching up”, http://dx.doi.org/10.2139/ssrn.2135459.

⑦ 邓沛勇：《俄国政治史（1700～1917）》，社会科学文献出版社2020年版，第174页。

⑧ ［美］伊曼纽尔·沃勒斯坦：《现代世界体系（第一卷）》，刘新成等译，社会科学文献出版社2013年版，第362页。

⑨ Artur Attman, “The Russian Market in World Trade, 1500-1860”, *Scandinavian Economic History Review*, Vol. 29, No. 3, 1981, p. 191.

先后出现。首先，先发国家的“技术扩散、观念与制度的传播”为后发的国家经济现代化提供了有利条件，而俄罗斯与第一波及第一波半现代化国家在空间上的临近增强了这种效应。① 早在彼得一世统治时期，俄罗斯就慢慢开始了“欧化”进程，引进西方先进的军事及行政制度、教育体系、文化、技术等。之后俄国精英阶层国际化的速度因“北方大战”的胜利而明显加快，他们开始普遍学习使用英语、法语并与欧洲王室及官员通婚。② 叶卡捷琳娜二世（Catherine Ⅱ）也深受当时欧洲启蒙运动思潮影响，自幼接受欧洲式教育、游历欧洲，即位前受友人影响研习伏尔泰（Voltaire）等启蒙学者著作。③ 她在 1762 年即位后更与德尼·狄德罗（Denis Diderot）等启蒙思想家保持私人联系，这成为其“开明专制”思想的基础。④

其次，俄国中央集权制度不断加强，政府的控制和行政能力明显提升。继彼得一世之后，多位沙皇先后推行了更为深入的地方行政改革。叶卡捷琳娜二世颁布了《全俄帝国各省管理体制》，一方面建立省、县两级管理体制并增加省级单位数量；另一方面规定由沙皇直接任命的总督、省长为地方最高行政长官并负责地方监督、警察系统。同时颁布法令来加强国家道路建设，以连接全国各地区。⑤ 亚历山大一世（Alexander I）统治时期，米哈伊尔·斯佩兰斯基（Mikhail Speransky）除强化省长和总督对地方行政及军事的主导权外，还在地方设立了诸如税务厅与国库等各部委直属机构。⑥ 国家对社会的控制也同时加强，如尼古拉一世（Nicholas I）成立负责官员监督、社会侦察的沙皇办公厅对社会进行严密控制。⑦ 俄国对地方政治经济的控制基本达到罗曼诺夫王

① 叶成城、唐世平：《第一波现代化：一个“因素+机制”的新解释》，《开放时代》2015 年第 1 期，第 120 页；王子夔：《现代化研究的回顾与反思——从“类型”到“分波次”》，《学术月刊》2018 年第 3 期，第 183—184 页；王子夔：《普鲁士歧路——19 世纪俄国和奥地利现代化改革中的效仿》，《世界经济与政治》2018 年第 10 期，第 105—128 页。

② James Cracraft, *The Revolution of Peter the Great*, Cambridge: Harvard University Press, 2006, p. 160.

③ Simon Dixon, *Catherine the Great*, New York: HarperCollins e-books, 2009, pp. 98-108.

④ 张建华：《俄国现代化道路研究》，北京师范大学出版社 2002 年版，第 32—34 页。

⑤ Tracy Nichols Busch, "Connecting an Empire Eighteenth-century Russian Roads, From Peter to Catherine", *The Journal of Transport History*, Vol. 29, No. 2, 2008, p. 242.

⑥ 邓沛勇：《俄国政治史（1700～1917）》，社会科学文献出版社 2020 年版，第 92 页。

⑦ 邓沛勇：《俄国政治史（1700～1917）》，社会科学文献出版社 2020 年版，第 94 页。

朝建立以来的最强时期。①

再次，1853—1856 年的克里米亚战争为俄国自上而下的大改革提供了主要动力。战争失败显示出的军事目标与经济现实之间的巨大张力成为俄国经济现代化的主要动力。② 对于俄国经济现代化的领导者亚历山大二世（Alexander Ⅱ）来说，改革国内体制、解放农奴的动力主要来自克里米亚战争的失败。③ 他充分认识到了农奴制改革是军队改革的必要前提，社会经济改革是提高军队机动力以维持自身统治的基础。④ 因此，亚历山大二世开始自上而下的全面改革。1861 年 2 月俄国国务会议颁布《关于农奴脱离依附地位的法令》等法律文件，正式废除农奴制，赋予农奴独立的经济、社会权利。这使全俄劳动力得以解放，标志着俄国从传统社会向现代社会进行整体转变。⑤ 此外，军队改革、引进外资、铁路网建设也在亚历山大二世执政期间同步进行。

最后，历经长期积累俄国资本主义经济的活力明显增强。一是雇佣劳动市场出现并迅速扩大。这种变化直观地体现在了产业工人规模的变化。俄国产业工人数量由 1767 年的 5.6 万人增加到 1825 年的 21.1 万人。⑥ 二是社会生产专门化渐趋成熟。18 世纪到 19 世纪上半叶，俄国历经多次经济改革后冶金及采矿等初级工业迅速发展。工厂数量从 18 世纪初的 200 家左右增加到 18 世纪末 1200 家左右。⑦ 在这一时期，俄罗斯中部和北部省份以工业为主，西北部地区主要加工经济作物，南部和西南

---

① Tracy Nichols Busch, “Connecting an Empire Eighteenth-century Russian Roads, From Peter to Catherine”, *The Journal of Transport History*, Vol. 29, No. 2, 2008, p. 242.

② ［美］亚历山大·格申克龙：《经济落后的历史透视》，张凤林译，商务印书出版社 2012 年版，第 15 页；Clive Trebilcock, *The Industrialization of the Continental Powers 1780-1914*, London: Routledge, 2013, p. 220.

③ 张广翔：《亚历山大二世改革与俄国现代化》，《吉林大学社会科学学报》2000 年第 1 期，第 68—70 页。

④ Winfried Baumgart, *The Crimean War: 1853-1856*, London: Bloomsbury Academic, 2020, p. 225.

⑤ 张建华：《俄国现代化道路研究》，北京师范大学出版社 2002 年版，第 4 页。

⑥ Алексеев В. В. *Экономическая История России с Древнейших Времен до 1917 г.* Москва: РОССПЭН, 2008, С. 304-306; Дробижев В. З., Ковальченко И. Д., Муравьев А. В. *Историческая География СССР.* Москва: Высш. школа, 1973, С. 223.

⑦ ［美］尼古拉·梁赞诺夫斯基、马克·斯坦伯格：《俄罗斯史》，杨烨等译，上海人民出版社 2013 年版，第 268 页。

部地区主要从事农耕和畜牧业，产业分工逐渐明晰。[①] 三是商品经济市场越发成熟。18 世纪下半叶俄国固定贸易规模迅速扩大，展销会数量增加 6.5 倍，151 个城市固定贸易颇具规模。[②]

随着以上有利条件的出现，俄罗斯的经济与社会面貌自 19 世纪 60 年代起出现了显著的变化。首先，以大工厂生产和机械化生产为代表的现代工业生产方式发展迅速。一方面大工厂生产比重提高，拥有工人 1000 人左右的工厂占工厂总数在 1866 年后占比持续提高，详见表 6-2。另一方面机械化生产比重提高，19 世纪 70 年代到 90 年代初俄国国内蒸汽锅炉由 8510 增至 14248 台，到 1890 年 500 人以上大工厂的蒸汽动力使用率达到 100%。[③] 总的来看，1861 年农奴制改革后至 19 世纪 90 年代，现代的大工业生产迅速取代前现代的手工小作坊生产。[④]

表 6-2　　1866—1890 年俄国不同类别工厂数量变化　　（单位：个）

用工规模 / 年份	100—499	500—999	1000 以上	总计
1866	512	90	43	644
1879	641	130	81	852
1890	713	140	99	951

资料来源：［苏］П. И. 梁士琴科：《苏联国民经济史（第二卷 资本主义）》，李延栋等译，人民出版社 1954 年版，第 142 页。

其次，全俄人口的死亡率在俄国末期明显下降、自然增长率明显上升、城市化及工商业化速度快。1866—1913 年俄国死亡率从 37.4‰下降至 27.1‰，自然增长率从 12.3‰上升至约 16‰。[⑤] 就城市化而言，

---

① 邓沛勇：《俄国经济史（1700～1917）》，社会科学文献出版社 2020 年版，第 23 页。

② Миронов Б. Н. *Внутренний Рынок России во Второй Половине* XⅧ – *Первой Половине XIX в.* Ленинград: Наука: Ленингр. отд-ние, 1981, С. 62.

③ 中共中央马克思恩格斯列宁斯大林著作编译局编译：《列宁全集（第三卷）》，人民出版社 2013 年版，第 464—467 页。

④ ［苏］П. И. 梁士琴科：《苏联国民经济史（第二卷 资本主义）》，李延栋等译，人民出版社 1954 年版，第 143 页。

⑤ ［俄］Б. Н. 米罗诺夫：《帝俄时代生活史：历史人类学研究（1700—1917 年）》，张广翔等译，商务印书馆 2012 年版，第 574 页。

俄国城市化率由于人口流动性增强而得到显著提高。从 1863 年到 1897 年“欧俄地区”全部人口增加 53.3%，其中农村人口增加 48.5%而城市人口增加了 97.0%，详见表 6-3。① 就工商业化而言，俄国人口不断从农业流向工商业。到 19 世纪末在弗拉基米尔等各省城市之间的工商业村镇的工人数甚至超过城市；短期离开农业生活外出务工的流动工人达 600 万，长期雇佣工人达 1000 万，其中大多数从事非农业工作。②

表 6-3　　1863—1897 年俄国“欧俄地区”城市及城市人口变化

年份	欧俄人口（千万）			城市人口的百分比（%）	城市数目（个）				大城市人口（万）				1863 年 14 个最大城市的人口（万）
	共计	城市	县		人口超 20 万	人口在 10—20 万	人口在 5—10 万	大城市总数	人口超 20 万	人口在 10—20 万	人口在 5—10 万	总数	
1863	6.1	0.6	5.5	9.94	2	1	10	13	89.11	11.9	68.34	169.35	174.19
1885	8.2	1.0	7.2	12.19	3	7	21	31	185.48	99.8	130.27	415.55	310.37
1897	9.4	1.2	8.2	12.76	5	9	30	44	323.81	117.7	198.24	639.75	426.63

资料来源：中共中央马克思恩格斯列宁斯大林著作编译局编译：《列宁全集（第三卷）》，人民出版社 2013 年版，第 513 页。

最后，生产方式的现代化带来的是产业结构优化与经济整体增长。相较于 1890 年，俄国工业生产总值在 1900 年增加了 15 亿卢布，增长率达 50%。同期制造业产量占世界总产量相对份额从 1860 年的 7.0%上升到 8.8%，详见表 6-4。1870—1885 年，俄国人均 GDP 年平均增长率从 0.1%上升至 0.7%。③ 1885—1913 年，俄国人均 GDP 年平均增长率增长

① “欧俄地区”具体指该时期俄国欧俄地区 50 省，省份及其类别详见中共中央马克思恩格斯列宁斯大林著作编译局编译《列宁全集（第三卷）》，人民出版社 2013 年版，第 519 页。

② 中共中央马克思恩格斯列宁斯大林著作编译局编译：《列宁全集（第三卷）》，人民出版社 2013 年版，第 520—534 页。

③ Vitali A. Meliantsev，“Russia's Comparative Economic Development in the Long Run”，*Social Evolution & History*，Vol. 3，No. 1，2004，p. 111.

至1.9%，GDP年均增长率为3.5%并且其规模已经与法国基本相当。[①]从经济表现来看俄国与更早开启经济现代化进程的国家的差距迅速缩小。通过对俄国产业结构变迁、经济增长速度和人口变化的考察，本书基本能够对其开启经济现代化进程的始点加以判断。

表6-4　1880—1938年主要大国在世界制造业产量中所占的相对份额　（单位：%）

	1880年	1900年	1913年	1928年	1938年
英国	22.9	18.5	13.6	9.9	10.7
美国	14.7	23.6	32.0	39.3	31.4
德国	8.5	13.2	14.8	11.6	12.7
法国	7.8	6.8	6.1	6.0	4.4
俄国（苏联）	7.6	8.8	8.2	5.3	9.0
奥匈帝国	4.4	4.7	4.4	-	-
意大利	2.5	2.5	2.4	2.7	2.8

资料来源：［英］保罗·肯尼迪：《大国的兴衰：1500—2000年的经济变革和军事冲突（上册）》，王保存等译，中信出版社2013年版，第210页。

关于俄罗斯经济现代化确切始点的研究大致可以分为“彼得一世改革说”和“农奴制改革说”这两类。然而前者混淆了“欧化”与“现代化”之间的区别，实际上现代化决不简单等同于欧化。[②]后者的支持者甚众，譬如西里尔·布莱克认为俄国的经济现代化真正始于19世纪60年代后农业生活方式向城市工业生活方式的转化，在此之前仅是现代化的准备阶段。[③]Б. Н. 米罗诺夫（Boris Nikolaevich Mironov）从居民生活水平的社会历史研究出发，认为只有在1861年的改革后俄国居民生活水

① Masaaki Kuboniwa, Yoshisada Shida, Shinichiro Tabata, "Gross Domestic Products", in Masaaki Kuboniwa, Yasushi Nakamura, Kazuhiro Kumo and Yoshisada Shida, eds., *Russian Economic Development over Three Centuries*, Singapore: Palgrave Macmillan, 2019, p. 336.

② 张建华：《俄国现代化道路研究》，北京师范大学出版社2002年版，第27页。另见本书第三章中对于现代性及现代化概念的相应讨论。

③ ［美］西里尔·E·布莱克等：《日本和俄国的现代化——一份进行比较的研究报告》，周师铭等译，商务印书馆1984年版，第24—28页。

平才实现突破性提高，因而这一时点可被视为经济现代化进程开始的标志。① 邓沛勇也将1861年作为俄国由封建社会迈向资本主义社会的转折点，也即经济现代化进程的始点。② 本书基于生产方式、人口变化、经济增长等表现对俄罗斯经济现代化始点的判断结果与上述研究基本一致，因而可以断定俄罗斯大约于19世纪60年代开启了经济现代化的进程，属于第二波现代化国家。

根据第三章第三节的相应界定，第二波现代化国家应该是先发国家。然而值得注意的是，俄罗斯在19世纪60年代开启经济现代化进程后历经第一次世界大战、二月革命、十月革命、第二次世界大战和苏联解体。由于频繁的革命、战争和国家建构的失败，俄罗斯的经济现代化进程多次趋于停滞、倒退和重启。③ 理查德·萨克瓦更是批判性地指出苏联本身就是对俄罗斯经济现代化进程的失败尝试，其破坏了而非推动了俄罗斯的经济现代化进程。④ 基于此，对俄罗斯而言，其真正连续的经济现代化进程的始点可能还要远远晚于19世纪60年代。另外值得注意的是，俄罗斯的经济发展模式始终带有赶超导向、政府干预等后发国家所特有的鲜明特质。⑤ 因此从全球史的角度来看俄罗斯仍属于后发国家。

二　俄罗斯的油气产业联盟形态与油气产权制度类型

俄罗斯对油气资源的开发历史悠久。18世纪初俄罗斯的巴库地区就出现了早期的石油工业，但其发展一度受到经济、交通、政治等因素的

---

① ［俄］Б. Н. 米罗诺夫：《帝俄时代生活史：历史人类学研究（1700—1917年）》，张广翔等译，商务印书馆2012年版，第573页。

② 邓沛勇：《俄国政治史（1700～1917）》，社会科学文献出版社2020年版，第65—69页；邓沛勇：《俄国工业化研究（1861—1917）》，社会科学文献出版社2020年版，第64页。

③ 笔者于2022年2月21日对张昕进行了访谈，他阐述了基于不同历史观对俄罗斯经济现代化始点的判断及相应的争议。不过较具有共识的是俄罗斯的经济现代化进程历经频繁的中断和重启，这使其经济发展模式呈现明显的后发国家特质。

④ Richard Sakwa, *Russian Politics and Society* (4th Edition), London: Routledge, 2008, p. 3.

⑤ 笔者于2022年2月17日对郭晓琼进行了访谈，她认为虽然俄罗斯迈入经济现代化的始点早于其他亚非拉国家，但是仍应被归入后发国家。

严重制约。[①] 俄罗斯的现代石油工业始于1873年诺贝尔家族进入巴库地区投资石油产业。[②] 1873—1901年是俄罗斯石油开发的黄金时期，石油产量从1870年的2.95万吨暴涨300余倍直至1900年的1035.22万吨。[③] 19世纪末俄国超过美国成为世界第一大产油国，占世界总产油量的一半以上。[④] 1901年巴库油田产量达到峰值后直到1917年，受经济危机、工人运动、革命、战争等因素影响，石油产业受到沉重打击。[⑤] 石油产量从1901年的1150万吨下降到1918年的370万吨，下降了68%。[⑥] 天然气在相当长时间内仅被看作石油的副产品，产量和消耗都很少。直到20世纪60年代苏联成立天然气工业部，俄罗斯才开始对天然气进行大规模的勘探开发。

俄国末期到苏联前期，俄罗斯走向了政府大规模干预油气产业发展的道路，这一道路一直延续至今，详见表6-5。其主要原因在于，首先，由于开启经济现代化进程较晚，俄罗斯为实现赶超选择了政府大力干预的经济发展模式。[⑦] 1872年后俄国政府一直通过税收政策等来干预石油产业的发展。[⑧] 19世纪90年代后，谢尔盖·维特（Sergei Witte）的经济改革开启了政府大规模干预经济的进程。维特借鉴弗里德里希·李斯特（Friedrich List）的政治经济学说，通过政府投资、保护性关税大力发展

---

① Sergei Ermolaev, “The Formation and Evolution of the Soviet Union's Oil and Gas Dependence”, https：//carneg-ieendowment. org/2017/03/29/formation-and-evolution-of-soviet-union-s-oil-and-gas-dependence-pub-68443#top content.

② ［美］迈克尔·伊科诺米迪斯、唐纳·马里·达里奥：《石油的优势：俄罗斯的石油政治之路》，徐洪峰等译，华夏出版社2009年版，第227页。

③ ［苏］П. И. 梁士琴科：《苏联国民经济史（第二卷 资本主义）》，李延栋等译，人民出版社1954年版，第203页。

④ 邓沛勇：《俄国经济史（1700～1917）》，社会科学文献出版社2020年版，第108页。

⑤ Felix Rehschuh, “From Crisis to Plenty：The Soviet ‘Oil Campaign’ Under Stalin”, in Jeronim Perovic, ed., *Cold War Energy：A Transnational History of Soviet Oil and Gas*, Cham：Palgrave Macmillan, 2017, pp. 49-50; Lionel S. Johns, et al., “Technology and Soviet Energy Availability”, https：//www. princeton. edu/~ota/disk3/1981/8127/8127. PDF.

⑥ Jonathan Sicotte, “Baku and Its Oil Industry through War and Revolution：1914-1920”, *The Extractive Industries and Society*, Vol. 5, No. 3, 2018, pp. 384-392.

⑦ Clive Trebilcock, *The Industrialization of the Continental Powers 1780-1914*, London：Routledge, 2013, pp. 221-225.

⑧ ［美］迈克尔·伊科诺米迪斯、唐纳·马里·达里奥：《石油的优势：俄罗斯的石油政治之路》，徐洪峰等译，华夏出版社2009年版，第69页。

铁路、石油等产业。[①] 而李斯特学说正是一种采取后发国视角，强调政府干预以实现赶超的政治经济学说。[②] 20 世纪初，俄国政府开始直接控制石油产业，并于 1915 年成立了特别燃料会议等机构来统筹石油生产。苏联前期，基于国内外的紧迫形势苏维埃政府于 1918 年 6 月立法，明确规定各石油相关企业及其资产一律收归国有。[③] 同期成立的国防委员会下属的燃料委员会全权负责战时燃料分配。苏维埃政府还将石油产业列为特殊供应部门，要求国家所有部门必须优先保障石油总委员会需要。

表 6-5　俄罗斯历届政府的油气政策

领导人及其任期	关键油气政策
亚历山大二世 1855—1881 年	• 大幅提高煤油进口关税，规定使用黄金进行业务结算
亚历山大三世 （Alexander Ⅲ） 1881—1894 年	• 提高煤油进口关税 • 成立矿业局地质委员会专门研究石油勘探问题 • 政府协调成立石油辛迪加
尼古拉二世 （Nicholas Ⅱ） 1894—1917 年	• 成立特别燃料会议 • 政府领导建立石油生产商协会内部协商制度
弗拉基米尔·列宁 （Vladimir Lenin） 1917—1924 年	战时共产主义时期（1918—1921 年） • 石油产业全面国有化 • 成立国防委员会，该委员会下属的燃料委员会全权负责战时燃料分配 • 将石油工业列为特殊供应部门，国家所有部门必须优先保障石油总委员会的需要 • 通过俄罗斯国家电气化委员会计划，提出优先发展燃料动力综合体部门 新经济政策时期（1921—1924 年） • 石油托拉斯改革，将三家主要托拉斯石油公司合并为石油工业辛迪加

① 黄亚丽：《19 世纪末至 20 世纪初俄国经济政策解析——维特的经济思想与经济改革视角》，《东北亚论坛》2006 年第 3 期，第 119—120 页。

② ［德］弗里德里希·李斯特：《政治经济学的国民体系》，陈万煦译，商务印书馆 2017 年版。

③ Гладкова И. А. *Национализация Промышленности в СССР：Сборник Документов и Материалов 1917–1920 г.* Москва：Госполитиздат，1954，С. 299.

续表

领导人及其任期	关键油气政策
约瑟夫·斯大林 （Joseph Stalin） 1924—1953 年	战前时期（1924—1941 年） • 成立乌拉尔石油公司托拉斯勘探、开发乌拉尔地区石油 • 取消石油公司独立性，将地方石油公司合并到联盟石油公司 • 成立石油工业人民委员部 • 制定第二个五年计划。有针对性地提高炼油能力，大幅提高石油出口，提出到 1937 年石油出口增至 1040 万吨 • 第三个五年计划要求石油加工业加速汽油生产 战时时期（1941—1945 年） • 开展在伏尔加—乌拉尔地区建立强大石油开采和加工业的计划 战后时期（1945—1953 年） •《关于 1945 年国家国民经济的恢复和发展计划》提出 1945 年将石油产量提高 9%，加快恢复石油生产 • 第四个五年计划提出石油开采要在 1940 年水平上增加 14%，大力发展石油加工业 • 第五个五年计划提出到 1955 年石油产量增加到 85% • 加快开发伏尔加—乌拉尔地区石油，通过《关于加快鞑靼斯坦自治共和国石油开发的措施》确定综合建设国家新的石油基地的任务，成立了鞑靼石油联合体
尼基塔·赫鲁晓夫 （Nikita Khrushchev） 1953—1964 年	• 二十大决定石油工业部门应比其他重工业部门更快提高增产速度，石油产量应在未来五年增长 91% • 通过《关于立即采取措施加强西西伯利亚地区石油天然气联合体建设》，提出了大规模工业开发西西伯利亚地区石油的基本方向 • 成立秋明石油天然气生产联合体，后改组为秋明石油生产管理总局 • 第六个至第八个五年计划制定了天然气工业的发展目标
列昂尼德·勃列日涅夫 1964—1982 年	• 成立天然气工业部、石油加工工业部 • 发起天然气运动，提高天然气在能源消费中的比重 • 实行老工业油田复兴政策
米哈伊尔·戈尔巴乔夫 1985—1991 年	• 通过《关于重新装备石油和天然气工业补充措施》《关于 1986—1990 年在西西伯利亚综合发展石油和天然气工业》的决定，试图通过提高工业技术重新提升石油天然气产量 • 紧急动员号召“继续向黑色黄金发起进攻”运动，大力动员油气生产 • 组建国有俄罗斯天然气工业公司

续表

领导人及其任期	关键油气政策
鲍里斯·叶利钦 (Boris Yeltsin) 1991—1999 年	• 组建国有卢克石油、尤科斯石油、苏尔古特石油天然气公司及俄罗斯石油公司，俄罗斯石油公司对在俄罗斯运营的 301 家石油企业中的 259 家进行国有股权信托管理 • 授予俄罗斯天然气工业公司国家对外供应天然气合同的垄断权，批准天然气工业股份公司设立特别稳定基金 • 颁布第 1403 号总统令，成立俄罗斯石油运输公司（Transneft）
弗拉基米尔·普京 (Vladimir Putin) 1999—2008 年	• 将能源项目审批权、监督管理权移交至国家能源署（Federal Energy Agency）；由设立由总统直接管辖的特别委员会管理油井生产配额、公司税收 • 以石油超额收入为资金来源设立主权财富基金 • 颁布《矿产法》修正案，将地方政府的油气开采审批权收归俄罗斯联邦政府 • 出台《战略企业名单》，明确要求俄罗斯联邦政府对石油、天然气战略企业具有绝对控股权 • 颁布《天然气出口法》，授予俄罗斯天然气工业股份公司对天然气的出口垄断权 • 税费改革，油气企业税率从 1999 年利润的 45.1%上升至 2005 年的 83.8%
德米特里·梅德韦杰夫 (Dmitry Medvedev) 2008—2012 年	• 颁布《战略领域外国投资法》，严格限制外资占俄罗斯天然气工业股份公司、卢克石油公司等战略油气公司的比重
弗拉基米尔·普京 2012 年至今， 第 2 次执政	• 制定 2021—2025 天然气基础设施建设计划，提高全国天然气普及率

资料来源：邓沛勇：《俄国政治史（1700～1917）》，社会科学文献出版社 2020 年版，第 65—76 页；张建华：《俄国现代化道路研究》，北京师范大学出版社 2002 年版，第 97 页；［俄］ B. Ю. 阿列克佩罗夫：《俄罗斯石油：过去、现在与未来》，石泽等译审，人民出版社 2012 年版，第 46、176—184、215、266、271、293、299、307 页；关雪凌、张猛：《普京政治经济学》，《政治经济学评论》2018 年第 3 期，第 158—166 页；Nadejda Victor, Inna Sayfer, “Gazprom: The Struggle for Power”, in David G. Victor, David R. Hults, Mark C. Thurber, eds., *Oil and Governance: State-owned Enterprises and the World Energy Supply*, New York: Cambridge University Press, 2012, p. 659; Felix Rehschuh, “From Crisis to Plenty: The Soviet ‘Oil Campaign’ Under Stalin”, in Jeronim Perovic, ed., *Cold War Energy: A Transnational History of Soviet Oil and Gas*, Cham: Palgrave Macmillan, 2017, p. 52; David Robinson, David Edwin Wynn Owen, *Russia Rebounds*, Washington D. C: International Monetary Fund, 2003, pp. 77-90; Adnan Vatansever, *The Political Economy of Allocation of Natural Resource Rents and Fighting the Resource Curse: The Case of Oil Rents in Putin's Russia*, Ann Arbor:

ProQuest LLC，2009，p. 32；纽约时报；① 兰德公司；② 国际能源署；③ 卡内基国际和平基金会。④

其次，俄罗斯由于开启经济现代化进程较晚形成了动员体系，这框定了该国在能源领域建立国家产权制度的选择。⑤ 从俄国到苏联、俄罗斯都呈现阿普特所述的动员体系。政府优先议程并非回应民众、提供信息而是获取权威、进行经济资源整合。早期俄罗斯动员体系以沙皇专制体制为基础，东正教政教一元论、斯拉夫民族主义为意识形态。⑥ 沙皇权威从思想层面到制度层面都至高无上。苏联成立后，中央权威、国家权威取代沙皇个人权威。最终，这种权威不断外溢到经济层面。战争时期，政府管控一切资源并成立国防委员会，以此动员所有力量完成战时经济任务。⑦ 战争结束后，具有极高组织力的布尔什维克党员参与、组织和领导了苏联各个产业的恢复性生产。⑧ 最终，政府统管一切并集中所有人力、物力和财力以推动经济增长的动员体系形成。⑨

再者，油气产业具有极高的利润，能够在短期内为经济现代化刚刚起步的俄罗斯提供可观的收益。由于极为优越的自然资源禀赋，石油产业在19世纪末20世纪初的俄罗斯利润远高于其他产业。20世纪初俄国石油公司的平均利润率达21.8%，部分垄断集团如“诺贝尔兄弟集团”的利润率

---

① Andrew E. Kramer，“Gazprom Given Rights to Russian Gas Exports”，https：//www.nytimes.com/2006/07/06/business/worldbusiness/06iht-gazprom.2129167.html.

② Thane Gustafson，“The Soviet Gas Campaign：Politics and Policy in Soviet Decision-making”，https：//www.rand.org/pubs/reports/R3036.html.

③ International Energy Agency，“Developing Gas Supply and Gasification of Regions”，https：//www.iea.org/policies/13253-developing-gas-supply-and-gasification-of-regions-gazprom-investment.

④ Nina Poussenkova，“Lord of the Rigs：Rosneft as a Mirror of Russia's Evolution”，https：//carnegieendowment.org/2007/03/05/lord-of-rigs-rosneft-as-mirror-of-russia-s-evolution-pub-19049.

⑤ Philip G. Roeder，“Modernization and Participation in the Leninist Development Strategy”，*American Political Science Review*，Vol. 83，No. 3，1989，p. 864.

⑥ 曹维安：《俄国史新论——影响俄国历史发展的基本问题》，中国社会科学出版社2002年版，第14—17页。

⑦ ［俄］В. Ю. 阿列克佩罗夫：《俄罗斯石油：过去、现在与未来》，石泽等译审，人民出版社2012年版，第178页。

⑧ ［美］西达·斯考切波：《国家与社会革命：对法国、俄国和中国的比较分析》，何俊志等译，上海人民出版社2015年版，第266页。

⑨ 黄永鹏：《俄罗斯权威主义的历史传承与现实选择》，《世界经济与政治》2002年第2期，第45页。

高达 36%。[①] “里海—黑海石油工业和贸易公司” 固定资本 1000 万卢布，1903 年一年纯利润 531.3 万卢布，每股红利达 6%。[②] 石油产业的高利润也给俄国政府带来巨额收入。虽然在外国石油公司主导下大部分石油收入都流向国外，但俄国政府仍能通过消费税等间接方式获取石油产业收入，酒精等产品的消费税甚至占到了当时俄国政府税收的四分之一。[③] 早在 19 世纪末，石油出口收入就已经占到俄罗斯出口总收入的 7%。[④]

此外，作为一个开启经济现代化进程较晚又面临严峻战略和安全压力的大国，俄罗斯领导人尤其重视油气的战略价值。1912 年英国海军决定用石油代替煤炭以及第一次世界大战的结果都预示石油军事价值的提升。[⑤] 这种战略意义迅速反映到国际关系中并被苏联政府感知，斯大林认为紧缺又重要的石油将诱使资本主义国家与其合作。[⑥] 1922 年热那亚会议证实了这一判断，苏联以石油为谈判筹码成功分化了西方国家反俄统一战线。[⑦] 面对紧张的国际形势，以能源为基础的重工业成为苏联发展经济的优先方向，能源成为苏联初期经济建设的物质保证。列宁曾表示“只有在矿物燃料的基础上作为共产主义社会基础的大工业才能实现”。[⑧] 被视为“第二个党纲”的 1921 年《俄罗斯电气化计划》指出，现代工业的一切重要进步“都同石油和炼油工业有最直接关系”。[⑨] 斯大

---

① Дьяконова И. А. *Нобелевская Корпорация в России.* Москва: Мысль, 1980, С. 135.

② ［俄］В. Ю. 阿列克佩罗夫：《俄罗斯石油：过去、现在与未来》，石泽等译审，人民出版社 2012 年版，第 156 页。

③ Holquist Peter, *Making War*, *Forging Revolution*, *Russia's Continuum of Crisis*: *1914 - 1921*, Cambridge: Harvard University Press, 2002, pp. 2-3.

④ Lauren Goodrich, “The Past, Present and Future of Russian Energy Strategy”, https://worldview.stratfor.com/art-icle/past-present-and-future-russian-energy-strategy; Витте С. Ю. *Конспект Лекций о Народном и Государственном Хозяйстве.* Санкт-Петербург: Брокгауз-Ефрон, 1912, С. 141.

⑤ 张建新：《能源与当代国际关系（第二版）》，上海人民出版社 2016 年版，第 41 页。

⑥ ［美］迈克尔·伊科诺米迪斯、唐纳·马里·达里奥：《石油的优势：俄罗斯的石油政治之路》，徐洪峰等译，华夏出版社 2009 年版，第 69 页。

⑦ ［俄］В. Ю. 阿列克佩罗夫：《俄罗斯石油：过去、现在与未来》，石泽等译审，人民出版社 2012 年版，第 212 页；A. A. Fursenko, “The Oil Problem and Soviet-American Relations at the Genoa Conference of 1922”, in Carole Fink, Axel Frohn, Jürgen Heideking, eds., *Genoa*, *Rapallo*, *and European Reconstruction in 1922*, *Cambridge*: *Cambridge University Press*, *2012*, *p. 154*。

⑧ 中共中央马克思恩格斯列宁斯大林著作编译局编译：《列宁全集（第四十二卷）》，人民出版社 2017 年版，第 354 页。

⑨ Веденеев Б. Е. Электрификация всей страны// *Электричество*, 1945, No. 12, С. 23.

林也提出“工业化的中心，工业化的基础，就是发展燃料、金属等重工业”。[①]

最后，俄国缺少大规模发展油气产业所需的私人商业资本，由此政府主导资本筹集和投入势在必行。根据拜罗克的计算，到 1913 年俄国人均工业化指数仍仅为 20，在资本主义国家中排名末尾。[②] 植根于封建社会内部的资本主义使俄国资产阶级具有依赖封建政府与国外资本的特点，国内私人资本严重不足。[③] 私人银行虽然在 1864 年得以合法化，但其所掌控的资金规模仍小于俄国国家资本和外国商业资本规模。帝国银行（Imperial Gosbank）储蓄资金在 20 世纪前始终占据了俄国国内总存款的一半以上，而其主要来源则是国家储蓄局（Sberkassa）。1913 年俄国国家银行长期和活期存款共有 1.26 亿英镑，但其中 75%是各个国家机关和国库的官款。[④] 1914 年，国家资本仍占据了俄国整个银行系统资金来源的 20%。[⑤] 总之，私人商业资本的极度匮乏成为俄罗斯发展资本密集型油气产业的严重掣肘，为此政府主导资本筹集来发展油气产业势在必行，这也与亚历山大·格申克龙的分析完全一致。

综上五个方面可以发现，由于开启经济现代化进程较晚，俄罗斯走向政府大规模干预油气产业发展的道路。而政府的大规模干预又进一步导致俄罗斯形成强大的油气产业联盟并在油气领域建立起了国家产权制度。

就产业联盟形态而言，俄罗斯油气产业联盟经过长期发展最终成为具有巨大影响力的政治经济实体。从产业联盟的规模来看，油气产业联盟在从业人数、工资收入等方面优势明显。20 世纪初，巴库石油工人约

① 中央编译局编译：《斯大林全集》，人民出版社 1956 年版，第 112—113 页。

② Paul Bairoch, “International Industrialization Levels from 1750 to 1980”, *Journal of European Economic History*, Vol. 11, No. 2, 1982, p. 281, 330.

③ 张建华：《俄国现代化道路研究》，北京师范大学出版社 2002 年版，第 119 页。

④ ［苏］П. И. 梁士琴科：《苏联国民经济史（第二卷 资本主义）》，李延栋等译，人民出版社 1954 年版，第 482 页。

⑤ Yasushi Nakamura, “Money and Finance”, in Masaaki Kuboniwa, Yasushi Nakamura, Kazuhiro Kumo and Yoshisada Shida, eds., *Russian Economic Development over Three Centuries*, Singapore: Palgrave Macmillan, 2019, p. 229.

为 2.5 万人。[①] 1907 年俄国石油工人数增长至 4.8 万人。[②] 苏联时期，油气产业联盟人数从 60 年代初约 236 万人增加到 70 年代初约 311 万人，占苏联总人口的 1.2%—1.3%，详见表 6–6。[③] 值得一提的是，油气及其相关产业集中了全国约 18%的科研工作者，高素质劳动力的规模优势非常明显。[④] 在 20 世纪 60 年代，石油部门是苏联三大工资最高的部门之一。根据资历和任期长短不同，工人工资从每月 1200 卢布至 1800 卢布不等，精炼部门工程师工资可达到工人的 1.5—2 倍，钻探工人每月工资高达 3000 卢布。[⑤] 俄罗斯联邦时期，油气产业过度就业现象突出，1996 年俄罗斯国家石油公司拥有员工约 7 万人，而油气产业联盟人数也从 1990 年的 26.3 万人增加到 2003 年 47.7 万人，占总人口数比重从 0.19%上升到 0.33%，详见图 6–1。[⑥] 同时，油气产业联盟始终在俄罗斯享有较高的工资待遇。1992 年后油气产业联盟的工资增长尤其迅速，1990 年其工资为全部工业平均工资的 1.5 倍，到 2003 年这一数字则增长到了 2.4 倍。此时油气产业联盟工资甚至能占全部产业联盟总工资规模的 13%左右。[⑦]

表 6–6　　20 世纪 60—70 年代油气及其相关产业工人数量[*]

年份	1960	1965	1970	1971	1972	1973	1974	1975
苏联全国人口（万人）	21240	22960	24172	24390	24630	24870	25090	25330

① Ахундов Б. Ю. *Монополистический Капитал в Дореволюционной Бакинской Нефтяной Промышленности.* Москва：Соцэкгиз，1959，С. 9.

② Ronald Grigor Suny，“A Journeyman for the Revolution：Stalin and the Labour Movement in Baku June 1907–May 1908”，*Soviet Studies*，Vol. 23，No. 3，1972，pp. 373–394.

③ 时间范围包括 1965 年和 1970—1975 年。Slavic Research Center，“Workers & Employees by Branch”，https：//srch. slav. hokudai. ac. jp/database/SESS. html.

④ 陆南泉等编：《苏联国民经济发展七十年》，机械工业出版社 1988 年版，第 98 页。

⑤ ［美］迈克尔·伊科诺米迪斯、唐纳·马里·达里奥：《石油的优势：俄罗斯的石油政治之路》，徐洪峰等译，华夏出版社 2009 年版，第 157 页。

⑥ Мастепанов А. М. *Топливно-энергетический Комплекс России на Рубеже Веков：Состояние，Проблемы и Перспективы Развития.* Москва：ИАЦ《Энергия》，2009，С. 103；Nina Poussenkova，“Lord of the Rigs：Rosneft as a Mirror of Russia's Evolution”，https：//carnegieendowment. org/2007/03/05/lord-of-rigs-rosneft-as-mirror-of-russia-s-evolution-pub-19049.

⑦ Мастепанов А. М. *Топливно-энергетический Комплекс России на Рубеже Веков：Состояние，Проблемы и Перспективы Развития.* Москва：ИАЦ《Энергия》，2009，С. 103.

续表

年份	1960	1965	1970	1971	1972	1973	1974	1975
苏联工人总数（万人）	6203	7692	9019	92800	9524	9747	9978	10216
苏联油气及其相关产业工人数（万人）	236	283	311	311	311	311	313	319
苏联油气及其相关产业工人占全国人口的比重（%）	1.1	1.2	1.3	1.3	1.3	1.3	1.2	1.3
苏联油气及其相关产业工人占工业人口的比重（%）	3.8	3.8	3.5	3.6	3.3	3.1	3.1	3.1

注：* 苏联官方统计将燃料、化学和石油化学作为统计单位，因此此处还包括除石油、天然气产业外的其他燃料部门。

资料来源：Slavic Research Center，“Workers & Employees by Branch”，https：//srch. slav. hokudai. ac. jp/database/SESS. html；陆南泉等编：《苏联国民经济发展七十年》，机械工业出版社 1988 年版，第 5 页。

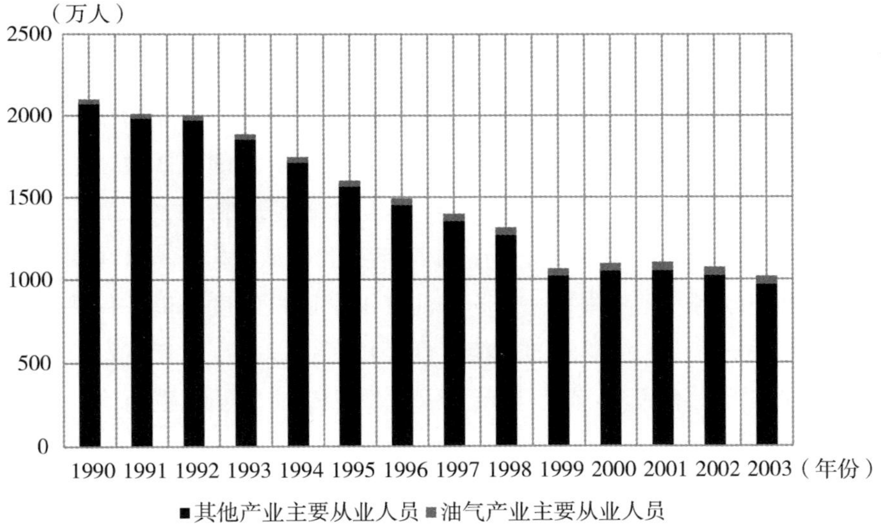

图 6-1　1990—2003 年油气产业人数及其占工业总就业人数比重变化

资料来源：Мастепанов А. М. *Топливно-энергетический Комплекс России на Рубеже Веков：Состояние，Проблемы и Перспективы Развития.* Москва：ИАЦ《Энергия》，2009，С. 102.

从产业联盟的组织来看，俄罗斯油气产业组织历史悠久，实力强大。油气产业联盟在俄国时期就凭借自身高度集中的特点形成了产业联盟雏形。1906 年第一个石油工人工会于巴库成立，到 1908 年初已经拥有 9000 多名成员。[①] 在组织的领导下，石油工人也成为该地区罢工和革命的主力军。[②] 20 世纪 60 年代后产业的地方化及集中化趋势十分明显。1957 年赫鲁晓夫改革后，进行产业管理的基本组织形式由“条条式”的部门管理变为“块块式”的地区管理。[③] 地方主义的发展对于高度集中的能源产业联盟来说无疑更强化了其产业的独立性和自主性。苏联解体后，一方面地方性油气产业联盟组建了诸多一体化的垄断集团，产业联盟的组织性明显提升。[④] 另一方面俄罗斯还出现了“我们的家园是俄罗斯党”（Our Home is Russia Party）、工业和企业家联盟（Russian Union of Industrialists and Entrepreneurs）等能够代表油气产业联盟利益的全国性组织以及包括伊戈尔·伊万诺维奇·谢钦（Igor Ivanovich Sechin）等国有油气公司巨头在内的松散政治经济利益集团——西罗维基（Silovik）。总之，根据第三章第二节中的操作标准，俄罗斯油气产业联盟的实力明显强于其他产业联盟。

就产权制度类型而言，苏联及之后的俄罗斯联邦政府颁布了一系列法律法规，在油气领域建立了国家产权制度。俄罗斯国家产权制度首次正式形成于 1936 年《苏维埃社会主义共和国联盟宪法》（简称《宪法》）。《宪法》及以其为核心的法律体系正式确认国家所有和中央指令性计划管理体制的经济体制，使苏联油气国家产权制度得以法律化和系统化。苏联解体后，俄罗斯的产权制度经历了一段混乱时期，制度安排及具体操作混乱不清。[⑤] 普京执政后，俄罗斯在油气领域重新确立了国

① ［俄］B. Ю. 阿列克佩罗夫：《俄罗斯石油：过去、现在与未来》，石泽等译审，人民出版社 2012 年版，第 146 页。

② ［美］丹尼尔·耶金：《奖赏：石油、金钱与权力全球大博弈（上册）》，艾平等译，中信出版集团 2016 年版，第 131—133 页。

③ 陆南泉：《苏联经济体制改革史论（从列宁到普京）》，人民出版社 2007 年版，第 186 页；Pauline Jones Luong, Erika Weinthal, “Prelude to the Resource Curse: Explaining Oil and Gas Development Strategies in the Soviet Successor States and Beyond”, *Comparative Political Studies*, Vol. 34, No. 4, 2001, p. 381.

④ Fiona Hill, *Energy Empire: Oil, Gas and Russia's Revival*, London: The Foreign Policy Centre, 2004, p. 11.

⑤ ［美］塞恩·古斯塔夫森：《财富轮转：俄罗斯石油、经济和国家的重塑》，朱玉犇等译，石油工业出版社 2014 年版，第 49 页；［美］戴维·霍夫曼：《寡头：新俄罗斯的财富与权力》，冯乃祥等译，上海译文出版社 2017 年版，第 186 页。

家产权制度。苏联及俄罗斯联邦时期的国家产权制度主要表现为以下四方面。

在所有权方面，俄罗斯油气资产在绝大多数时期均归国家所有。1918 年苏维埃政府就已经将国内油气产业全面彻底国有化。到新经济政策时期，法律仍强制规定政府在混合股份能源公司里至少占有半数股份或董事会席位半数并分得半数红利。[①]《宪法》明确规定了苏联经济基础以及社会主义所有制，将油气企业及其生产工具完全国有化，并将保卫社会主义公有制作为公民义务。[②] 面对着苏联解体后私有化所导致的混乱，普京政府重新推动了油气产业国有化进程。2000 年其上台执政后，叶利钦时代形成的寡头经济模式逐渐演变成在能源等产业的国家主导模式。[③] 2004 年 8 月，普京亲自确定了包括油气企业在内的俄罗斯战略企业名单（简称《名单》），明确规定俄政府对于《名单》中的战略企业具有绝对的控股权。[④] 从 2003 年到 2008 年，通过对尤科斯、西伯利亚石油等公司产业的再国有化，俄罗斯联邦政府控制的石油开采能力从 7. 5%上升到 40%。[⑤]

在使用权方面，政府或国有企业始终拥有对油气产业及其生产资料的使用特权。计划经济体制下，各生产单位实质是上级部门的派出机构，整个苏联时期无论组织机构如何调整，对企业生产经营活动的直接管理和指挥都是通过行政方法来实现。[⑥] 即使在 1965 年苏联政府进一步下放企业自主权并扩大企业能够独立使用的利润比重后，企业对其自留利润的使用仍有很大限制。苏联政府还对抵拨企业基建投资、增加企业自有

---

① Братусь С. Н. , Казанцев Н. Д. , Кечекьян С. Ф. , Кожевников Ф. И. , Коток В. Ф. , Кудрявцев П. И. , Чхиквадзе В. М. *Юридический Словарь Главная Редакция.* Москва：Юридическая литература, 1953, С. 113.

② 苏维埃社会主义共和国联盟最高苏维埃，法律出版社编译：《苏维埃社会主义共和国联盟宪法》，法律出版社 1960 年版，第 2、29 页。

③ 张昕：《国家资本主义、私有化与精英斗争——近期俄罗斯“国家—资本”关系的两重逻辑》，《俄罗斯研究》2012 年第 6 期，第 87 页。

④ 关雪凌、张猛：《普京政治经济学》，《政治经济学评论》2018 年第 3 期，第 166 页；Гарант, “Об Утверждении Перечня Стратегических Предприятий И Стратегических Акционерных Обществ”, https：//base. garant. ru/187281/.

⑤ Oksan Bayulgen, *Foreign Investment and Political Regimes*：*The Oil Sector in Azerbaijan*, *Russia*, *and Norway*, New York：Cambridge University Press, 2010, p. 166.

⑥ 陆南泉：《苏联经济体制改革史论》，人民出版社 2007 年版，第 32 页。

流动资金、抵补计划亏损、偿还贷款利息等用途均作了明确的限制性规定。[①] 俄罗斯联邦时期，国家油气公司在天然气、原油和成品油输送管线干道控制、出口上的垄断地位从法律上被确定。2006 年 7 月俄罗斯国家杜马通过的《俄罗斯联邦天然气出口法》规定，俄天然气出口业务将全部由国家天然气公司承担，相关法律还规定“石油管道运输必须由国家批准建设，管道中运输的石油数量由一两家国家控股公司调度”。[②]

在收益权方面，俄罗斯政府始终是油气产业的最大受益方。在苏联的经济体制下，1965 年之前企业利润流转途径主要是通过周转税和利润的形式向财政部门缴款。具体而言，企业把创造的纯收入通过周转税渠道上缴财政部门后，把纯收入的另一部分以利润提成的形式上缴，而提成率最高可达 81%。[③] 1965 年改革后将预算缴款改制为基金付费、固定地租缴款、闲置利润余额缴款，但提成率仍然保持在较高水平，仅固定地租缴款就能占油气产业利润的 40%—60%。[④] 苏联解体后，俄罗斯开始实行股份制，油气公司的利润通过股份在国家与私人投资者之间进行分配，1995 年的《联邦产品分成协议法》《产品分成法》对这种分配模式进行了法律规定，国家控股越多享有的利润分红越多。

在让渡权方面，俄罗斯政府一直坚持对油气产业及其资产的转移拥有否决权。作为生产单位，苏联油气企业无权转让任何企业生产资料及产品。1935 年 4 月 29 日《关于国营企业、建筑物和工程设施的转让的决议》禁止国有企业及企业资产在企业间买卖，相反其只能由苏联人民委员会转交。[⑤] 1941 年 2 月《关于禁止出卖、交换、拨出多余的和未曾使用的设备和材料，以及对这种非法行为的诉讼责任的法令》禁止各企

---

① 同上书，第 313 页。

② 林卫斌、方敏：《能源管理体制比较与研究》，商务印书馆 2013 年版，第 146 页；关雪凌、张猛：《普京政治经济学》，《政治经济学评论》2018 年第 3 期，第 162 页；Электронный Фонд Правовых и Нормативно-технических Документов，“МОДЕЛЬНЫЙ ЗАКОН О трубопроводном транспорте”，https：//docs.cntd.ru/document/901914432.

③ 陆南泉：《苏联经济体制改革史论（从列宁到普京）》，人民出版社 2007 年版，第 297 页。

④ 陆南泉：《苏联经济体制改革史论（从列宁到普京）》，人民出版社 2007 年版，第 303 页。

⑤ Венедиктов А. В. *Правовая Охрана Социалистической Собственности в СССР*. Москва：АН СССР，1954，С. 73；Электронный Фонд Правовых и Нормативно-технических Документов，“О Передаче Государственных Предприятий，Зданий и Сооружений”，https：//docs.cntd.ru/document/901855440.

业出卖、交换、拨出多余的和未曾使用的设备和材料。① 为加大对本国战略产业的控制力度，俄罗斯联邦政府通过立法对油气企业的股权转让流程进行了严格规定。2001 年《俄罗斯联邦国有和市有企业私有化法》重新规范了国家资产的出售程序，对战略性产业的私有化作出了严格限制：一是对该类产业内的企业进行私有化必须经总统批准，二是对俄罗斯天然气工业公司等重点企业私有化需要经过专门的立法。②《名单》也规定政府无权对名单内的企业私有化，而股权方的股票出售及资产的股权化等均需要总统决定。③ 普京还宣布，如果能源类的企业进入私有化程序，他们的股份必须卖给国家控股的俄罗斯石油天然气公司（Rosneftegaz）。④

三 产业联盟形态与产权制度类型的政治效应

强大的油气产业联盟和国家产权制度相结合，使俄罗斯在税汇收入、产业补贴、政治竞争这三方面对油气产业形成了病态依赖。首先，俄罗斯历届政府始终在外汇或税收上严重依赖油气产业，触发了“税汇陷入”效应。就外汇而言，苏联陷入对油气出口收入的病态依赖是其在 20 世纪 70 年代最重要的转折点之一。⑤ 当时苏联主要通过销售油气换取外汇进而购买粮食等一切必需品，石油产量的三分之一和天然气产量的四

---

① Венедиктов А. В. *Правовая Охрана Социалистической Собственности в СССР*. Москва: АН СССР, 1954, С. 73; Исторические документы, “Президиум Верховного Совета СССР Указ от 10 февраля 1941 года о Запрещении Продажи, Обмена и Отпуска на Сторону Оборудования и Материалов и Об Ответственности по Суду за Эти Незаконные Действия”, https://istmat.info/node/23109.

② 宋景义：《转轨时期俄罗斯石油天然气工业及其对外经济联系研究》，中国经济出版社 2008 年版，第 88 页。

③ 宋景义：《转轨时期俄罗斯石油天然气工业及其对外经济联系研究》，中国经济出版社 2008 年版，第 89—91 页。

④ 张昕：《国家资本主义、私有化与精英斗争——近期俄罗斯“国家—资本”关系的两重逻辑》，《俄罗斯研究》2012 年第 6 期，第 99 页。

⑤ ［美］迈克尔·伊科诺米迪斯、唐纳·马里·达里奥：《石油的优势：俄罗斯的石油政治之路》，徐洪峰等译，华夏出版社 2009 年版，第 243 页。

分之三用于出口。[1] 从1973年到1985年，油气出口占苏联硬通货收入的80%。[2] 1980年，苏联每年从天然气和石油出口中赚取约150亿美元，占苏联硬通货总收入的62%以上。[3] 80年代后期，仅石油出口就为苏联创造了大约30%的外汇收入。[4] 因此，自20世纪50年代以来，苏联政府战略一直是增加石油出口赚取“石油美元”，以购买小麦或肉类等稀缺商品及先进的生产技术。[5]

就税收而言，俄罗斯联邦时期尤其是油气产业再国有化开始后，税收依赖越发明显。1999年后政府向石油产业收取的税费逐年提高，从1999年利润的45.1%上升至2005年的83.8%，石油税收收入从56亿美元增至832亿美元。[6] 值得注意的是这一进程与油气产业的再国有化同步。随着国家产权制度的回归，油气产业联盟的正式税收负担大幅增加。[7] 油气收入对于俄罗斯联邦财政的作用越来越重要，详见图6-2。2003—2005年油气产业占税收比重从25%上升到35%以上。[8] 2010—2014年油气税收占财政总收入的比重从46.1%上升到51.3%，2015年油气价格下跌后仍维持在30%以上。[9] 油气收入成为俄罗斯联邦社会基金的主要来源，发挥着社会养老、债务还款、抑制通胀、社会服务、技术

---

① ［俄］В. Ю. 阿列克佩罗夫：《俄罗斯石油：过去、现在与未来》，石泽等译审，人民出版社2012年版，第326页。

② Stephen Kotkin, Armageddon Averted, *The Soviet Collapse, 1970 - 2000*, Oxford: Oxford University Press, 2001, p. 15.

③ Nadejda Victor, Inna Sayfer, "Gazprom: The Struggle for Power", in David G. Victor, David R. Hults, Mark C. Thurber, eds., *Oil and Governance: State-owned Enterprises and the World Energy Supply*, New York: Cambridge University Press, 2012, p. 659.

④ Manmohan S. Kumar, Kent Osband, "Energy Pricing in the Soviet Union", https://www.elibrary.imf.org/view/journals/001/1991/125/article-A001-en.xml.

⑤ Dunja Krempin, "Rise of Western Siberia and the Soviet-west German Energy Relationship During the 1970s", in Jeronim Perovic, ed., *Cold War Energy: A Transnational History of Soviet Oil and Gas*, Cham: Palgrave Macmillan, 2017, p. 257.

⑥ ［美］塞恩·古斯塔夫森：《财富轮转：俄罗斯石油、经济和国家的重塑》，朱玉犇等译，石油工业出版社2014年版，第234页。

⑦ William Tompson, *A Frozen Venezuela? The "Resource Curse" and Russian Politics*, London: Anthem Press, 2006, p. 13.

⑧ 殷红：《俄罗斯“国家福利基金”的建立及意义》，《俄罗斯中亚东欧研究》2008年第3期，第27页。

⑨ 雷婕、童伟：《俄罗斯政府能否摆脱油气依赖?》，《俄罗斯研究》2017年第2期，第92页。

创新、基础设施建设等重要社会经济作用。[①] 斯科特·盖尔巴赫还进一步发现俄罗斯联邦政府对不同产业的支持力度明显不同，油气产业等纳税服从度（Tax Compliance）较高的产业得到了其强有力的支持，而其他大多数产业则并未得到政府的更多关注。[②] 因此，俄罗斯政府基本无意扭转该国产业多元化较低的情形，进而深陷油气产业的“税汇陷阱”之中。

俄罗斯不仅依赖油气税汇，还通过价格机制使油气产业联盟直接承担了再分配职能，诱发了“补贴分异”效应。这种再分配具有非中性，能源需求上的差异导致其他的产业联盟享受到的补贴差异巨大。这使获益于补贴的产业联盟缺少竞争压力、资源浪费严重、竞争力低下、产业布局更为扭曲。20 世纪 70 年代末在指令性经济体制下，苏联油气产业联盟必须以远远低于国际市场的价格向国内其他产业联盟提供廉价的油气。[③] 1990 年苏联国内石油价格约为每吨 50 美元，为当时世界市场价格每吨 140 美元的 35. 7%。[④] 1982 年时苏联天然气价格为 0. 027 美元，同期美国价格为 0. 12 美元，苏联天然气价格显著低于美国。[⑤] 苏联工业部门的生产费用构成显示，重工业能源、动力费用占比为 9. 4%，轻工业仅为 1. 2%。[⑥] 显然，大规模使用油气的重工业享受到了更多油气价格补贴。[⑦]

---

① 田畑伸一郎：《俄罗斯油气资源依附型经济论析》，刘旭译，《俄罗斯研究》2010 年第 3 期，第 46—50 页；张昕：《国家资本主义、私有化与精英斗争——近期俄罗斯“国家—资本”关系的两重逻辑》，《俄罗斯研究》2012 年第 6 期，第 89 页；Fiona Hill, *Energy Empire: Oil, Gas and Russia's Revival*, London: The Foreign Policy Centre, 2004, p. 41; Pauline Jones Luong, Erika Wenthal, “Contra Coercion: Russian Tax Reform, Exogenous Shocks, and Negotiated Institutional Change”, *American Political Science Review*, Vol. 98, No. 1, 2004, p. 141。

② Scott Gehlbach, *Representation through Taxation: Revenue, Politics, and Development in Post-communist States*, New York: Cambridge University Press, 2008. 转引自马啸《产权制度的中国经验及其学术意义》，《北大政治学评论》2019 年第 1 期，第 69—70 页。

③ Niklas Jensen-Eriksen, “‘Red Oil’ and Western Reactions: The Case of Britain”, in Jeronim Perovic, ed., *Cold War Energy: A Transnational History of Soviet Oil and Gas*, Cham: Palgrave Macmillan, 2017, p. 126.

④ Manmohan S. Kumar, Kent Osband, “Energy Pricing in the Soviet Union”, https://www. elibrary. imf. org/view/journals/001/1991/125/article-A001-en. xml.

⑤ 陆南泉等编：《苏联国民经济发展七十年》，机械工业出版社 1988 年版，第 744 页。

⑥ 陆南泉等编：《苏联国民经济发展七十年》，机械工业出版社 1988 年版，第 467 页。

⑦ Sergei Ermolaev, “The Formation and Evolution of the Soviet Union's Oil and Gas Dependence”, https://carneg-ieendowment. org/2017/03/29/formation-and-evolution-of-soviet-union-s-oil-and-gas-dependence-pub-68443#_ ed-n71.

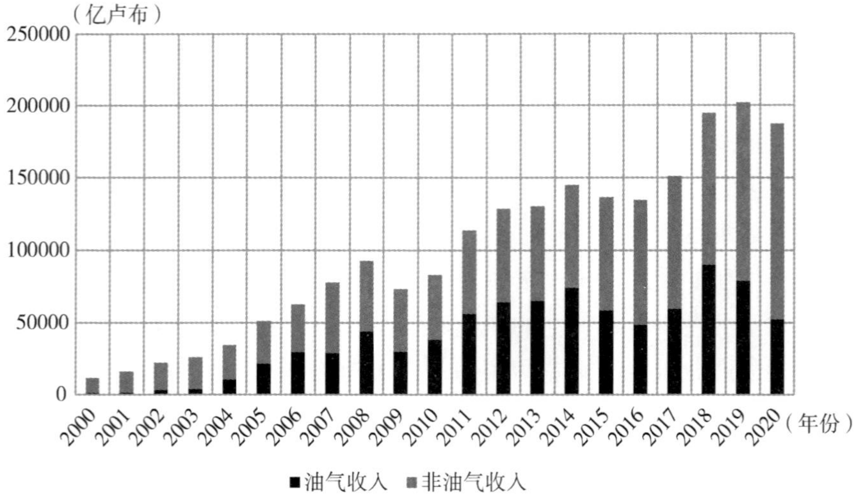

图 6-2 2000—2020 年油气收入占俄罗斯联邦政府财政总收入比重

资料来源：Министерство Финансов Российской Федерации，"Краткая Информация об Исполнении Федерального Бюджета（млрд руб）"，https://minfin. gov. ru/ru/statistics/fedbud/execute/.

苏联解体后，俄罗斯联邦油气的出口价格和国内价格依然存在显著差异。2003 年其石油国内价格大约为出口价格的 37.4%，天然气的这一数字更是仅为 3.9%。① 俄罗斯天然气工业股份公司长期受制于价格控制和交货要求，其国内市场天然气售价约为其在全球市场出售价格的 15%。② 2003 年之后俄罗斯汽油、柴油等能源产品售价仍始终低于世界平均水平，且在 2008 年后价格总体持续走低，详见图 6-3；其国内天然气售价继续维持在较低水平，国内消费者仅需支付欧洲进口价格的 30%—50%。③ 俄罗斯对天然气的双重定价政策意味着该国的天然气企业向其他产业提供了巨额

① 宋景义：《转轨时期俄罗斯石油天然气工业及其对外经济联系研究》，中国经济出版社 2008 年版，第 82 页。

② Erika Weinthal，Pauline Jones Luong，"Combating the Resource Curse：An Alternative Solution to Managing Mineral Wealth"，*Perspectives on Politics*，Vol. 4，No. 1，2006，p. 44.

③ Peter Rutland，"Petronation? Oil，Gas，and National Identity in Russia"，*Post-Soviet Affairs*，Vol. 31，No. 6，2014，pp. 72-73.

的补贴。[①] 同时由于天然气占电力生产的60%，电力价格也因此处于较低水平，低价的天然气与电力使以能源密集型金属生产商为代表的产业享受到了出口繁荣。[②] 因此，油气产业联盟以自身的一定损失为代价对其他部分产业联盟进行了补贴。俄罗斯政府则出于政权稳定、产业发展的需要，只能进一步支持发展油气产业以确保价格补贴能够持续。

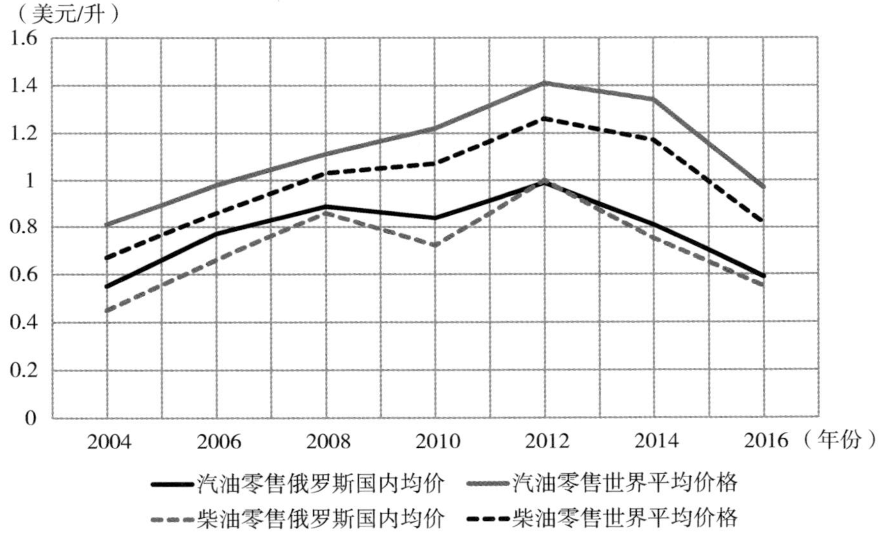

图 6-3　2004—2016 年俄罗斯国内柴油汽油价格水平

资料来源：“数据中的世界”网站。[③]

再者，尽管表现形式不同，但苏联和俄罗斯联邦时期都出现了明显的“利益交换”的行为。苏联呈现“动员游说—任务下发—指标完成—官员升迁—反哺产业”的路径。其原因是，油气产业具有的政治经济价

① 张昕：《“能源帝国”、“能源超级大国”和“能源外交”的迷思》，《俄罗斯研究》2013 年第 6 期，第 25 页。

② Peter Rutland, “Putin’s Economic Record: Is the Oil Boom Sustainable?”, *Europe-Asia Studies*, Vol. 60, No. 6, 2008, pp. 1068-1069; Peter Rutland, “Russia as an Energy Superpower”, *New Political Economy*, Vol. 13, No. 2, 2008, p. 205.

③ Our World in Data, “Pump Price for Gasoline (US $ Per Liter), 1995 to 2016”, https://ourworldindata.org/grapher/pump-price-for-gasoline-us-per-liter?tab=chart&country=RUS~OWID_WRL; Our World in Data, “Pump Price for Diesel Fuel (US $ Per Liter), 1995 to 2016”, https://ourworldindata.org/grapher/pump-price-for-diesel-fuel-us-per-liter?tab=chart&country=RUS~OWID_WRL.

值使其产业联盟的诉求往往更容易得到国家领导人的关注与支持。① 自20 世纪 60 年代中期在西西伯利亚发现可观的天然气储量后，地方政府一直热衷于游说苏联中央政府对该地区天然气资源进行开发。秋明第一书记鲍里斯·谢尔比纳（Boris Shcherbina）负责新成立的石油和天然气企业建设部，主要任务正是加快西伯利亚的天然气和石油开发。② 其后升任苏联天然气副部长、部长会议副主席、部长会议能源局局长，在中央任职期间大力推动天然气开发，甚至一度不切实际地提出远超计划的天然气管道修建目标。③

俄罗斯联邦时期，油气产业联盟成为政治活动的重要参与者。1996 年总统大选期间，叶利钦在弗拉基米尔·古辛斯基（Vladimir Gusinsky）与鲍里斯·别列佐夫斯基（Boris Berezovsky）两大寡头控制的俄罗斯独立电视台（NTV）与俄罗斯公共电视台（ORT）两大媒体的支持下反败为胜。④ 作为交换，叶利钦指使国有俄罗斯天然气工业公司购买了 NTV 30%股份作为古辛斯基扩张的资金。⑤ 别列佐夫斯基则以极低价格收购了西伯利亚石油公司。同时，以维克托·切尔诺梅尔金（Viktor Chernomyrdin）、卢克石油公司董事长瓦吉特·阿列克佩罗夫（Vagit Alekperov）为代表的油气产业联盟以政党、选举代理人的形式直接参与了叶利钦的竞选活动，对其进行有力支持。⑥ 显然，政府或给予国家油气公司在管道运输、项目企业收购等方面的优先权利，或支持亲政府油气公司的发展。

---

① Charles E. Ziegler, “Issue Creation and Interest Groups in Soviet Environmental Policy: The Applicability of the State Corporatist Model”, *Comparative Politics*, Vol. 18, No. 2, 1986, pp. 188–190.

② Thane Gustafson, *Crisis and Plenty: The Politics of Soviet Energy under Brezhnev and Gorbachev*, Princeton: Princeton University *Press*, 1989, p. 145.

③ Thane Gustafson, “The Soviet Gas Campaign Politics and Policy in Soviet Declsionmaking”, https: //apps. dtic. mil/sti/citations/ADA136437.

④ Matthew Lantz, “Assessing Russia's Democratic Presidential Election”, http: //ksgnotes1. harvard. edu/BCSIA/Library. nsf/wwwdocsname/RusElSrc; Michael McFaul, *Russia's 1996 Presidential Election*, Palo Alto: Hoover Institution Press, 1997, p. 32.

⑤ ［美］戴维·霍夫曼：《寡头：新俄罗斯的财富与权力》，冯乃祥等译，上海译文出版社 2017 年版，第 349 页；Oksan Bayulgen, *Foreign Investment and Political Regimes: The Oil Sector in Azerbaijan, Russia, and Norway*, Cambridge: Cambridge University Press, 2010, p. 154.

⑥ Oksan Bayulgen, *Foreign Investment and Political Regimes: The Oil Sector in Azerbaijan, Russia, and Norway*, Cambridge: Cambridge University Press, 2010, p. 154; Тема дня, “Капитаны Российского Бизнеса 1/3”, https: //www. temadnya. ru/.

相反油气产业联盟则动用自身资源对政治家竞选活动提供大力支持。[①]总之，俄罗斯政治家出于稳定其执政地位的需要，往往会寻求油气产业联盟的支持；而其在选举中获胜后又往往会积极支持油气产业联盟尤其是其中国家企业的发展。这种循环性的“利益交换”使得政治家与油气产业联盟的关系越发紧密，以至于难分彼此。

俄罗斯政府与政治家对油气产业联盟在税汇收入、产业补贴和政治选举这三方面对油气产业联盟形成了依赖，最终导致了该国在20世纪70年代之后逐渐形成了油气产业畸大的产业结构。1961—1990年苏联政府向油气工业的国民经济投资占总投资比重从6.2%上升到13.1%，占工业总投资比重从15.1%上升到31.2%，详见图6-4。苏联政府的官方统计显示，油气及其相关产业产值占社会总产值的比重常年保持在7%左右。[②] 久保庭真彰则认为其真实占比大致从1966年占GDP的1.9%上升至1984年的8.2%，详见图6-5。[③] 这也与上述投资比重上升的趋势相符合，因而可能更接近真实情况。加迪·克利福德（Gaddy Clifford）与巴里·伊克斯（Barry Ickes）两位学者的估计值更高，他们认为苏联时期仅油气租金就大约占其GDP的11%。[④] 20世纪90年代后，油气产业占GDP比重明显大幅上升，1999年后基本保持在15%以上，2005年达最高值约为23.6%，详见图6-6。2008年仅俄罗斯天然气工业股份公司就占俄罗斯GDP的10%以上。[⑤] 油气产业畸大在出口结构上表现得也尤为突出，2000年以后原材料出口约占俄罗斯商品出口总值的80%，而原

---

① Peter Rutland, “Petronation? Oil, Gas, and National Identity in Russia”, *Post-Soviet Affairs*, Vol. 31, No. 1, 2015, p. 75; Isabel Gorst, “Lukoil: Russia's Largest Oil Company”, https://www.bakerinstitute.org.

② 陆南泉等编：《苏联国民经济发展七十年》，机械工业出版社1988年版，第130页。

③ Masaaki Kuboniwa, “Estimating GDP and Foreign Rents of the Oil and Gas Sector in the Soviet Union and Present-Day Russia”, in Masaaki Kuboniwa, Yasushi Nakamura, Kazuhiro Kumo and Yoshisada Shida, eds, *Russian Economic Development over Three Centuries*, Singapore: Palgrave Macmillan, 2019, p. 435.

④ Gaddy Clifford, Barry Ickes, “Russia's Resource Dependence in Russian Economy”, in Michael Alexeev and Shlomo Weber, eds, *Oxford Collection Book I*, New York: Oxford University Press, 2013, p. 547.

⑤ Nadejda Victor, Inna Sayfer, “Gazprom: The Struggle for Power”, in David G. Victor, David R. Hults, Mark C. Thurber, eds., *Oil and Governance: State-owned Enterprises and the World Energy Supply*, New York: Cambridge University Press, 2012, p. 655.

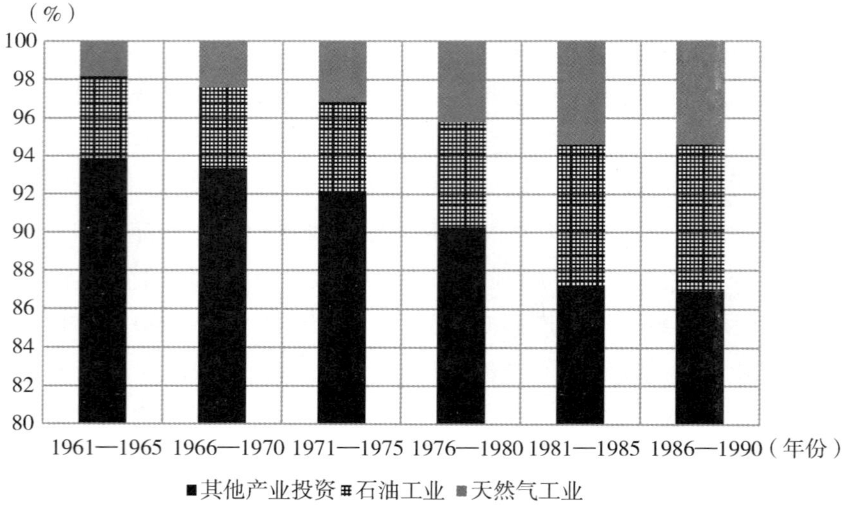

图 6-4　1961—1990 年苏联油气投资占国民经济工业总投资比重

资料来源：陆南泉等编：《苏联国民经济发展七十年》，机械工业出版社 1988 年版，第 130 页。

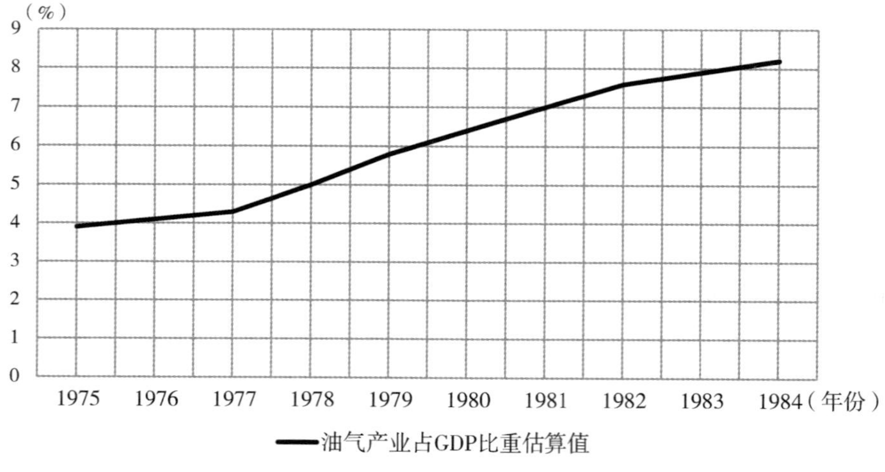

图 6-5　1975—1984 年苏联油气产业占 GDP 比重

资料来源：Masaaki Kuboniwa, "Estimating GDP and Foreign Rents of the Oil and Gas Sector in the Soviet Union and Present-Day Russia", in Masaaki Kuboniwa, Yasushi Nakamura, Kazuhiro Kumo and Yoshisada Shida, eds., *Russian Economic Development over Three Centuries*, Singapore: Palgrave Macmillan, 2019, p. 428.

材料的 80%则为石油、石油产品和天然气。可以说，俄罗斯对油气出口的依赖比绝大多数国家都要严重得多。①

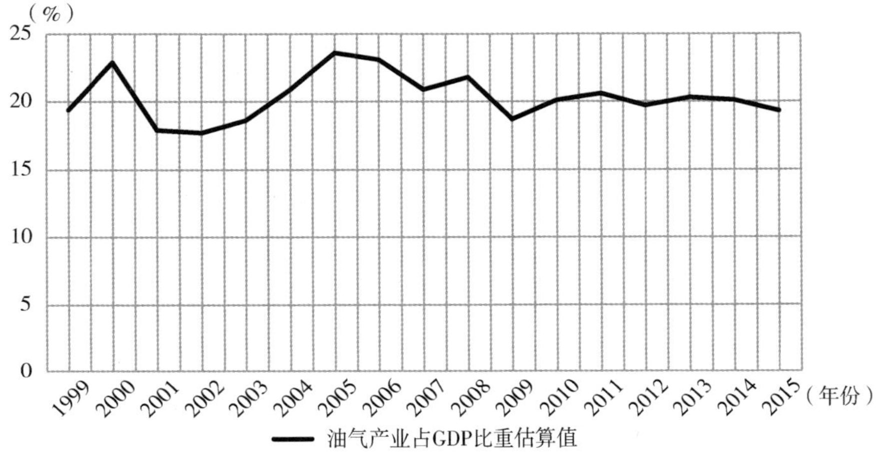

图 6-6　1999—2015 年俄罗斯油气产业占 GDP 比重

资料来源：Masaaki Kuboniwa, “Estimating GDP and Foreign Rents of the Oil and Gas Sector in the Soviet Union and Present-Day Russia”, in Masaaki Kuboniwa, Yasushi Nakamura, Kazuhiro Kumo and Yoshisada Shida, eds., *Russian Economic Development over Three Centuries*, Singapore: Palgrave Macmillan, 2019, p. 435.

油气产业畸形扩张的同时其他产业发展空间被挤占，不同程度地出现了增长缓慢、发展停滞甚至倒退的情况。伴随着油气产业的快速扩张，苏联机器设备、食品、纺织等消费品出口占比下降明显。其占总出口的比重从 1970 年的 84.4%下降至 1985 年的 47.2%，详见图 6-7。同期苏联粮食短缺情况尤为突出，从 1963 年开始谷物、农产品贸易净进口急剧增加，到 1985 年前后粮食、农产品贸易净进口已经达 82.48 亿美元。②此外轻工业产品生产供应常年不足，1990 年在 1200 多种基本消费品中

① Valeriy V. Mironov, Anna V. Petronevich, “Discovering the Signs of Dutch Disease in Russia”, *Resources Policy*, Vol. 46, Part. 2, 2015, p. 97; Jinxuan Yang, et al., “The Competing Role of Natural Gas and Oil as Fossil Fuel and the Non-linear Dynamics of Resource Curse in Russia”, *Resources Policy*, Vol. 72, 2021, p. 2; M. Steven Fish, *Democracy Derailed in Russia: The Failure of Open Politics*, New York: Cambridge University Press, 2005, p. 117.

② Sergei Ermolaev, “The Formation and Evolution of the Soviet Union’s Oil and Gas Dependence”, https://carnegieendowment.org/2017/03/29/formation-and-evolution-of-soviet-union-s-oil-and-gas-dependence-pub-68443#_ edn71.

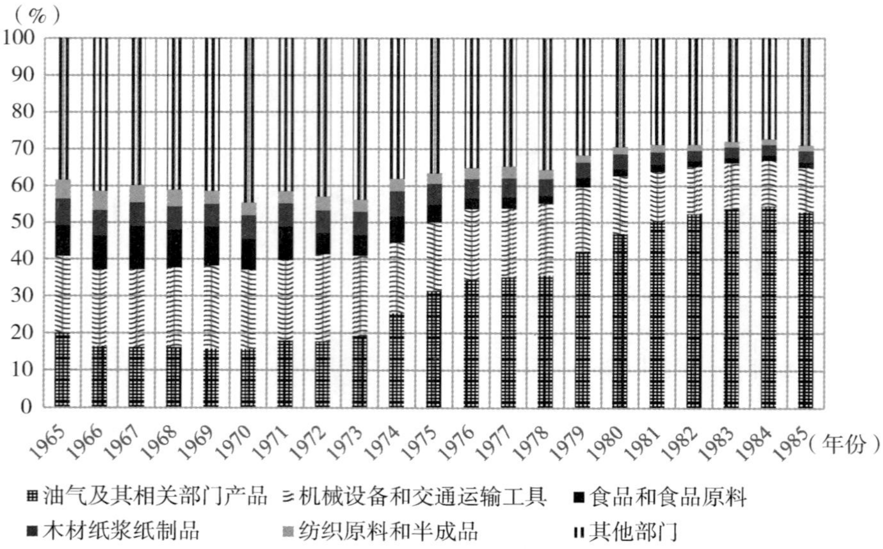

图 6-7　1965—1985 年苏联出口结构

资料来源：陆南泉等编《苏联国民经济发展七十年》，机械工业出版社 1988 年版，第 664 页。

有 95%以上的商品供应经常短缺，在 211 种食品中有 188 种不能自由买卖。① 俄罗斯联邦时期的情况也并未改观，工业制成品约占其出口的 8%，其中只有 3%属于中高技术类别，详见图 6-8。②

四　"能源诅咒"的宿命：畸大的能源产业与停滞的经济增长

以油气为核心的畸形产业结构不可避免地导致两个结果。其一，俄罗斯后续的工业化和产业升级进程全面受阻。③ 一方面，从苏联到俄罗斯联邦时期，俄罗斯工业整体水平呈现相对衰退趋势。20 世纪 60 年代

① 林跃勤：《结构优化与实现经济可持续增长战略——苏联经济结构调整失利的启示》，载李成勋主编：《中国经济发展战略：结构与战略》，社会科学文献出版社 2006 年版，第 289 页。

② Peter Rutland, "Putin's Economic Record: Is the Oil Boom Sustainable", *Europe-Asia Studies*, Vol. 60, No. 6, 2008, p. 1053.

③ Prateek Goorha, "The Political Economy of the Resource Curse in Russia", *Demokratizatsiya*, Vol. 14, No. 4, 2006, p. 602.

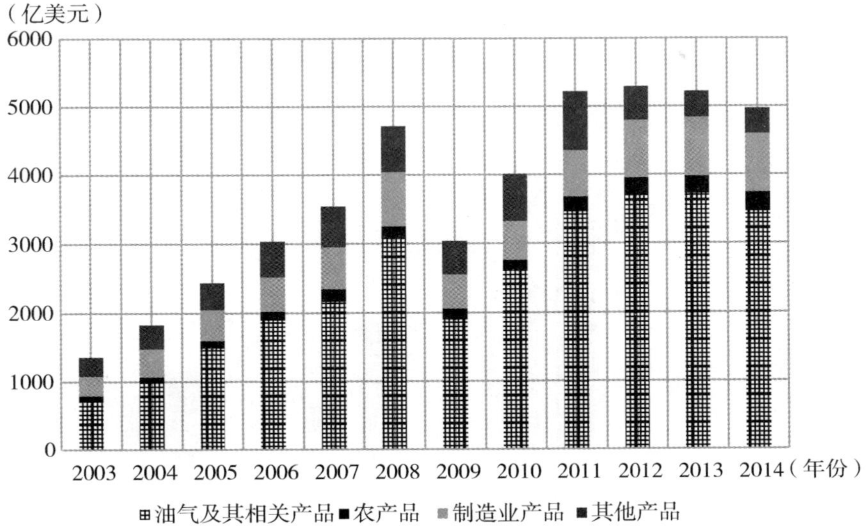

图 6-8 2003—2014 年俄罗斯联邦出口结构变化

资料来源：World Trade Organization，“International Trade Statistics”，https：//data. wto. org/.

中后期苏联工业产出年均增长率下降明显，从 1966—1977 年的 8.5%下降至 1981—1982 年的 3.0%，详见图 6-9。俄罗斯联邦时期基本呈现相同趋势，2002—2013 年制造业在 GDP 中的份额下降了 2.2%，而采矿业在 GDP 中的份额上升了 3.0%。[①] 另一方面，高技术产业逐渐落后。作为技术变革速度的表现，苏联工业全要素生产率增速从 1971 年的 1.3%下降至 1984 年的-1.4%，详见图 6-10。[②] 俄罗斯联邦时期，根据相对比较优势（Relative Comparative Advantage，RCA）指数衡量，俄罗斯与同为金砖国家的巴西、中国、印度相比，其在电子、信息等领域的高技术产品竞争力近乎最低，详见表 6-7。[③] 俄罗斯在移动电话、互联网、计算机

① Valeriy V. Mironova，Anna V. Petronevich，“Discovering the Signs of Dutch Disease in Russia”，*Resources Policy*，Vol. 46，Part. 2，2015，p. 97.

② Istvan Dobozi，“Impact of Market Reforms on USSR Energy Consumption”，*Energy Policy*，Vol. 19，No. 4，1991，p. 308.

③ Relative Comparative Advantage 为衡量国家某组产品在国际市场竞争力的指数，即国家某商品在世界总的商品出口中的份额/国家总出口占世界总出口的份额。

等产业的发展水平更是仅为世界平均水平的三分之一到二分之一。[①] 此外，俄罗斯全要素生产率中真正体现技术进步、管理水平和制度改善等的因素对经济增长的贡献率非常之小。[②]

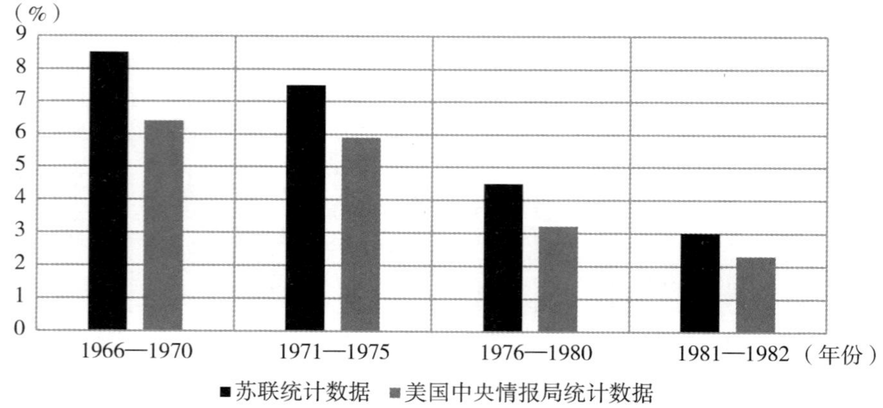

图 6-9　1966—1982 年苏联工业产出年均增长率

资料来源：Gertrude E. Schroeder, "The Slowdown in Soviet Industry 1976-1982", *Soviet Economy*, Vol. 1, No. 1, 1985, pp. 42-44.

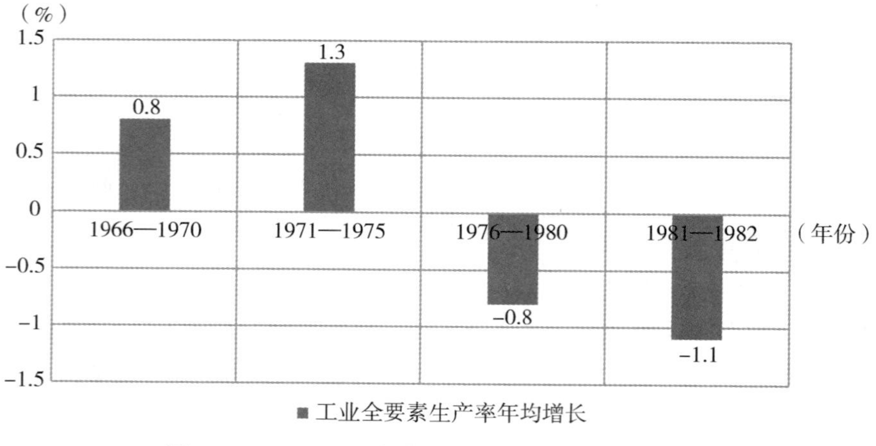

图 6-10　1966—1982 年苏联工业全要素生产率年均增长

资料来源：Gertrude E. Schroeder, "The Slowdown in Soviet Industry 1976-1982", *Soviet Economy*, Vol. 1, No. 1, 1985, pp. 42-44.

---

① Vitali A. Meliantsev, "Russia's Comparative Economic Development in the Long Run", *Social Evolution & History*, Vol. 3, No. 1, 2004, p. 119.

② 郭晓琼：《俄罗斯经济增长动力与未来发展道路》，《俄罗斯研究》2014 年第 4 期，第 204 页。

表 6-7　　　　俄罗斯中高技术领域产品 RCA 国际市场竞争力指数

产品类别	俄罗斯	中国	巴西	印度
电子元件	0.02	0.69	0.06	0.07
计算机设备	0.05	2.38	0.32	0.06
电信设备	0.06	2.16	0.38	0.06
测量控制装置	0.22	0.33	0.15	0.15
医药仪器	0.04	0.37	0.20	0.23
民用航空航天器	0.32	0.07	2.64	-

资料来源：Julian Cooper, “Can Russia Compete in the Global Economy?”, *Eurasian Geography and Economics*, Vol. 47, No. 4, 2013, p. 413.

其二，畸大的油气产业结构巩固了俄罗斯以油气为主的出口结构，这使其经济对油气价格变动过于敏感，放大了价格波动的负面效应。① 俄罗斯整体的经济增长水平与油气价格高度相关，从 1970 年到 2019 年两者增长率基本呈现同高同低、同升同降的变动趋势，详见图 6-11 和图 6-12。油气价格波动对俄罗斯经济的负面影响主要表现为三方面。

首先，当油气价格长期处于高位时，油气产业的繁荣带来了“荷兰病”进而抑制了其他贸易部门发展。在这一情境下，油气出口收入大量回流进入俄罗斯国内并促使卢布升值，削弱了非油气外贸产业的出口竞争力。② 在 1973—1980 年和 2002—2008 年这两个油价高位期，无论是苏联还是俄罗斯联邦的非能源产业都呈现相对停滞的趋势。从 20 世纪 70 年代初到 80 年代初国际油价连续上涨 5 倍，同期苏联非油气相关产业的总产出年均增长率从 8%下降至 3%，详见图 6-13。同样自 2002 年起油价持续走高，卢布兑美元汇率从 2002 年到 2008 年一直持续上涨。在此期间俄罗斯经济出现了“相对去工业化”现象，不仅制造业的产出增长

① 侯敏跃、李沛：《资源经济和“资源诅咒”关系初探——基于俄罗斯和澳大利亚的案例研究》，《世界经济研究》2013 年第 11 期，第 85 页。

② Rudiger Ahrend, “Can Russia Break the ‘Resource Curse’?”, *Eurasian Geography and Economics*, Vol. 46, No. 8, 2005, p. 602.

率除2005年外都低于油气产业的产出增长率，而且制造业劳动力流失十分严重，特别是劳动雇佣率一直为负增长。① 数据显示，同期俄罗斯制造业附加值年增长率大幅下降并维持在较低水平，详见图6-14。最终，当油气价格长期处于高位时，俄罗斯油气产业的过度繁荣使其制造业和农业等部门进一步丧失了国际市场竞争力。②

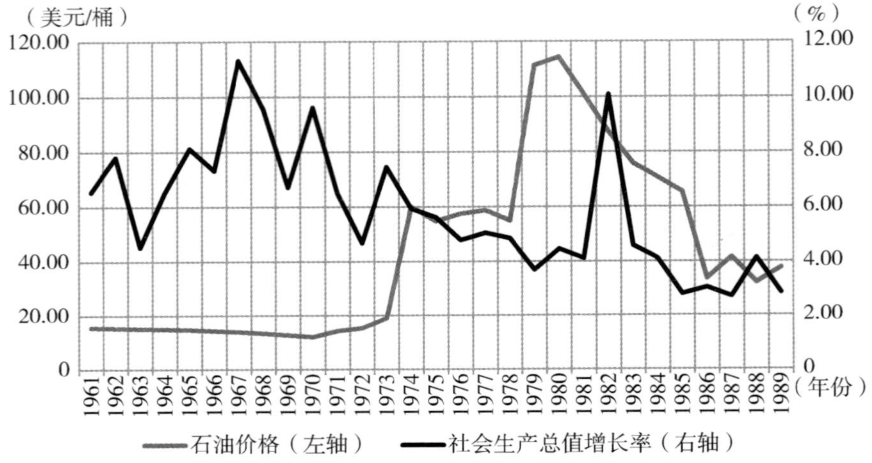

图6-11　1961—1989年石油价格与苏联社会生产总值增长变化③

资料来源：英国石油公司；④ 斯拉夫研究中心。⑤

---

① 郭晓琼：《关于俄罗斯是否患上“荷兰病”的实证分析》，《俄罗斯研究》2009年第5期，第99—100页。

② Peter Rutland, “Putin's Economic Record: Is the Oil Boom Sustainable?”, *Europe-Asia Studies*, Vol. 60, No. 6, 2008, p. 1064.

③ 社会生产总值（Gross Social Production）为苏联国民经济统计中用于衡量社会物质生产部门总产值的重要指标。与国内生产总值相比，社会总产值是包括物耗在内的社会产品的总价值，而国内生产总值只是新增加的价值；社会总产值只包括物质生产部门，而国内生产总值则包括非物质生产部门在内的国民经济各个部门。

④ British Petroleum, “Statistical Review of World Energy: Crude Oil Prices 1861 - 2019”, https://www.bp.co-m/en/global/corporate/energy-economics/statistical-review-of-world-energy.html.

⑤ Slavic Research Center, “Gross Social Product & National Income”, https://src-h.slav.hokudai.ac.jp/database/S-ESS.html.

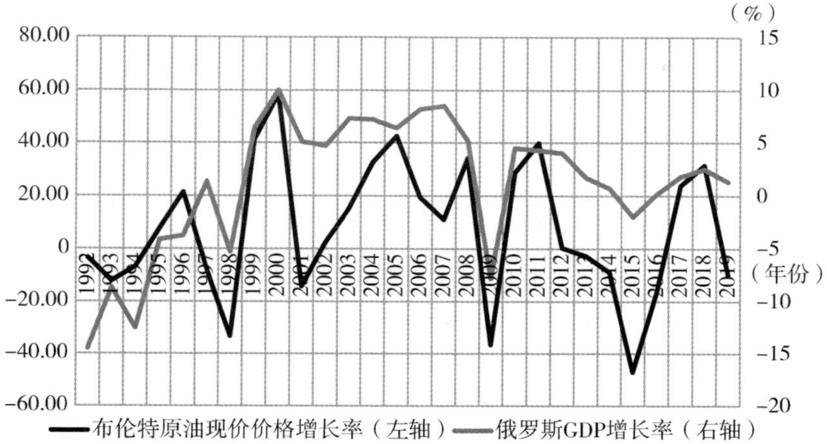

图 6-12　1992—2019 年布伦特原油价格与俄罗斯 GDP 增长变化

资料来源：英国石油公司;① 世界银行。②

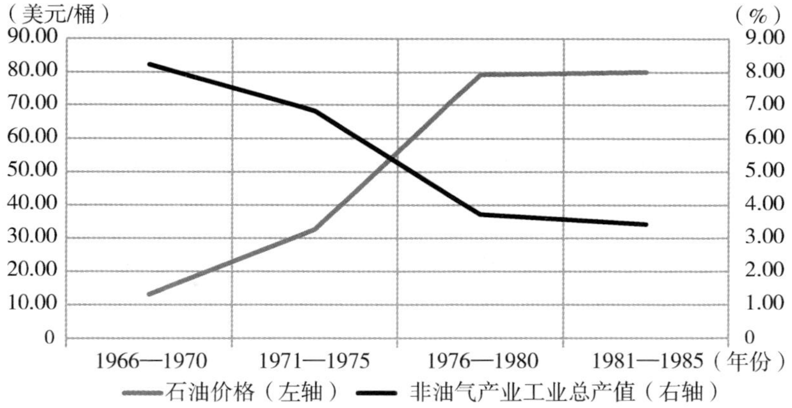

图 6-13　1966—1985 年非油气产业工业总产值年平均增长率与石油价格变化

资料来源：陆南泉：《苏联国民经济发展七十年》，机械工业出版社 1988 年版，第 129 页；英国石油公司。③

① British Petroleum, “Statistical Review of World Energy: Crude Oil Spot Price”, https://www.bp.com/en/global/c-orporate/energy-economics/statistical-review-of-world-energy.html.

② Word Bank, “GDP (Constant 2010 US $) - Russian Federation”, https://data.worldbank.org.cn/indicator/NY.GDP.MKTP.KD? locations=RU.

③ British Petroleum, “Statistical Review of World Energy: Crude Oil Prices 1861 - 2019”, https://www.bp.com/en/global/corporate/energy-economics/statistical-review-of-world-energy.html.

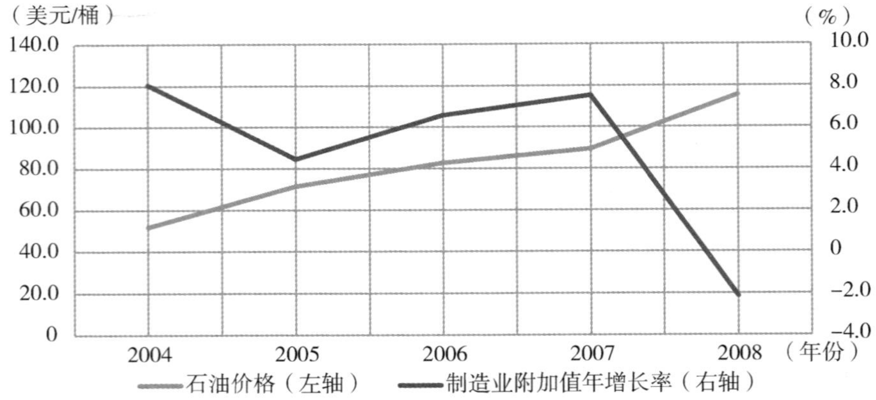

图 6-14　2004—2008 年俄罗斯联邦制造业附加值年增长率与石油价格变化

资料来源：英国石油公司；① 世界银行。②

其次，当油气价格长期处于低位时，俄罗斯无法获得足够的外汇收入，进而导致该国货币贬值、政府财政收入降低，最终拖累经济发展。20 世纪 80 年代中后期油气价格暴跌并长期处于低位，这给苏联经济增长造成了沉重打击，以至于被普遍视作苏联解体的重要原因之一，详见图 6-15。③ 苏联政府预算因为油气收入的大幅减少而短缺 70 亿美元，这迫使戈尔巴乔夫开始向西方大规模借款。④ 1985—1988 年苏联政府大举借债，到 1989 年其所需贷款量已经达到惊人的 1000 亿美元。以至于为了换取贷款，戈尔巴乔夫选择了妥协，默认当时的事态已经成为了既定事实。⑤ 2011—2016 年油气价格再次进入低位期，特别是石油价格在 5 年时间里下跌了 63%，俄罗斯联邦的 GDP 增速也随之开始相对下降，甚

---

① British Petroleum，"Statistical Review of World Energy：Crude Oil Prices 1861 - 2019"，https：//www. bp. co-m/en/global/corporate/energy-economics/statistical-review-of-world-energy. html.

② World Bank World Development Indicators，"Manufacturing，Value Added（Annual % Growth）"，http：//hfhzaad8eccd4109e4828sb9v6o6vkqp996n9x. fcgz. libproxy. ruc. edu. cn/source/world-development-indicators.

③ Stephen Kotkin，*Armageddon Averted the Soviet Collapse 1970-2000*，Oxford：Oxford University Press，2001，pp. 10-31.

④ Peter Rutland，"Putin's Economic Record：Is the Oil Boom Sustainable?"，*Europe-Asia Studies*，Vol. 60，No. 6，2008，p. 1060.

⑤ Yegor Gaidar，"The Soviet Collapse：Grain and Oil"，https：//www. aei. org/wp-content/uploads/2011/10/20070419_ Gaidar. pdf.

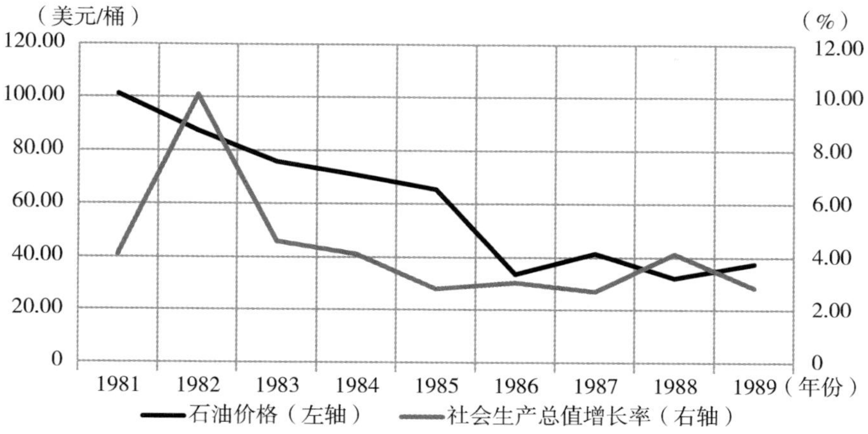

图 6-15 1981—1989 年石油价格与苏联社会生产总值增长率变化

资料来源：英国石油公司；① 斯拉夫研究中心。②

至于 2015 年再次出现负增长，详见图 6-16。2014 年 OPEC 决定增产，加之全球市场需求疲软导致油价进一步下跌。受此影响俄罗斯卢布迅速贬值近 20%，而其主权信贷违约利差（Sovereign Credit Default Swap）则达到了 284 点的峰值，借贷成本迅速上涨。为了维持基本开支，俄罗斯联邦政府进一步扩大了政府借贷规模，以至于 2016 年其债务占 GDP 比重比 2014 年还要高出 3%。③ 最后，当油气价格在短期内剧烈波动时，俄罗斯经济根本无法实现宏观经济的稳定，而投资者的市场信心也被严重破坏。④ 以石油价格为例，2008 年石油价格出现暴涨暴跌，短期内波动十分明显。2008 年下半年石油价格暴跌 70%，同期俄罗斯的资本撤离规模高达到 1328 亿美元。⑤ 该国两大交易指数——俄罗斯交易系统指数

① British Petroleum, “Statistical Review of World Energy: Crude Oil Prices 1861-2019”, https://www.bp.com/en/global/corporate/energy-economics/statistical-review-of-world-energy.html.

② Slavic Research Center, “Gross Social Product & National Income”, https://srch.slav.hokudai.ac.jp/database/SESS.html.

③ Juliet Johnson, David Woodruff, “Currency Crises in Post-Soviet Russia”, *The Russian Review*, Vol. 76, No. 4, 2017, p. 629; Thomas Chuffarta, Emma Hooper, “An Investigation of Oil Prices Impact on Sovereign Credit Default Swaps in Russia and Venezuela”, *Energy Economics*, Vol. 80, 2019, p. 906.

④ 久保庭真彰：《俄罗斯经济的转折点与“俄罗斯病”》，李婷、阎德学译，《俄罗斯研究》2012 年第 1 期，第 57 页。

⑤ Juliet Johnson, David Woodruff, “Currency Crises in Post-Soviet Russia”, *The Russian Review*, Vol. 76, No. 4, 2017, p. 624.

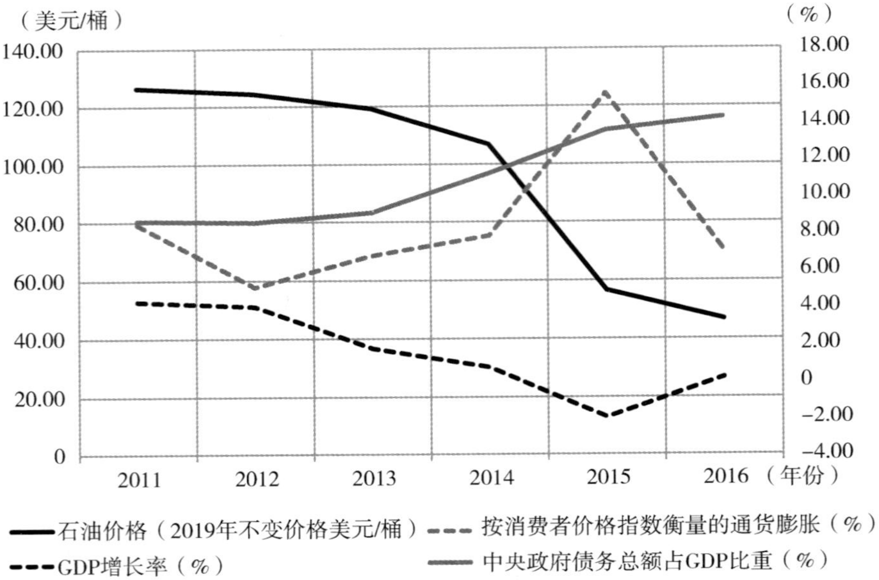

图 6-16　2011—2016 年石油价格与俄罗斯联邦 GDP 增长率变化

资料来源：英国石油公司;① 世界银行。②

(Russian Trade System Index) 和莫斯科交易指数 (Moscow Interbank Currency Exchange Index) 暴跌 67.9%，详见图 6-17。③ 石油价格的短期剧烈异动还使得俄罗斯联邦政府的经济调控效果不彰。2008 年上半年油价持续爬升至 7 月的 132 美元/桶的高点。当年 5 月至 6 月，俄罗斯联邦的物价水平上涨了 5.4%，而通货膨胀率也同比上涨了 15.1%。④ 然而当年

---

① British Petroleum, “Statistical Review of World Energy: Crude Oil Prices 1861 - 2019”, https://www.bp.com/en/global/co-rporate/energy-economics/statistical-review-of-world-energy.html.

② Word Bank, “GDP (Constant 2010 US $) - Russian Federation”, https://data.worldbank.org.cn/indicator/NY.G-DP.MKTP.KD? locations=RU; World Bank, Inflation, “Consumer Prices (Annual %) -Russian Federation”, https://data.worldbank.org.cn/indica-tor/FP.CPI.TOTL.ZG? locations = RU; World Bank, “Central Government Debt, Total (% of GDP)”, https://data.worldbank.org.cn/indicator/GC.DOD.T-OTL.GD.ZS? locations=RU.

③ Gregory L. White, “Turmoil Threatens Russia's Rise”, https://www.wsj.com/articles/SB122163808847347479.

④ Richard E. Ericson, “The Russian Economy in 2008: Testing the Market Economy”, *Post-Soviet Affairs*, Vol. 25, No. 3, 2009, p. 215.

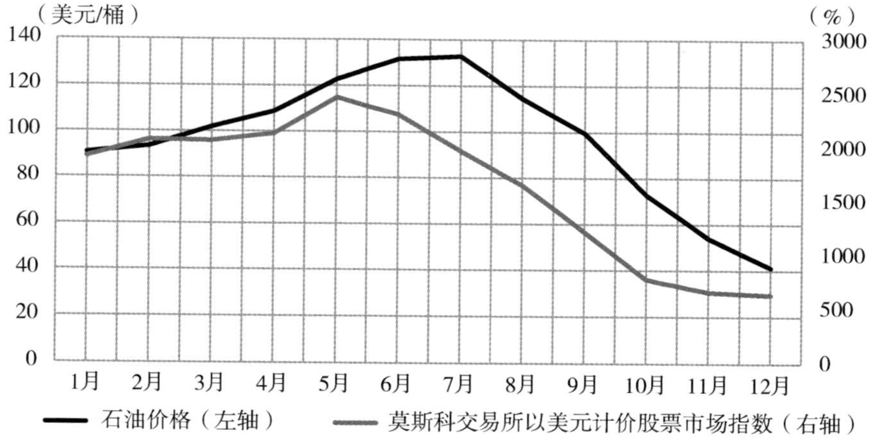

图 6-17　2008 年石油价格及市场变化

资料来源：Index Mundi；① CEIC。②

7 月至 12 月石油价格暴跌时，卢布兑美元汇率随之迅速贬值了 20.4%。③ 为缓解紧张形势，俄罗斯联邦政府频繁地调整经济政策，而这些政策在前后数月内的目标往往截然相反，因此相应的政策也难以取得成效。④ 为遏止卢布的持续贬值，截至 2008 年 12 月俄罗斯联邦政府共花费了 2220 亿美元用于缓解危机，约占其当年 GDP 的 13.9%。⑤ 因此，其再次出现财政困难，债务占 GDP 比重从 2008 的 6.3% 上升至 2010 年的 8.4%。⑥ 工业化和产业升级的严重滞后，加之饱受油气价格波动的负面

---

① Index Mundi, “Crude Oil”, https: //www. indexmundi. com/commodities/? commodity=crude-oil&months=240.

② CEIC, “Equity Market Index: Month Ended: RTS”, http: //hfiic386a21c031fa40cbsnquw5uo9b9cc6p6w. fcxz. libproxy. ruc. edu. cn/node/GLOBAL _ GLOBAL&&ECA _ TP24906 _ SC24926 _ TB25615.

③ CEIC, “Exchange Rate Against US $: Monthly Average”, http: //hfiic386a21c031fa40cbsnquw5uo9b9cc6p6w. fcxz. libproxy. ruc. edu. cn/node/GLOBAL_GLOBAL&&ECA_TP24906_SC24922_TB25665.

④ Erika Weinthal, Pauline Jones Luong, “Combating the Resource Curse: An Alternative Solution to Managing Mineral Wealth”, *Perspectives on Politics*, Vol. 4, No. 1, 2003, p. 37.

⑤ Kommersant, “Russia Has Spent $222 Billion on Crisis”, https: //web. archive. org/web/20090107131720/http: //w-ww. kommersant. com/p13561/world_financial_crisis_intervention/.

⑥ CEIC, “Russia: Gross Public Debt: % of GDP: Central Government”, http: //hfiic386a21c031fa40cbsnquw5uo9b9cc6p6w. fcxz. libproxy. ruc. edu. cn/node/GLOBAL_GLOBAL&&ECA_TP24906_SC24910_TB2749217.

冲击，不论是苏联还是之后的俄罗斯联邦都难以实现经济的长期稳定增长。纵向对比来看，苏联自20世纪60年代开始其经济增长速度已经明显放缓。多项数据均表明该时期苏联国民收入增长率的下降速度较快，甚至到1985年时该指标已经接近零增长，详见表6-8。横向对比来看，苏联的GDP与其主要竞争对手美国的差距从20世纪60年代开始不断扩大，两者GDP之比从70年代初的44%下降至1984年的34%。当时两国的GDP增速出现了分流。① 同样，苏联的人均GDP增速在70年代后也被美国、法国、德国、加拿大等北约主要国家拉开了差距，详见图6-18。

表6-8　　1951—1985年苏联国民收入年均增长率　　（单位：%）

年份	1951—1960	1961—1965	1966—1970	1971—1975	1976—1980	1981—1985
苏联官方估计	10. 1	6. 5	7. 8	5. 7	4. 3	3. 6
苏联学者估计	7. 2	4. 4	4. 1	3. 2	1. 0	0. 6

资料来源：Richard E. Ericson, *The Soviet Union, 1979-1990*, San Francisco: ICS Press, 1990, pp. 4-7.

苏联解体后俄罗斯经济的颓势远未好转。1991年苏联解体时，俄罗斯GDP达1. 34万亿美元，在金砖国家中居于首位。③ 然而俄罗斯于1993年被中国超越，随后排名下降至第3位与印度水平相近，这与其得到较高评价的经济转型改革措施十分不匹配。④ 2009年俄罗斯GDP为1. 76万亿美元进而下降至金砖国家第4位，当前其GDP仅为中国的15%左右。⑤ 俄罗斯人均GDP增速始终较为缓慢，在金砖国家中长期处于第3位或第4位的水平，详见图6-19。尤其值得注意，2020年俄罗斯人均

① Groningen Growth and Development Centre, “Maddison Project Database (MPD) 2020”, https://www.rug.nl/g-gdc/historicaldevelopment/maddison/releases/maddison-project-database-2020.

② Groningen Growth and Development Centre, “Maddison Project Database (MPD) 2020”, https://www.rug.nl/gg-dc/historicaldevelopment/maddison/releases/maddison-project-database-2020.

③ 由于南非共和国加入金砖国家机制较晚并且经济规模较小，因而本书在进行对比时未将其纳入。

④ Anil Markandya, Alina Averchenkova, “Reforming a Large Resource-abundant Transition Economy: Russia”, in R. M. Auty, ed., *Resource Abundance and Economic Development*, Oxford: Oxford University Press, 2002, p. 282.

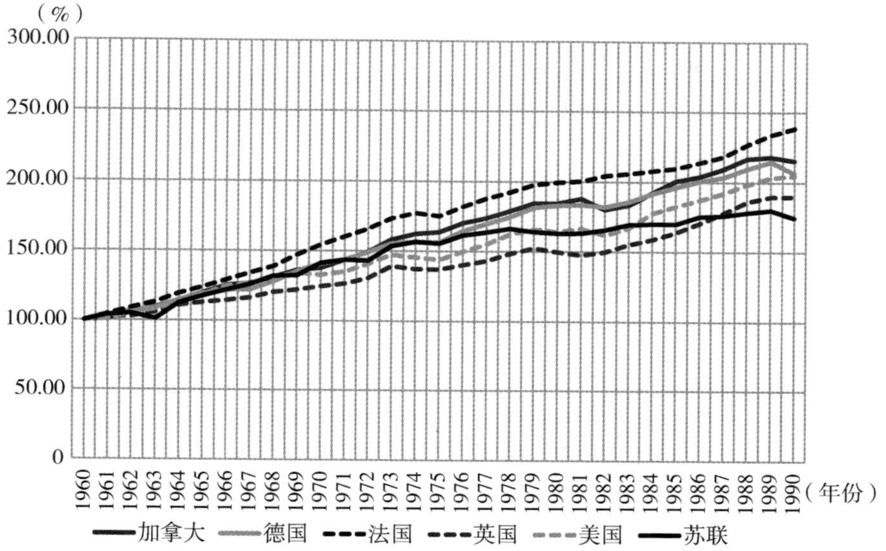

图 6-18 1960—1990 年苏联和部分北约国家人均 GDP 增长率对比

资料来源：格罗宁根增长和发展研究中心。①

GDP 为 11786 美元，与其 1989 年 9883 美元的水平相比并无明显的增长。② 可以说俄罗斯近数十年来不仅经济增长速度缓慢，而且经济增长过程中存在着严重问题。根据第一章第三节中的因变量判断标准，俄罗斯彻底陷入了"能源诅咒"中。

第二节 加拿大的能源开发与经济增长

同样，为了更为清晰直观地呈现加拿大能源开发与经济增长的情况，这一节的论证被进一步分成四部分。本节首先回溯加拿大开启经济现代化的条件和进程，大致明确其经济现代化始点；其次阐述与经济现代化始点伴随而来的能源产业联盟形态与产权制度类型；再者分析了该类型

① World Bank, "GDP (Constant 2010 US $) -Russian Federation, China, India, Brazil", https: //data. worldbank. org. cn/indicator/NY. GDP. MKTP. KD.

② World Bank, "GDP Per Capita (Constant 2015 US $) -Russian Federation", https: //data. worldbank. org/indicator/NY. GDP. PCAP. KD? locations=RU.

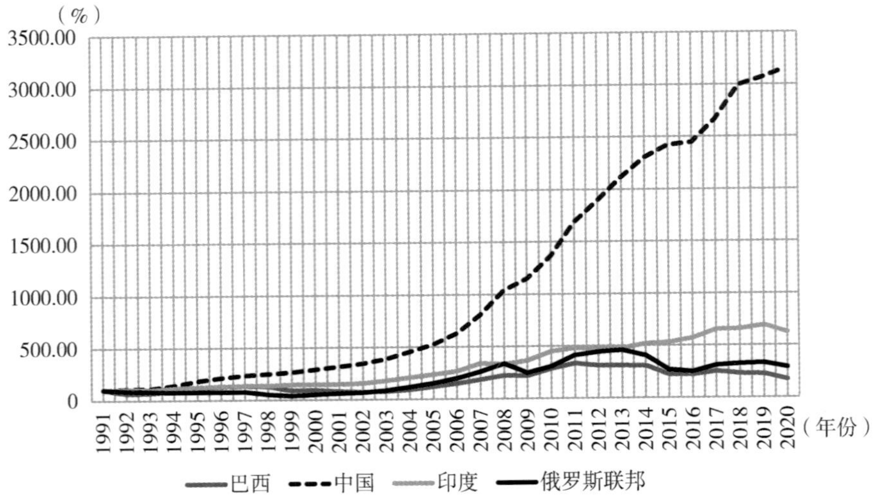

图 6-19　1991—2020 年金砖国家人均 GDP 增长趋势

资料来源：World Bank，“GDP Per Capita（Current US $）-Russian Federation，China，India，Brazil”，https：//data. worldbank. org. cn/indicator/NY. GDP. PCAP. CD? end=2020&locations=RU-CN-IN-BR&start=1991.

是否触发了“税汇陷入”“补贴分异”和“利益交换”效应，并观察加拿大是否最终形成了能源产业畸大的产业结构；最后探讨这种产业结构对近年来加拿大经济增长的影响。

一　走向现代：加拿大经济现代化的条件与进程

前现代的加拿大处于英国殖民统治之下，在政治上主要沿袭了英国本土的代议制。1763 年，英法“七年战争”结束后两国签订《巴黎条约》，将加拿大从法属殖民地时期归入英属殖民地。此后加拿大的政治体制大致承袭了英国的代议制度，并且根据其殖民地属性和基本国情进行了一定的调整。譬如，加拿大总督由英国王室任命并在指定的立法委员会的协助下统治殖民地。① 再如，1791 年《宪法法案》将魁北克分成上

① Roger E. Riendeau, *A Brief History of Canada* (2nd Edition), New York: Infobase Publishing, 2007, p. 88.

加拿大和下加拿大这两个殖民地，上、下加拿大分别有一名副总督管理。① 上加拿大中的大多数人口与英国具有紧密的联系，因而该地区实行了英国法律和土地永久占有制。相反，下加拿大中法语使用者占绝对优势，因而该地区实行了法国民事法律制度和封建领主制。② 由于总督有其任期并在期满后往往会离开加拿大，总督不仅缺乏对加拿大的了解也难以实现有效的治理，因此加拿大实际上主要由殖民地议会进行统治。③ 可以说当时加拿大的政治体制是英帝国殖民体系下以本国民选精英为核心的代议制。

前现代时期的加拿大在经济上以皮毛业和林业为基础，同期渔业、造船业和消费品工业迅速发展，形成了相对原始但较为多元化的产业结构。在殖民统治时期，加拿大经济主要服务于向宗主国提供农业产业和初级工业制成品。直到 19 世纪初，其经济结构仍主要以鳕鱼渔业和海狸皮毛业为主。④ 1812 年“拿破仑战争”暂告一段落后，加拿大沿海省区的渔业空前繁荣。⑤ 1821 年起加拿大林业迅速发展，并且替代皮毛业成为支撑该国之后 20 余年经济增长的重要产业。⑥ 林业的繁荣很快催生了其造船业的发展，造船业的进步又进一步带动了渔业和航运业的发展。⑦ 同期，诸如酿酒业、面粉业等在内的消费品工业也出现了繁荣。⑧ 由此可见，早在 19 世纪上半叶加拿大就具备了较为原始但多样的工农业部

---

① Roger E. Riendeau, *A Brief History of Canada* (2nd Edition), New York: Infobase Publishing, 2007, p. 107.

② Roger E. Riendeau, *A Brief History of Canada* (2nd Edition), New York: Infobase Publishing, 2007, pp. 88-90；刘艺工编著：《当代加拿大法律制度研究》，民族出版社 2008 年版，第 7—8 页。

③ Roger E. Riendeau, *A Brief History of Canada* (2nd Edition), New York: Infobase Publishing, 2007, pp. 135-155.

④ Roger E. Riendeau, *A Brief History of Canada* (2nd Edition), New York: Infobase Publishing, 2007, p. 121.

⑤ Scott W. See, *The History of Canada* (2nd Edition), Westport: Grey House Publishing, 2010, p. 85.

⑥ 张崇鼎主编：《加拿大经济史》，四川大学出版社 1999 年版，第 156—159 页；H. C. Pentland, "The Role of Capital in Canadian Economic Development before 1875", *Canadian Journal of Economics and Political Science*, Vol. 16, No. 4, 1950, p. 461.

⑦ Roger E. Riendeau, *A Brief History of Canada* (2nd Edition), New York: Infobase Publishing, 2007, p. 121；钱乘旦主编：《世界现代化历程：北美卷》，江苏人民出版社 2010 年版，第 160 页。

⑧ ［加］玛格丽特·康拉德：《剑桥加拿大史》，王士宇、林星宇译，新星出版社 2019 年版，第 106—109 页。

门，出口导向型经济初具雏形。①

19 世纪以来，一系列有利于加拿大开启经济现代化进程的积极因素先后出现。第一，加拿大定居者的民族共同体意识的迅速觉醒，同期其政治和经济自主性明显增强。美国独立战争后建立的全新国家极大激发了加拿大殖民地民众的民族意识。② 1837 年末加拿大爆发了一系列反抗英国统治的民众运动。部分民众还通过暴力反叛等激进方式试图直接夺取对加拿大地方事务的控制权。③ 1867 年 7 月《英属北美法案》的生效标志着加拿大自治领得以建立，此后加拿大在政治上进一步走向独立和统一。加拿大首任总理约翰·麦克唐纳（John A. Macdonald）于 1878 年主导出台了以鼓励移民、修建铁路运输体系、采取保护性关税为主要内容的宏观经济政策，大大增加了加拿大政府对于经济事务的自主性。④此后加拿大在经济上更像一个独立的国家，而非英国的殖民地。

第二，来自英国和美国的大量国际投资为加拿大的经济现代化提供了重要的资本基础。实际上加拿大于 19 世纪后半叶的经济繁荣是由大量外国资本和移民的拥入所推动的。⑤ 同期加拿大工业发展所需的五分之三资本来自美国等其他国家。其炼钢、发电、木材、矿山和面粉加工等工厂中的主要机器设备多由美国制造并由美国资本购入。⑥ 截至 19 世纪 70 年代初，加拿大累计吸收了 2 亿加元的外国直接投资。⑦ 1868 年至 1899 年间加拿大净流入的外资存量 11 亿加元，直至 1900 年外国直接投资仍占据了该国全国投资总额的 25%。⑧ 在外国直接投资的结构方面，

---

① 钱乘旦主编：《世界现代化历程：北美卷》，江苏人民出版社 2010 年版，第 69 页。

② Roger E. Riendeau, *A Brief History of Canada* (2nd Edition), New York: Infobase Publishing, 2007, pp. 35–155.

③ Scott W. See, *The History of Canada* (2nd Edition), Westport: Grey House Publishing, 2010, p. 78.

④ 李节传编著：《加拿大通史（修订本）》，上海社会科学院出版社 2018 年版，第 224—228 页。

⑤ Penelope Hartland, “Factors in Economic Growth in Canada”, *The Journal of Economic History*, Vol. 15, No. 1, 1955, p. 13.

⑥ 高鉴国：《加拿大文化与现代化》，辽海出版社 1999 年版，第 63 页。

⑦ 高鉴国：《加拿大文化与现代化》，辽海出版社 1999 年版，第 366 页。

⑧ Stanley Lebergott, *Trends in the American Economy in 19th Century*, Princeton: Princeton University Press, 1960, pp. 718–719.

加拿大在 19 世纪吸收的国外资本主要来自英国和美国。① 正是这些资本为加拿大多个产业的早期发展提供了充足的资金，促进了其早期增长和繁荣。

第三，大规模移民流入带来了可观的劳动力红利。加拿大地广人稀，因而劳动力禀赋严重稀缺，这长期严重制约着该国经济的发展。19 世纪上半叶，爱尔兰人、德国人、来自美国的黑人和华人大批迁徙进入加拿大。② 1815 年至 1850 年有将近 100 万人从英国移民到北美洲，仅 1831 年一年就有超过 4 万人移民到加拿大。③ 其间到达加拿大的英国移民总数甚至超过了加拿大原有的英国殖民人口。④ 移民源源不断地拥入不仅带来了劳动力红利，还带来了规模可观的民间资金。加拿大政府的统计显示在 1832 年抵达魁北克的移民一并带入了 60 万英镑资金。⑤ 由此，加拿大政府于 1852 年还成立了农业局，该机构的职能之一就是吸引来自其他国家的移民。⑥ 可以说大规模移民潮极大地塑造和推动了加拿大的早期经济增长，为其开启经济现代化进程创造了必不可少的条件。⑦

随着以上有利条件的出现，加拿大的经济与社会面貌自 19 世纪 40 年代出现了明显的转变。首先，19 世纪 40 年代以来，加拿大的产业结构逐步完成了从以农业为基础到以工业为基础的过渡。在此之前，加拿大的主要经济产品为小麦、豌豆、燕麦、大麦、黑麦和玉米等农作物。

---

① 高鉴国：《加拿大文化与现代化》，辽海出版社 1999 年版，第 63 页；J. Douglas Gibson, “The Changing Influence of the United States on the Canadian Economy”, *Canadian Journal of Economics and Political Science*, Vol. 22, No. 4, 1956, p. 429.

② 宋家珩编著：《枫叶国度——加拿大的过去与现在》，山东大学出版社 1989 年版，第 74—75 页。

③ MCCALLA Douglas, « Des Pays d'En Haut au Haut-Canada : la formation d'une économie de colonisation », *Histoire, économie & société*, Vol. 27, No. 4, 2008, p. 95.

④ ［加］玛格丽特·康拉德：《剑桥加拿大史》，王士宇、林星宇译，新星出版社 2019 年版，第 102—103 页；宋家珩编著：《枫叶国度——加拿大的过去与现在》，山东大学出版社 1989 年版，第 74—75 页。

⑤ 张崇鼎主编：《加拿大经济史》，四川大学出版社 1999 年版，第 238 页。

⑥ V. C. Fowke, “An Introduction to Canadian Agricultural History”, *Canadian Journal of Economics and Political Science*, Vol. 8, No. 1, 1942, p. 61. 需要补充的是：加拿大农业局成立于 1852 年，负责吸引其他国家移民前往加拿大从而推动该国农业的发展。该机构不同于 1867 年成立的加拿大农业和农业食品部。

⑦ Roger E. Riendeau, *A Brief History of Canada* (2nd Edition), New York: Infobase Publishing, 2007, p. 121.

在此之后，加拿大的造船业、鞋靴加工业、木材加工业和食品加工业发展迅猛，成为当时加拿大最主要的 4 个制造业部门。① 同期加拿大的农业机械制造产业异军突起，这带动了该国大型装备制造业取得迅猛的发展。② 到 19 世纪 80 年代时，加拿大的纺织、服装、烟草等轻工业以及采矿、钢铁、化工等重工业也都取得了长足的发展。③ 到 19 世纪末 20 世纪初时，加拿大的工业体系已经较为完备。④

其次，加拿大自 19 世纪 40 年代起经济增长速度明显加快。19 世纪 40 年代是加拿大经济史学家普遍认同的该国第一个经济扩张期。⑤ 1850 年至 1870 年，加拿大的 GDP 增长率达到了 3.38%，是 19 世纪后半个叶内增长速度最快的时期。⑥ 1871 年至 1895 年加拿大的 GDP 增长率也为 2.5%，其受同期全球性资本主义经济危机的冲击明显小于其他西方国家。⑦ 到 19 世纪 90 年代初时，加拿大已经成为世界上最繁荣的经济体之一。当时该国人均国民收入水平仅次于澳大利亚、英国和美国；人均制造业产值仅次于英国、比利时和美国。⑧

最后，受益于加拿大经济的增长和工业部门的勃兴，19 世纪 40 年代前后加拿大人口和城市化率的迅速提高。其一，人口增长速度加快。1801 年至 1901 年，加拿大总人口总体呈上升趋势但增长速度并不相同。

---

① 李节传编著：《加拿大通史（修订本）》，上海社会科学院出版社 2018 年版，第 192—193 页。

② Marvin McInnis, “The Economy of Canada in the Nineteenth Century”, in Stanley L. Engerman and Robert E. Gallman, eds., *The Cambridge Economic History of the United States*, *Volume 2*: *The Long Nineteenth Century*, Cambridge: Cambridge University Press, 2000, p. 86; Jaydeep Balakrishnan, Janice B. Eliasson, Timothy R. C. Sweet, “Factors Affecting the Evolution of Manufacturing in Canada: An Historical Perspective”, *Journal of Operations Management*, Vol. 25, No. 2, 2007, p. 264.

③ ［加］玛格丽特·康拉德：《剑桥加拿大史》，王士宇、林星宇译，新星出版社 2019 年版，第 170—172 页。1870 年至 1890 年加拿大各产业的发展情况详见 INWOOD Kris, « L'industrialisation d'une société rurale : l'industrie canadienne à la fin du XIXe siècle », *Histoire*, *Économie & Société*, Vol. 27, No. 4, 2008, p. 129。

④ 李节传编著：《加拿大通史（修订本）》，上海社会科学院出版社 2018 年版，第 230—233 页。

⑤ Duncan M. McDougall, “Immigration into Canada, 1851-1920”, *Canadian Journal of Economics and Political Science*, Vol. 27, No. 2, 1961, p. 171.

⑥ 钱乘旦主编：《世界现代化历程：北美卷》，江苏人民出版社 2010 年版，第 116 页。

⑦ 钱乘旦主编：《世界现代化历程：北美卷》，江苏人民出版社 2010 年版，第 346—347 页。

⑧ Marvin McInnis, “The Economy of Canada in the Nineteenth Century”, in Stanley L. Engerman and Robert E. Gallman, eds., *The Cambridge Economic History of the United States*, *Volume 2*: *The Long Nineteenth Century*, Cambridge: Cambridge University Press, 2000, p. 58.

其中1821—1851年加拿大保持了3%以上的较高人口增长率。① 从1861年到1901年，魁北克等原始四省的人口从310万人增长至460万人，新开发省份的人口也增长了70万人。② 其二，人口死亡率逐渐降低。加拿大1871年人口死亡率为1.9%，1891年人口死亡率为1.7%，1921年跌至1.0%以下。③ 其三，城市化速度增快。1851年加拿大城市人口占总人口的比重为13.1%，这一数字到1871年增长至18.3%；到1901年增长至34.9%；到1931年则增长至52.5%，详见图6-20。④

产业结构转向以工业为主、经济增速加快以及人口和城市化水平提高都是印证加拿大开启经济现代化进程的重要标志，而多位学者也对加拿大经济现代化进程的始点进行了研究。加拿大经济史学界普遍采用了将1608—1820年视为殖民地时代；1820—1870年为商业时代；1870—1920年为工业时代；1920年之后为现代阶段的四分法。⑤ 钱乘旦认为，在英法“七年战争”后随着农业拓殖者的大量移入和责任制政府的建立，加拿大才真正开启了经济现代化进程。⑥ 邓肯·麦克杜格尔（Duncan McDougall）指出加拿大经历了三个时期的经济扩张，第一个时期在19世纪40—50年代，第二个时期在19世纪70—80年代，第三个时期始于19世纪90年代末并持续到20世纪初。⑦ 让-米歇尔·拉克罗瓦（Jean-Michel Lacroix）指出1836年加拿大建成第一条铁路标志着该国经济现代化进程的开始。⑧ 与之类似，马文·麦金尼斯指出加拿大开始工业革命进而开启经济现代化进程的标志是该国19世纪40年代毛纺织厂

① Nathan Keyfitz, “The Growth of Canadian Population”, *Population Studies*, Vol. 4, No. 1, 1950, p. 47.

② INWOOD Kris, « L'industrialisation d'une société rurale : l'industrie canadienne à la fin du XIXe siècle », *Histoire*, *Économie & Société*, Vol. 27, No. 4, 2008, p. 110.

③ Nathan Keyfitz, “The Growth of Canadian Population”, *Population Studies*, Vol. 4, No. 1, 1950, p. 62.

④ 高鉴国：《加拿大文化与现代化》，辽海出版社1999年版，第62页；［加］玛格丽特·康拉德：《剑桥加拿大史》，王士宇、林星宇译，新星出版社2019年版，第223—226页。

⑤ 高鉴国：《加拿大文化与现代化》，辽海出版社1999年版，第62页；［加］玛格丽特·康拉德：《剑桥加拿大史》，王士宇、林星宇译，新星出版社2019年版，第229页。

⑥ 钱乘旦主编：《世界现代化历程：北美卷》，江苏人民出版社2010年版，第6—7页。

⑦ Duncan M. Mc Dougall, “Immigration into Canada, 1851-1920”, *Canadian Journal of Economics and Political*, Vol. 27, No. 2, 1961, p. 171.

⑧ LACROIX Jean-Michel, *Histoire du Canada. Des origines à nos jours*, Paris : Tallandier, 2019, p. 191.

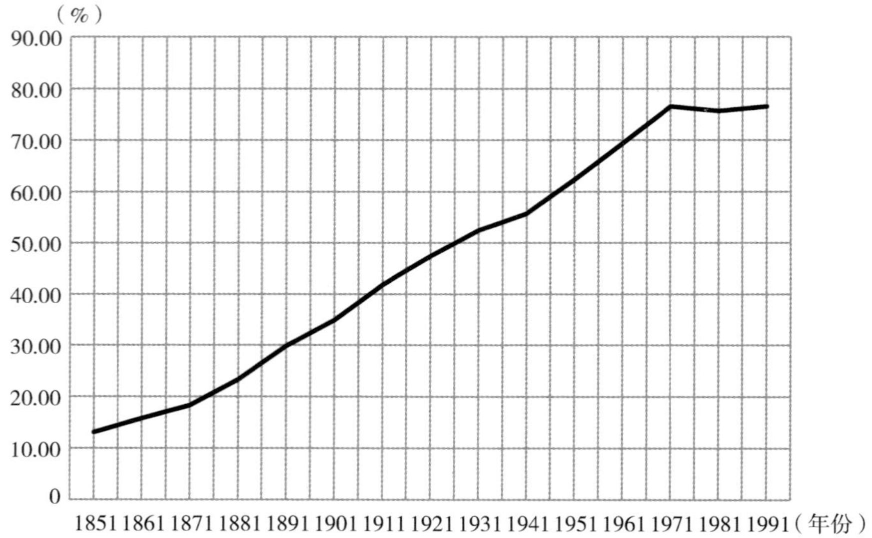

图 6-20　1851—1991 年加拿大城市人口占比

资料来源：Trudy E. Bunting, Pierre Filion, eds., *Canadian Cities in Transition*, Toronto: Oxford University Press, 1991, p. 76; Leo. Dreger, *The Urban Factor*, Toronto: Oxford University Press, 1991, p. 65; Peter McGahn, *Urban Sociology in Canada*, Toronto: Harcourt Bracy and Company, 1995, p. 3.

的蓬勃发展。① 此外，加拿大联邦政府发布的关于“工业化摇篮”的历时性介绍指出，该国的经济现代化进程正是发轫于 19 世纪 40 年代的蒙特利尔。② 在参考上述研究的基础上，本书结合加拿大在产业结构、经济增速和人口变化上的数据，推断出加拿大开启经济现代化的始点约为 19 世纪 40 年代。因此，加拿大属于第二波现代化国家，在全球范围内显然属于较早开启经济现代化进程的先发国家。这对之后加拿大油气产业联盟形态与油气产权制度类型均产生了极其深远的影响。

① Marvin McInnis, “The Economy of Canada in the Nineteenth Century”, in Stanley L. Engerman and Robert E. Gallman, eds., *The Cambridge Economic History of the United States, Volume 2: The Long Nineteenth Century*, Cambridge: Cambridge University Press, 2000, p. 85.

② Government of Canada, “The Cradle of Industrialization”, https://www.pc.gc.ca/en/lhn-nhs/qc/canallachine/culture/histoire-history/industrialisation.

二　加拿大的油气产业联盟形态与油气产权制度类型

加拿大是世界上最早发现和开采油气的国家之一。1858 年安大略省兰姆顿地区第一口商业油井的开发标志着加拿大进入了石油时代。1883 年艾伯塔省梅迪辛哈特地区首次发现了储量可观的天然气。[①] 然而当时加拿大的油气开发规模较小，由此长期依赖从美国进口石油来满足本国工业生产与居民消费的需求。1947 年阿尔伯塔省勒杜克地区发现了大量的石油和天然气，此后该地区的石油投资和炼油厂数量迅速扩张，石油也迅速成为重要的出口产品。[②] 伴随着油气储量的不断发现，加拿大油气产业得到了美国和英国能源巨头的高度关注。[③] 1946—1954 年，非加拿大居民控制的公司参与了该国约 63%的能源钻探业务，发现了该国约 95%的石油和约 70%的天然气储量。[④] 1970 年的数据显示，国际油气公司占据了加拿大 90%以上的市场份额。[⑤] 1971 年，仅英美两国的帝国石油公司、德士古石油公司、美孚石油公司、海湾石油公司和壳牌石油公司这五家公司在加拿大开采的石油就占该国当年石油开采总量的 40%。[⑥]

在油气产业发展的历程中，加拿大并未走上政府大规模干预其产业

---

① CAPP, “Discovery and Innovation: A Timeline of Canadian Oil and Gas Milestones”, https: //www. capp. ca/oil/history-of-oil/.

② Paul Chastko, “Anonymity and Ambivalence: The Canadian and American Oil Industries and the Emergence of Continental Oil”, *Journal of American History*, Vol. 99, No. 1, 2012, p. 166; Alan Green, “Twentieth-century Canadian Economic History”, in Stanley L. Engerman and Robert E. Gallman, eds., *The Cambridge Economic History of The United States*, *Volume 3*: *The Twentieth Century*, Cambridge: Cambridge University Press, 2000, pp. 245-246; CAPP, “Discovery and Innovation: A Timeline of Canadian Oil and Gas Milestones”, https: //www. capp. ca/oil/history-of-oil/.

③ Glyn R. Berry, “The Oil Lobby and the Energy Crisis”, *Canadian Public Administration*, Vol. 17, No. 4, 1974, p. 607.

④ Ronald A. Shearer, “Nationality, Size of Firm, and Exploration for Petroleum in Western Canada, 1946 - 1954”, *Canadian Journal of Economics and Political Science*, Vol. 30, No. 2, 1964, p. 218.

⑤ NIOSI Jorge, DUQUETTE Michel, « La loi et les nombres : Le Programme énergétique national et la canadianisation de l’industrie pétrolière », *Revue Canadienne de Science Politique*, Vol. 20, No. 2, 1987, p. 317.

⑥ Glyn R. Berry, “The Oil Lobby and the Energy Crisis”, *Canadian Public Administration*, Vol. 17, No. 4, 1974, p. 607.

发展的道路。其主要原因在于以下四点。首先，加拿大较早地开启了经济现代化进程，因而其国家政治和经济制度呈现协调体系的特征，有利于私人企业的发展和私人产权制度的形成。在国家政治体制方面，1867年的《英属北美法案》在加拿大确立了议会制君主立宪制政体，英国国王仍为名义上的国家元首，实质上的行政、立法和司法分别由联邦议会、以责任内阁制为核心的联邦政府和司法部门分别行使。① 19世纪90年代后多党联合执政成为加拿大政治实践的一大潮流，自由党和保守党轮流组建其执政同盟，这使加拿大政府能够代表更为多元的利益群体，并且能够相对充分地保障信息公开和社会公平。与政治制度相适应，加拿大逐渐建立了以高度市场化运行与政府施行有限监管为特点的能源管理制度。其各省政府只审批省际油气供销合同而联邦政府只审批国际油气购销合同，除此之外的油气销售商业行为及油气企业的日常运作均由企业自行决定。② 可以说，加拿大的政治经济体制呈现平等和理性的色彩，基本符合阿普特所述的协调体系的特征，有利于在油气领域形成私人产权制度。③

其次，由于较早开启了经济现代化，加拿大产业基础雄厚且发展均衡，政府对油气产业征收超额税汇的动机并不强烈。上文已经指出，整个19世纪加拿大从造船业到鞋靴加工业，从木材加工业到食品加工业；从纺织服装业到钢铁化工业等都取得了长足的发展。到20世纪初时，加拿大的产业基础已经相当雄厚。譬如，仅从1900年到1910年的10年时间里，该国从事制造业的劳动力规模实现了倍增达到了50余万人，由此制造业在加拿大GDP中的份额与农业持平。而到20世纪20年代时，加拿大服务业占其GDP的比重更是增势迅猛，进而迅速超过农业和制造业。④ 正是在这种多个产业迅猛发展的背景下，加拿大政府的财政收入

---

① 刘军编著：《列国志：加拿大》，社会科学文献出版社2005年版，第115—139页；Jennifer Winter，“Making Energy Policy：The Canadian Experience”，Working Paper，2018，https：//jenniferwinter. github. io/website/MakingEnergyPolicy_ Canada. pdf.

② 张洪涛、唐金荣、齐亚彬等：《矿产资源资产资本理论与实践》，地质出版社2014年版，第106页；沈柳芳、王立华主编：《加拿大石油公司的计划与经营管理》，石油大学出版社1996年版，第6页。

③ ［美］戴维·E. 阿普特：《现代化的政治》，陈尧译，上海人民出版社2016年版，第15—21、27页。

④ ［美］戴维·E. 阿普特：《现代化的政治》，陈尧译，上海人民出版社2016年版，第62页。

长期充盈且稳定。所以当加拿大出现油气繁荣时，政府也没有表现出对新兴的油气产业征收超额税汇的动机。

再次，加拿大较早地开启了经济现代化进程，因而其资本要素较为丰裕，有利于私人商业团体筹集足够的资本来进行石油开发。加拿大的皮毛、木材、金属等工业发展基础良好，为油气开发积累了相对充分的剩余资本。① 拜罗克的人均工业化指数显示，加拿大 1913 年的指数为 46。这一指数虽然不及美国和英国，但高于丹麦、荷兰、意大利和西班牙，更是远高于俄国和日本。② 这充分说明在 20 世纪初加拿大已经具有较为丰裕的私人资本。当时加拿大不仅资本相对丰裕而且金融体系也已经较为完善。仅上加拿大地区在 1837 年就已有 3 家特许银行，这些银行的总资本已达 200 万美元，而贷款和汇款都超过了 300 万美元。③ 19 世纪 50 年代，加拿大各殖民地内部建立了统一的银行与货币体系。④ 到 20 世纪 20 年代时，加拿大国内已经形成了比较完善的金融体系，股票、保险、抵押、信托、债券等金融行业蓬勃发展，这为资本的流动和筹集提供了重要的基础。⑤ 丰裕的国内私人资本为加拿大油气产业的发展提供了可观的融资，这同时也大幅降低了加拿大政府全面干预和大力推动其油气产业的必要性。

最后，加拿大较早开启了经济现代化，其政府并没有接受在后发能源生产国中非常盛行的能源国有化规范，因此不会在此基础上建立国家产权制度。在 1946 年之前，加拿大政府相对放任地鼓励私人企业开发和利用油气资源，并未出台明确的能源发展政策与监管规范。⑥ 从 1947 年

① H. C. Pentland, “The Role of Capital in Canadian Economic Development before 1875”, *Canadian Journal of Economics and Political Science*, Vol. 16, No. 4, 1950, p. 459.

② ［美］罗纳德·罗戈夫斯基：《商业与联盟：贸易如何影响国内政治联盟》，杨毅译，上海人民出版社 2012 年版，第 28 页；Paul Bairoch, “International Industrialization Levels from 1750 to 1980”, *Journal of European Economic History*, Vol. 11, No. 2, 1982, p. 281, 330.

③ MCCALLA, Douglas. « Des Pays d'En Haut au Haut-Canada : la formation d'une économie de colonisation », *Histoire, économie & société*, Vol. 27, No. 4, 2008, p. 104.

④ LACROIX Jean-Michel, *Histoire du Canada. Des origines à nos jours*, Paris : Tallandier, 2019, p. 194.

⑤ Scott W. See, *The History of Canada* (2nd Edition), Westport: Grey House Publishing, 2010, pp. 70-71.

⑥ 中华人民共和国驻加拿大大使馆经济商参处：《加拿大能源政策的演变》，http://ca.mofcom.gov.cn/article/ztdy/200606/20060602527126.shtml.

至 1973 年，加拿大能源政策的主要目标是鼓励建设从加拿大西部产油省份到该国其他省区和美国的油气管道。[1] 就油气监管机构而言，直到 1959 年加拿大政府才成立了国家能源委员会，由此对油气产业进行系统的监管。[2] 20 世纪 70 年代初，加拿大政府正式开始对油气产业进行有序地监管，然而这种监管与俄罗斯和委内瑞拉等能源出口国的管制截然不同。除了 1973 年第一次石油危机期间加拿大政府短暂地实施了干预性的石油定价政策，在其余绝大多数时候政府只实行了相对有限的监管。在 20 世纪 80 年代，加拿大仅有的国家能源公司也被私有化，可以说"能源国有化"从来就没有进入加拿大政府的政治议程中。[3] 数据显示，1975 年之前政府资本在加拿大油气产业中的份额仅占该产业全部资本的 2%—3%；1976 年之后政府资本在短暂触及最高的 13%后又回落并长期保持在 10%以下。[4] 显然加拿大政府资本在该国油气产业中的份额远低于私人资本，因此也不会在此情形下尝试建立国家产权制度。加拿大历届政府的油气政策详见表 6-9。

表 6-9　　加拿大历届政府的油气政策

<table>
<tr><th>总理及其任期</th><th>关键油气政策</th></tr>
<tr><td>约翰·麦克唐纳 1867—1873 年</td><td rowspan="3">• 各省对其辖区内所有的能源拥有所有权，有权对能源开发活动直接征税
• 对美国进口的能源征收关税，保护国内能源产业</td></tr>
<tr><td>亚历山大·麦肯齐
（Alexander Mackenzie）1873—1878 年</td></tr>
<tr><td>约翰·麦克唐纳
1878—1891 年，第 2 次执政</td></tr>
</table>

① Jennifer Winter, "Making Energy Policy: The Canadian Experience", Working Paper, 2018, https://jenniferwinter.github.io/website/MakingEnergyPolicy_Canada.pdf.

② John F. Helliwell, "Canada Energy Policy", *Annual Review of Energy*, Vol. 4, 1979, p. 175.

③ Miriam Edwards, "Public Choice Theory and Petroleum Policies in Canada, Britain and Norway", *European Journal of Political Research*, Vol. 15, No. 3, 1987, pp. 369-370.

④ NIOSI Jorge, DUQUETTE Michel, « La loi et les nombres: le Programme énergétique national et la canadianisation de l'industrie pétrolière », *Revue Canadienne de Science Politique*, Vol. 20, No. 2, 1987, p. 330.

续表

总理及其任期	关键油气政策
约翰·阿伯特（John Abbott）1891—1892 年	•无明确油气政策
约翰·汤普森（John Thompson）1892—1894 年	
麦肯齐·鲍威尔（Mackenzie Bowell）1894—1896 年	
查尔斯·塔珀（Charles Tupper）1896—1896 年	
维尔弗里德·劳雷尔（Wilfrid Laurier）1896—1911 年	
罗伯特·莱尔德·博登（Robert Laird Borden）1911—1920 年	•仅向加拿大和英国的石油公司发放永久产权租约
阿瑟·米恩（Arthur Meighen）1920—1921 年	•无明确油气政策
威廉·麦肯齐·金（William MackenzieKing）1921—1926 年	
阿瑟·米恩 1926—1926 年，第 2 次执政	
麦肯齐·金 1926—1930 年，第 2 次执政	
理查德·贝德福德·贝内特（Richard Bedford Bennett）1930—1935 年	
麦肯齐·金 1935—1948 年，第 3 次执政	•批准建设自诺曼韦尔斯油田至西海岸的石油管道
路易·圣洛朗（Louis St-Laurent）1948—1957 年	•以优惠的税收鼓励外国公司赴加拿大开发油气 •批准建设横贯全国的两条油气管道 •创建博登委员会，研究能源政策
约翰·迪芬贝克（John Diefenbaker）1957—1963 年	•创建国家能源委员会 •推出国家石油政策，对石油规范出口、限制进口 •批准在美加之间建立输油管道 •限制外国公司在北部地区和大西洋、太平洋近海岸的土地使用权

续表

<table>
<tr><th>总理及其任期</th><th>关键油气政策</th></tr>
<tr><td>莱斯特·皮尔逊（Lester Pearson）
1963—1968 年</td><td>• 设立能源矿产资源部</td></tr>
<tr><td>皮埃尔·特鲁多（Pierre Trudeau）
1968—1979 年</td><td>• 对石油实施两级定价（Two-tier Oil Pricing）
• 冻结国内石油价格并征收出口税，成立加拿大石油公司协助油气勘探
• 实行石油进口补贴计划
• 通过《外国投资审查法》，约束外国公司对加拿大油气资源所享有的开发权
• 推动成立加拿大合成原油公司、加拿大原油公司等国家能源公司</td></tr>
<tr><td>乔·克拉克（Joe Clark）
1979—1980 年</td><td rowspan="2">• 推出国家能源计划，增强对能源领域的控制
• 提供市场开发奖励金开发新的天然气市场</td></tr>
<tr><td>皮埃尔·特鲁多
1980—1984 年，第 2 次执政</td></tr>
<tr><td>约翰·特纳（John Turner）
1984 年</td><td rowspan="3">•《西部协定》生效，结束加拿大联邦政府对油气行业的保护性监管
• 集中废除油气领域的诸多干预性政策
• 对国家能源企业进行私有化改革
• 建立能源效率和替代能源计划目录</td></tr>
<tr><td>布赖恩·马尔罗尼（Brian Mulroney）
1984—1993 年</td></tr>
<tr><td>金·坎贝尔（Kim Campbell）
1993 年</td></tr>
<tr><td>让·克雷蒂安（Jean Chrétien）
1993—2003 年</td><td rowspan="2">• 签订《北美自由贸易协议》，取消与美国和墨西哥的能源进口限制、出口税及其他相应政策</td></tr>
<tr><td>保罗·马丁（Paul Martin）
2003-2006 年</td></tr>
<tr><td>斯蒂芬·哈珀（Stephen Harper）
2006—2015 年</td><td rowspan="2">• 推动出台和实施《绿色能源法》《清洁能源法》《国家能源委员会法》
• 退出《京都议定书》
• 消除能源领域的保护性法律条款
• 颁布《技术创新与减排新规》
• 颁布对石油和天然气作业的测量要求</td></tr>
<tr><td>贾斯汀·特鲁多（Justin Trudeau）
2015 年至今</td></tr>
</table>

资料来源：国际能源署；① 加拿大百科全书；② 加拿大联邦政府；③ 中华人民共和国驻加拿大大使馆经济商务处；④ ［加］罗伯特·博斯维尔：《加拿大史》，裴乃循等译，中国大百科全书出版社 2012 年版，第 338 页；Lorraine Eden，Maureen Appel Molot，“Canada's National Policies：Reflections on 125 Years”，*Canadian Public Policy*，Vol. 19，No. 3，1993，p. 238；NIOSI Jorge，DUQUETTE Michel，« La loi et les nombres ：Le Program énergétique national et la canadianisation de l'industrie pétrolière »，*Revue canadienne de science politique*，Vol. 20，No. 2，1987，p. 320；VARONE Frédéric，« Les instruments de la politique énergétique ：analyse comparée du Canada et des États-Unis »，*Revue canadienne de science politique*，Vol. 34，No. 1，2001，p. 14；RIOUX，X. Hubert，« “Canada First” ：Le nationalisme e´conomique et les relations commerciales canado-ame´ricaines de la Confe´de´ration a` l'ACEUM »，*Revue canadienne de science politique*，Vol. 52，No. 4，2019，p. 671。

加拿大政府对其油气产业相对放任的支持政策和较为宽松的监管直接影响到了其产业联盟形态与产权制度类型。就产业联盟形态而言，加拿大油气产业联盟的实力与其他产业联盟较为均衡。在产业联盟的组织性方面，加拿大油气产业联盟以主要行业协会为依托，主要关注于油气领域的经济活动。自 20 世纪 50 年代起，加拿大先后出现了加拿大石油协会（Canadian Petroleum Association）、加拿大独立石油协会（Independent Petroleum Association of Canada）和加拿大油井钻井承包商协会（Canadian Association of Oilwell Drilling Contractors）这 3 个重要的行业协会。⑤

---

① International Energy Agency，“Policies Database”，https：//www. iea. org/policies？q=canada&page=1.

② L'Encyclopédie Canadienne，« Politique pétrolière et gazière au Canada，1947 à 1980 »，https：//www. thecanadianencyclopedia. ca/fr/article/politique-petroliere-et-gaziere-au-canada-1947-a-1980；L'Encyclopédie Canadienne，« Industrie pétrolière »，https：//www. thecanadianencyclopedia. ca/fr/article/industrie - petroliere；L'Encyclopédie Canadienne，« Politique énergétique »，https：//www. thecanadianencyclopedia. ca/fr/article/politique - energetique；L'Encyclopédie Canadienne，« Programme énergétique national »，https：//www. thecanadianencyclopedia. ca/fr/article/programme - energetique-national.

③ Government of Canada，“Energy Policy”，https：//www. nrcan. gc. ca/our-natural-resources/domestic-and-international-markets/transportation-fuel-prices/energy-policy/15903.

④ 中华人民共和国驻加拿大大使馆经济商务处：“加拿大能源政策演变”，http：//ca. mofcom. gov. cn/article/ztdy/200606/20060602527126. shtml。

⑤ 加拿大石油协会成立于 1952 年，是加拿大最大的石油组织。早在 1965 年，该组织的成员就包括 230 家从事石油和天然气勘探、开发、管道和运输的公司。其成员公司的石油产量约占加拿大石油产量的 97%。加拿大独立石油协会成立于 1961 年，由 203 家公司组成。该协会的大多数成员为小型的油气公司并且主要关注天然气产业。加拿大油井钻井承包商协会成立于（转下页）

上述 3 个协会涵盖了加拿大绝大多数的油气公司，代表了其油气从业人员的政治经济利益，因而是其油气产业联盟的实体性组织。然而，这 3 家行业协会主要致力于协调成员企业在油气生产和经营活动的集体行动，并未在政治领域展现出明显的影响力。

在产业联盟规模方面，虽然加拿大油气产业联盟的人数逐渐上涨，但在该国劳动人口中的占比仍然较低。2001—2020 年，加拿大油气产业联盟人数由 13.9 万人增长至 18.6 万人，其中在 2014 年一度达到了 23.2 万的峰值，详见图 6-21。同期加拿大劳动力总数由 1222.9 万人增至 1480.8 万人，总人口数由 3069 万人增至 3801 万人。由此可知加拿大油气产业联盟在该国劳动人口中的占比基本稳定在 1.13%—1.26%；在总人口中的占比基本稳定在从 0.45%—0.49%。显然，加拿大油气产业联盟始终保持了较小的规模。

在产业联盟的工资方面，加拿大油气产业联盟的工资与其他产业联盟成员的工资差距并没有过于悬殊，且呈现与其他产业工资相同的变动趋势。加拿大统计局对 1997—2017 年油气产业、农业、制造业、金融保险房地产业和教育服务业的工资统计显示，油气产业联盟的工资与教育服务业基本相当，与工资收入最低的农业相比仅为后者的 2 倍左右，详见图 6-22。油气产业联盟的工资增长曲线与其他 4 个产业联盟较为相似，总体呈现同向同频的变动趋势。不难发现，加拿大油气产业联盟与其他产业联盟的工资差远远低于委内瑞拉和俄罗斯等能源出口国。

(接上页) 1949 年，在 20 世纪 70 年代就拥有会员企业 150 家。其成员主要为钻井平台的运营商以及少数油气产业服务公司。详见 Glyn R. Berry, “The Oil Lobby and the Energy Crisis”, *Canadian Public Administration*, Vol. 17, No. 4, 1974, p. 607; Glen Toner, G. Bruce Doern, “The Two Energy Crises and Canadian Oil and Gas Interest Groups”, *Canadian Journal of Economics and Political Science*, Vol. 19, No. 3, 1986, pp. 473-474; Ian M. Doig, “Canadian Petroleum Association-History and Organization”, *Journal of Canadian Petroleum Technology*, Vol. 4, No. 2, 1965, pp. 59-60; CAOEC, “The History of Canadian Association of Oilwell Drilling Contractors”, https://caodc.ca/history; Global News, “Canadian Association of Energy Contractors”, https://globalnews.ca/news/7899076/canadian-association-of-energy-contractors-name/。

图 6-21　2001—2020 年加拿大油气产业联盟人数

资料来源：Statistics Canada，“Employment by Industry，Annual”，https：//www150. statcan. gc. ca/t1/tbl1/en/cv. action？pid＝1410020201.

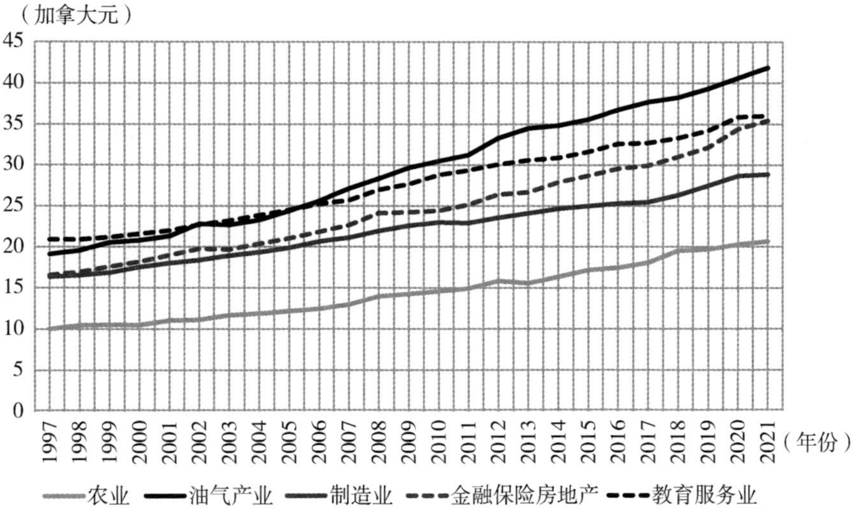

图 6-22　1997—2021 年加拿大主要产业单位时间工资对比

资料来源：Statistics Canada，“Employee Wages by Industry，Annual”，https：//www150. statcan. gc. ca/t1/tbl1/en/tv. action？pid＝1410006401.

在产业联盟的产值方面，加拿大油气产业联盟创造的产值占所有产业产值的比例不高，油气产业与其他产业发展较为协调。图6-23显示了1970—1997年加拿大油气产业联盟创造的产值占加拿大所有产业产值的比例。该比例在近30年的时间里平均值仅为1.8%，而在其他大部分时间在1%—3%波动。出现在1980年的唯一的峰值也仅为5.23%，这一数字不仅远低于委内瑞拉相同比值的平均值33%和俄罗斯相同比值的平均值21%，甚至也远低于挪威相同比值的平均值8%。总之，通过对加拿大油气产业联盟的组织构成、人员规模、平均工资、占加拿大所有产业产值比这四方面进行分析，根据第三章第二节中的操作标准可以看出加拿大的油气产业联盟的实力并没有强于其他产业。

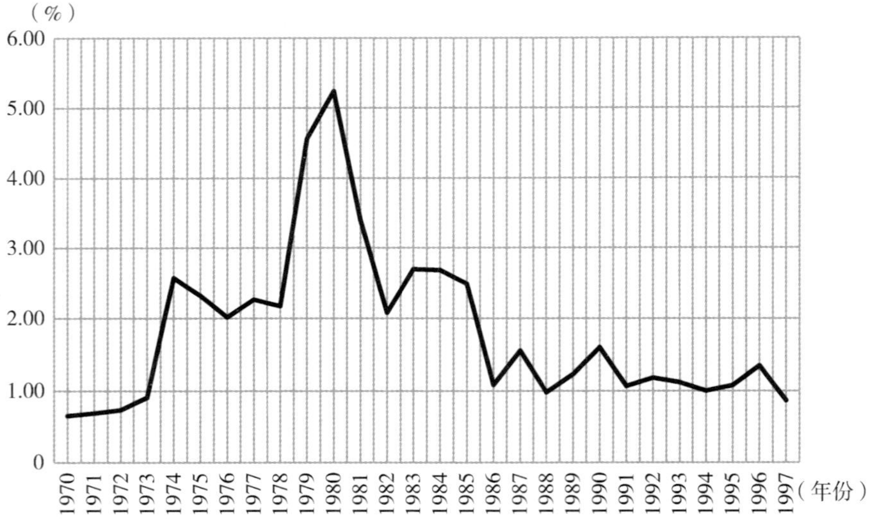

图6-23　1970—1997年加拿大油气产业联盟创造产值占所有产业产值比

资料来源：La Banque mondiale,«Bénéfices tirés du pétrole (% du PIB) - Canada», https://donnees.banquemondiale.org/indicateur/NY.GDP.PETR.RT.ZS? locations=CA.

就产权制度类型而言，加拿大在油气领域形成了私人产权制度。在所有权方面，加拿大油气资产在绝大多数时期均归私人所有。根据《领土土地法》和《公共土地授予法》的相关规定，加拿大政府给私人公司发放勘探石油和天然气许可证，私人公司有权在规定期限内按照许可和租约的条款勘探、开发和生产石油天然气。① 第一次石油危机结束后，为增强政府对油气产业的影响力并确保政府能够实时获取准确的油气市场信息，加拿大政府宣布了多项干预型能源政策。在此基础上，加拿大政府于 1975 年建立了加拿大合成原油公司、加拿大石油公司等国家能源公司，并于 1980 推出了旨在保障加拿大能源安全、扩大政府在能源领域所有权和影响力的国家能源计划（National Energy Plan，NEP）。② 然而在其他国家政府和油气公司强烈反对、世界油气价格下跌以及加拿大艾伯塔省政府反对等多种因素的共同影响下，NEP 于 1985 年被迫终止。③ 1991 年 7 月，加拿大政府以每股 13 美元的价格出售了加拿大石油公司的第一批股票，只保留了该公司 19%的股份。④ 2004 年 9 月，加拿大政府又以每股 64. 5 美元的价格出售了该公司剩余 19%的股份，由此实现了油气产业完全的私有化。

在使用权方面，在大多数时间里加拿大政府对油气产业并没有使用权，而只有监管权。自加拿大政府出售了加拿大石油公司的剩余股份之后，其不再直接干预油气产业的发展以及任何油气公司的日常经营。根据《加拿大国家能源委员会法》（2019 年前实行）及之后的《加拿大能源监管机构法》（2019 年后实行）中的相关规定，加拿大政府在能源领域履行的职权仅包括对能源管道进行调节；对交通、通行费和关税进行监管；对能源贸易进行监管以及提供咨询服务。⑤ 可以说，其职责主要是监管油气企业是否在政府制定的规则框架下按照市场经济原则合法经营。

---

① Justice Laws Website of Canada，“Canada Oil and Gas Operations Act”，https：//laws - lois. justice. gc. ca/eng/acts/T-7/FullText. html.

② Miriam Edwards，“Public Choice Theory and Petroleum Policies in Canada，Britain and Norway”，*European Journal of Political Research*，Vol. 15，No. 3，1987，p. 366；Paul Chastko，“Anonymity and Ambivalence：The Canadian and American Oil Industries and the Emergence of Continental Oil”，*Journal of American History*，Vol. 99，No. 1，2012，p. 137.

③ 中华人民共和国驻加拿大大使馆经济商参处：《加拿大能源政策的演变》，http：//ca. mofcom. gov. cn/article/ztdy/200606/20060602527126. shtml；Glen Toner and G. Bruce Doern，“The Two Energy Crises and Canadian Oil and Gas Interest Groups”，*Canadian Journal of Economics and Political Science*，Vol. 19，No. 3，1986，pp. 478-479；付成双：《加拿大西部地方主义研究》，民族出版社 2001 年版，第 123—140 页。

④ Anthony E. Boardman，Aidan Vining，“A Review and Assessment of Privatization in Canada”，Working Paper，2012，https：//papers. ssrn. com/sol3/papers. cfm? abstract_ id=2000172#.

⑤ Justice Laws Website of Canada，“Canadian Energy Regulator Act”，https：//laws - lois. justice. gc. ca/eng/acts/C-15. 1/page-5. html#h-1161944.

在收益权方面，加拿大政府从油气产业获益的渠道清晰且固定，其从油气产品的开发和出口获取税费收益，而非从油气公司获取股权收益。长期以来，加拿大政府对油气产业的收益权受到了严格的限制，其只征收特许权使用费和基本的能源税收，并没有任何其他的“非税收”收入。具体而言，加拿大的能源税收制度与其联邦制的政体相关，税收分为联邦税和地方税（省税）这两大类。其中，联邦税中对油气没有单独或额外的税种，只有少数能源丰富的省份在其地方税中油气征收了额外的税费。[①] 由于联邦政府和各省政府主要通过将开发权租让给私人公司的方式来开发油气资源，政府可以在私人公司承担风险的情况下从中获得租金、特许费及税收收入。[②] 根据 1985 年《能源管理法》第 5 条第 1 款和第 17 条第 1 款的相关规定，加拿大政府按照每立方米金额不超过 350 美元的标准对出口的油气征收出口费及运输燃料补偿回收费。此外，《能源管理法》中第 56 条与第 57 条规定加拿大政府能够对在其境内开发和精炼的石油征收石油补偿税，而第 66 条也规定加拿大政府能够对在其境内加工或消费的国内外石油征收特别税费。[③] 显然，对油气产品的开发和出口征收税费是加拿大政府从油气产业获益的主要渠道，这与其他实行私人产权的产业别无二致。

在让渡权方面，加拿大政府无法也无意干预绝大多数油气公司的股权转让，仅对加拿大石油公司的股权转让作出了极为宽松的限定。加拿大政府要求任何股东都不能拥有加拿大石油公司已发行股份的 20%，在满足以上条件的前提下加拿大石油公司股份可自由转让。有趣的是，为了规避这一要求，2009 年 3 月森科公司以 184.3 亿加元的报价对加拿大石油公司进行收购时，两家公司的股东通过股份交换的形式，以 1 股加拿大石油公司的股份换取森科公司 1.28 股股份，使得加拿大石油公司的原有股东获得合并后新公司 40%的股份，而森科公司的原有股东获得了

---

① 韩世全主编：《国外石油公司改革与管理》，石油工业出版 1997 年版，第 116 页。

② Jennifer Winter, “Making Energy Policy: The Canadian Experience”, Working Paper, 2018, https://jenniferwinter.github.io/website/MakingEnergyPolicy_ Canada.pdf.

③ Justice Laws Website of Canada, “Energy Administration Act”, https://laws.justice.gc.ca/eng/acts/E-6/FullText.html#h-219363.

60%的股份。① 由于这一合并程序规避了加拿大政府的上述要求，因此加拿大政府也并未对这一交易提出异议。加拿大政府对于其国内最为重要的加拿大石油公司的股权转让尚且如此放任，对于其他更小规模的油气公司而言，加拿大政府更是对其股权让渡不做实质性约束。通过对所有权、使用权、收益权和让渡权的分析可以看出，加拿大在油气领域建立了私人产权制度，政府很难突破产权制度的边界对油气产业进行过度干预。

三　产业联盟形态与产权制度类型的政治效应

自进入油气大规模开发阶段以来，加拿大形成了与其他产业联盟实力相对均衡的油气产业联盟，并且在油气领域建立了私人产权制度。这使得加拿大政府和政治家并未在税汇收入、产业补贴、政治竞争这三方面对石油产业形成病态依赖。首先，加拿大政府并未在税收和外汇收入上严重依赖石油产业，没有触发“税汇陷入”效应。对于加拿大油气产业而言，其纳税额是参照与其他产业相同的会计准则一同计算出来的，并且加拿大政府并没有为油气产业设置特有的税收制度。② 如上文所述，加拿大在联邦层面和省层面推行了分税制，因此油气公司需按统一的公司税率向各级政府缴纳税款。③ 油气产业的联邦所得税在 1987 年的执行税率为 46%，自 1987 起为 45%，自 1996 年起为 28.84%，自 2009 年起为 19%，自 2012 年降至 15%。油气产业在各省的税率不尽相同也时常变动，其中油气资源最为丰裕的艾伯塔省所得税率从 1987 年的 11%增长到 1996 年的 14.5%。截至 2009 年，加拿大各省的油气所得税税率分别为艾伯塔省和不列颠哥伦比亚省的 10%、萨斯喀彻温省的 12%、纽芬兰拉

① Suncor, “Petro-Canada Announce Merger”, https://www.cbc.ca/news/business/suncor-petro-canada-announce-merger-1.805258; Reuters, “Suncor to Buy Petro-Canada for $150 Billion”, https://www.reuters.com/article/us-petrocanada-suncor-idUSTRE52M0GY20090323.

② CAPP, “Canadian Tax Measures: Fair Treatment for All Industries”, https://www.capp.ca/explore/subsidies/.

③ Jack Mintz, Duanjie Chen, “Taxing Canada's Cash Cow: Tax and Royalty Burdens on Oil and Gas Investments”, https://www.policyschool.ca/wp-content/uploads/2016/03/cashcow1b.pdf.

布拉多省的14%和新斯科舍省的16%。① 总体而言，近数十年来加拿大的油气税率呈下降趋势，并且与同期的其他油气出口国相比税率明显低得多。值得注意的是，加拿大的油气税收在其政府收入中的占比也很低。自1987年至今加拿大能源税占联邦政府总收入基本稳定在了1.7%—3.1%。② 2013—2017年，在房地产、制造、建筑、金融与油气这五大产业中，油气产业纳税额为110.42亿美元，仅为金融业纳税额的49.3%，与房地产业基本持平。③ 由此可见加拿大政府并未对油气产业联盟进行过度压榨，石油税收体系也相对稳健合理，详见图6-24。

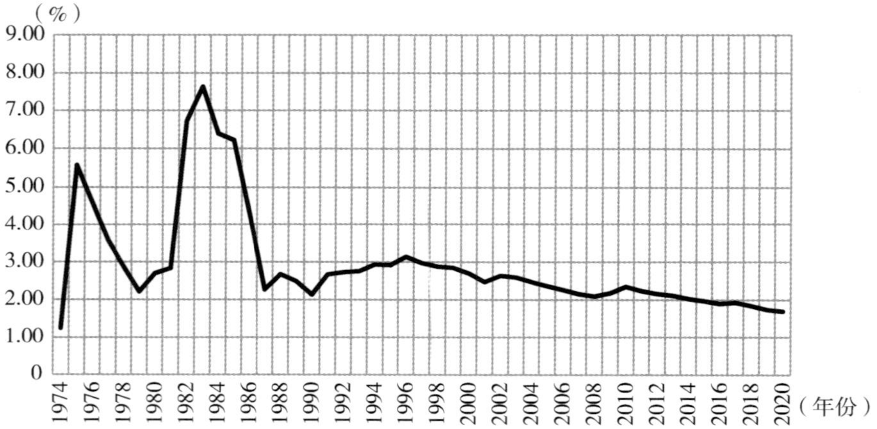

图6-24　1974—2020年能源税收在加拿大政府收入中的占比

资料来源：CEIC，“Canadian Energy Tax”，https：//insights. ceicdata. com/Untitled-insight/views.

在出口创汇方面，石油产业为加拿大政府创造了稳定外汇，但绝非加拿大依仗的创汇支柱。首先，包括石油、天然气及其制成品在内的能源出口总额在1988年为143.3亿加拿大元，约占加拿大出口总额的7.01%。直至1999年之前，这一数字基本维持在6%—8%，详见

① Jack Mintz，Duanjie Chen，“Taxing Canada's Cash Cow：Tax and Royalty Burdens on Oil and Gas Investments”，https：//www. policyschool. ca/wp-content/uploads/2016/03/cashcow1b. pdf.

② ACPP，« Les aides gouvernementales au secteur pétrolier et gazier »，https：//www. capp. ca/fr/explore/subvention/.

③ CEIC，“Canadian Energy Tax”，https：//insights. ceicdata. com/Untitled-insight/views.

图 6-25。其次，林业产品、建筑和包装材料出口占加拿大出口总额的比重相对稳定且数值最大，基本维持在 13%—16%，无可争议地成为该国最主要的出口创汇来源。此外，消费品出口占加拿大出口总额的比重于 1992 年首次超过能源出口占比，此后上升趋势明显并基本维持在 7%—11%。与上文所述的委内瑞拉和俄罗斯相比，加拿大油气产业的出口创汇情况一直维持在较为健康的水平。通过上述分析可知，加拿大政府的收入依靠的是加拿大多元化的产业结构，并未强制油气产业贡献超额税汇，因而不存在诱发“能源诅咒”的“税汇陷入”效应。

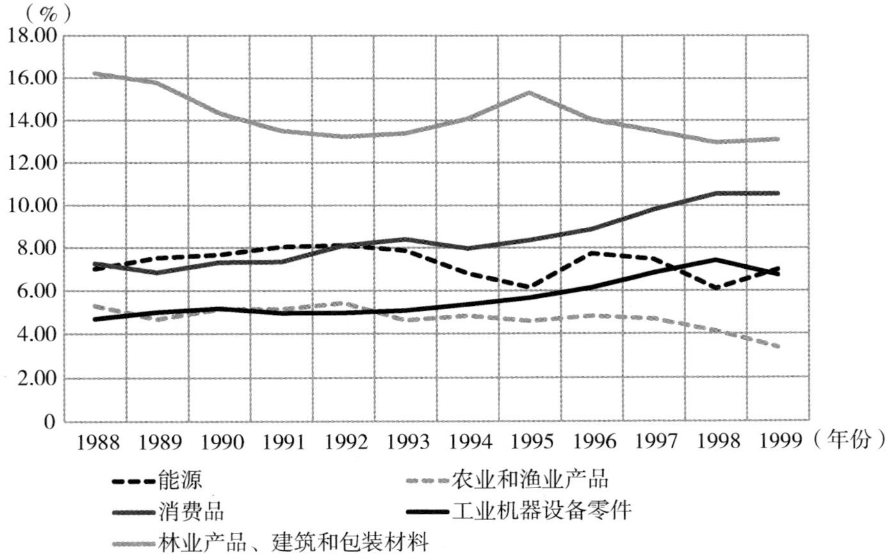

图 6-25 1988—1999 年加拿大主要产品出口价值占总出口价值比例

资料来源：CEIC，“Canadian Exports”，https://insights.ceicdata.com/Untitled-insight/views.

其次，加拿大政府并未片面倚重油气产业联盟承担再分配职能，而是分别通过建立油气基金和财政均衡化制度来促进产业间的均衡发展，因而没有触发“补贴分异”效应。就前者而言，加拿大的主权财富基金以艾伯塔省遗产储蓄信托基金为代表。① 出于节省特许权使用费收益、

① Gawdat Bhagat，“Sovereign Wealth Funds：Dangers and Opportunities”，*International Affairs*，Vol. 84，No. 6，2008，p. 1190.

减少预算编制周期中的收入波动、为政府多元化项目提供资金支持以及满足向其他省政府提供贷款的需要，加拿大政府根据《艾伯塔省遗产储蓄信托基金法》于 1976 建立了艾伯塔省遗产储蓄信托基金。① 从 1976—1982 年，加拿大政府将 30%的油气税费收入转入该基金，1987 年时该基金的资产规模已经达到了 127 亿美元。② 加拿大政府在该基金支持下为实现产业多元化发展和产业联盟平衡推行了多项举措。1976—1982 年，艾伯塔省遗产储蓄信托基金会总共向其他省的政府提供了 33 笔总价值 19 亿美元贷款用以改善民生和进行产业扶持。此外让诸多非油气产业获益的经济基础设施项目也正是在该基金的资助下实施的。③ 显然，油气基金已经成为加拿大政府进行再分配的重要依托，为带动非油气产业发展和减少产业之间的发展失衡提供了重要助力。

就后者而言，加拿大联邦政府也通过财政均衡化制度使油气收益为所有省份及其省内的主要产业所共享。为了缩小各省之间因资源禀赋等差异而造成的贫富差距、确保所有省份及其产业都能享受到足够的公共服务，加拿大自 1957 年起开始推行财政均衡化政策。该政策以个人所得税、企业所得税、消费税、财产税和自然资源税这五种税收衡量各省的财政能力，并以联邦政府税收作为资金为财政能力较弱省份提供补贴。④ 得益于充足的油气收益，加拿大艾伯塔省自 1965 年以来从未收到过均衡化补贴，而是持续通过加拿大联邦政府向其他省提供了大量的均衡化补贴。⑤ 尽管艾伯

---

① Jennifer Winter, “Making Energy Policy: The Canadian Experience”, Working Paper, 2018, https: //jenniferwinter. github. io/website/MakingEnergyPolicy_ Canada. pdf; University of Alberta Library, “Alberta Heritage Fund: Blessing Becoming Curse?”, https: //era. library. ualberta. ca/items/3e0ae7cd-db74-409c-9ec3-fc9c360409d9/view/3a3897fe-c081-4915-87ab-b66a736e6adc/85. pdf.

② Canadian Encyclopedia, “Alberta Heritage Savings Trust Fund”, https: //www. thecanadianencyclopedia. ca/en/article/alberta-heritage-savings-trust-fund.

③ University of Alberta Library, “Alberta Heritage Fund: Blessing Becoming Curse?”, https: //era. library. ualberta. ca/items/3e0ae7cd-db74-409c-9ec3-fc9c360409d9/view/3a3897fe-c081-4915-87ab-b66a736e6adc/85. pdf.

④ PLOURDE André, «Les enjeux de la politique e´nerge´tique canadienne des anne´es quatre-vingt», *Actualité économique*, Vol. 66, No. 4, 1990, p. 394.

⑤ DEFRAITEUR Vincent, « La péréquation financière au Canada : Quelles sont les raisons de la difficulté de réformer cet élément essentiel du fédéralisme canadien ?», *Revue Gouvernance*, Vol. 3, No. 2, 2006, p. 3; BÉLAND Daniel, LECOURS André, « L'Alberta, l'aliénation de l'Ouest et le programme fédéral de péréquation : identités territoriales, cadrage idéologique et inscription à l'agenda politique », *Politique et Sociétés*, Vol. 40, No. 3, 2021, p. 183.

塔省政府和油气产业联盟对此颇为不满，但这也从侧面表明加拿大联邦政府具有通过再分配政策来缩小不同地区及其产业发展失衡的较强能力。①更为重要的是，这一能力还在油气收益的加持下得到了进一步加强。

最后，私人产权制度下加拿大政府的权力受到严格限制，加之油气产业联盟规模有限，这很难产生政治干预和寻租腐败行为，由此并未触发“利益交换”效应。一方面，加拿大油气产业联盟并不具有明显的实力优势，在政治进程和政策制定中难以形成较大声势。② 加拿大油气产业联盟虽然能通过向联邦政府或省政府提交简报、与政策咨询小组进行磋商、向议员表达担忧、投放广告或支持代表其立场的出版物等方式影响政治或政策。然而，油气产业联盟在影响政策的渠道上不仅与其他产业联盟并无明显的区别，加之其实力相较于后者也没有明显的优势，因而不足以聚集更多的资源以克服集体行动的困境，所以也就难以单独影响选举的结果或重要政策的出台。③

另一方面，油气领域实行私人产权制度明显区隔了政府与油气企业的关系，加之加拿大的能源管理体制实施了政策制定和监管相分离的管理模式，油气产业联盟的活动空间较小。自然资源部和国家能源委员会是加拿大联邦层面负责能源事务的两个重要机构，其中前者主要负责能源政策的制定和实施，后者主要负责能源商业行为的监管。④ 这种政策制定和商业监管相分离的模式最大程度降低了加拿大油气产业联盟的政治干预和寻租腐败行为，被认为是世界范围内能源治理的最佳实践。⑤

---

① Stéphanie Rousseau, « Les Albertains votent à 61, 7% Pour le Retrait de la Péréquation de la Constitution », https://ici.radio-canada.ca/nouvelle/1834646/alberta-perequation-referendum-politique-federal-ottawa; Gouvernement du Canada, « Programme de Péréquation », https://www.canada.ca/fr/ministere-finances/programmes/transferts-federaux/perequation.html.

② Glyn R. Berry, "The Oil Lobby and the Energy Crisis", *Canadian Public Administration*, Vol. 17, No. 4, 1974, p. 612.

③ Glyn R. Berry, "The Oil Lobby and the Energy Crisis", *Canadian Public Administration*, Vol. 17, No. 4, 1974, pp. 613-635; Glen Toner, G. Bruce Doern, "The Two Energy Crises and Canadian Oil and Gas Interest Groups", *Canadian Journal of Political Science*, Vol. 19, No. 3, 1986, pp. 483-484.

④ 需要说明的是，国家能源委员会于 2019 年被加拿大能源监管机构（Canada Energy Regulator）取代，《国家能源委员会法》也于 2019 年 8 月废止。

⑤ Rowland J. Harrison, "The Elusive Goal of Regulatory Independence and the National Energy Board: Is Regulatory Independence Achievable? What does Regulatory Independence Mean? Should We Pursue It?", *Alberta Law Review*, Vol. 50, No. 4, 2013, p. 758.

另外，《加拿大选举法》也对各产业联盟与政府官员或议员的私人交往进行了严格的限定，尽最大可能地封堵了两者之间可能形成裙带关系的制度漏洞。① 这些规定基本切断了政治家依托油气产业联盟支持进而在选举中获得优势的渠道，而油气产业联盟也无法解除私人产权制度与上述规定的约束进而影响选举结果并得到政治家的政策回报。

总之，与其他产业联盟实力相对均衡的油气产业联盟以及油气领域的私人产权制度均使加拿大成功避免了“税汇陷入”“补贴分异”和“利益交换”效应的生成，实现了油气产业与非油气产业的协调发展。2011—2021 年，油气产业在加拿大 GDP 中的占比基本上稳定在 1%—6%并且在总体上呈下降趋势，详见图 6-26。特别是与委内瑞拉和俄罗斯等油气出口国相比，加拿大的油气产业联盟创造的产值占比要明显低得多，并未出现油气产业一家独大挤占其他产业发展空间的情况。

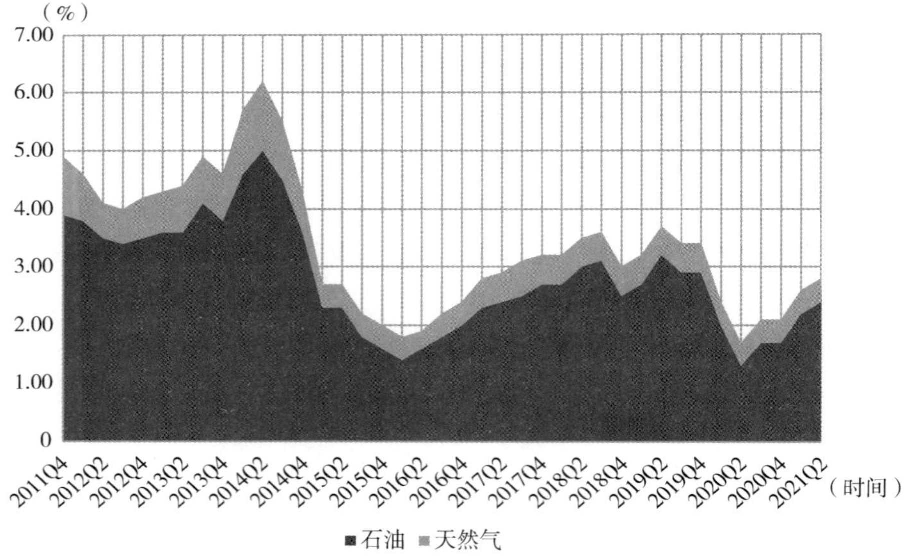

图 6-26　2011—2021 年油气产业在加拿大 GDP 中的占比

资料来源：Canadian Centre for Energy Information，“Canadian Centre for Energy Information”，https：//energy-information. canada. ca/en/subjects/energy-and-economy.

① Justice Laws Website of Canada，“Canada Elections Act”，https：//laws-lois. justice. gc. ca/eng/acts/e-2. 01/FullText. htm.

四 “能源祝福”的必然：协调的能源产业与可观的经济增长

得益于加拿大并未出现油气产业畸大的产业结构，并且加拿大政府并未形成对油气产业的病态依赖，这使该国实现长期稳健的经济增长成为可能。一方面，近数十年来加拿大从未出现工业化进程受阻的情况，包括可再生能源以及ICT产业在内的更高精尖的产业发展迅猛。另一方面，能源价格波动的负面效应对加拿大的影响十分有限。

其一，油气产业的发展并未拖累加拿大后续的工业化进程，ICT产业和可再生能源的跨越式发展就是绝佳的证明。就ICT产业而言，该产业是近数十年加拿大发展势头最为迅猛的产业之一。1993—1998年，ICT产业的平均就业增长率为5.7%，远高于同期加拿大全国1.9%的平均就业增长率。1999年ICT产业创造了433亿加元的GDP，同比增长了20.4%。当年加拿大的GDP实现了4.3%的增长，而该增量的四分之一由ICT产业贡献。同年ICT产业的出口额就已达308亿加元，同比增长了7.6%，占全国出口总额的8.1%。[①] 而在过去10年里，加拿大ICT产业的增长速度是其他产业的两倍，平均产值占该国GDP的5%。截至2021年，加拿大ICT产业内已经涌现出了超过4.3万家公司，该产业也被评价为“加拿大本土非常强势的科技产业”。[②]

就可再生能源产业而言，加拿大的可再生能源产业历经数十年的高速发展，使其现已成为世界上使用可再生能源范围最广和效率最高的国家之一。第五章第二节已经指出传统能源出口国往往会片面依赖油气出口带来的巨额利润，很容易忽视可再生能源产业的发展，然而这种情况在加拿大并不存在。自2006年起，加拿大的可再生能源发电量增势迅猛，新增装机容量从当年的7.3万兆瓦增长到2018年的10.0万兆瓦。[③] 2018年可再生能源在加拿大一次能源消费中的占比已经达到了16.3%，

---

① 刘军编著：《列国志：加拿大》，社会科学文献出版社2005年版，第163—164页。

② International Trade Administration, “Canada - Country Commercial Guide”, https://www.trade.gov/country-commercial-guides/canada-information-and-communications-technology-ict.

③ Government of Canada, “Renewable Energy Facts”, https://www.nrcan.gc.ca/science-and-data/data-and-analysis/energy-data-and-analysis/energy-facts/renewable-energy-facts/20069.

相比之下同年可再生能源在经合组织国家一次能源消费的平均占比仅为10.5%。2019年，加拿大约65%的发电量来自水力、风能、太阳能和潮汐能等可再生能源，详见图6-27。根据国际可再生能源署的预测，加拿大2023年的可再生能源发电量预计将比2016年增加8%，该产业的规模和产值还将进一步增长。① 由此可见，加拿大的可再生能源产业发展势头良好，丝毫没有受到油气产业蓬勃发展的挤压。

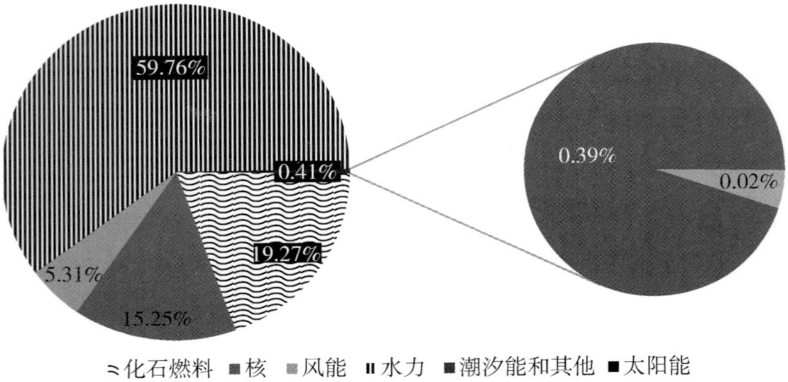

图6-27　2019年各能源种类在加拿大总发电量中的占比

资料来源：International Trade Administration，"Energy Resource Guide-Canada-Renewable Energy"，https：//www. trade. gov/energy-resource-guide-canada-renewable-energy.

其二，得益于产业布局均衡，加拿大最大限度地减少了油气价格波动对其经济增长的负面影响。当油气价格长期处于高位时，加拿大油气收入的迅速增加并未挤占其他产业的发展空间，并未出现明显的"荷兰病"效应。譬如从2002年至2008年，世界石油价格由25.02美元/桶上涨到97.26美元/桶，涨幅高达289%。② 石油价格的高涨极大地刺激了加拿大油气产业的发展，而与此同时该国的信息和通信产业、金融与保险业等非油气产业同样实现了高速的增长，详见图6-28。

其次，当石油价格长期处于低位时，加拿大多元化的产业结构可以

① Christoffer Wadströma，Emanuel Wittbergb，Gazi Salah Uddina，Ranadeva Jayasekera，"Role of Renewable Energy on Industrial Output in Canada"，*Energy Economics*，Vol. 81，2019，p. 628.

② British Petroleum，"Statistical Review of World Energy"，https：//www. bp. com/en/global/corporate/energy-economics/statistical-review-of-world-energy. html.

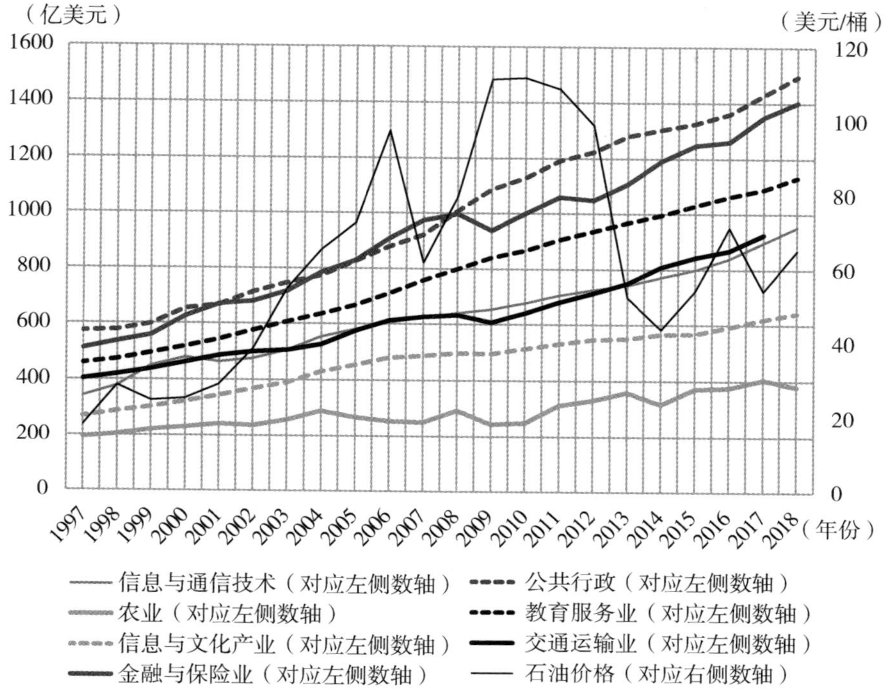

图 6-28　1997—2018 年加拿大非油气产业产值与世界油价变动趋势

资料来源：加拿大统计局；① 英国石油公司。②

在一定程度上分担石油收入减少对其经济的冲击，避免了货币大幅贬值和国家债务危机。2012 年至 2016 年是最明显的石油价格下降期，该时段世界油价从 111.67 美元/桶下降至 43.73 美元/桶，累计降幅达 60.8%。同期按照 2015 年不变价格美元计算的加拿大 GDP 由 1.47 万亿美元上涨至 1.57 万亿美元，显然石油价格的大幅下跌并未明显地影响到加拿大经济的上涨趋势。③ 在汇率方面，同期加拿大元的有效汇率指数（Canadian-Dollar Effective Exchange Rate Index）较为稳定，基本上在

---

① Statistics Canada, “Gross Domestic Product (GDP) at Basic Prices, by Industry”, https: //www150. statcan. gc. ca/t1/tbl1/en/cv. action? pid=3610040101.

② British Petroleum, “Statistical Review of World Energy”, https: //www. bp. com/en/global/corporate/energy-economics/statistical-review-of-world-energy. html.

③ World Bank, “GDP (Constant 2015US $) -Canada”, https: //data. worldbank. org/indicator/NY. GDP. MKTP. KD? locations=CA.

108.37—121.25小幅波动。[①] 在政府债务方面，同期加拿大联邦政府的每月债务在5677亿—6310亿加拿大元小幅波动。[②] 而其年度债务占GDP的比重由85.4%缓慢上升至91.73%，年均增长率为1.8%。[③] 由此可见，石油价格长期处于低位并未对加拿大经济增长产生明显的负面影响。

最后，当油气价格在较短的周期内反复剧烈异动时，加拿大仍能够很好地实现其宏观经济的稳定。譬如，2008年石油价格经历了非常明显的波动。国际原油价格在当年第一季度末期和第二季度迅速上涨直至最高单日成交价格达147.5美元/桶。此后国际油价大幅下挫，在同年12月已跌至36.2美元/桶。[④] 即便面临着如此剧烈的波动，一方面加拿大在2008年的GDP保持着基本稳定的态势，全年四个季度内的实际GDP指数分别为94.8、95.2、96.0和94.8。[⑤] 另一方面，加拿大在2008年油价暴涨期间内的通货膨胀率也仅为2.37%。这一数字不仅低于国际公认的5%的警戒线，也充分表明加拿大并没有出现因油气价格上涨而导致的恶性通货膨胀。[⑥] 总的来看，由于加拿大产业布局均衡、油气产业并非畸大发展，这使得加拿大能够很好地应对石油价格波动的负面影响，有效地保障其经济的平稳增长。

总之，在油气产业蓬勃发展的加持下加拿大取得了良好的经济增长。一方面，加拿大的人均GDP和人均国民收入增长迅猛。1997年至2019年，加拿大的人均GDP从3.1万美元增长至4.5万美元，累计涨幅达44.2%，详见图6-29。值得注意的是，这一增长绝对值也明显高于第一

---

① Statistics Canada, "Monthly Average Foreign Exchange Rates in Canadian Dollars", https://www150.statcan.gc.ca/t1/tbl1/en/tv.action?pid=3310016301.

② Statistics Canada, "Monthly Central Government Debt", https://www150.statcan.gc.ca/t1/tbl1/en/tv.action?pid=1010000201.

③ International Monetary Fund, "World Economic Outlook Database", https://www.imf.org/external/datamapper/GGXWDG_NGDP@WEO/NOR/ISL/DNK/SWE/VEN/MEX.

④ British Petrol, "Statistical Review of World Energy", https://www.bp.com/en/global/corporate/energy-economics/statistical-review-of-world-energy.html.

⑤ Statistics Canada, "Gross National Income and Gross Domestic Income, Indexes and Related Statistics, Quarterly", https://www150.statcan.gc.ca/t1/tbl1/en/tv.action?pid=3610010501&cubeTimeFrame.startMonth=07&cubeTimeFrame.startYear=2008&cubeTimeFrame.endMonth=07&cubeTimeFrame.endYear=2008&referencePeriods=20080701%2C20080701.

⑥ Macrotrends, "Canada: Inflation Rate from 1986 to 2026", https://www.statista.com/statistics/271247/inflation-rate-in-canada/.

章第三节在因变量操作化中所划设的10000美元大关。此外，2000年来加拿大的人均国民收入整体也呈上升趋势，其年增长率多处于5%—15%。[①] 1999年至2020年，加拿大人均国民收入不仅常常高于英国、法国、日本、韩国等发达经济体，更远高于巴西、中国、俄罗斯、印度等国家，详见图6-30。

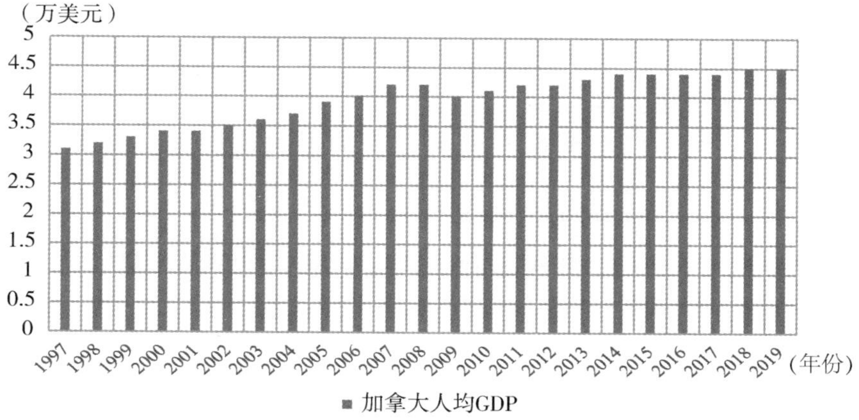

图6-29 1997—2019年加拿大人均GDP

资料来源：世界银行。[②]

另一方面，加拿大政府较好地控制了政府债务。1990年至2020年，加拿大政府净债务占GDP的比重基本维持在70%—100%，且呈现较为平稳的趋势，详见图6-31。加拿大政府净债务占GDP的比重与七国集团的其他成员国大体相似，而与委内瑞拉和俄罗斯的同类指标相比表现出明显的稳定性。政府债务规模及增长趋势是能源出口国经济增长绩效的晴雨表，总体来看，加拿大政府的债务水平发展较为健康，基本不存在陷入债务危机的风险。综上，通过考察近年来加拿大的人均GDP增长、人均国民收入增长和政府债务情况，可以发现加拿大依托油气大规模开发和出口实现了长期、持续和稳健的经济增长。显然加拿大获得了“能源祝福”。

① World Bank, “World Development Indicators”, https://databank.worldbank.org/source/world-development-indicators#.

② World Bank, “World Development Indicators”, https://databank.worldbank.org/source/world-development-indicators#.

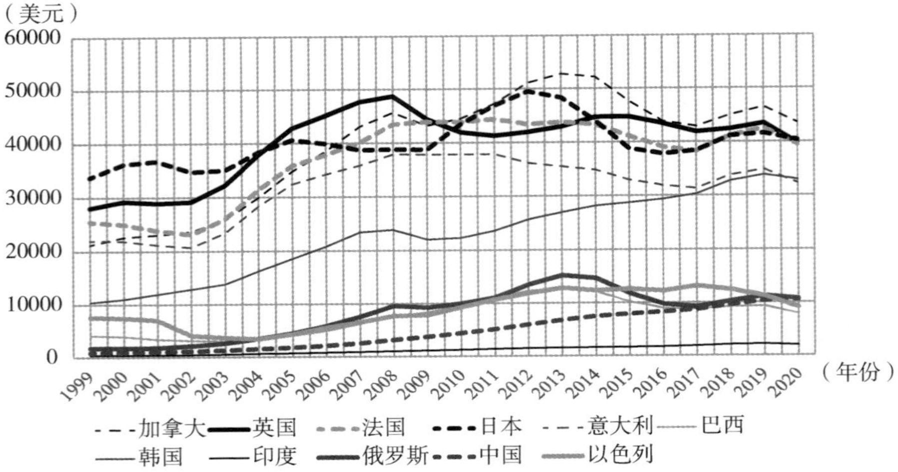

图 6-30　1999—2020 年加拿大和部分其他二十国集团成员国的人均国民收入

资料来源：世界银行。①

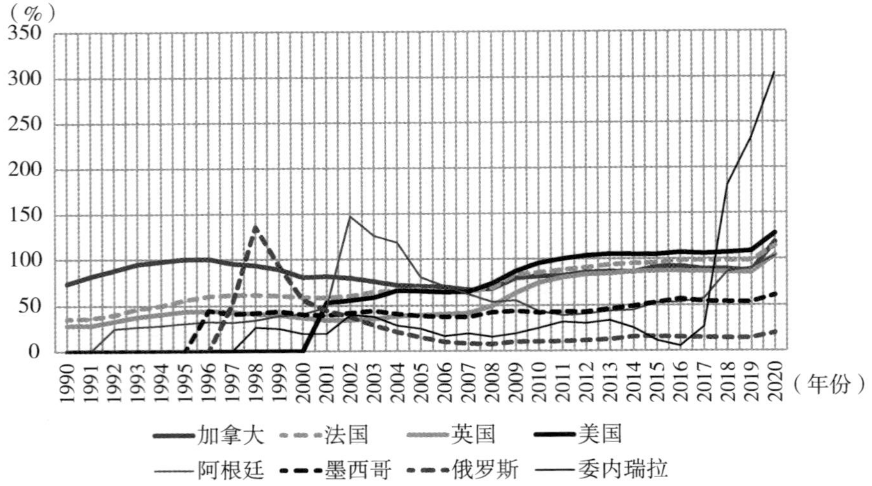

图 6-31　1990—2020 年部分国家中央/联邦政府净债务占 GDP 的比重

注：本表中美国 1990—2000 年、墨西哥 1991—1995 年、阿根廷 1990—1991 年和委内瑞拉 1990—1997 年数据缺失。

资料来源：国际货币基金组织。②

---

① World Bank,“World Development Indicators”, https://databank.worldbank.org/source/world-development-indicators#.

② International Monetary Fund,“World Economic Outlook Database”, https://www.imf.org/external/datamapper/GGXWDG_ NGDP@WEO/NOR/ISL/DNK/SWE/VEN/MEX.

第三节　俄罗斯与加拿大的比较分析

同第五章一样，本章第一和第二节分别回顾了俄罗斯和加拿大的能源产业发展历程与经济增长绩效，追踪了经济现代化始点等变量在上述两个案例中发挥作用的时序和过程，更为侧重历史性和情境性叙述。在此基础上，本章第三节一方面需要直观地阐明经济现代化始点、产业联盟形态、产权制度类型这三个变量在俄罗斯和加拿大案例中的作用机制；另一方面则需要同时将俄罗斯和加拿大置于比较的视域下，逐一对比由经济现代化始点差异而产生的后续影响以及其他主要变量的特征差异。

基于此，图 6-32 和图 6-33 各自精简地揭示了俄罗斯陷入“能源诅咒”与加拿大获得“能源祝福”的因果机制以及各个主要变量的作用情况。表 6-10 逐一对比了上述两国在经济现代化始点及后续的政治性过程、政治性结果、经济性过程、经济性结果上的差异。这些图表的不仅呈现了俄罗斯陷入“能源诅咒”与加拿大获得“能源祝福”的根源及政治过程，还再次验证了本书所提出的以经济现代化始点为自变量、以产业联盟形态与产权制度类型为中间变量的分析框架具有良好的解释力。

小　　结

俄罗斯与加拿大百余年波澜壮阔的经济现代化历程及能源发展史同样为检视本书的因果机制提供了很好的素材。抛开相对琐细的历史细节而只关注变量的作用过程，不难发现：俄罗斯与加拿大都蕴藏着丰富的油气并且具有诸多相似的经济增长初始条件，然而两国却出现了经济增长的明显分流，其根源可以追溯至两国开启经济现代化进程的始点存有一定的差异。经济现代化始点早晚及其带来的不同的政治效应对俄罗斯与加拿大的油气产业进行了不同的塑造，这进而对两国的经济增长造成了迥异的影响。

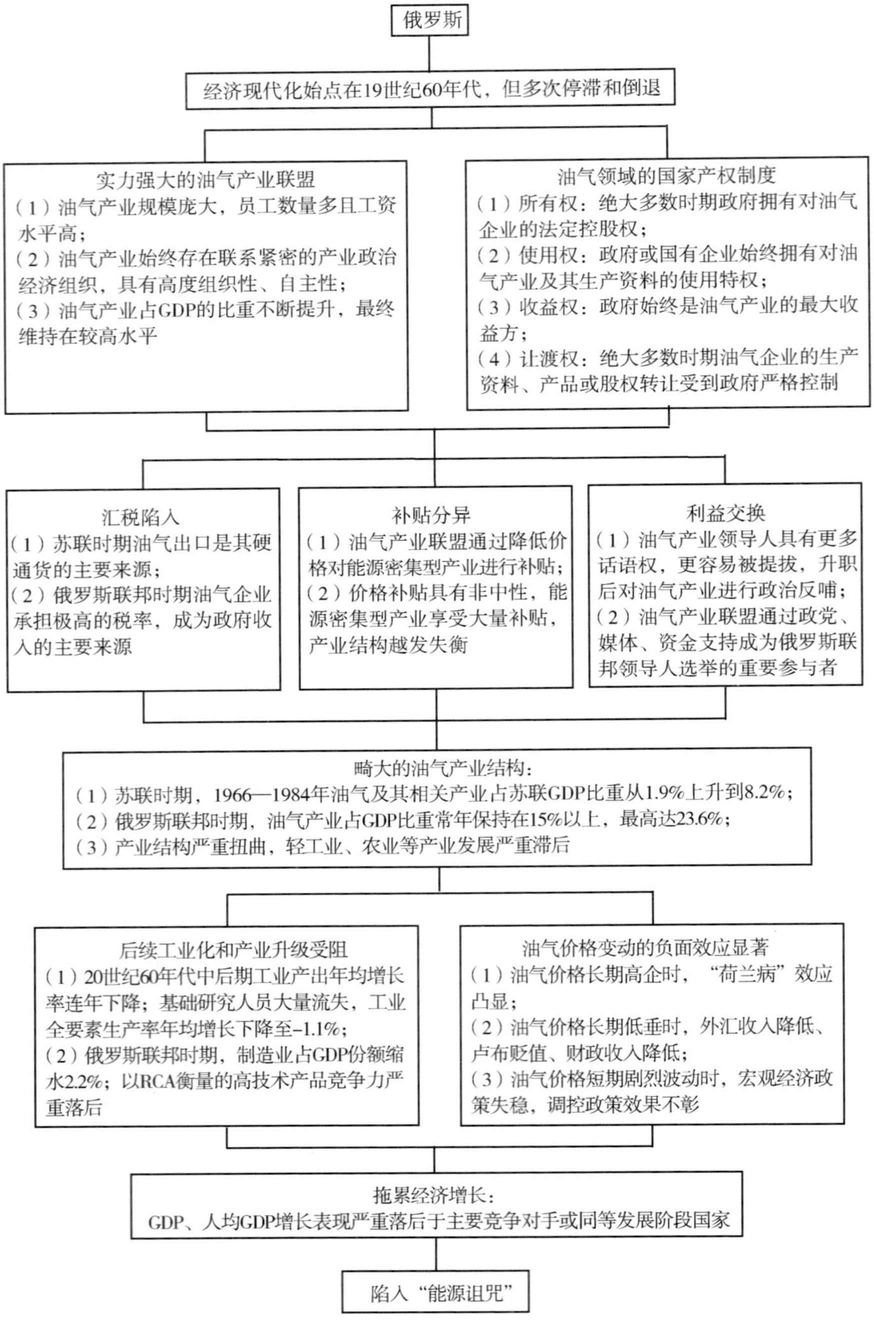
俄罗斯
经济现代化始点在19世纪60年代，但多次停滞和倒退
实力强大的油气产业联盟
（1）油气产业规模庞大，员工数量多且工资水平高；
（2）油气产业始终存在联系紧密的产业政治经济组织，具有高度组织性、自主性；
（3）油气产业占GDP的比重不断提升，最终维持在较高水平
油气领域的国家产权制度
（1）所有权：绝大多数时期政府拥有对油气企业的法定控股权；
（2）使用权：政府或国有企业始终拥有对油气产业及其生产资料的使用特权；
（3）收益权：政府始终是油气产业的最大收益方；
（4）让渡权：绝大多数时期油气企业的生产资料、产品或股权转让受到政府严格控制
汇税陷入
（1）苏联时期油气出口是其硬通货的主要来源；
（2）俄罗斯联邦时期油气企业承担极高的税率，成为政府收入的主要来源
补贴分异
（1）油气产业联盟通过降低价格对能源密集型产业进行补贴；
（2）价格补贴具有非中性，能源密集型产业享受大量补贴，产业结构越发失衡
利益交换
（1）油气产业领导人具有更多话语权，更容易被提拔，升职后对油气产业进行政治反哺；
（2）油气产业联盟通过政党、媒体、资金支持成为俄罗斯联邦领导人选举的重要参与者
畸大的油气产业结构：
（1）苏联时期，1966—1984年油气及其相关产业占苏联GDP比重从1.9%上升到8.2%；
（2）俄罗斯联邦时期，油气产业占GDP比重常年保持在15%以上，最高达23.6%；
（3）产业结构严重扭曲，轻工业、农业等产业发展严重滞后
后续工业化和产业升级受阻
（1）20世纪60年代中后期工业产出年均增长率连年下降；基础研究人员大量流失，工业全要素生产率年均增长下降至-1.1%；
（2）俄罗斯联邦时期，制造业占GDP份额缩水2.2%；以RCA衡量的高技术产品竞争力严重落后
油气价格变动的负面效应显著
（1）油气价格长期高企时，“荷兰病”效应凸显；
（2）油气价格长期低垂时，外汇收入降低、卢布贬值、财政收入降低；
（3）油气价格短期剧烈波动时，宏观经济政策失稳，调控政策效果不彰
拖累经济增长：
GDP、人均GDP增长表现严重落后于主要竞争对手或同等发展阶段国家
陷入“能源诅咒”

图 6-32　俄罗斯陷入“能源诅咒”的因果机制

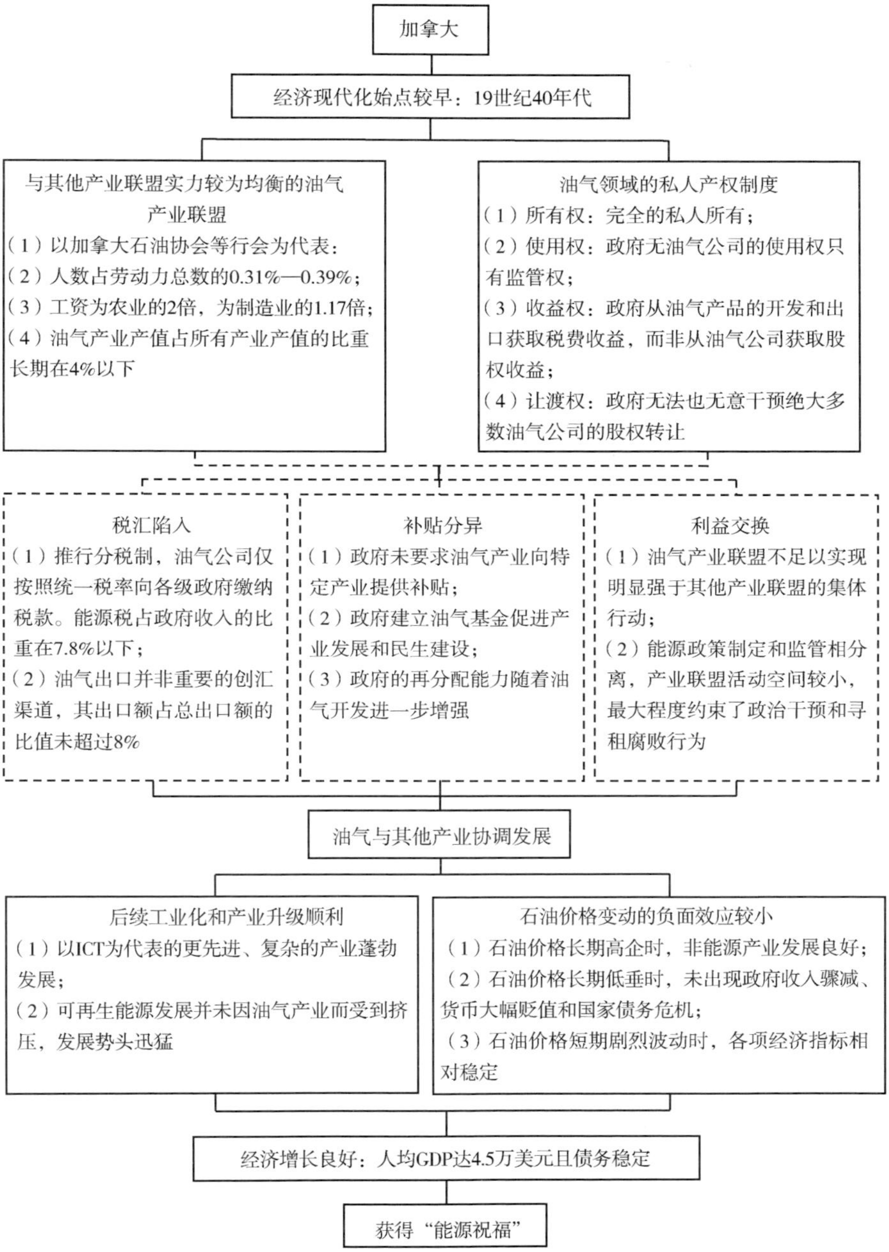
加拿大
经济现代化始点较早：19世纪40年代
与其他产业联盟实力较为均衡的油气产业联盟
（1）以加拿大石油协会等行会为代表：
（2）人数占劳动力总数的0.31%—0.39%；
（3）工资为农业的2倍，为制造业的1.17倍；
（4）油气产业产值占所有产业产值的比重长期在4%以下
油气领域的私人产权制度
（1）所有权：完全的私人所有；
（2）使用权：政府无油气公司的使用权只有监管权；
（3）收益权：政府从油气产品的开发和出口获取税费收益，而非从油气公司获取股权收益；
（4）让渡权：政府无法也无意干预绝大多数油气公司的股权转让
税汇陷入
（1）推行分税制，油气公司仅按照统一税率向各级政府缴纳税款。能源税占政府收入的比重在7.8%以下；
（2）油气出口并非重要的创汇渠道，其出口额占总出口额的比值未超过8%
补贴分异
（1）政府未要求油气产业向特定产业提供补贴；
（2）政府建立油气基金促进产业发展和民生建设；
（3）政府的再分配能力随着油气开发进一步增强
利益交换
（1）油气产业联盟不足以实现明显强于其他产业联盟的集体行动；
（2）能源政策制定和监管相分离，产业联盟活动空间较小，最大程度约束了政治干预和寻租腐败行为
油气与其他产业协调发展
后续工业化和产业升级顺利
（1）以ICT为代表的更先进、复杂的产业蓬勃发展；
（2）可再生能源发展并未因油气产业而受到挤压，发展势头迅猛
石油价格变动的负面效应较小
（1）石油价格长期高企时，非能源产业发展良好；
（2）石油价格长期低垂时，未出现政府收入骤减、货币大幅贬值和国家债务危机；
（3）石油价格短期剧烈波动时，各项经济指标相对稳定
经济增长良好：人均GDP达4.5万美元且债务稳定
获得“能源祝福”

图 6-33　加拿大获得“能源祝福”的因果机制

注：虚线表示未触发的机制。

表 6-10　俄罗斯陷入“能源诅咒”与加拿大获得“能源祝福”的根源及过程

		俄罗斯	加拿大
根本原因	经济现代化始点	19 世纪 60 年代。虽然属于第二波现代化国家，但其经济现代化进程多次停滞、倒退和重启，因而其后发国家的特质更明显	19 世纪 40 年代，经济现代化进程的始点较早。属于第二波现代化国家和先发国家
政治性过程	政府干预与否	政府大规模强力干预：（1）为实现赶超选择了政府大力干预的经济发展模式；（2）政治上呈现动员体系的特点；（3）油气产业利润极高，能够在短期内为经济现代化刚刚起步的俄罗斯提供可观的收益；（4）油气产业对俄罗斯极具战略价值；（5）国内私人商业资本相对匮乏，政府主导资本筹集和投入势在必行	政府干预相对少：（1）政治上呈现协调体系的特点；（2）政府对石油产业征收超额税汇动机不强烈；（3）私人资本充裕，私人行为体有能力进行油气开发；（4）未接受能源国有化规范
	产业联盟形态	实力强大的油气产业联盟：（1）油气产业规模庞大，员工数量多且工资水平高；（2）油气产业始终存在联系紧密的产业政治经济组织，具有高度组织性和自主性；（3）油气产业占 GDP 的比重不断提升，最终维持在较高水平	与其他产业实力较为均衡的油气产业联盟：（1）以加拿大石油协会等行会为代表，主要关注于油气领域的经济活动；（2）油气产业从业人数在劳动力总数中的占比一直稳定在 0.31%—0.39%；（3）油气产业从业者工资为农业的 2 倍，为制造业的 1.17 倍；（4）油气产业产值占所有产业产值的比重长期在 4%以下
	产权制度类型	油气领域的国家产权制度：（1）所有权：绝大多数时期政府拥有对油气企业的法定控股权；（2）使用权：苏联时期油气产业归政府管理，不具有独立经营地位，而俄罗斯联邦时期政府对油气产业中的国家公司也具有决定性影响；（3）收益权：苏联时期油气产业需上缴绝大部分利润，俄罗斯联邦时期政府按股份进行利润分红；（4）让渡权：绝大多数时期油气企业的生产资料、产品或股权转让受到政府严格控制	油气领域的私人产权制度：（1）所有权：完全的私人所有；（2）使用权：政府无油气公司的使用权只有监管权；（3）收益权：政府从油气产品的开发和出口获取税费收益，而非从油气公司获取股权收益；（4）让渡权：政府无法也无意干预绝大多数油气公司的股权转让

续表

		俄罗斯	加拿大
政治性过程	触发“税汇陷入”与否	是。苏联时期油气出口收入占硬通货收入的62%以上，俄罗斯联邦时期税费占石油产业利润的83.8%。油气税收占财政总收入的比重达到51%以上	否。推行分税制，油气公司仅按照统一税率向各级政府缴纳税款。能源税占政府收入的比重在7.8%以下。油气出口并非重要的创汇渠道，其出口额占总出口额的比值未超过8%
	触发“补贴分异”与否	是。油气产业联盟通过降低价格对能源密集型产业进行补贴。但是补贴收益低效，同时政府的再分配能力被削弱	否。政府未要求油气产业向特定产业提供补贴；政府建立油气基金促进产业发展和民生建设；政府的再分配能力随着油气开发进一步增强
	触发“利益交换”与否	是。苏联时期油气产业相关领导人对产业进行政治反哺，俄罗斯联邦时期油气产业联盟成为国家领导人选举的重要参与者	否。油气产业联盟不足以实现明显强于其他产业联盟的集体行动；能源政策制定和监管相分离，产业联盟活动空间较小，最大程度减少了政治干预和寻租腐败行为
政治性结果	产业布局	油气产业严重畸大，轻工业、农业、高技术产业未得到充分发展	油气产业并不畸大，其他产业得到了充分发展
经济性过程	后续工业化	后续工业化与产业升级严重受阻：（1）苏联后期工业产出年均增长率连年下降，俄罗斯联邦时期制造业占比重缩水2.2%；（2）苏联工业全要素生产率增速下降至-1.4%，俄罗斯联邦时期通过RCA衡量的高技术发展严重落后	工业化进程较快、产业明显升级：（1）以ICT为代表的更先进、复杂的产业蓬勃发展；（2）可再生能源发展并未因油气产业而受到挤压，发展势头迅猛
	出口波动	受油气价格波动的影响较大：（1）油气价格长期高企时，“荷兰病”效应凸显；（2）油气价格长期低垂时，外汇收入降低、卢布贬值、财政收入降低；（3）油气价格短期剧烈波动时，俄罗斯宏观经济政策失稳，调控政策效果不彰	受油气价格波动的影响微乎其微：（1）石油价格长期高企时，非能源产业发展良好；（2）石油价格长期低垂时，未出现政府收入骤减、货币大幅贬值和国家债务危机；（3）石油价格短期剧烈波动时，各项经济指标相对稳定

续表

		俄罗斯	加拿大
经济性结果	经济增长情况	苏联经济水平增长严重落后欧美主要竞争对手，而俄罗斯联邦的GDP、人均GDP增长表现逊色于其余的金砖国家。经济增长趋于停滞，彻底陷入“能源诅咒”中	人均GDP达4.5万美元；人均国民收入呈上升趋势；债务稳定。经济增长绩效良好，获得“能源祝福”

具体而言：俄罗斯经济现代化进程最早始于19世纪60年代，此后被频繁打断和重启，而加拿大则于19世纪40年代开启了经济现代化进程。这种经济现代化始点早晚的分异使得俄罗斯政府大力推行油气国有化和国家干预，该国也形成了实力强大的油气产业联盟并在油气领域建立了国家产权制度；相比之下加拿大政府则并未大规模推动和干预石油产业的发展，该国形成了与其他产业联盟实力相对均衡的石油产业联盟并在石油领域建立了私人产权制度。俄罗斯的案例表明，该国油气产业长期缴纳了超额的税收以及带来更多的外汇、直接向其他产业提供过量的价格补贴、能够影响到领导人选举或高层政治任命并在这一过程中与政治家进行利益交换。可以说，俄罗斯触发了“税汇陷入”“补贴分异”和“利益交换”效应，导致该国油气产业严重畸大且难以调整改善。相反，加拿大的案例表明，该国石油产业从未缴纳超额的税收以及带来更多的外汇、直接向其他产业提供过度的补贴、影响加拿大选举并与政治家进行利益交换。可以说，加拿大隔绝了“税汇陷入”“补贴分异”和“利益交换”效应，该国的产业协调发展并形成了多元均衡的产业布局。因此，俄罗斯很难继续推进工业化进程和产业升级，并且饱受油气价格长期高企、长期低垂和短期剧烈波动三种情形下的负面效应，经济增长停滞不前，最终彻底陷入了“能源诅咒”的陷阱；加拿大则能够继续推进工业化进程和产业升级，有效缓解了石油价格波动的上述三种负面效应，实现了经济持续高质量的增长，最终获得了“能源祝福”。总之，运用CHA对俄罗斯与加拿大的分析再次印证了较晚的经济现代化始点是“能源诅咒”生成的根源。

经济现代化、产业联盟与产权制度

POLITICAL ORIGINS OF "ENERGY CURSE": ECONOMIC MODERNIZATION, INDUSTRIAL COALITIONS AND PROPERTY RIGHTS SYSTEM

结论

科学和知识的增长永远始于问题，终于问题。①

——卡尔·波普尔

社会科学这样一个基本的两难窘境——是准确无误地去解释琐细之事呢，还是粗略地探讨重大之事？我们在研究中已经选择走后一条路。因为我们认为，如果人们打算处理我们时代所面临的重大问题，一般性的错误和某种过于简单化的现象则是人们必须付出的代价。②

——罗伯特·吉尔平（Robert Gilpin）

---

① ［英］卡尔·波普尔：《猜想与反驳：科学知识的增长》，傅季重等译，上海译文出版社 2015 年版，第 320 页。

② ［美］罗伯特·吉尔平：《世界政治中的战争与变革》，宋新宁、杜建平译，上海人民出版社 2019 年版，第Ⅳ页。

如波普尔所述，突破知识边际的研究应该提出新的问题，或者回答现有问题，抑或启发后续研究继续探索未被攻克的问题。本书导论部分已经指出：本书并未提出新的问题，而是致力于在整合现有解释的基础上尝试回答“能源诅咒”何以生成的问题，进而以此为切口对国家间经济增长失衡的成因进行探索。在结论部分，我们需要聚焦于本书的学术发现，检视其是否实现了上述研究目标。结论部分第一节回顾本书的逻辑论证和研究发现，并且针对论证的未尽之处和可能引发争议的内容进行必要的补充说明，以此明确本书的解释边界并防御可能出现的批评。第二节简述本书的潜在学术价值和若干不足之处。第三节探讨本书衍生而出的后续研究问题以及“能源诅咒”研究议程的后续发展方向。

一　研究发现与补充说明

围绕国家兴衰、族群冲突、经济增长、政体变迁、思潮勃兴等宏大政治经济问题出现了一系列探索其产生根源的经典及前沿研究。譬如：巴林顿·摩尔（Barrington Moore）通过分析土地贵族与农民在农业社会的作用及互动探索了议会民主制、右翼专制和左翼专制的“社会起源”。[①] 阿塞莫格鲁与罗宾逊通过分析不平等程度与政变成本阐释了不同国家究竟是实行、巩固民主制还是转向专制的“经济起源”。[②] 阿塞莫格鲁等还通过分析早期欧洲殖民者的死亡率对当地制度建设的影响探讨了

① ［美］巴林顿·摩尔：《专制与民主的社会起源：现代世界形成过程中的地主和农民》，王茁、顾洁译，上海译文出版社2012年版。

② ［美］达龙·阿塞莫格鲁、詹姆士·A. 罗宾逊：《政治发展的经济分析——专制和民主的经济起源》，马春文等译，上海财经大学出版社2008年版。丹·斯莱特（Dan Slater）等讨论民主崩溃“经济起源”的后续研究也不容忽视，但不再列入正文中。具体详见Dan Slater，Benjamin Smith，Gautam Nair，“Economic Origins of Democratic Breakdown? The Redistributive Model and the Postcolonial State”，*Perspectives on Politics*，Vol. 12，No. 2，2014，pp. 353-374。

前殖民地国家经济绩效存有明显差异的“殖民起源”。① 迈克尔·阿尔贝图斯与梅纳尔多通过研究即将卸任的威权统治者运用宪法工具延续其政治地位的努力和挑战分析了民主的“精英起源”。② 田野等通过观察要素禀赋、初始威权政体和国际贸易对政体变迁的影响，以此探究了民主与威权政体的“贸易起源”。③ 约塔姆·马加利特等通过分析移民流入、农村人口的怨恨、社区解体、社会地位下降、年轻一代价值观的变化等对民粹主义兴起的效应阐述了民粹主义的“文化起源”。④ 尽管这些研究仍不足以终结其试图回答的重大问题，并且时常因微观逻辑或历史细节疏漏而遭受批评，但其所进行的结构性、根源性探索明显拉近了既有认知与“真理”的距离。

正是在这些研究的感召和启发下，本书尝试探讨了“能源诅咒”的“政治起源”。研究表明，一国陷入“能源诅咒”的根源并非其大规模开发和出口能源所引发的经济效应，而是其开启经济现代化进程较晚而带来的相应政治效应。具体而言，经济现代化始点较晚的能源出口国往往采取政府直接强力干预经济的“追赶型”发展模式，该模式有助于在短期内催生实力强大的能源产业联盟并建立能源领域的国家产权制度。实力强大的能源产业联盟以及在能源领域实行国家产权制度使得能源产业有能力且必须（必然）贡献超额税汇、提供过度补贴、影响选举结果，进而导致政府与政治家对能源产业形成了病态的依赖，不可避免地导致了国家最终形成能源产业畸大的产业结构。能源产业畸大的产业结构会在国内层面拖累后续的工业化进程、在国际层面放大能源价格波动的负

---

① Daron Acemoglu, Simon Johnson, James A. Robinson, “The Colonial Origins of Comparative Development: An Empirical Investigation”, *American Economic Review*, Vol. 91, No. 5, 2001, pp. 1369 – 1401. 另外，丹尼尔·波斯纳也探讨了族群分裂的“殖民起源”，详见 Daniel Posner, “The Colonial Origins of Ethnic Cleavages: The Case of Linguistic Divisions in Zambia”, *Comparative Politics*, Vol. 35, No. 2, 2003, pp. 127–146。

② Michael Albertus, Victor Menaldo, *Authoritarianism and the Elite Origins of Democracy*, Cambridge: Cambridge University Press, 2018.

③ 田野等：《国际贸易与政体变迁：民主与威权的贸易起源》，中国社会科学出版社 2019 年版。

④ Yotam Margalit, Shir Raviv, Omer Solodoch, “The Cultural Origins of Populism”, Working Paper, 2022, https://papers.ssrn.com/sol3/papers.cfm?abstract_id=4001543. 该领域内另一项经典研究详见［美］汉娜·阿伦特《极权主义的起源》，林骧华译，生活·读书·新知三联书店 2008 年版。

面效应。工业化进程受阻加之能源出口的负面影响持续、深远地拖累了国家的经济增长，致使其最终陷入了“能源诅咒”。简而言之，较晚的经济现代化始点是“能源诅咒”生成的根源，而“能源诅咒”在本质上就是一种“现代化的诅咒”。据此审视更为宏观的国家间增长失衡问题时，这一逻辑也印证了国家的经济增长或者国家间的增长失衡可能早在国家迈入经济现代化进程时就已经注定。换言之，对于大多数国家而言，国家能否实现长期、持续和稳健的经济增长就是其开启经济现代化进程早或晚的历史宿命。

为了进一步厘清论证的模糊之处、强化分析的薄弱环节、补充未尽的逻辑链条，本书还需额外的补充性说明。伊姆雷·拉卡托斯（Imre Lakatos）在对科学研究纲领的讨论中指出，保护带（Protective Belt）的存在使得有悖于硬核（Hard Core）的现实情形不至于直接推翻硬核，因此研究者需要通过提出辅助假说（Auxiliary Hypotheses）进行防御性补充说明。① 如果说拉卡托斯的讨论尚集中于范式或者理论集合的层面上，那么罗纳德·罗戈夫斯基则在中观理论层面直接进行了补充性论证。后者在建构国际贸易的阶级分析模型时特别加入了补充性说明，以求对“可能的异见”加以防御。② 因此，对文章逻辑论证的补充性说明并非可有可无，而是极为必要。

第一，经济现代化始点较打破封建束缚的节点和殖民者特征的差异更有助于在理论和操作层面阐释国家的经济发展模式与经济增长绩效。就打破封建束缚的节点而言，卡岑斯坦观察到了美国等 6 个国家在 20 世纪 70 年代的对外经济政策目标和工具上存在明显的差异。他通过比较历史分析指出这些国家的统治联盟与政策网络的不同源于其国家的集中程度与社会的集中程度的差异，而产生这两个差异的根源在于上述国家摆脱封建束缚的时间早晚完全不同。③ 然而卡岑斯坦对封建束缚的探讨常常在封建经济结构、封建政治制度与封建文化三者之间来回穿插，然而

① ［英］伊姆雷·拉卡托斯：《科学研究纲领方法论》，兰征译，上海译文出版社 2016 年版，第 55—112 页。

② ［美］罗纳德·罗戈夫斯基：《商业与联盟：贸易如何影响国内政治联盟》，杨毅译，上海人民出版社 2012 年版，第 11—14 页。

③ ［美］彼得·J. 卡岑斯坦：《结论：国内结构与对外经济政策战略》，载［美］彼得·J. 卡岑斯坦编《权力与财富之间》，陈刚译，吉林出版集团有限责任公司 2007 年版，第 361—412 页。

并未说明上述三者的具体表现和区别。具有模糊性的概念虽然无碍思想实验，但却会使得实证研究陷入难以操作的困境中。就殖民者特征的差异而言，除了阿西莫格鲁等对前殖民地国家经济增长绩效差异的“殖民起源”的经典探讨外，泰瑞·林·卡尔与亨利·维利巴尔德也分别注意到殖民者及其特征差异对其统治下的能源出口国的经济增长具有明显不同的影响。① 殖民统治的历史遗产固然能为亚非拉国家的经济增长差异提供强有力的解释，但是对于未遭受殖民统治的能源出口国而言，这一视角则毫无价值。② 显然殖民者特征的差异无助于理解从未遭受殖民统治的能源出口国的经济增长差异。综上两点，经济现代化要比封建束缚更容易界定，因此经济现代化始点也比摆脱封建束缚的节点更容易观察和识别；经济现代化要比遭受殖民统治更为普遍，因此经济现代化始点也比殖民者特征的差异能够覆盖并解释更多的能源出口国。由此，本书并未套用先前的研究将打破封建束缚的节点和殖民者特征的差异这两个“历史遗产”作为解释不同国家经济发展模式差异的结构性自变量，而是以经济现代化始点为自变量建立了分析框架。

第二，不同国家开启经济现代化进程的外在条件与始点差异已经得到了较为充分的研究，因而对这一变量的还原性分析未被纳入本书的分析框架中。现代化研究始终被视为西方经济学与政治经济学的核心议题之一，其关注焦点也历经从现代化的类型、现代化的因素到现代化的波次的变迁。③ 西里尔·布莱克与罗斯托等现代化研究的奠基者很早就注意到了不同国家开启经济现代化进程的条件所存在的巨大差异，进而着

---

① Daron Acemoglu, Simon Johnson, James A. Robinson, “The Colonial Origins of Comparative Development: An Empirical Investigation”, *American Economic Review*, Vol. 91, No. 5, 2001, pp. 1369-1401; Matthew Lange, James Mahoney, Matthias vom Hau, “Colonialism and Development: A Comparative Analysis of Spanish and British Colonies”, *American Journal of Sociology*, Vol. 111, No. 5, 2006, pp. 1412-1462; Terry Lynn Karl, *The Paradox of Plenty: Oil Booms and Petro-states*, Berkeley: University of California Press, 1997, p. 59; Henry Willebald, “Land Abundance, Frontier Expansion and Appropriability: Settler Economies During the First Globalization”, in Marc Badia-Miró, Vicente Pinilla and Henry Willebald, eds., *Natural Resources and Economic Growth: Learning from History*, London: Routledge, 2015, pp. 248-249.

② 殖民统治历史遗产影响非洲国家经济增长的经典研究可详见 John R. Heilbrunn, *Oil, Democracy, and Development in Africa*, New York: Cambridge University Press, 2014。

③ 王子夔：《现代化研究的回顾与反思——从“类型”到“分波次”》，《学术月刊》2018年第3期，第177—184页。

重研究了国家迈入经济现代化进程的“准入门槛”。[①] 在此基础上，晚近的研究根据不同国家开启现代化进程的始点将其归于不同波次的现代化，并且发掘出了初始政治制度、大西洋贸易、国内社会联盟、经济规模、国家大小、地理位置、经验效仿等决定国家在哪个波次开启现代化进程及其现代化成败的因素组合及其作用机制。[②] 简单来说，特定的条件或条件组合决定了一国能否及何时开启经济现代化进程，进而决定了该国究竟属于第一波、第二波还是第三波现代化国家抑或属于先发国家还是后发国家，现有研究对此已经进行了较为充分的探讨。因此本书无须对上述条件或条件组合进行还原性分析，只需以经济现代化始点差异作为逻辑起点开展研究。

第三，本书的分析框架与依附理论和世界体系理论存有根本性的区别。遵循马克思主义世界观的依附理论和世界体系理论阐释了中心国家对边缘国家剥削和边缘国家对中心国家依附的境况以及这种“不等价交换”的影响。[③] 依附理论和世界体系理论视域下的中心国家多为先发国

---

① ［美］西里尔·E. 布莱克编：《比较现代化》，杨豫、陈祖洲译，上海译文出版社 1996 年版，第 158—327 页。需要说明的是虽然这本书是编著，但考虑到其中的 4 篇文集章节是连续编排的，因而笔者在引证时并未逐一列出。［美］C. E. 布莱克：《现代化的动力——一个比较史的研究》，景跃进、张静译，浙江人民出版社 1989 年版；［美］W. W. 罗斯托：《经济增长的阶段：非共产党宣言》，郭熙保、王松茂译，中国社会科学出版社 2001 年版，第 17—35 页；［美］达龙·阿西莫格鲁：《现代经济增长导论（下册）》，唐志军等译，中信出版集团 2019 年版，第 1032—1035 页。更多研究详见燕继荣主编《发展政治学（第二版）》，北京大学出版社 2010 年版，第 66—67 页。

② 叶成城、唐世平：《第一波现代化：一个“因素+机制”的新解释》，《开放时代》2015 年第 1 期，第 119—137 页；王子夔：《普鲁士歧路——19 世纪俄国和奥地利现代化改革中的效仿》，《世界经济与政治》2018 年第 10 期，第 105—128 页；叶成城、唐世平：《超越“大分流”的现代化比较研究：时空视角下的历史、方法与理论》，《学术月刊》2021 年第 5 期，第 77—86 页；黄振乾、唐世平：《现代化的“入场券”——现代欧洲国家崛起的定性比较分析》，《政治学研究》2018 年第 6 期，第 26—41 页。

③ Theotonio Dos Santos, “The Structure of Dependence”, *American Economic Review*, Vol. 60, No. 2, 1970, pp. 231-236; Immanuel Wallerstein, *The Capitalist World-Economy*, Cambridge: Cambridge University Press, 1979, pp. 37-38；［美］斯文·贝克特：《棉花帝国：一部资本主义全球史》，徐轶杰、杨燕译，民主与建设出版社 2019 年版，第 41 页。详尽的梳理详见张建新《激进国际政治经济学》，上海人民出版社 2011 年版，第 165—278 页；王正毅《国际政治经济学通论》，北京大学出版社 2010 年版，第 195—261 页。另外一些实证性研究也提供了与依附理论及世界体系理论相似的洞见，例如：Juan Infante-Amatea, Fridolin Krausmannb, “Trade, Ecologically Unequal Exchange and Colonial Legacy: The Case of France and Its Former Colonies (1962 - 2015)”, *Ecological Economics*, Vol. 156, 2019, pp. 98-109。

家，而边缘国家基本为后发国家，因此将依附理论和世界体系理论应用于解释主要能源出口国出现的“能源诅咒”与“能源祝福”分流时，不仅上述2个理论的自变量和因变量与本研究具有明显的相似性，而且其关于上述分流产生原因的判断也与本研究具有方向上的一致性。然而，依附理论和世界体系理论的理论机制主要建立在国家和体系层次，而本书关注的产业联盟形态与产权制度类型这两个中间变量属于国内层次的变量，并且致力于在国内层次发掘上述中间变量作用的因果机制。换句话说，本书的分析框架属于国内层次，绝不能与依附理论和世界体系理论对“能源诅咒”成因的分析简单等同。①

第四，本书虽然聚焦于能源出口国所特有的影响经济增长的要素及其作用机制，但不可否认的是能源出口国与其他类型的国家一样，其经济增长也会受到更具一般性的要素及其作用机制的影响。例如，唐世平在其最新的研究中指出，适应不同发展阶段的国家能力、特定的制度基础与政策组合会有助于国家的经济增长。② 在其看来，无论对于能源出口国还是非能源出口国，这一逻辑同样适用。③ 再如，琳达·维斯与约翰·霍布森指出嵌入式自主性会增强国家力量，而强国家有助于经济增长；科利认为凝聚性资本主义国家、分散性多阶级国家（Fragmented-Multiclass States）及新世袭性国家（Neopatrimonial States）中的前者能够更好地推动工业化而后者最难以推动工业化；禹贞恩（Meredith Woo-Cumings）与查默斯·约翰逊等对发展型国家的讨论；李楠和戴维·兰德斯对地理大发现、奴隶贸易、工业革命、传染病等的探讨；等等。④ 上述研究并不只针对能源出口国，相反其逻辑适用于更多甚至所有国家。

---

① 关于依附理论及世界体系理论对“能源诅咒”生成原因的逻辑阐述，详见谢波《中国区域资源诅咒问题研究》，中国社会科学出版社2015年版，第25—28页。

② Shiping Tang, *The Institutional Foundation of Economic Development*, Princeton: Princeton University Press, 2022.

③ 笔者于2020年6月5日向唐世平提问并得到了这一回答。

④ ［澳］琳达·维斯、约翰·M. 霍布森：《国家与经济发展——一个比较及历史性的分析》，黄兆辉、廖志强译，吉林出版集团有限责任公司2009年版；［美］阿图尔·科利：《国家引导的发展——全球边缘地区的政治权力与工业化》，朱天飚、黄琪轩、刘骥译，吉林出版集团有限责任公司2007年版；［美］禹贞恩编：《发展型国家》，曹海军译，吉林出版集团有限责任公司2008年版；［美］查默斯·约翰逊：《通产省与日本奇迹——产业政策的成长（1925—1975）》，金毅等译，吉林出版集团有限责任公司2010年版；李楠：《繁荣与贫困：经济发展的历史根源》，中国社会科学出版社2020年版；［美］戴维·S. 兰德斯：《国富国穷》，门洪华等译，新华出版社2010年版。

本书并未对上述影响国家经济增长的一般性要素及其机制加以讨论，这并不意味着这些要素和机制不够重要也绝非本书有意忽视，而是这一任务已由其他学者完成。[①]

第五，“经济增长使得能源出口国会转为进口国，因此经济增长情况是自变量而能源进/出口才是因变量”并不足以对本书的因果机制提出挑战。这一逻辑可完整表述为：国家经济的增长会提高该国的能源消费量，使得该国从能源净出口国转变为能源净进口国，因此可以认为经济增长情况才是自变量，能源是否出口则是因变量。换句话说，经济增长速度快，自然为能源进口国；经济增长速度慢，很可能能沦为能源出口国。而中国在20世纪90年代之前经济增长较慢时出口能源、此后经济增长较快时则进口能源便是有力的例证。实际上在能源经济学和发展经济学的范畴内，已有大量研究对能源开发/出口与经济增长的因果关系方向进行了探讨。[②] 需要认识到，这一逻辑所关注的国家并不满足第一章第三节对于“长期、实质性、大规模出口能源”的限定，因而与本书所关注的国家并非同一类国家。加之围绕上述逻辑开展的研究与本书及本书试图对话的研究也并无交集。因而上述逻辑并不会对本书所呈现的因果方向形成有效挑战。

第六，“能源诅咒”是一个长期性现象而非阶段性现象，因而即便经济现代化始点较晚的能源出口国在未来获得了与当今挪威或加拿大相同的经济现代化历时，这些国家也不会逃出“能源诅咒”的陷阱。一般而言，经济现代化始点越早的国家经济现代化进程的历时越长，其经济增长的基础也就越好；相比之下经济现代化始点越晚的国家经济现代化进程的历时越短，其经济增长的基础也就越差。如果“能源诅咒”是一个阶段性现象，那么伴随着经济现代化历时的增加，能源出口国能够逐渐摆脱“能源诅咒”。[③] 基于此的思想实验表明，委内瑞拉和俄罗斯之所

---

① 赵鼎新对于“机制解释的过度决定现象”的讨论提醒了笔者需要注意这一问题。详见赵鼎新《论机制解释在社会学中的地位及其局限》，《社会学研究》2020年第2期，第19—21页。

② 相应的梳理详见梅冠群《我国“资源诅咒”形成的条件与路径研究》，中国经济出版社2017年版，第14—15页。

③ 需要承认的是，有诸多发展问题是阶段性现象，譬如“中等收入陷阱”。对此的讨论详见罗仪馥《跨越“中等收入陷阱”？——韩国与泰国的经济开放、国内结构与发展》，博士学位论文，中国人民大学，2021年。

以出现“能源诅咒”的病理表征，是因为其经济现代化历时还不够长。一旦未来上述两国的经济现代化历时与当今的挪威和加拿大相同，这两个国家就会摆脱“能源诅咒”。由此来看，将拥有更长经济现代化历时的挪威和加拿大与拥有更短历时的委内瑞拉和俄罗斯进行对比可能有失公允。然而上述逻辑成立的前提在于“能源诅咒”是一个阶段性现象，实际上这一前提本身并不成立。① 在经验现象层面，“能源诅咒”与“能源祝福”并非在时间上前后衔接的现象，尚无任何经济现代化始点较晚的国家在经历“能源诅咒”后获得了“能源祝福”，也无任何经济现代化始点较早的国家曾陷入“能源诅咒”之中。

第七，基于非“历史的自然实验”和非同一空间情境下的 CHA 仍具科学性和操作性。虽然本书第五章的引言部分已经对此有所论证，但在此仍需加以补充。肯尼思・华尔兹在讨论单元特性时指出“世界上没有两个完全相同的东西，但是人们却可以对它们进行有益的比较和组合”，对国家而言单元功能而非能力的同质性使得国家的比较成为可能。② 玛莎・费尼莫（Martha Finnemore）在谈及美国与喀麦隆的可比性时以及巴里・布赞等谈及当今的中国与早年的美国的可比性时都表达了相同的观点。③ 在接受这一观点的基础上，进一步遵照第五章的引言部分所述的四个可比性原则，那么萨托利所述的“猫与狗的比较”或者丹尼尔・施太格缪勒所述的“苹果与橘子的比较”就不显荒谬。④ 正如同在研究哺乳动物的寿命或浆果的甜度时，完全可以将猫与狗、苹果与橘子归为一类进行对比，在研究能源出口国的经济增长时也自然可以将委内瑞拉与挪威、俄罗斯与加拿大视作同类国家并进行比较。

---

① 笔者于 2022 年 2 月 4 日对迈克尔・罗斯进行了访谈，他表达了相似的观点。

② ［美］肯尼思・华尔兹：《国际政治理论》，信强译，上海人民出版社 2008 年版，第 102 页。

③ ［美］玛莎・费丽莫尔著：《国际社会中的国家利益》，袁正清译，上海人民出版社 2012 年版，第 39 页；Barry Buzan, Michael Cox, “China and the US: Comparable Cases of ‘Peaceful Rise’?”, *Chinese Journal of International Politics*, Vol. 6, No. 2, 2013, pp. 109–132。

④ Giovanni Sartori, “Comparing andMiscomparing”, *Journal of Theoretical Politics*, Vol. 3, No. 3, 1991, pp. 247 – 248; Daniel Stegmueller, “Apples and Oranges? The Problem of Equivalence in Comparative Research”, *Political Analysis*, Vol. 19, No. 4, 2011, p. 471. 笔者于 2022 年 3 月 2 日对拉克兰・麦克纳米进行了访谈，详细讨论了比较研究的案例选择及可比性问题。他指出尽管满足自然实验标准的案例选择是最佳选项，但是考虑到诸多外部条件限制，非自然实验的案例选择同样可行。另外他认同本书的案例选择策略及案例比较操作。

第八，本书力求尽可能翔实地介叙上述四个国家近百余年的能源开发与经济增长史，但这并不等同于对历史细节“一五一十”地考究以及对具体进程面面俱到的详述。参照经济历史学及区域国别研究的要求，本书无疑在对上述四个国家的史料梳理和细节考据上存有欠缺之处。然而，无论是王国斌等“加州学派”对于根据研究目标确定历史精度的隐喻，还是杨光斌等力推的“历史政治学”路径对历史研究碎片化的纠偏，他们均表明对于 CHA 的运用绝非追求细节的历史梳理与考据。[①] 据此，尽管本研究对上述四个国家的叙述和分析仍存有诸多的历史细节遗漏，但对本书历史精度的要求而言这已然足够。

第九，本书在内部效度（Internal Validity）和外部效度（External Validity）的权衡中选择了后者，这使得本书的分析框架更侧重于解释多个国家陷入“能源诅咒”的共有原因而非对单个国家陷入“能源诅咒”的诸多原因进行深刻剖析。[②] 对内部效度与外部效度的讨论多与研究方法、研究设计相关，通俗来讲前者是指研究（或理论、方法）对单个案例或情境的解释或适用程度，后者则是研究（或理论、方法）推广到其他案例或情境时的解释或适用程度。借用这两个概念来审视本研究可以发现：本书揭示的是大多数能源出口国陷入“能源诅咒”的主要共性原因，即经济现代化始点较晚。但这一因素无法解释单个国家陷入“能源诅咒”的全部主要原因。以委内瑞拉为例，实际上美国对其能源产业的制裁、其失败的货币政策及极高的债务对能源产业的扰动等都给委内瑞拉陷入“能源诅咒”带来了不同程度的影响。同样，对于经济现代化始

---

① ［美］王国斌、罗森塔尔：《大分流之外：中国和欧洲经济变迁的政治》，周琳译，江苏人民出版社 2019 年版，第 6—8 页；杨光斌、释启鹏：《历史政治学的功能分析》，《政治学研究》2020 年第 1 期，第 14—17 页。

② 对于内、外部效度的经典讨论详见 Donald T. Campbell, Julian C. Stanley, *Experimental and Quesi-experimental Designs for Research*, Boston: Houghton Mifflin Company, 1963, pp. 16-21。此外，萨托利、托马斯·佩平斯基和罗斯也曾分别论及概念和理论有效性与普遍性之间的平衡问题，详见：Giovanni Sartori, “Concept Misformation in Comparative Politics”, *American Political Science Review*, Vol. 64, No. 4, 1970, pp. 1039-1041; Thomas B. Pepinsky, “The Return of the Single-Country Study”, *Annual Review of Political Science*, Vol. 22, 2019, pp. 193-201; Michael L. Ross, “The Political Economy of the Resource Curse”, *World Politics*, Vol. 51, No. 2, 1999, p. 316; Thad Dunning, et al., “The Metaketa Initiative”, in Thad Dunning, Guy Grossman, Macartan Humphreys, Susan D. Hyde, Craig McIntosh and Gareth Nellis, eds., *Information, Accountability, and Cumulative Learning*, Cambridge: Cambridge University Press, 2019, pp. 16-25。

点较早的挪威而言，托本·米德克萨的研究表明推动该国经济增长的动力只有约20%可以归结为石油出口，可见其他非石油因素对该国经济增长的重要性不言而喻。① 需要承认其他因素切实存在，但本书绝非想要找出导致诸如委内瑞拉这一单个国家陷入“能源诅咒”的全部主要原因，而是找到导致多数能源出口国陷入“能源诅咒”的共同原因。对于挪威等获得“能源祝福”的国家来说同样如此。换句话说，本书重视的是解释框架的外部效度而非内部效度。②

二 学术价值与不足之处

一项研究的价值应该在于为人们认识世界提供知识增量。③ 尽管本书提供的“知识增量”远不足以与一系列突破性、颠覆性研究同日而语，但仍可能在五个方面突破了既有研究的边际或提供了有价值的借鉴。

第一，本书在政治经济学的学科范畴内提供了对“能源诅咒”学术文献最新、最全的梳理，进而为厘清该议题庞杂的学术谱系提供了捷径。近数十年来关注“能源诅咒”议题的学术文献大量涌现，相关研究卷帙浩繁，以至于梳理“能源诅咒”领域的既有研究本身就成为一项极其重要的研究任务。④ 梳理既有研究、构造知识谱系、明确自身研究在该谱系中的位置是实现学术突破的重要前提，因此以罗斯、范德普勒格为代表的“能源诅咒”研究的旗手长期不遗余力地梳理该领域内的学术文献和研究进展。基于此，本书详细地梳理了迄今为止关于“能源诅咒”成因的研究谱系，并分别在经济学和政治学的学科范畴内成体系地详述了相关研究的主要解释逻辑。相比于罗斯等所撰写的既有梳理性研究，本

---

① Torben K. Mideksa, “The Economic Impact of Natural Resources”, *Journal of Environmental Economics and Management*, Vol. 65, No. 2, 2013, p. 279、283、288. 笔者于2022年2月21日对贾瑞霞进行了访谈，她大量例举了有助于挪威经济增长的非石油因素，并且指出这些因素的重要性要大于石油开发的红利。

② 笔者于2022年2月18日对罗纳德·罗戈夫斯基进行了访谈。他指出在同等条件下外部效度的重要性要远大于内部效度，而试图提供一般性解释的框架不应被寄希望于完全解释特定案例的现象。

③ ［英］卡尔·波普尔：《猜想与反驳：科学知识的增长》，傅季重等译，上海译文出版社2015年版，第40页。

④ Benjamin Smith, David Waldner, *Rethinking the Resource Curse*, Cambridge: Cambridge University Press, 2021, p. 4.

书在文献梳理的篇目、学科的覆盖度、对新晋文献的关注、梳理的细致程度等方面均有明显的提升。本书对既有知识的整合性梳理为同领域的后续研究提供了更坚实的文献基础，为这些研究取得更进一步的学术突破提供了便利。

第二，本书构建了涵盖全部能源丰裕国主要社会经济数据的配套数据集，该数据集不仅有助于检验本书分析框架的有效性，还为该领域的后续实证性研究提供了补充性的数据基础。“能源丰裕国主要社会经济数据”数据集提供了对 39 个能源丰裕国自 1950 年至 2020 年的面板数据，实现了对 29 个变量（维度）的总计 66 种识别测量。该数据集的优势在于：相较于同领域主要经典研究所依托的数据集，其数据的时间跨度明显要长得多；相较于仅聚焦于“石油诅咒”的数据集，其补充进了缅甸等天然气丰裕国的社会与经济数据；相较于支持先前所发表的研究但此后并未继续保持更新的同类数据集，其更新了近年来的最新数据。此外，该数据集还特别注重对同一变量的多种测量，这能够最大限度地减缓“能源诅咒”研究领域固有的变量操作化问题。[①] 基于上述特点，除了服务于本书的实证检验外，“能源丰裕国主要社会经济数据”数据集还能为后续的同领域研究提供额外的数据基础设施。

第三，本书系统性地整合了致力于揭示“能源诅咒”成因的多条因果机制，较先前的研究既明显拓展了解释范围，又呈现了更为细致的因果链条。近年来围绕“能源诅咒”成因的研究呈现狭隘的相互证伪浪潮，即某一研究无视另一研究的合理成分而仅基于特定的数据或案例对后者的解释框架进行证伪。[②] 虽然在波普尔等科学哲学家看来，证伪的过程就是推动科学前进的过程。[③] 但是频繁且狭隘的证伪使得研究之间难以吸收彼此解释框架和因果机制的合理成分，因此对于“能源诅咒”成因的研究而言，将多条因果机制加以整合就显得尤为迫切。正是在此背景下，本书在统一的分析框架内整合了对“能源诅咒”成因的多条成熟解释。相较于建构或证伪单一因果机制的既有大多数研究，对多条成

① 对该问题的详细说明，详见 Michael L. Ross，“What Have We Learned about the Resource Curse?”，*Annual Review of Political Science*，Vol. 18，2015，pp. 241-248。

② 此处不再赘述，相应的梳理详见本书第三章。

③ ［英］卡尔·波普尔：《猜想与反驳：科学知识的增长》，傅季重等译，上海译文出版社 2015 年版，第 52 页。

熟的因果机制加以整合使得本书的解释范围明显更广，同时分析框架的各个细节更能经得起逻辑上的推敲和实证上的检验。

第四，本书关注到经济现代化始点通过影响能源产业联盟形态与能源产权制度类型进而对主要能源出口国长期经济增长所造成的深远影响，在政治经济学的范畴内为揭示“能源诅咒”的生成根源提供了一个结构性分析框架。相较于同类研究，本书首次以经济现代化始点为核心自变量来解释“能源诅咒”的成因，进而为该领域研究发掘出了全新的结构性自变量及相应的宏观解释机制。可以说，这一核心自变量和分析框架的创新为解开“‘能源诅咒’何以生成”的难题提供了具有补充性甚至替代性的新视角和新思维。更重要的是，以探讨“能源诅咒”的产生原因为切口，本书的核心自变量和分析框架也能够为关于不同国家的经济增长及国家间增长失衡根源的宏观探讨提供一定的借鉴。①

第五，本书揭示了“能源诅咒”本质上是一种“现代化诅咒”的残酷现实，并且提供了主要能源出口国政府通过大力推动非能源产业来缓解“能源诅咒”的理论教益。尽管理论与政策在客观上确实存有一定的距离甚至隔阂，但是在政策制定过程中“（从事理论研究的）学者靠边站”“理论在政策制定中如无反作用也是作用有限”则纯属无稽之谈。② 恰恰相反，正如凯恩斯所言：“认为自己在相当程度上不受任何知识影响的政界人士通常是某个已故经济学家的思想奴隶。”③ 一项理论导向性研究尽管并非以指导政策制定为出发点，但仍能够提供一定的理论教益。对于本书而言，研究发现经济现代化始点较晚的历史遗产导致能源产业畸大并最终导致“能源诅咒”，据此政策制定者想要缓解“能源诅咒”就必须改变能源产业畸大的状态，大力推动非能源产业的发展。而要实现这一目标，必须通过宏观的顶层设计和具体的产业政策降低能源产业联盟的规模和影响力、循

---

① 即便本书聚焦于能源领域，但本书的研究发现完全有助于回答阿西莫格鲁所提出的问题：“为什么一些国家实现了快速增长，而另一些国家则增长缓慢？”详见［美］达龙·阿西莫格鲁：《现代经济增长导论（上册）》，唐志军等译，中信出版集团 2019 年版，第 21 页。

② Joseph S. Nye, “Scholars on the Sidelines”, *Washington Post*, April 13, 2009, p. A15；［美］约瑟夫·奈：《国际关系：理论与实践的相关性》，载［澳］克里斯蒂安·罗伊–斯米特、［英］邓肯·斯尼达尔编：《牛津国际关系手册》，方芳、范鹏、詹继续、詹朱宁译，译林出版社 2019 年版，第 706 页。更多讨论可详见《国际政治研究》2009 年第 3 期的“国际问题研究中的学术性和政策性”专题讨论。

③ 该句为笔者直接译自英文，中文翻译及上下文可详见［英］约翰·梅纳德·凯恩斯《就业、利息和货币通论》，陆梦龙译，中国社会科学出版社 2009 年版，第 306 页。

序渐进地在能源领域建立私人产权制度，以此隔绝诱发“能源诅咒”的“税汇陷入”“补贴分异”和“利益交换”效应。因此，相比于扩充人力资本、运用财政政策对冲市场价格波动、推行“采掘业透明度倡议”（Extractive Industries Transparency Initiative）、加强对政府的监管、提高能源政策的透明度等或零敲碎打或不切实际的调整，在产业联盟形态和产权制度类型方面的纠偏对于能源出口国来说更显重要和紧迫。① 不难发现本书的理论教益尽管粗糙，但已基本框定了政策工具、施政领域及调整方向。

承认研究的不足之处与明确研究的学术价值同样重要。这是因为任何研究的解释力和适用范围均非无穷无限，而研究的不足之处则共同构成了其解释和适用边界。不容忽视的是，本书仍在六个方面存有不足。

第一，本书力求建构华尔兹式的简约性、规律性和确定性因果理论，但实际情况却是本书难以厘清系统性的变量关系及其复杂的因果方向，并且无法摆脱保罗·霍兰（Paul Holland）所述的“因果推论的根本问题”。约翰·加迪斯曾指出“除了上帝之外（如果上帝存在的话），怎么

① 已有诸多研究尝试提供“能源诅咒”的解决方案，但这些方案普遍存有以下四个问题。第一，大而化之、语焉不详。第二，不具有可操作性。第三，高估了特定政策工具对于解决“能源诅咒”的价值与可能性。第四，未能触及缓解“能源诅咒”的深层次结构性原因。这些研究及其提出的方案包括以下几个方面。其一，增加人力资本投入。其二，运用财政政策对冲市场价格波动。其三，在国家层面建立专门的自然资源账户以将租金转化为税收。其四，利用全球性的事件或动力改变“能源诅咒”的现状。其五，推行“采掘业透明度倡议”。其六，加强对政府的监管并提高能源政策的透明度。其七，发展金融服务业以更好地利用能源开发所带来的大规模资金。此外，一些研究提出了综合性的政策方案，包括推行石油合约指数化、对冲出口收益、以石油计价的债务、推行“智利式”的财政规则、强调产品价格的货币目标、建立透明的大宗商品基金、改善一次分配、提高出口商品结构的多样化、改善国内政府的治理水平、注重再分配的公平性。对缓解“能源诅咒”方案的更多探讨可详见 Andrew Rosser, “Escaping the Resource Curse”, *New Political Economy*, Vol. 11, No. 4, 2006, pp. 557 – 570; Erika Weinthal, Pauline Jones Luong, “Combating the Resource Curse: An Alternative Solution to Managing Mineral Wealth”, *Perspectives on Politics*, Vol. 4, No. 1, 2006, pp. 35–53; Kevin M. Morrison, “What Can We Learn about the ‘Resource Curse’ from Foreign Aid?”, *World Bank Research Observer*, Vol. 27, No. 1, 2012, pp. 58 – 64; Alan Gelb and Associates, *Oil Windfalls: Blessing or Curse*, Oxford: Oxford University Press, 1988, pp. 32–46; Jeffrey D. Sachs, “How to Handle the Macroeconomics of Oil Wealth”, in Macartan Humphreys, Jeffrey D. Sachs, Joseph E. Stiglitz, eds., *Escaping the Resource Curse*, New York: Columbia University Press, 2007, pp. 173–193; Macartan Humphreys, Jeffrey D. Sachs, Joseph E. Stiglitz, “Future Directions for the Management of Natural Resources”, in Macartan Humphreys, Jeffrey D. Sachs, Joseph E. Stiglitz, eds., *Escaping the Resource Curse*, New York: Columbia University Press, 2007, pp. 322–336; Michael L. Ross, *The Oil Curse: How Petroleum Wealth Shapes the Development of Nations*, Princeton: Princeton University Press, 2012, pp. 223–253; Todd Moss, Caroline Lambert, Stephanie Majerowicz, *Oil to Cash: Fighting the Resource Curse through Cash Transfers*, Washington, D. C: Center for Global Development, 2015, pp. 56–77。

可能有什么东西能够作为自变量？所有的变量不都是依赖其他变量而存在的吗？”①。罗伯特·杰维斯（Robert Jervis）也曾指出复杂的世界并非社会科学家随意摆弄的试验场，实际上控制变量很难实现、线性思维局限明显、环状因果机制却十分普遍。②“因果推论的根本问题”具体是指“不论研究设计有多么完美，收集到的数据多么丰富，研究者的洞察有多么敏锐，也无论研究助理如何勤奋，实验控制得多么精准，我们永远都无法获得一个确定的因果推论”。③ 实际上，尽管本书已尽力厘清并阐释从经济现代化始点到经济增长的因果方向，然而经济现代化始点仍不可避免地内生于更早阶段的经济增长。当基于上述评论来重新审视本书时，需要承认其相对简明的分析框架是以回避环状因果逻辑、放弃厘清复杂变量关系为代价的。可以说，由于“因果推论的根本问题”的存在，本书的分析框架也可能并非如上文的理论推演那样确定和稳固。④

第二，本书不仅未能发掘各个国家内诱发“能源诅咒”的独特因素，甚至放弃了发掘独特因素的可能性。奥蒂曾指出，“能源诅咒”非常复杂，追求一般性的分析往往会忽略特定国家一些重要的特征。⑤ 由于无法发掘特定国家陷入“能源诅咒”的独特因素，霍瓦德·霍斯塔德也质疑“（追求一般性的）抽象模型能否有效地捕捉到治理、民主和经济增长之间的关系……很是值得怀疑”。⑥ 内部效度和外部效度犹如跷跷板的两边，在权衡中选择一边必将失去另一边。对外部效度的重视意味

---

① John Lewis Gaddis, *The Landscape of History: How Historians Map the Past*, Oxford: Oxford University Press, 2002, pp. 53-54.

② ［美］罗伯特·杰维斯：《系统效应：政治与社会生活中的复杂性》，李少军、杨少华、官志雄译，上海人民出版社 2020 年版，第 X，73，149 页。

③ ［美］加里·金、罗伯特·基欧汉、悉尼·维巴：《社会科学中的研究设计》，陈硕译，格致出版社 2014 年版，第 76 页；Paul Holland, “Statistics and Causal Inference”, *Journal of the American Statistical Association*, Vol. 81, No. 396, 1986, pp. 945-960。

④ 乔恩·埃尔斯特对于因果机制的讨论早已洞见到了这一点。他指出对于因果关系的讨论很难成为稳固的法则或函数，放之四海而皆准的“若 p，则 q”式的因果机制并不存在。详见 Jon Elster, “A Plea for Mechanisms”, in Peter Hedström and Richard Swedberg, eds., *Social Mechanisms: An Analytical Approach to Social Theory*, Cambridge: Cambridge University Press, 1998, pp. 51-52。

⑤ Richard M. Auty, Haydn I. Furlonge, *The Rent Curse: Natural Resources, Policy Choice, and Economic Development*, Oxford: Oxford University Press, 2019, p. 4.

⑥ Håvard Haarstad, “Cross-scalar Dynamics of the Resource Curse: Constraints on Local Participation in the Bolivian Gas Sector”, *Journal of Development Studies*, Vol. 50, No. 7, 2014, p. 988.

着本书不太可能发掘出导致特定国家陷入“能源诅咒”的独特且重要的原因。[①] 具体而言，本书致力于为“能源诅咒”的生成根源提供宏观的结构性、一般性解释，实现这一目标的代价在于不可避免地忽视了广大能源出口国所存在的多样性和独特性，由此未能有效触及不同能源出口国内诱发“能源诅咒”的独特且重要的因素。进而使得对于任一国家而言，本书只能解释其陷入“能源诅咒”的部分（甚至小部分）而非全部（或大部分）原因。

第三，本书提出的分析框架主要适用于在较长的时间范围内进行观察，并且更偏向于对制度变迁并未发生或并不显著的能源出口国提供解释。这也意味着本书的分析框架很难被用以解释能源出口国在较短时间周期内的经济增长情况，也无法很好地解释因政治局势或社会思潮转变而发生产权制度变迁及其对能源出口国经济增长的影响。[②] 例如，对于能源出口国而言，其国内制度、特别是与能源相关的产权制度会不断变迁。[③] 除经济现代化始点以外的诸如领导人偏好、维持政权生存等因素会推动私人产权制度转变为国家产权制度，反之诸如“新自由主义浪潮”等因素则会推动国家产权制度转变为私人产权制度。[④] 可以说本书的类型化分析框架并未系统阐述能源产业联盟形态和能源产权制度类型的更复杂状态及

① 这正是艾伯特·赫希曼在其关于发展理论的著述中所重点批判的。赫希曼提出了重视事物特殊性和偶然性的“可能性主义”（Possibilism），以此批评对一般性和规律性的学术狂热。详见［美］艾伯特·O. 赫希曼《退出、呼吁与忠诚：对企业、组织和国家衰退的回应》，卢昌崇译，上海世纪出版集团 2015 年版，译者序第 3 页。

② 制度的变迁不应被忽视，特别是产权制度会出现诸多变化，详见 Nikolaos Zahariadis, “The Rise and Fall of British State Ownership: Political Pressure or Economic Reality?”, *Comparative Politics*, Vol. 31, No. 4, 1999, pp. 445-463；［美］B·盖伊·彼得斯《政治科学中的制度理论：新制度主义（第三版）》，王向民、段红伟译，上海人民出版社 2016 年版，第 71—84 页；马得勇《历史制度主义的渐进性制度变迁理论——兼论其在中国的适用性》，《经济社会体制比较》2018 年第 5 期，第 163—166 页；卢现祥、朱巧玲主编《新制度经济学（第二版）》，北京大学出版社 2012 年版，第 121 页。

③ Alexander A. Cooley, “Booms and Busts: Theorizing Institutional Formation and Change in Oil States”, *Review of International Political Economy*, Vol. 8, No. 1, 2001, pp. 168-171.

④ Pauline Jones Luong, Erika Weinthal, *Oil is not a Curse: Ownership Structure and Institutions in Soviet Successor States*, New York: Cambridge University Press, 2010, p. 8; Paasha Mahdavi, *Power Grab: Political Survival through Extractive Resource Nationalization*, Cambridge: Cambridge University Press, 2020, pp. 1-37; Elana Shever, *Resources for Reform: Oil and Neoliberalism in Argentina*, Stanford: Stanford University Press, 2012, pp. 4-7; Pierre van der Eng, “Mixed Blessings: Mining in Indonesia's Economy”, in Marc Badia-Miró, Vicente Pinilla, Henry Willebald, eds., *Natural Resources and Economic Growth: Learning from History*, London: Routledge, 2015, p. 244.

其诱发“能源诅咒”的条件性及多样性，仍只是马克斯·韦伯所述的“理想类型”（Ideal Type）。①

第四，本书对产业联盟形态和产权制度类型这两个中间变量的讨论仍然相对粗糙。其一，就产业联盟形态而言，本书并未探讨产业联盟内部所存在的阶级张力。虽然第三章已经对以阶级为基础的联盟和以产业为基础的联盟进行了梳理，并阐述了本书选用后者而非前者的原因。但无论是马克思及摩尔的研究，还是现实存在的世界都强有力地表明产业联盟内部必然存在阶级分化。② 本书将产业联盟视作一个整体，未能对这种阶级分化进行有效的探讨。③ 其二，就产权制度类型而言，除了上一段所提及的制度变迁问题，私人产权制度还存在国际私人产权制度与国内私人产权制度的分异问题。宝琳·隆和艾丽卡·温塔尔等的研究表明即便都实行私人产权制度，国际私人产权制度与国内私人产权制度对于“能源诅咒”的生成与否、生成机制都有明显不同的影响。④ 本书将私人产权制度视作一个与

① 巧合的是，萨德·邓宁在其著作中也提出了同样的观点。邓宁指出：“理论模型……可以与韦伯的理想型加以对照。它们都是理论发展的有用工具；模型的比较静态分析可以提出可检验的假设；可以对证据加以评估。同时模型将现实加以简化和抽象；这也是使它们之所以成为模型的原因。就像韦伯的理想型一样，模型通常不能令人满意地描述任何给定的经验案例，但它们对于一组经验案例的分析来说还是颇为有用的。尽管如此，我们还是应该强调模型和证据之间的不一致之处，因为这可以为理论发展提供新的见解。”详见 Thad Dunning, *Crude Democracy: Natural Resource Wealth and Political Regimes*, New York: Cambridge University Press, 2008, p. 268。另见秦亚青对“理想类型的分析建构”的讨论，详见秦亚青《霸权体系与国际冲突：美国在国际武装冲突中的支持行为（1945—1988）》，上海人民出版社 2008 年版，第 54—58 页。

② 中共中央马克思恩格斯列宁斯大林著作编译局编译：《马克思恩格斯选集（第一卷）》，人民出版社 2012 年版，第 399—435 页；［美］巴林顿·摩尔：《专制与民主的社会起源：现代世界形成过程中的地主和农民》，王茁、顾洁译，上海译文出版社 2012 年版。

③ 除产业划分和阶级划分外，国内政治经济联盟还有其他多种划分方式。譬如周强等提出的政治精英、经济精英、普通民众的划分。详见周强、陈兆源《经济危机、政治重组与西方民粹主义——基于国内政治联盟的形式模型与经验检验》，《世界经济与政治》2019 年第 11 期，第 78—104 页；周强、蒋光明：《经济危机与周期性政治重组》，《世界经济与政治》2021 年第 9 期，第 59—83 页。

④ Pauline Jones Luong, Erika Weinthal, “Rethinking the Resource Curse: Ownership Structure, Institutional Capacity, and Domestic Constraints”, *Annual Review of Political Science*, Vol. 9, 2006, pp. 241-263; Pauline Jones Luong, Erika Weinthal, *Oil is not a Curse: Ownership Structure and Institutions in Soviet Successor States*, New York: Cambridge University Press, 2010; Michael Shafer, *Winners and Losers: How Sectors Shapes the Developmental Prospects of States*, Ithaca: Cornell University Press, 1994, pp. 12-15; Tim Wegenast, Arpita Asha Khanna, Gerald Schneider, “The Micro-Foundations of the Resource Curse: Mineral Ownership and Local Economic Well-being in Sub-saharan Africa”, *International Studies Quarterly*, Vol. 64, No. 3, 2020, pp. 530-543. 实际上，彼得·霍尔等对“资本主义多样性”的讨论早已表明（转下页）

国家产权制度相对应的概念，忽视了私人产权制度的进一步可分性。其三，就产业联盟与产权制度的关系而言，本书并未触及两者是否存在潜在的相互影响。由于未能清晰且普遍地观测到究竟是产权制度类型决定了产业联盟形态，还是产业联盟形态框定产权制度类型，因此本书未能在学理层面讨论两者的交互影响。综上三点，本书对产业联盟形态和产权制度类型的讨论还有进一步发掘的空间。

第五，受外在条件所限，本书在实证分析部分未能克服若干技术性问题。首先，在运用 QRA、QCA 与 SCA 的过程中，数据可获性、可比性、内生性等方面的制约使得本书无法实现操作层面的变量对理论建构层面的变量的完美表达，两者之间所存在的距离会在一定程度上削弱上述 3 种实证分析的效度。① 其次，受制于数据结构和分析层次上的差异，先前研究中所讨论的多个变量未被纳入本书的配套数据集中，这使得这些变量的可能作用并未得到有效控制。再者，本书对于 QRA、QCA 与 SCA 的运用未能达到最新的操作方法要求。徐轶青和庞珣等在操作层面对上述方法提出了诸多的突破性改进，譬如在鲁宾的因果模型中运用贝叶斯后预测方法以改进 SCA；引入贝叶斯规则集（Bayesian Rule Set）这种机器学习算法以替代 QCA；反思工具变量和交互效应的使用并提出了更为精细和高标准的回归分析要求。② 笔者已经注意到了上述操作方法的改进，但碍于较高的技术门槛并未在本书中根据最新的要求进行操作。

（接上页）即便是发达的资本主义国家，其国内的经济制度也存在明显的差异。本书未加区分地讨论了不同能源出口国的产权制度类型，不可否认这存在疏漏和粗糙的问题。相应的讨论详见［美］彼得·A. 霍尔、戴维·索斯凯斯等《资本主义的多样性：比较优势的制度基础》，王新荣译，中国人民大学出版社 2017 年版。

① 罗斯已经详细阐述了数据质量较差对于“能源诅咒”研究的限制。就本书而言，该问题仍然存在并且在对特定变量的测量中表现得更为明显。详见 Michael L. Ross，“What Have We Learned about the Resource Curse?”，*Annual Review of Political Science*，Vol. 18，2015，p. 241。

② Xun Pang, Licheng Liu and Yiqing Xu，“A Bayesian Alternative to Synthetic Control for Comparative Case Studies”，*Political Analysis*，Vol. 30，No. 2，2022，pp. 269 - 288；Albert Chiu，Yiqing Xu，“Bayesian Rule Set：A Quantitative Alternative to Qualitative Comparative Analysis”，Working Paper，2020，https：//papers. ssrn. com/sol3/papers. cfm? abstract_ id = 3639664；Jens Hainmueller，Jonathan Mummolo，Yiqing Xu，“How Much Should We Trust Estimates from Multiplicative Interaction Models? Simple Tools to Improve Empirical Practice”，*Political Analysis*，Vol. 27，No. 2，2019，pp. 163-192；Apoorva Lal，Mackenzie William Lockhart，Yiqing Xu，Ziwen Zu，“How Much Should We Trust Instrumental Variable Estimates in Political Science? Practical Advice based on Over 60 Replicated Studies”，Working Paper，2021，https：//papers. ssrn. com/sol3/papers. cfm? abstract_ id = 3905329.

此外，由于未能明确地识别出机制受阻或“机制进行到一半”的情况，本书对委内瑞拉和挪威、俄罗斯和加拿大这四个案例的过程追踪未能参照唐世平等新晋提出的“半负面案例比较法”进行分析，故而对因果机制的检验仍有瑕疵。① 最后，本书在对上述四个国家的比较历史分析中不可避免地存在对复杂历史与现实情境的剪裁。②

第六，本书最为欠缺但根本无力避免的一点在于很难摆脱逻辑上的“一果多因”。本书以主要能源出口国的经济增长作为探寻“经济能源诅咒”生产根源的因变量，然而除本书所揭示的自变量外还有诸如国家能力、贸易条件、宗教信仰、文化习惯等诸多因素能够影响国家的经济增长。即便在实证分析过程中上述因素得到了有效的控制或被假定可以忽视；但在逻辑上，上述因素对国家经济增长的影响根本无法得以排除。③“一果多因”的存在也削弱了本书分析框架的解释力。

三　后续研究方向及议程

本书讨论了“能源诅咒”的政治起源，可以说是在本已成熟的“能源诅咒”研究领域中的又一次尝试。然而，“对一个问题的一种解决都引出新的未解决的问题：原初的问题越是深刻，它的解决越是大胆，就越是这样”。④ 在本书的基础上，仍有多个未尽之处有待于进一步研究；而放眼整个“能源诅咒”研究的学术谱系，其未来的研究议程绝非对既有变量和机制无穷无尽的实证检验，而应是重拾传统的技艺、找回追求独特性的国别研究。

以本书为基础，有五个方向值得进一步尝试或拓展。其一，运用新的结构性自变量和中间变量替代经济现代化始点、产业联盟形态与产权

---

① 周亦奇、唐世平：《“半负面案例比较法”与机制辨别——北约与华约的命运为何不同》，《世界经济与政治》2018 年第 12 期，第 32—59 页；叶成城、唐世平：《基于因果机制的案例选择方法》，《世界经济与政治》2019 年第 10 期，第 22—47 页。

② 这是一个具有共性的问题，相关讨论详见黄琪轩《探索国际关系历史规律的社会科学尝试——问题、理论视角与方法》，《国际论坛》2019 年第 4 期，第 104—121 页。

③ 笔者于 2022 年 2 月 23 日对丹尼尔·波斯纳进行了访谈。他指出除非发掘并识别出独特的外生冲击，否则“一果多因”问题会在逻辑层面始终存在并且持续困扰研究者。

④ ［英］卡尔·波普尔：《猜想与反驳：科学知识的增长》，傅季重等译，上海译文出版社 2015 年版，第 40—41 页。

制度类型在既有分析框架的位置，以此发掘额外的宏观因果机制。本书重点关注了政府对经济结构与经济发展模式的塑造作用，因而选择了上述自变量及中间变量；但同时政府对社会结构与社会发展模式的塑造作用同样应得到关注，据此可以尝试运用多个新的自变量及中间变量。譬如，以摆脱封建束缚的节点、摆脱殖民统治的节点等来替代现有分析框架中的经济现代化始点；以卡岑斯坦所述的国家集中程度与社会集中程度、统治联盟与政策网络等来替代现有分析框架中的产业联盟形态与产权制度类型；等等。

其二，借鉴经济学领域的新晋研究重新调整和细化产业联盟形态和产权制度类型这两个中间变量。上述变量被广泛地运用于本书其政治学的其他领域，但其分别滥觞于经典的国际经济学和制度经济学。[①] 例如，产业联盟发轫于以贸易部门为分析单位的李嘉图—维纳模型，而与具有较高关联度的阶级联盟则源于赫克歇尔—俄林—萨缪尔森模型。[②] 上述两个模型在国际贸易经济学中固然经典但仍属于基础范畴之列，此后的大量研究明显丰富和突破了上述两个模型。[③] 借鉴经济学领域中对于李嘉图—维纳模型的后续研究将有助于明显调整和细化政治学领域对产业联盟形态的探讨，而对于产权制度类型来说同样如此。因此，对经济学领域相关研究的借鉴将会在很大程度上革新本书对产业联盟形态和产权制度类型的运用。

其三，运用新数据和新案例对本书的分析框架加以检验。本书所构建的分析框架是否能够经受住考验、本书的实证分析是否具上文有所宣称的稳健性，这均有待于新数据和新案例的检验。譬如使用对经济现代化始点、经济增长的新测度和新数据替代上文的数据；使用尼日利亚与

---

① 秦亚青曾讨论了国际政治学对其他学科（特别是经济学）的借鉴，这对于广义上的政治学来说同样适用。详见秦亚青：《权力·制度·文化：国际关系理论与方法研究文集（第二版）》，北京大学出版社 2016 年版，第 186 页。

② ［美］保罗·R. 克鲁格曼、茅瑞斯·奥伯斯法尔德、马克·J. 梅里兹：《国际经济学：理论与政策（第十版）》，丁凯等译，中国人民大学出版社 2016 年，第 17—92 页。

③ 崔凡、屠新泉、樊瑛：《论当代国际贸易理论的国际政治经济学意义》，《世界经济与政治》2010 年第 5 期，第 139—155 页。

英国、加蓬与荷兰进行对比研究；等等。① 另外一个重要但经常被忽视的能源出口国是美国，美国在 19 世纪 60 年代至 20 世纪 60 年代的百年历程中当属最主要的能源出口国，然而其并无陷入"能源诅咒"的任何迹象。② 对美国能源产业与经济增长的历史性分析在解开这一谜题的同时也能够检验本书分析框架的有效性。

其四，在时间上，更聚焦于分析同一能源出口国在不同时段内的经济增长绩效，以此检验本书的分析框架或发掘新的因果机制。无论是罗宾·伯吉斯等对肯尼亚从民主到专制再到民主的前后三个阶段的族群偏祖与经济增长绩效的分析，还是田野等对巴西在 19 世纪末和 20 世纪 70 年代这两个阶段的要素禀赋与政体变迁的讨论，其都表明：相较于对不同国家的历时性或共时性比较，对同一国家在不同阶段的比较能够更好地实现控制变量，为"最相似系统设计"下的比较分析创造更好的条件。③ 另外特别值得注意的是，"能源诅咒"的病理现象主要出现在 20 世纪 70 年代之后并且逐渐增强。④ 据此，在本书的基础上以 1970 年为时间节点分析委内瑞拉等能源出口国在此之前和之后半个世纪的经济增长绩效及其政治根源，或许会发掘出更重要的解释变量和新的因果机制。

---

① 罗斯曾指出当前关于"能源诅咒"的研究严重受限于数据质量，并且指出伴随着数据质量的提高，围绕"能源诅咒"的一系列论争或问题将得以更好地揭示或解决。详见 Michael L. Ross, "The Politics of the Resource Curse", in Carol Lancaster and Nicolas van de Walle, eds., *The Oxford Handbook of the Politics of Development*, Oxford: Oxford University Press, 2018, p. 213。

② 已有部分研究对此进行了初步探讨，然而这些研究对于美国获得"能源祝福"的因果机制、历史进程、政策启示等的讨论还远远不够。详见 Douglas A. Irwin, "Explaining America's Surge in Manufactured Exports, 1880–1913", *Review of Economics and Statistics*, Vol. 85, No. 2, 2003, pp. 364–376; Gavin Wright, Jesse Czelusta, "Resource-Based Growth Past and Present", in Daniel Lederman and William F. Maloney, eds., *Natural Resource: Neither Curse nor Destiny*, Palo Alto: Stanford University Press, 2007, pp. 183–211; Edward B. Barbier, "Scarcity, Frontiers and the Resource Curse: A Historical Perspective", in Marc Badia-Miró, Vicente Pinilla, Henry Willebald, eds., *Natural Resources and Economic Growth: Learning from History*, London: Routledge, 2015, p. 54; Gavin Wright, "The USA as a Case Study in Resource-based Development", in Marc Badia-Miró, Vicente Pinilla, Henry Willebald, eds., *Natural Resources and Economic Growth: Learning from History*, London: Routledge, 2015, pp. 119–139。与之相关的宏观介叙可详见［美］丹尼尔·耶金《奖赏：石油、金钱与权力全球大博弈（上册）》，艾平等译，中信出版集团 2016 年版。

③ Robin Burgess, et al., "The Value of Democracy: Evidence from Road Building in Kenya", *American Economic Review*, Vol. 105, No. 6, 2015, pp. 1817–1851; 田野等：《国际贸易与政体变迁：民主与威权的贸易起源》，中国社会科学出版社 2019 年版，第 69—131 页。

④ Michael L. Ross, *The Oil Curse: How Petroleum Wealth Shapes the Development of Nations*, Princeton: Princeton University Press, 2012, pp. xiv.

其五，在空间上，更依仗于地理信息系统和空间计量检验本书的分析框架或发掘新的因果机制。近年来空间计量在政治科学的重要性迅速凸显，目前已经被大量应用于地缘政治、族群冲突、恐怖主义、发展援助等领域的研究中。[①] 其中，空间计量对于冲突研究的加持也直接推动了“能源诅咒”成因研究中关于冲突机制的讨论，进而使得关于该机制的讨论远比对其他机制的分析要更为科学细致。[②] 虽然当前已有研究提供了能源分布的空间数据，并且尝试据此发掘能源位置对“能源诅咒”生成的直接或间接影响。[③] 然而相较于洋洋大观的“能源诅咒”研究，上述运用空间计量的尝试仍然较为有限。借助地理信息系统和空间数据，关于“能源诅咒”成因的实证研究将从国家层次研究拓展至次国家层次。而无论次国家层次的分析究竟是支持本书的分析框架，抑或发现了有悖于本书的反常现象，这些都将有助于对本书的改进并且贡献关于“能源诅咒”的新智识。

此外，对于“能源诅咒”的未来研究议程而言，该领域所真正急需的并非以检验和证伪为目的的实证性研究，而是发掘能源出口国各自陷入“能源诅咒”的独特过程和逻辑的经验性分析。近年来“能源诅咒”

---

① Jordan Branch, “Geographic Information Systems (GIS) in International Relations”, *International Organization*, Vol. 70, No. 4, 2016, pp. 845 – 869; 陈冲:《机会、贪婪、怨恨与国内冲突的再思考——基于时空模型对非洲政治暴力的分析》,《世界经济与政治》2018 年第 8 期，第 94—159 页; 陈冲、庞珣:《非洲恐怖袭击时空规律的大数据分析——基于 GIS 技术和分离总体持续期模型》,《外交评论》(外交学院学报) 2020 年第 2 期，第 121—154 页; 黄振乾:《中国援助分配的政治经济学——对 21 世纪中国援非项目的空间考察》,《世界经济与政治》2021 年第 9 期，第 102—127 页。

② 详见本书第二章第三节对于冲突机制及其他机制的梳理。

③ Päivi Lujala, “The Spoils of Nature: Armed Civil Conflict and Rebel Access to Natural Resources”, *Journal of Peace Research*, Vol. 47, No. 1, 2010, pp. 15–28; Jason Sorens, “Mineral Production, Territory, and Ethnic Rebellion: The Role of Rebel Constituencies”, *Journal of Peace Research*, Vol. 48, No. 5, 2011, pp. 571–585; Philipp Hunziker, Lars–Erik Cederman, “No Extraction without Representation: The Ethno–regional Oil Curse and Secessionist Conflict”, *Journal of Peace Research*, Vol. 54, No. 3, 2017, pp. 365–381; Traviss Cassidy, “The Long–Run Effects of Oil Wealth on Development: Evidence from Petroleum Geology”, *The Economic Journal*, Vol. 129, No. 623, 2019, p. 2749; Rabah Arezki, Frederick van der Ploeg, Frederik Toscani, “The Shifting Natural Wealth of Nations: The Role of Market Orientation”, *Journal of Development Economics*, Vol. 138, 2019, pp. 228 – 245; Sambit Bhattacharyya, Louis Conradie, Rabah Arezki, “Resource Discovery and the Politics of Fiscal Decentralization”, *Journal of Comparative Economics*, Vol. 45, No. 2, 2017, pp. 366–382; James Cust, Torfinn Harding, “Institutions and the Location of Oil Exploration”, *Journal of the European Economic Association*, Vol. 18, No. 3, 2020, pp. 1321–1350.

研究领域所兴起的实证检验浪潮使得该领域内本已成熟的讨论呈现明显的碎片化趋势，而对于证伪的痴迷一方面严重挤压了对特定国家经验性现象的回顾、追踪和描述；另一方面使得人类学和社会心理学等全新视域下的“能源诅咒”研究鲜有人问津。① 因此，“能源诅咒”研究要想突破“研究大量涌现但进展乏善可陈”的怪圈，就必须实现研究议程的回归。无论是经济学领域向“新古典回归”，还是国际关系中现实主义近来的“新古典浪潮”，抑或国际制度的研究议程出现关于“找回旧制度主义”的呼吁，这都表明传统范式和研究议程的回归往往能够激发新一轮的知识增长。同样对于“能源诅咒”的研究而言，其未来的研究议程绝非对既有变量和机制无穷无尽的实证检验，而应是重拾描述性分析的传统技艺、找回聚焦于各个能源出口国的国别研究、重新发掘被一再忽视的观察视域和理论视角。② 换句话说，通过跳出波普尔式的证伪樊篱，回归经验现象描述并据此进行归纳分析，在理论的指导下发掘先前被忽视的变量和机制，如此才能更有力地推动“能源诅咒”研究取得更大的进展。

总之，本书站在前人的肩膀上讨论了“能源诅咒”的政治起源，但无论是本书还是该领域内汗牛充栋的其他研究成果都并未终结“‘能源诅咒’何以生成”的研究问题，更远不足以回答国家的经济增长绩效差异或者国家间的增长失衡何以生成这一更宏大的问题。或许如道格拉斯·诺思在其巨作的终章所言：“……严谨的研究对于我们才刚刚开始。”③

---

① Elissaios Papyrakis, “The Resource Curse—What have We Learned from Two Decades of Intensive Research: Introduction to the Special Issue”, *Journal of Development Studies*, Vol. 53, No. 2, 2017, p. 182; Emma Gilberthorpe, Dinah Rajak, “The Anthropology of Extraction: Critical Perspectives on the Resource Curse”, *Journal of Development Studies*, Vol. 53, No. 2, 2017, pp. 186-204. 近年来对假设检验的狂热崇拜和过度使用普遍存在于政治科学的多个子领域研究中。相应的探讨和批评详见 John J. Mearsheimer, Stephen M. Walt, “Leaving Theory Behind: Why Simplistic Hypothesis Testing is Bad for International Relations”, *European Journal of International Relations*, Vol. 19, No. 3, 2013, pp. 427-457。

② 笔者于 2022 年 3 月 11 日对迈克尔·罗斯进行了访谈，他表达了与此近似的观点。

③ ［美］道格拉斯·C. 诺思：《制度、制度变迁与经济绩效》，杭行译，格致出版社 2014 年版，第 166 页。

附　　录

本书附录包括三方面内容，其一，学术访谈记录，记录了笔者为推进本研究而开展的30次学术访谈，并以时间为序逐一列出了历次学术访谈的相关信息。其二，配套数据集简述，介绍了笔者所建立的配套数据集的若干重要信息。其三，稳健性检验结果，汇报了无须在正文中呈现的多个稳健性检验结果。

第一节　学术访谈记录

本书得到了多位学者及研究人员的智力支持。通过学术访谈，笔者向其咨询了诸多与研究设计、实证检验、“能源诅咒”议题等直接相关的问题并进行了交流探讨。学术访谈的成果散见于本书的各个部分中，在此仅列出历次学术访谈的相关信息（时间、时长、地点、被访谈人及其职称/职务、主要访谈内容等）以备查证。

附表1-1　　学术访谈记录

序号	开始时间、访谈时长	访谈地点*	被访谈人	被访谈人职称或职务**	主要访谈内容
1	2018年11月15日 1.5小时	上海市杨浦区复旦大学文科楼711	张建新	复旦大学国际关系与公共事务学院教授	国际能源体系的演进历史；国家能源公司与私人能源公司的行动逻辑；等等

续表

序号	开始时间、访谈时长	访谈地点*	被访谈人	被访谈人职称或职务**	主要访谈内容
2	2018年11月27日 1小时	北京市海淀区中国人民大学明德主楼945	陈占明	中国人民大学经济学院能源经济系副教授	经济学范畴内产权制度研究进展；产权制度类型对政府与能源公司关系的影响；等等
3	2018年11月27日 1小时	北京市海淀区汇智大厦A座1710	杨建红	中国石油规划总院油气管道研究所副所长；北京世创能源咨询公司首席研究员	天然气的物理属性及国际贸易特性；国家能源公司在天然气贸易中的角色；等等
4	2018年12月7日 1小时	北京市朝阳区中国石化大厦	王佩	中国国际石油化工联合有限公司市场战略部副总经理	能源公司参与国际能源贸易的方式；石油价格的生成方式；国家能源公司与私人能源公司的经营逻辑异同；等等
5	2019年9月24日 2小时	北京市海淀区中国人民大学便利蜂	陈兆源	中国人民大学国际关系学院国际政治经济学专业博士研究生	“能源诅咒”的测量；回归模型选择及改进；稳健性检验策略；等等
6	2021年6月25日 1小时	北京市海淀区中国人民大学明德主楼945	陈占明	中国人民大学应用经济学院副院长，国民经济管理系教授	经济增长的操作化；“能源诅咒”的条件性与生成机制；相异统计结果的识别；等等
7	2021年7月5日 1小时	北京市海淀区辽宁大厦7层大厅	叶成城	上海社会科学院国际问题研究所副研究员	现代化作为自变量的因果机制；民主与经济增长之间的关系；制度与国家能力；等等
8	2021年7月5日 1小时	北京市海淀区辽宁大厦919	黄琪轩	上海交通大学国际与公共事务学院国际关系系教授	“能源诅咒”的生成机制；因果机制的不足与完善；研究设计与学术发展目标；等等
9	2021年7月5日 0.5小时	北京市海淀区辽宁大厦7层大厅	释启鹏	北京外国语大学国际关系学院政治学与行政学系讲师	“能源诅咒”的研究议程；历史对制度的作用；博士论文研究设计的建议；等等
10	2021年7月5日 0.5小时	北京市海淀区辽宁大厦7层大厅	何家丞	中国人民大学国际关系学院政治学理论专业博士研究生	经济增长与民主化进程关系，两者因果关系方向及识别测量；等等
11	2021年7月6日 0.5小时	北京市海淀区辽宁大厦7层大厅	郑宇	复旦大学国际关系与公共事务学院国际政治系教授	“能源诅咒”的条件性与生成机制；比较案例分析的可比性基础；一果多因的应对

续表

序号	开始时间、访谈时长	访谈地点*	被访谈人	被访谈人职称或职务**	主要访谈内容
12	2021年8月26日 1小时	线上视频-Zoom	Cesar B. Martinez-Alvarez	加州大学洛杉矶分校政治科学系博士候选人	“能源诅咒”的操作化、生成机制；本研究的因果机制、不足及改进；民主与经济增长之间的关系；“能源诅咒”研究进展
13	2021年9月14日 1小时	线上视频-Zoom	Michael Ross	加州大学洛杉矶分校政治科学系教授	“能源诅咒”的操作化；“经济能源诅咒”和“政治能源诅咒”的真实性；其他学者对其研究的批评及回应；民主与经济增长之间的关系；比较案例可比性和田野调查必要性；能源诅咒研究进展和未来议程
14	2022年2月4日 1小时	美国加州大学洛杉矶分校邦奇楼南侧花园	Michael Ross	加州大学洛杉矶分校政治科学系教授	经济发展与经济增长的关系及识别策略；回应7项对其关于“政治能源诅咒”研究的批评；“能源诅咒”现象的阶段/永续性
15	2022年2月14日 1小时	线上视频-Zoom	詹晶	香港中文大学政治与行政学系副教授	“能源诅咒”研究的目标及路径；“能源诅咒”的真实性、条件性、生成机制；该领域的研究议程；本研究所存在的不足
16	2022年2月17日 1小时	线上视频-腾讯会议	郭晓琼	中国社会科学院俄罗斯东欧中亚研究所副研究员	俄罗斯（苏联时期及俄罗斯联邦时期）的产业发展、宏观政策和经济增长绩效
17	2022年2月18日 1.5小时	加利福尼亚州洛杉矶市威斯特伍德地区 Elysee Café	Ronald Rogowski	加州大学洛杉矶分校政治科学系教授	“能源诅咒”的真实性、内生性和生成机制；因果机制的外部效度和内部效度；资本及劳动力结构差异在面对外生冲击时的不同影响；等等
18	2022年2月20日 1小时	线上视频-腾讯会议	王飞	中国社会科学院拉丁美洲研究所副研究员	拉丁美洲国家的产业发展及经济增长绩效；调研委内瑞拉时的见闻及感受；委内瑞拉的经济现代化始点、经济增长绩效较差的原因以及能源在其中的影响；委内瑞拉案例分析的修改建议等

续表

序号	开始时间、访谈时长	访谈地点*	被访谈人	被访谈人职称或职务**	主要访谈内容
19	2022年2月21日 0.5小时	线上视频-Zoom	Jeff Colgan	布朗大学政治科学系及华生国际与公共事务研究所副教授	“能源诅咒”的真实性；“能源诅咒”生成的冲突机制；能源政治学未来的重要议程
20	2022年2月21日 1小时	线上视频-腾讯会议	张昕	华东师范大学政治与国际关系学院副研究员、俄罗斯研究中心副主任	俄罗斯的产业发展、宏观政策和经济增长绩效；不同历史观背景下的俄罗斯的经济现代化始点及进程；长周期维度下的俄罗斯“能源诅咒”审视和解读；等等
21	2022年2月21日 1小时	线上视频-腾讯会议	贾瑞霞	中国社会科学院欧洲研究所副研究员	挪威的产业结构、经济绩效、国家治理、思想传统、发展历程；重要的产业与经济数据及其来源；挪威能源产业与国家石油公司的运转情况；“挪威模式”的独到之处
22	2022年2月23日 0.5小时	线上视频-Zoom	Daniel Posner	加州大学洛杉矶分校政治科学系教授、美国艺术与科学院院士	应对变量内生性和“一果多因”问题的可行方法；以发掘外生冲击为导向的“能源诅咒”研究设计及因果识别策略；等等
23	2022年3月1日 0.5小时	线上视频-Zoom	Benjamin Smith	佛罗里达大学政治科学系副教授	对“能源诅咒”真实性辩论的看法；其反驳迈克尔·罗斯研究的逻辑；介叙正在推进的四项关于“能源诅咒”的研究；该领域未来的研究议程；等等
24	2022年3月2日 1小时	美国加州大学洛杉矶分校雕塑花园	Lachlan McNamee	加州大学洛杉矶分校政治科学系助理教授	比较研究的内部效度和外部效度权衡；经济现代化始点作为自变量的内生性问题及其应对；案例选择的可比性；本研究的不足及可行的改进；等等
25	2022年3月11日 1小时	线上视频-Zoom	Michael Ross	加州大学洛杉矶分校政治科学系教授	经济学和政治学领域关于“能源诅咒”成因研究的进展、不足和未来拓展方向
26	2022年3月16日 1小时	线上视频-腾讯会议	金晓文	中国人民大学国际关系学院外交学系讲师	委内瑞拉的经济现代化始点；经济增长绩效较差的原因以及能源在其中的影响；摆脱“能源诅咒”的方式及前景；等等

续表

序号	开始时间、访谈时长	访谈地点*	被访谈人	被访谈人职称或职务**	主要访谈内容
27	2022年3月18日 1小时	线上视频-腾讯会议	周文戟	中国人民大学应用经济学院能源经济系副教授	挪威的能源政策、产业发展与经济增长绩效；挪威石油公司的运营模式及产权归类；经济学领域关于“能源诅咒”研究的不足；对本研究分析框架的改进意见；等等
28	2022年4月15日 1小时	线上视频-Zoom	Michael Ross	加州大学洛杉矶分校政治科学系教授	研究的不足之处和改进的实施方案
29	2022年4月29日 1小时	线上视频-腾讯会议	陈冲	清华大学社会科学学院国际关系学系副教授	配套数据集建设；回归设计的技术性问题及应对；本研究案例选择及混合研究设计的可行性与可靠性；能源与冲突研究的进展与后续研究议程
30	2022年5月19日 0.5小时	线上视频-Zoom	Michael Ross	加州大学洛杉矶分校政治科学系教授	研究的不足之处和改进的实施方案

注：*线上访谈仅包括时事语音及视频访谈，通过邮件及其他通信工具的文字访谈不在此列。线上访谈的访谈地点为：线上视频或线上音频。**被访谈人职称或职务为访谈时的职称/职务，而非其最新的职称/职务。

第二节　配套数据集说明

本书构建了“能源丰裕国主要社会经济数据”数据集。该数据集提供了对39个能源丰裕国自1950年至2020年的面板数据，实现了对29个变量（维度）的总计66种识别测量。该数据集分为“面板数据”“清晰集数据”“模糊集数据”“A-*prs*-1单年”和“A-*prs*-1累计”共5个部分。该数据集的在线查看和下载地址为https：//sym915. github. io/data/。

本节的五张附表提供了对该数据集的额外补充或说明：其一为“变量、变量测量、数据来源及相应说明”；其二为“描述性统计：统计特征值（全）”；其三为“部分核心变量与控制变量的相关系数矩阵”；其四为“清晰集原始数值表（简）”；其五为“模糊集校准后原始数值表（简）”。

附表 2-1　　变量、变量测量、数据来源及相应说明

类别	变量名称	简称	测量	编号	数据来源	说明
基础标识	样本编号	*num*	——	I-*num*	——	——
	国家名称	*cou*	——	I-*cou*	——	——
	国家名称（缩写）	*abb*	——	I-*abb*	——	参照世界银行数据库的国家名称缩写规则
	国家编码	*ccd*	战争相关数据集-COW 国家编码	I-*ccd*	The Correlates of War Project, “COW Country Codes”, https: //correlatesofwar. org/data - sets/cow - country - codes.	基于国家编码顺序列出观察值。COW 数据集中苏联与俄罗斯联邦共用国家编码。但由于本书需要将其视作 2 个国家，因而笔者将苏联编码为 364
	年份	*yea*	——	I-*yea*	——	国家编码相同时基于年份顺序列出观察值
核心变量	经济增长速度	*egr*	世界银行“人均 GDP（2010 年不变价美元）”	A-*egr*-1	World Bank, “GDP per capita (Constant 2010 US $)”, https: //data. worldbank. org. cn/indicator/NY. GDP. MKTP. KD.	转化为自然对数值
			世界银行“人均 GDP（2010 年不变价美元）”增速-哑变量	A-*egr*-2	同上	根据第一章第三节中的定义进行操作化：较上一年度增量超过 200 美元或者增幅超过 3%编码为 0；其余情况编码为 1
			麦迪逊项目“人均 GDP”	A-*egr*-3	Jutta Bolt, Jan Luiten van Zanden, “Maddison Style Estimates of the Evolution of the World Economy, A New 2020 Update”, https: //www. rug. nl/ggdc/historicaldevelopment/maddison/releases/maddison - project - database -2020.	转化为自然对数值

续表

类别	变量名称	简称	测量	编号	数据来源	说明
核心变量	经济增长速度	*egr*	麦迪逊项目“人均 GDP”增速-哑变量	A-*egr*-4	Jutta Bolt, Jan Luiten van Zanden, “Maddison Style Estimates of the Evolution of the World Economy, A New 2020 Update”, https://www.rug.nl/ggdc/historicaldevelopment/maddison/releases/maddison - project - database -2020.	根据第一章第三节中的定义进行操作化：较上一年度增量超过 200 美元或者增幅超过 3%编码为 0；其余情况编码为 1
			宾大世界表“人均 GDP”	A-*egr*-5	Groningen Growth and Development Centre, “Penn World Table version 10.0”, https://www.rug.nl/ggdc/productivity/pwt/.	转化为自然对数值
			宾大世界表“人均 GDP”增速-哑变量	A-*egr*-6	同上	根据第一章第三节中的定义进行操作化：较上一年度增量超过 200 美元或者增幅超过 3%编码为 0；其余情况编码为 1
	经济现代化始点	*spm*	（经济）现代化的波次-哑变量	A-*spm*-1	叶成城、唐世平：《超越“大分流”的现代化比较研究：时空视角下的历史、方法与理论》，《学术月刊》2021 年第 5 期，第 77-86 页	根据第三章第三节中的定义进行操作化：第一波到第二波（前 3 个波次）编码为 0；第二波半到第三波半（后 3 个波次）编码为 1
			铁路运能	A-*spm*-2	Diego Comin, Bart Hobijn, “The Chat Dataset”, https://www.hbs.edu/ris/Publication% 20Files/10-035.pdf.	转化为自然对数值
			铁路运能-哑变量	A-*spm*-3	同上	“railtkm”一列的值在 1920 年高于俄罗斯则为先发国家，编码为 0；低于俄罗斯则为后发国家，编码为 1。俄罗斯也编码为 1。如当前值为缺失值，则比较最接近该时段的值并予以人工校正

续表

类别	变量名称	简称	测量	编号	数据来源	说明
核心变量	经济现代化始点	*spm*	钢铁生产	A-*spm*-4	The Correlates of War Project, “National Material Capabilities（v 6.0）”, https://correlatesofwar.org/data-sets/national-material-capabilities.	转化为自然对数值
			钢铁生产-哑变量	A-*spm*-5	同上	“irst”一列的值在1920年高于俄罗斯则为先发国家，编码为0；低于俄罗斯则为后发国家，编码为1。俄罗斯也编码为1。如当前值为缺失值，则比较最接近该时段的值并予以人工校正
			国民预期寿命	A-*spm*-6	World Bank, “Life Expectancy at Birth, Total（years）”, https://databank.worldbank.org/source/world-development-indicators.	转化为自然对数值
			国民预期寿命-哑变量	A-*spm*-7	同上	根据第三章第三节中的定义进行操作化：一国1960年预期寿命小于OECD成员国的平均值则编码为1，否则编码为0
	产业联盟形态	*icf*	世界银行“石油及天然气租金占GDP的比重”	A-*icf*-1	World Bank, “Oil/Natural Gas Rent（% of GDP）”, https://databank.worldbank.org/source/world-development-indicators.	石油租金占GDP的比重与天然气租金占GDP的比重进行加总

续表

类别	变量名称	简称	测量	编号	数据来源	说明
核心变量	能源领域产权制度类型	*prs*	能源领域的国有化与国有产权	A-*prs*-1	Sergei Guriev, Anton Kolotilin, Konstantin Sonin, "Determinants of Nationalization in the Oil Sector: A Theory and Evidence from Panel Data", *Journal of Law, Economics, & Organization*, Vol. 27, No. 2, 2011, pp. 321-322; Michael Tomz, Mark L. J. Wright, "Sovereign Theft: Theory and Evidence about Sovereign Default and Expropriation", Working Paper, 2009, https://papers.ssrn.com/sol3/papers.cfm? abstract_id = 1392540; 王晓玥、田野:《国际石油贸易扩张与选举式威权政体的巩固——基于委内瑞拉和哈萨克斯坦的比较研究》,《外交评论》(外交学院学报)2016年第4期,第93—102页;薛庆、王震:《油价冲击、政治制度与资源国有化决策——基于1960—2010年数据的实证分析》,《世界经济与政治》2012年第9期,第93—106页;Pauline Jones Luong, Erika Weinthal, *Oil is not a Curse: Ownership Structure and Institutions in Soviet Successor States*, New York: Cambridge University Press, 2010, p. 18; Paasha Mahdavi, *Power Grab: Political Survival through Extractive Resource Nationalization*, Cambridge: Cambridge University Press, 2020, p. 33	基于前述6项研究整理而得。具体说明详见数据集中的"A-*prs*-1单年"和"A-*prs*-1累计"; 每出现1次国有化进程并成功建立起国家产权制度就增加1次计数,并于当年进行累加
			能源领域的国有化与国有产权-哑变量	A-*prs*-2	同上	出现1次国有化进程并成功建立起国家产权制度则编码为1,否则编码为0
			上游石油公司的所有权结构-哑变量	A-*prs*-3	Paasha Mahdavi, "National Oil Companies (NOC)", http://paashamahdavi.com/Research.html.	上游石油公司为政府所有则编码为1,否则编码为0

续表

类别	变量名称	简称	测量	编号	数据来源	说明
核心变量	能源领域产权制度类型	*prs*	国家石油公司是否完全为政府所有-哑变量	A-*prs*-4	Paasha Mahdavi, “National Oil Companies (NOC)”, http://paashamahdavi.com/Research.html.	国家石油公司完全为政府所有则编码为1，否则编码为0
			“民主的多样性”（V-Dem）项目：产权-经济的国家所有权	A-*prs*-5	V-Dem Dataset Institute, “V-Dem Dataset Version 11.1”, https://www.v-dem.net/vdemds.html.	——
	能源产业畸大程度	*nal*	世界银行“燃料出口占商品出口的比重”	A-*nal*-1	World Bank, “Fuel Exports (% of Merchandise Exports)”, https://databank.worldbank.org/source/world-development-indicators.	——
			世界银行“制造业占GDP的比重”	A-*nal*-2	World Bank, “Manufacturing, Value added (% of GDP)”, https://databank.worldbank.org/source/world-development-indicators.	制造业的范围是《国际标准工业分类》（第4修订版）的C大类
			国际货币基金组织“出口多样性指数”	A-*nal*-3	International Monetary Fund, “Export Diversification and Quality”, https://data.imf.org/?sk=A093DF7D-E0B8-4913-80E0-A07CF90B44DB.	——

续表

类别	变量名称	简称	测量	编号	数据来源	说明
控制变量	石油价格	*cop*	世界石油价格	B-*cop*-1	British Petrol, "Statistical Review of World Energy", https://www.bp.com/en/global/corporate/energy-economics/statistical-review-of-world-energy.html.	——
			本国石油价格	B-*cop*-2	Michael Ross, Paasha Mahdavi, "Oil and Gas Data, 1932-2014", https://dataverse.harvard.edu/dataset.xhtml?persistentId=doi: 10.7910/DVN/ZTPW0Y.	——
	天然气价格	*ngp*	世界天然气价格	B-*ngp*-1	British Petrol, "Statistical Review of World Energy", https://www.bp.com/en/global/corporate/energy-economics/statistical-review-of-world-energy.html.	——
			本国天然气价格	B-*ngp*-2	Michael Ross, Paasha Mahdavi, "Oil and Gas Data, 1932-2014", https://dataverse.harvard.edu/dataset.xhtml?persistentId=doi: 10.7910/DVN/ZTPW0Y.	——
	石油储量	*cor*	截至 2020 年已探明石油储量	B-*cor*-1	British Petrol, "Statistical Review of World Energy", https://www.bp.com/en/global/corporate/energy-economics/statistical-review-of-world-energy.html.	转化为自然对数值
	天然气储量	*ngr*	截至 2020 年已探明天然气储量	B-*ngr*-1	同上	转化为自然对数值

续表

类别	变量名称	简称	测量	编号	数据来源	说明
控制变量	石油产量	*opd*	石油产量-1	B-*opd*-1	Michael Ross, Paasha Mahdavi, “Oil and Gas Data, 1932-2014”, https://dataverse.harvard.edu/dataset.xhtml?persistentId=doi:10.7910/DVN/ZTPW0Y.	转化为自然对数值
			石油产量-2	B-*opd*-2	British Petrol, “Statistical Review of World Energy”, https://www.bp.com/en/global/corporate/energy - economics/statistical-review-of-world-energy.html.	转化为自然对数值
	天然气产量	*gpd*	天然气产量-1	B-*gpd*-1	Michael Ross, Paasha Mahdavi, “Oil and Gas Data, 1932-2014”, https://dataverse.harvard.edu/dataset.xhtml?persistentId=doi:10.7910/DVN/ZTPW0Y.	转化为自然对数值
			天然气产量-2	B-*gpd*-2	British Petrol, “Statistical Review of World Energy”, https://www.bp.com/en/global/corporate/energy - economics/statistical-review-of-world-energy.html.	转化为自然对数值
	石油出口量	*coe*	石油出口量-1	B-*coe*-1	Michael Ross, Paasha Mahdavi, “Oil and Gas Data, 1932-2014”, https://dataverse.harvard.edu/dataset.xhtml?persistentId=doi:10.7910/DVN/ZTPW0Y.	转化为自然对数值
			石油出口量-2	B-*coe*-2	British Petrol, “Statistical Review of World Energy”, https://www.bp.com/en/global/corporate/energy - economics/statistical-review-of-world-energy.html.	该指标呈现的是净出口量。转化为自然对数值

续表

类别	变量名称	简称	测量	编号	数据来源	说明
控制变量	天然气出口量	*nge*	天然气出口量-1	B-*nge*-1	Michael Ross, Paasha Mahdavi, "Oil and Gas Data, 1932-2014", https://dataverse.harvard.edu/dataset.xhtml?persistentId=doi:10.7910/DVN/ZTPW0Y.	转化为自然对数值
			天然气出口量-2	B-*nge*-2	British Petrol, "Statistical Review of World Energy", https://www.bp.com/en/global/corporate/energy-economics/statistical-review-of-world-energy.html.	该指标呈现的是净出口量。转化为自然对数值
	政体类型（民主程度）	*rty*	政体-5 数据集的"polity2"指标	C-*rty*-1	The Center for Systemic Peace, "Polity 5 Annual Time-Series, 1946-2018", http://www.systemicpeace.org/inscrdata.html.	进行系统性的数据结构调整，即在原有数字的基础上统一"+10"
			"政体的全数据集"中的民主二分测量	C-*rty*-2	Carles Boix, Michael Miller, Sebastian Rosato, "A Complete Data Set of Political Regimes, 1800-2007", *Comparative Political Studies*, Vol. 46, No. 2, 2013, pp. 1523-1554; "Supplementary Material", https://journals.sagepub.com/doi/suppl/10.1177/0010414012463905.	—
	战争	*war*	战争-哑变量	C-*war*-1	The Correlates of War Project, "COW War Data, 1816-2007 (v 4.0)", https://correlatesofwar.org/data-sets/COW-war.	内战与国家间战争进行加总。当年出现战争则编码为 1，否则编码为 0
	国家能力	*ncp*	国家能力	C-*ncp*-1	Jonathan K. Hanson, Rachael Sigman, "Leviathan's Latent Dimensions: Measuring State Capacity for Comparative Political Research", *Journal of Politics*, Vol. 83, No. 4, 2021, pp. 1495-1510. Jonathan K. Hanson, Rachael Sigman, "Stata Capacity Dataset," http://www-personal.umich.edu/~jkhanson/state_capacity.html.	—

续表

类别	变量名称	简称	测量	编号	数据来源	说明
控制变量	国家能力	*ncp*	汲取能力：政府收入占 GDP 的比重	C-*ncp*-2	International Monetary Fund, “World Revenue Longitudinal Data (WoRLD)”, https://data.imf.org/?sk=77413F1D-1525-450A-A23A-47AEED40FE78, 访问时间：2022 年 1 月 24 日；Michael Ross, “Replication Data for: ‘The Oil Curse’”, https://dataverse.harvard.edu/dataset.xhtml?persistentId=doi:10.7910/DVN/Q9AQLU.	国际货币基金组织数据集未能覆盖或缺失之处由罗斯的数据集补充
			汲取能力：税收占 GDP 的比重	C-*ncp*-3	World Bank, “Tax Revenue (% of GDP)”, https://databank.worldbank.org/source/world-development-indicators.	——
	制度质量	*itq*	监管质量	C-*itq*-1	Daniel Kaufmann, Aart Kraay, “Worldwide Governance Indicators”, http://info.worldbank.org/governance/wgi/#home.	——
			法治	C-*itq*-2	同上	——
			腐败控制	C-*itq*-3	同上	——
	治理绩效	*gvp*	政府有效性	C-*gvp*-1	同上	——
			国家脆弱指数	C-*gvp*-2	The Center for Systemic Peace, “State Fragility Index and Matrix, Time-Series Data, 1995-2018”, https://view.officeapps.live.com/op/view.aspx?src=http%3A%2F%2Fwww.systemicpeace.org%2Finscr%2FSFIv2018.xls&wdOrigin=BROWSELINK.	——
			执政有效性评分	C-*gvp*-3	同上	——
			执政合法性评分	C-*gvp*-4	同上	——

续表

类别	变量名称	简称	测量	编号	数据来源	说明
控制变量	人口	*ppl*	人口总数	C-*ppl*-1	World Bank, "Population, Total", https://databank.worldbank.org/source/world-development-indicators.	—
			15-64 岁劳动人口占总人口的比重	C-*ppl*-2	World Bank, "Population ages 15-64 (% of Total Population)", https://databank.worldbank.org/source/world-development-indicators.	—
	宗教	*rlg*	国内主要宗教	C-*rlg*-1	The Correlates of War Project, "World Religion Data (v 1.1)", https://correlatesofwar.org/data-sets/world-religion-data, 访问时间：2021 年 1 月 23 日	转化为定类变量。按照世界宗教的大类进行划分：基督教编码为 1；犹太教编码为 2；伊斯兰教编码为 3；佛教编码为 4；其他宗教编码为 5
			伊斯兰教信众占比	C-*rlg*-2	Davis Brown, Patrick James, "Religious Characteristics of States Dataset Project-Demographics v. 2.0 (RCS-Dem 2.0), Countries Only", https://www.thearda.com/Archive/Files/Descriptions/RCSDEM2.asp.	—
	族群	*eth*	少数族裔人口占比	C-*eth*-1	Nils-Christian Bormann, Luc Girardin, Philipp Hunziker, Manuel Vogt, "Grow Up-Geographical Research On War, Unified Platform", https://growup.ethz.ch/rfe.	—
	自然灾害	*nds*	EM-DAT 自然灾害统计	C-*nds*-1	EM - DAT Public, "Disaster", https://public.emdat.be/data.	—
	与美国关系	*rus*	与美国签署的防务合作协议	C-*rus*-1	Brandon J. Kinne, "The Defense Cooperation Agreement Dataset (DCAD)", *Journal of Conflict Resolution*, Vol. 64, No. 4, 2020, pp. 729-755; Brandon J. Kinne, "The Defense Cooperation Agreement Dataset (DCAD)", https://dataverse.harvard.edu/dataverse/DCAD; jsessionid = c99f6a8a8b27532a89a8daeeeb36.	—

续表

类别	变量名称	简称	测量	编号	数据来源	说明
控制变量	与美国关系	*rus*	受到美国的制裁	C-*rus*-2	Gabriel Felbermayr, et al., “The Global Sanctions Data Base”, *European Economic Review*, Vol. 129, 2020, pp. 1-23; Aleksandra Kirilakha, et al., “The Global Sanctions Data Base (GSDB),” https://www.global-sanctionsdatabase.com.	——
	所在地区	*rgd*	西亚北非国家-哑变量	C-*rgd*-1	——	参照中国外交部的区域国别划分进行整理。属于该地区则编码为 1，否则编码为 0
			拉丁美洲及加勒比国家-哑变量	C-*rgd*-2	——	同上
			撒哈拉以南非洲国家-哑变量	C-*rgd*-3	——	同上
			独联体国家-哑变量	C-*rgd*-4	——	同上

附表 2-2　　描述性统计：统计特征值（全）*

编号	观测值	均值	标准差	最小值	最大值
核心变量					
A-*egr*-1	1784	8. 568	1. 318	4. 823	11. 62
A-*egr*-2	1747	0. 524	0. 500	0	1
A-*egr*-3	2426	8. 948	1. 058	6. 430	11. 96
A-*egr*-4	2381	0. 444	0. 497	0	1
A-*egr*-5	2098	9. 121	1. 219	5. 526	12. 62
A-*egr*-6	2060	0. 465	0. 499	0	1
A-*spm*-1	2769	0. 872	0. 334	0	1
A-*spm*-2	977	7. 493	2. 541	0. 693	15. 18
A-*spm*-3	977	0. 806	0. 396	0	1
A-*spm*-4	885	7. 265	2. 090	1. 386	12. 00
A-*spm*-5	885	0. 130	0. 336	0	1
A-*spm*-6	2280	4. 164	0. 158	3. 610	4. 418
A-*spm*-7	2280	0. 518	0. 500	0	1
A-*icf*-1	1664	17. 17	16. 44	0	87. 51
A-*prs*-1	2656	1. 947	2. 095	0	9
A-*prs*-2	2656	0. 649	0. 477	0	1
A-*prs*-3	2698	0. 689	0. 463	0	1
A-*prs*-4	2698	0. 636	0. 481	0	1
A-*prs*-5	2445	-0. 404	1. 197	-4. 202	2. 340
A-*nal*-1	1522	50. 58	35. 66	0	193. 0
A-*nal*-2	1403	13. 79	7. 289	0. 100	49. 88
A-*nal*-3	2014	3. 803	1. 786	0	6. 438
控制变量					
B-*cop*-1	2698	47. 09	33. 08	11. 99	128. 0
B-*cop*-2	2470	30. 44	22. 70	7. 879	85. 17
B-*ngp*-1	1216	3. 598	1. 972	1. 487	8. 849
B-*ngp*-2	2280	3. 586	1. 472	1. 995	9. 009
B-*cor*-1	1338	2. 161	1. 701	-0. 0198	5. 716
B-*ngr*-1	1256	0. 847	0. 896	0	3. 635
B-*opd*-1	2128	16. 69	1. 924	4. 920	20. 24
B-*opd*-2	1819	3. 403	1. 549	-4. 269	6. 987
B-*gpd*-1	1851	3. 846	2. 265	-7. 264	8. 506
B-*gpd*-2	1590	2. 485	1. 822	-4. 911	6. 521

续表

编号	观测值	均值	标准差	最小值	最大值
控制变量					
B-*coe*-1	910	5.936	1.833	-4.109	8.920
B-*coe*-2	1382	4.217	0.790	0	6.248
B-*nge*-1	492	5.945	1.658	0.122	9.036
B-*nge*-2	917	4.284	0.435	0	5.678
C-*rty*-1	2148	8.345	7.356	0	20
C-*rty*-2	1807	0.278	0.448	0	1
C-*war*-1	2769	0.0376	0.196	0	2
C-*ncp*-1	1845	0.198	0.817	-1.352	2.693
C-*ncp*-2	1885	30.00	15.02	5.950	85.65
C-*ncp*-3	682	13.16	7.003	0.0435	37.43
C-*itq*-1	836	-0.339	1.014	-2.363	1.933
C-*itq*-2	836	-0.397	0.954	-2.346	2.037
C-*itq*-3	836	-0.385	0.966	-1.713	2.294
C-*gvp*-1	814	-0.200	0.927	-2.089	2.081
C-*gvp*-2	888	10.33	6.021	0	24
C-*gvp*-3	888	4.287	3.411	0	13
C-*gvp*-4	888	6.038	2.999	0	12
C-*ppl*-1	2315	2.878e+07	4.184e+07	47，383	2.735e+08
C-*ppl*-2	2318	59.68	7.416	47.73	86.40
C-*rlg*-1	2067	1.764	0.972	1	3
C-*rlg*-2	2442	46.78	41.29	0	99.85
C-*eth*-1	2340	0.391	0.240	0	0.884
C-*nds*-1	993	476，950	1.597e+06	0	1.767e+07
C-*rus*-1	1130	0.167	0.373	0	1
C-*rus*-2	2740	0.174	0.379	0	1
C-*rgd*-1	2769	0.333	0.471	0	1
C-*rgd*-2	2769	0.205	0.404	0	1
C-*rgd*-3	2769	0.103	0.303	0	1
C-*rgd*-4	2769	0.0636	0.244	0	1

注：* 在此呈现的描述性统计为原始数据的统计特征值。对于补充缺失值后所形成的新数据而言其观测值将明显增加，相应的其均值、标准差、最小值和最大值也将有所变化。

附表 2-3　　部分核心变量与控制变量的相关系数矩阵*

	A-*spm*-1	A-*icf*-1	A-*prs*-1	A-*nal*-3	C-*rty*-1	C-*war*-1	C-*ncp*-1	C-*itq*-2	C-*gvp*-1	C-*ppl*-2	C-*rlg*-1	C-*eth*-1	C-*nds*-1	C-*rus*-2
A-*spm*-1	1.000	0.324 *	0.308 *	0.362 *	-0.441 *	0.011	-0.496 *	-0.369 *	-0.410 *	-0.328 *	0.292 *	0.237 *	-0.383 *	0.109 *
A-*icf*-1	0.269 * 0.000	1.000	0.375 *	0.663 *	-0.547 *	0.029	-0.118 *	-0.228 *	-0.361 *	-0.024	0.481 *	0.188 *	-0.311 *	0.006
A-*prs*-1	0.272 * 0.000	0.269 * 0.000	1.000	0.482 *	-0.191 *	0.045 *	-0.035	-0.205 *	-0.236 *	0.108 *	0.311 *	0.184 *	-0.282 *	0.220 *
A-*nal*-3	0.309 * 0.000	0.526 * 0.000	0.469 * 0.000	1.000	-0.473 *	0.077 *	-0.394 *	-0.424 *	-0.537 *	-0.272 *	0.470 *	0.246 *	-0.306 *	0.100 *
C-*rty*-1	-0.446 * 0.000	-0.497 * 0.000	-0.132 * 0.000	-0.438 * 0.000	1.000	-0.053 *	0.368 *	0.168 *	0.256 *	0.168 *	-0.619 *	-0.237 *	0.314 *	-0.067 *
C-*war*-1	0.013 0.498	0.026 0.281	0.038 * 0.049	0.076 * 0.001	-0.071 * 0.001	1.000	-0.083 *	-0.105 *	-0.083 *	-0.103 *	0.078 *	0.005	-0.021	0.125 *
C-*ncp*-1	-0.712 * 0.000	-0.167 * 0.000	-0.149 * 0.000	-0.429 * 0.000	0.519 * 0.000	-0.069 * 0.003	1.000	0.752 *	0.811 *	0.547 *	-0.108 *	-0.237 *	0.347 *	-0.261 *
C-*itq*-2	-0.559 * 0.000	-0.225 * 0.000	-0.293 * 0.000	-0.394 * 0.000	0.259 * 0.000	-0.070 * 0.032	0.842 * 0.000	1.000	0.922 *	0.547 *	0.026	0.039	0.277 *	-0.484 *
C-*gvp*-1	-0.552 * 0.000	-0.369 * 0.000	-0.312 * 0.000	-0.517 * 0.000	0.348 * 0.000	-0.064 0.051	0.867 * 0.000	0.942 * 0.000	1.000	0.574 *	-0.033	0.048	0.283 *	-0.443 *
C-*ppl*-2	-0.286 * 0.000	-0.014 0.581	0.150 * 0.000	-0.161 * 0.000	0.137 * 0.000	-0.101 * 0.000	0.516 * 0.000	0.503 * 0.000	0.519 * 0.000	1.000	-0.049 *	-0.105 *	0.190 *	-0.031
C-*rlg*-1	0.292 * 0.000	0.476 * 0.000	0.322 * 0.000	0.453 * 0.000	-0.587 * 0.000	0.082 * 0.000	-0.164 * 0.000	-0.020 0.595	-0.090 * 0.017	0.013 0.572	1.000	0.094 *	-0.180 *	0.058 *
	A-*spm*-1	A-*icf*-1	A-*prs*-1	A-*nal*-3	C-*rty*-1	C-*war*-1	C-*ncp*-1	C-*itq*-2	C-*gvp*-1	C-*ppl*-2	C-*rlg*-1	C-*eth*-1	C-*nds*-1	C-*rus*-2

续表

	A−*spm*−1	A−*icf*−1	A−*prs*−1	A−*nal*−3	C−*rty*−1	C−*war*−1	C−*ncp*−1	C−*itq*−2	C−*gvp*−1	C−*ppl*−2	C−*rlg*−1	C−*eth*−1	C−*nds*−1	C−*rus*−2
C−*eth*−1	0. 249 * 0. 000	0. 200 * 0. 000	0. 126 * 0. 000	0. 225 * 0. 000	−0. 216 * 0. 000	−0. 005 0. 982	−0. 281 * 0. 000	−0. 014 0. 677	−0. 011 0. 736	−0. 067 * 0. 002	0. 080 * 0. 000	1. 000	−0. 144 *	−0. 017
C−*nds*−1	−0. 358 * 0. 000	−0. 220 * 0. 000	−0. 209 * 0. 000	−0. 254 * 0. 000	0. 241 * 0. 000	−0. 012 0. 726	0. 342 * 0. 000	0. 271 * 0. 000	0. 273 * 0. 000	0. 172 * 0. 000	−0. 140 * 0. 000	−0. 201 * 0. 000	1. 000	−0. 057
C−*rus*−2	0. 109 * 0. 000	0. 004 0. 870	0. 216 * 0. 000	0. 102 * 0. 000	−0. 138 * 0. 000	0. 127 * 0. 000	−0. 256 * 0. 000	−0. 450 * 0. 000	−0. 420 * 0. 000	−0. 047 * 0. 023	0. 058 * 0. 008	−0. 017 0. 412	−0. 052 0. 128	1. 000

注：* 本表呈现的核心变量不包括因变量；控制变量不包括与能源本身相关的 B 组控制变量和“所在地区”虚拟变量；只汇报单个变量的一种测量与其他变量测量的相关系数。本表对角线左下方汇报的是皮尔逊相关系数；右上方呈现的是斯皮尔曼相关系数。

附表 2-4　清晰集原始数值表（简）*

I-*abb*	A-*egr*-2	A-*spm*-1	A-*icf*-1	A-*prs*-2	A-*nal*-1	B-*cor*-1	B-*ngr*-1	B-*opd*-2	B-*gpd*-2	B-*coe*-2	B-*nge*-2	C-*rty*-1	C-*war*-1	C-*ncp*-1	C-*itq*-1	C-*gvp*-1	C-*ppl*-2	C-*rlg*-2	C-*eth*-1	C-*nds*-1	C-*rus*-2	C-*rgd*-1	C-*rgd*-2	C-*rgd*-3	C-*rgd*-4
CAN	0	0	0	0	0	1	1	1	1	0	1	0	1	0	0	0	0	0	1	1	1	0	0	0	0
TTO	1	1	1	1	1	0	0	0	0	0	0	0	0	0	0	0	0	0	1	1	0	0	1	0	0
MEX	1	1	1	1	0	0	0	1	1	1	0	1	0	0	0	0	1	0	0	1	0	0	1	0	0
COL	1	1	1	1	1	0	0	0	0	0	0	0	1	0	0	1	1	0	0	1	1	0	1	0	0
VEN	1	1	1	1	1	1	1	1	1	1	0	0	0	0	1	1	1	0	0	1	1	0	1	0	0
ECU	1	1	1	1	1	0	0	0	0	0	0	0	1	0	1	1	1	0	0	1	1	0	1	0	0
PER	1	1	0	1	0	0	0	0	0	0	0	0	1	0	0	1	1	0	1	1	1	0	1	0	0
BOL	1	1	1	1	1	0	0	0	0	0	0	0	1	1	1	1	1	0	1	1	1	0	1	0	0
ARG	1	1	0	1	0	0	0	0	1	0	0	0	1	0	1	1	0	0	0	1	1	0	1	0	0
FSU	1	0	1	1	1	0	0	1	1	1	1	1	1	0	1	0	0	0	1	1	1	0	0	0	0
RUS	1	0	1	1	1	1	1	0	1	1	1	0	1	0	1	1	0	0	0	1	1	0	0	0	1
AZE	1	1	1	1	1	0	1	0	0	0	0	1	1	1	1	1	0	1	0	0	1	0	0	0	1
NOR	0	0	1	0	1	1	1	1	1	1	1	0	0	0	0	0	0	0	0	1	0	0	0	0	0
NGA	1	1	1	1	1	1	1	1	0	0	0	0	1	1	1	1	1	1	1	1	1	0	0	1	0
GAB	1	1	1	1	1	0	0	0	0	0	0	1	0	1	1	1	1	0	1	1	0	0	0	1	0
COG	1	1	1	1	1	0	0	0	0	0	0	1	1	1	1	1	1	0	1	0	1	0	0	1	0
AGO	1	1	1	1	1	0	0	0	0	0	0	1	1	1	1	1	1	0	1	0	1	0	0	1	0
DZA	1	1	1	1	1	1	1	1	1	1	1	1	1	1	1	1	1	1	0	1	1	1	0	0	0
LBY	1	1	1	1	1	1	1	1	0	0	0	1	1	1	1	1	1	1	0	0	1	1	0	0	0

续表

I-*abb*	A-*egr*-2	A-*spm*-1	A-*icf*-1	A-*prs*-2	A-*nal*-1	B-*cor*-1	B-*ngr*-1	B-*opd*-2	B-*gpd*-2	B-*coe*-2	B-*nge*-2	C-*rty*-1	C-*war*-1	C-*ncp*-1	C-*itq*-1	C-*gvp*-1	C-*ppl*-2	C-*rlg*-2	C-*eth*-1	C-*nds*-1	C-*rus*-2	C-*rgd*-1	C-*rgd*-2	C-*rgd*-3	C-*rgd*-4
SDN	1	1	1	1	1	0	0	0	0	0	0	1	1	1	1	1	1	1	1	1	1	1	0	0	0
IRN	1	1	1	1	1	1	1	1	1	1	0	1	1	0	1	1	1	1	1	1	1	1	0	0	0
IRQ	1	1	1	1	1	1	1	1	0	1	0	1	1	1	1	1	1	1	1	1	1	1	0	0	0
EGY	1	1	1	1	1	0	1	0	0	0	0	1	1	1	1	1	1	1	0	1	1	1	0	0	0
SYR	1	1	1	1	1	0	0	0	0	0	0	1	1	1	1	1	1	1	1	1	1	1	0	0	0
SAU	1	1	1	1	1	1	1	1	1	1	0	1	1	0	0	1	1	1	1	1	1	1	0	0	0
KWT	1	1	1	1	1	1	1	1	0	1	0	1	1	0	0	0	0	1	1	0	1	1	0	0	0
BHR	1	1	1	1	1	0	0	0	0	0	0	1	0	0	0	0	0	1	1	0	0	1	0	0	0
QAT	1	1	1	1	1	1	1	1	1	0	1	1	1	0	0	0	0	1	1	0	0	1	0	0	0
ARE	1	1	1	1	1	1	1	1	1	1	0	1	1	0	0	0	0	1	0	0	1	1	0	0	0
OMN	0	1	1	1	1	0	0	0	0	0	0	1	1	0	0	0	1	1	0	1	0	1	0	0	0
TKM	1	1	1	1	1	0	1	0	1	1	1	1	0	1	1	1	1	1	0	0	0	0	0	0	1
UZB	1	1	1	1	0	0	0	0	1	0	0	1	0	1	1	1	1	1	0	0	1	0	0	0	1
KAZ	1	1	1	1	1	1	1	1	0	0	0	1	0	0	1	1	0	1	1	0	0	0	0	0	1
MMR	0	1	1	0	0	0	0	0	0	0	0	1	1	1	1	1	1	0	1	1	1	0	0	0	0
VNM	0	1	1	1	0	0	0	0	0	0	0	1	1	0	1	1	1	0	0	1	0	0	0	0	0
MYS	0	1	1	1	0	0	1	0	1	0	0	0	0	0	0	0	0	1	1	1	0	0	0	0	0
BRN	1	1	1	0	1	0	0	0	0	0	0	1	0	1	0	0	0	1	1	0	0	0	0	0	0
IDN	0	1	1	1	1	0	1	1	1	0	1	1	1	1	1	1	0	1	1	1	1	0	0	0	0

续表

I-*abb*	A-*egr*-2	A-*spm*-1	A-*icf*-1	A-*prs*-2	A-*nal*-1	B-*cor*-1	B-*ngr*-1	B-*opd*-2	B-*gpd*-2	B-*coe*-2	B-*nge*-2	C-*rty*-1	C-*war*-1	C-*ncp*-1	C-*itq*-1	C-*gvp*-1	C-*ppl*-2	C-*rlg*-2	C-*eth*-1	C-*nds*-1	C-*rus*-2	C-*rgd*-1	C-*rgd*-2	C-*rgd*-3	C-*rgd*-4
AUS	0	0	0	0	0	0	1	0	1	0	1	0	1	0	0	0	0	0	0	1	0	0	0	0	0

注：* 在此呈现的仅为基于各变量的其中一种测量值所构建而得的原始数值表。涵盖各变量全部测量值的原始数值表以及更详尽的说明另可见“能源丰裕国主要社会经济数据”数据集中的“清晰集数据”部分。

附表 2-5　模糊集校准后原始数值表（简）*

I-*abb*	A-*egr*-1	A-*spm*-6	A-*icf*-1	A-*prs*-1	A-*nal*-1	B-*cor*-1	B-*ngr*-1	B-*opd*-2	B-*gpd*-2	B-*coe*-2	B-*nge*-2	C-*rty*-1	C-*ncp*-1	C-*itq*-1	C-*gvp*-1	C-*ppl*-2	C-*rlg*-2	C-*eth*-1	C-*nds*-1	C-*rus*-1
CAN	0.91	0.97	0.01	0.01	0.03	0.91	0.29	0.75	0.76	0.53	0.73	0.95	0.99	0.97	0.97	0.87	0.02	0.52	0.99	0.99
TTO	0.88	0.86	0.15	0.34	0.88	0.02	0.07	0.05	0.06	0.29	0.19	0.79	0.59	0.69	0.62	0.68	0.04	0.89	0.10	0.05
MEX	0.18	0.88	0.01	0.05	0.04	0.47	0.21	0.72	0.27	0.77	0.01	0.04	0.44	0.64	0.58	0.28	0.02	0.12	0.98	0.05
COL	0.09	0.88	0.01	0.12	0.10	0.04	0.05	0.19	0.02	0.42	0.07	0.67	0.23	0.61	0.44	0.43	0.02	0.10	0.59	0.08
VEN	0	0.88	0.44	0.56	0.98	0.91	0.78	0.81	0.21	0.95	0.06	0.54	0.41	0.05	0.09	0.38	0.02	0.08	0.57	0.05
ECU	0.04	0.82	0.03	0.97	0.29	0.03	0.46	0.09	0.11	0.37	0.24	0.34	0.25	0.15	0.22	0.31	0.02	0.11	0.59	0.05
PER	0.05	0.71	0	0.17	0.01	0.02	0.09	0.04	0	0.20	0.09	0.23	0.31	0.68	0.37	0.34	0.42	0.68	0.61	0.05
BOL	0.02	0.22	0.01	0.29	0.09	0.23	0.06	0.29	0.02	0.69	0.24	0.28	0.06	0.22	0.28	0.27	0.02	0.87	0.55	0.05
ARG	0.09	0.92	0.01	0.17	0.01	0.04	0.08	0.29	0.18	0.26	0.05	0.18	0.49	0.25	0.47	0.68	0.02	0.02	0.79	0.90
FSU	0.05	0.85	0.03	0.05	0.59	0.93	1.00	0.96	0.93	1.00	0.99	0	0.28	0.34	0.40	0.87	0.06	0.65	0.65	0.31
RUS	0.02	0.85	0.08	0.10	0.65	0.93	1.00	0.96	0.97	1.00	1.00	0.40	0.48	0.32	0.34	0.94	0.05	0.12	0.81	0.05
AZE	0.03	0.79	0.78	0.02	0.97	0.07	0.31	0.19	0.07	0.47	0.08	0	0.14	0.28	0.23	0.61	0.84	0.04	0.10	0.89
NOR	1.00	0.98	0.01	0.01	0.29	0.20	0.31	0.52	0.44	0.83	0.76	0.95	0.99	0.95	0.98	0.78	0.02	0.02	0.48	0.05
NGA	0.01	0.01	0.10	0.60	0.95	0.60	0.66	0.64	0.03	0.69	0.24	0.05	0.03	0.15	0.11	0.12	0.43	0.96	0.11	0.05
GAB	0.06	0.21	0.70	0.09	0.84	0.03	0.46	0.07	0.11	0.69	0.24	0	0.09	0.27	0.19	0.26	0.03	0.92	0.03	0.17
COG	0.01	0.17	0.97	0.09	0.61	0.03	0.46	0.02	0.11	0.69	0.24	0	0.06	0.08	0.08	0.13	0.02	0.99	0.04	0.05
AGO	0.01	0.02	0.91	0.15	0.90	0.09	0.46	0.18	0.11	0.69	0.24	0	0.03	0.09	0.09	0.06	0.02	0.90	0.04	0.05
DZA	0.02	0.64	0.51	0.96	0.99	0.28	0.73	0.18	0.38	0.78	0.51	0	0.10	0.13	0.23	0.25	0.97	0.23	0.84	0.06
LBY	0	0.72	1.00	0.86	0.99	0.68	0.16	0.59	0.04	0.69	0.24	0	0.07	0.03	0.06	0.33	0.97	0.08	0.09	0.05

续表

I-*abb*	A-*egr*-1	A-*spm*-6	A-*icf*-1	A-*prs*-1	A-*nal*-1	B-*cor*-1	B-*ngr*-1	B-*opd*-2	B-*gpd*-2	B-*coe*-2	B-*nge*-2	C-*rty*-1	C-*ncp*-1	C-*itq*-1	C-*gvp*-1	C-*ppl*-2	C-*rlg*-2	C-*eth*-1	C-*nds*-1	C-*rus*-1
SDN	0.01	0.26	0.01	0.07	0.10	0.07	0.46	0.02	0.11	0.69	0.24	0.01	0.02	0.06	0.4	0.12	0.81	0.97	0.08	0.05
IRN	0.10	0.55	0.66	0.68	0.96	0.93	1.00	0.86	0.34	0.96	0.08	0	0.27	0.05	0.27	0.38	0.97	0.71	0.92	0.05
IRQ	0.05	0.67	1.00	0.67	0.95	0.92	0.49	0.69	0.01	0.89	0.03	0	0.08	0.06	0.05	0.10	0.97	0.44	0.08	0.05
EGY	0.06	0.58	0.06	0.54	0.14	0.07	0.28	0.27	0.04	0.34	0.09	0	0.12	0.26	0.25	0.29	0.95	0.04	0.53	0.97
SYR	0.01	0.81	0.21	0.03	0.77	0.04	0.07	0.08	0	0.69	0.24	0	0.16	0.06	0.09	0.11	0.95	0.38	0.65	0.05
SAU	0.15	0.72	1.00	0.18	0.98	0.98	0.89	0.96	0.25	1.00	0.14	0	0.23	0.51	0.48	0.38	0.97	0.92	0.07	0.70
KWT	0	0.91	1.00	0.85	0.97	0.91	0.13	0.74	0.04	0.93	0.04	0	0.47	0.57	0.51	0.82	0.95	0.92	0.03	0.51
BHR	0	0.90	0.02	0.33	0.51	0.23	0.09	0.29	0.04	0.69	0.24	0	0.23	0.80	0.72	0.83	0.93	0.92	0.04	0.26
QAT	0	0.95	1.00	0.36	0.98	0.28	0.99	0.34	0.13	0.65	0.73	0	0.70	0.72	0.80	0.97	0.93	0.99	0.05	0.26
ARE	0	0.88	0.8	0.64	0.62	0.89	0.88	0.70	0.16	0.91	0.06	0	0.55	0.82	0.89	0.97	0.94	0.20	0.03	0.26
OMN	0.96	0.66	1.00	0.08	0.97	0.11	0.12	0.28	0.04	0.60	0.13	0	0.50	0.72	0.65	0.42	0.96	0.20	0.79	0.05
TKM	0.16	0.61	1.00	0.05	0.88	0.01	0.91	0.06	0.47	0.70	0.60	0	0.05	0.02	0.07	0.32	0.94	0.08	0.41	0.05
UZB	0.02	0.79	0.13	0.02	0.03	0.02	0.17	0.02	0.46	0.17	0.12	0	0.09	0.05	0.15	0.29	0.94	0.14	0.05	0.93
KAZ	0.17	0.78	0.15	0.03	0.73	0.34	0.23	0.44	0.09	0.65	0.10	0	0.49	0.37	0.31	0.69	0.49	0.58	0.06	0.93
MMR	0.01	0.23	0.01	0.01	0.02	0.23	0.09	0.29	0.01	0.69	0.24	0.01	0.02	0.03	0.07	0.46	0.03	0.31	0.55	0.05
VNM	0.03	0.87	0.01	0.02	0.03	0.06	0.10	0.07	0	0.21	0.24	0	0.27	0.25	0.39	0.44	0.02	0.09	0.65	0.05
MYS	0.78	0.89	0.02	0.07	0.03	0.04	0.11	0.10	0.12	0.27	0.21	0.44	0.48	0.77	0.88	0.48	0.53	0.97	0.47	0.05
BRN	0	0.87	0.91	0.01	0.99	0.01	0.06	0.06	0.05	0.69	0.24	0.01	0.28	0.87	0.87	0.65	0.60	0.57	0.04	0.05
IDN	0.05	0.52	0.02	0.34	0.27	0.11	0.41	0.06	0.30	0.23	0.37	0.02	0.12	0.35	0.39	0.51	0.87	0.82	0.90	0.06

续表

I-*abb*	A-*egr*-1	A-*spm*-6	A-*icf*-1	A-*prs*-1	A-*nal*-1	B-*cor*-1	B-*ngr*-1	B-*opd*-2	B-*gpd*-2	B-*coe*-2	B-*nge*-2	C-*rty*-1	C-*ncp*-1	C-*itq*-1	C-*gvp*-1	C-*ppl*-2	C-*rlg*-2	C-*eth*-1	C-*nds*-1	C-*rus*-1
AUS	1.00	0.97	0	0.01	0.04	0.06	0.37	0.06	0.21	0.04	0.30	0.95	0.99	0.97	0.97	0.83	0.03	0.08	1.00	0.93

注：*在此呈现的仅为基于各变量的其中一种测量值所构建和校准而得的原始数值表。涵盖各变量全部测量值的原始数据以及更详尽的说明另可见于“能源丰裕国主要社会经济数据”数据集中的“模糊集数据”部分。

第三节　稳健性检验结果

本节详细汇报了与图 4-5、图 4-6 相关的定量回归结果以及其他稳健性检验结果，共计 7 张附表。

附表 3-1　基于面板数据的稳健标准误 OLS 模型

	模型（1）	模型（2）	模型（3）	模型（4）	模型（5）	模型（6）
因变量	Aicf1	Aprs1	Anal3	Anal3	Aegr1	Aegr1
L. Aspm1	16.786 ***	2.653 ***				−2.420 ***
	(4.557)	(0.675)				(0.138)
L. Aicf1			0.056 ***			
			(0.010)			
L. Aprs1				0.407 ***		
				(0.042)		
L. Anal3					−0.120 **	
					(0.051)	
L. Bcop1	−0.038 **	0.009 ***	0.007 ***	0.003	0.005 ***	−0.001
	(0.015)	(0.002)	(0.001)	(0.002)	(0.001)	(0.001)
L. Bngp1	0.740 ***	−0.043	−0.022	0.048 ***	0.011	0.047 ***
	(0.220)	(0.033)	(0.021)	(0.016)	(0.024)	(0.015)
L. Bcor1	1.142	0.601 ***	0.142 **	−0.032	0.363 ***	−0.075 **
	(0.633)	(0.104)	(0.056)	(0.048)	(0.054)	(0.037)
L. Bngr1	2.525 ***	0.548 ***	0.362 ***	0.288 ***	−0.172 **	−0.237 ***
	(0.829)	(0.126)	(0.087)	(0.068)	(0.075)	(0.043)
L. Bopd2	−0.649	−1.012 ***	−0.148	0.235 **	0.154	0.304 ***
	(1.300)	(0.158)	(0.103)	(0.098)	(0.098)	(0.046)
L. Bgpd2	−1.876	−0.301 ***	−0.546 ***	−0.534 ***	−0.318 ***	−0.145 ***
	(0.994)	(0.101)	(0.081)	(0.084)	(0.075)	(0.050)
L. Bcoe2	1.728	0.661 ***	0.365 ***	0.201	−0.196	−0.174 ***
	(1.235)	(0.144)	(0.107)	(0.113)	(0.160)	(0.054)
L. Bnge2	6.157	1.653 ***	0.461	0.187	0.831 ***	−0.627 ***
	(3.220)	(0.294)	(0.253)	(0.226)	(0.156)	(0.117)

续表

	模型（1）	模型（2）	模型（3）	模型（4）	模型（5）	模型（6）
因变量	Aicf1	Aprs1	Anal3	Anal3	Aegr1	Aegr1
L. Crty1	−0.648 * * * (0.180)	0.070 * * * (0.025)	0.004 (0.015)	−0.057 * * * (0.014)		−0.021 * * * (0.008)
L. Cwar1	0.843 (1.701)	−0.320 (0.299)	−0.165 (0.165)	−0.069 (0.124)		0.107 (0.081)
L. Cncp1	1.900 (3.232)	−0.422 (0.253)	−0.073 (0.214)	0.316 (0.257)		
L. Citq2	7.546 * * (3.547)	−0.115 (0.366)	0.240 (0.269)	0.659 * * (0.305)		
L. Cgvp1	−6.881 * * (3.388)	−0.215 (0.306)	−0.185 (0.259)	−0.461 (0.353)		
L. Cppl2	0.764 * * * (0.262)	−0.002 (0.026)	−0.034 (0.021)	0.010 (0.017)		0.054 * * * (0.008)
L. Crlg1	4.508 (3.792)	−0.182 (0.199)	0.109 (0.181)	0.512 * * (0.198)		−0.313 * * * (0.063)
L. Ceth1	−8.276 (5.895)	−1.251 * * (0.607)	−0.087 (0.330)	0.002 (0.380)		0.323 (0.190)
L. Cnds1	−0.025 (0.176)	−0.097 * * * (0.027)	−0.030 (0.017)	0.002 (0.016)		0.006 (0.011)
L. Crus2	−5.033 * * * (1.495)	−0.179 (0.174)	0.103 (0.143)	−0.089 (0.141)		−0.324 * * * (0.071)
Crgd1	−1.824 (6.074)	1.603 * * * (0.453)	−0.045 (0.353)	−0.897 * * (0.398)		0.929 * * * (0.199)
Crgd2	−0.510 (2.556)	0.016 (0.384)	0.118 (0.242)	0.095 (0.221)		0.216 (0.115)
Crgd3	0.000 (0.000)	0.000 (0.000)	0.000 (0.000)	0.000 (0.000)		0.000 (0.000)
Crgd4	0.913 (5.277)	−1.684 * * * (0.516)	−0.215 (0.305)	0.500 (0.320)		−0.527 * * * (0.158)
_cons	−73.735 * * (30.594)	−5.567 * * * (1.966)	3.200 (1.652)	0.549 (1.820)	6.362 * * * (0.739)	10.963 * * * (0.703)
N	227	228	216	216	498	264
adj. R^2	0.740	0.823	0.789	0.815	0.232	0.884

注：单元格第一分行为系数，第二分行括号内为标准误。* $p < 0.1$，** $p < 0.05$，*** $p < 0.01$。

附表 3-2　　混合效应和随机效应模型（经济现代化始点用 A-*spm*-1 测量）

	模型（1）混合效应	模型（2）混合效应	模型（3）混合效应	模型（4）混合效应	模型（5）混合效应	模型（6）混合效应	模型（7）随机效应	模型（8）随机效应	模型（9）随机效应	模型（10）随机效应	模型（11）随机效应	模型（12）随机效应
因变量	Aicf1	Aprs1	Anal3	Anal3	Aegr1	Aegr1	Aicf1	Aprs1	Anal3	Anal3	Aegr1	Aegr1
L. Aspm1	16.786 * * (7.602)	2.653 * * (1.220)				−2.420 * * * (0.288)	16.786 * * (7.602)	2.653 * * (1.220)				−2.420 * * * (0.288)
L. Aicf1			0.056 * * * (0.017)						0.056 * * * (0.017)			
L. Aprs1				0.407 * * * (0.069)						0.407 * * * (0.069)		
L. Anal3					−0.204 (0.133)							
Anal3											−0.010 (0.042)	
L. Bcop1	−0.038 * (0.020)	0.009 * * (0.003)	0.007 * * * (0.002)	0.003 (0.003)	0.003 (0.002)	−0.001 (0.002)	−0.038 * (0.020)	0.009 * * * (0.003)	0.007 * * * (0.002)	0.003 (0.003)		−0.001 (0.002)
L. Bngp1	0.740 * * * (0.217)	−0.043 (0.025)	−0.022 (0.021)	0.048 * * (0.021)	0.002 (0.018)	0.047 * * (0.018)	0.740 * * * (0.217)	−0.043 * (0.025)	−0.022 (0.021)	0.048 * * (0.021)		0.047 * * * (0.018)
L. Bcor1	1.142 (0.848)	0.601 * * * (0.209)	0.142 (0.112)	−0.032 (0.076)	0.200 (0.220)	−0.075 (0.080)	1.142 (0.848)	0.601 * * * (0.209)	0.142 (0.112)	−0.032 (0.076)		−0.075 (0.080)
L. Bngr1	2.525 * * (1.087)	0.548 * * (0.251)	0.362 * (0.201)	0.288 * * (0.120)	−0.267 (0.294)	−0.237 * * (0.101)	2.525 * * (1.087)	0.548 * * (0.251)	0.362 * (0.201)	0.288 * * (0.120)		−0.237 * * (0.101)

续表

	模型（1）混合效应	模型（2）混合效应	模型（3）混合效应	模型（4）混合效应	模型（5）混合效应	模型（6）混合效应	模型（7）随机效应	模型（8）随机效应	模型（9）随机效应	模型（10）随机效应	模型（11）随机效应	模型（12）随机效应
因变量	Aicf1	Aprs1	Anal3	Anal3	Aegr1	Aegr1	Aicf1	Aprs1	Anal3	Anal3	Aegr1	Aegr1
L. Bopd2	-0. 649	-1. 012 * *	-0. 148	0. 235 *	0. 129	0. 304 * * *	-0. 649	-1. 012 * * *	-0. 148	0. 235 * *		0. 304 * * *
	(1. 060)	(0. 360)	(0. 173)	(0. 119)	(0. 326)	(0. 093)	(1. 060)	(0. 360)	(0. 173)	(0. 119)		(0. 093)
L. Bgpd2	-1. 876	-0. 301	-0. 546 * * *	-0. 534 * * *	0. 179	-0. 145	-1. 876	-0. 301	-0. 546 * * *	-0. 534 * * *		-0. 145
	(1. 186)	(0. 186)	(0. 079)	(0. 093)	(0. 164)	(0. 142)	(1. 186)	(0. 186)	(0. 079)	(0. 093)		(0. 142)
L. Bcoe2	1. 728	0. 661 *	0. 365	0. 201		-0. 174	1. 728	0. 661 *	0. 365	0. 201		-0. 174
	(1. 892)	(0. 347)	(0. 230)	(0. 197)		(0. 125)	(1. 892)	(0. 347)	(0. 230)	(0. 197)		(0. 125)
L. Bnge2	6. 157	1. 653 * *	0. 461	0. 187		-0. 627 *	6. 157	1. 653 * * *	0. 461	0. 187		-0. 627 * *
	(4. 649)	(0. 587)	(0. 418)	(0. 350)		(0. 313)	(4. 649)	(0. 587)	(0. 418)	(0. 350)		(0. 313)
L. Crty1	-0. 648 *	0. 070	0. 004	-0. 057 * *		-0. 021	-0. 648 * *	0. 070	0. 004	-0. 057 * *		-0. 021
	(0. 328)	(0. 065)	(0. 022)	(0. 026)		(0. 018)	(0. 328)	(0. 065)	(0. 022)	(0. 026)		(0. 018)
L. Cwar1	0. 843	-0. 320	-0. 165	-0. 069		0. 107	0. 843	-0. 320	-0. 165	-0. 069		0. 107
	(1. 912)	(0. 237)	(0. 157)	(0. 166)		(0. 066)	(1. 912)	(0. 237)	(0. 157)	(0. 166)		(0. 066)
L. Cncp1	1. 900	-0. 422	-0. 073	0. 316			1. 900	-0. 422	-0. 073	0. 316		
	(4. 945)	(0. 393)	(0. 260)	(0. 488)			(4. 945)	(0. 393)	(0. 260)	(0. 488)		
L. Citq2	7. 546 *	-0. 115	0. 240	0. 659 *			7. 546 *	-0. 115	0. 240	0. 659 *		
	(4. 131)	(0. 598)	(0. 351)	(0. 373)			(4. 131)	(0. 598)	(0. 351)	(0. 373)		
L. Cgvp1	-6. 881 * *	-0. 215	-0. 185	-0. 461			-6. 881 * * *	-0. 215	-0. 185	-0. 461 *		
	(2. 418)	(0. 458)	(0. 276)	(0. 274)			(2. 418)	(0. 458)	(0. 276)	(0. 274)		

续表

	模型（1）混合效应	模型（2）混合效应	模型（3）混合效应	模型（4）混合效应	模型（5）混合效应	模型（6）混合效应	模型（7）随机效应	模型（8）随机效应	模型（9）随机效应	模型（10）随机效应	模型（11）随机效应	模型（12）随机效应
因变量	Aicf1	Aprs1	Anal3	Anal3	Aegr1	Aegr1	Aicf1	Aprs1	Anal3	Anal3	Aegr1	Aegr1
L. Cppl2	0.764 ***	-0.002	-0.034	0.010		0.054 ***	0.764 ***	-0.002	-0.034	0.010		0.054 ***
	(0.242)	(0.036)	(0.023)	(0.031)		(0.016)	(0.242)	(0.036)	(0.023)	(0.031)		(0.016)
L. Crlg1	4.508	-0.182	0.109	0.512		-0.313 **	4.508	-0.182	0.109	0.512		-0.313 **
	(4.310)	(0.414)	(0.226)	(0.332)		(0.137)	(4.310)	(0.414)	(0.226)	(0.332)		(0.137)
L. Ceth1	-8.276	-1.251	-0.087	0.002		0.323	-8.276	-1.251	-0.087	0.002		0.323
	(7.601)	(0.968)	(0.534)	(0.716)		(0.537)	(7.601)	(0.968)	(0.534)	(0.716)		(0.537)
L. Cnds1	-0.025	-0.097 **	-0.030	0.002		0.006	-0.025	-0.097 ***	-0.030	0.002		0.006
	(0.265)	(0.034)	(0.020)	(0.023)		(0.015)	(0.265)	(0.034)	(0.020)	(0.023)		(0.015)
L. Crus2	-5.033 ***	-0.179	0.103	-0.089		-0.324 **	-5.033 ***	-0.179	0.103	-0.089		-0.324 **
	(1.456)	(0.236)	(0.116)	(0.138)		(0.141)	(1.456)	(0.236)	(0.116)	(0.138)		(0.141)
L. Crgd1	-1.824	1.603	-0.045	-0.897		0.929 *	-1.824	1.603	-0.045	-0.897		0.929 *
	(8.692)	(1.035)	(0.660)	(0.755)		(0.498)	(8.692)	(1.035)	(0.660)	(0.755)		(0.498)
L. Crgd2	-0.510	0.016	0.118	0.095		0.216	-0.510	0.016	0.118	0.095		0.216
	(3.732)	(0.955)	(0.440)	(0.344)		(0.304)	(3.732)	(0.955)	(0.440)	(0.344)		(0.304)
oL. Crgd3	0.000	0.000	0.000	0.000		0.000	0.000	0.000	0.000	0.000		0.000
	(0.000)	(0.000)	(0.000)	(0.000)		(0.000)	(0.000)	(0.000)	(0.000)	(0.000)		(0.000)
L. Crgd4	0.913	-1.684	-0.215	0.500		-0.527	0.913	-1.684	-0.215	0.500		-0.527
	(7.800)	(1.205)	(0.586)	(0.555)		(0.406)	(7.800)	(1.205)	(0.586)	(0.555)		(0.406)

续表

	模型（1）混合效应	模型（2）混合效应	模型（3）混合效应	模型（4）混合效应	模型（5）混合效应	模型（6）混合效应	模型（7）随机效应	模型（8）随机效应	模型（9）随机效应	模型（10）随机效应	模型（11）随机效应	模型（12）随机效应
因变量	Aicf1	Aprs1	Anal3	Anal3	Aegr1	Aegr1	Aicf1	Aprs1	Anal3	Anal3	Aegr1	Aegr1
_cons	-73.735 *	-5.567	3.200	0.549	8.335 ***	10.963 ***	-73.735 *	-5.567	3.200	0.549	8.702 ***	10.963 ***
	(39.661)	(3.832)	(2.379)	(3.532)	(0.980)	(1.559)	(39.661)	(3.832)	(2.379)	(3.532)	(0.228)	(1.559)
N	227	228	216	216	659	264	227	228	216	216	1534	264
adj. R^2	0.740	0.823	0.789	0.815	0.203	0.884						
R^2 overall							0.765	0.841	0.811	0.834	0.033	0.892
稳健标准误	是（聚类）	是（聚类）	是（聚类）	是（聚类）	是（聚类）	是（聚类）	是	是	是	是	是	是

注：单元格第一分行为系数，第二分行括号内为标准误。* $p < 0.1$，** $p < 0.05$，*** $p < 0.01$。

附表 3-3　　　　　混合效应、固定效应和随机效应模型

（经济现代化始点用 A-*spm*-6 测量）

	模型（13） 混合效应	模型（14） 固定效应	模型（15） 固定效应	模型（16） 随机效应
因变量	Aegr1	Aegr1	Aegr1	Aegr1
L. Aspm6	11. 305 * * * （1. 642）	1. 633+ （1. 161）	1. 633 * * * （0. 626）	11. 305 * * * （1. 642）
L. Bcop1	−0. 004 * （0. 002）	0. 002 * * （0. 001）	0. 002 * * * （0. 000）	−0. 004 * （0. 002）
L. Bngp1	−0. 007 （0. 015）	0. 017 * * * （0. 005）	0. 017 * * * （0. 004）	−0. 007 （0. 015）
L. Bcor1	0. 096+ （0. 066）	0. 168 * * （0. 064）	0. 168 * * * （0. 028）	0. 096+ （0. 066）
L. Bngr1	0. 084 （0. 076）	−0. 006 （0. 073）	−0. 006 （0. 049）	0. 084 （0. 076）
L. Bopd2	−0. 038 （0. 112）	0. 170 * * （0. 068）	0. 170 * * * （0. 033）	−0. 038 （0. 112）
L. Bgpd2	−0. 269 * （0. 149）	0. 083 （0. 098）	0. 083 * * （0. 039）	−0. 269 * （0. 149）
L. Bcoe2	0. 092 （0. 113）	−0. 065 （0. 059）	−0. 065 * * * （0. 024）	0. 092 （0. 113）
L. Bnge2	0. 112 （0. 337）	−0. 099 （0. 155）	−0. 099 （0. 100）	0. 112 （0. 337）
L. Crty1	0. 002 （0. 019）	0. 004 （0. 003）	0. 004 （0. 003）	0. 002 （0. 019）
L. Cwar1	0. 194+ （0. 113）	0. 025 （0. 023）	0. 025 （0. 033）	0. 194 * （0. 113）
L. Cppl2	0. 033 （0. 026）	−0. 008 （0. 010）	−0. 008+ （0. 005）	0. 033+ （0. 026）
L. Crlg1	−0. 708 * * * （0. 168）			−0. 708 * * * （0. 168）
oL. Crlg1		0. 000 （0. 000）	0. 000 （0. 000）	
L. Ceth1	−0. 717+ （0. 433）	0. 959 （0. 984）	0. 959 （0. 936）	−0. 717 * （0. 433）

续表

	模型（13） 混合效应	模型（14） 固定效应	模型（15） 固定效应	模型（16） 随机效应
因变量	Aegr1	Aegr1	Aegr1	Aegr1
L. Cnds1	−0.007 （0.015）	0.002 （0.004）	0.002 （0.003）	−0.007 （0.015）
L. Crus2	−0.451 ** （0.164）	0.012 （0.053）	0.012 （0.028）	−0.451 *** （0.164）
L. Crgd1	0.850 ** （0.353）			0.850 ** （0.353）
oL. Crgd1		0.000 （0.000）	0.000 （0.000）	
L. Crgd2	−0.572 * （0.310）			−0.572 * （0.310）
oL. Crgd2		0.000 （0.000）	0.000 （0.000）	
oL. Crgd3	0.000 （0.000）	0.000 （0.000）	0.000 （0.000）	0.000 （0.000）
L. Crgd4	0.136 （0.283）			0.136 （0.283）
oL. Crgd4		0.000 （0.000）	0.000 （0.000）	
_ cons	−39.745 *** （7.192）	1.423 （4.402）	1.423 （2.548）	−39.745 *** （7.192）
N	264	264	264	264
adj. R^2	0.866	0.691	0.667	
稳健标准误	是（聚类）	是	否	是

注：单元格第一分行为系数，第二分行括号内为标准误。$^+$ $p<0.2$，* $p<0.1$，** $p<0.05$，*** $p<0.01$。设置比 0.1 更宽松的 p 值显著标准并非本研究独创，其他研究同样这样操作。例如邵帅、杨莉莉：《自然资源丰裕、资源产业依赖与中国区域经济增长》，《管理世界》2010 年第 9 期，第 33 页。

附表 3-4　　基于截面数据的稳健标准误 OLS 模型

	模型（1）	模型（2）	模型（3）	模型（4）	模型（5）	模型（6）
因变量	Aicf1	Aprs1	Anal3	Anal3	Aegr1	Aegr1
Aspm1	14.882 *	4.202 *				-3.2e+04 *
	(8.070)	(2.048)				(1.6e+04)
Aicf1			0.048 ***			
			(0.016)			
Aprs1				0.546 ***		
				(0.128)		
Anal3					-2.834 **	
					(1.278)	
Bopd2	0.903	0.271	0.485	0.053	-0.590	2755.259
	(1.398)	(0.250)	(0.377)	(0.250)	(1.491)	(3969.344)
Bgpd2	3.333	0.397 *	-0.204	-0.129	-0.367	31.390
	(2.037)	(0.219)	(0.145)	(0.155)	(0.964)	(1902.043)
Crty1	-0.610	0.200 ***	0.053	-0.025	0.272	140.301
	(0.462)	(0.048)	(0.054)	(0.068)	(0.357)	(640.940)
Cncp1	11.450	-0.180	-0.175	0.421	-1.065	
	(7.542)	(0.828)	(0.411)	(0.769)	(3.698)	
Citq2	14.904 *	1.902 **		1.053	3.339	
	(8.690)	(0.830)		(0.869)	(4.717)	
Cgvp1	-20.571 ***	-2.208 ***		-1.115	-1.321	
	(6.834)	(0.788)		(0.825)	(4.430)	
Cppl2	-0.283	0.075	-0.058	-0.072	-0.852 **	-2.2e+03
	(0.431)	(0.083)	(0.070)	(0.063)	(0.402)	(1336.689)
Crlg2	0.081	0.016 ***	0.002	-0.003	0.018	-91.099
	(0.051)	(0.006)	(0.005)	(0.005)	(0.039)	(93.610)
Ceth1	7.671	0.472	1.993 **	1.761 **	-0.339	8566.332
	(8.274)	(0.984)	(0.768)	(0.813)	(4.252)	(1.7e+04)
Cnds1	-0.000 *	0.000	0.000	0.000	0.000	-0.004
	(0.000)	(0.000)	(0.000)	(0.000)	(0.000)	(0.010)
Crus2	-0.725	2.060 **	1.325	0.968	0.134	-1.7e+04
	(10.943)	(0.818)	(0.952)	(1.047)	(5.895)	(1.3e+04)
Bcoe2		0.195	-0.065	0.694	3.288	-1.2e+04
		(0.670)	(0.783)	(0.623)	(4.312)	(1.0e+04)

续表

	模型（1）	模型（2）	模型（3）	模型（4）	模型（5）	模型（6）
因变量	Aicf1	Aprs1	Anal3	Anal3	Aegr1	Aegr1
Bnge2		0.443 (1.443)	0.196 (0.684)	0.040 (0.732)	4.583 (4.792)	976.567 (1.4e+04)
Crgd1						2437.872 (7543.194)
Crgd2						−6.1e+03 (7157.434)
Crgd3						−1.8e+04 (1.3e+04)
Crgd4						1125.873 (8841.689)
_cons	9.517 (31.918)	−13.411 * (6.853)	3.294 (4.766)	3.669 (3.010)	34.078 (22.293)	2.1e+05 ** (9.3e+04)
N	39	39	39	39	38	39
adj. R^2	0.489	0.303	0.396	0.614	0.273	0.303

注：单元格第一分行为系数，第二分行括号内为标准误。* $p < 0.1$，** $p < 0.05$，*** $p < 0.01$。

附表 3-5　　Logit 模型

	模型（1） 面板 Logit	模型（2） 面板 Logit	模型（3） 面板 Logit	模型（4） 面板 Logit	模型（5） 面板 Logit	模型（6） 面板 Logit	模型（7） 截面 Logit
因变量	Aicf2	Aprs2	Anal4	Anal4	Aegr2	Aegr2	Aegr2
L. Aspm1	22.679 *** (5.817)	4.162 *** (1.072)				2.038 ** (0.902)	9.238 ** (4.517)
L. Aicf2			1.625 * (0.984)				
L. Aprs2				0.732 *** (0.249)			
L. Anal4					0.371 ** (0.160)		
L. Bcop1	−0.052 *** (0.019)		0.029 ** (0.013)	0.010 *** (0.003)		0.019 *** (0.006)	
L. Bngp1	0.428 ** (0.185)	−0.125 (0.149)	−0.180 (0.140)	−0.031 (0.051)		−0.230 ** (0.095)	

续表

	模型（1）面板 Logit	模型（2）面板 Logit	模型（3）面板 Logit	模型（4）面板 Logit	模型（5）面板 Logit	模型（6）面板 Logit	模型（7）截面 Logit
因变量	Aicf2	Aprs2	Anal4	Anal4	Aegr2	Aegr2	Aegr2
L. Bcor1	−1.077 (0.774)		0.127 (0.413)	0.210 * * (0.101)	0.194 * * * (0.053)	0.026 (0.315)	
L. Bngr1	−0.450 (0.933)		2.081 * * * (0.625)	1.243 * * * (0.191)	−0.136 (0.097)	−0.305 (0.303)	
L. Bopd2	−4.214 * * * (1.220)		−1.491 * * (0.632)	0.086 (0.148)		−0.203 (0.383)	−1.240 * * (0.586)
L. Bgpd2	1.876 * * (0.929)		−2.713 * * (1.085)	−0.933 * * * (0.135)		0.508 * (0.276)	1.190 (1.012)
L. Bcoe2	11.328 * * * (2.224)		3.038 * * (1.342)			1.183 * * (0.479)	7.678 * * * (2.305)
L. Bnge2	4.779 (3.014)		2.853 (1.818)			−0.025 (0.782)	−4.357 (3.138)
L. Crty1	−0.125 (0.347)		−0.145 * (0.076)			0.077 * * (0.039)	0.157 (0.165)
L. Cwar1	0.270 (1.189)	−0.636 (1.301)	−0.203 (0.669)			−0.004 (0.604)	
L. Cncp1	−7.539 * * * (2.732)		2.084 * * * (0.724)				
L. Citq2	−4.356 * * (1.784)	−5.687 * * * (1.501)					
L. Cgvp1	5.278 * * (2.417)	4.068 * * (1.692)					
L. Cppl2	1.660 * * * (0.586)	0.004 (0.042)	0.124 (0.155)			−0.086 * (0.051)	0.047 (0.097)
oL. Crlg1	0.000 (0.000)		3.050 * * (1.381)			0.865 * * * (0.288)	
Crlg2							0.009 (0.030)
L. Ceth1	−10.464 * (6.160)	−0.892 (0.957)	−0.168 (2.316)			−0.636 (1.117)	−2.616 (3.268)
L. Cnds1	−0.135 (0.226)	−0.041 (0.137)	−0.106 (0.087)			0.010 (0.069)	−0.000 * * (0.000)

续表

	模型（1）面板 Logit	模型（2）面板 Logit	模型（3）面板 Logit	模型（4）面板 Logit	模型（5）面板 Logit	模型（6）面板 Logit	模型（7）截面 Logit
因变量	Aicf2	Aprs2	Anal4	Anal4	Aegr2	Aegr2	Aegr2
L. Crus2	-2. 241 (1. 650)	-2. 994 * * * (0. 657)	-0. 080 (0. 701)			-0. 694 (0. 463)	
Crgd1	0. 000 (0. 000)		-3. 159 (3. 645)				
Crgd2	-22. 543 * * * (4. 813)		2. 338 * (1. 246)				
Crgd3	0. 000 (0. 000)		0. 000 (0. 000)				
Crgd4	-26. 042 * * * (6. 308)		0. 063 (1. 541)				
_ cons	-146. 564 * * * (39. 791)	0. 910 (2. 890)	-25. 131 * * * (8. 635)	0. 722 (0. 552)	-0. 742 * * * (0. 149)	-4. 966 (4. 988)	-20. 552 (14. 199)
N	160	359	270	714	813	263	39
pseudo R^2	0. 720	0. 710	0. 597	0. 235	0. 022	0. 197	0. 556
稳健标准误	是	是	是	是	是	是	是

注：单元格第一分行为系数，第二分行括号内为标准误。* $p < 0.1$，** $p < 0.05$，*** $p < 0.01$。截面 Logit 的变量均无时滞，因精简表格的需要不再特别列出。

附表 3-6　　GMM 模型

	模型（1）	模型（2）	模型（3）	模型（4）	模型（5）
因变量	Anal3	Anal3	Aegr1	Aegr1	Aegr1
L. Aicf1	0. 162 * * * (0. 044)				
L. Aprs1		0. 811 * * * (0. 189)			
L. Anal3			-0. 039 (0. 060)	-0. 015 (0. 062)	-0. 924 * * * (0. 155)
L. Bcop1	0. 009 * * * (0. 002)	0. 000 (0. 002)	0. 005 * * * (0. 001)	0. 004 * * * (0. 001)	0. 014 * * * (0. 002)
L. Bngp1	-0. 128 * * (0. 052)	0. 063 * * * (0. 020)	0. 014 (0. 024)	0. 009 (0. 024)	0. 028 (0. 029)

续表

	模型（1）	模型（2）	模型（3）	模型（4）	模型（5）
因变量	Anal3	Anal3	Aegr1	Aegr1	Aegr1
L. Bcor1	0. 148 * * (0. 065)	−0. 202 * * (0. 087)	0. 356 * * * (0. 053)	0. 352 * * * (0. 053)	0. 447 * * * (0. 064)
L. Bngr1	0. 337 * * * (0. 113)	0. 202 * * (0. 088)	−0. 287 * * * (0. 068)	−0. 228 * * * (0. 067)	0. 258 * * (0. 120)
L. Bopd2	−0. 231 * (0. 137)	0. 572 * * * (0. 171)	0. 140 (0. 095)	0. 207 * * (0. 100)	−0. 251 * * (0. 125)
L. Bgpd2	−0. 295 * * (0. 140)	−0. 391 * * * (0. 100)	−0. 229 * * * (0. 069)	−0. 253 * * * (0. 072)	−0. 815 * * * (0. 144)
L. Bcoe2	0. 137 (0. 161)	−0. 081 (0. 173)	−0. 076 (0. 150)	−0. 319 * (0. 182)	0. 750 * * * (0. 204)
L. Bnge2	0. 183 (0. 361)	−0. 231 (0. 301)	0. 767 * * * (0. 151)	0. 821 * * * (0. 155)	0. 910 * * * (0. 197)
L. Crty1	0. 081 * * (0. 041)	−0. 077 * * * (0. 018)			
L. Cwar1	−0. 029 (0. 232)	0. 098 (0. 206)			
L. Cncp1	−0. 459 (0. 308)	0. 502 * (0. 295)			
L. Citq2	−0. 151 (0. 316)	0. 873 * * * (0. 323)			
L. Cgvp1	0. 777 * (0. 422)	−0. 235 (0. 394)			
L. Cppl2	−0. 122 * * * (0. 045)	0. 007 (0. 018)			
L. Crlg1	−0. 626 (0. 417)	0. 529 * * (0. 222)			
L. Ceth1	−0. 649 (0. 447)	−0. 202 (0. 432)			
L. Cnds1	−0. 009 (0. 023)	0. 045 * (0. 027)			
L. Crus2	0. 618 * * (0. 261)	−0. 011 (0. 138)			

续表

	模型（1）	模型（2）	模型（3）	模型（4）	模型（5）
因变量	Anal3	Anal3	Aegr1	Aegr1	Aegr1
Crgd1	0.208 (0.500)	−1.614＊＊＊ (0.502)			
Crgd2	0.128 (0.291)	0.078 (0.265)			
Crgd3	0.000 (0.000)	0.000 (0.000)			
Crgd4	0.292 (0.482)	1.476＊＊ (0.625)			
_cons	9.431＊＊＊ (3.482)	1.161 (2.039)	5.670＊＊＊ (0.706)	6.284＊＊＊ (0.733)	6.958＊＊＊ (0.832)
工具变量	Aspm1	Aspm1	Aicf1 Aprs1	Aicf1	Aprs1
过度识别	——	——	是	——	——
第一阶段工具变量系数及标准误	12.673＊＊＊ (4.194)	2.524＊＊＊ (0.656)	0.049＊＊＊ (0.003) 0.130＊＊＊ (0.017)	0.052＊＊＊ (0.003)	0.172＊＊＊ (0.020)
N	216	216	498	498	498
adj. R^2	0.598	0.737	0.219	0.226	
稳健标准误	是	是	是	是	是

注：单元格第一分行为系数，第二分行括号内为标准误。＊ $p < 0.1$，＊＊ $p < 0.05$，＊＊＊ $p < 0.01$。

附表 3-7　产业联盟形态与能源领域产权制度类型的调节效应

	模型（1）	模型（2）
因变量	Anal3	Anal3
L. Aicf1	0.060＊＊＊ (0.007)	0.059＊＊＊ (0.007)
L. Aprs1	0.427＊＊＊ (0.037)	0.402＊＊＊ (0.042)
Interact		0.005＊ (0.003)
L. Bcop1	0.004＊＊＊ (0.001)	0.004＊＊＊ (0.001)

续表

	模型（1）	模型（2）
因变量	Anal3	Anal3
L. Bngp1	-0. 011	-0. 016
	(0. 014)	(0. 014)
L. Bcor1	-0. 037	-0. 053
	(0. 036)	(0. 038)
L. Bngr1	0. 270 ***	0. 286 ***
	(0. 059)	(0. 058)
L. Bopd2	0. 205 ***	0. 202 ***
	(0. 074)	(0. 076)
L. Bgpd2	-0. 385 ***	-0. 409 ***
	(0. 063)	(0. 068)
L. Bcoe2	0. 058	0. 065
	(0. 076)	(0. 074)
L. Bnge2	0. 009	0. 085
	(0. 186)	(0. 196)
L. Crty1	-0. 015	-0. 020 *
	(0. 010)	(0. 011)
L. Cwar1	0. 016	0. 011
	(0. 116)	(0. 123)
L. Cncp1	0. 108	0. 088
	(0. 197)	(0. 191)
L. Citq2	0. 450 **	0. 470 **
	(0. 218)	(0. 210)
L. Cgvp1	0. 092	0. 039
	(0. 225)	(0. 209)
L. Cppl2	-0. 040 **	-0. 043 ***
	(0. 016)	(0. 016)
L. Crlg1	0. 099	0. 082
	(0. 175)	(0. 179)
L. Ceth1	-0. 325	-0. 231
	(0. 291)	(0. 284)
L. Cnds1	0. 016	0. 011
	(0. 013)	(0. 012)

续表

	模型（1）	模型（2）
因变量	Anal3	Anal3
L. Crus2	0.205 * （0.108）	0.228 * * （0.111）
Crgd1	−0.791 * * （0.311）	−0.805 * * （0.313）
Crgd2	0.100 （0.199）	0.158 （0.195）
Crgd3	0.000 （0.000）	0.000 （0.000）
Crgd4	0.835 * * * （0.257）	0.807 * * * （0.258）
_ cons	4.089 * * * （1.505）	4.226 * * * （1.521）
N	216	216
adj. R^2	0.875	0.877
稳健标准误	是	是

注：单元格第一分行为系数，第二分行括号内为标准误。* $p < 0.1$，** $p < 0.05$，*** $p < 0.01$。交互项 Interact 为 Aicf1×Aprs1。交互项在中心化后生成。

核心参考文献*

中文文献

1. ［美］阿曼·A. 阿尔钦：《产权：一个经典注释》，载［美］罗纳德·H. 科斯等著，《财产权利与制度变迁：产权学派与新制度学派译文集》，刘守英等译，格致出版社 2014 年版。
2. ［英］阿瑟·刘易斯：《经济增长理论》，周师铭、沈丙杰、沈伯根译，商务印书馆 2016 年版。
3. ［美］阿图尔·科利：《国家引导的发展——全球边缘地区的政治权力与工业化》，朱天飚、黄琪轩、刘骥译，吉林出版集团有限责任公司 2007 年版。
4. ［美］艾伯特·O. 赫希曼：《退出、呼吁与忠诚：对企业、组织和国家衰退的回应》，卢昌崇译，上海世纪出版集团 2015 年版。
5. ［英］安东尼·吉登斯：《资本主义与现代社会理论：对马克思、涂尔干和韦伯著作的分析》，郭忠华、潘华凌译，上海译文出版社 2018 年版。
6. ［美］奥利弗·E. 威廉姆森：《资本主义经济制度——论企业签约与市场签约》，段毅才、王伟译，商务印书馆 2002 年版。
7. ［美］芭芭拉·格迪斯：《范式与沙堡：比较政治学中的理论构建与

* 因篇幅所限，在此仅呈现核心参考文献。全部参考文献可参见：https：//sym915. github. io/publications/。

研究设计》，陈子恪、刘骥等译，重庆大学出版社 2012 年版。
8. ［美］巴林顿·摩尔：《专制与民主的社会起源：现代世界形成过程中的地主和农民》，王茁、顾洁译，上海：上海译文出版社 2012 年版。
9. ［美］保罗·克鲁格曼、茅瑞斯·奥伯斯法尔德、马克·J. 梅里兹：《国际经济学：理论与政策（第十版）》，丁凯等译，中国人民大学出版社 2016 年。
10. ［美］保罗·萨缪尔森、威廉·诺德豪斯：《经济学（第十九版，下册）》，萧琛译，商务印书馆 2017 年版。
11. ［美］彼得·古勒维奇：《艰难时世下的政治：五国应对世界经济危机的政策比较》，袁旭明、朱天飚译，吉林出版集团有限责任公司 2009 年版。
12. ［美］彼得·J. 卡岑斯坦：《结论：国内结构与对外经济政策战略》，载彼得·J. 卡岑斯坦编：《权力与财富之间》，陈刚译，吉林出版集团有限责任公司 2007 年版。
13. ［美］彼得·J. 卡岑斯坦：《世界市场中的小国家：欧洲的产业政策》，叶静译，吉林出版集团有限责任公司 2009 年版。
14. ［美］彼得·霍尔：《驾驭经济：英国与法国国家干预的政治学》，刘骥、刘娟凤、叶静译，江苏人民出版社 2008 年版。
15. ［美］彼得·A. 霍尔、戴维·索斯凯斯等：《资本主义的多样性：比较优势的制度基础》，王新荣译，中国人民大学出版社 2018 年版。
16. 陈玮、耿曙：《发展型国家的兴与衰：国家能力、产业政策与发展阶段》，《经济社会体制比较》2017 年第 2 期。
17. ［美］戴维·E. 阿普特：《现代化的政治》，陈尧译，上海人民出版社 2016 年版。
18. ［美］戴维·瓦尔德纳：《国家构建与后发展》，刘娟凤、包刚升译，吉林出版集团有限责任公司 2011 年版。
19. ［美］道格拉斯·C. 诺思：《经济史中的结构与变迁》，陈郁等译，上海人民出版社 1994 年版。
20. ［美］德隆·阿西莫格鲁、詹姆斯·A. 罗宾逊：《国家为什么会失败》，李增刚译，徐彬校，湖南科学技术出版社 2015 年版。

21. 高波：《权力结构视角下的发展陷阱——基于对委内瑞拉“蓬托菲霍体制”的分析》，《国际政治研究》2020 年第 1 期。
22. 关雪凌、张猛：《普京政治经济学》，《政治经济学评论》2018 年第 3 期。
23. ［美］海伦·米尔纳：《利益、制度与信息：国内政治与国际关系》，曲博译，上海人民出版社 2010 年版。
24. 黄振乾、唐世平：《现代化的“入场券”——现代欧洲国家崛起的定性比较分析》，《政治学研究》2018 年第 6 期。
25. ［美］霍利斯·钱纳里、谢尔曼·鲁宾逊、摩西·赛尔奎因：《工业化和经济增长的比较研究》，吴奇、王松宝等译，格致出版社 2015 年版。
26. Ian Coxhead：《国际贸易和自然资源“诅咒”：中国的增长威胁到东南亚地区的发展了吗?》，《经济学（季刊）》2006 年第 1 期。
27. ［美］贾雷德·戴蒙德：《枪炮、病菌与钢铁：人类社会的命运》，谢延光译，上海译文出版社 2016 年版。
28. ［美］加里·金、罗伯特·基欧汉、悉尼·维巴：《社会科学中的研究设计》，陈硕译，格致出版社 2014 年版。
29. ［美］杰弗里·弗里登：《20 世纪全球资本主义的兴衰》，杨宇光等译，上海人民出版社 2017 年版。
30. 景普秋、范昊：《挪威规避资源诅咒的经验及其启示》，《经济学动态》2011 年第 1 期。
31. 李路曲：《国家间的可比性与不可比性分析》，《政治学研究》2020 年第 5 期。
32. 李楠：《资源依赖、技术创新和中国的产业发展》，《经济社会体制比较》2015 年第 4 期。
33. 李巍：《制度变迁与美国国际经济政策》，上海人民出版社 2010 年版。
34. ［澳］琳达·维斯、约翰·M. 霍布森：《国家与经济发展——一个比较及历史性的分析》，黄兆辉、廖志强译，吉林出版集团有限责任公司 2009 年版。
35. 卢凌宇：《研究问题与国际关系理论的“重要性”》，《世界经济与政治》2017 年第 5 期。
36. 芦思姮、高庆波：《委内瑞拉：资源诅咒与制度陷阱》，《亚太经济》2016 年第 5 期。
37. ［美］罗伯特·J. 巴罗、夏威尔·萨拉-伊-马丁：《经济增长（第二版）》，夏俊译，格致出版社 2010 年版。
38. ［美］罗伯特·M. 索洛：《经济增长理论：一种解说（第二版）》，朱保华译，格致出版社 2015 年版。
39. ［美］罗纳德·罗戈夫斯基：《商业与联盟：贸易如何影响国内政治联盟》，杨毅译，上海人民出版社 2012 年版。
40. ［加］玛格丽特·康拉德：《剑桥加拿大史》，王士宇、林星宇译，新星出版社 2019 年版。
41. 马啸：《产权制度的中国经验及其学术意义》，《北大政治学评论》2019 年第 1 期。
42. ［美］迈克尔·希斯考克斯：《国际贸易与政治冲突——贸易、联盟与要素流动程度》，于扬杰译，中国人民大学出版社 2005 年版。
43. ［美］曼瑟·奥尔森：《国家的兴衰：经济增长、滞胀和社会僵化》，李增刚译，上海人民出版社 2018 年版。
44. 邵帅、范美婷、杨莉莉：《资源产业依赖如何影响经济发展效率？——有条件资源诅咒假说的检验及解释》，《管理世界》2013 年第 2 期。
45. 邵帅、杨莉莉：《自然资源开发、内生技术进步与区域经济增长》，载《经济研究》，2011 年第 2 期，第 112-123 页。
46. ［美］史蒂芬·哈伯、阿曼多·拉佐、诺埃尔·毛雷尔：《产权的政治学：墨西哥的制度转型》，何永江、余红译，中信出版集团 2019 年版。
47. 宋亦明、张经纬：《产业联盟与“能源诅咒”：委内瑞拉与俄罗斯的现代化“宿命”》，《外交评论》（外交学院学报）2020 年第 2 期。
48. 宋亦明、邹仪婷：《“能源祝福”与“能源诅咒”的政治分流——基于产权制度的解释》，《世界政治研究》2020 年第 4 期。
49. 唐世平：《经济发展的新制度经济学：一个根本性的批判》，《经济社会体制比较》2021 年第 6 期。

50. 田德文：《列国志：挪威》，社会科学文献出版社 2007 年版。
51. 田畑伸一郎：《俄罗斯油气资源依附型经济论析》，刘旭译，《俄罗斯研究》2010 年第 3 期。
52. 万建香、汪寿阳：《社会资本与技术创新能否打破“资源诅咒”？——基于面板门槛效应的研究》，《经济研究》2016 年第 12 期。
53. 汪卫华：《“解耦”还是“脱钩”？——比较政治与区域研究的关联》，《国际政治研究》2021 年第 6 期。
54. 王晓玥、田野：《国际石油贸易扩张与选举式威权政体的巩固——基于委内瑞拉和哈萨克斯坦的比较研究》，《外交评论》（外交学院学报）2016 年第 4 期。
55. 王正绪、耿曙、唐世平主编：《比较政治学》，复旦大学出版社 2021 年版。
56. 王正毅：《国际政治经济学通论》，北京大学出版社 2010 年版。
57. 王子夔：《现代化研究的回顾与反思——从“类型”到“分波次”》，《学术月刊》2018 年第 3 期。
58. ［美］W. W. 罗斯托：《经济增长的阶段：非共产党宣言》，郭熙保、王松茂译，中国社会科学出版社 2001 年版。
59. ［美］W. W. 罗斯托：《经济增长理论史：从大卫·休谟至今》，陈春良等译，浙江大学出版社 2016 年版。
60. 西里尔·E. 布莱克编：《比较现代化》，杨豫、陈祖洲译，上海译文出版社 1996 年版。
61. 西蒙·库兹涅茨：《各国的经济增长》，常勋等译，商务印书馆 2011 年版。
62. 谢继文：《中俄经济转轨绩效差异原因新解：基于俄罗斯“资源诅咒”现象的经济学分析》，经济科学出版社 2013 年版。
63. 熊易寒、唐世平：《石油的族群地理分布与族群冲突升级》，《世界经济与政治》2015 年第 10 期。
64. ［美］亚历山大·格申克龙：《经济落后的历史透视》，张凤林译，商务印书馆 2017 年版。
65. 燕继荣主编：《发展政治学（第二版）》，北京大学出版社 2010

年版。
66. 杨光斌、释启鹏：《历史政治学的功能分析》，《政治学研究》2020 年第 1 期。
67. 叶成城、黄振乾、唐世平：《社会科学中的时空与案例选择》，《经济社会体制比较》2018 年第 3 期。
68. 叶成城、唐世平：《超越“大分流”的现代化：比较研究时空视角下的历史、方法与理论》，《学术月刊》2021 年第 5 期。
69. ［美］伊曼纽尔·沃勒斯坦：《现代世界体系（第一卷）》，刘新成等译，社会科学文献出版社 2013 年版。
70. 游宇、陈超：《比较的“技艺”：多元方法研究中的案例选择》，《经济社会体制比较》2020 年第 2 期。
71. ［美］禹贞恩编：《发展型国家》，曹海军译，吉林出版集团有限责任公司 2008 年版。
72. ［以］约拉姆·巴泽尔：《产权的经济分析（第二版）》，费方域等译，格致出版社 2017 年版。
73. 詹姆斯·G. 马奇、约翰·P. 奥尔森：《重新发现制度：政治的组织基础》，张伟译，生活·读书·新知三联书店 2011 年版。
74. 张复明等：《破解“资源诅咒”：矿业收益、要素配置与社会福利》，商务印书馆 2016 年版。
75. 张复明、景普秋：《资源型经济及其转型研究述评》，《中国社会科学》2006 年第 6 期。
76. 张昕：《“能源帝国”、“能源超级大国”和“能源外交”的迷思》，《俄罗斯研究》2013 年第 6 期。
77. 赵鼎新：《质性社会学研究的差异性发问和发问艺术》，《社会学研究》2021 年第 5 期。
78. 郑宇：《全球化、工业化与经济追赶》，《世界经济与政治》2019 年第 11 期。
79. 周强、蒋光明：《经济危机与周期性政治重组》，《世界经济与政治》2021 年第 9 期。
80. ［美］朱迪亚·珀尔、达纳·麦肯齐：《为什么：关于因果关系的新科学》，江生、于华译，中信出版集团 2019 年版。

81. 朱天飚：《发展型国家的衰落》，《经济社会体制比较》2005 年第 5 期。

82. ［美］C. E. 布莱克：《现代化的动力——一个比较史的研究》，景跃进、张静译，浙江人民出版社 1989 年版。

英文文献

1. Abadie, Alberto, Javier Gardeazabal, "The Economic Costs of Conflict: A Case Study of the Basque Country", *American Economic Review*, Vol. 93, No. 1, 2003.

2. Acemoglu, Daron, Simon Johnson, James A. Robinson, "The Colonial Origins of Comparative Development: An Empirical Investigation", *American Economic Review*, Vol. 91, No. 5, 2001.

3. Ahmadov, Anar K., "Oil, Democracy, and Context: A Meta-Analysis", *Comparative Political Studies*, Vol. 47, No. 9, 2014.

4. Albertus, Michael, *Property without Rights: Origins and Consequences of the Property Rights Gap*, Cambridge: Cambridge University Press, 2021.

5. Alexeev, Michael, Robert Conrad, "The Elusive Curse of Oil", *Review of Economics and Statistics*, Vol. 91, No. 3, 2009.

6. Andersen, Jørgen J., Michael L. Ross, "The Big Oil Change: A Closer Look at the Haber-Menaldo Analysis", *Comparative Political Studies*, Vol. 47, No. 7, 2014.

7. Andersen, Jørgen Juel, Silje Aslaksen, "Constitutions and the Resource Curse", *Journal of Development Economics*, Vol. 87, No. 2, 2008.

8. Arezki, Rabah, Frederick van der Ploeg, Frederik Toscani, "The Shifting Natural Wealth of Nations: The Role of Market Orientation", *Journal of Development Economics*, Vol. 138, 2019.

9. Arrow, Kenneth, "The Economic Implication of Learning by Doing", *Review of Economic Studies*, Vol. 29, No. 3, 1962.

10. Auty, Richard M., *Sustaining Development in Mineral Economies: The Resource Curse Thesis*, London: Routledge, 1993.

11. Auty, R. M., ed., *Resource Abundance and Economic Development*, Oxford: Oxford University Press, 2001.

12. Badeeb, Ramez Abubakr, Hooi Hooi Lean, Jeremy Clark, “The Evolution of the Natural Resource Curse Thesis: A Critical Literature Survey”, *Resources Policy*, Vol. 51, 2017.

13. Badia-Miró, Marc, Vicente Pinilla, Henry Willebald, eds., *Natural Resources and Economic Growth: Learning from History*, London: Routledge, 2015.

14. Baland, Jean-Maire, Patrick Francois, “Rent-seeking and Resource Booms”, *Journal of Development Economics*, Vol. 61, No. 2, 2000.

15. Bates, Robert H., *The Political Economy of Development: A Game Theoretic Approach*, New York: Cambridge University Press.

16. Bayulgen, Oksan, *Foreign Investment and Political Regimes: The Oil Sector in Azerbaijan, Russia, and Norway*, New York: Cambridge University Press, 2010.

17. Berman, Nicolas, Mathieu Couttenier, Dominic Rohner, Mathias Thoenig, “This Mine is Mine! How Minerals Fuel Conflicts in Africa”, *American Economic Review*, Vol. 107, No. 6, 2017.

18. Bjørnland, Hilde C., Leif A. Thorsrud, “Boom or Gloom? Examining the Dutch Disease in Two-speed Economies”, *The Economic Journal*, Vol. 125, No. 598, 2016.

19. Blair, Graeme, Darin Christensen, Aaron Rudkin, “Do Commodity Price Shocks Cause Armed Conflict? A Meta-Analysis of Natural Experiments”, *American Political Science Review*, Vol. 115, No. 2, 2021.

20. Boyce, John R., J. C. Herbert Emery, “Is a Negative Correlation between Resource Abundance and Growth Sufficient Evidence that There is a ‘Resource Curse’?”, *Resources Policy*, Vol. 36, No. 1, 2011.

21. Brooks, Sarah M., Marcus J. Kurtz, “Oil and Democracy: Endogenous Natural Resources and the Political ‘Resource Curse’”, *International Organization*, Vol. 70, No. 2, 2016.

22. Brunnschweiler, Christa N., “Cursing the Blessings? Natural Resource A-

bundance, Institutions, and Economic Growth", *World Development*, Vol. 36, No. 3, 2008.

23. Carreri, Maria, Oeindrila Dube, "Do Natural Resources Influence Who Comes to Power, and How?" *Journal of Politics*, Vol. 79, No. 2, 2017.
24. Christensen, Darin, "Concession Stands: How Mining Investments Incite Protest in Africa", *International Organization*, Vol. 73, No. 1, 2019.
25. Colgan, Jeff D., "Oil and Revolutionary Governments: Fuel for International Conflict", *International Organization*, Vol. 64, No. 4, 2010.
26. Collier, Paul, Anke Hoeffler, "On Economic Causes of Civil War", *Oxford Economic Papers*, Vol. 50, No. 4, 1998.
27. Collier, Paul, Anke Hoeffler, "Resource Rents, Governance, and Conflict", *Journal of Conflict Resolution*, Vol. 49, No. 4, 2005.
28. Corden, W. Max, J. Peter Neary, "Booming Sector and De-Industrialisation in a Small Open Economy", *The Economic Journal*, Vol. 92, No. 368, 1982.
29. Coxhead, Ian, "A New Resource Curse? Impacts of China's Boom on Comparative Advantage and Resource Dependence in Southeast Asia", *World Development*, Vol. 35, No. 7, 2007.
30. Deacon, Robert T., "The Political Economy of the Natural Resource Curse: A Survey of Theory and Evidence", *Foundations and Trends in Microeconomics*, Vol. 7, No. 2, 2011.
31. Dunning, Thad, *Crude Democracy: Natural Resource Wealth and Political Regimes*, New York: Cambridge University Press, 2008.
32. Dunning, Thad, "Endogenous Oil Rents", *Comparative Political Studies*, Vol. 43, No. 3, 2010.
33. Ebeke, Christian, Luc Désiré Omgba, Rachid Laajaj, "Oil, Governance and the (Mis) allocation of Talent in Developing Countries", *Journal of Development Economics*, Vol. 114, 2015.
34. Esfahani, Hadi Salehi, Kamiar Mohaddes, M. Hashem Pesaran, "An Empirical Growth Model for Major Oil Exporters", *Journal of Applied Econometrics*, Vol. 29, No. 1, 2014.

35. Esposito, Elena, Scott F. Abramson, “The European Coal Curse”, *Journal of Economic Growth*, Vol. 26, No. 1, 2021.

36. Evans, Peter, *Embedded Autonomy: States and Industrial Transformation*, Princeton: Princeton University Press, 1995.

37. Fearon, James D., David D. Laitin, “Ethnicity, Insurgency, and Civil War”, *American Political Science Review*, Vol. 97, No. 1, 2003.

38. Frieden, Jeffry A., “Invested Interests: The Politics of National Economic Policies in a World of Global Finance”, *International Organization*, Vol. 45, No. 4, 1991.

39. Geddes, Barbara, “How the Cases You Choose Affect the Answers You Get: Selection Bias in Comparative Politics”, *Political Analysis*, Vol. 2, 1990.

40. Gelb, Alan, and Associates, *Oil Windfalls: Blessing or Curse*, Oxford: Oxford University Press, 1988.

41. Gylfason, Thorvaldur, “Natural Resources, Education, and Economic Development”, *European Economic Review*, Vol. 45, No. 4-6, 2001.

42. Haber, Stephen, Victor Menaldo, “Do Natural Resources Fuel Authoritarianism? A Reappraisal of the Resource Curse”, *American Political Science Review*, Vol. 105, No. 1, 2011.

43. Hall, Peter, Rosemary Taylor, “Political Science and the Three New Institutionalisms”, *Political Studies*, Vol. 44, No. 5, 1996.

44. Helliwell, John F., “Canada Energy Policy,” *Annual Review of Energy*, Vol. 4, 1979.

45. Hirschman, Albert O., *The Strategy of Economic Growth*, New Haven: Yale University Press, 1958.

46. Humphreys, Macartan, Jeffrey D. Sachs, Joseph E. Stiglitz, “Introduction: What is the Problem with Natural Resource Wealth?”, in Macartan Humphreys, Jeffrey D. Sachs and Joseph E. Stiglitz, eds., *Escaping the Resource Curse*, New York: Columbia University Press, 2007.

47. Ikenberry, G. John, *Reasons of States: Oil Politics and the Capacities of American Government*, Ithaca: Cornell University Press, 1988.

48. James, Alexander, "The Resource Curse: A Statistical Mirage?", *Journal of Development Economics*, Vol. 114, 2015.

49. Jensen, Nathan M., Noel P. Johnston, "Political Risk, Reputation, and the Resource Curse", *Comparative Political Studies*, Vol. 44, No. 6, 2011.

50. John, Jonathan Di, *From Windfall to Curse? Oil and Industrialization in Venezuela*, 1920 *to the Present*, Pennsylvania: The Pennsylvania State University Press, 2009.

51. Karl, Terry Lynn, *The Paradox of Plenty: Oil Booms and Petro-States*, Berkeley: University of California Press, 1997.

52. Keele, Luke, "The Statistics of Causal Inference: A View from Political Methodology", *Political Analysis*, Vol. 23, No. 3, 2015.

53. Keohane, Robert O., "The Old IPE and the New", *Review of International Political Economy*, Vol. 16, No. 1, 2009.

54. King, Gary, "How not to Lie with Statistics: Avoiding Common Mistakes in Quantitative Political Science", *American Journal of Political Science*, Vol. 30, No. 3, 1986.

55. Kolstad, Ivar, Arne Wiig, "It's the Rents, Stupid! The Political Economy of the Resource Curse", *Energy Policy*, Vol. 37, No. 12, 2009.

56. Krasner, Stephen D., *Defending the National Interest: Raw Materials Investments and U.S. Foreign Policy*, Princeton: Princeton University Press, 1978.

57. Kurtz, Marcus J., Sarah M. Brooks, "Conditioning the 'Resource Curse': Globalization, Human Capital, and Growth in Oil-Rich Nations", *Comparative Political Studies*, Vol. 44, No. 6, 2011.

58. Lange, Matthew, James Mahoney, Matthias vom Hau, "Colonialism and Development: A Comparative Analysis of Spanish and British Colonies", *American Journal of Sociology*, Vol. 111, No. 5, 2006.

59. Lieberman, Evan S., "Nested Analysis as a Mixed-Method Strategy for Comparative Research", *American Political Science Review*, Vol. 99, No. 3, 2005.

60. Lijphart, Arend, “Comparative Politics and the Comparative Method”, *American Political Science Review*, Vol. 65, No. 3, 1971.

61. Liou, Yu-Ming, Paul Musgrave, “Refining the Oil Curse: Country-level Evidence from Exogenous Variations in Resource Income”, *Comparative Political Studies*, Vol. 47, No. 11, 2014.

62. Lujala, Päivil, Nils Petter Gleditsch, Elisabeth Gilmore, “A Diamond Curse? Civil War and a Lootable Resource”, *Journal of Conflict Resolution*, Vol. 49, No. 4, 2005.

63. Luong, Pauline Jones, Erika Weinthal, “Rethinking the Resource Curse: Ownership Structure, Institutional Capacity, and Domestic Constraints”, *Annual Review of Political Science*, Vol. 9, 2006.

64. Luong, Pauline Jones, Erika Weinthal, *Oil is not a Curse: Ownership Structure and Institutions in Soviet Successor States*, New York: Cambridge University Press, 2010.

65. Mahdavi, Paasha, “Explaining the Oil Advantage: Effects of Natural Resource Wealth on Incumbent Reelection in Iran”, *World Politics*, Vol. 67, No. 2, 2015.

66. Mahdavi, Paasha, *Power Grab: Political Survival through Extractive Resource Nationalization*, Cambridge: Cambridge University Press, 2020.

67. Mann, Michael, “The Autonomous Power of the State: Its Origins, Mechanisms and Results”, *European Journal of Sociology*, Vol. 25, No. 2, 1984.

68. Matsen, Egil, Ragnar Torvik, “Optimal Dutch Disease”, *Journal of Development Economics*, Vol. 78, No. 2, 2005.

69. Mehlum, Halvor, Karl Moene, Ragnar Torvik, “Institutions and the Resource Curse”, *The Economic Journal*, Vol. 116, No. 508, 2006.

70. Meierding, Emily, “Dismantling the Oil Wars Myth”, *Security Studies*, Vol. 25, No. 2, 2016.

71. Menaldo, Victor, *The Institutions Curse: Natural Resources, Politics, and Development*, Cambridge: Cambridge University Press, 2016.

72. Morelli, Massimo, Dominic Rohner, “Resource Concentration and Civil

Wars", *Journal of Development Economics*, Vol. 117, 2015.

73. Morrison, Kevin M., "Oil, Nontax Revenue, and the Redistributional Foundations of Regime Stability", *International Organization*, Vol. 63, No. 1, 2009.
74. Neary, J. Peter, Sweder Van Wijinbergen, eds., *Natural Resources and the Macroeconomy: A Theoretical Framework*, Cambridge: MIT Press, 1986.
75. O'Connor, Kelsey J., Luisa R. Blanco, Jeffrey B. Nugent, "Does Oil Really Curse Democracy? A Long-run Time-series Analysis of 127 Countries", *Resources Policy*, Vol. 57, 2018.
76. Olsson, Ola, "Conflict Diamonds", *Journal of Development Economics*, Vol. 82, No. 2, 2007.
77. Omgba, Luc Désiré, "Institutional Foundations of Export Diversification Patterns in Oil-producing Countries", *Journal of Comparative Economics*, Vol. 42, No. 4, 2014.
78. Papyrakis, Elissaios, "The Resource Curse—What Have We Learned from Two Decades of Intensive Research: Introduction to the Special Issue", *Journal of Development Studies*, Vol. 53, No. 2, 2017.
79. Papyrakis, Elissaios, Reyer Gerlagh, "Resource Abundance and Economic Growth in the United States", *European Economic Review*, Vol. 51, No. 4, 2007.
80. Pepinsky, Thomas B., "The Return of the Single-Country Study", *Annual Review of Political Science*, Vol. 22, 2019.
81. Ploeg, Frederick van der, "Natural Resources: Curse or Blessing?", *Journal of Economic Literature*, Vol. 49, No. 2, 2011.
82. Ploeg, Frederick van der, Anthony J. Venables, "Natural Resource Wealth: The Challenge of Managing a Windfall", *Annual Review of Economics*, Vol. 4, 2012.
83. Posner, Daniel, "The Colonial Origins of Ethnic Cleavages: The Case of Linguistic Divisions in Zambia", *Comparative Politics*, Vol. 35, No. 2, 2003.

84. Przeworski, Adam, Henry Teune, *The Logic of Comparative Social Inquiry*, New York: Wiley-Interscience, 1970.

85. Ragin, Charles, *The Comparative Method: Moving beyond Qualitative and Quantitative Strategies*, Berkeley: University of California Press, 1987.

86. Ramírez-Cendrero, Juan M., Eszter Wirth, "Is the Norwegian Model Exportable to Combat Dutch Disease?", *Resources Policy*, Vol. 48, 2016.

87. Riker, William H., Itai Sened, "A Political Theory of the Origin of Property Rights: Airport Slots", *American Journal of Political Science*, Vol. 35, No. 4, 1991.

88. Robinson, James A., Ragnar Torvik, Thierry Verdier, "Political Foundations of the Resource Curse: A Simplification and A Comment", *Journal of Development Economics*, Vol. 106, 2014.

89. Rodriguez, Francisco, Jeffrey D. Sachs, "Why Do Resource-abundant Economies Grow More Slowly?", *Journal of Economic Growth*, Vol. 4, No. 3, 1999.

90. Rodrik, Dani, "Premature Deindustrialization", *Journal of Economic Growth*, Vol. 21, No. 1, 2016.

91. Ross, Michael L., "The Political Economy of the Resource Curse", *World Politics*, Vol. 51, No. 2, 1999.

92. Ross, Michael L., "Does Oil Hinder Democracy?" *World Politics*, Vol. 53, No. 3, 2001.

93. Ross, Michael L., "What do We Know about Natural Resources and Civil War?", *Journal of Peace Research*, Vol. 41, No. 3, 2004.

94. Ross, Michael L., "A Closer Look at Oil, Diamonds, and Civil War", *Annual Review of Political Science*, Vol. 9, 2006.

95. Ross, Michael L., "Oil, Islam, and Women", *American Political Science Review*, Vol. 102, No. 1, 2008.

96. Ross, Michael L., *The Oil Curse: How Petroleum Wealth Shapes the Development of Nations*, Princeton: Princeton University Press, 2012.

97. Ross, Michael L., "What Have We Learned about the Resource Curse?", *Annual Review of Political Science*, Vol. 18, 2015.

98. Ross, Michael L., Erik Voeten, "Oil and International Cooperation", *International Studies Quarterly*, Vol. 60, No. 1, 2016.

99. Rosser, Andrew, "Escaping the Resource Curse", *New Political Economy*, Vol. 11, No. 4, 2006.

100. Rustow, Dankwart A., "Modernization and Comparative Politics: Prospects in Research and Theory", *Comparative Politics*, Vol. 1, No. 1, 1968.

101. Rutland, Peter, "Russia as an Energy Superpower", *New Political Economy*, Vol. 13, No. 2, 2008.

102. Sachs, Jeffrey D., Andrew M. Warner, "Natural Resource Abundance and Economic Growth", Working Paper, 1995, https://www.nber.org/papers/w5398.

103. Sachs, Jeffrey D., Andrew M. Warner, "Natural Resources and Economic Development: The Curse of Natural Resources", *European Economic Review*, Vol. 45, No. 4-6, 2001.

104. Schaber, Peter, "Property Rights and the Resource Curse", *Global Governance*, Vol. 17, No. 2, 2011.

105. Sekhon, Jasjeet S., Rocío Titiunik, "When Natural Experiments are Neither Natural nor Experiments", *American Political Science Review*, Vol. 106, No. 1, 2012.

106. Shafer, Michael, *Winners and Losers: How Sectors Shapes the Developmental Prospects of States*, Ithaca: Cornell University Press, 1994.

107. Smith, Benjamin, "Oil Wealth and Regime Survival in the Developing World, 1960—1999", *American Journal of Political Science*, Vol. 48, No. 2, 2004.

108. Smith, Benjamin, David Waldner, *Rethinking the Resource Curse*, Cambridge: Cambridge University Press, 2021.

109. Sovacool, Benjamin K., ed., *The Routledge Handbook of Energy Security*, Oxford: Routledge, 2011.

110. Stegmueller, Daniel, "Apples and Oranges? The Problem of Equivalence in Comparative Research", *Political Analysis*, Vol. 19, No. 4, 2011.

111. Steinberg, Daniel, “Resource Shocks and Human Capital Stocks—Brain Drain or Brain Gain?”, *Journal of Development Economics*, Vol. 127, 2017.

112. Tang, Shiping, *The Institutional Foundation of Economic Development*, Princeton: Princeton University Press, 2022.

113. Tang, Shiping, Yihan Xiong and Hui Li, “Does Oil Cause Ethnic War? Comparing Evidence from Process-tracing with Quantitative Results”, *Security Studies*, Vol. 26, No. 3, 2017.

114. Teune, Henry, “Comparative Research, Experimental Design, and the Comparative Method”, *Comparative Political Studies*, Vol. 8, No. 2, 1975.

115. Tilly, Charles, *Big Structures, Large Processes, Huge Comparisons*, New York: Russell Sage Foundation, 1984.

116. Torvik, Ragnar, “Natural Resources, Rent Seeking and Welfare”, *Journal of Development Economics*, Vol. 67, No. 2, 2002.

117. Tsui, Kevin K., “More Oil, Less Democracy: Evidence from Worldwide Crude Oil Discoveries”, *The Economic Journal*, Vol. 121, No. 511, 2011.

118. Vatansever, Adnan, *The Political Economy of Allocation of Natural Resource Rents and Fighting the Resource Curse: The Case of Oil Rents in Putin's Russia*, Ann Arbor: ProQuest LLC, 2009.

119. Victor, David, David Hults, Mark Thurber, “Introduction and Overview”, in David Victor, David Hults, Mark Thurber, eds., *Oil and Governance: State-owned Enterprises and the World Energy Supply*, New York: Cambridge University Press, 2012.

120. Waldner, David, Benjamin Smith, “Survivorship Bias in Comparative Politics: Endogenous Sovereignty and the Resource Curse”, *Perspectives on Politics*, Vol. 19, No. 3, 2021.

121. Wiig, Arne, Ivar Kolstad, “If Diversification is Good, Why don't Countries Diversify More? The Political Economy of Diversification in Resource-rich Countries”, *Energy Policy*, Vol. 40, 2012.

122. Wright, Gavin, Jesse Czelusta, "Resource-Based Growth Past and Present", in Daniel Lederman and William F. Maloney, eds., *Natural Resource: Neither Curse nor Destiny*, Palo Alto: Stanford University Press, 2007.

123. Zhan, Jing Vivian, "Do Natural Resources Breed Corruption? Evidence from China", *Environmental and Resource Economics*, Vol. 66, No. 2, 2017.

124. Zheng, Yu, *Governance and Foreign Investment in China, India, and Taiwan: Credibility, Flexibility, and International Business*, Ann Arbor: University of Michigan Press, 2014.

西班牙文文献

1. Álvarez, Ángel E., "Venezuela 2007: Los Motores del Socialismo se Alimentan con Petróleo", *Revista de Ciencia Política*, No. 27, 2007.

2. Baptista, Asdrúbal, *Bases Cuantitativas de la Economía Venezolana, 1830—1995*, Caracas: Fundación Polar, 1997.

3. Campodónico, Humberto, *Renta Petrolera y Minera en Países Seleccionados de América Latina*, Santiago de Chile: CEPAL, 2008.

4. Coronil, Fernando, *El Estado Mágico: Naturaleza, Dinero y Modernidad en Venezuela*, Caracas: Editorial Alfa, 2016.

5. Darwich, Gregorio, "Petróleo en Venezuela: Experiencias del Siglo XX", *Espacio abierto*, Vol. 23, No. 1, 2014.

6. De Corso, Giuseppe, "El Crecimiento Económico de Venezuela, desde la Oligarquía Conservadora hasta la Revolución Bolivariana: 1830-2012. Una Visión Cuantitativa", *Revista de Historia Económica*, Vol. 31, No. 3, 2013.

7. Élita, Rincón, Acosta N. and Añez C., et al., "Petróleo y Desarrollo en Venezuela: Un Balance a 100 Años de su Explotación. Período 1914-2014", *Multiciencias*, Vol. 16, No. 1, 2016.

8. Espinasa, Ramón, "El Auge y el Colapso de PDVSA a los Treinta Años de

la Nacionalización", *Revista Venezolana de Economía y Ciencias Sociales*, Vol. 12, No. 1, 2006.

9. Lacabana, Miguel, "Petróleo y Hegemonía en Venezuela", in Eduardo Basualdo and Enrique Arceo, eds., *Neoliberalismo y Sectores Dominantes. Tendencias Globales y Experiencias Nacionales*, Buenos Aires: CLACSO, 2006.

10. Lucena, Héctor, Hermes Carmona, "La Industria Venezolana, Auge y Ocaso a través de Tres Modelos Productivos", *Ensayos de Economía*, Vol. 21, No. 39, 2011.

11. Mommer, Bernard, "Petróleo Subversivo", *Poder y Petróleo en Venezuela*, Caracas: Faces-UCV, 2003.

12. Mora Contreras, Jesús, "El Poder de las Grandes Empresas Petroleras: 1900-1950", *Investigación Económica*, Vol. 62, No. 241, 2002.

13. Ramírez Vera, Douglas C., "Mene en Venezuela: El Surgimiento del Conflicto por la Renta del Petróleo, Preámbulo Histórico a la Coyuntura Actual (1917 a 1936)", *Análisis Político*, Vol. 20, No. 59, 2007.

14. Ricardo Dávila, Luis, *Imaginario Político Venezolano*, Caracas: Alfadil Ediciones, 1992.

15. Rodríguez, Francisco, "Caudillos, Políticos y Banqueros: Un Ensayo sobre el Surgimiento y la Incidencia de las Instituciones Económicas Venezolanas antes del Petróleo", in José Gregorio Pineda and Francisco Sáez, eds., *Crecimiento Económico en Venezuela: Bajo el Signo del Petróleo*, Caracas: Banco Central de Venezuela, Colección Economía y Finanzas, 2006.

16. Salas-Bourgoin, María Andreína, "Sociedad, Estado y Renta Petrolera en Venezuela: Una Relación Unidireccional", *Revista Geográfica Venezolana*, Vol. 57, No. 2, 2016.

17. Sánchez, Benito, César Baena and Paul Esqueda, *La Competitividad de la Industria Petrolera*, Santiago de Chile: CEPAL, 2000.

18. Sanoja, Mario, *Historia Sociocultural de la Economía Venezolana*, Caracas: Banco Central de Venezuela, 2010.

19. Straka, Tomás, *La Nación Petrolera: Venezuela 1914–2014*, Caracas: Universidad Metropolitana, 2016.

20. Urbaneja, Diego Baustita, *La Política Venezolana desde 1899 hasta 1958*, Caracas: Fundación Centro Gumilla y Universidad Católica Andrés Bello, 2002.

21. Urbaneja, Diego Baustita, *La Política Venezolana desde* 1958 *hasta nuestros días*, Caracas: Fundación Centro Gumilla y Universidad Católica Andrés Bello, 2007.

22. Velázquez, Efraín J., *El Déficit Público y la Política Fiscal en Venezuela, 1980–1990*, Santiago de Chile: CEPAL, 1991.

23. Omaira Zambrano Roa, "Desarrollo de la Política Petrolera en Venezuela para el Siglo XX", in Actas de las IX Jornadas de Sociología de la UBA: *Capitalismo del siglo XXI. Crisis y Reconfiguraciones. Luces y Sombras*, Universidad de Buenos Aires, 2011.

挪威文文献

1. Andersen, Svein S., Ole Gunnar Austvik, "Norge som Petroleumsland-Modent for Endring", http://www.kaldor.no/energy/mdu2000-11r21.html.

2. Brigham, Anne Margrethe, Jonathon W. Moses, "Den nye oljen", *Norsk statsvitenskapelig tidsskrift*, Vol. 37, No. 1, 2021.

3. Bjørnland, Hilde C., Leif A. Thorsrud, "RINGVIRKNING Norsk økonomi og olje", https://biopen.bi.no/bi-xmlui/bitstream/handle/11250/2366310/CME_wp2013_07.pdf?sequence=1.

4. Bøeng, Ann Christin, "Konsekvenser for Norge av EUs fornybardirektiv", *Økonomiske analyser*, Vol. 28, No. 4, 2010.

5. Fjose, Av Sveinung, Leo Gründfeld og Atle Blomgren, "Totale sysselsettings-og skatteeffekter av petroleumsvirksomhet i Norge-utsikter til fremtidig vekset", https://www.menon.no/wp-content/uploads/11sysselsettings-og-skattevirkninger-av-petroleumsvirksomheten-endelig-rapport-

pptx. pdf.

6. Iversen, Jørn Håvard., “Kompleksitet i Norsk Identitet: En Analyse av Norsk Olje- og Gassindustri”, Mastergradsoppgave, Tromsø: Universitetet i Tromsø, 2012.
7. Statistics Norway, “Historisk Statistikk - Nasjonalregnskap”, https://www.ssb.no/a/histstat/aarbok/ht-0901-bnp.html.
8. Takle, Marianne., “Oljefondet-I Solidaritet Med Frametidige Generasjoner”, https://www.idunn.no/doi/10.18261/issn.1504-3053-2018-03-04-06.

俄文文献

1. Алексеев В. В. *Экономическая История России с Древнейших Времен до 1917 г.* Москва: РОССПЭН, 2008.
2. Ахундов Б. Ю. *Монополистический Капитал в Дореволюционной Бакинской Нефтяной Промышленности.* Москва: Соцэкгиз, 1959.
3. Братусь С. Н., Казанцев Н. Д., Кечекьян С. Ф., Кожевников Ф. И., Коток В. Ф., Кудрявцев П. И., Чхиквадзе В. М. *Юридический Словарь Главная Редакция.* Москва: Юридическая литература, 1953.
4. Венедиктов А. В. *Правовая Охрана Социалистической Собственности в СССР.* Москва: АН СССР, 1954.
5. Веденеев Б. Е. Электрификация всей страны// *Электричество*, 1945, No. 12.
6. Витте С. Ю. *Конспект Лекций о Народном и Государственном Хозяйстве.* Санкт-Петербург: Брокгауз-Ефрон, 1912.
7. Дробижев В. З., Ковальченко И. Д., Муравьев А. В. *Историческая География СССР.* Москва: Высш. школа, 1973.
8. Дьяконова И. А. *Нобелевская Корпорация в России.* Москва: Мысль, 1980.
9. Гладкова И. А. *Национализация Промышленности в СССР: Сборник Документов и Материалов 1917 - 1920 г.* Москва: Госполитиздат, 1954.

10. Мастепанов А. М. *Топливно – энергетический Комплекс России на Рубеже Веков: Состояние, Проблемы и Перспективы Развития.* Москва: ИАЦ « Энергия », 2009.

11. Миронов Б. Н. *Внутренний Рынок России во Второй Половине XVIII-Первой Половине XIX в.* Ленинград: Наука: Ленингр. отд – ние, 1981.

法文文献

1. BÉLAND Daniel, LECOURS André, « L'Alberta, l'aliénation de l'Ouest et le programme fédéral de péréquation : Identités territoriales, cadrage idéologique et inscription à l'agenda politique », *Politique et Sociétés*, Vol. 40, No. 3, 2021.

2. DEFRAITEUR Vincent, « La péréquation financière au Canada : quelles sont les raisons de la difficulté de réformer cet élément essentiel du fédéralisme canadien ? », *Revue Gouvernance*, Vol. 3, No. 2, 2006.

3. INWOOD Kris, « L'industrialisation d'une société rurale : L'industrie canadienne à la fin du XIXe siècle », *Histoire, Économie & Société*, Vol. 27, No. 4, 2008.

4. LACROIX Jean – Michel, *Histoire du Canada. Des origines à nos jours*, Paris: Tallandier, 2019.

5. MCCALLA Douglas, « Des Pays d'En Haut au Haut–Canada: La formation d'une économie de colonisation », *Histoire, économie & société*, Vol. 27, No. 4, 2008.

6. NIOSI Jorge, DUQUETTE Michel, « La loi et les nombres : Le Program énergétique national et la canadianisation de l'industrie pétrolière », *Revue canadienne de science politique*, Vol. 20, No. 2, 1987.

7. PLOURDE André, « Les enjeux de la politique énergétique canadienne des années quatre–vingt », *Actualité économique*, Vol. 66, No. 4, 1990.

8. RIOUX X. Hubert, « "Canada First": Le nationalisme économique et les relations commerciales canado–américaines de la Confédération àl'ACEUM

», *Revue canadienne de science politique*, Vol. 52, No. 4, 2019.

9. VARONE Frédéric, « Les instruments de la politique énergétique : Analyse comparée du Canada et des États-Unis », *Revue canadienne de science politique*, Vol. 34, No. 1, 2001.

后　记

“相较于成为波斯王，我更偏爱于发现一条因果律。”显然本书也是一项在政治科学范畴内尝试揭示经济现代化始点与“能源诅咒”之间因果律的研究。本书究竟能否有助于增进对于“丰裕的悖论”的学术理解、突破“能源诅咒”病理学的知识边界、更新对主要能源丰裕国的经验判断，这些都有待于时间的检验。目前可以肯定的是，作为一项主要在攻读博士期间完成的研究，本书仍留有不少遗憾。这些遗憾不仅时刻警醒我只是漫长学术征途的初学者，更昭示着本书只是我关于“能源诅咒”系列研究的开端而非落幕。

在撰写本书的过程中，甚至在我的整个硕士和博士阶段里，最令我感到幸运的莫过于能够接受李巍教授的教诲指导。在我的多项研究中，李老师都费心指导、悉心点拨，而且对我的大胆试错加以鼓励，对我的“固执己见”也包容体恤。李老师还持续为我提供了生活补贴，扫清了生活之虞和生计之迫，以便让我心无旁骛地进行学术修行。当我面临学术道路和人生发展的抉择时，李老师提供了高瞻远瞩的意见，帮我把握了学术和人生的走向。可以说，没有李老师的指导、鼓励、鞭策与提携，我就不可能取得当前的成绩。

Michael Ross 为本书提供了至关重要的帮助。作为“能源诅咒”研究的旗手，Ross 在该领域内的系列研究为我带来了诸多的启发，对本书的各个方面都产生了极其深远的影响。正是在 Ross 的支持下，我才得以前往加州大学洛杉矶分校进行学术访问并在其帮助下完成这项研究。Ross 逐一回应了我的研究困惑，发掘了诸多的疏漏不足，提出了建设性的修改意见，分享了其最新的思考和研究议程。在 Ross 的指导和协助下，我对“能源诅咒”的议题有了更全面深入的理解，而且对本书也建立起了更强的信心。

得益于学界前辈的指引提点以及与同侪的切磋交流，本书才能得以日臻完善。王正毅教授、王明进教授、郑宇教授、田野教授、张勇研究员、赵晨研究员、黄琪轩教授、陈占明教授、夏敏副教授、周强博士和刘旭博士分别作为博士论文开题答辩、预答辩或正式答辩委员会的专家，不仅切中肯綮地指出了研究草稿中的诸多疏漏，还提出了大量极具启发性的深刻洞见。陈冲、陈兆源、Jeff Colgan、郭晓琼、贾瑞霞、金晓文、Cesar B. Martinez-Alvarez、Lachlan McNamee、Daniel Posner、Ronald Rogowski、释启鹏、Benjamin Smith、王飞、王佩、杨建红、叶成城、詹晶、张建新、张昕、周文戟等接受了我的学术访谈并提供了一手的数据信息或颇具见地的学术见解。白云真、陈超、何家丞、胡鹏、黄振乾、孔繁颖、李晨阳、李帅宇、栗潇远、刘露馨、刘天祥、刘志、罗仪馥、孙忆、王昭晖、吴纪远、于宏源、张倩雨、张经纬、周紫珏提出了各自的真知灼见。此外，Victor Menaldo 提供了其新晋完成的研究手稿；邵帅分享了其对“能源诅咒”的解读和对能源经济学的议程设置；田德文和袁东振引荐了其他同事；教育部学位中心抽取的五位匿名审稿专家提供了有价值的修改意见。

本书还获益于一些学术期刊、资助项目和会议平台的大力支持。作为本书基础和先声的 8 篇学术论文先后刊发于《国际安全研究》《外交评论》《世界政治研究》《欧洲研究》《拉丁美洲研究》《比较政治学研究》《区域国别学刊》和《国外理论动态》。谭秀英、陈志瑞、宋晓敏、任康钰、吴文成、刘承礼、徐焕、黄念、史沛然、齐琳、刘鑫、赫婧如及上述期刊约请的多位匿名审稿专家提供了极其重要的修改意见或编审支持，其中的部分意见甚至从根本上决定了本书的写作方向。北京外国语大学基本科研业务费专项项目、北京外国语大学新入职教师科研启动经费资助项目、中国人民大学研究生科学研究基金、中国人民大学“拔尖创新人才培育资助计划”、国家留学基金委“国家建设高水平大学公派研究生”项目为本书提供了充盈的经费支持。本书的部分内容或早前版本曾在中国国际关系学会博士生论坛、国际政治经济学论坛、政治学与国际关系共同体会议、中国人民大学国际关系学院、对外经济贸易大学国际关系学院、南开大学周恩来政府管理学院、上海交通大学国际与公共事务学院、华东政法大学政治学与公共管理学院等的会议平台上展示宣读，并且得到了评议人和其他与会者的有益批评。

“独行快，众行远。”在研究开展过程中，我还得到了多位学友的鼎力协助：陈福临、王文昊、吴泽平、邹仪婷查证梳理了大量的史料数据；陈子昀、韩静怡、蒋欣辰、林小琪、杨洲、周心培查阅译介了西、法、俄、挪语言世界中的诸多文献资料；安妮、廖盟、邹玥整合并清理了本书配套的数据集；赵岚绘制了部分图表；赵菩承担并协助完成了繁重的程序性事务；王丽和穆睿彤校读全文并指出了多处行文及格式错误。白天舒作为责任编辑尽心操持着书稿的编校与审定，她专业细致的工作亦使书稿增色颇多。如果没有他们的帮助，本书恐怕也难以如期顺利完成和出版。

北京外国语大学国际关系学院优渥的工作环境与慷慨的经费支持为本书后期的修改付梓提供了重要的助力。谢韬、张效民、杨毅、张颖不仅一直关怀着我的学术发展，还为本书最后的修改和出版提供了鼎力支持。王朔、闫健、夏方波、杨双梅等同事在工作中与我共同勉励，帮助我解决了系列研究中的诸多困难和挑战。

最后，需要感谢的是我的父母和妻子。父亲宋旭东和母亲葛桂兰含辛茹苦地将我抚育长大，还尽其所能地为我营造了追求学术理想的一切条件。妻子杨蕊协理着家庭的内外，毫无怨言地以她的辛劳换取了我一片安静的学术园地。当我困顿倦怠时，妻子也总能在身边疏解并激励我继续笃定前行。书稿交付之际，我们的孩子文锐降临到身边。“当家才知盐米贵，养儿方知父母恩。”所以本书献给我的父母，以此微不足道的方式答谢他们的恩情。

白驹过隙，往昔难觅。十二年前，我尚且为高考做着最后的准备，怀揣梦想又焦虑彷徨。求学的十年间，我先后负笈于三所高校，过程艰辛但学有所获。现如今，我也有幸成为一名教师，用自己的所学守护着下一代学生攀登学术更高峰的旅途。谨以本书作为我求学时光的收束与终章。思绪至此，一首完成于博士论文成稿之日的《江城子·十载学成》涌上心头，以为余墨：

负笈担簦闯洛阳，夜苍茫，疫慌惶。
牵黄擎苍，西北射天狼。
穷经皓首已十载，征途漫，似流光。
登凌书山立云岗，驾嘲风，驭霓凰。
青梅煮酒，古今谁圣王。
御宇万年比天狂，谓何人？读书郎。

宋亦明

2024年5月23日